D1727108

Aktualisierung von Antike
und
Epochenbewusstsein

Beiträge zur Altertumskunde

Herausgegeben von
Michael Erler, Dorothee Gall, Ernst Heitsch,
Ludwig Koenen, Reinhold Merkelbach,
Clemens Zintzen

Band 195

K · G · Saur München · Leipzig

Aktualisierung von Antike und Epochenbewusstsein

Erstes Bruno Snell-Symposion
der Universität Hamburg
am Europa-Kolleg

Herausgegeben von
Gerhard Lohse

K · G · Saur München · Leipzig 2003

Bibliografische Information Der Deutschen Bibliothek

Die Deutsche Bibliothek verzeichnet diese Publikation in der
Deutschen Nationalbibliografie; detaillierte bibliografische Daten sind
im Internet über **http://dnb.ddb.de** abrufbar.

Gesamtherstellung: Druckhaus „Thomas Müntzer" GmbH, 99947 Bad Langensalza
ISBN 3-598-77807-4

Vorwort

Die Würdigungen zu Bruno Snells 100. Geburtstag am 18. Juni 1996, insbesondere der öffentliche Vortragszyklus und das daran anschließende Symposion in der Bibliothek Warburg haben zu einer eindrucksvollen Wiederbegegnung mit dem bedeutenden Wissenschaftler und zweimaligen Rektor der Universität Hamburg geführt. Das erste Bruno Snell-Symposion der Universität Hamburg am Europa-Kolleg vom 18. und 19. Juni 1999, dessen Beiträge hier vorgelegt werden, sucht daran anzuknüpfen.

Dies geschieht schon durch den Tagungsort selbst. Das Europa-Kolleg ist 1953 durch Snell gegründet worden. Es war Snells Absicht, den Kollegiaten, deutschen und ausländischen Studenten, ein „Bewußtsein von der geistigen Einheit Europas zu geben und von der Notwendigkeit seiner politischen Einigung". Dahinter stand die Erfahrung der Hitler-Diktatur, auch Unbehagen an manchen Entwicklungen der Nachkriegsjahre, vor allem aber die zutiefst aufklärerische Überzeugung, dass Geistesgeschichte auch eine politisch-praktische Komponente hat, die sie befähigt, auf die Gesellschaft einzuwirken.

Snell war fasziniert von den immer neuen und differenzierten Erscheinungsformen jenes Geistes, der bei den Griechen zuerst sichtbar geworden war. Er war sich aber darüber im Klaren, dass „Entdeckungen des Geistes" auch wieder vergessen werden können und dass bestimmte gesellschaftliche Konstellationen und Energien erforderlich sind, um sie zu revitalisieren oder auch nur gegenwärtig zu halten.

Das Bruno Snell-Symposion verfolgt das Ziel, bei der Bearbeitung der einzelnen Formen und Prozesse von Antike-Aktualisierung aus unterschiedlichen fachspezifischen Perspektiven heraus und unter Einbeziehung heutiger Fragestellungen Snells Erinnerungsarbeit wieder aufzunehmen und weiterzuführen.

Danken möchte ich der Universität Hamburg und dem Europa-Kolleg Hamburg, dessen Gastfreundschaft wir inzwischen ein weiteres Mal in Anspruch nehmen durften, insbesondere Frau Sabine Kuhlmann für ihre freundliche Hilfsbereitschaft, Herrn Prof. Dr. Hans-Joachim Seeler und dem altbewährten Mitstreiter Bruno Snells, Herrn Dr. Hans Isenhagen. Danken möchte ich auch den Kollegen aus sechs unterschiedlichen Fachrichtungen für ihr spontanes Interesse und ihre engagierte Mitarbeit an diesem Projekt.

Mein Dank gilt weiterhin den Herausgebern der *Beiträge zur Altertumskunde*, die den Band in ihre Reihe aufgenommen haben, und dem Europa-Kolleg für einen namhaften Druckkostenzuschuss, ohne den diese Veröffentlichung nicht möglich gewesen wäre.

Hamburg, im Juni 2003
Gerhard Lohse

Grußwort-des Präsidenten der Universität Hamburg Dr. Jürgen Lüthje

Eine geistige Landschaft zu vermessen, ihre Ausprägungen und Formungen zu verstehen und ihre Gewordenheit zu begreifen – Bruno Snell hat darin Vorbildliches geleistet. Als entscheidende Erkenntnis nennt er, „dass die Griechen die Grundfunktionen des Geistes als erste erkannt haben: wie er Ursprung sein kann von Erkennen, Fühlen und eigenem Handeln."

Die Universität gedenkt dieses großen Anregers, ihres zweimaligen Rektors und herausragenden Lehrers mit einer Bruno Snell-Plakette und hat mit dem Snell-Schüler Walter Jens einen würdigen ersten Preisträger auserkoren.

Die Fruchtbarkeit der Forschungen von Bruno Snell, ihre Lebendigkeit wird weitergetragen: sie lässt sich ablesen am Programm des Symposions, dem Sie heute Ihre Aufmerksamkeit schenken und das Sie durch eigene Beiträge bereichern.

An der Schwelle zu einem neuen Jahrhundert, zu einem neuen Jahrtausend, hat Gerhard Lohse Sie animiert, über die Aktualisierung von Antike und Epochenbewusstsein nachzusinnen. Und die Vielfalt der Bezüge, die originellen Brückenschläge, die aus sechs verschiedenen Disziplinen zusammengekommen sind, versprechen eine wahrlich grenzüberschreitende Debatte und eine „fruchtbare Zusammenarbeit der Philologen" im besten Snellschen Sinne.

Ein epochenmäßig gegliedertes Geschichtsdenken ist ja keineswegs so alt, wie man vermuten könnte. Der Historiker Jakob Burckhardt hat gezeigt, dass es ein relativ neues, erst seit der zweiten Hälfte des 16. Jahrhunderts langsam im Geschichtsverständnis sich entwickelndes Phänomen ist. Wie aber definiert sich eine Zeit? Wo sucht sie ihre Tradition?

Eine Epoche will sich auch immer ihrer selbst versichern, so wie es besonders entschieden im Rekurs auf die Antike die Renaissance und die deutsche Klassik getan haben. Dabei gab die klassische Selbstverortung immer auch Grund zur Polarisierung, haben Vertreter der antiken Klassik *les Anciens*, im Meinungsstreit mit oder besser gegen *les Modernes* gestanden.

Heute scheint die Epochenidentität wesentlich fragiler und heterogener zu sein. Das 20. Jahrhundert ist euphorisch als das der technischen Revolution und des Wohlstands gefeiert worden, es ist aber auch das Jahrhundert der Lager genannt worden, und die Kennzeichnung als *Jahrhundert der Extreme*, die von Eric Hobsbawn stammt, ist vielleicht die zutreffendste Charakterisierung. Was kann uns da die Antike sein? –

In Ihrem Symposion quer durch die Zeiten und Kontinente werden die unterschiedlichen Rekurse auf die Antike sichtbar: in Umbruchsituationen, in gesellschaftlichen Konfliktlagen, in künstlerischer, historischer und politischer Ausprägung. Ich weiß von Gerhard Lohse, dass er so etwas wie eine Typologie in den verschiedenen Aktualisierungen von Antike erkennen möchte. Mir scheint, mit diesem Symposion ist er auf dem richtigen Weg.

Eine erfrischende Maxime Bruno Snells lautet, „exakt und nicht erbaulich sein zu wollen". In diesem Sinne danke ich Gerhard Lohse für seinen produktiven Impuls und die Durchführung des Bruno Snell-Symposions. Ihnen allen wünsche ich anregende Vorträge und Diskussionen.

Verzeichnis der Beiträge

Einleitung

Gerhard Lohse und Martin Schierbaum

> Wichtiger, als lobpreisend festzustellen, wie sich die
> Antike erhalten und immer wieder siegreich durch-
> gesetzt hat, scheint es, zu zeigen, wie die abendländi-
> sche Geschichte sich lebendig mit dem von Griechen
> und Römern Erworbenen auseinandersetzt.
> (Bruno Snell, Antike und Abendland 3, 1948, S. 7).

1

Im Frühherbst 1943, wenige Wochen nach den verheerenden Bomben-
angriffen, welche die Stadt zur Hälfte zerstört hatten, findet in Hamburg
eine Vortragsreihe statt, in der „das sich wandelnde Nachleben der Antike
an den bedeutungsvollen Etappen der abendländischen Entwicklung"
aufgezeigt werden soll[1]. Bruno Snell, seit dem 1. April 1931 Inhaber des
Ordentlichen Lehrstuhls für Klassische Philologie und seit einigen Jahren
Vorsitzender der Deutsch-Griechischen Gesellschaft in Hamburg, nimmt
das fünfundzwanzigjährige Gründungsjubiläum dieser Vereinigung zum
Anlass, um in einer Folge von fünfzehn Vorträgen die Antike als frühe
Ausformung jenes hegelschen oder vielmehr diltheyschen Geistes zu
verstehen, der dann kontinuierlich bis in die Gegenwart hinein in der
europäische Geschichte zum Ausdruck gekommen sei und sie geprägt
habe.

Das ist in seiner konkreten Bearbeitung der diltheyschen Geistesgeschichte neuartig, in seiner Einbeziehung der klassisch-philologischen
Fachdisziplin und ihrer Untersuchungstechniken in die Geistesgeschichte
methodisch einigermaßen kühn (gerade auch aus der Sicht der philologischen Fachkollegen) und zudem in seiner Frontstellung gegen den das
tägliche Leben beherrschenden Nationalsozialismus und seine Banner-
träger zugleich politisch oppositionell und somit in keiner Hinsicht völlig
ungefährlich. Ist schon allein der Begriff *Geist* damals eine politisch
subversive Vokabel, so kommt das Oppositionelle um so mehr noch bei

---

[1] Antike und Abendland 1, 1945, Vorwort (geschrieben im Dezember 1944), S. 7.

der konkreten Aktualisierung jener geistesgeschichtlichen Tradition zum
Vorschein, deren Wertauffassungen den nationalsozialistischen Ansichten
von Ahnenerbe bewusst gegenübergestellt sind[2].

Bei alledem kommt Snells Rückgriff auf die Geistesgeschichte nicht
von ungefähr. Die Affinität zu Diltheys Anschauungen geht auf die Studi-
enzeit bei Georg Misch in Göttingen zurück, dem Schüler und Schwieger-
sohn Diltheys, der Snells wissenschaftliche Interessen nach dessen eigener
Aussage wesentlich geprägt hat. Dies gilt ebenso für seine streng philologischen Arbeiten wie für solche, die ihr geistesgeschichtliches Interesse
explizit zu erkennen geben. Snells bekanntes Buch über die Entdeckung
des Geistes zeigt am besten, wie er beides mit einander zu verknüpfen
verstand[3].

Erste Ansätze zu einer geistesgeschichtlichen Betrachtungsweise lassen
sich bereits in der Aufklärung erkennen, wenn etwa die Geschichte unter
der Idee des Fortschritts betrachtet und dieser mit dem moralischen Verhalten der Menschen verknüpft wird. Aufs Ganze gesehen bleibt aber die
Geschichte bis zu Hegel eher ein Randproblem der Philosophie[4]. Erst bei
Hegel rückt die Geschichte als Geistesgeschichte ins Zentrum philosophischer Reflexion, und bleibt dabei dem Fortschrittsgedanken eng
verhaftete. Ein wesentlicher Unterschied der Geistesgeschichte Diltheys zu

---

[2] Die Vortragsreihe ist dokumentiert in dem ersten Band von Antike und Abendland,
der noch im Februar 1945 ausgeliefert wird. Zu Bruno Snells von Dilthey beeinflusster
Einstellung zur Geistesgeschichte vgl.: Gerhard Lohse, *Geistesgeschichte und Politik. Bruno
Snell als Mittler zwischen Wissenschaft und Gesellschaft*, Antike und Abendland 43, 1997, S.1-
20.
[3] Bruno Snell, *Die Entdeckung des Geistes. Studien zur Entstehung des europäischen
Denkens bei den Griechen*, 8. Auflage Göttingen 2000 (1. Auflage Hamburg 1946), Einleitung, S. 11.
[4] Die Begründung der Geschichtsphilosophie wird allgemein auf das Jahr 1756 bzw.
1769 datiert, weil damals der Begriff *Geschichtsphilosophie* zum ersten Mal benutzt wurde.
1756 erschien Voltaires *Essai sur l´histoire général et sur les moeurs et l´esprit des nations
depuis Charlemagne jusqu´a nos jours*. Der veränderten Ausgabe mit dem Titel *Essai sur les
moeurs et l´esprit des nations...* von 1769 war die Abhandlung *Philosophie de l´histoire* als
Discours préliminaire an Stelle eines Vorworts vorangestellt.
Odo Marquard weist darauf hin, dass die Geschichtsphilosophie etwa gleichzeitig mit
den anderen neuen philosophischen Disziplinen, der Anthropologie und Ästhetik, in
Erscheinung getreten ist. Die Geschichtsphilosophie habe sich bereits mit Fichte als
„amtierende Grundphilosophie" durchgesetzt und habe „den Menschen geltend gemacht
(...) als *homo progressor et explixcator*". Odo Marquard, *Der angeklagte und der entlastete
Mensch in der Philosophie des 18. Jahrhunderts*, in: Ders., Abschied vom Prinzipiellen.
Philosophische Studien, Stuttgart 1984, S. 39-66, dort S. 40.

der Hegels besteht darin, dass Dilthey sich von der Vorstellung eines linearen Voranschreitens der Geschichte löst und von einer Relativität der Epochen ausgeht.

Von diesem Ansatz her kann Wirkungsgeschichte nun als epochengeprägte asymmetrische Aktualisierung von Tradition verstanden werden. Damit sind nach der Periode des Klassizismus die Voraussetzungen für eine Erforschung der Wirkungsgeschichte der antiken und insbesondere der griechischen Kultur eröffnet. „Tradition konserviert eben nicht nur feste Anschauungen, sondern macht es möglich, sich immer neu auf Wertvolles aus einer Fülle von Modellen zu besinnen".[5]

In der Tat nimmt die Antike in der europäischen Kulturgeschichte eine Sonderstellung ein als Anknüpfungspunkt eines durchgängigen national verzweigten Diskurses, der sich von frühen Anfängen im 15. Jahrhundert bis in die Gegenwart entwickelt hat. Bruno Snell hat 1943 die Chance für eine aktuelle Bezugnahme auf die liberalen und demokratischen Kontinuitätsmomente im europäischen Antike-Diskurs erkannt und in einer Zeit katastrophaler Zerstörungen und rapiden Werteverfalls bewusst aufgegriffen. Die Hinwendung zur Rezeptionsgeschichte als Geistesgeschichte war damals nicht nur oppositionelle Zeichensetzung. Sie vermittelte zugleich auch Trost und Hoffnung, denn sie schloss Vernichtung und Untergang als ephemere Ereignisse in die Geschichte des Geistes mit ein und bereitete noch in der Zeit der Hitler-Diktatur bereits die Neuorientierung für die Nachkriegszeit vor.

Mehr als ein halbes Jahrhundert später und unter *toto coelo* veränderten Verhältnissen führt das *Bruno Snell-Symposion der Universität Hamburg am Europakolleg* die von Snell 1943 bereits interdisziplinär verfolgte Thematik unter Einbeziehung heutiger Fragestellungen und Forschungsansätze fort. Wissenschaftler aus sechs verschiedenen Fachrichtungen behandeln Probleme des Rekurses auf die Antike aus ihrer jeweils besonderen Perspektive, aber auch aus einem gleichgerichteten Interesse am Erforschen der epochenspezifischen Bedingungen, die den Schatten der Unterwelt das Blut zuführen, das sie benötigen, um für eine Zeitlang wieder ins Leben zurückzukehren und den Lebenden Rede und Antwort zu stehen.

---

[5] Bruno Snell, *Die Entdeckung des Geistes*, (wie Anm. 3), S. 288.

2

Den Zugang zur Antike verbinden wir heute ganz wesentlich mit der
Zugänglichkeit von antiken Texten. Von größter Bedeutung ist hier der
systematische Ausbau umfangreicher Bibliotheken, wie er sich im Italien
des 15. Jahrhunderts vollzieht, wo die noch vorhandenen Schätze der
antiken Literatur gesammelt und für die Nachwelt erhalten werden. Insbesondere wird dadurch die Voraussetzung dafür geschaffen, dass sich der
transitus der griechischen Kultur nach Westen auch nach der Eroberung
von Byzanz im Jahr 1453 weiter fortsetzen kann.

Der begeisterte Büchersammler Papst Nikolaus V. brachte den Grund-
stock der Vaticana zusammen, die Sammlung des Florentiners Niccolò
Niccoli ging an das Kloster S. Marco, andere berühmte Sammlungen
entstanden wie die mediceische oder die urbinatische Bibliothek. Guarino
und Poggio fahndeten in ganz Europa nach unbekannten Handschriften
und retten vieles vor dem Untergang. Man hoffte, mit solchen leistungsfä-
higen *Speichern* antiker Literatur die von höchsten Autoritäten gedeckten
Erkenntnisse der Vergangenheit für die Gegenwart verfügbar und bei
Bedarf abrufbar machen zu können.

Dem lag die Auffassung zugrunde, dass Texte Transportmittel von
verbindlichen Aussagen und objektiven Wahrheiten seien, welche der
Leser wie die religiösen Wahrheiten der Bibel als fertige Bausteine in seine
eigene Bildung integrieren könne. Ein solches Verständnis von Tradition
legt die Analogie zum dinglichen Erbe nahe, also dem Vorgang der Weitergabe eines materiellen Erbstücks von einer Generation zur folgenden, so
dass man demnach damit rechnen müßte, dass der Inhalt der Bücher in
etwa der gleichen Weise weitergegeben und vererbt werden könne wie die
Bücher selbst.

Heutzutage hat sich allerdings eine Betrachtungsweise durchgesetzt,
die gerade nicht die uneingeschränkte Autorität der Texte betont, sondern
vielmehr die weitgehende Autarkie der Leser. Man geht davon aus, dass
beim Verstehen tradierter Textzusammenhänge die aufgenommenen Texte
und Dokumente bereits vorhandenen Sinnstrukturen oder Bedeutungen
zugeordnet werden, die sich im individuellen kognitiven System des Lesers
aufgrund früherer Wahrnehmungen und Erfahrungen aufgebaut haben.
Eine solche Annahme kann sich u. a. auf Ergebnisse der Hirnforschung
stützen.

> Texte und Dokumente sind (...) keine Bedeutungsspeicher, sondern
> Anlässe für subjektgebundene semantische Operationen, für Nach-
> denken und Erinnern. Sie bieten Anlässe, Wahrnehmungen und
> Erfahrungen zu objektivieren und weitere Wahrnehmungen und
> Erfahrungen daran anzuschließen. (...) Die individuell wie sozial
> bedeutsame Funktion von 'Vertextung' [liegt] nicht darin, unsere
> Erinnerung durch Verobjektivierung zu verstetigen und zeitüber-
> greifend verfügbar zu machen, sondern wohl eher darin, mit ihrer
> Hilfe die Komplexität unserer Wirklichkeitskonstruktionen zu
> steigern und dadurch auch komplexer handeln zu können.[6]

Die Neubewertung der Antike in der Renaissance zeigt exemplarisch, wie
das von überlieferten Texten ausgehende historische Erinnern die Vergangenheit keineswegs als gespeicherte Datenkette aus den Texten abruft, sondern vielmehr nach Maßgabe und zur Unterstützung von eigenen Selbst-
konzepten erst konstruiert. So weckt etwa die Aussicht auf die Erneuerung des altrömischen Senatorenamtes bei Petrarca die Hoffnung, dass
jetzt das Volk des Mars sich daran machen werde, tatkräftig dem Ruhm
der Alten nachzustreben (*Canzoniere 53*). Ein neuer Senator, so hofft der
Dichter, werde den edlen Staat, mehr als tausend Jahre nach dem Ent-
schwinden der großen Geister des alten Rom, wieder zurückführen zu
seiner alten Größe.

Die Zeit Petrarcas erhob für sich den Anspruch, in der Kontinuität
der alten *res publica Romana* zu stehen. Aus solchem Selbstverständnis
heraus ging es den italienischen Humanisten nicht um ein Anknüpfen an
fremde Geschichte und Nachahmung einer der eigenen Zeit fremden Kultur, sie verstanden ihre Beschäftigung mit dem antiken Rom gerade als
Wiedererinnerung der eigenen ruhmvollen Geschichte, an der die Gegenwart sich orientieren sollte, um ein neues Goldenes Zeitalter Roms
heraufzuführen. Nach Petrarcas Ansicht würden Brutus, die Scipionen
und Fabricius froh die Erneuerung des alten Glanzes begrüßen (*Canzoniere* 53, 37-42), und damit seine eigene Geschichtskonstruktion bestätigen.
Die Geschichte des klassischen Rom ist für Petrarca noch gar nicht
abgeschlossen. Er fühlt sich als Römer: wenn die Heutigen sich nur auf die

---

[6] Siegfried J. Schmidt, *Gedächtnis – Erzählen – Identität*, in: Aleida Assmann, Dietrich
Harth (Hrsg.), Mnemosyne. Formen und Funktionen der kulturellen Erinnerung,
Frankfurt am Main 1991, S. 378-97, dort S. 391, sowie ders. (Hrsg.), *Gedächtnis. Probleme
und Perspektiven der interdisziplinären Gedächtnisforschung*, Frankfurt am Main 1991.

immer noch in ihnen lebendigen Römertugenden besinnen würden, könnten sie es ihren Vorfahren nachtun. Innerer Friede und brüderliche Eintracht könne leicht die alte Herrschaft Roms wieder herstellen und die rebellierenden Barbaren wieder unter das alte Joch zwingen (*Invectiva contra eum qui maledixit Italiae*).

Das Beispiel verdeutlicht, dass die aus antiken Texten gewonnenen Erinnerungskonstrukte nicht bei einem individuellen Entwurf stehenbleiben, sondern zu einem kollektiv verbindlichen Modell entwickelt werden können. Die neue Geschichtskonzeption ermöglicht nicht nur die Herstellung einer intersubjektiven kulturellen und sozialen Identität, sie kann auch mit konsistenten Handlungskonzepten verbunden werden, auch wenn diese zunächst nur Machtphantasien und Träume von vormaliger nationaler Handlungskompetenz sein mögen. Wie im individuellen Bereich Erlebnis und Erinnerung durch eine prinzipielle Differenz von einander getrennt sind, weil die Erinnerung nie die unmittelbare Wahrheit des Erlebnisses erreichen kann, so zeigt sich auch im kollektiven Erinnern, das von Texten seinen Ausgang nimmt, dass die Erinnerung Vergangenheit überhaupt erst aus einem Reservoir von Vorstellungen herstellt und in Wirklichkeitskonstruktionen überführt. Ähnlich wie individuelle Erinnerungsvorgänge scheint auch kollektives Erinnern verbunden zu sein mit Situationen, die zum Handeln motivieren[7]. Wir dürfen davon ausgehen, dass die Aktualisierung spezieller Gegenstände aus einem vorhandenen Traditionsreservoir an bestimmte in der jeweiligen Epoche begründete individuelle oder kollektive Handlungsmotivationen gebunden ist, in der Renaissance wie in der Goethezeit.

Solche meist von einem ganzen Ensemble historischer Faktoren herbeigeführte Auseinandersetzungen mit der Vergangenheit können Gegensätze zwischen gesellschaftlichen Gruppierungen verdeutlichen oder Zusammengehörigkeiten zum Ausdruck bringen, mögen für eine Avantgarde identitätsstiftend wirken, einem Bildungsbürgertum Autorität verleihen, einer konservativen Gruppe eine rückwärtsgewandte Utopie ermöglichen. Die Wortführer der Gegenwart können sich durch ein als fremd empfundenes Traditionelles provoziert oder auch durch das als Eigenes beanspruchte Fremde bestätigt fühlen. Die hier sichtbar werdende Verflochtenheit von Kultur, Politik und Geschichte herauszuarbeiten, wo-

---

[7] „Erinnern ist aktuelle Sinnproduktion im Zusammenhang jetzt wahrgenommener oder empfundener Handlungsnotwendigkeit", Siegfried J. Schmidt, *Gedächtnis - Erzählen - Identität*, (wie Anm. 6), S. 386.

möglich die Bedingungen eines solchen Ablaufs zu beschreiben, sich der vielfältigen Problematik des Verhältnisses von Wahrheit und Geschichte zu stellen, müsste die Aufgabe einer Forschung sein, welche sich die Aufklärung solcher Aktualisierungsvorgänge zum Ziel setzt.

3

Ein nachhaltiger Beitrag zu jenem europäischen Antike-Diskurs und einen bedeutenden nationalen Impuls bringt die im 18. Jahrhundert einsetzende Griechen-Renaissance in Deutschland. An der Wende vom 18. zum 19. Jahrhundert beginnt Wilhelm von Humboldt (1767-1835) damit, die seit Winckelmann behauptete Vorbildhaftigkeit der Griechen systematisch zu begründen und zusammenzufassen. Nach seiner Meinung steht die Kultur des griechischen Altertums „dem Charakter des Menschen überhaupt" [8] und „der Idee des reinen Menschentums" am nächsten[9]. Allein bei den Griechen

> finden wir das Ideal dessen, was wir selbst seyn und hervorbringen möchten; wenn jeder andere Theil der Geschichte uns mit menschlicher Klugheit und menschlicher Erfahrung bereichert, so schöpfen wir aus der Erfahrung der Griechen mehr als etwas Irdisches, ja beinah Göttliches.[10]

In Humboldts Stilisierung des griechischen Altertums zum Vorbild der zukünftigen Menschenerziehung begreift er den Griechen der klassischen Zeit als ein der Geschichte enthobenes „Symbol der Menschheit".[11] Gemessen an diesem überzeitlichen Ideal werden weite Teile der übrigen Menschheitsgeschichte zweitrangig und verlieren an Interesse. Auch kann aus der Perspektive eines solchen „Glaubens" an die zeitlose Überlegenheit des klassischen Griechentums[12] das vielfältige Auf und Ab der Rezeptions-

---

[8] Vgl. dazu den Beitrag von Kjeld Matthiessen in diesem Band.

[9] Wilhelm von Humboldt, *Über das Studium des Altertums und des Griechischen insbesondere* (1793), zitiert nach der fünfbändigen Werkausgabe von A. Flitner und K. Giel (im weiteren: W. v. Humboldt, Werkausgabe) Bd.2, 1961, S. 9, sowie: *Latium und Hellas oder Betrachtung über das klassische Altertum*, Werkausgabe, Bd. 3, 1963, S. 53.

[10] W. v. Humboldt, Werkausgabe, Bd. 2, S. 101.

[11] W. v. Humboldt, Werkausgabe, Bd. 2, S. 123.

[12] Walther Rehm, *Griechentum und Goethezeit. Geschichte eines Glaubens*, Bern und München, 4. Aufl. 1968.

geschichte lediglich als eine Anreihung von Irrtümern verstanden werden, die keiner eigenen Untersuchung wert ist, weil sie ja die wesentliche Botschaft der Antike verfehlt[13].

Gewissermaßen in der Randzone des Dialogs mit einer als vorbildlich angenommenen griechischen Klassik und von diesem zunächst überlagert beginnt am Ende des 18. Jahrhunderts in Deutschland ein neuer Diskurs, in dem die Kontinuitätsbehauptung von klassischem Griechentum und deutscher Kultur der Klassik Gegenstand ebenso heftiger wie produktiver Auseinandersetzungen wird. Anders als in Frankreich, wo dieselbe Debatte insbesondere im Medium der Kunst ausgetragen wurde, wird sie in Deutschland Jahre später zunächst im Bereich der Theorie geführt[14]. Die Kontroverse dreht sich um die maßgebliche Rolle der als klassisch und antik angesehenen Kunstform gegenüber einer sich als neu und autochthon verstehenden Moderne. Es geht also wie bereits im 16. Jahrhundert bei der *Querelle des Anciens et des Modernes* um Nachahmung der Antike oder Eigenständigkeit der Kunst, allerdings bezogen auf einen erheblich elaborierteren kunsttheoretischen Diskussionsstand. Gestritten wird um die Fortführung jener sich auf die Antike berufenden Traditionen oder des Neuansatzes mit neuen Werten, nicht klassischen Kunstformen und neuem Geschmack. Es geht um die zumindest zeitweilige Rückkehrmöglichkeit zu einer naiven Lebensauffassung oder um die Notwendigkeit eines distanzierten – *sentimentalischen* – Blicks zurück.

In Deutschland spitzt sich der Disput besonders auf eine Rivalität zwischen Establishment und jungen Talenten zu. Wie oftmals zuvor wird die Debatte um ästhetische Fragen von dieser Rollenproblematik begleitet, was die Debattenteilnehmer zuweilen auch reflektieren. Bereits die Polemik J. M. R. Lenz' gegen Aristoteles zielt auf G. E. Lessing und will den zeitgenössischen deutschen Klassizismus treffen. Lessing selbst konnte sich

---

[13] Im Zusammenhang mit einer parallelen Betrachtung von griechischer und deutscher Geschichte und der Konstatierung einer „unläugbaren Ähnlichkeit mit Griechenland" findet sich bei Wilhelm von Humboldt in der 1807 begonnenen *Geschichte des Verfalls der griechischen Freistaaten* eine Aufwertung der deutschen Nation. Hier gibt sich ein nationales Motiv für die Aktualisierung des Griechischen zu erkennen. Es ist der „deutsche Charakter", der allein unter den europäischen Nationen „die Verbindung der Eigentümlichkeit der Alten und der Neuen in eine einzige Form hervorzubringen" in der Lage ist und so zum Vorreiter einer Weiterentwicklung der Menschheit werden kann (Brief an Wolf, abgedruckt bei C. Brandes, Wilhelm von Humboldt, Gesammelte Werke in sieben Bänden, Berlin 1841 ff, dort Bd. 5, 194 f).

[14] Hans-Robert Jauß, *Schlegels und Schillers Replik auf die „Querelle des Anciens et des Modernes"*, in: ders., Literaturgeschichte als Provokation, Frankfurt a. M. [7]1983, S. 67-106.

auf seine Modernität im Vergleich zu Gottscheds nach klassischem Muster
rhetorisch ausgerichteter Regelpoetik berufen. So eindeutig sind die Positionen für oder gegen die Antike offenbar nicht, es geht immer auch um
Interpretationsspielräume[15]. Die Kontroverse zwischen Schiller und Schlegel – stellvertretend für Klassik und Romantik, in einer Periode des
Wandels im Verhältnis von Subjekt und Objekt – dreht sich um Klassizismus und Modernität. Die Frühromantiker kritisieren die Weimarer
Großdenker unter anderem mit dem Argument, dass das Klassische gerade
durch seine geringe Reizqualität auffalle. Sie stellen ihre moderne Ästhetik
deshalb gern unter den Begriff des *Interessanten* und sind bestrebt, die
Reizqualität ihrer Kunstwerke zu erhöhen. Für die Verfechter der Klassik
ist die Romantik schlicht ein Zeichen von „Krankheit", wie Goethe
urteilt[16].

Gerade der weitere Verlauf dieser Debatte entwickelt sich zu einem
Test- und Anwendungsfall der Kantischen Ästhetik: Schiller wie auch die
Frühromantiker legen ihre Thesen zur Antike und Moderne jeweils als
eigene Weiterführungen von Kants ästhetischer Theorie an. Für Schiller
hat unter dem Eindruck der Französischen Revolution die überzeitliche
Wahrheit der antiken Kunst Vorrang vor jeder Tagesaktualität, Friedrich
Schlegel und Friedrich von Hardenberg (Novalis) stellen die Subjektivität
der Personen und die Aktualität der Themen an die erste Stelle[17]. Formal
drückt sich diese Differenz durch die Wahl von Mischformen aus, des
Romans und des Fragments mit ihren Überschneidungen von Kunst und
Philosophie. Im Gegensatz dazu stehen streng gebaute Dramen und
metrisch nach Vollendung strebende Gedichte der Romantiker. Kein anderer als der gelernte Philologe und Romantiker August Wilhelm Schlegel
galt auch im klassischen Weimar als Autorität vor allem in metrischen
Fragen.

Einem am idealistischen Vorbild orientierten Traditionsverständnis
wird die Einsicht in die epochale Verstricktheit von Tradition im allgemeinen fremd bleiben. Die aus der Zeitbezogenheit der Rezeptionsformen

---

[15] Jochen Schmidt, *Die Geschichte des Geniegedankens 1750-1945*, Bd. 1 von der
Aufklärung zum Idealismus, Darmstadt 1985, Peter Szondi, *Poetik und Geschichtsphilosophie
I. Antike und Moderne in der Ästhetik der Goethezeit, Hegels Lehre von der Dichtung*,
Frankfurt a. M. 1985.

[16] Vgl. Gerhard Schulz, *Romantik. Geschichte und Begriff*, München 1996, S. 75f. mit der
Interpretation der einschlägigen Goethestelle.

[17] Bernd Bräutigam, *Leben wie im Roman. Untersuchungen zum ästhetischen Imperativ im
Frühwerk Friedrich Schlegels (1794-1800)*, Paderborn-München-Wien-Zürich 1986.

abgeleitete epochale Eigenmächtigkeit in der Aktualisierung von Tradition widerspricht dagegen jener Auffassung von der Vorrangigkeit der griechischen Antike.

Es wird wohl kaum ein Zufall sein, dass die ersten Monographien zur Rezeption antiker Autoren erst in der Zeit des Niedergangs des von Humboldt inspirierten humanistischen Gymnasiums nach der Wende vom 19. zum 20. Jahrhundert erscheinen[18].

4

Die breite Öffentlichkeitswirkung der humboldtsche Konzeption liegt in der beherrschenden Rolle begründet, die das humanistische Gymnasium bei der Heranbildung der Eliten in Preußen hatte. Das griechische Bildungsideal prägt Generationen von Schülern. Doch um die Mitte des 19. Jahrhunderts richten sich unter dem Eindruck technischer Leistungen und sozialer Bedürfnisse die Hoffnungen eines Teils der Führungsschicht zunehmend auf praktische Zukunftsentwürfe, die rückwärtsgewandten Utopien beginnen zu verblassen und in der Selbstgewißheit des technischen und sozialen Fortschrittsdenkens droht die Vergangenheit zu verschwinden. Der am griechischen Altertum orientierte Bildungshumanismus gerät in die Defensive. Die Frage nach dem klassisch Gültigen und Wahren löste sich auf in der Frage nach dessen historischen Bedingungen.

Dem noch im 18. Jahrhundert wurzelnden emphatischen Antikeverständnis, das uns bei Wilhelm von Humboldt entgegentritt, folgt die Ernüchterung. Die Deutung der Antike wird zunehmend den Spezialisten überlassen, so dass an die Stelle der Einheit des Antikebildes eine Fülle von Einzelergebnissen der altertumswissenschaftlichen Forschung treten, die auch von den Forschern selbst nicht mehr in ein Ganzes integriert werden können. Die Ordnung des Quellenmaterials wird zum Selbstzweck[19]. An die Stelle des vormals spekulativen Geschichtsbildes tritt der historische Positivismus. Bezeichnend für die neue Gesinnung sind die in ihrer Kärg-

---

[18] Th. Zielinski, *Cicero im Wandel der Jahrhunderte*, Petersburg 1897 (hervorgegangen aus einem Vortrag zum zweitausendsten Geburtstag Ciceros 1895). Einem griechischen Autor wandte sich Georg Finsler zu mit seinem 1912 in Leipzig erschienenen Buch: *Homer in der Neuzeit von Dante bis Goethe*.

[19] Vgl. A. Heuss, *Theodor Mommsen und das 19. Jahrhundert*, Kiel 1956, S. 103 und A. Horstmann, *Die Forschung in der Klassischen Philologie des 19. Jahrhunderts*, in: Studie zur Wissenschaftstheorie 12, 1978, 27ff.

lichkeit berühmten 17 Zeilen, mit denen Ulrich von Wilamowitz-Moellen-dorff (1848-1931) seine *Geschichte der Philologie* einleitet[20]. Was begann als eine Theorie der Menschheitsbildung, zeigt sich hier auf ein Philologen-ethos zurückgestutzt. Die Philologie, die nicht mehr beansprucht, die klassische zu sein, begnügt sich nunmehr damit, „das reine beglückende Anschauen des in seiner Wahrheit und Schönheit Verstandenen" als ihr „Ziel" anzusehen. Die noch zum Vokabular des Klassizismus gehörigen Begriffe „Wahrheit" und „Schönheit" können nicht darüber hinwegtäu-schen, dass die Vorbildhaftigkeit der Antike nicht mehr gilt.

Die Aufgabe der Philologie ist es nunmehr, jenes vergangene Leben durch die Kraft der Wissenschaft wieder lebendig zu machen. Über den Begriff „Leben" sucht Wilamowitz Vergangenheit und Gegenwart zusam-menzuschließen. Bei solcher Einebnung der Zeiten läßt sich die griechi-sche Welt durchaus anhand der preußischen Gegenwart erklären. So be-zeichnet Wilmowitz etwa in seinem Platonbuch[21] Platon als einen „Jun-ker", dessen Brüder als „Kavalleristen", Euthyphron ist ein „Pfaffe", und auch im Zusammenhang mit der Jugenderziehung in Athen kann ein Absatz über preußische Verhältnisse („wie bis vor kurzem die junge Dame für ihren Eintritt in die Gesellschaft abgerichtet ward") weiterhelfen.

Nach der historisch-philologischen Entschlüsselung mit wissenschaft-lichen Mitteln – und allein auf diese Tätigkeit ist der Wahrheitsbegriff bezogen, nicht mehr auf deren Objekt – erweisen sich die Griechen gewissermaßen als die Nachbarn von nebenan. In der „Metempsychose",[22] die Wilamowitz fordert, gehen Vergangenheit und Gegenwart ineinander über. Bei solcher Betrachtungsweise muss die Rezeptionsgeschichte als überflüssig erscheinen. Das problematische Verhältnis von Wahrheit und Geschichte bleibt unreflektiert, denn es stellt sich auf dieser Ebene der Betrachtung gar nicht erst.

Vorausgegangen war die von Wilhelm II. schon bei seiner Thron-besteigung 1888 geforderte Schulreform, die nach einem ersten aus der Sicht der Schulreformer weniger erfolgreichen Anlauf von 1890 schließlich mit der Schulkonferenz vom 6. bis 8. Juni 1900 dazu führt, dass das huma-

---

[20] Ulrich von Wilamowitz-Moellendorff, *Geschichte der Philologie*, geschrieben 1921 für die Einleitung in die Altertumswissenschaft (hrsg. von A. Gercke und E. Norden). Nachdruck der 3. Auflage von 1927 bei Teubner, Leipzig 1959.
[21] Platon. *Sein Leben und sein Werk*, Berlin 1918, nach der 3. Auflage hrsg. von Bruno Snell, Berlin und Frankfurt 1948.
[22] Ulrich von Wilamowitz-Moellendorff, *An den Quellen des Clitumnus*, in: Reden und Vorträge, Bd.1, 4. Auflage 1925, 333.

nistische Gymnasium seine Monopolstellung als Vermittler der Universi-
tätsreife verliert. Das Griechische bleibt erhalten, doch das Humboldtsche
Idealbild des Griechentums, das überhistorische Werteideal, das durch die
Sprache selbst wie durch den Lektürekanon vermittelt werden sollte, war
nachhaltig erschüttert. Es ist der Klassische Philologe Ulrich von Wilamowitz-Moellendorff, der dies noch auf der Konferenz selbst in knappen
Worten zum Ausdruck bringt, wenn er feststellt: „Die Antike als Einheit
und Ideal ist dahin. (...). An die Stelle der ästhetischen ist die geschichtliche
Betrachtung getreten".[23] Das Anfang des 19. Jahrhunderts von Humboldt
aufgerichtete historisch-überhistorische Ideal des Griechentums mit seinem humanistischen Bildungsanspruch, tritt an der Wende zum 20. Jahrhundert wieder zurück in die Relativität der Geschichte. Die Rettungs-
versuche Werner Jaegers und des sogenannten *Dritten Humanismus* bewirken lediglich, dass es weitere sechzig Jahre dauert, bis sich die von
Wilamowitz ausgesprochene Einsicht auf breiter Front durchsetzt.

5

Aus der Krise des historischen Denkens heraus entwickelte Wilhelm
Dilthey (1833-1911) seine „Kritik der historischen Vernunft".[24] Anders als
die Naturwissenschaften sollte die Geisteswissenschaft sich jener in der
Geschichte wirkenden Lebensenergie zuwenden, die Dilthey Geist nennt.
Der einzelne Mensch erlebt, denkt und handelt nach Dilthey stets in einer
Sphäre von geschichtlich bedingter Gemeinsamkeit, in einem jeden wirkt
etwas Universalgeschichtliches.

    In Wort, Zeichen oder Gebärde begreift sich der Geist selbst und gibt
sich in historischer Ausprägung zu erkennen. Geschichte ist in diesem
Sinne nichts vom Leben Abgetrenntes, auch nichts durch Zeitferne vom
Leben Abgesondertes. Der Geist ist das dynamische Prinzip, das die Geschichte kontinuierlich vorantreibt. Seine vielfältigen historischen Erscheinungsformen sollen die geisteswissenschaftlichen Disziplinen empirisch untersuchen. Die Geisteswissenschaft erhebt damit den Anspruch,

---

[23] *Verhandlungen über Fragen des höheren Unterrichts* (Berlin, 6.-8. Juni 1900), Halle
1901, S. 207.
[24] *Vorrede zur Einleitung in die Geisteswissenschaft*, Gesammelte Schriften (im Weiteren
Ges. Schr.) Bd. 1, hrsg. von Bernhardt Groethuysen, 8. Unveränderte Aufl., Stuttgart-
Göttingen 1979, S. XVIII.

die Totalität des Lebens zu erfassen. Das lebendige Prinzip selbst freilich, der Geist, läßt sich nicht erforschen, nur seine Objektivationen lassen sich interpretieren. Dazu gehören die Religion, die Literatur generell und vor allem die Dichtung, ebenso die Wissenschaften und die Philosophie.

Dilthey vergleicht den historischen Prozess mit dem Meer, auf dem Wogen sich bilden und wieder verschwinden, sich erheben und wieder abflachen. Die Geschichte ist für ihn keine lineare Bewegung, die auf ihr Ziel gerichtet ist, wie bei Hegel. Es gibt nicht den beständigen Fortschritt, jeder Fortschritt ist vorübergehend. Jede geistig-kulturelle Leistung, auch die Höchstleistung menschlicher Begabung, kann nur Bruchteile der Wahrheit erfassen und wird im Wechsel der Stile und Meinungen abgelöst durch andere Aspekte der Wahrheit. Von den verschiedenen Weltanschauungen „drückt jede in unseren Denkgrenzen eine Seite des Universums aus. Jede ist hierin wahr. Jede aber ist einseitig. Es ist uns versagt diese Seiten zusammenzuschaun." Denn das Licht der Wahrheit ist nur in „verschieden gebrochenem Strahl" wahrnehmbar[25]. Auf dieser Grundlage ist eine klassizistische Normenbildung nicht denkbar. Es gibt sowenig wie in Lessings Ringparabel „die Tyrannei des einen Ringes". Solche historische Betrachtung führt übrigens „nicht notwendigerweise zu einer Relativierung der Werte: es lässt sich durchaus sagen, ob eine Zeit Großes, für die Zukunft Bedeutsames hervorgebracht hat oder Unbedeutendes".[26]

Großen Wert legt Dilthey darauf, dass die von ihm entwickelte Geisteswissenschaft nichts mit Metaphysik zu tun hat, sondern empirisch arbeitet. Er möchte mit seinem geisteswissenschaftlichen Ansatz gerade die Befreiung von der Despotie der Metaphysik herbeiführen, die nach seiner Auffassung ihrer Form nach in die Frühzeit der Geistesgeschichte gehört und jetzt von der neuen Sachlichkeit der Geisteswissenschaft abgelöst werden muß. Mit der Einsicht in die historische Relativität verlieren die metaphysischen Systeme endgültig ihre Macht. Erst der empirisch verfahrenden Geistesgeschichte bietet sich die Chance zu einem freien, unabhängigen Urteil.

Die so gewonnene Relativität der Zeiten hebt zugleich den Druck auf, den der normative Anspruch des klassischen Altertums auf spätere Epochen ausüben konnte. Wenn der Geist in immer neuer Gestalt hervor-

---

[25] Ges. Schr. Bd. 8, hrsg. von Bernhard Groethuysen, 5. Auflage, Stuttgart - Göttingen 1977, S. 224.

[26] Darauf verweist Snell, *Die Entdeckung des Geistes*, 8. Aufl. Göttingen 2000, Einleitung, S. 11.

treten und immer neu entdeckt werden kann, kann er auch in seinen historischen Ausformungen wahrgenommen und der Gegenwart neu anverwandelt werden. Ja, es kann eine aufklärerische Leistung darstellen, wenn er in finsteren Zeiten wiederentdeckt wird. So tritt an die Stelle einer entmündigenden Autorität der Antike ihr Aufgehobensein im Neuen und die Rechtfertigung ihrer Bedeutung aus dem Neuen.

Unter den Klassischen Philologen ist Hermann Usener (1834-1905), ein Schwager Diltheys, der erste, der die Chancen begreift, welche die diltheysche Philosophie für eine Erneuerung jener Philologie bietet, die von sich aus kein allgemeines, übergeordnetes Ziel mehr benennen kann und nach seiner Ansicht in Textedition und grammatischer Erklärung steckengeblieben war[27] und bereits für ihn nicht mehr die Klassische Philologie sein kann. „Die Philologie hat für ihn kein autonomes Ziel, sie ist vielmehr dem Ziel der Historie untergeordnet, und dieses Ziel ist die Rekonstruktion der Entwicklungsgeschichte des menschlichen Geistes und die Analyse und Erkenntnis seiner Gesetze".[28]

In seiner Bonner Rektoratsrede stellt Usener fest: „Philologie ist also eine Methode der Geschichtswissenschaft, und zwar die grundlegende, maßgebende. Denn nur sie besitzt in ihrer Kenntnis der sprachlichen Form die letzte Gewährleistung für das richtige Verständnis des Überlieferten".[29] Dazu aber bedarf es der „Kongenialität des Verständnisses", der Interpret bedarf „schöpferischer Eigenschaften" und tritt damit neben den Autor, ja er bedarf der Intuition, um zu einem umfassenden „Verstehen" im Sinne Diltheys zu gelangen.

---

[27] „Die wissenschaftliche Arbeit bedarf der Selbstbesinnung, will sie nicht ziellos in der Unendlichkeit des Einzelnen umhertreiben", stellt Usener im Vorwort zu seiner Bonner Rektoratsrede vom 18. Oktober 1882 fest (Hermann Usener, *Philologie und Geschichtswissenschaft*, Bonn 1882; wieder abgedruckt in: Vorträge und Aufsätze von Hermann Usener, Leipzig und Berlin 1907). Vgl. Klaus Oehler, *Dilthey und die Klassische Philologie* in: Philologie und Hermeneutik im 19. Jahrhundert. Zur Geschichte und Methodologie der Geisteswissenschaften, hrsg. von Hellmut Flashar u. a., Göttingen 1979, S. 181-98; eher skeptisch über den Einfluß Diltheys auf Usener: A. Momigliano, Wege in die Alte Welt, Frankfurt a. M. 1995, 201-22, bes. 219 f.

[28] Oehler, ebd., S. 186.

[29] H. Usener, *Philologie und Geschichtswissenschaft*, (wie Anm. 27), S. 26. In einem früheren Abschnitt der Rede heißt es: „Die geschichtlichen Disziplinen der Philologie, wie Boeckh sie sich dachte, sind aufgegangen in umfassenderen und allgemeineren Disziplinen der Geschichtswissenschaft, aus deren Zusammenhang die philologische Betrachtung am einzelnen Volk nicht losgelöst werden kann ohne Verzicht auf wissenschaftliche Erkenntnis. Philologie in dieser Auffassung ist nicht eine Wissenschaft, sondern ein Studienkreis." Ebd., S.16.

Usener interessierten weniger die großen individuellen Leistungen als das „komparative Erforschen der Sprachen und Litteraturen" bis hin zur Folkloristik, das kollektive „unwillkürliche, unbewusste Werden". „Useners Standpunkt war der der vergleichenden Kulturwissenschaft".[30] Wenn Usener die Ausdehnung der Klassischen Altertumswissenschaft auf die Spätantike und das Byzantinische Mittelalter befürwortet und durchsetzt, ist dies zunächst die Konsequenz aus der Ablehnung des engen Klassikbegriffs. Es bedeutet jedoch auch eine erste Öffnung des bisherigen Forschungsfeldes der Philologie zur Rezeptionsgeschichte hin. Auch hier hat sich der Einfluss Diltheys als fruchtbar erwiesen.

Das Gros der Klassischen Philologen hat die modernere Konzeption Useners unbeachtet gelassen und sich eher zu der Position von Wilamowitz hingezogen gefühlt, die in ihrem traditionell bestimmten Zuschnitt ohne Philosophie und ohne übergeordnete, die Einzelerkenntnis leitende Gesichtspunkte auszukommen gedachte.

6

In der Generation der Wilamowitzschüler ist es zunächst Werner Jaeger (1888-1961), der sich auf Dilthey und Usener zu beziehen sucht.

> Jaeger knüpft mit seiner Konzeption der Einheit klassischer und spätantik-christlicher Geschichte und in der Kontinuität des Weges von der Antike zur christlichen Religion der Sache und der Methode nach wieder an Usener an. Wie Dilthey und wie Usener geht es auch Jaeger in der historischen Forschung bei aller Detailarbeit letzten Endes um eine Anschauung des Ganzen,[31]

d. h. um die Einsicht in die Entstehung und Ausprägung des Geistes in der griechischen Kultur sowie die Weiterwirkung solcher geistigen Formen in

---

[30] Manfred Landfester, *Ulrich von Wilamowitz-Moellendorf und die hermeneutische Tradition*, in: Philologie und Hermeneutik im 19. Jahrhundert. (wie Anm. 27), S. 156-180, dort S. 161 (im Anschluss an E. Rothacker, Logik und Systematik der Geisteswissenschaft Darmstadt 1970 [Nachdruck von 1926]). Usener selbst sagt: „Die Summe unseres Wissens von den vorhandenen und gewesenen Völkern vereinigt sich zu einer Ethnologie (Sperrung von Usener) (...). Auch auf dem geschichtlichen Gebiet beginnt Wissenschaft in der wahren Bedeutung des Wortes (ich bitte wissenschaftliche Tätigkeit nicht mit Wissenschaft zu verwechseln) erst mit der Erforschung allgemeiner für die Menschheit selbst gültiger Gesetze." Usener (wie Anm. 28), S.13-14.

[31] Klaus Oehler, (wie Anm. 27), S. 190-91.

der Geschichte. So charakterisiert er seine Studien zur historischen Kontinuität der gemischten Verfassungsform von der Antike bis zur amerikanischen Verfassung selbst als „Idealfall einer geistesgeschichtlichen Untersuchung".[32]

Mit seinen Vorstellungen von einem neuen Humanismus und dessen pädagogische Aktualisierung in der Paideia[33] kehrt Jaeger allerdings zu den überzeitlichen Werten einer normativen Antike zurück, Vorstellungen, die in unvereinbarem Gegensatz zu Diltheys Ansichten stehen. Wenn Antikerezeption im Übernehmen von „dauernden Formen des Geistes", verbunden mit dem Anspruch auf Wahrheit, besteht, lebt jene „Tyrannei des einen Ringes" wieder auf, die Dilthey mit seiner Philosophie bereits beseitigt zu haben glaubte. Snell hat in seiner Rezension des ersten Bandes der *Paideia* Jaegers Vorstellungen von überzeitlichen Normen eingehend kritisiert, insbesondere wo sie den nationalsozialistischen Machthabern in die Hände spielten[34].

Bruno Snell war bei dem Göttinger Philosophen Georg Misch mit den Arbeiten Diltheys in Berührung gekommen und sicherlich auch mit Diltheys hermeneutischem Ansatz, in welchem dieser die Geschichtlichkeit des Verstehens in den Mittelpunkt stellt. Charakteristisch ist dabei, dass Dilthey (im Gegensatz zu Schleiermacher) das grammatische Moment in seiner Hermeneutik ganz zurücktreten lässt zugunsten der Divination. Dilthey sprach vom „Nachfühlen fremder Seelenzustände: die ganze philologische und geschichtliche Wissenschaft ist auf die Voraussetzung gegründet, dass dies Nachverständnis des Singulären zur Objektivität erhoben werden könne".[35]

Snell sparte diesen Bereich von Anfang an in seiner Auffassung von Geistesgeschichte aus. Im Vorwort der ersten Auflage seines bekannten Buches *Die Entdeckung des Geistes* scheint er eher auf Schleiermachers hermeneutische Kategorie des „Grammatischen" zurückzugreifen, als auf Diltheys divinatorisches Verfahren:

---

[32] Werner Jaeger, *Scripta Minora*, Bd. 1, Rom 1960, S. XXVIII.

[33] Werner Jaeger, *Paidei. Die Formung des griechischen Menschen*, Bd. 1, Berlin 1934 (²1936); Bd. 2, Berlin 1944; Bd. 3, Berlin 1947; alle drei Bände in neuer Auflage: Berlin 1955 (²1958).

[34] Göttingische Gelehrte Anzeigen 197, 1935, S. 329-353 (=Bruno Snell, Gesammelte Schriften, Göttingen 1966, 36-54).

[35] Wilhelm Dilthey, *Die Entstehung der Hermeneutik*, in: Gesammelte Schriften, Bd. 5, hrsg. von Georg Misch, Stuttgart-Göttingen ⁴1964, S. 317.

Es ist hier nicht auf eine Deutung und Darstellung der Dichter und Philosophen[36], auch nicht auf eine Einführung in die reiche Fülle und ursprüngliche Lebendigkeit der frühgriechischen Kunst oder auf irgendeine Erbauung abgesehen, sondern auf exakte geisteswissenschaftliche Erkenntnisse: um deren Resultate so zu formulieren, dass sie, falls sie nicht richtig sein sollten, nur durch Tatsachen (nicht aber durch andere „Auffassungen") widerlegt werden können, ist es allerdings notwendig, bisweilen abstrakt zu reden.[37]

Snell verstand Geistesgeschichte als eine aus der exakten Sprachbeobachtung heraus entwickelte Wissenschaft. In seinem 1952 in erster Auflage erschienen Buch über den „Aufbau der Sprache" weist Snell darauf hin, dass bei aller Differenziertheit im Einzelnen Sprache (jedenfalls die indogermanischen Sprachen) in ihrem Aufbau stets auf drei Aussageformen zurückgeführt werden können, die in Substantiv, Adjektiv, Verb vorgegeben sind. Es sind die Sinnkategorien des *Darstellens*, des *Ausdrucks* und des *Wirkens (Handelns)*[38]. „Ein Sachverhalt ist für uns nur sinnvoll, sofern wir ihn in einer dieser drei Formen denken können".[39] Bereits 1928 schreibt Snell in einem Brief an den befreundeten Philosophen Joseph König, in dem er auf die Systematik der Sprache eingeht: „Fast wider meinen Willen werde ich da immer wieder hineingedrängt in die drei Diltheyschen Typen".[40]

In immer neuen Verschränkungen dieser drei Sinn-Elemente können jeweils differenziertere Sprachgebilde entstehen, wobei stets eines der drei Elemente prävalent ist. Snell geht dabei über den Satz und die engen Gren-

---

[36] Gerade solche biographisch ausgerichtete Studien galten aber Dilthey als besonders aussagekräftig. Vgl. Diltheys eigene umfangreiche Darstellung *Leben Schleiermachers*, Gesammelte Schriften, Bd. 13, hrsg. von Martin Redeker, Göttingen ³1979 und Bd. 14, hrsg. von Martin Redeker, Göttingen 1985.

[37] Bruno Snell, *Die Entdeckung des Geistes*, Hamburg 1946, S. 12.

[38] Harald Fricke, Göttingische Gelehrte Anzeigen 234, 1982, S. 128 spricht in einem Atemzug von „Karl Bühlers epochemachender 'Sprachtheorie' mit ihrem pragmatischen Organon-Modell der deskriptiven, expressiven und appellativen Sprachfunktion", dessen sprachtheoretische Umsetzung bei Bruno Snell, sowie der „erheblich erweiternde[n] und präzisierende[n] Bestimmung der Sprachfunktionen durch Roman Jakobson". (Hinweis von Rudolf Führer).

[39] Bruno Snell, *Der Aufbau der Sprache*, ²1952, S. 15.

[40] Brief vom 19. 8. 1928. Der Brief aus dem Nachlass König wurde mir freundlicherweise von Cornelia Sperlich zugänglich gemacht. – Snell bezieht sich hier auf Diltheys *Typen der Weltanschauung und ihre Ausbildung in den metaphysischen Systemen*, in: Gesammelte Schriften Bd. 8, hrsg. von Bernhard Groethuysen, Stuttgart-Göttingen ⁵1977.

zen der grammatischen Morphologie hinaus und verfolgt die von ihm
ausgemachten sprachlichen Grundfunktionen bis in den Bereich der
literarischen Gestaltungen und Philosophie[41] bei den Griechen[42]. Die weit
gespannte Welt der frühen *Epen* Ilias und Odyssee ist an der objektiven
Darstellung von Sachverhalten interessiert und zeigt darin eine bestimmte
Denkform (nicht eine stilistische Vorliebe neben anderen Möglichkeiten).
„Bis in den modernen Roman hinein ist diese Tendenz, eine ganze Welt in
ihrer Fülle darzubieten, für das Epos charakteristisch geblieben".[43] In der
griechischen *Lyrik* ist nicht mehr das Faktische der Gegenstände interessant, sondern ihre Bedeutung soll zum *Ausdruck* gebracht werden, sie
können zum Symbol werden. Die Aufhebung der zeitlichen Distanz zwischen Sage und Gegenwart führt in der Lyrik zu einem Bewusstwerden
der Gegensätze, Spannungen und Zwiespältigkeiten im eigenen Dasein.
Das häufig auch durch formale Darstellungsmittel, z. B. in der Ringkom-
position, gehemmte Fortschreiten der Zeit schafft in einer gewissermaßen
zeitlosen Gegenwart Raum für den Ausdruck eines bestimmten Lebens-
gefühls. Auch hier findet sich im Griechischen die archetypische Form, die
allem Späteren zugrundeliegt: „Das *Seelische*, das sich im lyrischen Gedicht
ausspricht, ist nun freilich nichts Festumrissenes, sondern wandelt sich im
geschichtlichen Bewusstwerden der Menschen, und doch bleiben die hier
aufgewiesenen Phänomene, die typisch sind für die Sphäre des Ausdrucks,
offenbar konstant".[44] Dazu tritt als dritte Form das aus Chorlied und
zweckgerichtetem Fruchtbarkeitszauber entstandene *Drama*. „Die Handlung, die ursprünglich kultisch-magische Bedeutung hatte, bleibt im Drama erhalten, obwohl sie ihren magischen, unmittelbar praktischen Zweck
einbüßt, und wird so abgewandelt, dass sie alle möglichen Handlungen
darstellt".[45]

---

[41] Auch bei Dilthey erfasst die Hermeneutik als „Kunstlehre der Auslegung von Schrift-
denkmalen" (Wilhelm Dilthey, *Die Entstehung der Hermeneutik*, Gesammelte Schriften Bd.
5, hrsg. von Georg Misch, Stuttgart-Göttingen [4]1964, S. 320) sprachliche Äußerungen vom
„kindlichen Lallen bis [zu] Hamlet oder der Vernunftkritik" (ebd. S. 318).

[42] Die Kapitel XI, *Die Dichtarten*, (S. 174-185) und XII, *Philosophie*, (S. 186-206) von *Der
Aufbau der Sprache*, berühren sich mit entsprechenden Darstellungen in *Die Entdeckung des
Geistes*. – Zur Übertragung von Sprachfunktionen auf Stilformen vgl. auch Roman Jakobson, Selected Writings V, The Hague 1979, S.419 (= ders., Poetik, Frankfurt a. M. 1979
[stw 262], S. 196. (Hinweis von Rudolf Führer).

[43] *Der Aufbau der Sprache*, (wie Anm. 36), S. 178.

[44] *Der Aufbau der Sprache*, ebd., S. 182.

[45] *Der Aufbau der Sprache*, ebd., S. 183.

Indem Snell die drei grundlegenden Dichtungsgattungen unter dem Aspekt der jeweils in ihnen neu gewonnenen Erkenntnisse unter dem generellen Aspekt der Funktionen von Sprache philologisch fundiert zu beschreiben sucht, wird Diltheys Kategorie des Divinatorischen für das geisteswissenschaftliche Verständnis von Dichtung überflüssig. Auch in der systematischen Darstellung, welche die philologischen Interpretationen ergänzen soll, die in *Die Entdeckung des Geistes* zusammengefasst sind, gewinnt das philologische Moment der Auslegung die Oberhand gegenüber dem Diltheyschen Begriff des einfühlenden Verstehens. Zugleich verbindet sich mit Snells Betrachtungsweise ein lebhaftes Interesse an dem Weiterwirken jener bei den alten Griechen gefundenen Modelle[46]. Für Snell verlangen die Umgestaltungen der griechischen Grundmuster in den späteren Epochen nach eingehender interdisziplinärer Untersuchung. Dies bestätigt die breit angelegte Vortragsreihe im Sommer 1943, die mit der Gründung der Zeitschrift *Antike und Abendland* – dies zeigt schon der programmatische Titel – ihre Fortsetzung fand. Wie bei Dilthey geht es auch bei Snell letztlich darum, „Geschichte zu verstehen",[47] das „Lebendige" und die darin wirksamen Kräfte versucht Snell allerdings auf der Grundlage philologischer Beobachtung zu beschreiben.

Gegen Ende der fünfziger bis weit in die sechziger Jahre hinein gerät die westdeutsche Diskussion um die Antike unter den Einfluss von Heideggers Philosophie mit ihrer Ontologisierung der Geschichte sowie der Bevorzugung der frühgriechischen Kultur und drängt den Einfluss Diltheys und generell des geistesgeschichtlichen Ansatzes zurück.

Spätestens in den letzten dreißig Jahren ist die Frage der Vergegenwärtigung von Antike auch Gegenstand der Rezeptionstheorie, insbesondere der Rezeptionsästhetik. Doch sind diese Ansätze im weiteren zunehmend kritisch beurteilt worden. So rückt durch die Theorie der Dekon-

---

[46] „Sofern das Nachleben von Antike nicht nur ein historisches Faktum, sondern etwas ganz Gegenwärtiges ist, interessiert besonders, was in unserer Zeit ein Dichter von der Antike zu sagen weiß oder ihr verdankt", Vorwort zu Antike und Abendland, Bd. 3, Hamburg 1948, S. 7 (dort bezogen auf T. S. Elliot).

[47] Martin Heidegger zitiert in *Sein und Zeit* zustimmend Diltheys Freund und Briefpartner Paul Yorck von Wartenberg, der (so Heidegger) „Diltheys eigenste philosophische Tendenz" zum Ausdruck bringt, wenn er von dem „uns gemeinsamen Interesse Geschichtlichkeit zu verstehen" spricht (*Sein und Zeit*, Tübingen, [10]1963, §77, S. 398. Dort beschreibt Heidegger sein Verhältnis zu Dilthey: „Die vollzogene Auseinanderlegung des Problems der Geschichte ist aus der Aneignung der Arbeit Diltheys erwachsen" (ebd. 397). Anders als bei anderen Klassischen Philologen (z. B. Wolfgang Schadewaldt) ist bei Snell keine Affinität zu Heideggers Philosophie erkennbar.

struktion die Frage nach dem Text (Derrida) und der Sprache (de Man) in den Vordergrund, während die Rezeptionsästhetik die Aufmerksamkeit primär auf Textstruktur und Rezeptionsgeschichte richtet. Die *New Philology* ihrerseits bezweifelt den Homogenitätsanspruch einer verbindlichen und allgemeingültigen Textfassung und versucht ein kompliziertes, häufig dialogisch aufgefasstes Gefüge nachzuweisen, das sich aus dem Zusammenspiel von Texten, Kontexten und ihren Rezeptionsformen innerhalb einer Texttradition ergibt.

Die Kulturwissenschaft verfolgt heute das Ziel, den eingeengten Wirklichkeitsausschnitt der Spezialdisziplinen zu öffnen und die unter fachspezifischen Fragestellungen bearbeiteten Forschungsgegenstände unter dem Dach des Kulturbegriffs in einem weiter gefassten kulturellen Funktionszusammenhang zu verstehen. Bei dem kulturwissenschaftlichen Ansatz ist nicht die Konstituierung einer neuen Disziplin beabsichtigt (ebensowenig wie bei Snell), vielmehr geht es um den Abbau eines Defizits, das sich aus der herkömmlichen institutionellen Gliederung der Wissenschaften ergab. Durch transdisziplinäre Problemstellungen werden die Kompetenzen der einzelnen Wissenschaften zu einander in Beziehung gesetzt. Die Kulturwissenschaft will keine der vorhandenen Methoden ersetzen, sondern diese erweitern und miteinander verknüpfen. Im Zusammenspiel und in gegenseitiger Interpretation der Disziplinen wird es möglich, die komplexe „Bedeutungsstruktur" (Geertz), als die Kultur verstanden wird, besser zu begreifen. Kultur ist ein Gewebe, *textum*, ein lesbarer Text, weshalb auch gefordert wird, „*die philologische Kompetenz* auf Gegenstände, die in ihren Organisationsformen und kommunikativen Funktionen sprachlichen Texten vergleichbar sind", zu übertragen[48]. Freilich ist Kultur nicht nur ein Ensemble von Zeichen, sondern auch ein Praxiszusammenhang. „Kultur kann zwar wie ein Text gelesen werden, doch geht sie nie vollständig in Textualität auf. Eine Praxis ist immer mehr als ein Text".[49]

Das Bruno Snell-Symposion knüpft von seiner Themenstellung und der disziplinübergreifenden Konzeption her an die gegenwärtige kulturwissenschaftliche Debatte an. Wenn das Symposion nach Bruno Snell benannt wird, verweist dies zugleich auf die von den Klassikern der Methodenlehre ausgehende Traditionslinie, auf Wilhelm Dilthey und die Ham-

---

[48] Jörg Schönert, *Warum Literaturwissenschaft heute nicht nur Literaturwissenschaft sein soll*, in: Jahrbuch der Deutschen Schillergesellschaft 42, 1998, S. 491-94, dort S. 494.
[49] Jan-Dirk Müller, *Überlegungen zu einer mediävistischen Kulturwissenschaft*, in: Mitteilungen des Deutschen Germanistikverbandes, Heft 4, 1999, S. 574-585, dort S. 580.

burger Ernst Cassirer und Aby Warburg. Der transnationale und trans-
kontinentale Ansatz ist durch die breite Ausfächerung der Tradition antiker Kulturelemente selbst ebenso wie durch die weit in die Geschichte
zurückreichende Diskursstruktur bereits faktisch vorgegeben.

7

Der Transfer von antiken Kulturgütern und Wissensbeständen in andere
Epochen und Kulturen hat eine lange und facettenreiche Geschichte hinter
sich, die sich in den Aufsätzen dieses Bandes niederschlägt. Das Interesse
am historischen Material war teils höchst unterschiedlich, so dass manche
Daten nur noch als Schatten durch die Wissensspeicher transportiert
worden sind, sie lassen erahnen, was schon am Ende der Spätantike verloren ist. Am Beispiel des Ortsnamens Muta untersucht **Timm** den Grenz-
bereich der hellenistischen und der arabischen Kultur. Diese Ortsangabe
verbindet sich mit einem historischen Datum. Auf verschlungenen Wegen
aber gelangt dieses Datum in die arabische Tradition, überquert die Kul-
turgrenze, der Ort wird hier Gedenkstätte für ein Datum des Islam. Die
Aktualisierung von Antike ist insofern auch ein Phänomen, das dem
kulturellen Wechsel unterliegt und dessen Inhalte mit neuen Bedeutungen
identifiziert werden können. Besonders die Namen können zugleich historische Quelle und Dokumente der Aktualisierung von Antike darstellen.

Damit sind bereits die wichtigsten Stichworte für die weiteren
Arbeiten dieses Sammelbandes genannt. Aktualisierung von Antike hat
immer mit dem Überqueren von Kulturgrenzen und den damit verbundenen Verschiebungen zu tun, die auch durch soziologische, psychologische oder ökonomische Aspekte ergänzt werden. Sie ist eingebettet in
die Ökonomie von Materialverlust und Wissensspeicherung, in die Relation des Eigenen und des Fremden, in die Dynamik von Entzifferung und
Bedeutungsschöpfung.

Antikerezeption, betrachtet man sie in diesem Kontext, war nie ein
homogenes Phänomen. Blickt man konkret auf Frankreich, Deutschland,
England, Süd- und Mittelamerika und die USA, eröffnen sich gerade in
den öffentlichkeitswirksamen Rezeptionsformen neue Dimensionen der
Interferenz von Tradition, Kultur und Gesellschaft. Die Materialfülle spätestens seit Beginn des systematischen Sammelns, des Auswertens und
Kopierens der Quellen wächst seit Beginn der Renaissance beständig.

Buchdruck und institutionalisierte Antikerezeption machen einerseits das Material erst weiteren Kreisen zugänglich und sind andererseits Medien der Identifikation mit und der Ablehnung von Antike, z.B. zugunsten einer mehr eigenständigen Moderne.

Wie bereits im Humanismus ist auch für das 17. Jahrhundert die Einstellung zur Antike in keiner Dimension wirklich homogen, zu groß sind die Differenzen, z. B. der Informationen und Konfessionen, weder sind die in den einzelnen Staaten hervorgebrachten Bilder der Antike identisch, noch sind es die Bezugsrahmen und Referenzfelder. So wurde etwa die unumschränkte Autorität Ciceros im Verlauf einer von Erasmus angestoßenen Debatte teils anerkannt, teils vehement bestritten.

Malatrait untersucht das doppelte Spannungsfeld im Wettbewerb der einzelnen Staaten um adäquate Antikedeutung und um die immanenten Wertkategorien der Antike, ihre Überzeitlichkeit und ihre Vorbildlichkeit. Deutschland rivalisiert mit Frankreich um die Interpretationshoheit über die Antike. So entsteht eine Debatte um die Eigenständigkeit der eigenen hohen Kunst und um die Vorbildhaftigkeit der antiken, eine Debatte, die in Frankreich bereits im Abklingen war. Große anspruchsvolle Bilder werden gehandelt, es geht auf beiden Seiten des Rheins um das Problem der Vollkommenheit. Besonders Sprache, Kunst und politischer Einfluß sind deren Indikatoren. Es zeigt sich, dass mit der These der Vollkommenheit der antiken Kultur ein Bedarf nach Perfektionierung der eigenen empfunden wird. Dafür steht in Frankreich u.a. Spracherneuerung, in Deutschland die Ablösung der Rokokokunst durch die Vorbildhaftigkeit der Antike. Malatrait diskutiert Tendenzen der französischen Antikerezeption der *Klassiker*, die mit der Pointierung der Klassizität sozusagen ungewollt eine eigene Dichtung schaffen, und der Modernen, die durch Ablösung des Fremden ein bewußt Eigenes entstehen lassen möchten, wobei sie freilich angewiesen bleiben auf die Kontrastfolie der Antike. Die Académie française, zunächst als Fundament der eigenen Kulturentwicklung konzipiert, bildet dennoch den Schauplatz der *Querelle des Anciens et des Modernes* 1687, in der sich die Kontroverse der beiden Parteien zuspitzt, die mit der Dominanz der *anciens* endet.

Die Gegenbewegungen zu den rationalistischen Formen der Aufklärung berufen sich auch in Deutschland gern auf die Antike, besonders auf ihr Verhältnis zur Natur. Homer ist einer der Heroen des unverstellten Naturverhältnisses, das die Kunstkonzeptionen der Empfindsamkeit und des Sturm und Drang prägen. **Lohse** weist in Goethes Wertherroman auf die besondere Konnotation des Antikebildes unter diesen Voraussetzungen hin. Er zeigt einerseits, dass Goethe hier die bestehende kunsttheoretische Debatte aufnimmt und sich darin platziert, andererseits dass er in seiner Auseinandersetzung mit dem antiken Topos des *locus amoenus* in der Figur Werther die zeitgenössische Antikeverehrung bereits ironisiert. Lohse ordnet Goethes Texte deshalb in der Entwicklung vom Naturschönen zum autonomen Kunstwerk explizit in die Abwendung von der Nachahmungsästhetik ein. Er weist am Beispiel der Uminterpretation des antiken Topos vom schönen Ort nicht nur auf Goethes Ironisierung hin, sondern auch darauf, wie Goethe mit dem Imitatio-Gedanken immanente poetologische Probleme im Rahmen von literarischen Texten diskutiert.

War in Frankreich und Deutschland die Antikerezeption von Debatten für oder gegen den Vorbildcharakter gekennzeichnet, so war Gibbons englische Antikerezeption, die **Finzsch** untersucht, durch eine gewisse taciteische Geste geprägt. Die römische Geschichte bildete für Gibbon ein Exempel, das vor dem möglichen Verfall der eigenen Kulturnation warnen konnte. Gibbon folgt damit zwar der traditionellen Legitimation der Historiographie als magistra vitae, er erweitert aber deren Wirkungsmöglichkeiten durch eine mitreißende Darstellung, die seine Texte zu Bestsellern macht[50].

Gibbon verdankt sich zudem, wie Finzsch hervorhebt, die an Diokletian gewonnene Vorstellung der *balance of power*. Anders als in Deutschland und Frankreich gelangt damit ein mechanistisches Denken in das Antikeverständnis. Schildert Gibbon den Niedergang eines Reiches am Beispiel der römischen Geschichte, so mahnt er, wie Finzsch zeigt, zur Wahrung des Gleichgewichts und zur Beibehaltung des römischen Rechts in England.

Hatte Schinckel versucht, durch klassizistische Architektur besonders der Stadt Berlin eine zivilisierende Wirkung auf deren Bevölkerung zu erreichen, so konnte man in den USA sehr viel unverkrampfter mit architektonischen Zitaten aus der griechischen Antike umgehen. **Schneider** zeigt, in welche soziopolitischen und architektonischen Kontexte diese Form der außereuropäischen Antikerezeption einzuordnen ist. Eine bestimmte Schicht läßt sich im späten 18. und im frühen 19. Jahrhundert Repräsentativbauten nach griechischen Vorbildern errichten, wie sie sich Kleidungsstücke anfertigen läßt. Zudem werden auch öffentliche Bauten in

---

[50] Mommsens römische Geschichte verfuhr 100 Jahre später gerade umgekehrt: er interpretierte Teile der römischen Geschichte nach dem Exempel der deutschen.

dieser Form gestaltet. Die Vorliebe für die Antike verdankt sich besonders
der Selbstwahrnehmung der Oberschicht, wie Schneider dokumentiert.
Für dieses Selbstverständnis zeugt unter anderem die produktive Rezeption der strengen klassizistischen architektonischen Strukturen, sie wurden
den Bedürfnissen der Nutzer in Gestaltung und Proportionen angepaßt.
Schneider kann zum Teil bis ins Detail zeigen, welche Handbücher die
Schnittmuster für diese Art von Architektur geliefert haben. Diese kreative
und nicht präskriptive Umgangsweise erinnert daran, dass die Determinan-
ten für die Auseinandersetzung mit der Antike weniger im Gegenstand
selbst als im Kontext des Umgangs mit ihr liegen.

Die Aktualisierung antiker Kunst und Philosophie verläuft im
Deutschland des späten 18. und frühen 19. Jahrhunderts selten über abstrakte Positionsbildungen für das Eigene oder das Fremde, sondern
knüpft meist über literarische Paradigmata aus der Antike an: die antike
Tragödie, vor allem aber – im Anschluss an englische Vorstöße – die Epen
Homers. Wilhelm von Humboldt befindet sich ganz in der Kontinuität
der im Anschluss an Winckelmann neu formierten Altertumswissenschaften, für die die Namen Christian Gottlob Heyne (1729-1812) und Friedrich August Wolf (1759-1824) stehen. Gräzistik ist bei diesen Philologen in
erster Linie Homerphilologie. Auch für Humboldt nimmt Homer, wie
Matthiessen zeigt, eine herausgehobene Stellung ein. Damit steht er nicht
nur in der Tradition der Altertumsforschung, sondern auch in der der
kunst- und kulturgeschichtlichen Antikevergegenwärtigung von Winckelmann bis Schiller. In seiner Bewertung Homers als *idealisch* führt Humboldt diese Komponenten zusammen. Wie Winckelmann will auch
Humboldt die Vorzüge der antiken Kultur auf seine Gegenwart übertragen. Ein zentrales Medium für die Reformierung des Eigenen durch das
Fremde ist nicht zuletzt die Sprache. Weniger in der komplizierten Synthese der griechischen und deutschen Sprache täuscht sich Humboldt, als
in der einseitigen Überbewertung der deutschen Verdienste um die Griechen-Renaissance in Europa. Der Theoretiker des Allgemeinen übersieht,
wie Matthiessen darstellt, unter dem Eindruck der deutschen Graecophilie
die universale europäische Dimension des Interesses an den Griechen seit
dem ausgehenden 17. Jahrhundert.

Auch für Wilhelm von Humboldts Bruder, Alexander, nimmt die
Antike eine kulturhistorisch paradigmatische Position ein. Er kann auf
seiner Amerikareise und bei deren Auswertung auf die bereits durch die
Antike vorgeprägten Zugänge zu fremden Kulturen zurückgreifen, die in

der frühen Neuzeit entwickelt worden waren. **Meissner** sondiert das interkulturelle Feld der Projektionen von Antikebildern auf Mittelamerika zwischen der Entdeckung des Kontinents und dem 19. Jahrhundert. Für die frühe Neuzeit wird die Beziehung von Antike- und Amerikabildern als Teil einer verschobenen Alteritätsdebatte charakterisiert. Alexander von Humboldt sieht in der Antike einen überzeitlichen kulturellen Maßstab für seine kulturhistorischen Betrachtungen. Wie Meissner zeigt, meint Humboldt in den mittelamerikanischen Kulturen eine Wiederholung von Frühformen der griechischen Kultur zu finden. Die Antike als Interpretationsmatrix hat sich von der frühen Neuzeit bis ins 19. Jahrhundert bereits soweit verfestigt, dass fremde Geschichte nach ihrem Muster bewertet oder das Fremde in Korrespondenz mit dem Eigenen interpretiert werden kann. Deutlich wird aber auch, dass das Interesse, das im Hintergrund steht, ein primär ökonomisches ist und dass bei den Entdeckern – vielleicht auch aufgrund der kulturhistorischen Prädeterminationen ihres Blicks – dieses zeitgenössische Interesse weniger wahrgenommen wird als ein imaginäres Allgemeines. Am Beispiel der Projektion von europäischen kulturhistorischen Traditionen auf die Völker Mittel- und Südamerikas zeigt sich bereits der fiktionale Charakter dessen, was man damals als Antike ansah.

Spätestens seit der Frühromantik wird dann in Deutschland die Antike als eine Denkkategorie diskutiert, die auf fiktiven Konstrukten beruht. Für die Avantgarde der Romantiker entsteht das Kunstwerk im Moment der Verarbeitung durch den Betrachter und nicht im Moment seiner physischen Produktion, wie **Schierbaum** an einem Novalisfragment darstellt. Die Antike selbst existiert nicht an sich, sondern nur in ihren Interpretationen, sie ist subjektive Schöpfung ihrer jeweiligen Interpreten. Die Provokation, die besonders für die Weimarer Potentaten der Poesie um 1800 von derartigen Thesen ausging, korrespondiert mit dem produktiven Potential, das die Frühromantik dadurch freisetzte (bis hin zu Nietzsche). Nicht zuletzt deshalb endete die klassizistische Phase Goethes und Schillers mit einem gewissen Zweifel an der Tragfähigkeit der von ihnen entwickelten Symbolkonzeption. Der späte Goethe hat versucht, eine Synthese zwischen *romantischen* und *klassischen* Vorstellungen zu finden[51].

---

[51] Der späte Goethe suchte die romantische Provokation zum Teil in seine eigene künstlerische Produktion zu integrieren (etwa in der *Novelle* und dem *Faust II*).

Die historische Weiterführung dieser Verschränkung von Tradition und Projektion lässt sich auch anhand von politischen Debatten und Theaterspielplänen zeigen. **Hose** verdeutlicht in seiner Auseinandersetzung mit der Euripidesrezeption im 19. Jahrhundert die Auswahlkriterien, denen die antiken Tragödien unterlagen. Die Wahl der Stoffe, die beim Publikum Beifall finden, ist abhängig von der Applikationsfähigkeit der Texte, die aufgeführt werden, und von den Erwartungshorizonten der Betrachter, und dies sowohl auf wissenschaftlichem wie auf ästhetischem Gebiet. Hier bildet die hohe Wertschätzung der Dramen des Sophokles im 19. Jahrhundert einen Gegenpol zum geringen Interesse an Euripides. Hose macht in erster Linie einen Wechsel in den psychosozialen Rahmenbedingungen der Gesellschaft für diese Wertung verantwortlich. Noch im 18. Jahrhundert, unter der Wirkung der Aufklärung, war Euripides als philosophischer Dramatiker, der feste Normen in Frage stellte, hoch angesehen.

Nach der Neuordnung Europas durch die französische Besetzung, die daran anschließenden Befreiungskriege und die Refeudalisierung nach dem Wiener Kongreß waren Aufklärungsgedanken bestenfalls auf der Ebene der Akademien möglich. Andererseits bildete Sophokles auch für die Distributoren, die Philosophen, wie Hegel, und die Literaturkritiker, wie die Brüder Schlegel, den Typos des vorbildlichen antiken Dramatikers. Er ist an christliches Denken wie auch an dialektische Philosophiekonzeptionen leichter zu applizieren, wie auch Hölderlins Anmerkungen zum Ödipus und zur Antigone zeigen, der in seiner Übersetzung den heidnischen Hades als Hölle deuten kann.

Das Beispiel Heines zeigt wesentliche Gegebenheiten und Bedingungen, denen die Antikerezeption im 19. Jahrhundert unterworfen ist. Einerseits bezieht Heine, wie **Schuh** herausarbeitet, Stellung gegen die Gräkophilie seiner Zeit, andererseits diskutiert er antike, besonders griechische Literatur in Relation zu seiner persönlichen Affinität zur christlichen Religion. Die Intensität von Heines Antikeverehrung jenseits der Gräkophilie wird durch seine Beziehung zum Christentum skaliert. Seine große Identifikation mit christlichen Glaubensinhalten scheint für Heine eine gleichrangige Beschäftigung mit heidnischen antiken Inhalten auszuschließen.

Nietzsche stellt solche Art von Metaphysik radikal in Frage. Für ihn ist Wissenschaft und Wahrheit als Grundorientierung fragwürdig geworden, statt dessen richtet er sein Interesse und seine Erwartung auf die Kunst und stellt schließlich das Leben an die oberste Stelle. **Martens** arbeitet diese Verschiebungsoperation in Richtung auf die *Artisten-Metaphysik* heraus und zeigt, wie sie von Nietzsches Interpretation des Dionysos im Wechselverhältnis zu Apoll geprägt ist. Die Nobilitierung und Potenzierung des Scheins, sogar seine Identifizierung mit dem Sein resultiert gerade aus der für die Ästhetik des 18. und 19. Jahrhunderts manchmal problematischen Infragestellung einer geordneten und auf Oppositionen reduzierbaren Welt.

Martens bringt diese Kunstkonzeption mit dem auch von Hölderlin betonten Gedanken Heraklits des „Einen in sich selbst Unterschiedene" in Verbindung. Der antike Göttermythos wird so zu einem ersten großen Kunstwerk aus Menschenhand, welches das Leben des Einzelnen stimuliert. Martens macht dabei auf die besondere Konzeption der Kunst in der Nachfolge Heraklits (und bedingt auch Hölderlins) aufmerksam und diskutiert die Kunstkonzeption von Nietzsches Spätwerk unter dem Begriff der Dekonstruktion. Wenn auch Nietzsche drei grundlegende Kategorien seines Modells, das Dionysische, das Apollinische und das Sokratische direkt aus antiken Kontexten entlehnt, so ist doch sein Modell von Ästhetik, Wissenschaft und Wahrheit nur partiell wie im Falle des Heraklitfragments mit antiken Kunstkonzeptionen gleichzusetzen. Aber auch das Gegenstück zu einer klassizistischen Ästhetik kann aus der theoretischen Vielfalt der antiken Philosophie zugleich produktiv mit der Protagonisten antiker Kunstwerke umgehen, um eigene Begriffe mit unverwechselbarem Charakter zu entwerfen.

Bei Wagner glaubte Nietzsche zeitweilig die Übertragung seiner theoretischen Vorstellungen in die künstlerische Praxis zu erkennen. **Olwitz** betont die Verwurzelung Wagners in antiken Theaterkonzeptionen. Diese wurden ihm von der goethezeitlichen Literatur und auch von der von ihm als leblos empfundenen Philologie in gut aufbereiteter Form zur Verfügung gestellt. Teils übernimmt er den Klassizismus, teils ist er bestrebt, ihn zu fragmentieren. Anders als die Literaturkonzeptionen der Goethezeit projiziert Wagners Kunsttheorie die Kunst der Zukunft. In diesem selbstreferentiellen Kontext hat die Antike ihren Ort, so die These von Olwitz. Die Szene der Gründung der europäischen Kultur in der Antike wird von Wagner als rein ästhetisches Moment betrachtet. Ästhetisierung, Fragmentierung und Selbstreferentialität kappen die Kontinuitäten, die für die Antikerezeption des Klassizismus, z. B. für Humboldt, noch tragende Kategorien waren.

Die Frage, die in dieser Zeit an Kultur herangetragen wird, ist die nach einer festen Orientierung an einem Prinzip, das, wenn schon nicht die gesamte Gesellschaft, wie in der Goethezeit, so doch ihre kulturtragende Schicht rechtfertigte. Hier erscheinen Wagner die griechischen Theateraufführungen wie Verheißungen aus einer anderen Zeit. Nach seiner utopischen Vorstellung sollen alle freien Bürger in der Inszenierung des Schauspiels im Namen von Religion, Kunst und Politik zu einer gesellschaftlichen Einheit verschmelzen. Dabei soll die ursprüngliche Funktion des Theaters womöglich noch reiner erfüllt werden als in der Antike. Olwitz weist darauf hin, dass Wagner gerade den Zwangscharakter der griechischen Inszenierungen, die gewaltsame Synthese der Individuen zu einem Allgemeinen, kritisiert. Das antike Theater, die politisch-ästhetischen Modelle der Goethezeit (Egoismuskritik, Universalitätsanspruch), Nietzsches Artistenevangelium und die Erfahrung der Moderne bilden die Elemente des Konzepts *Gesamtkunstwerk* bei Wagner. Zukunft ist, so argumentiert Olwitz am Beispiel der von Wagner präfigurierten Medientechnologien, in dieser Konzeption nur noch als Apokalypse vorstellbar.

Die Antikerezeption hat im 20. Jahrhundert bei weitem nicht mehr den Stellenwert wie in den beiden Jahrhunderten zuvor, die Altertumswissenschaft ist schon in der ersten Hälfte des Jahrhunderts nicht mehr die Leitwissenschaft, die sie einmal war. Hatte sich das Paradigma Antike im 18. und 19. Jahrhundert von der Kunstgeschichte gleichzeitig in die Philologie, Philosophie und Literatur vorgearbeitet, war sie über die Geschichtswissenschaft und die beginnende Archäologie in die Gestaltung der modernen Städte und der gymnasialen Lehrpläne vorgedrungen und hatte den Geschmack der breiten Bevölkerung nicht zuletzt in Theater und Oper zufriedengestellt, so haben sich bereits zu Beginn des 20. Jahrhunderts im Zusammenhang mit politischen und gesellschaftlichen Veränderungen, der beschleunigten Entwicklung der Technik und der Arbeitsbedingungen konkrete aktuelle Fragen in den Vordergrund geschoben. Kunst und Wissenschaft, das Leben überhaupt erscheint den Menschen segmentiert, spezialisiert und technisiert. Die technisch-industrielle Moderne mit ihrer Produktion und Information nimmt immer deutlichere Gestalt an. Das löst, nicht nur im Bildungsbürgertum, zunehmend Verunsicherung aus, verschärft noch durch den ersten Weltkrieg und seine Folgen. Gesellschaftlicher Wandel und die Folgen der Technisierung werden einmal mehr als das Fehlen von Orientierung und Sicherheit empfunden.

Heidegger konstituiert seine Philosophie in einem Feld, das durch strengen Rationalismus, durch einen subjektivistischen Reduktionismus und durch Ansätze gekennzeichnet ist, die sich nicht mehr in das konventionelle Spektrum philosophischen Denkens einordnen lassen. Gemeinsam ist diesen Strömungen eine jeweils höchst unterschiedliche Kritik an der Moderne und an den Opfern, die sie abverlangt.

Heidegger ist bestrebt, einen eigenen Weg einzuschlagen, der ihn vor den Gefahren der Vermassung schützt (er nennt deren Produkte „Man", die entindividualisierte Masse), und neue Dimensionen des Denkens und Handeln eröffnen soll. Unter diesen Prämissen führen ihn besonders zwei Wege in die Antike: einer zielt auf die Vorsokratiker, der andere über Hölderlin auf die Beziehung von Griechen und Deutschen. Er interessiert sich hier besonders für die individuelle Dimension des Eigenen und des Fremden. Der in Sprache und Äußerem gewöhnlich bis zur Provokation unkonventionelle Heidegger wandte sich Hölderlin und dessen Auseinandersetzung mit der Antike zu, als seine eigenen Pläne, in der NSDAP und der deutschen Universität politisch-reformerisch tätig zu werden, sich nicht verwirklichen ließen.

Wergin zeigt, dass die hauptsächlich in dieser Phase erarbeitete geschichtsphilosophische Dimension von Heideggers Philosophie darauf ausgerichtet ist, Fragestellungen aufzuspüren, die in der Vergangenheit implizit geblieben waren oder jedenfalls nicht wirkungsmächtig wurden, die allerdings Dimensionen erwarten ließen, welche die Rahmenbedingungen des Denkens in der Gegenwart und sogar der Zukunft nach Heideggers Ansicht entscheidend beeinflussen konnten.

Gegen die Kritik an Heidegger macht Wergin geltend, dass Heidegger mit dieser Geschichtskonzeption und seiner Suchbewegung nicht hinter den Stand der modernen Ästhetikdiskussion zurückgefallen sei. Heideggers Interesse in der Auseinandersetzung mit Hölderlin - in wichtigen Teilen dabei mit Hölderlins Arbeit an einem neuen Zugang zur Antike - gilt einem Denken, das sich gerade bei dem, was das Leben des Menschen ausmacht, nicht mehr mit dem bisher Gültigen zufrieden geben will. Wergin weist hier auf die Tradition der Moderne hin, die durch das Ende der Metaphysik gekennzeichnet ist. Der Kunst fällt für Heidegger mit dem Ende der Metaphysik die Aufgabe zu, Wahrheiten zu konstruieren, ohne sich auf deren Letztgültigkeit berufen zu können. Wie Adorno - so betont Wergin - sieht auch Heidegger die Kunst dennoch in der Rolle, eine allgemeinverbindliche Wahrheit jenseits der festen Bezugspunkte der Meta-

physik zu gewährleisten. Bereits in der Dichtung Hölderlins – in erster
Linie in der Vergegenwärtigung von Antike in Hölderlins Dichtungen um
1800 – zeichnen sich nach Heideggers Ansicht Lösungsmöglichkeiten ab,
die einen Ausweg aus den Problemen der technischen Moderne der Gegenwart erwarten lassen.

Dingel führt ein zentrales Beispiel für das Ende einer bis dahin offensichtlich fraglosen Identifikation mit der Antike vor. War das *Dulce et
decorum est pro patria mori* der zweiten Römerode des Horaz bis ins frühe
20. Jahrhundert noch ein unbestrittener moralischer Leitsatz, so mußte
nach den Erfahrungen zweier Weltkriege eine neue Position – gerade auch
zu diesem Satz – gefunden werden. Selten nur tritt der Bruch mit dem allgemein akzeptierten Verständnis der Antike und ihren moralischen Werten – der mit dem Normenwandel im Wechsel der Epochen einherzuge-
hen pflegt – mit solcher Brisanz hervor, wie in den Interpretationen und
Wertungen zu jenem von Horaz formulierten Aufruf zum Tod fürs
Vaterland.

Dingel dokumentiert die unterschiedlichen Deutungsversuche und
zeigt, wie das ganze Spektrum philologischer Interpretationstechniken auf
das in seinem vormaligen Verständnis nicht mehr verwertbare Zitat angewandt wird, offenbar mit dem Ziel, die Kommensurabilität der Verse
wieder herzustellen. Die eigene Vergangenheit steht in Frage, daher die
Versuche, die vormalige Auffassung – zu einfach – als Irrtum der Interpreten zu deuten.

Die Antikerezeption ist in der zweiten Hälfte des 20. Jahrhundert
zweifellos in Gefahr, in Residuen abgedrängt zu werden. Das bedeutet
aber keineswegs, dass die Formen und Inhalte jenes vormals in hohen
Ansehen stehenden Wissensreservoir *Antike* nur noch ornamentalen Charakter hätten. Das Gegenteil ist offenbar der Fall. Besonders seit den 80er
Jahren werden aus der mittlerweile eher als fremd empfundenen antike
Kultur Alternativen zur eigenen Gegenwart aktiviert und ihr gegenübergestellt. Prominent ist Foucaults Versuch geworden, im Hinblick auf den
antiken Umgang mit Sexualität auf gegenwärtige Transformationsprozesse
von gesellschaftlichen Wertungen hinzuweisen oder auch solche Prozesse
zu initiieren.

Das öffentliche Interesse an der Antike hat sich verändert und bezieht
sie – man könnte sagen: aus einer interessierten Distanz heraus – in die
Suche nach neuen Paradigmen ein. Neben den Fachwissenschaftlern
halten besonders Literaten einen produktiven Kontakt zur Antike auf-

recht, wie Christoph Ransmayr, der als angeblich letzte der Metamorphosen Ovids den Untergang der Menschen stattfinden lässt, damit die Natur
sich zurückholen kann, was ihr über Jahrtausende entrissen worden ist
oder Thomas Hettche, der den Autor als einen Minotaurus in das
Labyrinth seines Textes schickt.

Fischer weist am Beispiel Horst Sterns auf die thematische Verflochtenheit von schizoider Innensicht, antiker Paradeigmatik und Kritik an
der technisch-ökonomischen Ausbeutung der Natur hin. In Sterns *Roman
Klint – Stationen einer Verwirrung* wird die halluzinierte Reise im Kopf
Vergils nicht nur zum Ansatzpunkt einer Reflexion über den fiktionalen,
den mythischen und den phantasmatischen Charakter der Antike in den
Köpfen der Neuzeit, sie wird auch zu einer Reise durch das Panoptikum
der Zerstörungen der Natur und der Kultur durch den technisierten und
industrialisierten Tourismus, durch Tierversuche etc. Fischer arbeitet
besonders die Leistungsfähigkeit der Überblendungen von mythologischen
Visionen und Bildern der Realität heraus. Die Chimären Arkadiens lassen
sich mit dieser Darstellungstechnik zwanglos in die krude Gegenwart
apokalyptischer Visionen einer rein technologischen Nutzung von Bioma-
terial integrieren. Wenn Fischer diese Erzählkonzeption direkt auf antike
Mythen und ihre wirklichkeitsbildende Kraft beziehen kann, scheint es,
dass bei Stern für einen Moment antike Ausdruckmöglichkeiten wieder
zum Leben erwachen.

Von Ouranios zur Universität

Stefan Timm (Hamburg)

Wer bei einem Vortragstitel *Ouranios* seine Gedanken zu himmlischen Sphären erhebt, wird durch das Nachfolgende enttäuscht werden. Beim Thema Ouranios hat man sich in Regionen der Sterblichen zu bewegen. Wer es noch nicht gewusst haben sollte, dem sei hiermit gesagt, dass Ouranios ein antiker Autor war.

Normalerweise ist es vorteilhaft, sich dem Werk eines antiken Autoren über die Sekundärliteratur schrittweise zu nähern. Im Fall des Ouranios ist das ein Nachteil. Denn der erste Schritt zur Annäherung an Ouranios führt zum Werk des Stephan von Byzanz[1]. Über Stephan von Byzanz ist wenig bekannt. Er scheint um 530 n. Chr. als Grammatiker an der Hochschule von Konstantinopel gewirkt zu haben[2], nicht ganz hundert Jahre bevor Muhammad in Medina seiner Gemeinde festere Formen gab. Sein griechisch Ἐθνικά betiteltes Werk wird von jedem, der sich mit antiker Geographie oder Landeskunde im Mittelmeerraum befasst, irgendwann einmal zitiert. Es lässt sich aber behaupten, dass die meisten Zitate aus Stephan von Byzanz in der wissenschaftlichen Literatur nur mittels der Sekundärliteratur beigezogen sind[3]. Kein moderner Historiker hat die Ἐθνικά des Stephan von Byzanz jemals ganz *gelesen*. Man kann die Ἐθνικά des Stephan von Byzanz auch nicht *übersetzen*. Sie sind unübersetzbar, weil der Autor in oberlehrerhaften Weise jedem seiner Leser demonstriert, wie unwissend der sei. Diesen Beweis liefert Stephan von Byzanz in zweifacher Weise. Zuerst damit, dass er in der Abfolge des griechischen Alphabets, von Alpha angefangen bis Omega hin, über mehr als siebenhundert Druckseiten eine unvorstellbare Fülle von Berg-, Fluss- oder Ortsnamen, Regional-, Stammes- und Völkernamen auflistet. Kein Zeitge-

---

[1] Augusti Meinekii, *Stephani Byzantii Ethnicorum quae supersunt*, Tom. Prior, Berolini 1849.

[2] Vgl. Hans Gärtner, Artikel *Stephanos von Byzantion*, in: Der Kleine Pauli, Bd. 5, München 1979, Sp. 358-360.

[3] Peter Thompsen, *Loca Sancta*, Leipzig 1907 = Nachdruck Hildesheim 1966; vgl. auch Yoram Tsafrir - Leah Di Segni - Judith Green, *Tabula Imperii Romani. Iudaea. Palaestina. Eretz Israel, The Hellenistic, Roman and Byzantine Periods*, Jerusalem 1994.

nosse kannte zur Zeit des Stephan von Byzanz auch nur ein Zehntel davon. Hätte Stephan von Byzanz nur diese Tausende von Berg-, Fluss- oder
Ortsnamen, Regional-, Stammes- und Völkernamen geboten, so wären
seine 'Εθνικά eine unerschöpfliche Quelle zur antiken Geographie und
Völkerkunde geblieben. Da er aber über seine schier erdrückende Fülle
von Einzellemmata hinaus in schulmeisterlicher Manier noch hinzufügt,
wie die männliche oder weibliche Herkunftsbezeichnung aus jedem dieser
Orte oder Völker in der griechischen Sprache *richtig* gebildet werde, war
sein Werk schon für seine *griechischen* Leser zwar von bewundernswerter
grammatischer Gelehrsamkeit, gleichzeitig aber nur schwer erträglich[4].
Ein moderner Leser negiert spätestens, nachdem er zum vierten oder fünften Mal über die Bildung der männlichen oder weiblichen Herkunftsbe-
zeichnungen oberlehrerhaft zurechtgewiesen worden ist, alle weiteren
Angaben dieser Art. Um es drastisch auszudrücken: man kann die
'Εθνικά des Stephan von Byzanz als einen riesigen Haufen von Sperrmüll
aus der Antike ansehen. Indes gibt es Leute, die im Sperrmüll für sie Nütz-
liches finden. Mit solchen nützlichen Stücken ist hier gemeint, dass die
'Εθνικά des Stephan von Byzanz fast ausschließlich aus Zitaten früherer
Autoren bestehen. Hunderte antiker Autoren sind hier ausgeschlachtet
worden. Ihre Liste würde mehr als zehn moderne Druckseiten umfassen.
Einer unter diesen bei Stephan von Byzanz um 530 n. Chr. zitierten Autoren ist Ouranios.

Es sind ca. 30 Lemmata, bei denen Stephan von Byzanz verbatim angibt, dass er sie aus Ouranios abgeschrieben habe[5]. Ein zusätzliches Zitat
gibt es noch bei dem byzantinischen Schriftsteller Johannes Tzetzes[6], so

---

[4] Wie weit Stephan von Byzanz dabei nur frühere Vorgänger (Herodian, Oros u.a.)
weiterführte, bedarf der Untersuchung.

[5] Carolus Müller, *Die Fragmente der griechischen Historiker*, Berlin 1923; Felix Jacoby,
Die Fragmente der griechischen Historiker (FGrHist), Dritter Teil: *Geschichte von Staedten
und Voelkern (Horographie und Ethnographie), C: Autoren über einzelne Laender Nr. 608a-
856, Erster Band: Aegypten · Geten, Nr. 608a-708*, Leiden 1958, Nr. 675 = S. 339-344. - Vgl.
noch die Korrektur zu Κάρναυα bei Hermann von Wissmann, Art. *Uranios*, in: Georg
Wissowa (Hrsg.), Paulys Real-Encyclopädie der classischen Alterthumswissenschaft (RE)
Supplement Bd. 11 (Abragila bis Zengisa), Stuttgart 1968, Sp. 1278-1292, hier Sp. 1278.

[6] Zu Johannes Tsetzes (1110/1112 - 1180/85 AD) und seinen Chiliaden vgl. Carl Wen-
del, Art. *(Johannes) Tzetzes*, in: RE 2. Reihe 7. Bd., Stuttgart 1948, Sp. 1959-2011, hier Sp.
1993ff. und Wolfgang O. Schmitt, Art. *Tzetzes*, in: Der Kleine Pauly Bd. 5, München 1979,
Sp. 1031-1034. Das Zitat aus Ouranios steht in den Chiliaden 7, 730.

dass anzunehmen ist, dass das Werk des Ouranios bis ins 12. Jh. n. Chr. im Abendland noch bekannt gewesen ist. Da bis auf das eine Zitat bei Johannes Tzetzes alle übrigen Auszüge aber nur bei Stephan von Byzanz überliefert sind[7], hat das zur Folge, dass der Weg zu Ouranios nur über die Hindernisstrecke der Ἐθνικά des Stephan von Byzanz führt. Eine Durchsicht der dortigen Zitate ergibt rasch, dass sie aus einem Werk exzerpiert sind, das Ἀραβικά hieß. Ouranios befasste sich also mit *arabischen Angelegenheiten*[8]. Um einen Eindruck zu ermöglichen, was er darunter verstand, seien seine Zitate hier in äußerster Kürze paraphrasiert. An die Paraphrase des letzten Zitats seien dann Überlegungen angeknüpft, wieso es wahrscheinlich an Ouranios lag, dass in einem gänzlich unbedeutenden Ort im Ostjordanland vor kurzem eine Universität gegründet wurde.

Das erste Exzerpt aus dem 1. Buch der Ἀραβικά lautet: „Αὔαθα oder Αὔαρα, eine (anderweitig nicht belegte) συνοικία der Araber. Die Bewohner [heißen] Αὐαθηνοί oder Αὐαρηνοί".[9] Letzteres dürfte eine der

---

[7] Die Verweise bei Agathias, *Historiarum Liber* II, 29 (=Barthold Georg Niebuhrii, *Agathiae Scholastici Myrinensis Historiarum*, Corpus scriptorum historiae byzantinae, Bonnae 1828) und Damaskios, *Vitae Isidori* (Epitoma Photiana 92) (=Clemens Zintzen, *Damascii Vitae Isidori Reliquiae edidit adnotationibus instruxit*, Bibliotheca Graeca et Latina Suppletoria 1, Hildesheim 1967, S. 132) auf einen Ouranios (vgl. dazu schon Jacoby, FgrHist, [wie Anm. 5], S. 340), mögen den Verfasser der Arabika meinen, bleiben aber ganz unsicher.

[8] Es ist noch nicht geklärt, warum im Titel des Buches das Adjektiv *arabikos* verwendet wurde, im Buch selbst aber nur *arabios*.

[9] Vgl. Meineke, (wie Anm. 1), S. 144; Jacoby, FgrHist, (wie Anm. 5), S. 340, Fragm. Nr. 1: Αὔαθα καί Αὔαρα οὐδετέρως συνοικία Ἀράβων, ὡς Οὐράνιος ἐν Ἀραβικῶν ἆ. Οἱ οἰκήτορες Αὐαθηνοὶ καὶ Αὐαρηνοί. Ob das, was nicht zu Αὔαθα, sondern zu Αὔαρα bei Stephan von Byzanz separat überliefert wird (vgl. Meineke, S. 144 Αὔαρα, πόλις Ἀραβίας, ἀπὸ χρησμοῦ δοθέντος Ὀβόδᾳ κλησθεῖσα ὑπὸ τοῦ υἱοῦ αὐτοῦ Ἀρέτα. ἐξώρμησε γὰρ Ἀρέτας εἰς ἀναζήτησιν τοῦ χρησμοῦ. ὁ δὲ χρησμὸς ἦν αὔαρα τόπον ζητεῖν, ὅ ἐστιν κατὰ Ἄραβας καὶ Σύρους λευκήν. καὶ φθάσαντι τῷ Ἀρέτᾳ καὶ λοχῶντι ἐφάνη φάσμα αὐτῷ λευκοείμων ἀνὴρ ἐπὶ λευκῆς δρομάδος προϊών. ἀφανισθέντος δὲ τοῦ φάσματος σκόπελος ἀνεφάνη αὐτόματος κατὰ γῆς ἐρριζωμένος, κἀκεῖ ἔκτισεν πόλιν. τὸ ἔθνικον Αὐαρηνός), ebenfalls aus Ouranios stammt, ist ungewiss. Jedenfalls ist es nicht verbatim als Ouranios-Zitat ausgewiesen. Der Kleindruck bei Jacoby, S. 340 zeigt die Unsicherheit hinsichtlich der Herkunft des Zitats an.

schulmeisterlichen Belehrungen des Stephan von Byzanz über die richtige
Bildung der Herkunftsbezeichnung sein. Beim vorangehenden συνοικία
Ἀράβων gerät ein heutiger Interpret in Verlegenheit. συνοικία konnte
vieles bedeuten: in den dicht bebauten griechischen Städten das Zusammenleben in einem Mietshaus, eine Wortbedeutung, die man hier, im Ver-
bund mit Arabern, wohl ausschließen kann. Aber manche andere Deutung
bleibt möglich: die gemeinsame Siedlung von Kolonisten, die Gepflogenheit, dass ein Volksstamm seine jungen Mädchen Männern eines anderen
Stammes in die Ehe gab, und noch anderes. Ouranios hat συνοικία nicht
nochmals verwendet, so dass offen bleiben muss, was genau er meinte.
Immerhin: Bei Ἄραψ bzw. Ἀράβων gibt es keine lexikologischen Unklarheiten. Ouranios sprach von Arabern. Es braucht hier nicht entschieden zu werden, ob er sie *Araber* nannte, weil sie gegenüber den Griechen
gesellschaftlich und politisch völlig anders organisiert waren, oder ob sie
als Araber galten, weil sie arabisch sprachen. Im hiesigen Zusammenhang
ist das erste das wichtigste: das Toponym Αὔαθα bzw. Αὔαρα. Es ist zu-
sammenzustellen mit einem Ort bei Ptolemäus, Geogr. V, 17,5[10] und der
Tabula Peutingeriana, Segment VIII, 5 (Hauarra)[11] und gleichzusetzen mit
der heutigen Ruinenstätte al-Homayma im Ostjordanland halbwegs zwischen Petra und ʿAqaba[12]. So ist man schon mit dem ersten Zitat aus Ouranios in jenem Ostjordanland, auf das sich auch das letzte Exzerpt aus
dem V. Buch seiner Ἀραβικά noch bezog. Das 2. Exzerpt aus dem 1.
Buch der Ἀραβικά befasste sich mit den Σέννονες. So heiße ein *galati-
sches* Volk[13]. Das Exzerpt wirkt in einem Buch namens Ἀραβικά depla-
ziert. Dazu genüge der Hinweis, dass die Editoren es an eine andere Stelle

---

[10] Raleigh Ashlin Skelton, *Claudius Ptolemaeus Geographia, Strassburg 1513, with an Introduction by...*, Amsterdam 1966.

[11] *Tabula Peutingeriana, Codex Vindobonensis 324. Vollständige Facsimile-Ausgabe im
Originalformat*, Graz 1976.

[12] So erstmals Alois Musil, *The Northern Hegâz. A Topographical Itinerary*, American
Geographical Society, Oriental Exploration and Studies 1, New York 1926, S. 59f. mit
Anm. 20 (unter ausdrücklichem Hinweis auf Ouranios); vgl. Adolf Grohmann, Art. *Naba-
taioi*, RE Bd. 16,2, Stuttgart 1935, Sp. 1453-1468, hier Sp. 1460; H. von Wissmann, Art.
Uranios, Sp. 1279.

[13] Meineke, (wie Anm. 1), S. 561: Σέννονες· ἔθνος γαλατικόν, ὡς Οὐράνιος ἐν
Ἀραβικῶν πρώτῳ. vgl. Jacoby, FgrHist, (wie Anm. 5), S. 340, Fragm. Nr. 2.

im überlieferten Kontext zu setzen versuchen[14]. Möglicherweise ist γαλατικόν verderbt. Das dritte Exzerpt aus dem 1. Buch der Ἀραβικά des Ouranios bezieht sich auf den Ort Σίγγαρα. Das sei eine πόλις der Arabia bei (πρός) Edessa[15].

Edessa bedarf keiner Erläuterung. Es war die hellenistische Vorgängersiedlung des heutigen Urfa in der Südosttürkei. Auch Σίγγαρα ist bekannt. Es war der griechische Name des heutigen Balad Singâr am Ğabal Singâr im Iraq, westlich von Mosul, das in hellenistischer Zeit eine erhebliche Rolle gespielt hat[16]. Wenn es in diesem Exzerpt aber heißt, Σίγγαρα sei eine Stadt *bei* Edessa, müsste die weitere Diskussion der Ouranios-Zitate abgebrochen werden. Denn von Edessa bzw. Urfa bis Singara bzw. Balad Singâr sind es mehr als 250 Kilometer. Wer eine solche Entfernung noch mit der Präposition πρός=*bei* umschrieb, diskreditiert sich als Autor. Mehr als 250 Kilometer sind zu viel, um sie noch als *bei* (πρός) gelten zu lassen. Dennoch sei hier mit den Ouranios-Zitate fortgefahren, denn möglicherweise ist die irrige Angabe für Singara *bei* Edessa nur dadurch entstanden, dass Stephan von Byzanz sie aus einem geographisch korrekten Kontext im Werk des Ouranios herausgelöst hat.

Das vierte Exzerpt aus dem 1. Buch der Ἀραβικά bezieht sich auf die Χατραμωτῖτις. Es sei ein Land nahe beim Roten Meer[17]. Mit der Χατραμωτῖτις ist das Hadramaut im heutigen Jemen gemeint[18]. Die inhaltlichen Aussagen des Ouranios zur Χατραμωτῖτις müssen hier über-

---

[14] Vgl. Meineke, (wie Anm. 1), S. 561 App.; auch Jacoby, FgrHist, (wie Anm. 5), S. 340 stellt es zu Σέμφη.

[15] Vgl. Meineke, (wie Anm. 1), S. 564 Σίγγαρα· πόλις Ἀραβίας πρός τῇ Ἐδέσσῃ, ὡς Οὐράνιος ἐν πρώτῳ Ἀραβικῶν. Mit dem wahrscheinlich von Stephan von Byzanz stammenden Zusatz ὁ πολίτης Σιγγαρηνός, der in der Edition bei Jacoby zu Recht fehlt, vgl. Jacoby, FgrHist, (wie Anm. 5), S. 340, Fragm. Nr. 3.

[16] Vgl. Franz Heinrich Weissbach, Art. *Singara*, RE 2. Reihe Bd. 5, Stuttgart 1927, Sp. 232-233.

[17] Vgl. Meineke, (wie Anm. 1), S. 689: Χατραμωτῖτις, χώρα πλησίον τῆς Ἐρυθρᾶς θαλάσσης. οἱ πολῖται Χατραμωτῖται... Οὐράνιος δ᾽ ἐν τῷ πρώτῳ Ἀραβικῶν Χατραμώτας αὐτοὺς καλεῖ „καμηλοκόμοι Χατραμῶται Σαβαῖοι καὶ Ὀμηρῖται". Jacoby, FgrHist, (wie Anm. 5), S. 340 f. Fragm. Nr. 4 bietet den in einer Handschrift auch bezeugten, etwas abweichenden Text: Οὐράνιος δ᾽ ἐν ᾶ Ἀραβικῶν αὐτούς φησι· καμηλοκόμοι Χατραμῶται, Σαββαῖοι καὶ Ὀμηρῖται.

[18] Zu beachten ist auch ein Exzerpt aus dem 3. Buch, wo sich die Schreibung Ἀτραμῖται für die Bewohner des Hadramaut findet.

gangen werden. Es mag genügen festzustellen, dass Ouranios schon in seinem 1. Buch der Ἀραβικά über die weiten Regionen Mesopotamiens
hinaus auch Südarabien erwähnt hat. Aus dem 2. Buch der Ἀραβικά ist
zu folgenden Stichwörtern etwas überliefert (1.) Zum Roten [Meer][19], (2.)
zu Αἰαμηνή, das ein Land der Nabatäer sei[20], (3.) zu Αἰανῖτις, das (ebenso) ein Land der Nabatäer sei[21], (4.) zu Μήδαβα einer Stadt der Nabatäer[22],
(5.) zu Μώβα, einem Teil der Arabia[23], (6.) zu Τάηνοι[24] einem Volk von

---

[19] Vgl. Meineke, (wie Anm. 1), S. 279f.: Ἐρυθρά, ἡ θάλασσα, ἀπὸ Ἐρύθρου τοῦ
ἥρωος. Οὐράνιος δ' ἐν Ἀραβικῶν δευτέρᾳ ἀπὸ τῶν παρακειμένων ὀρῶν, „ἃ ἐρυθρὰ
δεινῶς εἰσι καὶ πορφυρᾶ καὶ ἐπεὶ βάλλῃ εἰς αὐτὰ ὁ ἥλιος τὴν αὐγὴν, καταπέμπει
εἰς τὴν θάλασσαν σκιὰν ἐρυθράν· καὶ ὄμβρῳ δὲ κατακλυσθέντων τῶν ὀρέων κάτω
συρρεόντων εἰς θάλασσαν, οὕτω γίγνεται ἡ θάλασσα τὴν χρόαν". Jacoby, FgrHist,
(wie Anm. 5)., S. 341, Fragm. Nr. 5 bietet einen leicht abweichenden Text. Meineke, (wie
Anm. 1)., S. 279 App. und Jacoby verweisen für diese Deutung auf die Überlieferung bei
Eustathius, Ad Dion. Per. 38f. (vgl. Carolus Müllerus, Geographi Graeci Minores... Vol. 2,
Paris 1882, S. 433) und das Etymologicon Magnum Nr. 379, 8, die aus Stephan von Byzanz
ausgezogen sei.
[20] Vgl. Meineke, (wie Anm. 1), S. 37; Jacoby, FgrHist, (wie Anm. 5), S. 341 Fragm. Nr.
6: Αἰαμηνή, Ναβαταίων χώρα, ὡς Οὐράνιος ἐν Ἀραβικῶν δευτέρῳ. Das unmittelbar
nachfolgende τὸ ἐθνικὸν Αἰαμηνός, das sowohl Meineke wie Jacoby als Ouranios-Zitat
angesehen haben, kann nach dem sonstigen Schema nur von Stephan von Byzanz stammen.
[21] Vgl. Meineke, (wie Anm.1), S. 37; Jacoby, FgrHist, (wie Anm. 5), S. 341 Fragm. Nr.
7: Αἰανῖτις, Ναβαταίων χώρα. Οὐράνιος Ἀραβικῶν δευτέρῳ. Das hier nachfolgende
τὸ ἐθνικὸν Αἰανῖται dürfte wiederum ein Zusatz des Stephan von Byzanz und nicht mehr
Zitat des Ouranios sein; anders Jacoby z. St.
[22] Vgl. Meineke,(wie Anm. 1), S. 449: Μήδαβα, πόλις τῶν Ναβαταίων. ὁ πολίτης
Μηδαβηνός, ὡς Οὐράνιος ἐν Ἀραβικῶν δευτέρῳ. (vgl. ebd. App. die unrichtige Graphie Μήβαδα in den Handschriften); Jacoby, FgrHist, (wie Anm. 5), S. 341 Fragm. Nr. 8
mit leicht abweichendem Text: Μήδαβα. πόλις τῶν <Ν>αβαταίων. ὁ πολίτης
Μηδαβηνός, ὡς Οὐράνιος ἐν Ἀραβικῶν β. Den Teil ὁ ... Μηδαβηνός dürfte wiederum
Stephan von Byzanz hinzugefügt haben.
[23] Vgl. Meineke, (wie Anm. 1), S. 466: Μώβα, μοῖρα τῆς Ἀραβίας. Οὐράνιος ἐν
Ἀραβικῶν δευτέρῳ. οἱ οἰκοῦντες Μωβηνοί, καὶ θηλυκῶς Μωβηνή (Jacoby,
FGRHist, (wie Anm. 5), S. 341, Fragm. Nr. 9 mit leicht abweichendem Text). Letzteres
unterliegt wieder dem Verdacht, Formulierung des Stephan von Byzanz zu sein; vgl.
ἔοικεν δ' ἐνδεῖν τὸ ᾶ. ἦν γὰρ Μώαβα. καὶ τὸ γὰρ ἐθνικὸν Μωαβίτης, τὸ θηλυκὸν
Μωαβῖτις.

den Sarazenen gen Süden und schließlich (7.) zu Palmyra, einem Festungs-
ort der Syria[25]. — Gemessen an dem riesigen Raum von Edessa bis zum
Hadramaut, der anscheinend Inhalt des 1. Buches der Ἀραβικά war,
konzentrierte sich das 2. Buch auf eine viel kleinere Region. Sein Schwer-
gewicht dürfte geographisch auf dem Nabatäerreich gelegen haben, trug
dazu auch ganz Spezielles bei und griff schließlich sogar bis nach Palmyra
aus. Das 3. Buch der Ἀραβικά hatte von den erhaltenen Zitaten her seinen Schwerpunkt in Südarabien. Mit diesen Exzerpten hat sich H. von
Wissmann intensiv befasst und sie als eine der wichtigsten antiken Quellen
für die Geschichte Südarabiens erwiesen[26]. Das 3. Buch der Ἀραβικά hat
sogar noch über den südarabischen Raum hinausgegriffen, denn mit dem
letzten Zitat daraus befindet man sich bei den Σῆρες, beim sagenhaften
Volk der Seidenzüchter in Indien[27].

Aus dem 4. Buch der Ἀραβικά sind drei Zitate erhalten. Sie teilen
etwas mit über das Volk der Ἀκχενοί, das an der Meerenge des Roten
Meeres wohne[28], das arabische Volk der Ἐδουμαῖοι[29] und über Ὄβοδα,

---

[24] Bei Meineke, (wie Anm. 1), S. 598 im Text als Ταηνοί geboten; nach den Handschrif-
ten (ebd. App.) auch Τάιννοι und Τάινοι. Jacoby, FgrHist, (wie Anm. 5), S. 341 Fragm.
Nr. 10 bietet Τάιν(ν)οι(?). ἔθνος ἀπὸ τῶν Σαρακηνῶν πρὸς μεσεμβρίαν ὡς ...
Οὐράνιος ἐν Ἀραβικῶν β.

[25] Meineke,(wie Anm. 1), S. 498: Πάλμυρα, φρουρίον Συρίας, οὗ μέμνηται
Οὐράνιος ἐν Ἀραβικῶν δευτέρῳ. τὸ ἐθνικὸν Παλμυρηνός, οἱ δ' αὐτοὶ Ἀδριανο-
πολῖται μετωνομάσθησαν ἐπικτισθείσης τῆς πόλεως ὑπὸ τοῦ αὐτοκράτορος. Vgl.
Jacoby, FgrHist, (wie Anm. 5), S. 341 Fragm. Nr. 11. Sofern in τὸ ἐθνικὸν ...
αὐτοκράτορος noch Ouranios das Wort hätte, müsste er in nach-hadrianische Zeit gesetzt
werden. Indessen ähnelt der Wortlaut stark dem, was Stephan von Byzanz anderswo aus
den Schriften Phlegons exzerpiert hat (vgl. Meineke, ebd., S. 204 Anm.; S. 498 Anm.). Falls
also der Wortlaut τὸ ἐθνικὸν ... αὐτοκράτορος aus Phlegon exzerpiert worden ist, muss
die Aussage inhaltlich als Argument zur Datierung des Ouranios ausscheiden.

[26] Art. *Uranios* (wie Anm. 5).

[27] Meineke, (wie Anm. 1), S. 562; Jacoby, FgrHist, (wie Anm. 5), S. 342 Fragm. Nr. 20:
Σῆρες· ἔθνος Ἰνδικόν, ἀπροσμιγὲς ἀνθρώποις, ὡς Οὐράνιος ἐν γ Ἀραβικῶν.

[28] Meineke,(wie Anm. 1), S. 66; Jacoby, (wie Anm. 5), S. 343 Fragm. Nr. 22: Ἀκχηνοί·
ἔθνος Ἀράβιον, ὡς Οὐράνιός φησι δ ἐπὶ τῷ αὐχένι τῆς Ἐρυθρᾶς θαλάσσης.

[29] Meineke, (wie Anm. 1), S. 261; Jacoby, FgrHist, (wie Anm. 5), S. 343, Fragm. Nr. 23
Ἐδουμαῖοι· ἔθνος Ἀράβιον, ὡς Οὐράνιος ἐν Ἀραβικῶν δ. Der weitere Text des
Lemmas: τινὲς διὰ τοῦ ι γράφουσ, ὡς εἰρήσεταί μοι ἐν τῷ ι stammt gewiss von Ste-
phan von Byzanz.

ein Land (χωρίον!) der Nabatäer[30]. - Bei nur drei Zitaten bleibt unsicher, in welchem geographischen Bereich das 4. Buch der Ἀραβικά des Ouranios seinen inhaltlichen Schwerpunkt hatte. Wegen der Idumäer und wegen des Ortes (!) Oboda hat man ihn am ehesten im südpalästinischen Raum zu vermuten.

Aus dem V. Buch der Ἀραβικά gibt es nur ein einziges Zitat. Dieses eine Zitat erlaubt keine Feststellung darüber, welchen historischen oder geographischen Raum das V. Buch der Ἀραβικά insgesamt behandelte. Aber trotz fehlenden Kontextes ist das eine Zitat inhaltlich bemerkenswert. Es besagt im Wortlaut: „Μωϑώ ist eine κώμη der Arabia. In ihr starb Antigonos der Makedone unter Rabilos dem König der Arabier wie Ouranios im 5. [Buch der Ἀραβικά erzählt], was in der Sprache der Araber *Ort des Todes* bedeutet".[31] — Man mag es beachtlich finden, dass in einem so frühen Text eine *arabische* Etymologie des Ortsnamens Μωϑώ versucht wird[32]; wichtiger ist, dass Ouranios hiernach als des Arabischen

---

[30] Meineke,(wie Anm. 1), S. 482: Ὄβοδα, χωρίον Ναβαταίων. Οὐράνιος Ἀραβικῶν τετάρτῳ „ὅπου Ὀβόδης, ὁ βασιλεύς, ὃν θεοποιοῦσιν, τέθαπται". τὸ ἐθνικὸν Ὀβοδηνὸς ὡς Δαχαρηνός. Vgl. Jacoby, FgrHist, (wie Anm. 5), S. 343 Fragm. Nr. 24, der zu Recht den letzten Teil, weil von Stephan von Byzanz stammend, fortgelassen hat. - Die Sachaussage ist für die chronologische Fixierung des Ouranios von erheblichem Belang. Denn mit dem hier genannten König Obodas kann nur der Nabatäer Obodas III. gemeint sein, der von 30 - 9 v. Chr. regiert hat. Wenn diesem König als dem Gott Obodas noch im Jahre 20 n. Chr. eine Statue errichtet worden ist (dazu Charles Clermont-Ganneau, *Recueil d'Archéologie Orientale* Bd. 1, Paris 1884, S. 39; Revue Biblique 1905, S. 74 und S. 235; Gustaf Dalman, *Neue Petra-Forschungen*, Leipzig 1912, S. 52, 57, 92-94; Jean Starcky, *The Nabateans. A Historical Sketch*, Biblical Archaeologist Bd. 18,4, 1955, S. 84-106, hier S. 90f.; Józef T. Milik - Jean Starcky, Annual of the Department of Antiquities of Jordan Bd. 20, 1975, S. 120 und Manfred Lindner, *Petra und das Königreich der Nabatäer. Lebensraum, Geschichte und Kultur eines arabischen Volkes der Antike*, 5. Aufl., München/Bad Winsheim 1970, S. 71-73), so kann auch Ouranios noch um 20 n. Chr. oder später geschrieben haben.

[31] Meineke, (wie Anm. 1), S. 466: Μωϑώ, κώμη Ἀραβίας, ἐν ᾗ ἔϑανεν Ἀντίγονος, ὁ Μακεδὼν, ὑπὸ Ραβίλου, τοῦ βασιλέως τῶν Ἀράβων, ὡς Οὐράνιος ἐν πέμπτῳ. ὅ ἐστι τῇ Ἀράβων φωνῇ τόπος θανάτου. οἱ κωμῆται Μωϑηνοὶ κατὰ τὸν ἐγχώριον τύπον. Vgl. Jacoby, FGRHist, (wie Anm. 5), S. 343, Fragm. Nr. 25, der zu Recht den letzten Teil (οἱ κωμῆται ...) als von Stephan von Byzanz stammend fortgelassen hat.

[32] In allen semitischen Sprachen werden die Wörter für *sterben* oder *Tod* von der Wurzel m(w)t gebildet, obwohl stricto sensu in keiner von ihnen, auch nicht im Arabischen,

kundig galt[33]. Als ein hellenisierter Araber[34], wäre Ouranios zweifellos prädestiniert gewesen für ein Werk namens ʼΑραβικά. Noch wichtiger ist, dass hier erzählt wird, wie unter einem arabischen βασιλεύς nicht nur der Sieg über irgendeinen griechischen Heerführer errungen wurde, sondern über einen Makedonen. Dass das eher aus pro-arabischer als progriechischer Perspektive geschildert wird, ist evident. Was es aber genau mit dem von Ouranios beschriebenen Ereignis auf sich hatte, ist unter den heutigen Kommentatoren umstritten. Der bekannteste Antigonos, der in der Antike das Epitheton *der Makedone* führt, war - nach Diodor Siculus (XXI) - Antigonos Monophthalmos bzw. Kyklos, der als Statthalter von Phrygien sich nach dem Tod Alexanders des Großen in jahrzehntelangen Kämpfen aufgezehrt hatte und 301 v. Chr. in Ipsos in Phrygien starb[35].

Μωϑώ *Ort des* Todes heißt. - Dass mit Μωϑώ kein arabischer, sondern ein vorarabischer Name überkommen ist, hatte schon Theodor Nöldeke erwiesen (Theodor Nöldeke, *Zur Topographie und Geschichte des Damascenischen Gebietes und der Haurângegend*, Zeitschrift der Deutschen Morgenländischen Gesellschaft Bd. 29, 1875, S. 419-444, hier S. 433, Anm. 4; vgl. noch Ernst Axel Knauf, *Toponymy of the Kerak-Plateau*, bei: J. Maxwell Miller, Archaeological Survey of the Kerak Plateau, AASOR Archaeological Reports 1, Atlanta/Georgia 1991, S. 281-290, hier S. 284 .

[33] In einem weiteren Ouranios-Zitat bei Stephan von Byzanz, das ohne genauere Buchangabe tradiert ist (vgl. Meineke, [wie Anm.1], S. 476 f. s.v. Νίσιβις; Jacoby, FgrHist, [wie Anm. 5], S. 343 Fragm. Nr. 30), wird Ouranios auch die Kenntnis der *phönizischen* Sprache zugeschrieben. Sofern das Exzerpt zu Αὔαρα auch Ouranios zugehört (s.o. Anm. 9), muss ihm gar noch die Kenntnis des Aramäischen (= Prä-Syrischen) zugebilligt werden.

[34] Der Name Ούράνιος ist nicht verzeichnet bei Heinz Wuthnow, *Die semitischen Menschennamen in griechischen Inschriften und Papyri des Vorderen Orients*, Studien zur Epigraphik und Papyruskunde Band 1, Schrift 4, Leipzig 1930, findet sich aber bei Daniele Foraboschi, *Onomasticon Alterum Papyrologicum, Supplemento al Namenbuch di F. Preisigke*, Testi e documenti per lo studio dell'antichita, Serie Papirologica 2, 16, Milano - Varese 1971, S. 220 für das II., IV. und VI. Jhdt. n. Chr.

[35] Zu Antigonos Monophthalmos bzw. Kyklops vgl. Hans Volkmann, Art. *Antigonos*, in: Der Kleine Pauly Bd. 1, München 1979, Sp. 380-382; Jan Krzysztof Winnicki, *Operacje wojskowe ptolemeuszów wsyrii* Dissertationes Universitatis Varsoviensis 132, Warszawa 1989, S. 32f.; vgl. ders., *Militäroperationen von Ptolemaios I. und Seleukos I. in Syrien in den Jahren 312-311 v. Chr*, Ancient Studies Bd. 20, 1989, S. 55-92; Ernst Badian, Art. *Antigonos*, in: Der Neue Pauly Bd. 1, Stuttgart-Weimar 1996, Sp. 752-754. — Wenn Diodor Siculus (II, 48; XIX, 94-100) ausführlich berichtet, wie Athenaios, der Freund und Feldherr des Antigonos Monophthalmos im Jahre 311 v. Chr. einen Feldzug gegen Petra unternahm, so ist

Obwohl keiner der modernen Kommentatoren bezweifelt, dass Ouranios mit dem Tod seines Antigonos ein historisches Ereignis beschrieb, rechnet kaum noch einer damit, dass Ouranios jenen Gefolgsmann Alexanders des Großen meinte[36], sondern man hält dafür, dass er an einen *anderen* hellenistischen Heerführer dachte. Nach einigen meinte er Alexander Balas, der im Jahre 145 v. Chr. starb[37]. Nach anderen Antiochos XII. Dionysos, der im Jahre 85/84 v. Chr. im Kampf umkam[38].

Die Deutungsalternativen hängen von drei Vorentscheidungen ab. Zuerst davon, in welche Zeit die ᾽Αραβικά des Ouranios historisch gehören. Nach der ausführlichen und überzeugenden Argumentation bei Hermann von Wissmann sind des Ouranios Aussagen über Südarabien in die Zeit *nach* dem Feldzug des Aelius Gallus (*nach* 25/4 v. Chr.), aber *vor* der Angliederung des Nabatäerreiches an das römische Reich (106 n. Chr.) einzuordnen[39]. Die Entscheidung hängt weiterhin davon ab, wie weit die

---

die Historizität des Unternehmens unstrittig. Das besagt jedoch nicht, dass sich Ouranios' Überlieferung darauf beziehen müsse.

[36] Während es bei Avraham Negev bei einem supponierten Bezug auf Antigonos Monophthalmos noch hieß, „Uranios [...] here must be wrong" (Avraham Negev, *The Nabateans and the Provincia Arabia*, in: Hildegard Temporini - Wolfgang Haase (Hrsg.), Aufstieg und Niedergang der römischen Welt. Geschichte und Kultur Roms im Spiegel der neueren Forschung (ANRW) II Bd. 8, Berlin - New York 1977, S. 520-686, hier S. 529 f., rechnet J. K. Winnicki (wie Anm. 35) erneut mit einem Bezug auf Antigonos Monophthalmos.

[37] Vgl. dazu u.a. Diodor Siculus, XXXII, Fragm. 9d 10,1.8. So: Emil Schürer, *Geschichte des jüdischen Volkes*, 5. Aufl., Leipzig 1920, Bd. 1, S. 732 Anm. 11; Ernst Honigmann, Art. *Mwqwv*, RE Bd. 16, 1, Stuttgart 1933, Sp. 384 u.a.

[38] Vgl. dazu Josephus Flavius, *Antiquitates* 13, 387 ff.; ders., *Bellum* 1, 99 ff. So: Alfred von Gutschmid, *Verzeichniss der Nabatäischen Könige*, bei: Julius Euting, Nabatäische Inschriften aus Arabien, Berlin 1885, S. 81-89, hier S. 82; Albert Kammerer, *Pétra et la Nabatène*, Paris 1929, S. 172; Adolf Grohmann, Art. *Nabataioi*, RE Bd. 16, 2, Stuttgart 1935, Sp. 1453-1468, hier Sp. 1460 Anm.; M. Lindner, *Petra* [wie Anm. 28], S. 54; Hans Volkmann, Art. *Antiochus XII., Dionysos...*, in: Der Kleine Pauly Bd. 1, München 1979, Sp. 391-392; Andreas Mehl, Art. *Antiochos XII. Dionysos*, in: Der Neue Pauly Bd. 1, Stuttgart - Weimar 1996, Sp. 771 u.a. Gegen eine Verknüpfung der Kämpfe des Antiochos XII. Dionysos mit der Nachricht bei Ouranios ausdrücklich Glen Warren Bowersock, *Roman Arabia*, Cambridge/Mass - London 1983, S. 24 Anm. 46.

[39] Die Dissertation von J. M. I. West, *Uranius*, Harvard University, Cambridge/Mass 1973 ist unpubliziert und nicht erreichbar. Nach der Vorstellung der Dissertation in: Harvard Studies in Classical Philology Bd. 78, 1974, S. 282-284 rechnet der Verf. mit einem

Angaben des Ouranios chronologisch-historisch zurückreichen bzw. wie weit ein moderner Kommentator *meint*, dass sie zurückreichen[40]. Sicher ist, dass Ouranios *nach* der Zeit des Nabatäerkönigs Obodas III. (30-9 v. Chr.) geschrieben hat (vgl. Anm. 30).

Nach dem Prinzip, dass seine Aussagen um so wahrscheinlicher sind, je näher sie Ouranios zeitlich standen, hat man eine historische Erinnerung an Antigonos Monophthalmos grundsätzlich auszuschließen. Auszuschließen ist auch eine Erinnerung an Alexander Balas, zumal sie den überkommenen Namen Antigonos wegkonjizieren müsste. Eine Entscheidung über die historische Einordnung des von Ouranios Beschriebenen hängt schließlich noch davon ab, wann der in einer eigenen, nabatäischen Inschrift (CIS II, Nr. 349) genannte Rabb'el, Sohn, des [...]t[41], zu datieren ist, und ob er mit dem bei Ouranios genannten arabischen *König* Rabilos gleichgesetzt werden kann. Wie auch immer man sich entscheidet, der Name des Königs Rabilos, unter dem sich das alles abgespielt hat, führt unausweichlich zu einem Nabatäer[42] und der Todesort Μωϑώ dementsprechend in das Ostjordanland[43]. Es gibt den Ort bis heute als Mu'ta, ca. 8

Entstehungsdatum für Ouranios frühestens ab dem 4. Jhdt. n. Chr. Das ist nach den Argumenten bei H. von Wissmann (wie Anm. 5) unmöglich.

[40] Auf dem Hintergrund der Bedeutung, die die Sippe der υἱοὶ ῎Αμβρ(ε)ι in der Zeit zwischen Antiochos IV. Epiphanes 164 *vor* Chr. (vgl. 1 Makk. 9, 36ff.) über das Jahr 37 *nach* Chr. hinaus (vgl. CIS II 196 = RES 674) bis 108/109 *nach* Chr. in Madeba hatte (vgl. die nabatäisch-griechische Inschrift Nr. 6 bei Józef T. Milik, *Nouvelles Inscriptions Nabatéennes*, Syria Bd. 35, 1958, S. 227-251, hier S. 243-245), wird deutlich, dass der scheinbar isolierte Beleg für Madeba bei Ouranios (s. o. Anm. 20) seinen zeitgenössischen Hintergrund hat.

[41] Vgl. dazu Charles Clermont-Ganneau, *Recueil d'Archéologie Orientale* Bd. 2, S. 233 und S. 405. Gegenüber einer anderen Annahme (s.o. Anm. 35) wird die Gleichsetzung des Rabb'el der Inschrift mit Ouranios' Rabilos jetzt auch erwogen bei Emil Schürer, *The History of the Jewish People in the Age of Jesus Christ (175 B.C.-A.D. 135)* Revised and Edited by Geza Vermes - Fergus Millar, Edinburgh 1973, S. 578 mit Anm. 12.

[42] Vom Wortlaut bei Ouranios her war ῾Ράβιλος nicht der Gegner des Antigonos Makedon, sondern „unter ihm", das heißt zu seiner Regierungszeit (ὑπὸ ῾Ραβίλου τοῦ βασίλεως τῶν ᾽Αραβίων), hatte jener Kampf stattgefunden.

[43] Dass Μωϑώ ehedem einen anderen Namen gehabt habe (so E. Honigmann [s Anm. 37]), legt der Wortlaut bei Ouranios nicht nahe. - Die Gleichsetzung von Μωϑώ mit Imtán (griechisch Μοϑάνα) im Hauran hatte schon T. Nöldeke (wie Anm. 32) mit philologischen und historischen Gründen zurückgewiesen. Wenn diese Gleichung auch bei Neueren noch

km südlich von Kerak[44]. Die örtlichen topographischen Verhältnisse bei
Μωϑώ bzw. Mu'ta sind nun nicht derart, dass dort – wie etwa an den
Thermopylen – feindliche Eindringlinge mit relativ wenig Soldaten hätten
gestoppt werden können[45]. Μωϑώ bzw. Mu'ta ist alles andere nur kein *natürlicher* Schlachtort.
Aber als Muhammad im 8. Jahr der Hiğra[46] einigen seiner Mitstreitern
auftrug, einen Einfall ins byzantinische Gebiet zu unternehmen, sind die
meisten davon bei Mu'ta als erste muslimische Märtyrer für ihren Glauben
gefallen. Ihre Begräbnisstätte ist bis heute bei Mu'ta ein Wallfahrtsort[47]. –
Nun ist es mit den Ereignissen zu Anfang der muslimischen Aera so wie

---

wieder vorgeschlagen wird (vgl. A. Negev, [wie Anm. 36], S. 529f.; auch Michael P. Speidel,
The Roman Army in Arabia, in: ANRW II Bd. 8, Berlin - New York 1977, S. 687-730, hier
S. 709-710; Hans P. Roschinski, *Geschichte der Nabatäer*, in: Gisela Hellenkemper Salies
(Hrsg.), Die Nabatäer. Erträge einer Ausstellung im Rheinischen Landesmuseum Bonn 24.
Mai - 9. Juni 1978. Führer des Rheinischen Landesmuseums Bonn, Nr. 106, Bonn 1981, S.1-
26, dort S. 16; Bowersock, (wie Anm. 38), S. 107; Robert Wennig, *Die Nabatäer. Denkmäler
und Geschichte*, NTOA Bd. 3, Freiburg/Schweiz - Göttingen 1987, S. 47 u.a., so sind T.
Nöldekes Argumente nicht zur Kenntnis genommen. Dass bei Imtán die Cohors I Augusta
Canathen(orum) und die Cohors I Augusta Thracum equitata stationiert waren, ist jeden-
falls kein Argument für die Gleichsetzung von Μοϑάνα mit Μωϑώ, zumal die Notitia
Dignitatum Orient. ausdrücklich einen Ort Motha als Truppenstationierungsort kannte.

[44] Vgl. die zusammenfassende Beschreibung bei J. Maxwell Miller, *Archaeological Survey
of the Kerak Plateau*, AASOR Archaeological Reports 01, Atlanta/Georgia 1991, S. 119 f.;
auch F. R. Schenk, *Jordanien. Völker und Kulturen zwischen Jordan und Rotem Meer*, Du-
Mont Reiseführer, 4. Aufl., Köln 1989, S. 324.

[45] Zu den örtlichen Verhältnissen bei Mu'ta vgl. schon Alois Musil, *Arabia Petraea*,
Tom.1, Wien 1907, S. 152 mit Anm. 1-2, der nach eigenem Augenschein als Kampfstätte
zwischen Theodoros und den Muslim für Hirbat al-Mahna bei Mu'ta plädierte. - Für eine
Gleichsetzung der kômē Moucheôn (= Genetiv) mit Ma'ān, wobei das griechische χ Wiedergabe des arabischen 'Ayin sei, votierte aufgrund der bei den muslimischen Autoren auch
überlieferten Namensform Ma'ān (s. u.) Michael Jan de Goeje, *Mémoires sur la conquête de
la Syrie*, 2. Ed., Leiden 1900, S. 6 f.

[46] Nach Theophanes hat sich der Kampf ausdrücklich nach dem Tod Muhammads anno
mundi 6123 = 630/1 n. Chr. abgespielt.

[47] Vgl. Rudolph Ernst Brünnow, *Mitteilungen und Nachrichten des Deutschen Palästina-
Vereins*, 1895, S. 70-71; Frants Buhl, Art. *Mu'ta*, in: Enzyklopaedie des Islam, 1. Aufl. Bd. 3,
Leiden - Leipzig 1936, S. 835a-b; ders., Art. *Mu'ta*, in: Enzyklopaedie des Islam, 2. Aufl. Bd.
7, Leiden - Paris 1992, S. 756a-757a.

mit vielen anderen historischen Ereignissen auch: Sie sind erst viele Dezennien, ja Jahrhunderte später aufgeschrieben worden. Auf Seiten der
Byzantiner hat Theophanes zwischen 810-814 n. Chr. in seiner Chrono-
graphie die Ereignisse dargestellt.

Danach sollen das eigentliche Objekt dieser Aktion, die Muhammad
noch selbst initiiert habe, indem er vier 'amērai als Truppenführer aufstellte, *Christen* aus arabischem Stammesherkommen gewesen sein. Die muslimischen Angreifer hätten sich bei der κώμη *Mouchea versammelt. Der
Vicarius dieses Ortes namens Theodor aber habe mittels eines quraisiti-
schen Spiones den Zeitpunkt ihres Überfalls in Erfahrung bringen können, daraufhin alle erreichbaren Soldaten zusammengebracht, die Angreifer dann bei einer Feier überrascht und sie beim χωρίον Mothous nieder-
gemacht, so dass nur einer der vier Führer namens ho chāledos, das ist
„Schwert Gottes" (μάχαιρα τοῦ θεοῦ), habe entkommen können[48].

---

[48] Vgl. Theophanes, *Chronographia*, Patrologia Graeca Tom. 108, Paris 1861, Sp. 688-
689; Carolus de Boor, *Theophanis Chronographia recensuit* Vol. 1: *Textum Graecum continens*, Lipsiae 1883 (Nachdruck Hildesheim 1963), S. 335: Ἦν δὲ προτελευτήσας ὁ
Μουάμεδ, ὃς ἦν στήσας τέσσαρας ἀμηραίους τοῦ πολεμεῖν τοὺς ἐξ Ἀράβων γένους
Χριστιανούς· καὶ ἦλθον κατέναντι Μουχέων κώμης λεγομένης, ἐν ᾗ ὑπῆρξε
Θεόδωρος, ὁ Βικάριος, θέλοντες ἐπιρρίψαι κατὰ τῶν Ἀράβων τῇ ἡμέρᾳ τῆς
εἰδωλοθυσίας αὐτῶν. Μαθὼν δὲ τοῦτο ὁ βικάριος παρά τινος κορασινοῦ, Κουταβᾶ
λεγομένου, καὶ μισθίου αὐτοῦ γενομένου, συνάγει πάντας τοὺς στρατιώτας τῶν
παραφυλάκων τῆς ἐρήμου, καὶ ἀκριβωσάμενος παρὰ τοῦ Σαρακηνοῦ τὴν ἡμέραν
καὶ τὴν ὥραν, ἐν ᾗ ἤμελλον ἐπιρρίπτειν αὐτοῖς, αὐτὸς ἐπιρρίψας αὐτοῖς ἐν τῷ
χωρίου ἐπιλεγομένῳ Μοθοὺς [Variae lectiones: Μόθους, Μοθοὺς] ἀποκτείνει τρεῖς
ἀμηραίους καὶ τὸ πλῆθος τοῦ λαοῦ. Ἐξῆλθε δὲ εἰς ἀμηρᾶς ὁ Χάλεδος, ὃν λέγουσι
μάχαιραν τοῦ θεοῦ. — Vgl. zu Theophanes Hans Rudolf Breitenbach, Art. *Theophanes*, in:
Der Kleine Pauly Bd. 5, München 1979, Sp. 716-717; H. Turtledove, *The Chronicle of
Theophanes. An English Translation of anno mundi 6095-6305 (A.D. 602-813) with Introduction and Notes* , Philadelphia 1982, S. 36; Cyril Mango - Roger Scott (with the Assistance of
G. Greatrex), *The Chronicle of Theophanes Confessor. Byzantine and Near Eastern History AD
284-813*, Oxford 1997, S. 467 Anm. 3. Zur militärpolitischen Lage auf byzantinischer Seite:
Benjamin Isaac, *The Army in the Late Roman East: The Persian Wars and the Defence of the
Byzantine Provinces*, in: A. Cameron - L. Conrad - G. King (Hrsg.), The Byzantine and
Early Islamic Near East, 3: States, Resources and Armies. Papers of the Third Workshop
on Late Antiquity and Early Islam, Princeton 1995, S. 125-155 = Benjamin Isaac, *The Near
East under Roman Rule*, Mnemosyne Bd. 177, London - New York - Köln 1998, S. 437-469,
hier S. 457.

Nicht nur die genannten Örtlichkeiten wie die κώμη *Mouchea (Genetiv: Moucheôn) und das χωρίον Mothous, sondern auch die kaum gräzisierten arabischen Fremdwörter ἀμηρᾶς (arab. 'amír), chaledos (arab. ḫālid), „Schwert Gottes" (arab. saif 'allāh) und Quraisit (κορασινός) erweisen, dass Theophanes' Darstellung auf vorzüglichen zeitgenössischen Quellen basiert. Welche Quellen genau das waren, ist bislang unbekannt[49]. Aber soviel kann man sagen: Theophanes ist nicht bewusst gewesen, dass der Name des Ortes, wo jene Araber umkamen, das χωρίον Mothous, von seinem Wortsinn her einen semantischen Bezug zum Tod hatte.

Auf arabischer Seite berichten von diesem Kampf erstmals auch nur Autoren, die mehr als hundert Jahre, nachdem er stattgefunden hatte, gelebt haben; zuerst ibn Ishāq (um 704 - 767/8 AD)[50] und al-Wāqidī (747/8 - 822/3 AD)[51], bis sich mit Yaʿqūbī[52], at-Tabarī (839 - 923 AD) und ibn

---

[49] Erwägungen dazu u.a. bei Sebastian P. Brock, in: *Byzantine and Modern Greek Studies* Bd. 2, 1976, S. 17-36; Robert Hoyland, *Arabic, Syriac and Greek Historiography in the First Abbasid Century*, Aram Bd. 3, S. 217-239 und Andrew Palmer, Sebastian Brock, Robert Hoyland, *The Seventh Century in the West Syrian Chronicles*, Translated Texts for Historians, Liverpool 1993, S. 96 ff.

[50] Gernot Rotter, *Ibn Ishâq, Das Leben des Propheten. Aus dem Arabischen übertragen und bearbeitet*, Bibliothek arabischer Klassiker Bd. 1, Tübingen 1976, S. 206-209: „Im Monat Dschumâdâ I. des Jahres 8 schickte der Prophet ein Heer nach Muʾta. Er unterstellte es dem Befehl des *Zaid* ibn Hâritha und sprach: „Wenn Zaid fällt, erhält *Dschaʿfar* ibn abi Tâlib die Führung. Stirbt auch er, übernimmt *Abdallâh* ibn Rawâha den Befehl über das Heer!" Die Muslim, dreitausend an der Zahl, rüsteten sich zum Aufbruch (...) Das Heer brach auf, und der Prophet begleitete es ein Stück des Wegs. Als er dann von ihm Abschied nahm, und nach Medina zurückkehrte, sprach Abdallâh ibn Rawâha (...) Das Heer zog bis nach Maʿân in Syrien. Dort erfuhren die Muslime, dass Heraklius mit hunderttausend Byzantinern, denen sich weitere hunderttausend Mann aus den Stämmen der *Lachm*, *Dschudhâm*, *Qain*, *Bahrâ* und *Bali* angeschlossen hatten, nach Maʾâb in der Landschaft Balqâ gekommen war. Auf diese Nachricht hin blieben die Muslime zwei Nächte in Maʿân und überlegten, was sie angesichts dieser Lage tun sollten [...] An der Grenze der Landschaft Balqâ trafen sie bei dem Dorf Maschârif auf die byzantinischen und arabischen Heeresscharen und zogen sich beim Anrücken des Gegners nach Muʾta zurück. Dort kam es zum Kampf [...] Nachdem er (Châlid ibn Walid) die Fahne übernommen hatte, versuchte er sich vom Feinde fernzuhalten und weitere Kämpfe zu vermeiden. Beide Seiten trennten sich voneinander, und Châlid brachte die Muslime nach Medina zurück".

[51] Julius Wellhausen, *Muhammed in Medina. Das ist Vakidi's Kitab alMaghazi in verkürzter deutscher Wiedergabe*, Berlin 1882, S. 309-315 „M. [= Muhammad] schickte alXarith b.

Hišām die Tradition festigt und danach nur noch standardisiert weitergeführt wird bei Masʿūdī († 956 AD)[53], Maqdisī[54], al-Bakrī († 1094 AD)[55],

---

ʿUmair alAzdij, von den Banu Lihb, mit einem Schreiben zum Könige von Bostra; unterwegs aber, in Muta, ward er von Shuraxbil b. ʿAmr alGhassánij angehalten, eingekerkert und als Gesandter M.ʾs enthauptet [...] Um den Mord zu rächen, erliess M. das Aufgebot; die Muslime waren sehr bei der Hand und sammelten sich in alGurf [...] Darauf übergab M. dem Zaid die weisse Fahne, und 3000 Krieger rückten aus [...] (S. 310) Der Auszug der Muslime war den Feinden nicht unbekannt geblieben. Als sie in Vadi lQurà lagerten, trafen sie mit einer Schar von 50 Reitern zusammen [...] und töteten deren Führer Sadūs b. ʿAmr, den Bruder Shuraxbilʾs. Darauf schickte Shuraxbil noch einen anderen Bruder vor, Vabr b. ʿAmr, er selber hielt sich furchtsam in der Festung. Als die Muslime in der Gegend von Maʿān waren, erfuhren sie, Heraklius habe sich in (S. 311) Maāb im Lande alBalqâ gelagert mit 100000 Mann von Bahrā und Vāil und Bakr und Laxm und Gudham [...] Auf diese Kunde hin machten sie zwei Tage Halt um sich zu beraten [...] Als die Heere zusammenstiessen, nahm Zaid die Fahne, um vor den Reihen der Muslime zu kämpfen [...] (S. 312) Nach ibn Ravāxaʾs Fall entstand die schimpflichste Flucht, die ich je gesehen habe, bis Thabit b. Arqam die Fahne aufnahm und die Mediner um sich sammelte - viele waren es freilich nicht. Als er aber Xalid gewahrte, übergab er diesem die Fahne. Nach einigem Sträuben nahm Xalid sie an, setzte noch eine kurze Zeit den Kampf fort und zog sich dann mit den Muslimen zurück [...] (S. 315) Verzeichnis der bei Muta Gefallenen: Gaʿfar, Zaid, Masʿud b. alAsvad b. Xaritha b. Nacla, Vahb b. Saʿd b. Abi Sarx von den Emigranten, Surāqa b. ʿAmr, alXarith b. al-Nuʿman, Ibn Ravāxa, ʿUbada b. Qais von den Medinern"; vgl. dazu auch M. Jones, *Muhammad b. ʿUmar al-Wāqidī, Kitāb al-maghāzī*, Oxford 1966, S. 755 ff.

[52] Sein Werk *Kitāb al-buldān* ist um 891/2 AD geschrieben. Ein Exzerpt daraus u.a. bei Johann Gildemeister, *Beiträge zur Palästinakunde aus arabischen Quellen*, Zeitschrift des Deutschen Palästina-Vereins (= ZDPV) Bd. 4 / 1881, S. 85-92, hier S. 87 „dort [in al-Gi-bāl] ist auch das Dorf Muʾta, in welchem Ğaʿfar ibn Abi Tālib, Zaid ibn Hārita und ʿAbd-allāh ibn Rawāha getötet wurden".

[53] Vgl. Bernard Carra de Vaux, *Maçoudi. Le Livre de lʾAvertissement et de la Revision. Traduction*, Paris 1896, S. 350: „Zéïd fils de Haritah, Djafar fils dʾAbou Talib, Abd Allah fils de Rawahah lʾAnsarite, de la tribu dʾel-Harit fils dʾel-Khazradj marchèrent en djouma-da el-oula sur Moutah, dans la région dʾel-Balka dépendante de Damas en Syre, pour attaquer les Grecs et venger la meutre commis par Chourahbil fils dʾAmr le Ghassanide, sur lʾenvoyé du prophète à Bosra, el-Harit fils dʾOmaïr lʾAzdite; cʾest au reste le seul des ambassadeurs du prophète qui fuit tué. Les Musulmans étaient au nombre dʾenviron 3000; ils rencontrèrent lʾarmée grecque, fort de 100 000 hommes, quʾHéraclius, résident alors à Antioche, avait en-voyée contre eux: les Grecs étaient placés sous le commandement du

Yāqūt (1179 - 1213 AD), ibn al-Atīr (1169 - 1234 AD) und Abū l-Fidā'
(1273 - 1331 AD). Dabei ist die generelle Tendenz der arabischen Quellen
ganz eindeutig: Sie sind meist so voneinander abhängig, dass der jeweils
jüngere Autor in Kenntnis des älteren dessen Überlieferung ausschmückt
und erweitert[56]. Schon die älteste arabische Überlieferung bei ibn Ishāq
und al-Wāqidī macht deutlich, dass auf der arabischen Seite stets eine asso-
ziative Verbindung zwischen dem Ortsnamen Mu'ta und dem Wort für
sterben bzw. *Tod* festgehalten wurde. Genau jene Verbindung, die erstmals
Ouranios in Bezug auf den Ortsnamen Μωϑώ hergestellt hatte.

Die verschlungenen Wege, auf denen griechische Überlieferungen zu
den Arabern gelangten, sind nur zum geringsten Teil noch aufweisbar.
Dass es sie gegeben hat, ist unstrittig. Als man 1981 im ostjordanischen
Mu'ta eine Universität gegründet hat, ist sie dem Gedächtnis der ersten im
Kampf gegen die Byzantiner gefallenen Muslime gewidmet worden.

Dass Mu'ta schon eine viel ältere Tradition hat, eine Tradition, die
davon weiß, dass hier einst ein Makedone im Kampf gegen die arabischen
Nabatäer unterlegen war, das ist vor Ort unbekannt. Rebus sic stantibus
ist nicht zu erwarten, dass man sich in der Universität Mu'ta um die voris-
lamische Tradition des Ortes intensiv bemühen wird. Wahrscheinlich ist

---

patrique Tiadoukos (Théodore), et les Arabes chrétiens Gassanides, Kodaïtes et autres, sous
celui de Chourahbil fils d'Amr le Gassanide. Zéïd fils de Haritah fut tué ainsi que Djafar
fils d'Abou Talib (...); Abd Allah fils de Rawahah périt aussi et Khalid fils de Wélid ramena
les hommes".

[54] Sein berühmtes Werk *Die schönste Aufteilung zur Kenntnis der Länder* (*Ahsan at-
taqāsīm fī ma'rifat al-aqālīm*) ist um 985 n. Chr. verfasst, um 988 n. Chr. nochmals überar-
beitet worden. Ein Exzerpt daraus u.a. bei Johann Gildemeister, *Beiträge zur Palästinakunde
aus arabischen Quellen, 4. Mukaddasi*, ZDPV Bd. 7, 1884, S. 143-172, hier S. 171: „(Mu'āb, in
al-Gibāl, beherrscht viele Dörfer...) zu ihnen gehört Mu'ta, wo die Gräber des Ǧa'far at-
Tayyār und 'Abdallāh ibn Rawāha sind"; vgl. Palestine Pilgrim's Text Society Bd. 3, S. 63
und S. 97-98 und al-Muqaddasī, *Ahsan at-taqāsīm fī ma'rifat al-aqālīm (La meilleur répartiti-
on pour la connaissance de provinces)*, Traduction partielle annotée par André Miquel, Damas 1963, Nr. 197, S. 211.

[55] Ferdinand Wüstenfeld, *Kitāb mu'ǧam mā ista'ǧam. Das geographische Wörterbuch des
Abu 'Obeid 'Abdallah ben 'Abd el-'Aziz el-Bekrī nach den Handschriften zu Leiden, Cambridge, London und Mailand herausgegeben* Bd. 1-2, Göttingen - Paris 1876, 1877, Bd. 2, S.
500f., s. v. Mu'ta.

[56] Vgl. schon Leone Caetani, *Annali dell'Islam* Vol. 2, Milano 1907, S. 80-88 und W.
Montgomery Watt, *Muhammad at Medina*, Oxford 1956, S. 53-55.

aber verbatim der Nachweis zu führen, dass die muslimisch-arabischen Autoren den Todesort der ersten muslimischen Märtyrer nur deswegen nach Mu'ta verlegt haben, weil ihnen jener Ort schon aus Ouranios bekannt war.

„...keine Nation hat die Regeln des alten Drama mehr verkannt." - Antikerezeption, Antikeverfälschung und Epochenkonstitution im Frankreich des 17. Jahrhunderts

Solveig Malatrait (Hamburg)

So, wie heute das Pendant zum etablierten deutschen Terminus 'Antikerezeption' mit seinen Konnotationen einer passiven Aufnahme in Frankreich eher zögernd akzeptiert wird[1], sind auch in der Sache bereits im 18. Jahrhundert offensichtliche Unterschiede links und rechts des Rheins zu konstatieren – Differenzen, die beispielsweise in Winckelmanns drastischem Urteil gipfeln: „Ein Franzose ist unverbeßerlich: das Alterthum und er wiedersprechen einander".[2] Wenn er allerdings an anderer Stelle Berendis eindringlich vor der „französischen Seuche"[3] warnt, mit der sich Deutsche offensichtlich leicht infizieren, spielt die depretiative Metaphorisierung ein ihm unangenehmes Phänomen herunter, ohne es leugnen zu können, welches nicht nur die Antikerezeption, sondern die gesamte Kultur betrifft: die kulturelle Hegemonie Frankreichs, begründet in der Epoche der Klassik, Voltaires „Siècle de Louis le Grand". Gegen deren zentralen Exponenten, das klassische Französische Theater, wehrt sich Lessing einige Jahre später expressis verbis, indem er in seiner *Hamburgischen Dramaturgie* dessen Führungsanspruch den Kampf ansagt:

---

[1] Noch der *Petit Robert* von 1985 verzeichnet keine literaturwissenschaftliche Verwendung des Terminus „réception". Eine solche Anwendung des Begriffs beginnt Ende der 80er Jahre. Da dies natürlich nicht etwa bedeutet, dass die *Sache* nicht untersucht würde, stellt sich die Frage, inwiefern die Unterschiede in der Bezeichnung auf konzeptionelle Unterschiede weisen.

[2] Brief an Berendis, Rom, wahrscheinlich 7. Juli 1756, in: J. J. Winckelmann: *Briefe*, in Verbindung m. H. Diepolder hrsg. v. W. Rehm, Bd. I, Berlin: De Gruyter, 1952, S. 235.

[3] Brief an Berendis, Rom, 29. Januar 1757, (wie Anm. 2), S. 267. Zu Winckelmanns antifranzösischer Polemik im Rahmen seines intellektuellen Projekts vgl. F. Hartog: *Rom und Griechenland. Die klassische Antike in Frankreich und die Rezeption von Johann Joachim Winckelmann* in: Nationale Grenzen und internationaler Austausch. Studien zum Kultur- und Wissenschaftstransfer in Europa, hrsg. v. L. Jordan u. B. Kortländer, Tübingen: Niemeyer, 1995, S. 187 f.

[D]iese Bühne soll ganz nach den Regeln des Aristoteles gebildet
sein; und besonders hat man uns Deutsche bereden wollen, daß sie
nur durch diese Regeln die Stufe der Vollkommenheit erreicht habe,
auf welcher sie die Bühnen aller neuern Völker so weit unter sich
erblicke. Wir haben das auch lange so fest geglaubt, daß bei unsern
Dichtern, den Franzosen nachahmen, ebensoviel gewesen ist, als
nach den Regeln der Alten arbeiten.[4]

Der Nimbus der Vollkommenheit des klassischen französischen Theaters[5]
wird explizit durch dessen Rekurs auf die Antike, speziell auf Aristoteles'
Poetik, legitimiert. Dem antwortet der heftige und verbreitete Widerspruch der deutschen Literaten, der sich immer wieder und bevorzugt an
der Frage der korrekten Antikerezeption entzündet.

In Frankreich thematisiert die berühmte *Querelle des Anciens et des
Modernes* die Gründe für die Antikerezeption, welche so auch aus französischer Sicht als ein zentrales Moment dessen erscheint, was Voltaire aus
relativ kurzer historischer Distanz nicht nur literaturprogrammatisch zur
Epoche erklärt hat[6], zur Blüte der französischen Kultur und zur literarischen Klassik.

Voltaire mißt zu Beginn seines Unternehmens die Distanz dieses Projekts zu anderen Historiographien, hat er doch vor, nicht eine Biographie
zu verfassen, sondern den „esprit des hommes dans le siècle le plus éclairé
qui fut jamais" zu beschreiben. Ihm verleiht er neben dem antiken Griechenland, neben Rom und dem Italien der Renaissance den Titel eines
,siècle', wahrhafte Auszeichnung:

Tous les temps ont produit des héros et des politiques: tous les peuples ont éprouvé des révolutions: toutes les histoires sont presque
égales pour qui ne veut mettre que des faits dans sa mémoire. Mais
quiconque pense, et, ce qui est encore plus rare, quiconque a du

---

[4] G. E. Lessing, *Hamburgische Dramaturgie*, 101.-104. Stück, in: *Lessings Werke* hrsg. v.
J. Petersen, Berlin; Leipzig, Wien; Stuttgart: Bong, [1925], Bd. V, S. 412.

[5] Diesen beruft noch A.W. Schlegel in seinen *Vorlesungen über die dramatische Kunst
und Literatur*, hrsg. v. E. Böcking, Leipzig: Weidmann, [3]1846, Bd. II, S. 4.

[6] Vgl. die Ausführungen zu den Bedingungen der Proklamation einer programmati-
schen Wende in der Literatur durch eine starke Dichterpersönlichkeit in Wilfried Barner,
*Über das Negieren von Tradition – Zur Typologie literaturprogrammatischer Epochenwenden
in Deutschland*, in: *Epochenschwelle und Epochenbewußtsein*, hrsg. v. R. Herzog u. R. Koselleck, München: Fink, 1987, S. 3-51.

goût, ne compte que quatre siècles dans l'histoire du monde. Ces quatre âges heureux sont ceux où les arts ont été perfectionnés, et qui, servant d'époque à la grandeur de l'esprit humain, sont l'exemple de la postérité.[7]

Die vier *siècles*, die Voltaire unterscheidet (das antike Griechenland, Rom unter Augustus, Italien der Renaissance und Frankreich unter Louis XIV), weisen erneut auf die besondere Rolle der Antike: Zwei der kulturellen Höhepunkte sind in der Antike selbst situiert, der dritte in der Zeit ihrer ‚Wiedergeburt'.

Angesichts dieser Definition, und unterstützt von der eingangs erwähnten Fremdwahrnehmung in Bezug auf die französische Klassik liegt der Schluß nahe, dass die Antikerezeption bei ihrer Konstitution unbedingt eine Rolle gespielt hat. Versucht man also, den Zusammenhang zwischen Antikerezeption und Epochenbewußtsein für diese Zeit zu ergründen, muß man vermuten, dass die Antikerezeption an sich oder ihre besondere Qualität genau das sei, was diese Epoche konstituiert, ihre Matrix.

Nun muß ich an dieser Stelle allerdings eine Einschränkung formulieren, die den Gegenstand und die Methode betrifft: Es ist nötig, hier zwischen *Geschichte* und *Literaturgeschichte* zu unterscheiden, oder, in anderen Worten, der Problematik des Epochenbegriffs Rechnung zu tragen, stellt eine Epoche sich doch eher als Geflecht verschiedener, zum Teil widersprüchlicher und ungleichzeitiger Strömungen in den verschiedenen Bereichen der Kultur dar denn als homogenes Phänomen, wie es Voltaires „esprit" und die monolithische Geschlossenheit des *siècle* suggerieren[8]. Überträgt man das strukturalistische Epochenmodell auf die Literatur, ein Verfahren, das Walter Haug anhand des höfischen Romans des Mittelalters kritisch überprüft[9], so muß eine literarische Epoche als ein Zeitraum von Kontinuitäten, durchsetzt mit Diskontinuitäten, aufgefaßt werden, die

---

[7] Voltaire, *Le siècle de Louis XIV*, éd. A. Adam, Paris: Garnier-Flammarion, 1966, Kap. I, S. 35.

[8] Dass Voltaire immerhin mit *siècle* mehr als ein Jahrhundert meint, zeigen die von ihm angeführten *siècles*, die weit mehr als hundert Jahre umfassen. Andererseits ist sein Epochenbegriff auch nicht mit der niemals wirklich überwundenen Triade Antike-Mittelalter-Neuzeit gleichzusetzen. Die Epochenbegriffe sind im 12. *Poetik und Hermeneutik*-Band (wie Anm. 6) ausführlich diskutiert und bedürfen wohl keiner weiteren Problematisierung.

[9] Vgl. W. Haug, *Die Zwerge auf den Schultern von Riesen. Epochales und typologisches Geschichtsdenken und das Problem der Interferenzen*, in: Epochenschwelle und Epochenbewußtsein, (wie Anm. 6), S. 167-194.

insgesamt ein System bilden, das so lange relativ stabil bleibt, bis die ihm
immanenten inneren Widersprüche in Form einer Häufung von Um-
bruchpunkten zu einer Umorganisation des Systems führen. Im kulturellen Teilbereich der Literatur würde als Kennzeichen einer Epochenschwelle eine Umorganisation des Systems, wenn nicht eine epistemologische
Wende vorliegen; eine solche müßte, wenn man von der Existenz einer
Epoche der Klassik ausgeht, diese einerseits von der Renaissance und andererseits von der Aufklärung trennen.

Die oben formulierte Hypothese muß folglich neu formuliert werden;
es ist zu untersuchen, ob es faktische Umbruchsignale gibt, ob also die
klassische französische Tragödie als dominantes Genus seiner Zeit in Absetzung von der rinascimentalen Tragödie wie von der des 18. Jahrhunderts als klassische, modellhafte Gattung betrachtet werden kann, die damit wesentlich zur Konstitution der literarischen Epoche beigetragen hätte. Um der Frage nach dem Zusammenhang von Antikerezeption und
Epochenbewußtsein nachzugehen, deren Berechtigung im übrigen durch
die zitierten Empfindungen der Zeitgenossen untermauert wird, werde ich
im folgenden also die Rolle der Antike für die Konstitution und Entwicklung der klassischen französischen Tragödie untersuchen.

„immitant les meilleurs aucteurs Grecz, se transformant en eux"

Wie die übrigen antiken Gattungen wurde auch die Tragödie in der italienischen Renaissance instauriert und sehr bald nach Frankreich ‚exportiert'.
Dieser rinascimentale Tragödientyp ist daher als Vorläufer der Tragödie
zu werten, die untersucht werden soll; gerade sein Verhältnis zur Antike
ist in diesem Zusammenhang interessant.

Allgemein ist der Neueinsatz der französischen Dichtung in der Mitte
des 16. Jahrhunderts deutlich mit den Zeichen einer Epochenschwelle
versehen, der faktischen Umorganisation, einer Absetzung von der unmittelbaren Vergangenheit und einer Erwartung für die Zukunft. Mit dem
selbstbewußten 'Manifest', Joachim du Bellays *Deffense et Illustration de la
Langue françoyse*, erhält die *neue* Dichtung ihre poetologische Grundlage
und ihren Geltungsanspruch, in polemischer Abgrenzung zur mittelalterlichen höfischen Dichtung formuliert. Du Bellay fordert seine gelehrten
Zeitgenossen auf, durch das Dichten in französischer Sprache deren Niveau zu heben und zum Ruhm des Vaterlandes beizutragen. Für diese Geste führt der Autor ein antikes Beispiel an: Roms Geschichte sei nicht etwa

deshalb nach so langer Zeit noch bekannt, weil es bedeutender als beispielsweise das Reich der Gallier oder das der Franken gewesen sei, sondern nur, weil seine Geschichte durch eine blühende Literatur festgehalten worden sei[10].

Angesichts der Erfindungen der Menschheit seit der Antike, wie die der Buchdruckerkunst, der zehnten Muse, verwahrt sich Du Bellay gegen die Idee, seine Gegenwart sei der Antike prinzipiell unterlegen (Deff. I, 9); er konstatiert lediglich eine momentane Unterlegenheit seiner Zeit im Hinblick auf die Literatur und die Sprache. Um dieser Insuffizienz abzuhelfen, empfiehlt er, dem Beispiel Roms zu folgen, das durch seine intensive Nachahmung der Griechen seiner Literatur zur Blüte verholfen habe[11], „[i]mmitant les meilleurs aucteurs Grecz, se transformant en eux, les devorant, & apres les avoir bien digerez, les convertissant en sang & nourriture ..." (Deff., I, 7). Die metaphorische Digestion weist auf ein zukünftiges Wachsen des nationalen Körpers der Literatur. Eine solche Aufnahme der Antike hat nichts Passives oder Andächtiges, es ist vielmehr ein kreativer Prozeß der Verwertung, dem die Idee einer Differenz durchaus schon innewohnt[12]. Die Praxis des rinascimentalen Literaturschaffens oszilliert, was die Rezeption der Antike betrifft, zwischen der ornamentalen und stofflichen Ausbeutung ihrer Literatur als Steinbruch bis zur formalen Übernahme des gesamten Gattungssystems; doch selbst das letztgenannte Vorgehen ist von einer Instrumentalisierung geprägt: Der Rekurs auf die Antike dient vor allem poetologisch als Legitimation der Dichtung, der er eine neue Würde verleiht.

---

[10] J. du Bellay, *La Deffense et Illustration de la Langue françoyse*, éd. H. Chamard, Paris: Didier, 1961, I, 2.

[11] Du Bellay empfindet das reine Übersetzen als ungeeignet zur Schaffung einer Hochsprache. In Deutschland hingegen definiert Zesen im Vorwort des *Ibrahim* gerade die Übersetzung als Mittel zur Schaffung einer Literatursprache, wobei er besonders die Franzosen dazu empfiehlt. – Auf diese Stelle weist Jean-Marie Valentin: „Die literarischen Beziehungen zwischen Deutschland und Frankreich im 17. Jahrhundert", in: *Interferenzen. Deutschland und Frankreich*. Hrsg. v. Lothar Jordan, Bernd Kortländer, Fritz Nies, Düsseldorf: Droste, 1983, S. 13-23, hin.

[12] Du Bellays Manifest illustriert im übrigen die Kunst der Assimilation: Trotz direkter Übersetzungen (so der Aufruf zum Mäzenatentum, *Deff. II, 5* aus Cicero, *Tusc.* I, 2, 4) und der bekannten Anlehnung an Sperone Speronis *Dialogo delle Lingue* von 1542 schreibt er ein eigenes Werk, das die Aussagen Speronis nicht einfach übernimmt, sondern die Translatio nach Frankreich mitdenkt und gegen sein Modell richtet.

Dies kann auch an der Tragödie beobachtet werden, gehört sie doch
zu den im 16. Jahrhundert in Frankreich erneuerten Genera. Dem Programm gemäß nimmt sie antike Stoffe auf und orientiert sich auch formal
eindeutig an der Antike. Die Instrumentalisierung des Antikebezugs illustriert die Geschichte ihrer Wiedergeburt, die einen bewußten und offiziel-
len Akt der Begründung der Gattung darstellt.

Die erste französische Tragödie der Neuzeit, Etienne Jodelles *Cléopâtre captive*[13], wird im Frühjahr 1553 erst vor dem König und dem Hof im
Hôtel de Reims und später vor den Literaten der Zeit im Collège de Bon-
court aufgeführt. Ihr Prolog, Hommage an Henri II, überreicht diesem
stolz (V. 34-38):

> Ce bien peu d'œuvre ouvré en ton langage,
> Mais tel pourtant que ce langage tien
> N'avait jamais dérobbé ce grand bien
> Des autheurs vieux. C'est une Tragédie ...[14]

Tatsächlich imitiert Jodelle formal die griechische Tragödie, indem er die
Einheiten von Zeit, Ort und Handlung respektiert, Chöre mit lyrischen
Chorliedern auftreten läßt, die Zahl der Figuren begrenzt usw. Weitaus
interessanter als diese dem Programm der *Deffense* konforme Imitation ist
aber der schwärmerische Gestus, mit dem sie inszeniert wird: Die *Brigade*
bzw. die *Pléiade*, wie sie später genannt wird, nimmt den zwanzigjährigen
Autor sofort auf und veranstaltet zur Feier des Ereignisses einen Umzug in
Arcueil, bei dem man in Nachahmung einer antiken Opferzeremonie einen Ziegenbock mit Efeu bekränzt, denn Horazens Ausspruch „Carmine
qui tragico vilem certavit ob hircum"[15], der schon im Mittelalter die Ideen
über die Tragödie wesentlich beeinflußt hat, legt nahe, dass der Lohn für
eine siegreiche Tragödie ein Ziegenbock sein müsse. Ronsard hält diese
Selbstinszenierung der neuen Dichter in seinen *Dithyrambes à la pompe du
bouc de Jodelle* für die Nachwelt fest[16]:

---

[13] Die biblische Tragödie *Abraham sacrifiant* von Théodore de Bèze entstand schon
1550, ihre Rezeption war jedoch auf die calvinistischen Kreise in Genf beschränkt, denen
der Autor angehörte.

[14] E. Jodelle, *Œuvres complètes,* éd. p. Enea Balmas, Bd. II, Paris: Gallimard, 1968, S. 94.

[15] Horaz, *Ars Poetica* 220: „der Dichter, der mit einem tragischen Gedicht um einen einfachen Bock stritt".

[16] Aus dem *Livret de Folastries*, in: Ronsard, *Œuvres complètes*, éd. crit. p. P. Laumo-
nier, Bd. V, S. 53 ff.

> Tout forcené, à leur bruit je fremy,
> J'entrevoy Bayf, & Remy,
> Colet, Janvier, & Vergesse, & le Conte,
> Pascal, Marcet, & Ronsard qui monte
> Dessus le Bouc, qui de son gré
> Marche, affin d'estre sacré
> Aux pieds immortelz de Jodelle,
> Bouc le seul pris de sa gloire eternelle :
> Pour avoir d'une voix hardie
> Renouvellé la Tragedie
> Et deterré son honneur le plus beau,
> Qui vermoulu gisoit sous le tumbeau.
> Iach ïach Evoé,
> Evoé ïach ïach.
> (9. Strophe, V. 135 ff.)

Das Verfahren, obgleich anachronistisch, unterscheidet sich deutlich vom Umgang *victoris iure* des Mittelalters mit der Antike: Der antike Gestus wird nicht einfach semantisch umgedeutet, sondern inhaltlich wie formal soweit als möglich ausgeführt. Allerdings zielt die Identifikation der Dichter mit ihren Vorbildern der Antike nur vordergründig auf deren Wiederbelebung[17], weitaus wichtiger ist eine andere Funktion: die Zurschaustellung der Alterität der Dichter zur eigenen Zeit bzw. zur unmittelbar voraufgehenden Tradition, für die gerade die Antike instrumentalisiert wird[18].

Dies illustrieren auch die poetologischen Differenzen zwischen der Pléiade und Thomas Sébillet, der die Tragödie 1548 in seinem *Art poétique françoys* mit dem genuin französischen dramatischen Genus der *Moralité* in Verbindung bringt:

---

[17] Vgl. allerdings auch die psychologische Deutung der beeindruckenden Sammlung von Beispielen für die Metaphorik des Ans-Licht-Bringens in Thomas Greene, *Resurrecting Rome: the Double Task of the Humanist Imagination*, in: Rome in the Renaissance. The City and the Myth, ed. P.A. Ramsey, Binghamton, 1982, S. 41-54. Diese Lesart vernachlässigt m.E. den bewußten rhetorischen Einsatz dieser Metaphorik.

[18] Dies wird im übrigen von der Tatsache unterstrichen, dass der Akt der Instauration ein derartiges Prestige genießt, dass Grévin Jodelles Ruhm im *Brief Discours pour l'intelligence de ce théâtre* vor seiner Tragödie *César* von 1561 zwar festschreibt, für sich aber dennoch beansprucht, einen französischen Prototyp geliefert zu haben, „pour autant que premier de nostre temps je me suis hazardé de mettre la Tragédie et Comédie Françoise entre tes mains" – weil er nämlich seine Tragödien als erster publiziert. Vgl. den *Brief Discours*, in: Jacques Grévin: Théatre complet, éd. p. Lucien Pinvert, Paris: Garnier, 1922, S. 5.

> La Moralité Françoyse represente en quelque chose la Tragédie Gré-
> que et Latine, singuliérement en ce qu'elle traitte fais graves et Prin-
> cipaus. Et si le François s'estoit rengé a ce que la fin de la Moralité
> fut toujours triste et doloreuse, la Moralité seroit Tragédie.[19]

Eine solche Filiation zwischen mittelalterlichen französischen und antiken
Genera lehnen die Dichter der Pléiade kategorisch ab. Man vertraut der
auf Aristoteles fixierten italienischen Theoriebildung wie Julius Caesar
Scaligers Definition in seiner einflußreichen *Poetik* von 1561: „In Tragoe-
dia Reges, Principes, ex urbibus, arcibus, castris. Principia sedatoria: exitus
horribiles. Oratio gravis, culta, a vulgi dictione aversa, tota facies anxia,
metus, minae, exilia, mortes".[20] Der reale Unterschied zwischen *Moralité*
und Tragödie ist nebensächlich und wird auch nicht weiter diskutiert; die
Anknüpfung an die Antike ist der *Pléiade* so wichtig, dass jeglicher mittel-
alterlicher Einfluß auf die ‚neue' Dichtung geleugnet werden muß.

Betrachtet man die Tragödien stofflich und thematisch, so erweist
sich, dass diese ‚antiken' Vorschriften[21] eingehalten werden: Die Stoffe, die
bearbeitet werden, sind stärker als in Italien von der Antike geprägt, wie
bereits die Titel verraten; neben der *Cléopâtre captive* und einer *Didon se
sacrifiant* von Jodelle beispielsweise Robert Garniers *Porcia, Hippolyte,
Troade* oder *Marc-Antoine*, Jean de la Péruse schreibt eine *Médée*. Im Zentrum dieser Versionen, aber auch in dem der biblischen Tragödien wie
Garniers Meisterwerk *Les Juifves*, steht eine „fortune illustre", fatale Störung der Ordnung; fatal jeweils für den Herrscher, der sich den kontingen-
ten Ereignissen zum Trotz gegen Fortuna oder das Schicksal auflehnt und
menschliche Werte wie Ruhm, Tüchtigkeit, zuweilen auch Stolz und
Selbstliebe dem entgegenzustellen versucht. Das vergebliche Aufbäumen
gegen die Kontingenz der Dinge endet für die Protagonisten dieser Tragödien immer in einem *denouement fatal*.

Als Beispiel kann man eben Jodelles *Cléopâtre captive* nennen, deren
Protagonistin bereits im ersten Akt nach dem Tod des Antonius über den
Freitod nachdenkt, den sie im Interesse ihrer *gloire* wählen muß, um nicht

---

[19] Thomas Sébillet, *Art poétique françoys,* éd. crit. p. Félix Gaiffe, Kap. VIII, S. 169.
[20] J. Scaliger, *Poetices libri septem,* Faksimile-Neudr. der Ausg. Lyon 1561, Stuttgart:
Frommann, 1964, S. 11.
[21] Inwieweit dies tatsächlich dem Modell der griechischen Tragödie entspricht, ist in
diesem Zusammenhang uninteressant, denn es geht um das *subjektive Konzept der antiken
Tragödie,* welches das 16. Jahrhundert entwickelt hat und das dort wirksam war.

in Augustus' Triumphzug mitgeführt zu werden. Zentraler Angelpunkt des Stücks ist die Auseinandersetzung mit Fortuna und der Vergänglichkeit menschlichen Glücks. So läßt der sprachgewaltige (durchaus in der Tradition der Grands Rhétoriqueurs stehende) Jodelle den Chor im ersten Chorlied (V. 263-66) konstatieren:

> Que nostre heur, en peu d'heure
> En malheur retourné,
> Sans que rien nous demeure,
> Proye au vent est donné.[22]

Das Spiel von Binnen- und Endreim betont die Schlüsselbegriffe „heur/ malheur" und „heure" und baut eine Spannung zwischen der dem Wirken Fortunas und der Zeit auf, in der sie wirkt. Ästhetisch gesehen ist der lyrische Charakter des Chorlieds genauso eine Umsetzung der Theorie wie die Tatsache, dass eine kommentierende Sprechhaltung den größten Teil der Interventionen nicht nur des Chors, sondern auch der Figuren selbst auszeichnet, die das zerstörerische Wirken Fortunas am eigenen Leib erfahren und diese Erfahrung überwiegend monologisierend verarbeiten[23]. Die ‚rhetorische' Ästhetik ist eine Folge des Konzepts des Tragischen, mit dem Garnier im Widmungsbrief der *Troade* an den Erzbischof von Bourges (1579) auch den pessimistischen Charakter der Gattung erklärt:

> Je sçay qu'il n'est genre de Poëmes moins agreable que cestuy-ci, qui ne represente que les malheurs lamentables des Princes, avec les saccagemens des peuples. Mais aussi les passions de tels sujets nous sont ja si ordinaires que les exemples anciens nous devront doresnavant servir de consolation en nos particuliers et domestiques encombres : voyant nos ancestres Troyens avoir, par l'ire du grand Dieu, ou par l'inevitable malignité d'une secrette influence des astres, souffert ja-

---

[22] E. Jodelle, *Œuvres complètes*, éd. E. Balmas, Bd. II, Paris: Gallimard, 1968, S. 105. Vgl. auch den Monolog des Proculée im zweiten Akt (V. 586 ff.), der die Situation der Herrscher zwischen den antagonistischen Kräften des Ruhms und des Todes beschreibt, um anschließend die Kondition des ‚kleinen Mannes' und die aristotelische goldene Mitte (médiocrité) zu loben.

[23] Man kann dies auch mit Zahlen belegen: Etwa die Hälfte der Verse eines Aktes entfallen in der Regel auf 5-6 Repliken. Andererseits gibt es durchaus Passagen der Temposteigerung, in denen ein Vers auf drei Sprecher aufgeteilt werden kann. Die Rhetorik gehört eindeutig zum künstlerischen Stilwillen dieses Theaters, das eben an der Illusionsästhetik des 19. Jahrhunderts nicht gemessen werden sollte.

dis toutes extremes calamitez : et que toutefois du reste de si misera-
bles et dernieres ruines s'est peu bastir, après le décez de
l'orgueilleux Empire Romain, ceste tres-florissante Monarchie.[24]

Die Tragödie wird hier unter die Dichtung subsumiert, allerdings abgesetzt von den übrigen Gedichten durch ihren traurigen Inhalt. Doch gerade auf diese Weise, so lautet Garniers Argument für sein Werk, belehrt
und tröstet die Tragödie in der Gegenwart durch das Exempel vergangenen Unglücks. Als Beispiel beschwört er die seit dem Mittelalter topisch
gewordene Abstammung der Franzosen von den Trojanern, deren vergangenes Unglück durch das gegenwärtige Glück ihrer Erben aufgewogen
werde. Damit stellt Garnier neben dem bekannten formalen Bezug auf die
Antike einen inhaltlichen her, so dass der Rekurs auf die Antike nicht als
Effekt der Imitation, sondern als geradezu notwendige Konsequenz der
Aufgabe der Gattung erscheint.

Die Tragödie hat im Frankreich der Renaissance trotz ihres theoretischen Prestiges keine großen Kunstwerke, aber, um zu unserem struktura-
listischen Epochenbegriff zurückzukehren, durchaus ein Modell hervorgebracht, wenn es auch nur zu einer kurzen Stabilisierung kam. Das 17.
Jahrhundert hat konsequenterweise, wo es sich absetzen wollte, die *poèmes
plus agréables,* d.h. die Lyrik als dominantes Genus der Renaissance ins
Visier genommen, die mit der französischen Version des *Canzoniere* ein
Modell geprägt hat, das in seiner Mischung der verschiedenen erotischen
Diskurse Pluralität zelebriert, bis es sich im Manierismus in formales Spiel
auflöst. Malherbes vernichtende Kritik gegen die Dichter der Renaissance,
besonders Desportes, ist bekannt. Sie bewegt Mathurin Régnier dazu, dem
in seiner neunten *Satyre* zu widersprechen und Vergil, Tasso und Ronsard
auf dieselbe Stufe poetischer Perfektion zu stellen:

Mais, Rapin, à leur goust si les vieux sont profanes,
Si Virgille, le Tasse et Ronsard sont des asnes,
Sans perdre en ces discours le tans que nous perdons,
Allons comme eux aux champs, et mangeons des chardons.[25]

---

[24] Robert Garnier, *La Troade, Antigone,* éd. crit. p. Raymond Lebègue, Paris: Les Belles
Lettres, 1952, S. 9.
[25] Mathurin Régnier, *Œuvres complètes,* éd. Gabriel Raibaud, Paris: Didier, 1958, Satire
IX, V. 249-52.

Im weiteren Verlauf des Jahrhunderts sollte sich jedoch Malherbes Urteil durchsetzen; Boileau konstatiert bezüglich der Muse Ronsards, dass sie von ihrem Sockel gestürzt sei, „en français parlant grec et latin". Der Vorwurf der Antikehörigkeit ist unüberhörbar, das, worauf Ronsard so stolz war, sein Bezug auf die Antike, wird zum Fehler.

Wenn sogar Boileau, einer der leidenschaftlichen Streiter für die ‚Anciens', den Bezug auf diese Weise als sklavische Anlehnung kritisiert, ist zu vermuten, dass seine eigene Zeit sich in seinen Augen zumindest in der Art des Rückgriffs auf die Antike von der Renaissance unterschied. Dies gilt in besonderem Maße für die Tragödie, die er erst in seiner eigenen Zeit mit Corneille wiedererstehen sieht (*Art poétique*, III, 90).

„un art, qui polit et orne la verité"

Im 17. Jahrhundert ist die 'illustration' der französischen Sprache so weit gelungen, dass sie nicht nur das Lateinische als Sprache der Literatur und der Wissenschaft weitgehend verdrängt hat, sondern sogar, wie Dominique Bouhours 1671 in seinen *Entretiens d'Ariste et d'Eugène* feststellt, an allen europäischen Höfen, ja sogar außerhalb Europas gesprochen wird. Im unvermeidlichen Vergleich mit der antiken Rivalin erweist sich die moderne Sprache inzwischen als überlegen:

> La langue latine a suivi les conquêtes des Romains; mais je ne vois pas qu'elle les ait jamais précédées. Les nations que ces conquérants avaient vaincues apprenaient le latin malgré elles; au lieu que les *peuples qui* ne sont pas encore soumis à la France apprennent volontairement le français.[26]

Das internationale Renommee, das Bouhours stolz konstatiert[27], wird von Voltaire ein Jahrhundert später in seiner Antrittsrede in der *Académie française* als Leistung Corneilles, also eines Theaterautors, dargestellt:

---

[26] Dominique Bouhours, *Entretiens d'Ariste et d'Eugène*, éd. René Radouant, Paris: Bossard, 1920, S. 36.
[27] Vgl. hierzu Gonthier-Louis Fink, *Baron de Thunder-ten-tronckh und Riccaut de la Marlinière. Nationale Vorurteile in der deutschen und französischen Aufklärung*, in: Interferenzen. Deutschland und Frankreich. Literatur - Wissenschaft - Sprache, hrsg. v. Lothar Jordan, Bernd Kortländer, Fritz Nies, Düsseldorf: Droste, 1983, S. 24-51, der Bouhours eine eminente Rolle bei der Bildung des französischen Autostereotyps einräumt.

> La langue française restait donc à jamais dans la médiocrité, sans un
> de ces génies faits pour changer et pour élever l'esprit de toute une
> nation : ... c'est ... Corneille seul qui commença à faire respecter no-
> tre langue des étrangers ...[28]

Corneilles Werk, die Tragödie, hätte also dank ihrer kulturellen Höhe
auch das Niveau der Sprache, ja den Geist der Nation gehoben. Es ist unnötig zu betonen, dass weder die klassische französische Tragödie noch die
Formulierung der *doctrine classique* die alleinige Leistung Corneilles ist.
Die Tatsache jedoch, dass ihm die Rolle des Neuerers zugeschrieben wird,
zeugt vom Bewußtsein einer wirklichen Innovation des Genus. Zwar stellt
die *doctrine classique* faktisch lediglich eine Verschärfung der experimentel-
len, an Aristoteles' Poetik orientierten Vorschriften des 16. Jahrhunderts
dar, subjektiv jedoch entstand die Doktrin aus der Negation des relativ
regellosen französischen Barocktheaters[29].

Jean Mairets Vorwort zu seiner *Silvanire* von 1631 antwortet scharf
auf François Ogiers Vorwort zu *Tyr et Sidon* von Jean de Schélandre, in
dem dieser moderne Freiheiten für das Drama empfiehlt: Mairet fordert
dagegen die Anwendung der *Regeln der Antike*. Anläßlich der wichtigsten
Regel, derjenigen der Einheit der Zeit, bemerkt er polemisch:

> Et je m'étonne que de nos écrivains dramatiques, dont aujourd'hui
> la foule est si grande, les uns ne se soient pas encore avisés de la gar-
> der, et que les autres n'aient pas assez de discrétion pour s'empêcher
> au moins de la blâmer, s'ils ne sont pas assez raisonnables pour la
> suivre après les premiers hommes de l'Antiquité, qui ne s'y sont pas
> généralement assujettis sans occasion.[30]

Auch diese Rückwendung zur Antike, der sich andere Autoren anschlos-
sen, konstituiert einen Akt der Distanzierung, dem bald eine Umorganisation des gesamten Systems folgte, deren deutlichstes Zeichen eben die Ela-

---

[28] Voltaire, *Mélanges*, éd. Jacques van den Heuvel, Paris: Gallimard, 1961, hier: *Discours
de réception à l'Académie française*, S. 245.

[29] Die Wichtigkeit dieses barocken Theaters eines Alexandre Hardy oder Théophile de
Viau, welches sich jedoch trotz der Formulierung einer Poetik nicht gegen die neue Dramentheorie durchsetzen konnte, unterstreicht W. Floeck, *Texte zur französischen Dramentheorie des 17. Jahrhunderts*, Tübingen: Niemeyer, 1973, S. VII ff.

[30] Jean Mairet, *Préface de Silvanire*, in: W. Floeck, Texte zur französischen Dramentheorie des 17. Jahrhunderts, (wie Anm. 29), S. 16.

borierung der klassischen Doktrin ist[31], wesentlich vorangetrieben von der 1635 durch Richelieu gegründeten *Académie Française*. Es kommt zu einer Institutionalisierung, bei der die *Académie* der *Pléiade* entspricht; wie zuvor die *Deffence* formuliert nun die *doctrine* die neuen Regeln.

Auch in dieser Zeit, nicht einmal ein Jahrhundert nach der Veröffentlichung der *Deffence,* wird die antike („aristotelische") Poetik wieder als Modell gesetzt, mit einem Gestus der Rezeption, der dem Du Bellays ähnelt. Wieder wird gegen die Praxis der unmittelbaren Vorgänger die Antike als Vorbild etabliert, wobei ihre Berechtigung aufgrund ihres literarischen Ruhms nicht in Frage gestellt werden darf. Dies wird selbst dann durchgesetzt, wenn das Abweichen von den Regeln Erfolg hat, wie im Falle von Corneilles *Cid.* Der Autor, von der *Académie* nach dem Erscheinen seines Stücks sofort diszipliniert[32], bekennt sich trotz des ungeheuren Erfolgs seiner regelwidrigen *tragi-comédie* als Verteidiger der orthodoxen Imitation der Antike. In seinem ex posteriori formulierten *Examen* sollte der Autor später sein Stück unter Hinweis auf die Charaktere der Figuren als eigentlich konform mit den allgemeingültigen aristotelischen Regeln verteidigen. Seine unmittelbare Reaktion auf die Kritik der Académie ist jedoch eine andere: „Au *Cid* persécuté *Cinna* doit sa naissance"[33], formuliert Boileau unmißverständlich. Die theoretische Intervention der Académie diktiert die *Form* des nächsten Stücks.

Mit der ‚Geburt' *Cinnas* gewinnt die neue, regelmäßige Tragödie 1540 einen ersten großen Exponenten, der diesmal auch von der Kritik gefeiert wird[34]. Corneille beachtet peinlich genau die geforderten Einheiten: Die erzählte Zeit umfaßt etwa die zwei Stunden Spielzeit, die Handlung ist auf das Komplott Cinnas und Augustus' Reaktion der Gnade konzentriert, das Geschehen findet im Palast des Augustus statt (wenn auch alternierend

---

[31] Neben Mairet ist vor allem Chapelain als früher Verfechter der regelmäßigen Tragödie zu nennen; 1639 verfaßte La Mesnardière im Auftrag der *Académie* eine Poetik mit eben diesem Ziel; eine weitere wichtige Etappe der Theorie bildet neben Corneilles *Discours* d'Aubignacs *La Pratique du Théâtre* (1657).

[32] Die *Sentiments de l'Académie Française sur la tragi-comédie du Cid,* die die Verletzung der Regeln (bes. der bienséance) kritisierten, veranlaßten Corneille, regelmäßige Tragödien zu verfassen.

[33] Boileau, *Epitre VII,* V. 52.

[34] *Horace* ist zuerst entstanden und ebenfalls ein großer Erfolg. Corneille räumt in seinem Examen der Tragödie allerdings ein, dass die Einheit der Handlung nicht gegeben sei. (Die Leistung ist auch darum weniger originell, weil schon Aretino 1541 dasselbe Thema in seiner *Orazia* behandelt hatte.)

in den Räumen des Augustus und denen der Emilie). Der Autor verkompliziert die kurze Vorlage, Senecas philosophische Abhandlung *De Clementia*, I, 9, indem er sie in mehrere Handlungsstränge aufteilt und diese kunstvoll verknüpft. Außerdem erfindet er die weibliche Protagonistin Emilie, Tochter eines von Augustus proskribierten Patriziers, die Cinnas Liebe zur ihr ausnützt, um ihn zum Attentat auf Augustus zu bewegen. Diese frei erfundene Figur erhält eigens die historische Figur des Toranius zum Vater, des Vormunds des jungen Octavian, der später tatsächlich von diesem proskribiert wurde[35]. Die Bearbeitung der Form, vor allem aber die letztgenannte Änderung des Stoffs zeugen von Corneilles Bemühen um *vraisemblance*, wenn nicht um *vérité*, historische Genauigkeit.

1660, zu einem Zeitpunkt, an dem er bereits als führender Theaterautor seiner Zeit etabliert ist, nimmt Corneille in seinen *Discours* eine kritischere und von seiner eigenen Theaterpraxis geleitete Haltung gegenüber den antiken Regeln ein. So bemerkt er hinsichtlich der griechischen Gepflogenheit, einen *deus ex machina* auftauchen zu lassen, dies könne, was die Glaubwürdigkeit betreffe, in seiner Zeit als Engelserscheinung durchaus vorgestellt werden, wäre für einen modernen Tragiker aber „un secret infaillible de rendre celui-là ridicule". – Im Anschluß ruft er Tacitus zum Zeugen gegen die unkritische Verehrung der Antike auf:

> Qu'on me permette donc de dire avec Tacite: Non omnia apud priores meliora, sed nostra quoque aetas multa laudis et artium imitanda posteris tulit.[36]

Trotz dieser Aussage, die durchaus Corneilles Temperament zu spiegeln scheint, konstatiert man immer wieder eine seltsame Widersprüchlichkeit in den Aussagen des Autors, die meistens chronologisch aufgelöst wird als Wandlung seines Konzepts. So möchte der Autor eines Stücks in ,Echtzeit' nicht nur die Regel der *unité de temps* etwas großzügiger auslegen, sondern sogar eine neue Regel schaffen, die der kausalen Verknüpfung der Ereignisse. Doch auch diese aus seiner Praxis entstandene Neuerung legitimiert

---

[35] Caius Toranius; Quelle: Suet., *Aug.*, 27, 1. (Allerdings hätte C. die Figur dann auch „Toranie" nennen müssen.)

[36] Corneille, *Discours de la tragédie*, in: Œuvres complètes, éd. Georges Couton, Bd. III, Paris: Gallimard, 1987, S. 158. [Tacitus: Nicht alles war bei unseren Vorfahren besser, sondern auch unsere Zeit hat der Nachwelt vieles Lobenswerte gebracht, das Wert ist, in den Künsten dargestellt zu werden.]

er mit einem Verweis auf die antike Autorität: „Cette règle que j'ai établie dès le premier Discours, bien qu'elle soit nouvelle, et contre l'usage des Anciens, a son fondement sur deux passages d'Aristote".[37] Tatsächlich hat er eine solche kausale Verknüpfung bereits 1635 im Dienste der *vraisemblance* auch in den antiken Stoff seiner ersten Tragödie, *Médée*, eingeführt. Dort versieht er die Handlung mit motivierenden Nebenhandlungen, wie zum Beispiel der Figur des Egée, der bei Corneille nicht einfach nur zufällig anwesend ist und Medée Asyl verspricht wie bei Euripides, sondern als abgewiesener Verehrer von Créuse bei dem Versuch ergriffen wurde, diese zu entführen: er wird von Medée aus dem Gefängnis befreit und ist deshalb bereit, ihr Zuflucht zu bieten[38].

Diese Beispiele mögen genügen – Corneille schafft durch das Oszillieren zwischen zeitgenössischer Praxis, die er herunterspielt, und antiker Theorie, deren Wichtigkeit er betont, einen strengen, regelmäßigen Tragödientyp, dessen verwickelte Handlung von den Regeln der drei Einheiten, der *vraisemblance* und der *bienséance* gebändigt wird.

Die Antike ist aber in diesem Theater nicht nur formales Modell, sondern vor allem auch inhaltlich, ja gar pragmatisch präsent: Gerade das ostentative Bemühen um historische Genauigkeit, oder zumindest Wahrscheinlichkeit, verschafft Corneille bei seinen Bewunderern den Ruf, in einem privilegierten Verhältnis zur Antike zu stehen. So bescheinigt Saint-Evremond ihm als einzigem Dichter den „bon goust de l'Antiquité".[39]

Das Konzept der Antike, das dabei gemeint ist, wird in einem Essay des Kritikers über die Tragödie deutlich, wenn er die erzieherische Aufgabe und Verantwortung des Theaters[40] definiert:

---

[37] Corneille, *Discours des trois unités*, in: Œuvres complètes, éd. G. Couton, Bd. III, S. 176.

[38] Corneille begründet seine Änderungen ausführlich im nachträglich verfaßten *Examen* des Stücks. Im übrigen befaßt sich der *Discours de la tragédie* ausführlich mit der Frage, inwiefern Änderungen des Stoffs erlaubt sind. Hier entwickelt Corneille seine Theorie der *vraisemblance*.

[39] Saint-Evremond, *Dissertation sur le Grand Alexandre*, in: Œuvres en prose, éd. René Ternois, T. II, Paris: Didier, 1965, S. 90. Vgl. auch Voltaire, der ihn einen „ancien Romain parmi les Français" nennt (Lettre à un premier commis, 20. 6. 1733, in: *Le XVIIe siècle jugé par le XVIIIe*, éd. F. Vézinet, Paris: Vuibert, 1924).

[40] L'Abbé d'Aubignac bezeichnet das Theater in seiner *Pratique du Théâtre*, I, 1 als „Ecole du Peuple".

A Sparte et à Rome, où le Public n'exposoit à la vûë des Citoyens
que des exemples de valeur et de fermeté, le Peuple ne fut pas moins
fier et hardi dans les combats, que ferme et constant dans les calamitez de la République. Depuis qu'on eut formé dans Athènes cet art
de craindre et de se lamenter, on mit en usage à la Guerre ces mal-
heureux mouvemens qui avoient été comme appris aux représenta-
tions.[41]

Die Gegenüberstellung der aufgerufenen Beispiele des antiken Sparta und
Roms mit dem verweichlichten Athen, dessen Künstler im Jammern glän-
zen, evozieren bereits kriegerische, „männliche" und staatstragende Werte
wie Tapferkeit, Disziplin und Moral, die dem römischen Autostereotyp
der späten Republik durchaus entsprechen. Die nach Saint-Evremond vom
römischen und spartanischen Theater vermittelten Normen, „valeur" und
„fermeté", reflektieren dieses Bild. Corneilles Theater habe dieselbe prag-
matische Aufgabe wie das römische: die Vermittlung staatstragender
Normen, die *Erziehung* der Zuschauer. Und dies ist an die historische Genauigkeit gebunden, die die Vermittlung der *Exempla* römischer Tugend
ermöglicht, wie das Beispiel des Augustus, der seinen Zorn besiegt (*Cinna*,
V. 169 ff.):

Je suis maître de moi comme de l'univers;
Je le suis, je veux l'être. O siècles, ô mémoire,
Conservez à jamais ma dernière victoire!

Nicht umsonst beruft Corneilles Figur ‚siècles' und ‚mémoire', also das
Bewußtsein der Geschichte, das im übrigen am Ende des Aktes in Livius'
Prophezeiung ein Echo findet. Der Erfolg gibt Corneille recht, so dass er
im Examen des Cinna mit der Befürchtung kokettieren kann, angesichts
der Zustimmung des illustren Publikums mit seinem eigenen Stück zu
streng zu sein.

Bei den Kritikern war Corneilles historisch genaue Charakterzeichnung auch 1668 noch unumstritten, wie Saint-Evremonds *Dissertation sur
le Grand Alexandre* zeigt, in der dieser die Charakterzeichnung der Protagonistin in Corneilles *Sophonisbe* (1663) mit der in Mairets älterer Version
des Stoffes von 1634–35 vergleicht:

---

[41] Saint-Evremond, *De la tragédie ancienne et moderne* (1674), in: *Œuvres en prose*, éd.
René Ternois, T. IV, Paris: Didier, 1969, S. 177f.

> Mairet qui avoit dépeint la sienne infidelle au vieux Syphax, amou-
> reuse du jeune et victorieux Massinisse, plût generalement à tout le
> monde, pour avoir rencontré le goust des Dames, et le vray esprit
> des gens de la Cour. Mais Corneille qui fait mieux parler les Grecs
> que les Grecs … a eu le malheur de ne plaire pas à nostre siecle, pour
> estre entré dans le genie de ces Nations, et avoir conservé à la fille
> d'Asdrubal son véritable caractere.[42]

Mairets Erfolg wäre demnach damit zu erklären, dass sein Stück den Damen gefiel, und zwar weil er im Gegensatz zu Corneille den Charakter
Sophonisbes *verfälscht*, genauer gesagt *modernisiert*, habe. Corneille hingegen hätte sich an die historische Wahrheit gehalten (an den „véritable ca-
ractere") dank eines Prozesses der Einfühlung in die antike Vergangenheit,
in das *ingenium* der Völker. Doch selbst an dieser Stelle, wo er Corneilles
historische Genauigkeit loben will, verrät Saint-Evremonds Lob das, was
der fiktionale Charakter des Theaters notwendig impliziert: Auch Corneille verändert die Geschichte, wenn er die antiken Gestalten *besser*
macht, als sie waren, und sei es dem *Genie* dieser Nationen entsprechend.

Corneille selbst ist sich dieser Abweichung in viel stärkerem Maße
bewußt als sein Bewunderer; so konstatiert er, dass die Orestes-Handlung
den Sitten seiner eigenen Zeit angepaßt werden müsse, um den Protagonisten zu einem perfekten Helden zu machen. Die Alterität der antiken Heroen erklärt er mit politischen Motiven der Autoren:

> Aussi notre maxime de faire aimer nos principaux ac-
> teurs n'était pas de l'usage des Anciens, et ces républi-
> cains avaient une si forte haine des rois, qu'ils voyaient
> avec plaisir des crimes dans les plus innocents de leur
> race.[43]

Was Saint-Evremond so eifrig als authentisches Bild der Antike und mora-
lisches Exemplum beschreibt, demontiert Corneille als Ergebnis einer
Adaptation der Figuren an die modernen Zeitumstände. Und was die Einfühlung in das Genie der Epoche betrifft, so wird bei der Auflösung von
Geschichte in Exempla ausgerechnet die Geschlossenheit, der geschichtliche Zusammenhang zugunsten der überzeitlichen Geltung aufgebrochen.

---

[42] Saint- Evremond, *Dissertation sur le Grand Alexandre* (wie Anm. 39), S. 90.
[43] Corneille, *Discours sur la tragédie*, in: Œuvres complètes, éd. Couton, Bd. III, S. 161.

Wenn aber Corneilles Charaktere gar keine genuin römischen Charaktere sind, sondern bereits Interpretationen, erweist sich ihr Exemplum-Charakter als Funktion der Fiktion. Gerade aufgrund dieser Fiktion historischer Genauigkeit können sie ihre pädagogische Wirkung entfalten.

Diese Berufung einer fiktiven Alterität findet ihre dramaturgische Entsprechung in der cornelianischen Technik der Distanzierung. Die heroisierende Charakterzeichnung Corneilles beschreibt Vauvenargues in seinem berühmten Vergleich zwischen Racine und Corneille vor allem als *rhetorisch*:

> Les héros de Corneille disent souvent de grandes choses sans les inspirer ; ceux de Racine les inspirent sans les dire. Les uns parlent, et toujours trop, afin de se faire connaître ; les autres se font connaître parce qu'ils parlent.[44]

Bei genauerer Betrachtung aus der pragmatischen Perspektive erweist sich das beschriebene mangelnde psychologische Einfühlungsvermögen als künstlerisches Verfahren der *Distanzierung*. In einem von moralischen Normen geprägten dramatischen Raum interiorisiert Corneille den heroischen Akt, der als innerer Triumph des Helden stattfindet, wie der zitierte Entschluß des Augustus zur *clementia*. Daraus ergibt sich die Notwendigkeit der Monologe[45]. Diese schwächen außerdem (neben anderen Verfahren) die Identifikationsmöglichkeiten des Zuschauers ab, so dass Corneille auch formal seine ‚antiken' Römer als heroische, aber deutlich *fremde* Menschen charakterisiert, deren Distanz zum Zuschauer durch die weitgehende Ausblendung der lebensweltlichen Perspektive desselben zusätzlich betont wird. Die Distanzierung wiederum ist notwendig, um den Zuschauer durch den *bewußten* Bezug auf seine Gegenwart den Helden als Exemplum wahrnehmen zu lassen.

Corneilles mehr oder minder explizite Bekenntnisse zur Veränderung zeigen, dass sein Eintreten für die orthodoxe Imitation nur mehr rhetorisch ist. Die Antike ist hier nicht mehr wie in der Renaissance vor allem

---

[44] Vauvenargues, *Corneille et Racine*, in: Œuvres, éd. D.-L. Gilbert, Paris: Furne, 1857, S. 239 ff., Zitat: 240.

[45] W. Matzat, *Dramenstruktur und Zuschauerrolle. Theater in der französischen Klassik*, München: Fink, 1982, 3.1, betont die *theatralische* Dimension der Cornelianischen Monologe, die es durch die Distanzierung des Geschehens dem Publikum überhaupt erst ermöglicht, *admiration* für den Helden zu empfinden.

ein metaliterarischer Bezugspunkt, der den gesamten Diskurs und seiner Inhaber, die Dichter, situiert und auf eine bestimmte kulturelle Höhe hebt. Corneille versucht nicht, die antike Tragödie auszugraben oder ans Tageslicht zu befördern – die Metapher ist nicht mehr *renaître*, sondern nun ist es sein Werk, Cinna, das *geboren* wird. Daher kann er die Distanz zur Antike ausmessen und mit ihr spielen: Das antike Rom wird für Corneille *inhaltlich* zur Folie, zur fremden und verfremdenden Wirklichkeit, die nicht die Gegenwart bereichern, sondern die Reflexion über diese anregen soll.

Dieser subjektive Blick auf das antike Objekt impliziert in Bezug auf das Verhältnis zur Antike einen Wechsel der Perspektive seit dem 16. Jahrhundert, der aber offenbar von Corneilles Bekenntnissen zur Objektivität erfolgreich verdeckt wird. Dies wird in einem Brief von Jean-Louis Guez de Balzac deutlich, in dem er sich für ein Exemplar des *Cinna* bedankt und Corneille für die Darstellung der römischen Geschichte lobt.

Die Tatsache, dass er ihn dabei einen „fidele Interprete de son esprit & de son courage" nennt[46], unterstreicht die Präponderanz der Cornelianischen Dramentheorie, die ja die Historizität als die wesentliche Norm vertrat. Der Schreiber übersieht dabei offenbar den Widerspruch dieses Urteils zu seiner folgenden Feststellung, Corneille *verbessere* Rom sogar: „Aux endroits où Rome est de brique, vous la rebastissez de marbre…" An die Stelle der *Imitatio* ist hier unmerklich die *Korrektur* getreten: „Mais vous l'avez pû faire par les loix d'un art, qui polit & orne la verité ; qui permet de favoriser en imitant ; qui quelquefois se propose le semblable & quelquefois le meilleur".[47] Gegen dieses ‚historisch korrekte' Modell der Tragödie wendet sich ein junger Autor, der auf diesem Terrain mit griechischen statt mit römischen Stoffen Corneille zu entthronen sucht.

„assujetti au goût des Grecs"?

Ab den 60er Jahren des 17. Jahrhunderts kämpft der junge Racines gegen die cornelianische Hegemonie. Racines Tragödienkonzept unterscheidet sich deutlich von dem Corneilles: Das Drama des Fürsten, den inneren

---

[46] J-L. Guez de Balzac, *Œuvres*, publ. p. Valentin Conrart, Bd. I, Genève: Slatkine, 1971, Livre XVI, lettre IX, S. 675f. (Brief an Corneille vom 17. 1. 1643.)

[47] Auch die Distanzierung kann durchaus verschieden empfunden werden, wie derselbe Brief zeigt: Guez de Balzac schildert darin die Reaktion eines Bekannten auf das Stück, der sich offenbar in die Figur der Emilie verliebt hat!

Konflikt zwischen antagonistischen Werten wie der Pflicht und dem individuellen Streben nach Liebe transponiert Racine noch tiefer in das Innere seiner Figuren, die nicht mehr antike Exempla sind, sondern überzeitliche, zerrissene Individuen, *pétris de disgrâce* in einer Welt des Leidens.

Phèdres Konflikt mit der Welt, um das vollendete Beispiel racinianischer Tragödienkunst zu nennen, ist unlösbar. Ohne wirkliche Schuld verfolgt von einem unsichtbaren gnadenlosen Gott erscheint sie Voltaires Zeitgenossen als „un juste à qui la grâce a manqué".[48] Lucien Goldmann sieht in ihr die von den Jansenisten wieder geleugnete Faustische Figur des ‚juste pécheur‘: „Dans l'œuvre de Racine, Phèdre est la tragédie de l'espoir de vivre dans le monde sans concession, sans choix et sans compromis, et de la reconnaissance du caractère nécessairement illusoire de cet espoir".[49] Der Unterschied dieser zerrissenen Individuen zu den exemplarischen Protagonisten Corneilles muß nicht eigens betont werden. Schon im ausgehenden 17. Jahrhundert war der Vergleich zwischen den Dichtern eine beliebte Übung.

Von der zeitgenössischen Kritik wird der Unterschied von Racines Tragödienkonzept zu dem Corneilles weitgehend auf das Problem der Korrektheit der Antikerezeption reduziert. Dies beginnt mit Racines zweiter Tragödie (wenn man die abgelehnte *Amasie* von 1660 vernachlässigt), *Alexandre le Grand* von 1666. Im ersten Vorwort verteidigt der Autor sein Stück bereits energisch gegen die Kritiker: „Je ne représente point à ces critiques le goût de l'antiquité. Je vois bien qu'ils le connaissent médiocrement".[50] Die nächste Tragödie, *Andromaque*, rief 1668 gar eine Querelle hervor. Im Vorwort seiner *Andromaque, la Folle Querelle*, die Racines Tragödie parodiert, mahnt Subligny diesen:

> Ce n'est pas les cérémonies des anciens rois qu'il faut retenir dans la tragédie, mais leur génie et leurs sentiments, dans lesquels M. Corneille a si bien entré qu'il en a mérité une louange immortelle, et qu'au contraire ce sont ces cérémonies-là qu'il faut accommoder à notre temps, pour ne pas tomber dans le ridicule.[51]

---

[48] Voltaire erwähnt diese Interpretation der *Phèdre* in seinem berühmten Brief an Albergati Capacelli vom 23.12. 1760 (in: *Correspondance*, éd. Th. Besterman, Paris: Gallimard, Bd. VI, 1980, S. 157 ff., Zitat S. 161).

[49] Lucien Goldmann, *Le Dieu caché*, Paris: Gallimard, 1959, S. 421.

[50] Racine, *Œuvres*, éd. Picard, S. 197.

[51] Subligny, *La Folle querelle ou la critique d'Andromaque*, 1668, préface, in: *Corpus Racinianum*, éd. J. Picard, Paris: Les Belles Lettres, 1956, S. 34 f.

Die Schule Corneilles ist bis in die Formulierungen zu spüren: Die Notwendigkeit einer Anpassung hat schon Corneille mit dem drohenden ‚ridicule' untermauert. Und ähnlich wie Saint-Evremond bedient sich Subligny
hier des Begriffs ‚Genie', um seine Vorstellungen von den edlen Gefühlen
und der Größe des antiken Helden zu beschreiben – eben das, woran Corneille das französische Tragödienpublikum gewöhnt hatte, und was er
inzwischen als historische Wahrheit etabliert hatte. So wird der aufbrau-
sende Charakter des Pyrrhus in Racines Tragödie in genauer Verkehrung
der Verhältnisse gegenüber den distanzierten Protagonisten Corneilles als
niedrig und *unhistorisch* empfunden. Subligny behauptet, Corneille hätte
an Racines Stelle Andromaque „moins étourdie" gezeichnet, und fährt
fort: „Il aurait conservé le caractère violent et farouche de Pyrrhus, sans
qu'il cessât d'être honnête homme."

Dem in der Tat ungerechten Vorwurf, die *Antike* zu verfälschen, begegnet der ausgezeichnete Gräzist Racine im ersten Vorwort der *Andromaque* mit dem Hinweis auf den wahren (also homerischen) Charakter des
Pyrrhus:

> Encore s'est-il trouvé des gens qui se sont plaints qu'il s'emportât
> contre Andromaque, et qu'il voulût épouser cette captive à quelque
> prix que ce fût. J'avoue qu'il n'est pas assez résigné à la volonté de sa
> maîtresse, et que Céladon a mieux connu que lui le parfait amour.
> Mais que faire? Pyrrhus n'avait pas lu nos romans. Il était violent de
> son naturel. Et tous les héros ne sont pas faits pour être des Céla-
> dons. Quoiqu'il en soit, le public m'a été trop favorable pour
> m'embarrasser du chagrin particulier de deux ou trois personnes qui
> voudraient.[52]

Racine beruft sich mit dem ironischen Verweis auf den ahistorischen Charakter des Ideals der *honnêteté*, das Pyrrhus (und Homer) nicht kennen
konnte, nun seinerseits auf die (literarische) *historische Wahrheit* und begegnet dem Vorwurf, dem antiken Genie nicht gerecht zu werden, mit der
Weigerung, die Antike an die modernen Gegebenheiten anzupassen. Den
geschickten Ausfall übertreibt er allerdings seinerseits, indem er als Gegenbild seines Gegners zu seinem eigenen homerischen Pyrrhus nicht den
würdigen cornelianischen Helden zeichnet, der diesem vorschwebt, sondern einen romantischen Liebenden wie den Protagonisten der *Astrée*. Mit

---

[52] Racine, *Œuvres complètes*, éd. R. Picard, Bd. I, Paris: Gallimard, 1950, S. 259 f.

dieser Übertreibung setzt sich Racine gleichzeitig elegant gegen die An-
schuldigung zur Wehr, romanesk zu schreiben; ein Vorwurf, der ihn zu
stören scheint. Das Beispiel illustriert nicht nur Racines Schwierigkeiten
bei der Durchsetzung seines Tragödienkonzepts, sondern auch seinen Anspruch, die Antike *korrekt* zu rezipieren. Dabei ist für Racine der Handlungsaufbau wichtig, der auf die antike Simplizität rekurrieren soll.

Im ersten Vorwort des *Britannicus* von 1670 verteidigt Racine nicht
nur seine Figuren, sondern auch den Handlungsaufbau der Tragödie mit
diesem Argument gegen die Dramaturgie seiner Zeitgenossen sowie gegen
den Geschmack der an Corneilles komplexe Handlungen gewöhnten Kritik, die seiner Meinung nach für einen skrupellosen Autor allzu leicht
zufriedenzustellen sei:

> Au lieu d'une action simple, chargée de peu de matière, telle que
> doit être une action qui se passe en un seul jour, et qui s'avançant
> par degrés vers sa fin, n'est soutenue que par les intérêts, les senti-
> ments et les passions des personnages, il faudrait remplir cette même
> action de quantité d'incidents qui ne se pourraient passer qu'en un
> mois, d'un grand nombre de jeux de théâtre …, d'une infinité de dé-
> clamations où l'on ferait dire aux acteurs tout le contraire de ce
> qu'ils devraient dire.[53]

Das wenig schmeichelhaft skizzierte Tragödienkonzept seiner Gegner
lehnt Racine anschließend unter Verweis auf diejenigen Kritiker ab, die er
als einzige anerkennt: „Que diraient Homere et Virgile s'ils lisaient ces
vers? que dirait Sophocle s'il voyait représenter cette scene?" Das tiefere
Verständnis der antiken Kunst zwingt ihn also, das zeitgenössische Publikum im Interesse der überzeitlichen Gemeinschaft der großen Literaten zu
enttäuschen.

Nach dem anfänglichen Schlagabtausch gelingt es Racine, sich 1670
mit seiner Version der *Bérénice* gegen die gleichzeitig entstandene Fassung
Corneilles durchzusetzen, so dass er sein Konzept weniger kämpferisch
formuliert. Ein wichtiger Punkt ist aber auch noch 1674 die *imitatio*, die er
im Vorwort der *Iphigénie* definiert, indem er für sich die Freiheiten in
Stoff und Handlungsführung gegenüber der Tragödie des Euripides ein-
fordert, andererseits aber insistiert: „Pour ce qui regarde les passions, je me

---

[53] Racine, *Œuvres complètes*, éd. R. Picard, Bd. I, S. 405.

suis attaché à le suivre plus exactement." Ähnlich wie Corneille, führt er die Bühnenwirksamkeit des Verfahrens als Argument an, begründet diese aber wiederum mit dem Vorbild der Antike:

> J'avoue que je lui [sc. à Euripide] dois un bon nombre des endroits qui ont été les plus approuvés dans ma tragédie. Et je l'avoue d'autant plus volontiers, que ces approbations m'ont confirmé dans l'estime et dans la vénération que j'ai toujours eues pour les ouvrages qui nous restent de l'Antiquité. J'ai reconnu avec plaisir, par l'effet qu'a produit sur notre théâtre tout ce que j'ai imité ou d'Homère ou d'Euripide, que le bon sens et la raison étaient les mêmes dans tous les siècles.[54]

Die Zustimmung des Publikums, die Racine sich mühsam erstreiten mußte, legt er als Zeichen aus, dass endlich der überzeitliche gute Geschmack, die Ästhetik der antiken Tragödie, sich durchgesetzt habe. Er führt dabei zwei für die Imitatio-Konzeption der Klassik wesentliche Termini an: „bon sens" und „raison", die in dieser Zeit geradezu mit der Natur gleichgesetzt werden, und deren zeitlose Gültigkeit er hier explizit formuliert.

Die Antike wird durch die Gleichsetzung mit der Natur und dem Idealschönen von Racine weitaus stärker idealisiert als von Corneille, der ja nur die Helden als Exempla nahm. Daher sind für Racine korrigierende oder modernisierende Eingriffe, zumal in Charakterzeichnung und Darstellung der Leidenschaften, nicht nötig. Er fühlt sich seinen antiken Vorbildern so stark verbunden, dass er Euripides' *Alkestis* gegen seine skeptischen Zeitgenossen verteidigt. Dabei fordert er die Kritiker abschließend mit Quintilian auf, große Männer nur mit Vorsicht zu kritisieren, „ne (quod plerisque accidit) damnent quae non intellegunt".[55]

Ein Blick auf die spätere Kritik an *Phèdre* zeigt, dass Racine dem Vorwurf der Verfälschung der Antike nicht entgehen sollte. So beschuldigt Fénelon ihn, in diesem Werk dem alten Fehler der französischen Bühne, der Übertreibung der Liebesthematik, verfallen zu sein: „il a fait un double spectacle, en joignant à Phèdre furieuse Hippolyte soupirant contre son vrai caractère".[56] Diese Kritik wurde von deutscher Seite bereitwillig auf-

---

[54] Racine, *Œuvres complètes*, éd. R. Picard, Bd. I, S. 689.
[55] Racine, *Œuvres complètes*, éd. R. Picard, Bd. I, S. 689f. (Quint. *Inst. Orat.* X,1: „damit sie nicht (was den meisten passiert) verurteilen, was sie nicht verstehen.")
[56] Fénelon, *Lettre à l'Académie*, éd. E. Caldarini, Genève: Droz, 1970, S. 90 f.

gegriffen: August Wilhelm Schlegel lobt in seiner *Comparaison entre la Phèdre de Racine et celle d'Euripide* zwar die dramatische Wirkung der „scène de la jalousie", in der Phèdre eben durch die Erkenntnis, dass Hippolyte Aricie liebt, davon abgehalten wird, ihre eigene Schuld zu bekennen und Hippolyte zu entlasten, weist aber darauf hin, dass dies mit der Veränderung von Hippolytes Charakter erkauft werden mußte, „ce qui dénature son caractère et le range dans la classe nombreuse des héros soupirants et galants de la tragédie française".[57] Er spricht Racine schlichtweg ab, die Tragweite der griechischen Tragödie zu erkennen, denn er schreibe „pour y peindre des femmes aimables et surtout des femmes tendres, et les impressions qu'elles font sur le cœur des hommes".[58]

Auf den Vorwurf, Racine verkenne das Tragische, wird noch zurückzukommen sein. Es ist unnötig zu betonen, dass Schlegel mit dieser Bemerkung seinerseits Racines Konzept des Tragischen verkennt. Racines so heftig kritisierte Erfindung einer Liebe des Hippolyte macht diesen nämlich nicht unbedingt zum Höfling des 17. Jahrhunderts. Im Gegenteil muß man Racine zugestehen, den Charakter des Hippolyte soweit wie möglich erhalten zu haben: Er ist auch hier ein unberührter Jüngling, der vor seiner ersten Liebe in die vertrauten Wälder flüchtet und dem sein Erzieher Théramène die Natur seiner ‚Krankheit' erst erklären muß (Akt I, 1, S. 769): „Pourriez-vous n'être plus ce superbe Hippolyte...?" Hippolytes so scharf kritisiertes Liebesgeständnis gegenüber Aricie wird immerhin psychologisch motiviert als Reaktion auf deren falsche Erklärung seiner Gefühle als Haß, die ihn zwingt, die Wahrheit zu bekennen (S. 758):

> Contre vous, contre moi, vainement je m'éprouve:
> Présente, je vous fuis ; absente, je vous trouve,
> Dans le fond des forêts votre image me suit;
> La lumière du jour, les ombres de la nuit,
> Tout retrace à mes yeux les charmes que j'évite;
> Tout vous livre à l'envi le rebelle Hippolyte.

In dieser Erklärung sticht eigentlich nur ein Wort als preziös hervor, „charmes"; deswegen die gesamte Tirade mitsamt Hippolyte als preziös abzutun, ist sicher nicht gerechtfertigt. Im Gegenteil, auch in dieser *frem-*

---

[57] A.W. Schlegel, *Œuvres [...] écrites en français* et publ. p. E. Böcking, Leipzig: Weidmann, 1846, Bd. II, S. 333-405, hier: S. 354f.
[58] Schlegel, ebd., S. 358.

den Sprache (der Liebe), wie er sie einige Verse später nennt, erweist Hippolyte sich als menschenscheuer Adept der Jagd, der vor den neuen Gefühlen
in die Wälder flüchtet. Racine hat mit der Erfindung dieser Liebe also die
äußeren Umstände, nicht aber den Charakter der Figur verändert. Innerhalb von Racines Tragödiensystem, das im Gegensatz zu dem Corneilles
eine *Distanzverringerung* und damit eine Identifikation zwischen Charakter und Zuschauer anstrebt, war es wichtig, dass die Zuschauer Hippolytes' Motivationen intuitiv verstanden – und das hätte der Verweis auf den
griechischen Artemiskult sicher nicht leisten können[59].

Die kritisierte Modernisierung der *Phèdre* erweist sich, von wenigen
Ausnahmen wie dem Heiratswunsch der Aricie abgesehen, als Effekt dieser Distanzverringerung[60]. Wolfgang Matzat weist auf die gegenseitige
Überlagerung von identifikations- bzw. illusionsfördernden und offen
theatralischen, also illusionszerstörenden Verfahren hin und zieht daraus
den Schluß:

> So kann das Fremde immer leicht einen Verfremdungs-Effekt nach
> sich ziehen. Wenn also Racine die Handlung einerseits in historische
> oder sogar mythische Ferne rückt, andererseits aber das Fremde zu-
> gunsten des Vertrauten abbaut, so wird damit erreicht, daß das dar-
> gestellte Geschehen weder in unmittelbarer Weise noch kontrastiv
> auf die Wirklichkeit des Zuschauers bezogen werden kann. Das
> Theater ist dann weder Spiegel noch Gegenbild, sondern konstitu-
> iert einen Wirklichkeitsbereich, der der Welt des Zuschauers ganz
> enthoben zu sein scheint.[61]

Dieser Wirklichkeitsbereich der Antike behält seine Konturen in einer
geradezu gegenläufigen Bewegung zu Corneille: Während dieser auch den
Mythos zu historisieren sucht, wird bei Racine selbst die geschichtliche
Gestalt Neros zum Mythos. Nicht das Exempel des wirklich Geschehenen

---

[59] Die Vorsicht, mit der Racine gerade den Charakter Hippolytes behandelt, wird zusätzlich im Kontrast zu Pradons etwa gleichzeitig entstandenen Fassung des Stoffs deutlich,
erklärt dieser doch unverhohlen in seinem Widmungsbrief: „[...] n'en déplaise à toute
l'antiquité, ce jeune héros aurait eu mauvaise grâce de venir tout hérissé des épines du grec
dans une cour aussi galante que la nôtre."
[60] Die Inszenierung von Luc Bondy z.B. (im Rahmen der Zürcher Festspiele, 1997)
zeigt durch die zeitlose Gestaltung von Kostümen und Dekor, wie wenig Referenzen auf
die Welt des 17. Jahrhunderts das Stück enthält.
[61] W. Matzat, *Dramenstruktur und Zuschauerrolle*, (wie Anm. 45), S. 203.

überzeugt, sondern die tiefere allgemeinmenschliche Wahrheit des Mythos; um diese zu bewahren, modernisiert Racine gerade den Mythos möglichst wenig.

Die Antikerezeption Racines zeichnet sich also sowohl dramaturgisch als auch *pragmatisch* durch einen hohen Grad der Idealisierung aus. Das Allgemeingültige, Idealschöne, Ewig-Wahre„la belle nature" ist eigentlicher Gegenstand der Dichtung. Dem Mythos, hermeneutischer Schlüssel dieser Wahrheit, verschafft Racine Gehör; die Antike wird zu einem Spiegel, in der sich diesmal jedoch nicht eine *vertu* im höchsten Grad der Perfektion spiegelt, sondern *le cœur humain*.

Die genaue Imitation der Antike, zu der Racine sich bekennt, wird im übrigen bereits im 17. Jahrhundert als sklavische Nachahmung kritisiert. So lobt ausgerechnet einer der besten Gräzisten, La Bruyère, 1688 Corneille dafür, dass er nicht dem griechischen Geschmack und seiner großen Einfachheit hörig sei:

> Ce qu'il y a eu en lui [Corneille] de plus éminent, c'est l'esprit, qu'il avait sublime, auquel il a été redevable de certains vers, les plus heureux qu'on ait jamais lus ailleurs, de la conduite de son théâtre, qu'il a quelquefois hasardée contre les règles des Anciens, et enfin de ses dénouements ; car il ne s'est pas toujours assujetti au goût des Grecs et à leur grande simplicité...[62]

Corneille und Racine erscheinen hier als die Vertreter diametral entgegengesetzter Positionen zur Antikerezeption: getreue Imitation vs. korrigierendes Nachahmen. Nur wenige Jahre zuvor hatte Boileau in seinem *Art poétique* eine Synthese der *doctrine classique* geschaffen (III, 1-159) und im gleichen Zug beide, Corneille und Racine, als Musterautoren proklamiert (IV, 195-198). Die Antinomie zwischen den Dichtern scheint überwunden. Allein, die Debatte um die korrekte Rezeption der Antike wird nun von einer neu auflodernden Diskussion über die Berechtigung der Antikerezeption an sich abgelöst[63].

---

[62] La Bruyère, *Les caractères*, I, 54.
[63] Vgl. W. Krauss; H. Kortum (Hrsg.), *Antike und Moderne in der Literaturdiskussion des 18. Jahrhunderts*, Berlin: Akademie-Verlag, 1966.

„Ils sont grands, il est vrai, mais hommes comme nous"

Nicht von ungefähr entbrennt die *Querelle des Anciens et des Modernes* 1687 auf einer Sitzung der *Académie française*, eben der Institution also, die Richelieu zur Förderung der nationalen Literatur gegründet hat. Charles Perrault treibt dabei in seinem Lobgedicht auf „Le Siècle de Louis le Grand" die enkomiastische Haltung so weit, Homer unzählige Fehler anzulasten; außerdem lehnt er die übertriebene Verehrung der Antike durch seine eigene Zeit expressis verbis ab:

> La belle Antiquité fut toujours vénérable;
> Mais je ne crus jamais qu'elle fut adorable.
> Je vois les anciens, sans plier les genoux;
> Ils sont grands, il est vrai, mais hommes comme nous;
> Et l'on peut comparer, sans craindre d'être injuste,
> Le siècle de Louis au beau siècle d'Auguste.[64]

Die stolzen Verse Perraults untermauern zwar die Bedeutung der Antike als Vorbild für die Literatur des 17. Jahrhunderts, konstatieren jedoch gleichzeitig die Überwindung des veralteten Paradigmas durch die neue, ebenbürtige Epoche, *le siècle de Louis*.

Es folgt eine heftige literarische Debatte zwischen *Anciens* und *Modernes*. Dabei ist es nicht verwunderlich, dass die *Anciens* hauptsächlich auf Perraults Kritik an Homer antworten, die teilweise sehr polemische Reaktionen provoziert, rüttelt diese doch an den Grundfesten ihrer künstlerischen Überzeugungen. Das Provokante an der Argumentation der *Modernes* ist die Tatsache, dass sie die Antike ihrer überzeitlichen Gültigkeit enthebt und wieder in die Chronologie einordnet, um die eigene Zeit als mindestens ebenbürtig, wenn nicht besser, darstellen zu können. Dies stellt die Imitation und damit die Antikerezeption, wie sie praktiziert wird, in Frage.

Zunächst ‚siegen' die *Anciens,* so dass die *doctrine classique* ebenso wie das Konzept der Imitatio und die Idee von der ästhetischen Überlegenheit der Antike bestätigt werden. Racine als einer der Vertreter der *Anciens* trägt wie Boileau, der Erneuerer des horazischen Unternehmens einer Poetik in Versen, zu diesem Sieg bei. Der Sieg der *Anciens* verhindert je-

---

[64] Ch. Perrault, *Parallèle des Anciens et des Modernes*, hrsg. v. Hans Robert Jauss, München: Eidos, 1964, S. 10.

doch gleichzeitig, dass der neue Gedanke in seiner Radikalität zu Ende gedacht wird. So protestiert der Vordenker Voltaire, der zu seiner Zeit durch einen *Œdipe* zu literarischem Ruhm gekommen ist, scharf gegen den Versuch des *Moderne* Houdar de La Motte, einen *Œdipe* in Prosa zu verfassen. Herbert Dieckmann sieht darin eine allgemeine Tendenz, die für die Literatur die Nachahmung der Antike vorschreibt:

> Auf anderen Gebieten (Wissenschaft, Recht, Politik) dienen Ver-
> nunft und Natur im 18. Jahrhundert als Prinzipien der Kritik und
> Erneuerung: sie lösen die starren, dominierenden, eine freie Ent-
> wicklung verhindernden Formen auf. In Kunstwerken und ästheti-
> schen Theorien wird das zeitgeschichtlich Bedingte nur in einigen
> Einzelheiten gesehen und angegriffen; der prinzipielle Irrtum, daß
> historische Formen in zeitlos gültige Vorschriften verwandelt wur-
> den, wird nicht durchschaut.[65]

Man findet in diesem Jahrhundert neben wenigen Neuerern vor allem Adepten der ‚engen' Imitation, wie Dumolard, der in seiner *Dissertation sur le principales tragédies anciennes et modernes qui ont pour sujet l'Electre ...* (1750) apodiktisch behauptet: „La vérité est une, et les anciens l'ont saisie parce qu'ils ne recherchaient que la nature, dont la tragédie est une imita-tion".[66]

Paradoxerweise trägt ausgerechnet der Ruhm der *Anciens* wesentlich zur Entwicklung des Glanzzeit-Konzepts bei, das aus dem Jahrhundert der Regierung von Louis XIV unter Voltaires Feder schließlich ein *siècle* macht. Die Imitation der Antike wird so – in Voltaires *récit* – tatsächlich zum Kriterium der Epochenkonstitution, auch wenn sie die Entwicklung der Literatur behindert und von Autoren wie Corneille in der Praxis un-terlaufen wird[67].

---

[65] H. Dieckmann, *Die Wandlung des Nachahmungsbegriffs in der französischen Ästhetik des 18. Jahrhunderts*, in: Studien zur europäischen Aufklärung, München: Fink, 1974, S. 279.

[66] Dumolard, M., *Dissertation sur les principales...* in: Voltaire, Théâtre, S. 181.

[67] Selten sind Äußerungen wie die Brumoys, der in seiner Edition des antiken griechi-schen Theaters eingangs feststellt, dass die Querelle der Rezeption des griechischen Thea-ters geschadet habe, und anschließend auf der Andersartigkeit dieses Theaters insistiert, die einen Perspektivewechsel erfordere; vgl. P. Brumoy: *Le Theatre des Grecs*, 6 Bde., Amster-dam, 1732, Bd. I, S. 1-38.

„On n'y parle que de feux, de chaînes, de tourments"

Die Bedeutung der Antikerezeption für das französische Theater wird – wenn auch mit negativen Vorzeichen – die eingangs erwähnten Stimmen des restlichen Europa bestätigt. Allerdings widerspricht das Festhalten an der klassischen Konzeption von Imitatio und an der Antikerezeption der *Anciens* der Entwicklung im übrigen Europa, so dass es, wie Wolfgang Theile darlegt, zu einer Art Hellenismus-Konflikt[68] kommt, durch den Frankreich einen Sonderweg nimmt:

> Nicht nur hatte die Selbstbezogenheit der Boileau-Epoche sowie die modernistisch-evolutionistische Überzeugung der Fortschrittspartei das Epochen-Bewußtsein verfestigt. Auch die neue Griechenentdeckung förderte diesen Vorgang, nur eben jetzt mit negativem Resultat. Die Entwicklung einer andersartigen, ganz unfranzösischen griechischen Tragödienpoetik drängte das „französische" System in eine „splendid isolation", die sich jedoch deshalb als wenig „glänzend" erwies, weil die neuen Griechenkenner daran gingen, der französischen Tragödie, im Vergleich mit der griechischen, Authentizität und tragische Wahrheit systematisch abzusprechen und das französische Tragödiensystem als barock, romanesk und höfisch abzustempeln.[69]

Während das übrige Europa die „wahre griechische Tragödie" entdeckt, folgten die französischen Autoren weiterhin dem etablierten System, wie auch Voltaires Tragödien zeigen - einem System, das der Ideologie und Ästhetik der neueren Zeit nicht mehr entspricht. Daher müssen Voltaires Versuche, die Tragödie des Individuums in der Epoche, die nicht mehr an die Vorbestimmung glaubt, durch neue Themen zu beleben, notwendig scheitern wie sein *Mahomet* eindrucksvoll beweist. Phèdres aussichtsloser Kampf gegen sich selbst und die Gesellschaft wird nun auf ein Problem der Informationsweitergabe verlagert und also eigentlich ins Ressort der dramatischen Ironie.

Die Argumente der deutschen Klassik gegen dieses Theater zielen jedoch auf etwas anderes, sie sind in karikativer Übertreibung aus Lenzens Beschreibung des französischen Theaters der Klassik zu ersehen, das er auf

---

[68] Vgl. die ausführliche Darstellung in W. Theile, *Die Racine-Kritik bis 1800. Kritikgeschichte als Funktionsgeschichte,* München: Fink, 1974, S. 97 ff.

[69] W. Theile, *Die Racine-Kritik,* (wie Anm. 68), S. 99 f.

einer imaginären Modellbühne nach dem antiken griechischen, römischen und dem italienischen Theater im vierten Departement vor dem geistigen Auge seines Lesers erstehen läßt:

> da erscheinen die fürchterlichsten Helden des Altertums, der rasen-
> de Oedip, in jeder Hand ein Auge, und ein großes Gefolge griechi-
> scher Imperatoren, römischer Bürgermeister, Könige und Kaiser,
> sauber frisiert in Haarbeutel und seidenen Strümpfen, unterhalten
> ihre Madonnen, deren Reifröcke und weiße Schnupftücher jedem
> Christenmenschen das Herz brechen müssen, in den galantesten
> Ausdrücken von der Heftigkeit ihrer Flammen, daß sie sterben,
> ganz gewiß und unausbleiblich den Geist aufgeben sich genötigt se-
> hen, falls diese nicht. (...) In diesem Departement ist Amor Selbst-
> herrscher...[70]

Der groteske Kontrast der antiken Helden mit ihren modernen Seiden-strümpfen und ihrem preziösem Liebesvokabular qualifiziert die französi-sche Tragödie als mißlungene Aktualisierung der Antike ab; die Versatz-stücke barocker Galanterie betonen in ihrer inhaltslosen Absurdität, wie unangemessen die Liebesthematik der Ernsthaftigkeit der Tragödie sei. Hauptziel der Kritik ist eindeutig die *falsche*, wenn nicht *frivole* französi-sche Antikerezeption.

Dabei wird verschwiegen, dass auch diese Angriffe auf Imitation be-ruhen, nimmt die Kritik doch Topoi der älteren französischen Racine-Kritik auf[71]. So freut sich freut sich schon 1714 Fénelon ironisch, dass die Tragödie eben aufgrund der Liebesdarstellung sehr weit von der Perfekti-on entfernt sei und solche Schauspiele das Publikum nicht verderben könnten:

---

[70] Jakob Michael Reinhold Lenz, *Anmerkungen übers Theater (Werke und Schriften*, 2 Bde., hrsg. von Britta Titel und Hellmut Haug, WB 1966/67) Bd. I, S. 330. (Auf diese Stelle weist Roland Krebs, *La critique de la tragédie amoureuse française par l'Aufklaerung alle-mande*, S. 17 hin.)

[71] Vgl. die ausführliche Darstellung der zeitgenössischen Kritik an Racine in W. Theile: *Die Racine-Kritik bis 1800*, München: Fink, 1974 (speziell zur Liebesthematik S. 27 ff.). Vgl. auch R. Krebs: *La critique de la tragédie amoureuse française par l'Aufklaerung allemande*, in: De Lessing à Heine, Actes du Colloque tenu à Pont-à-Mousson, s. l. dir. J. Moes, J.-M. Valentin, Paris: Didier, 1985, S. 17-30, der die Kritik an der Liebesthematik als Topos der französischen Kritik des 18. Jahrhunderts erweist.

Nos poètes les ont rendus languissants, fades et doucereux comme les romans. On n'y parle que de feux, de chaînes, de tourments. On y veut mourir en se portant bien. ... Tous les termes sont outrés, et rien ne montre une vraie passion. Tant mieux; la faiblesse du poison diminue le mal.[72]

Die Differenzierung der ‚französischen Bühne' in die sehr unterschiedlichen Tragödiensysteme von Corneille und Racine (vom Unterschied zu Epigonen ganz zu schweigen) wird so erst in Frankreich und dann in der europäischen Kritik unterschlagen[73]. Im Zerrbild, das die Kritik entwirft, entsteht letztendlich *die* französische Bühne und *das* französische Tragödienmodell.

Die Diskussion um die richtige Antikerezeption wurde auf diese Weise von der nationalen auf die internationale Ebene und vom Unterschied zwischen Corneille und Racine auf den zwischen der französischen Bühne und den übrigen Bühnen verlagert, so von Lessing, der sich 1768 schmeichelt, große Verdienste um das deutsche Theater erworben zu haben, „indem ich mir nichts angelegner sein lassen, als den Wahn von der Regelmäßigkeit der französischen Bühne zu bestreiten. Gerade keine Nation hat die Regeln des alten Drama mehr verkannt, als die Franzosen".[74] Auch wenn man bei diesen Äußerungen Strategie und Ziel trennen muß[75], bleibt die vernichtende Wirkung: Das Epochenbewußtsein der französischen

---

[72] Fénelon, *Lettre à l'Académie*, éd. E. Caldarini, Genève: Droz, 1970, S. 90, VI: „Projet d'un traité sur la tragédie". – Fénelons Kritik betrifft die Liebesthematik und den geschwollenen Sprachstil.

[73] Zu dieser „nivellierenden Globalkritik", die Racine und Corneille betraf, vgl. W. Theile, *Die Racine-Kritik,* (wie Anm. 68), S. 88 ff., bes. S. 91 ff.

[74] G. E. Lessing, *Hamburgische Dramaturgie*, 101.-104. Stück (in: Lessings Werke hrsg. v. J. Petersen, Berlin; Leipzig, Wien; Stuttgart: Bong, [1925], Bd. V, S. 413).

[75] Vgl. Jean-Marie Valentin, *Lessing et le théâtre français dans la < Dramaturgie de Hambourg >. Système des genres et renouveau de la comédie*, in: De Lessing à Heine (...), S. 31-59, der darstellt, wie Lessing die französische Tragödie angreift. – Jacques Lacant, *Lessing als Kritiker des französischen Theaters und seiner Rezeption in Deutschland*, in: Interferenzen. Deutschland und Frankreich. Literatur – Wissenschaft – Sprache, hrsg. v. Lothar Jordan, Bernd Kortländer, Fritz Nies, Düsseldorf: Droste, 1983, S. 52-62, dagegen kommt zu dem Schluß, dass es Lessing bei seiner Kritik gleichermaßen um das Nationaltheater wie um seine eigene ästhetische Überzeugung gehe, vgl. S. 60: „Natürlich will er die Deutschen zum Selbstbewußtsein (...) erziehen; dabei verweist er aber des öfteren auf einen Franzosen als Gewährsmann, weil es ihm eben zugleich um die (in seinem Verständnis) echte Tragödie geht, und er seine ästhetische Überzeugung behaupten will."

Klassik wird nun von außen bestätigt, auch wenn die eigentlichen Adressa-
ten der zitierten Aussage eher Lessings eigene Landsleute sind. In dieser
Kritik wird die Imitation der Antike, die erst Motor der Entwicklung der
französischen Tragödie war, bis sie deren weitere Entwicklung durch die
doktrinäre Erstarrung behinderte, der französischen Bühne entzogen.

Und so nimmt es nicht wunder, wenn Johann Gottfried Herder im
Beitrag „Shakespear" seiner fliegenden Blätter *Von deutscher Art und Kunst*
1773 mit ähnlicher Verve wie Perrault das Vorbild demontiert, indem er
der französischen Bühne die Atomisierung in Florilegien wünscht und
zudem den Autoren, dessen Kritik Racine sich stellen wollte, zum
Hauptzeugen gegen diesen aufruft:

> Glücklich wenn wir im Geschmack der Wahrheit schon an der Zeit
> wären! Das ganze französische Theater hätte sich in eine Sammlung
> schöner Verse, Sentenzen, Sentimens verwandelt – aber der große
> Sophokles stehet noch, wie er ist![76]

„L'antiquité est un objet d'une espèce particulière"

Stellen wir am Ende dieses Überblicks erneut die Frage, welche Rolle die
Antike für das klassische französische Theater spielt, dann muß die Antwort zwischen dem Metadiskurs und den Texten differenzieren. Nachdem
das 16. Jahrhundert das antike Genus überhaupt instauriert und damit die
Rezeption der Antike als Grundbedingung für die Gattung etabliert hat,
entwickelt das 17. Jahrhundert in Reaktion auf die Evolution der Barock-
tragödie einen neuen Maßstab: Die *Korrektheit* der Antikerezeption, die es
ermöglicht, die unmittelbar voraufgehende Tradition zu verwerfen.

Die Dramaturgie des 17. Jahrhunderts widerspricht der Behauptung,
die antike Tragödie werde nun *korrekter* rezipiert, bedenkt man beispielsweise die systematische und nie erwähnte Auslassung der Chöre, mit denen der Repräsentant der Polis bzw. der Gemeinschaft verschwindet. Die
antike Tragödie wird formal und stofflich durchaus aufgenommen, aber
bei aller Wirksamkeit des antiken Modells nehmen sich die Dichter Freiheiten, die bei Corneille eher die Charakterisierung und die Handlungsführung, bei Racine die Bezüge auf die antike Lebenswelt betreffen – von
den zeitgenössischen Inszenierungen ganz zu schweigen, bei denen man ja

---

[76] J. G. Herder, *Schriften zur Ästhetik und Literatur 1767-1781.* Hrsg. v. Gunter E.
Grimm, Frankfurt a.M.: Deutscher Klassiker Verlag, 1993, S. 506.

nicht saß und andächtig lauschte, sondern umherging und sich durchaus auch unterhielt. Kurzum: Die französische Tragödie der Klassik war aus damaliger Sicht unbedingt modern und besaß eine eigene Ästhetik und Deontologie. Antik waren ihre äußere Form und die Stoffe.

Die reale Form des Theaters entspricht nicht unbedingt den Aussage der Theorie, so dass man zu dem Schluß kommen muß, die Funktion des paratextuellen *Antikebezugs* in der klassischen französischen Tragödie sei eine andere als die der tatsächlichen *Antikerezeption*. Die kreative Praxis wird jedoch immer rhetorisch überlagert von beredten Bekenntnissen zu den aristotelischen Regeln und zu einer getreuen Imitation, also einem starken Antikebezug. Eine Strategie, die so erfolgreich ist, dass die korrekte Antikerezeption nicht nur zum Maßstab der Tragödienkunst beim Vergleich zwischen Corneille und Racine wird, sondern darüber hinaus auch die Angriffsfläche für die deutsche Kritik des 18. Jahrhunderts bildet.

Literarisch zeichnet sich die Epoche also durch eine Diskrepanz oder wenigstens Spannung zwischen formuliertem und praktiziertem Antikebezug aus. Verschwiegen wird, was Voltaire erst nach dem Abflauen der *Querelle* zu formulieren wagt: Dass ein Tragödienmodell entwickelt wurde, das zum Ruhm dieser Zeit beiträgt und es gar erst möglich macht, dass diese als Epoche mit der Antike konkurrieren kann. Fontenelle läßt 1683 Sokrates im dritten Dialog seiner *Dialogues des morts* die Antike in eine angemessene Perspektive rücken:

> L'antiquité est un objet d'une espèce particulière; l'éloignement le grossit. Ce qui fait d'ordinaire qu'on est si prévenu pour l'antiquité, c'est qu'on a du chagrin contre son siècle, et l'antiquité en profite. On met les anciens bien haut pour abaisser ses contemporains.

Diesen Kunstgriff, nämlich einer antiken Autorität die heikle Aufgabe des Relativierens der antiken Größe zu überlassen, erlaubt es Fontenelle, den den Naturgesetzen zuwiderlaufenden Blick seiner Zeitgenossen zu kritisieren, die Perspektive, die die Antike zum Nachteil der eigenen Zeit vergrößert ... oder zum Vorteil dessen, der die Perspektive erfindet.

Naturnachahmung und ironische Aktualisierung Homers in Goethes *Werther*-Roman

Gerhard Lohse (Hamburg)

1

Die Abfassung von Goethes *Werther*-Roman fällt in die Periode des *Sturm und Drang*, die sogenannte *Genie-Zeit*, die Goethe selbst auf die zwanzig Jahre zwischen 1770 und 1790 begrenzt. Die erste Veröffentlichung des *Werther* erfolgt – zunächst anonym – im Jahre 1774. 1775 erscheint eine zweite Auflage. Elf Jahre später, im Jahr 1786, lässt Goethe dann eine Neufassung drucken.

Der *Sturm und Drang* geht von einem komplexen Naturbegriff aus, welcher den transzendenten Gottesbegriff ersetzt und jene charakteristische Verherrlichung des künstlerischen *Originalgenies* mit sich bringt, das der "verbildeten" Welt[1] die Wahrheit der Schöpfung in prophetischer Weise neu offenbart.

Trotz der deutlichen Hinwendung zum Irrationalen hat man die literarische Bewegung der *Genie-Zeit*, die Rousseau und Edward Young wesentliche Impulse verdankt, inzwischen als eine Sonderentwicklung innerhalb der Epoche der Aufklärung zu verstehen gelernt[2]. In einem späten Rückblick bezeichnet Goethe diese Zeit, die er wie gesagt von 1770 bis 1790 reichen lässt, als "unruhig, frech", "Form willkürlich zerstörend und besonnen herstellend".[3] Exemplarisch sieht er in *Dichtung und Wahrheit* (HA 9, 534f) den Kreis der Göttinger *Sturm und Drang*-Dichter, der, der mit Klopstock in Verbindung stand, charakterisiert durch seinen Drang nach "Unabhängigkeit":

---

[1] "Wir Gebildeten - zu nichts Verbildeten!" schreibt Werther im *Brief vom 4. September*, Hamburger Ausgabe [HA], Bd. 6, S. 79 (nach dieser Ausgabe wird im Weiteren zitiert. Darin nicht enthaltenen Werke werden nach der *Artemis-Gedenkausgabe* zu Goethes 200. Geburtstag am 28. August 1949, herausgegeben von Ernst Beutler unter Mitarbeit zahlreicher Fachgelehrter, Zürich und München [3]1977 angegeben [*Gedenkausgabe*]).

[2] So Andreas Huyssen, *Sturm und Drang*, in: *Geschichte der deutschen Lyrik vom Mittelalter bis zur Gegenwart*, hrsg. von Walter Hinderer, Stuttgart 1983, S. 177-201, dort 177.

[3] *Gedenkausgabe*, Bd.14, S. 402.

In einem solchen, sich immer mehr erweiternden deutschen
Dichterkreise entwickelte sich zugleich, mit so mannigfaltigen
poetischen Verdiensten, auch noch ein anderer Sinn, dem ich keinen
ganz eigentlichen Namen zu geben wüsste. Man könnte ihn das
Bedürfnis nach Unabhängigkeit nennen (...). Man will nichts über
sich dulden: wir wollen nicht beengt sein, niemand soll beengt sein,
und dies zarte, ja, kranke Gefühl erscheint in schönen Seelen unter
der Form der Gerechtigkeit.

Soweit Goethes Jahrzehnte später, 1813, in der Zeit der Krise Preußens[4]
niedergeschriebene Beurteilung der stillen Revolte der Hofmeister und
Literaten, die letztlich zu jenem selbstbewussten Bildungsbürgertum
geführt hatte, jener intellektuellen Führungsschicht, die damals bereits die
preußischen Reformen trug, namentlich die mit dem Namen Wilhelm von
Humboldts verbundene preußische Bildungsreform. Neben den realen
politischen und sozialen Verhältnissen stand nicht zuletzt auch die
Hinwendung zum Griechentum in enger Beziehung zu der von Goethe
beschriebenen Aufsässigkeit. Homer war im Verständnis der *Sturm und
Drang*-Intellektuellen Ausdruck der Natur, ja, Natur selbst, und *Natur*
war dabei Synonym für Schönheit, Freiheit und Wahrheit. Homer und
den Griechen musste man nachstreben, wenn man frei sein wollte von den
Fesseln der normativen Poetik, aber auch von den Fesseln einer ungerechten politischen Ordnung. *Natur* war die neue ästhetische Norm und
zugleich moralische Instanz. Diese mit dem allgemeinen Leben verbunde-
dene Bedeutung spielte stets mit hinein, wenn es in der poetologischen
Diskussion des *Sturm und Drang* um *Natur* und um Nachahmung des
Natürlichen ging. Auch in Goethes *Werther* wird der enge Zusammenhang
von Existenz und Kunst thematisiert und in seinen Folgen problematisiert
    Kant, der mit seiner *Kritik der Urteilskraft* von 1790 die ästhetische
Theorie nachhaltig beeinflusst hat, geht davon aus, dass Kunst auf der
Nachahmung der Natur beruht[5]. Ihm widerspricht Hegel in seinen

---

[4] Vgl. Thomas Nipperdey, *Deutsche Geschichte 1800 bis 1866*, München 1983, S. 82-87.

[5] Vgl. Peter Szondi, *Poetik und Geschichtsphilosophie I*, Studienausgabe der Vorlesungen Bd.
2, Suhrkamp Taschenbuch Wissenschaft 40, Frankfurt am Main [2]1976, S. 286 f. Er verweist
dort auf Kants Beispiel von der Imitation des Nachtigallengesangs. "Was wird von Dichtern
höher gepriesen als der bezaubernd schöne Schlag der Nachtigall in einsamen Büschen an
einem stillen Sommerabende bei dem sanften Licht des Mondes?". Es komme aber vor, dass

Vorlesungen zur Ästhetik, die eine Synthese der poetologischen Diskussionen der Goethezeit darstellen und zugleich deren eigenwillige Umdeutung. Für Hegel steht das Kunstschöne höher als die Natur.

> Denn die Kunstschönheit ist die *aus dem Geiste geborene und wiedergeborene* Schönheit, und um soviel der Geist und seine Produktion höher steht als die Natur und ihre Erscheinungen, um soviel auch ist das Kunstschöne höher als die Schönheit der Natur. (...) Das Höhere des Geistes und seiner Kunstschönheit der Natur gegenüber ist aber nicht nur ein relatives, sondern der Geist erst ist das *Wahrhaftige*, alles in sich befassende, so dass alles Schöne nur wahrhaft schön ist als dieses Höheren teilhaftig und durch dasselbe erzeugt.[6]

Wollte die Kunst dem Naturschönen folgen, wäre sie "unfrei". Damit wird das Ästhetische aus der Komplexität dessen, was der Naturbegriff um 1770 bedeutete, entlassen und als Erscheinungsform des Hegelschen Geistes dessen Dynamik unterstellt. Aus dem Schatten der die Gegenwart inspirierenden wie auch revolutionär bedrängenden Naturgewalt des Griechisch-Natürlichen tritt bei Hegel das antike Griechenland hervor als eine historisch abtrennbare Epoche. Entweder wirkt demnach die göttliche Kraft (und damit Schönheit, Wahrheit, Freiheit) immanent in der Schöpfung der Natur und muss in einem enthusiastischen Prozess von

---

"irgendein lustiger Wirt seine zum Genuss der Landschaft bei ihm einkehrenden Gäste" täuscht durch "irgendeinen mutwilligen Bauernburschen, welcher diesen Schlag (...) ganz der Natur ähnlich nachzumachen wusste". (...) "Sobald man aber inne wird, dass es Betrug sei, so wird niemand es lange aushalten, diesem vorher für so reizend gehaltenen Gesange zuzuhören; (...) Es muss Natur sein oder von uns dafür gehalten werden, damit wir an dem Schönen als einem solchen ein unmittelbares *Interesse* nehmen können" (Immanuel Kant, Werke in zehn Bänden, hsg. von W. Weischedel, Sonderausgabe der Wissenschaftlichen Buchgesellschaft Darmstadt, Darmstadt 1981 [entspricht der 4. Auflage der Ausgabe Darmstadt 1957], Bd. 8, *Kritik der Urteilskraft* § 42, S. 400 [= S.172 f der Originalausgabe]). Naturnachahmung und die Wirkung der Nachahmung auf den Hörer sind entscheidend für Kants ästhetische Reflexionen.

[6] Georg Wilhelm Friedrich Hegel, *Ästhetik*. Nach der zweiten Ausgabe Heinrich Gustav Hothos (1842) redigiert und mit einem ausführlichen Register versehen von Friedrich Bassenge, Berlin und Weimar 1955, Bd. 1, S. 14. – Auf Kants Beispiel des nachgeahmten Nachtigallengesangs geht Hegel ebd., S.53 ein.

prophetischen Dichter-Sehern, etwa Stolbergs "Gesandten Gottes",[7] von dort empfangen werden – so bestimmte Vorstellungen des *Sturm und Drang* – oder aber der göttliche Geist wird in den Menschen selbst wirksam – so die Ansicht Hegels. Er macht die Menschen durch sein Wirken zu Subjekten der Geschichte, zu Wesen, denen Schönheit, Wahrheit, Freiheit in den Sinn gelegt ist.

Auf dieser hiermit zum Vorschein kommenden Entwicklungslinie markiert Goethes *Werther* und dessen immanente Poetik eine bemerkenswerte und, wie es scheint, bisher nicht hinreichend untersuchte Etappe. In ironischer Distanzierung zur Werther-Figur, die an der Unendlichkeit der Natur verzweifelt, verweist Goethe auf die symbolische Manifestation des Naturschönen in bestimmten literarischen Formen der antiken Tradition. Dabei stoßen wir auf eine bisher übersehene Verwendungsweise des klassischen *locus amoenus* bei Goethe. In dem Alterswerk der *Maximen und Reflexionen* schreibt er: "Das ist die wahre Symbolik, wo das Besondere das Allgemeine repräsentiert, nicht als Traum oder Schatten, sondern als lebendig-augenblickliche Offenbarung des Unerforschlichen".[8] Das Göttlich-Unendliche ist in dem Besonderen des Konkreten gegenwärtig, offenbart sich, ohne aber mit dem Besonderen identisch zu sein. Die sinnliche Erscheinung spiegelt die allgemeine Bedeutung.

2

Goethes Briefroman *Die Leiden des jungen Werthers* gilt als die erste deutschsprachige Dichtung von weltliterarischem Rang[9] und als ein bedeutender Beitrag zu jener damals so dringend geforderten deutschen Nationalliteratur[10]. Die Dichter der *Sturm und Drang*-Generation nannten den Autor des Werther in einem Atemzug mit Shakespeare[11]. Im Herbst 1774

---

[7] In dem Gedicht *Freiheit* von 1775, in: Der Göttinger Hain, hrsg. von Alfred Kelletat, Stuttgart (Reclam) 1967, S. 196.

[8] Goethe, *Maximen und Reflexionen 314*, Gedenkausgabe, (wie Anm. 1), Bd. 9, S. 532.

[9] So Gert Mattenklott, *Goethe Handbuch* Bd. 3, Prosaschriften, hsg. von Bernd Witte und Peter Schmidt, Stuttgart und Weimar 1997, S. 51.

[10] Dazu Winfried Woesler, *Die Idee der deutschen Nationalliteratur in der zweiten Hälfte des 18. Jahrhunderts*, in: Klaus Garber (Hrsg.), Nation und Literatur im Europa der frühen Neuzeit, Tübingen 1989, S. 716-33.

[11] Bereits im Anschluss an den im Juni 1773 erschienenen *Götz*, der am 23. September im Göttinger Dichterbund vorgelesen worden war, richtete Johann Heinrich Voß (wohl unter dem Eindruck dieses Treffens) im September 1773 eine vierstrophige Ode *An Goethe*

anonym erschienen war der *Werther* auf dem Buchmarkt äußerst erfolgreich (10 000 Exemplare in den ersten fünf Jahren). Er sprach nicht nur die Literaturkenner an, sondern eroberte sich gleich nach seinem Erscheinen die neuen, vorwiegend weiblichen Leserschichten des Mittelstandes, die im Briefroman emotionsträchtige Themen der eigenen Alltagswelt suchten[12]. Hier hatte Goethes Bericht über ein Dreiecksverhältnis mit Selbstmordfolge beste Chancen. Erbitterte Pastorenkritik, etwa die *Kurze aber nothwendige Erinnerung über die Leiden des jungen Werthers*, die der Hamburger Hauptpastor Johann Melchior Goeze 1775 veröffentlichte, bewirkte das Gegenteil dessen, was sie beabsichtigte.

Der große buchhändlerische Erfolg ging allerdings mit einer wahren Werther-Hysterie einher: Werther wurde zur Kultfigur. Viele Leser identifizierten sich mit der Romanfigur, suchten sich ähnlich zu kleiden und Werthers Verhalten zu imitieren, einige sogar bie hin zum Selbstmord. Goethe sah sich deshalb veranlasst, bei der zweiten Auflage von 1775 (elf Jahre vor der Neufassung des *Werther* von 1786) dem Leser eine Verständnishilfe an die Hand zu geben, die solche unbeabsichtigte Identifizierung verhindern sollte. Goethe stellt jedem der beiden Romanteile ein vierzeiliges Versmotto voran. Darin erteilt Werther selbst – gewissermaßen aus dem Grabe heraus - dem Leser einen Rat zum angemessenen Textverständnis, wenn es im zweiten Motto heißt: "Sieh, dir winkt sein Geist aus seiner Höhle: / *Sei ein Mann und folge mir nicht nach*". Goethe will den Leser offenbar darauf aufmerksam machen, dass er im *Werther* keine moralische Botschaft im Sinne jener im 18. Jhdt.

("Deutsch und eisern wie Götz, sprich Hohn den Schurken –") (Der Göttinger Hain, [wie Anm. 7], S.266):
>   Freier Goethe, du darst die goldene Fessel
>   Aus der Griechen Gesang geschmiedet höhnen!
>   Shakespeare durfte es und Klopstock,
>   Söhne, gleich ihm, der Natur!
Ähnlich reagiert Christian Daniel Schubart im Dezember 1774 in seiner *Werther*-Rezension in der *Deutschen Chronik*: "Lass Dich herzlich umarmen, oder, da Du mir zu hoch stehst, Deine Knie umfassen, du Gewaltiger, der Du, nach dem großmächtigsten Shakespeare, fast allein vermagst mein Herz von Grund auf zu erschüttern."

[12] Dazu ist die von Werther im *Brief vom 16. Juni* wiedergegebene Bemerkung Lottes zu vergleichen (HA 6, S. 23), welche diesen Aspekt in der Art einer immanenten Poetik des Briefromans verdeutlicht ("Und der Autor ist mir der liebste, in dem ich meine Welt wiederfinde, bei dem es zugeht wie um mich, und dessen Geschichte mir doch so interessant und herzlich wird als mein eigen häußlich Leben, das freilich kein Paradies, aber doch im ganzen eine Quelle unsäglicher Glückseligkeit ist"). Vgl. auch Mattenklott, (wie Anm. 9), S. 94.

beliebten religiösen Erbauungsschriften anbietet, keine auf Nachfolge
ausgerichtete positive Verhaltungsanleitung. Statt dessen verweist er mit
dem Motto implizit auf den Kunstcharakter seines Romans. Denn statt
Identifikation empfiehlt er äußerste Distanz ("folge mir nicht nach").
Goethe wünscht seinem Roman Leser, die das ausgewogene Gefüge
gegenstrebiger Wertvorstellungen erkennen und so auch die im Roman
angelegten vielfältigen Relativierungen jener Wertherfigur nachvollziehen
können, die sich in der Rezeption als so identifikationsträchtigen erwiesen
hatte. Noch in *Dichtung und Wahrheit* bemerkt er im Zusammenhang mit
dem *Werther* fast resigniert: "Man kann von dem Publikum nicht
verlangen, dass es ein geistiges Werk geistig aufnehmen soll. Eigentlich
ward nur der Inhalt, der Stoff beachtet" (HA 9, S.590).

Ein wichtiges Stilmittel der relativierenden Darstellung ist im *Werther*
die *Spiegelung*, eine besonders in Goethes Romanen häufig angewandtes
Gestaltungsprinzip[13]. Beiläufig Berichtetes wie die Geschichte von den
Nussbäumen im Pfarrhof, aber auch eine in sich abgeschlossene Neben-
handlung wie die sog. Bauernburschenepisode, die in der zweiten Fassung
von 1786 hinzukommt, sind darauf angelegt, einen Abstand zwischen
Leser und Romanfigur zu schaffen.

Ähnliches sollen offenbar *widersprüchliche Aussagen* in Werthers Briefen bewirken[14]. Die unterschiedlichen Aspekte, die darin hervortreten, soll
der Leser selbst wahrnehmen und zu einem Ganzen zusammenfügen. Man
hat in der Forschung von einer nicht unmittelbar ersichtlichen "esoteri-
schen" Struktur des Romans gesprochen[15], von einem "versteckten Sinn".
Eingehende Interpretation konnte deutlich machen, dass Werthers
emphatisch betonte Empfindsamkeit bereits durch die Komposition des
Romans selbst als lebens- und wirklichkeitsfremd kritisiert wird, dass

---

[13] Vgl. H.-E. Hass, *Werther-Studie*, in: P. Alewyn, H.-E. Hass, C. Heselhaus (Hrsg.),
Gestaltungsprobleme der Dichtung, Bonn 1957, S. 83-125, dort 103 f, sowie Horst Flaschka,
Goethes "Werther". Werkkontextuelle Deskription und Analyse, München 1987, S. 96.

[14] Im Brief vom 26. Mai erbost sich Werther über die philisterhaften "gelassenen Kerls".
Aber bereits im folgenden Brief vom 27. Mai preist er die "glückliche Gelassenheit" der
Landbevölkerung. Kein Erzähler macht auf die Widersprüche aufmerksam oder vermittelt sie.
Lediglich Werther selbst spricht gelegentlich von seinem "radotieren" (*Briefe vom 27. Mai* und
12. August). Dazu Dirk Grathoff, *Der Pflug, die Nussbäume und der Bauernbursche: Natur im
thematischen Gefüge des Werther-Romans*, in: Hans Peter Herrmann (Hrsg.), Goethes
"Werther". Kritik und Forschung, Darmstadt 1994, S. 382-402, dort 389.

[15] So Heinz Schlaffer, *Exoterik und Esoterik in Goethes Romanen*, in: Goethejahrbuch 95,
1978, S. 212-226 und Ilse Graham, *Goethes eigener Werther. Eines Künstlers Wahrheit über seine
Dichtung*, in: Schillerjahrbuch 18, 1974, S. 268-303.

somit Goethe gegenüber seiner Romanfigur eine gewisse Distanz eingehalten hat. Statt identifikatorischer Begeisterung will der Autor offenbar aufgeklärte Analyse beim Leser bewirken[16].

Ein anderes Stilmittel der Distanzierung ist die *Ironie*, die wir hier als transparenten Gegensatz zwischen wörtlicher Darstellung und eigentlich Gemeintem auffassen wollen[17], ohne auf die schwierigen Definitionsprobleme einzugehen, die schon Quintilian beschäftigt haben[18]. Vorbereitende Kontexthinweise auf die Ironie fehlen meist. Der Leser benötigt ein pragmatisches Vorwissen, um die Ironie als solche zu erkennen, wie z.b. in Ciceros ironischer Charakterisierung des Verres in einer Rede für Aulus Cluentius (Cluent. 33, 91), wo er ihn einen "lauteren und gewissenhaften Mann" nennt. Hier muss man einfach wissen, dass Verres genau dies nicht war (Fuhrmann in seiner Übersetzung hilft dem Leser mit der Anmerkung: "Ironisch gemeint")[19]. Das Kontextsignal der Unangemessenheit bietet eine gewisse Verständnishilfe, allerdings nur dem Eingeweihten.

Im Folgenden möchte ich über einige Textabschnitte des *Werther* sprechen, in denen Goethes einen auf die homerischen Epen zurückreichenden literarischen Topos verwendet, nämlich die traditionelle Darstellungsform des *schönes Ortes*. Die Ironisierung des homerischen *locus amoenus* dient Goethe – wie ich zeigen möchte – als Distanzierungsgestus gegenüber der Werther-Figur und ermöglicht gleichzeitig die textimmanente Diskussion damals aktueller poetologischer Fragen. Soweit dabei Ausformungen des Topos in der Literatur des 17. Jhdts. eine Rolle spielen, wird in der gebotenen Kürze darauf einzugehen sein.

---

[16] Siehe dazu Heinz Schlaffer, *Exoterik und Esoterik in Goethes Romanen*, (wie Anm. 15), dort S. 218 Anm. 17.

[17] Im Anschluss an Beda Allemann, *Ironie als literarisches Prinzip*, in: Albert Schäfer (Hrsg.), Ironie und Dichtung, München 1970, S. 28.

[18] Quintilian behandelt den Ausdruckstyp der Ironie in seiner *Institutio oratoria* im achten Buch, wo er die Ironie unter die Tropen einordnet, und im neunten Buch, das auf die Gedankenfiguren eingeht. Vgl. Heinrich Lausberg, *Handbuch der Literarischen Rhetorik. Eine Grundlegung der Literaturwissenschaft*, München ³1990. Jetzt auch Edgar Lapp, *Linguistik der Ironie*, Tübinger Beiträge zur Linguistik 369, Tübingen ²1996 (mit umfassender Bibliographie).

[19] Quintilian schreibt im § 54 über die *illusio*, als die er die Ironie hier bezeichnet: *quae aut pronuntiatione intellegitur aut persona aut rei natura* ("diese erkennt man entweder am Ton, in dem sie gesprochen wird, oder an der betreffenden Person oder am Wesen der Sache"). Wenn wir von den mimischen Hilfen des Sprechenden absehen, dürfte die letzte Feststellung, "oder am Wesen der Sache", ebenfalls auf ein pragmatisches Vorwissen hinauszulaufen, das dem Sprechakt vorausliegt. Edgar Lapp (wie Anm. 18) unterscheidet zwischen Lüge und Ironie verschiedene Simulationsebenen. Es bleibt aber dabei, dass der Leser die jeweilige Simulationsebene selbst finden muss (S. 164).

Ganz im Sinne der Poetik des *Sturm und Drang* ist zunächst Homer, das Originalgenie, der Naturdichter, das Leitbild Werthers. "Sein Homer" bestimmt sein Natur- und Kunst verständnis. Dem unsteten Flüchtling Werther, der aus den Wirren seines vorherigen Lebens von Anfang an als eine beschädigte Existenz, ja als ein Kranker vor unsere Augen tritt ("auch halte ich mein Herzchen wie ein krankes Kind" [*13. Mai*, HA 6, S.10]), ist die paradiesische Landschaft Wahlheims ein Ort der Erholung ("Die Einsamkeit ist meinem Herzen köstlicher Balsam in dieser paradiesischen Gegend" [*4. Mai*, HA 6, S.8]). Doch letztlich findet der Rekonvaleszent die Ruhe, die er sucht, nur in seinem Homer: "ich brauche Wiegengesang, und den habe ich in seiner Fülle gefunden in meinem Homer", heißt es in einem der ersten Briefe (*Brief vom 13. Mai*, HA 6, S.10). So ist die poetologische Position – Homer statt Vergil, Naturdichtung statt "höfischer" Dichtung – von vornherein mit Werthers gesamter Existenz verknüpft. Wenn Werther später am *12. Oktober* des folgenden Jahres schreiben wird: "Ossian hat in meinem Herzen den Homer verdrängt"[20] stehen wir bereits im letzten Drittel des Romans, der unaufhaltsam auf die Katastrophe zusteuert[21].

Auch in einem der nächsten Briefe des Buchanfangs finden wir Werther bei der Homerlektüre. In Werthers Bericht vom *26. Mai* heißt es:

> Du kennst von alters meine Art, mich anzubauen, mir irgend an einem vertraulichen Ort ein Hüttchen aufzuschlagen und da mit aller Einschränkung zu herbergen. Auch hier habe ich wieder ein Plätzchen angetroffen, das mich angezogen hat.
>
> Ungefähr eine Stunde von der Stadt liegt ein Ort, den sie Wahlheim nennen. Die Lage an einem Hügel ist sehr interessant, und wenn man oben auf dem Fußpfade zum Dorf hinausgeht, übersieht man auf einmal das ganze Tal. Eine gute Wirtin, die gefällig und munter in ihrem Alter ist, schenkt Wein, Bier, Kaffee; und was über alles geht, sind zwei Linden, die mit ihren ausgebreiteten Ästen den kleinen Platz vor der Kirche bedecken, der ringsum mit Bauernhäusern, Scheunen und Höfen eingeschlossen ist. So vertraulich, so heimlich hab' ich nicht leicht ein Plätzchen gefunden, und dahin lass' ich mein Tischchen aus dem Wirtshause bringen und meinen Stuhl, trinke meinen Kaffee da und lese meinen Homer.

---

[20] Genannt wird Ossian zuerst in dem *Brief vom 10. Juli* (HA 6, S. 37).

[21] Werther ist davon überzeugt, "dass wir nicht zu retten sind" (HA 6, S. 97). Schon im *Brief vom 30. August* heißt es: "Ich sehe dieses Elendes kein Ende als das Grab" (HA 6, S. 55).

Werther hatte bereits in seinem *Brief vom 4. Mai*, der den Roman eröffnet, die Gegend "rings umher" wegen ihrer "unaussprechlichen Schönheit der Natur" gepriesen: "Die Einsamkeit ist meinem Herzen köstlicher Balsam in dieser paradiesischen Gegend". Und in dem bekannten *Brief vom 10. Mai*, der mit den Worten beginnt: "Eine wunderbare Heiterkeit hat meine ganze Seele eingenommen..." beschreibt er nach einem Spaziergang die Frühlingslandschaft in der klassischen Form des *locus amoenus*, einschließlich des sog. Lagerungsmotivs. Wir werden auf diesen Brief später noch zurückkommen. Als ein *schöner Ort* im Sinne der antiken Tradition ist auch in dem eben zitierten Text der Platz charakterisiert, an den Werther sein Tischchen bringen lässt. Der weite Ausblick über das Tal mag eher römischer Landschaftswahrnehmung entsprechen, doch der "kleine Platz vor der Kirche", "der ringsum (...) eingeschlossen ist", erinnert an die stereotypen Attribute des lieblichen Naturausschnitts mit Baumschatten und Lagerplatz, wie wir ihn etwa in der Bukolik Theokrits finden. Das Buch, der Homertext, den Werther liest, führt uns allerdings auf jene berühmte Darstellung des *locus amoenus* in Platons *Phaidros*, wo Sokrates sich am Elissos unter einer Platane ausgestreckt aus jenem Buch (βιβλίον 228 B) vorlesen lässt, mit dem ihn Phaidros aus der Stadt in die freie Natur gelockt hatte und das die neueste Rede des Lysias enthält. Wir wissen aus einem Brief an Herder vom Juli 1772, dass Goethe Theokrit ebenso wie die sokratischen Dialoge intensiv studiert hat[22]. Insbesondere den Phaidros, der dem poetologischen Interesse der damaligen Dichtergeneration entsprach, hat er gut gekannt[23]. Die Vorstellung von einem auf die

---

[22] "Seit ich nichts von Euch gehört habe, sind die Griechen mein einziges Studium. Zunächst schränkt'ich mich auf den Homer ein, dann um den Sokrates forscht'ich in Xenophon und Platon (...), geriet an Theokrit und Anakreon, zuletzt zog mich etwas an Pindarn, wo ich noch hänge" (undatierter Brief an Herder, etwa 10. 7. 1772. (Der Brief findet sich bei Ernst Grumach, Goethe und die Antike. Eine Sammlung, Berlin 1949, Bd. 1, S.226f). Goethe plante damals ein Sokrates-Drama und suchte bei Platon und Xenophon nach einer stofflichen Grundlage dafür (HA 14, S. 422).

[23] An anderer Stelle scheint sich Goethe auf Phaidros 244 D zu beziehen. Platon spricht dort über die Mania als Erlösung in ausweisloser Lage: "Aber auch aus den schlimmsten Gebrechen und Nöten, die ja als Folge irgendeinen 'alten Grolls' (παλαιῶν ἐκ μηνιμάτων) in einige Geschlechtern walten, fand der Wahnsinn (...) Sühnungen und Weihen und brachte durch sie den, der an ihm teil hatte, außer Gefahr für die gegenwärtige wie für die künftige Zeit, da er für die richtig in Wahn versetzten und besessenen Menschen die Erlösung von den gegenwärtigen Übeln fand." (Diese zweite Art des Wahnsinns, die Bewirkung von Sühnungen, wodurch Geschlechter von altem Fluch befreit werden, wird

Dichtkunst gerichteten Eros als einer *Mania*, traf sich mit der Enthusias-
mus-Theorie des *Sturm und Drang*, die von einer Einheit von Denken und
Empfinden ausging. Zu dem schönen Ort gehören bei Platon auch die
Nymphen, die dort ihr Heiligtum haben und dem Ort ihren Zauber verleihen, so dass sich sogar Sokrates von ihnen inspiriert fühlt und sich als
νυμφόληπτός, "von der Nymphe ergriffen", bezeichnet (238 D).

Wenn wir uns in der zitierten Goetheschen Darstellung nach Entspre-
chungen umschauen, entspricht dem Nymphenheiligtum bezeichnenderweise das christliche Kirchengebäude, wie überhaupt die Elemente des
locus amoenus und des platonischen Lagerungsmotivs in die Moderne
transponiert sind: Werther liegt keineswegs im Gras, sondern macht es
sich auf dem Stuhl bequem, an seinem Tischchen. Die kühle Quelle, die
zur Typologie des "schönen Ortes" gehört, darf man wohl am ehesten im
Inneren des Wirtshauses suchen. An einem kühlen Trunk ist Werther
aber offenbar gar nicht gelegen, er zieht den geistig anregenden und nicht
eben durch seine Kühle belebenden Kaffee vor.

Solche Verfremdungstendenzen sind nicht ganz ohne Vorbild. In
Ciceros Dialog "De oratore" sind sich die Herren Senatoren, die sich unter
einer Platane versammeln, zwar der literarischen Nähe zum *Phaidros*
bewusst, doch lehnen sie es ab, sich wie Sokrates und Phaidros unmittelbar im Gras zu lagern, und lassen sich statt dessen Polster bringen, auf
denen sie sich dann – der *gravitas* eines römischen Herrn von Stand
genügend – niederlassen.

Bezieht Goethe sich in den bislang besprochenen Teilen auf antike
Vorbilder, so weist anderes auf den Einfluss der Prosa-Ekloge des 17. Jahrhunderts hin. Prototyp dieser Gattung ist die *Hercinie*[24] des Martin Opitz
(1597-1639). Wie der *Werther* spielt sie in einer deutschen, nicht mehr
mittelmeerischen Landschaft, und sie wird erstmals von einer genauen
Ortsangabe eingeleitet: "Es liegt dißeits dem Sudetischen Gefilde/ welches
Bohaimb von Schlesien trennet/ unter den anmutigen Riesenbergen ein

---

265 B auf Dionysos zurückgeführt). Dazu lässt sich der *Brief vom 30. November*
vergleichen, in dem Werther von seiner Begegnung mit dem Wahnsinnigen berichtet (HA
6, S.88-91). Dieser denkt an die Zeit, "da er in Ketten im Tollhause gelegen", als eine
glückliche Zeit zurück. "Gott im Himmel! Hast du das zum Schicksale der Menschen
gemacht, dass sie nicht glücklich sind, als ehe sie zu ihrem Verstand kommen und wenn sie
ihn wieder verlieren!" (HA 6, S. 90).

[24] *Die Schäferei von der Nymphen Hercynie* von 1630; Martin Opitz., Gesammelte Werke,
hrsg. von Georg Schulz-Behrend, Bd.4: Die Werke von Ende 1626 bis 1630, 2. Teil, Stuttgart
1990.

thal/ [...]".[25] Dem entspricht neben den traditionellen Naturtopoi der Realismus der landschaftlichen Darstellung bei den Nürnberger "Pegnitz-Schäfern" (Harssdörfer, Klaj, Birken), ein Realismus, der sogar durch genauere Kennzeichnung der Örtlichkeit (etwa durch identifizierbare Mühlen u.ä.) noch erhöht wird[26]. Goethe gibt im *Werther* vor, dass, die Landschaftsbeschreibungen ebenso real seien, wie Werthers Briefe echt. Lediglich der Ortsname Wahlheim sei geändert.

In der Eklogendichtung des 17. Jahrhunderts wird aus dem literarischen Topos des *locus amoenus* oder der bloß ästhetischen Wahrnehmung des schönen Ortes die reale Begegnung mit der Landschaft. Der Dichter der Barockzeit genießt das Naturschöne nicht als außenstehender Betrachter, er lebt selbst in dem Schönen. Der schöne Ort ist der festlich erhöhte Zustand der Natur und der Dichter nimmt mit seiner ganzen Existenz an dem Fest teil, ja, er fühlt sich selbst festlich erhoben und zum Dichten inspiriert. So beschreibt der Wedeler Poet Johannes Rist in der Vorrede zu seiner Gedichtsammlung *Teutscher Parnaß* (1652)[27] seinen "lustigen Hügel" am Schulauer Elbhafen, an dessen Fuße zwei Brunnen angelegt sind, und auf dem Eichen, wilde Äpfel, Haselsträucher und Erlen wachsen[28]. Hier ist sein *locus amoenus* und Begegnungsort mit den Musen, den er daher "Parnass" nennt. Wir sehen, dass der schöne Ort bereits weitgehend mit dem Musensitz identifiziert ist und dementsprechend in gesteigerten Maße Ort der dichterischen Inspiration ist. An diesem Ort ästhetischer Erhabenheit sind die meisten Gedichte seines "Teutschen Parnass" entstanden, aber nichts desto trotz schmeckte dem Poeten dort auch "ein Stükke geräuchertes Speck und ein Trünklein Bier".[29]

Und nicht nur im übertragenen Sinn schlug man sein *Hüttchen* am schönen Ort auf. Die Königsberger Dichter um Simon Dach trafen sich in der "Kürbishütte" zum Singen und Dichten[30], wobei auch dort "ein gutter Tranck und Essen" nicht fehlte[31]. Ähnlich suchte die Nürnberger

---

[25] Martin Opitz, Gesammelte Werke (wie Anm. 24), S. 516.

[26] Vgl. Klaus Garber, *Der locus amoenus und der locus terribilis. Bild und Funktion der Natur in der deutschen Schäfer- und Landlebendichtung des 17. Jahrhunderts*, Köln 1974, S. 111-146.

[27] Johann Rist, *Neuer Teutscher Parnass*, Nachdruck der Ausgabe Lüneburg 1652, Hildesheim und New York 1978.

[28] Johann Rist, *Neuer Teutscher Parnass* (wie Anm. 27), *Notwendiger Vorbericht* (ohne Seitenzählung, sechste Seite).

[29]Ebd., zwölfte Seite.

[30] Vgl. Alfred Kelletat, *Simon Dach und der Königsberger Dichterkreis*, Stuttgart 1986. Die "Kürbishütte" existierte von 1630 bis 1650.

[31] *Simon Dach, Gedichte*, hrsg. von Walther Ziesemer (Schriften der Königsberger

Dichtergruppe die im Irrhain gelegene Kratonshütte des Myrtillus auf. Wenn nun Werther in dem zitierten Textausschnitt davon spricht, "an einem vertraulichen Ort ein Hüttchen aufzuschlagen und dort mit aller Einschränkung zu herbergen" meint er mit "Hüttchen" im übertragenen Sinne den abgegrenzten schönen Ort der Geborgenheit, wo er an seinem Tischchen mit Behagen seinen Homer lesen kann.

Auch für Werther ist sein Plätzchen ein Begegnungsort mit den Musen. Doch während sich Werthers Künstlerkollegen des 17.Jhdts. in der schönen Natur zu eigenem Singen und Dichten aufgerufen fühlen, begegnet Werther den Musen nur im Buch, in seinem Homer[32]. Während im *Phaidros* Sokrates unter dem Zauber des Ortes schon selbst im epischen Versmaß zu sprechen glaubt[33], zieht Werther den gedruckten Homertext nebst lateinischer Übersetzung in der unhandlichen Ausgabe von Ernesti aus der Tasche[34].

Darin scheint mir der ironische Kern der Szene zu liegen. Statt der Abwertung des geschriebenen Wortes im *Phaidros*, die nur ein Schatten- bild der „lebenden und beseelten Rede des Wissenden" ist (276 A), zeigt sich hier gerade das Gegenteil. Werther hat keine Augen mehr für die Landschaft, der schöne Ort und seine inspiratorische Potenz bleiben unbe- achtet. Lesend verfehlt er den schönen Ort in der Wirklichkeit. Als Lesen- der versetzt er sich gewissermaßen in die künstliche Gewächshauswelt der schriftlichen Darstellung, von der Platon 276 B spricht (Ἀδώνιδος κή- πους). Werther nimmt die ihn umgebende Gegenwart des echten Lebens

---

Gelehrten Gesellschaft, Sonderreihe Bd. 4), Halle/Saale 1936-38, 1. Bd.: Weltliche Lieder. Hochzeitsgedichte. Dort (S.91-96) die "Klage über den endlichen Untergang und ruinirung der musicalischen Kürbs-Hütte und Gärtchens". Hier das Zitat S.93: "Mein Gott, wie offt sind wir biß in die Nacht gesessen und haben unsere Zeit mit guttem Tranck und Essen und singen zugebracht".

[32] So wie er auch Lotte am innigsten im gemeinsamen Literaturerlebnis begegnet: "Klopstock!" (*Brief vom 16. Juni*, HA 6, S 19-27, dort 27). Vgl. auch im zweiten Buch den *Brief vom 29. Juli* (HA 6, S. 75). Werther äußert sich dort kritisch über Albert ("er ist nicht der Mensch, die Wünsche dieses [d.h. Lottes] Herzens alle zu erfüllen"). Er bemängelt, "dass sein Herz nicht sympathetisch schlägt bei - o! - bei der Stelle eines lieben Buches, wo mein Herz und Lottes zusammentreffen".

[33] οὐκ ᾔσθου [...], ὅτι ἤδη ἔπη φθέγγομαι; (*Phaidros* 241 E).

[34] Den "kleinen Wetsteinischen Homer", 1707 in Amsterdam in der Buchdruckerei von J. H. Wetstein erschienen, "zwei kleine Büchelchen im Duodez", griechisch mit lateinischer Übersetzung wie auch die Ausgabe von J. A. Ernesti (Leipzig 1759-64), "eine Ausgabe, nach der ich so oft verlangt, um mich auf dem Spaziergange mit dem Ernestischen nicht zu schleppen", hat Werther erst später von Lotte geschenkt bekommen. Er berichtet davon am 28. August. - Zu den Ausgaben vgl. HA 6, S. 569.

nicht mehr in ihrer vollen Wirklichkeit wahr. Eben deshalb kann er das ins geschriebene Wort gebannte Leben nicht mehr lebendig werden lassen und mit der eigenen Realität verbinden. So kann er auch die Naturdichtung Homers nicht mehr richtig verstehen als das, was sie nach Goethes Überzeugung ist, nämlich "uralte Gegenwart"[35].

Die Königsberger Dichter versammelten sich in festlicher Geselligkeit zu musischem Tun, ja, fühlten sich offenbar erst in der Geselligkeit dem Kontinuum der Natur und der Gemeinschaft der von von der göttlichen Schöpfung beseelten Wesen zugehörig. Der Einheit der körperlichen und geistigen Existenz in der Schöpfung, von Speise und Dichtung, Brot und Wein, entsprach der festliche Naturzustand des schönen Ortes als Ort der Geselligkeit. Werther jedoch, der Odysseus seiner Empfindungen, wird durch seine "Krankheit zum Tode" (*12. August*) und eine unglückliche Liebe an einer natürlichen Geselligkeit gehindert. Im *Brief vom 30. Mai* schreibt er über denselben Ort, der ihm vor vier Tagen als sein "Hüttchen" erschienen war: "Es war eine Gesellschaft draußen unter den Linden, Kaffee zu trinken. Weil sie mir nicht ganz anstand, so blieb ich unter einem Vorwand zurück" (Zusatz in der 2. Fassung). Statt des inspirierenden Trunks aus der Musenquelle, die seit Hersiod und nach hellenistischer Tradition den Dichter zu künstlerischer Produktion beflügelte, trinkt Werther seinen Kaffee. Das Zusammentreffen der Begriffe "Kaffee" und "Homer" ist ohne Zweifel eine ironische Provokation[36], ein Textsignal der Unangemessenheit, das den Leser aufmerksam machen soll. – Hegel hat später an der *Luise* von Johann Heinrich Voß die Vermischung frühgriechischer Idealwelten mit modernen Gegebenheiten kritisiert und insbesondere zum Kaffee bemerkt:

> Kaffee und Zucker nun sind Produkte, welche in solchen Kreisen nicht entstanden sein können und sogleich auf einen ganz anderen Zusammenhang, auf eine fremdartige Welt und deren mannigfache Vermittlung des Handels, der Fabriken, überhaupt der modernen Industrie hinweisen.[37]

---

[35] Goethe spricht im dritten Abschnitt, Buch 12 von *Dichtung und Wahrheit* (HA 9, S. 538) über die Wiederentdeckung Homers ("Auch das homerische Licht ging uns neu wieder auf"). "Wir sahen nun nicht mehr in jenen Geschichten ein angespanntes und aufgedunsenes Heldenwesen, sondern die abgespiegelte Wahrheit einer uralten Gegenwart, und suchten uns dieselbe möglichst heranzuziehen" (HA 12, S. 538).

[36] Heinz Schlaffer hat bereits darauf hingewiesen, dass diese Passage "nur ironisch zu verstehen" sei (Exoterik und Esoterik in Goethes Romanen, [wie Anm. 15], S. 216).

[37] G. W. F. Hegel, Ästhetik (wie Anm. 6), Bd.1, S. 257.

Die Ironie macht auf den Zwiespalt aufmerksam, in dem Werther steht: einerseits treibt ihn eine kosmisch ausgreifende Unendlichkeitssehnsucht, andererseits sehnt er sich nach Homer in seinem Bedürfnis nach der positiv verstandenen "Einschränkung", dem "Hüttchen", in historisierender Benennung: dem „Patriarchalischen".[38] Es ist die Sehnsucht nach dem einfachen, nicht entfremdeten Leben in einem umgrenzten Lebensbereich. Im 2. Buch heißt es im *Brief vom 9. Mai*:

> So beschränkt und so glücklich waren die herrlichen Altväter! so kindlich ihr Gefühl, ihre Dichtung! Wenn Ulyß von dem ungemessnen Meer[39] und von der unendlichen Erde spricht, das ist so wahr, so menschlich innig, **eng** (Hervorhebung G.L.) und geheimnisvoll. Was hilft mich's, daß ich jetzt mit jedem Schulknaben nachsagen kann, daß sie rund sei? Der Mensch braucht nur wenige Erdschollen, um drauf zu genießen, weniger, um darunter zu ruhen.

Selbst das Unendliche klingt bei Homer vertraut und "eng"! "Einschränkung" - das Wort wird vom jungen Goethe häufiger in positiver Bewertung gebraucht. Eingeschränkt ist aber auch der traditionelle *locus amoenus* in seiner Eingrenzung auf Baumschatten, Gras zum sich Lagern und Quelle. (In der Odyssee ist es die schöne Insel der Nymphe Kalypso, ein schon durch den Darstellungsstil Homers begrenzter Ort, der aber selbst dem Götterboten Hermes ein Erstaunen abnötigt) Als Leser des Homer sucht Werther solche "Einschränkung", er versäumt es dabei aber, die Qualität des *locus amoenus* in der ihn umgebenden Realität zu begreifen, selbst schöpferisch "dreinzugreifen", wie Goethe einmal sagt. Mitte Juli 1772 schreibt Goethe an Herder: "Drein greifen, packen ist das Wesen jeder Meisterschaft". Er veranschaulicht dies "drein packen" im Bild des Wagenlenkers. Im Zusammenhang heißt es in dem Brief:

---

[38] Diesen grundsätzlichen Zwiespalt Werthers bringt Goethe bereits in den beiden ersten Briefen des Romans zum Ausdruck. Jener Brief vom 4. Mai, der mit dem emphatischen Beginn: "Wie froh bin ich, dass ich weg bin!" einen energischen Schlussstrich unter die außerhalb des Briefromans liegende offenbar wenig glückliche Vergangenheit Werthers zieht, sieht am Ende des Briefes "die unaussprechliche Schönheit der Natur" am vollkommensten in einem Garten verkörpert, seinem "Lieblingsplätzchen" (HA 6, S. 8). Doch bereits der folgende *Brief vom 10. Mai* zeigt Werther in einer kosmisch-pantheistischen Naturekstase, die sich im Unendlichen verliert (HA 6, S. 9).

[39] Anspielung auf Wendungen wie δ 510 κατὰ πόντον ἀπείρονα (Bericht des Proteus über die Nostoi der homerischen Helden).

Über den Worten Pindars ἐπικρατεῖν δύνασθαι ist mirs aufgegangen. Wenn du kühn im Wagen stehst und vier neue Pferde wild
unordentlich sich an deinen Zügeln bäumen, du ihre Kraft lenkst,
den austretenden herbei, den aufbäumenden hinabpeitschest, und
jagst und lenkst, und wendest, peitschest, hältst, und wieder ausjagst,
bis alle sechzehn Füße in einem Takt ans Ziel tragen - das ist Meisterschaft, ἐπικρατεῖν, Virtuosität. Wenn ich nun aber überall her-
umspaziert bin, überall nur dreingeguckt habe, nirgends zugegriffen.
Dreingreifen, packen ist das Wesen jeder Meisterschaft[40].

Goethes Besprechung von Sulzers *Theorie der schönen Künste* aus dem
gleichen Jahr[41] lehrt allerdings, dass das konkrete "drein packen" ebenso
für das Leben wie für die Kunst gilt:

> Was wir von Natur sehen ist Kraft, die Kraft verschlingt, nichts
> gegenwärtig, alles vorübergehend, tausend Keime zertreten, jeden
> Augenblick tausend geboren, groß und bedeutend, mannigfaltig in's
> Unendliche; schön und hässlich, alles mit gleichem Recht neben-
> einander existierend. Und die Kunst ist gerade das Widerspiel; sie
> entspringt aus dem Bemühen des Individuums, sich gegen die
> zerstörende Kraft des Ganzen zu erhalten.

Werther dagegen phantasiert sich in eine literarische Traumwelt, die er
gelegentlich auch als kompensatorische Gegenwelt gegen die Wirklichkeit
benutzen, wenn er z.B. nach dem Eklat in der Adelswelt mit dem Kabrio-
lett davonfährt, um im Sonnenuntergang eine passende Szene der Odyssee
zu lesen (*Brief vom 15. März*, HA 6, S.69):

> Ich strich mich sacht aus der vornehmen Gesellschaft, ging, setzte
> mich in mein Kabriolett und fuhr nach M.., dort vom Hügel die
> Sonne untergehen zu sehen und dabei in meinem Homer den
> herrlichen Gesang zu lesen, wie Ulyß von dem trefflichen
> Schweinehirten bewirtet wird. Das war alles gut.

Im Anschluss an die oben zitierte Briefstelle vom *26. Mai*[42], die von
Werthers Homerlektüre unter den beiden Linden, dem *locus amoenus*,
berichtet, erzählt Werther von seiner ersten Begegnung mit dem schönen

---

[40] Der Brief ist abgedruckt bei Ernst Grumach, (wie Anm. 22, Bd. 1, S. 226 f.).
[41] HA 12, S. 18.
[42] Siehe oben Seite 8.

Ort. Damals fand er "das Plätzchen so einsam. Es war alles im Felde", d.h.
mit der Feldarbeit, dem Goetheschen "drein greifen" in den Naturablauf
beschäftigt. Nur zwei Kinder trifft Werther an, die er zeichnet: "Ich setzte
mich auf einen Pflug, der gegenüberstand, und zeichnete die brüderliche
Stellung mit vielem Ergetzen (...) Das bestärkte mich in meinem Vorsatz,
mich künftig allein an die Natur zu halten." In dem in der 2.Fassung von
1786 von Goethe hinzugefügten *Brief vom 30. Mai* heißt es irrtümlich, dass
Werther den Pflug gezeichnet habe: "Ein Bauernbursch (...) beschäftigte
sich, an dem Pfluge, den ich neulich gezeichnet hatte, etwas zurecht zu
machen." Der Pflug, geradezu Symbol der Naturbearbeitung, des "Drein-
greifens", wird hier für Werther in verräterischer Weise zum ästhetischen
Objekt[43].

Nur einmal finden wir Werther bei einer alltäglichen Arbeit, nämlich
der Essenszubereitung. Aber auch in dieser "Einschränkung", in den engen Bereich sinnvoller Arbeit und nicht entfremdeter Tätigkeit, greift er
noch während der Durchführung der Arbeiten zu seinem Homer (*Brief
vom 21. Juni*, HA 6, S.29):

> Wenn ich des Morgens mit Sonnenaufgang hinausgehe nach
> Wahlheim und dort im Wirtsgarten mir meine Zuckererbsen selbst
> pflücke, mich hinsetze, sie abfädne und dazwischen meinen Homer
> lese; wenn ich in der kleinen Küche mir einen Topf wähle, mir
> Butter aussteche, Schoten ans Feuer stelle, zudecke und mich
> dazusetze, sie manchmal umzuschütteln: da fühle ich so lebhaft, wie
> die übermütigen Freier der Penelope Ochsen und Schweine schlach-
> ten, zerlegen und braten [*Gegenwart!*]. Es ist nichts, das mich so mit
> einer stillen, wahren Empfindung ausfüllte als die Züge patriarcha-
> lischen Lebens, die ich, Gott sei Dank, ohne Affektation in meine
> Lebensart verweben kann.

Die Passage entspricht mit ihren zwei korrespondierenden Ebenen den
charakteristischen "so"- und "wie"- Teilen in der logischen Struktur eines
Gleichnisses. Aber während es in den homerischen Gesängen so ist, dass
eine epische Darstellung durch das Gleichnis in die alltägliche Erfahrungs-
welt übersetzt wird, geht es bei Werther gerade umgekehrt zu: die
Alltagsszene wird durch Homerreminiszenzen kommentiert! So wirkt der
Kommentar überdimensioniert und steht im ironischen Kontrast zum
Erklärten ("Zuckererbsen abfädnen" erklärt durch "Ochsen Schlachten").

---

[43] Die Passage bespricht Dirk Grathoff, (wie Anm. 14), dort S. 385.

Und auch auf Werther, der nun neben den hier eigens bemühten "übermütigen Freiern der Penelope" steht, könnte ein ironisches Licht fallen. Die zeitliche Gleichsetzung der Handlungsabläufe durch die Präsensinfinitive "schlachten, zerlegen, braten" betont geradezu die Unangemessenheit des Vergleichs. Vor allem schiebt die als gegenwärtig empfundene Odyssee-Szene das eigene Erleben Werthers völlig beiseite. Selbst in dieser Scene des Tätigseins versäumt Werther die Erfahrung der guten "Einschränkung", und wieder geschieht dies – man muss schon sagen ironischerweise – gerade durch die Homerlektüre, die ihn der unmittelbaren Realität seiner eigenen Tätigkeit entzieht und in die phantastische Welt der homerischen Helden und deren „patriarchalisches Leben"entführt. Werther fährt fort:

> Wie wohl ist mir's, dass mein Herz die simple, harmlose Wonne des Menschen fühlen kann, der ein Krauthaupt auf seinen Tisch bringt, das er selbst gezogen, und nun nicht den Kohl allein, sondern all die guten Tage, den schönen Morgen, da er ihn pflanzte, die lieblichen Abende, da er ihn begoss, und da er an dem fortschreitenden Wachstum seine Freude hatte, alle in Einem Augenblick wieder mitgenießt.

Hier wird vollends deutlich, wie sehr – trotz Werthers gegenteiliger Beteuerung – alles "Affektation" ist. Was Werther als ein unentfremdetes Leben mit der Natur beschreibt, ist bei genauerer Betrachtung nichts anderes als ein anempfindendes Sich-Hineinversetzen in fremde Erfahrungen, denn über ein "selbst pflücken" der Zuckererbsen ist Werther nicht hinausgekommen. Es gegnügt ihm, dass sein "Herz die simple, harmlose Wonne fühlen kann". Er begnügt sich mit Empfindungen aus zweiter Hand, muss sich damit begnügen, da er seine eigene unentfremdete Tätigkeit in der kleinen Szene, wo er mit Zuckererbsen und Butter hantiert, über die Homerlektüre nicht zu würdigen versteht. Ebenso wie schon an dem schöne Plätzchen unter den Linden hat Werther keinen Blick für die Realität, und wieder ist es ausgerechnet Homer, der ihm die Einsicht verstellt. Unter diesem Aspekt gehören die beiden Szenen zusammen und sind auf einander bezogen. Beide Szenen sind auch von Goethe so ausgestattet, dass wir in ihnen nicht das antreffen, was Goethe "zufällige Realität" nennt. Schöner Ort und Essenszubereitung sind klar abgegrenzte, mit Leben erfüllte Bilder. Homer hat solche Bilder wiederholt gestaltet. Sie enthalten eine Realität, "hinter welcher das Absolute verborgen liegt", wie Goethe später einmal an Schiller schreibt (3. April 1801):

Die Dichtkunst verlangt im Subjekt, das sie ausüben soll, eine
gewisse gutmütige, ins Reale verliebte Beschränktheit, hinter welcher
das Absolute verborgen liegt. Die Forderungen von oben herein
zerstören jenen unschuldigen produktiven Zustand und setzen für
lauter Poesie an die Stelle von Poesie etwas, was nun ein für alle Mal
nicht Poesie ist (...) und so verhält es sich mit den verwandten
Künsten.[44]

Das sinnlich-real Wahrnehmbare steht für Goethe nicht im Gegensatz
zum Übersinnlichen, Absoluten, sondern enthält dieses, sobald der Künstler gestaltend "dreingreift".Wenn wir die zu Beginn bereits erwähnte
Beschreibung eines *locus amoenus* im *Brief vom 10. Mai* (HA 6, S.9)
hinzunehmen, wird der Gegensatz zu den in der Wertherfigur dargestellten künstlerisch unproduktiven und von Goethe kritisierten „Forderungen von oben herein", noch klarer. Werther schreibt:

Eine wunderbare Heiterkeit hat meine ganze Seele eingenommen (...)
Ich bin so glücklich, mein Bester, so ganz in dem Gefühl von
ruhigem Dasein versunken, dass meine Kunst darunter leidet. Ich
könnte jetzt nicht zeichnen, nicht einen Strich, und bin nie ein
größerer Maler gewesen als in diesen Augenblicken. Wenn das liebe
Tal um mich dampft, und die hohe Sonne an der Oberfläche der
undurchdringlichen Finsternis meines Waldes ruht, und nur einzelne
Strahlen sich in das innere Heiligtum stehlen, ich dann im hohen
Grase am fallenden Bache liege, und näher an der Erde tausend
mannigfache Gräschen mir merkwürdig werden; wenn ich das
Wimmeln der kleinen Welt zwischen Halmen, die unzähligen
unergründlichen Gestalten der Würmchen, der Mückchen näher an
meinem Herzen fühle, und fühle die Gegenwart des Allmächtigen,
der uns nach seinem Bilde schuf, das Wehen des Alliebenden, der uns
in ewiger Wonne schwebend trägt und erhält; mein Freund! (...) -
dann sehne ich mich oft und denke: ach könntest du das wieder
ausdrücken, könntest du dem Papier das einhauchen, was so voll, so
warm in dir lebt, dass es würde der Spiegel deiner Seele, wie deine
Seele ist der Spiegel des unendlichen Gottes! - Mein Freund -Aber ich
gehe darüber zugrunde, ich erliege unter der Gewalt der Herrlichkeit
dieser Erscheinungen.

---

[44] *Der Briefwechsel von Goethe und Schiller im Auftrag der Nationalen Forschungs- und
Gedenkstätte der klassischen deutschen Literatur in Weimar* hrsg. von Siegfried Seidel, 3 Bände,
München 1984, dort Bd. 2, 367-69 (Nr. 812), das Zitat S. 367 f.

Seit der *Hercinie* von Opitz wird die Ekloge nicht allein aus Arkadien nach Deutschland und an die den Dichtern besonders vertrauten Orte verlegt, es gibt nunmehr auch das Erlebnis des schönen Ortes auf einem Spaziergang:

> Mitt solchen undt dergleichen gedancken schlug ich mich eine lange Weile/ biß ich in dem hin und wieder gehen nahe bei einem klaren Quelle/ das mitt anmutigem Rauschen und Murmeln von einer Klippe herab fiel/ zue einer glatten und hohen Tannen kam/ (...).[45]

So schreitet auch Werther durch das "dampfende Tal" und das "innere Heiligtum" der "undurchdringlichen Finsternis" seines Waldes, um "dann" "im hohen Grase am fallenden Bache" zu liegen.

Bereits Quintilian glaubte, dass der Aufenthalt in der freien Natur eine erhabene und glückliche Stimmung bewirkt, *"quod illa caeli libertas locorumque amoenitas sublimen animum et beatiorem spiritum parent"* (*Inst.* X 3, 22-24). Die neue Entdeckung des 18. Jahrhunderts, die in den Land-chaftsschilderungen des *Werther* zum Ausdruck kommt, ist die Auffassung der Natur als beseelter Lebensraum und als ethische Norm. So entspricht der emphatische Ton Werthers Wahrnehmung "der Gegenwart des All-mächtigen" und der kosmischen Zusammenhänge der Natur. Allerdings verliert er sich dabei auch in Wunschvorstellungen von einem Künst-lertum, dergemäß der Künstler ohne das Einsetzen eigener Gestaltungs-kräfte ein Kunstwerk hervorbringen könne, ein Kunstwerk, welches "Spiegel des unendlichen Gottes" sei, gerade so wie das Empfinden des Künstlers den unendlichen Gott widerspiegelt: d.h. dass somit das Unend-liche ohne Zutun des Künstlers durch ihn als Medium hindurch selbst tätig würde. Er möchte dem Papier das "einhauchen", was er empfindet und die unendliche Schönheit des Kosmos als Unendliches darstellen. Ge-rade dabei aber zerfließt ihm die in der Antike ausgebildete Urform des Naturschönen, der konkret gefasste *locus amoenus* als Symbol des unend-lichen Schönen.

Werthers hochfliegende Vorstellungen von einer Teilhabe am Unend-lichen, wenn er sich „ in der überfließenden Fülle" seiner Empfindungen „wie vergöttert" fühlt, werden wenige Briefe später von Goethe als Über-tretung der Grenze zum Göttlichen, als Hybris charakterisiert, (*Brief vom 18. August*, HA 6, S.52):

---

[45] Martin Opitz, (wie Anm. 24), S. 519.

Wie oft habe ich mich mit den Fittichen eines Kranichs, der über
mich hin flog, zu den Ufern des ungemessenen Meeres gesehnt,[46] aus
dem schäumenden Becher des Unendlichen jene schwellende Lebens-
wonne zu trinken und nur einen Augenblick in der eingeschränkten
Kraft meines Busens einen Tropfen der Seeligkeit des Wesens zu fühlen, das alles in sich und durch sich hervorbringt.

Es ist nicht weniger, als der Wunsch, für einen Moment Gott gleich zu
sein. Ohne selbst in irgendeiner Weise schöpferisch tätig zu werden und
sein zu können, möchte er die Schöpferfreude dessen nachempfinden, "der
alles in sich und durch sich hervorbringt" (In gleicher Weise hatte er
versuchte, - ohne vergleichbare eigene Tätigkeit - sich in die fremde Erfahrung dessen zu versetzen, der ein "Krauthaupt" aufgezogen hat). Den
Zustand, den Werther in seinen Unendlichkeitsphantasien ersehnt und
den er in seinen schwärmerischen Empfindungen fast schon zu erreichen
glaubt, ist ein Gott-inne-Werden oder des Unendlichen-habhaft-Werden,
eine Art Gottsuche. Diese Sehnsucht kann aber erst dann erfolgreich sein,
wenn es der "eingeschränkten Kraft" des Individuums gelingt, selbst die
Dimension des Unendlichen anzunehmen. Dies geschieht dann schließlich
in der Auflösung des Individuums, in Werthers Tod. So klingt ganz folgerichtig bereits im zweiten Brief des Romans, der mit den Worten
begonnen hatte: "Eine wunderbare Heiterkeit hat meine ganze Seele eingenommen", am Ende das Motiv des tragischen Scheiterns an: "Aber ich
gehe darüber zugrunde, ich erliege der Gewalt der Herrlichkeit dieser
Erscheinungen".[47]

3

Wenn wir im weiteren nach der Funktion der Ironie im "Werther" fragen,
müssen wir auch auf durchgängige Sinnstrukturen des Romans zu
sprechen kommen, die mit der Ironie verknüpft sind. Wir hatten schon
gesehen, dass das, was zunächst als Lebens- und Wertekonflikt von

---

[46] Goethe spielt auf die homerische Wendungen ἐπ᾽ ἀπείρονα πόντον (A 350) und κατὰ
πόντον ἀπείρονα (δ 510) an.

[47] Vgl. den *Brief vom 12. Dezember* (HA 6, S. 98-99, dort 99): "Ach, mit offenen Armen
stand ich gegen den Abgrund und atmete hinab! hinab! und verlor mich in der Wonne, meine
Qualen, meine Leiden da hinabzustürmen! dahinzubrausen wie die Wellen! O! - und den Fuß
vom Boden zu heben vermochtest du nicht, und alle Qualen zu enden!"

Goethes Romanfigur erscheint, zugleich auch als kunsttheoretisches Problem diskutiert wird: wie lässt sich die so stark empfundene Unendlichkeit der Natur, des "Absoluten", künstlerisch darstellen? Hier spricht Goethe einen problematischen Punkt im Selbstverständnis des *Sturm und Drang* an. Den Anspruch der genialischen Dichter, jenes "*est deus in nobis*",[48] konfrontiert er mit der Frage der praktischen Umsetzung. Dass die Diskrepanz zwischen dem Wollen und dem Vermögen damals nicht nur ein Problem Werthers war, mag uns eine Äußerung Lichtenbergs bezeugen, der entnervt von dem "rasendem Odengeschnaube" der Genies berichtet[49]. Der *vates* der *Sturm und Drang*-Dichtung beanspruchte, eine neue Welt- und Lebensanschauung zu vermitteln, von göttlicher Manie beflügelt die Welt in einer neuen naturkongruenten Sinngebung neu zu schaffen und so zu ihrem Erlöser zu werden.[50] Solche Gedanken finden sich besonders bei Friedrich Leopold von Stolberg, Mitglied des Göttinger *Hainbundes*, der vom September 1772 bis 1775 bestand. In seinem Gedicht *Die Begeisterung* heißt es:

> So staunt an der Maulwurf das gezeigte Licht
> So staunt an der Pöbel
> Pöbel in Purpur und gehüllt in Schulstaub
> Den erdehöhnenden Gesang
> Der Begeisterung, und des Dichters, den nur sie gebar.

Die "Begeisterung" oder "Phantasie" löst sich von der benennbaren Körperlichkeit der äußeren Natur und wendet sich dem Abstrakten, dem Geist oder dem Göttlichen in der Natur zu, das die physische Welt beseelt.

Vor diesem poetologischen Hintergrund vollzieht Goethe in einer Sequenz von fingierten Briefen den inneren Wandel seiner Romanfigur, der vom Wiegengesang Homers wegführt hin zur Nebelwelt Ossians. Zum Verhältnis der beiden jeweils von Homer und Ossian beherrschten

---

[48] Ovid, *Fasti* VI,5 f: *est deus in nobis! agitante calescimus illo / impetus hic saevae semina mentis habet*, Motto von Herders Schrift *Vom Erkennen und Empfinden* 1774.

[49] Brief an den Verleger Dieterich vom 28. 1. 1775.

[50] Zur Vorstellung, dass mit dem Entstehen der Ilias und Odyssee auch die Welt neu geschaffen wurde, ist die Schlusspassage von Stolbergs Gedicht "An das Meer" heranzuziehen (Hätt er [sc. Homer] gesehn, wär um ihn her / Verschwunden Himmel, Erd' und Meer; / Sie sangen vor des Blinden Blick / Den Himmel, Erd' und Meer zurück). Zur Interpretation des Gedichts im Sinne einer Kosmogonie vgl. Adolf Beck, Griechisch-Deutsche Begegnungen. Das Griechenerlebnis im *Sturm und Drang*, 1947, S. 57.

Partien des Romans bemerkt Goethe 1829 gegenüber dem englischen Juristen Henry Crabb Robinson, dass Werther, solange er noch bei Sinnen gewesen sei, sich an Homer gehalten habe, und erst am Ende, *"when he was going mad"*, dem Ossian verfallen sei (HA 6, S.536). Deutlich ist aber auch, dass der "Wiegengesang des Homer" Werther nicht vor dem *"going mad"* hat bewahren können. Der Kontrast zwischen seinen auf eine abstrakte Unendlichkeit ausgerichteten Bemühungen und der Position des Homer, der als Chiffre für griechische Kunst überhaupt gelten kann, tritt immer wieder und mit zunehmender Klarheit hervor. Auf der Bruchlinie zwischen diesen zwei Konzeptionen, die zunächst unmittelbar nebeneinander stehen, setzt Goethe zur Verdeutlichung des Kontrastes die Ironie ein. Werther fühlt sich in dieser Anfangsphase der "Krankheit zum Tode" zwar noch stark zu Homer hingezogen, gerät aber mehr und mehr in einen Zwiespalt. Mit dem Aufsetzen ironischer *lumina* lenkt Goethe zugleich auch die Aufmerksamkeit des Lesers auf widersprüchlichen Bezüge in Werthers Briefen, die ja bis in unscheinbare Einzelheiten gehen, etwa wenn Werther darauf hinweist, dass bei Homer auch dann die Vorstellung des "menschlich innigen" und "engen" gewahrt bleibe, wenn er von dem "ungemessnen Meer" spreche, Werther sich aber wenig später selbst in einer seiner Unendlichkeitsphantasien zu den "Ufern des ungemessnen Meeres" sehnt.

Winckelmanns "Zurück zu den Griechen" und Rousseaus "Zurück zur Natur" brachte der *Sturm und Drang* auf die Synthese "Zurück zu Homer". Homer wird dabei als *Originalgenie* zum Urvater der genialischen Naturdichtung, die sich im *Sturm und Drang* ebenso als Nachahmung der *natura naturata* wie als Teilhabe an der *natura naturans* versteht. Goethe nimmt hier, wie wir gesehen haben, in seinem *Werther* eine Differenzierung vor. Dies geschieht über Homer und die von Goethe damit verbundene literarischen Darstellungsformen und ist als ironische Relativierung in den Text eingearbeitet. Als Kontextsignal verwendet Goethe die Unangemessenheit in der Kombination von Begriffen (Kaffee - Homer) oder Vorstellungen (Erbsen abfädnen - Ochsen schlachten). Die an der Oberfläche erkennbaren ironischen Gegensätze verweisen dabei auf den weniger offensichtlichen Kontrast zwischen den ins Unendliche schweifenden, wirklichkeitsfremden Phantasien und Sehnsüchten Werthers und jenen in der von Werther erlebten Realität des Romans bereits vorhandenen, aber von diesem nicht beachteten symbolischen Szenen (*locus amoenus*; Essenszubereitung), in denen sich das Unendliche verdichtet und symbolisch konkretisiert. Im Gegensatz zu Werthers "Krankheit zum Tode" stellt die symbolhafte Aussageform im ästhetischen wie moralischen Sinne das von Goethe selbst bejahte Gesunde, die schöpferisch Gestaltungsform dar. Werthers poetologische Vorstellungen werden so einer immanenten, dem Roman selbst eingeschriebenen Kritik unterzogen. Dabei deutet sich bereits im Verfehlen der unmittelbar präsenten "uralten Gegenwart" Homers der Untergang Werthers an. Wohl gehört Begeisterung, Phantasie, Inspiration zur schöpferischen Tätigkeit des Künstlers, auch Homer bittet ja die Musen um Inspiration. Doch muss die musische Begeisterung zur Gestaltung führen, zum Bannen des Unendlichen im Begrenzten. Homer gelingt es nach Goethes Ansicht, den Sinn des Ganzen im Einzelnen darzustellen und in der konkreten Gestaltung des Realen zur symbolischen Form, im "Bildhaften", das Unendliche auszudrücken. "Umfangend umfangen" lautet die Formel, die Goethe im Frühjahr 1774 in dem Gedicht "Ganymed" durch die Verknüpfung der Diathesen des Aktivischen und Passivischen dafür findet[51]. Gerade indem Homer – und die großen griechischen Künstler generell – "patriarchalische" Urformen, originale Symbolformen bilden, sind sie ihm Naturgenies. Der Versuch, das Unendliche unendlich zu sagen, kann nur zum Scheitern führen. Goethe distanziert sich von der genialischen Attitüde, doch sein ganz im Genie-Ton des *Sturm und Drang* gehaltenes Gedicht "An Schwager Kronos" entstand am 10. Oktober 1774 in der Postkutsche nach einem Besuch Klopstocks, und Stolbergs Gedicht "Die Begeisterung" wurde 1775 auf einer Reise in die Schweiz verfasst, welche die Brüder Stolberg gemeinsam mit Goethe unternahmen. Inspiration, Begeisterung ist unabdingbar und die Voraussetzung für künstlerisches Gestalten, zugleich aber auch Gefährdung, wenn sie nicht mit Gestaltungsvermögen gepaart ist, die dem ekstatischen Erleben Dauer verleihen kann. In der Kunst zeigt sich für Goethe die allgemeine gestalterische Kraft der Lebensbewältigung, der Rettung vor dem Verschlungenwerden: "sie (die Kunst) entspringt aus dem Bemühen des Individuums, sich gegen die zerstörende Kraft des Ganzen zu erhalten" (an Herder, Juli 1772)[52]. So ist Goethes kritische Haltung gegenüber der Werther-Gestalt zwar unverkennbar, aber auch nicht ohne widersprüchliche Sympathie. Bis ins hohe Alter hat Goethe eine auffallend enge Beziehung zur Figur des Werther

---

[51] Das aktive Ich des Dichters wird umschlossen von der allumfassenden göttlichen Unendlichkeit. Im wechselseitigen sich Aufeinanderzubewegen kommt die Verbundenheit des Gesonderten mit dem Allgemeinen zum Ausdruck. Damit ist die Voraussetzung gegeben für die Repräsentation des Unendlichen im Begrenzten.

[52] Abgedruckt bei Ernst Grumach, vgl. oben Anm. 40.

gehabt, ja, das Verständnis für Werthers Gefährdung scheint Phasen eigener Gefährdung zu entsprechen[53]. Werther ist immer auch ein Stück Goethe selbst. Werther steht für die existentielle Herausforderung, das Sich-
Einlassen mit dem Göttlichen, Dämonischen oder Unendlichen, das in
jedem neuen Gestaltungsversuch wieder neu entfesselt und neu gebannt
werden muss, eine Herausforderung, an der das Individuum scheitern
kann. Die Erfahrung der Ganzheit im ekstatischen Augenblick kann nach
Goethes Ansicht nur in der symbolischen Form ihren adäquaten Ausdruck finden. Erst im Symbol kommen Empfinden und Wissen zu einer
dauerhaften Synthese[54].

---

[53] Vom 1. Juni 1774 stammt der eher distanzierte Bericht Goethes an Friedrich Ernst
Schönborn: "Allerhand Neues habe ich gemacht. Eine Geschichte des Titels "Die Leiden des
jungen Werthers", darin ich einen jungen Mann darstelle, der, mit einer tiefen reinen
Empfindung und wahrer Penetration begabt, sich in schwärmerische Träume verliert, sich
durch Spekulationen untergräbt, bis er zuletzt durch dazutretende unglückliche
Leidenschaften, besonders eine endlose Liebe zerrüttet, sich eine Kugel vor den Kopf schießt"
(HA 6, S. 521). Als alter Mann schreibt er am 26. März 1816 an den ihm befreundeten
Liedkomponisten Zelter, dessen Sohn gestorben war, nach erneuter *Werther*-Lektüre: "Da
begreift man denn nun nicht, wie es ein Mensch noch 40 Jahre in dieser Welt hat aushalten
können, die ihm in früher Jugend schon so absurd vorkam." Im März 1824 richtet er in einer
Lebenskrise ein lyrisches Gedicht An Werther, das erste Stück der *Trilogie der Leidenschaft*, HA
1, S. 380 f).
[54] In diesem Sinn lässt sich Werthers Scheitern auch mit dessen Dilettantentum in
Zusammenhang bringen. Vgl. dazu Ulrich Wergin, *Symbolbildung als Konstitution von
Erfahrung. Die Debatte über den nichtprofessionellen Schriftsteller in der Literatur der Goethe-Zeit
und ihre poetologische Bedeutung*, in: Jörg Schönert, Harro Segeberg (Hrsg.), Polyperspektivik
in der literarischen Moderne. Studien zur Theorie, Geschichte und Wirkung der Literatur.
Karl Mandelkow gewidmet, Frankfurt am Main 1988, S. 194-238. – In der Forderung nach
einer Synthese von Empfinden und Wissen zeigt sich die unmittelbare Nähe zu der später von
Kant in seiner *Kritik der Urteilskraft* (1790) formulierten Ansicht über das Verhältnis von
"Einbildungskraft" und "Verstand": "Nun gehören zu einer Vorstellung, wodurch ein
Gegenstand gegeben wird, damit überhaupt daraus Erkenntnis wird, Einbildungskraft für die
Zusammensetzung des Mannigfaltigen der Anschauung, und Verstand für die Einheit des
Begriffs, der die Vorstellungen vereinigt" (*Kritik der Urteilskraft* [wie Anm. 5], § 9, S. 296 [29
der Originalausgabe]). Vgl. dazu Ernst Cassirer, *Kants Leben und Lehre*, Berlin 1918, S. 336 f:
"... ist freilich in diesem schöpferischen Wirken der Einbildungskraft die Rolle des *Verstandes*
nicht zu verkennen (...). Der Verstand ist, seiner allgemeinen Bedeutung nach, das Vermögen
der Grenzsetzung schlechthin, er ist dasjenige, was die stetige Tätigkeit des Vorstellens selbst
zum Stehen bringt und was ihr zum Umriss eines Bildes verhilft. Wenn diese Synthese sich
herstellt, wenn wir, ohne den Umweg über die begriffliche Abstraktion des empirischen
Denkens zu nehmen, zu einer derartigen Fixierung der Bewegung der Einbildungskraft
gelangen, dass sie nicht ins Unbestimmte verläuft, sondern sich zu festen *Formen* und
Gestalten verdichtet: dann ist jenes harmonische Ineinander beider Funktionen erreicht, das

So distanziert sich Goethe bereits 1774 von der Auffassung, dass die Nachahmung des Naturschönen allein aus der genialischen Begeisterung heraus möglich sei. Darin wäre der Künstler wie seine Kunst – um mit Hegel zu sprechen – "unfrei-dienend", ja, wie Werther, dem Tode, das heißt der Gestaltlosigkeit verfallen. Dennoch bleibt die Abbildung des Naturschönen das Ziel (darin liegt die Differenz zu Hegel), jedoch muss das poetische Symbol in künstlich-künstlerischer Weise hergestellt werden. Der Künstler ist der Natur gegenüber autonom, er ist nicht "der Spiegel des unendlichen Gottes", das prophetische Medium, das die Botschaft durch sich hindurchgehen lässt. Die Freiheit, deren Synonym die Natur im *Sturm und Drang* ist, liegt in der eigenen Fähigkeit des *Genies*, die in der Natur vorgezeigte Qualität der Selbstbestimmtheit seinerseits bewusst gestaltend mit den eigenen künstlerischen Mitteln im Kunstwerk darzustellen. So erreicht auch bei Goethe der Künstler zugleich mit der Schönheit das, was Hegel in seinen Begriff von Schönheit integriert: Freiheit und Wahrheit.

Kant als Grundelement des echten ästhetischen Verhaltens fordert."

Die Antike im Denken Edward Gibbons

Norbert Finzsch (Köln)

> [...um die Mitte des 18. Jahrhunderts] umfaßte das [britische Weltreich] die schönsten Länder der Erde und den civilisiertesten Theil des Menschengeschlechtes. Alter Ruhm und disziplinierte Tapferkeit bewachten die Grenzen dieser ausgedehnten Monarchie. Der gelinde aber mächtige Einfluß der Gesetze und Sitten hatte die Vereinigung der Provinzen allmälig festgekittet. Ihre friedfertigen Einwohner genossen und mißbrauchten die Vortheile des Reichthums und des Luxus. Das [Bild] einer freien Verfassung wurde mit anständiger Verehrung beibehalten und es hatte das Ansehen, als ob [das englische Parlament] die souveräne Macht besäße, und dem [König] die ganze vollziehende Gewalt nur übertrüge.

Was ich hier zitierte, ist nicht der Beginn einer Abhandlung zur englischen Geschichte, sondern der Anfang des ersten Kapitels von Gibbons *Decline and Fall*, in dem ich nur die Referenz auf das römische Weltreich durch die auf das englische Empire eigenmächtig ersetzt habe. Es ist meine These, dass Gibbon zwar ein Meisterwerk über den Niedergang des römischen Reiches geschrieben hat, dass er mit diesem Weltreich aber auch immer seinen eigenen Staat meinte und diese metonymische Vertauschung von seinen Zeitgenossen auch so verstanden wurde. Zum Beleg meiner These werde ich mich zunächst Leben und Werk Edward Gibbons zuwenden, dann die Faktoren erörtern, die nach Gibbon zum Niedergang des Römischen Reiches beitrugen, um endlich die Texte Gibbons mit der Epoche zu parallelisieren, in der er lebte.

Edward Gibbon

Es war im achtzehnten und neunzehnten Jahrhundert eine stehende Redensart sich auf Gibbons *The Decline and Fall of the Roman Empire* als *den Gibbon, the Gibbon, le Gibbon* zu beziehen. Erstaunlich ist, wie sehr Gibbons Buch den Zeitgenossen bekannt war, und zwar als ein meisterliches Werk der Erzählkunst[1]. Dabei verstand Gibbon sich selbst als

---

[1] Gibbon selbst wollte Rom ein Monument setzen, das zu Ruinen zerfallen konnte, mit dem andere neue Monumente erbaut werden sollten. Frank Palmeri, *History as Monument*.

Historiker, der aus Quellen arbeitete und der die *historische Wahrheit* zu entdecken versuchte[2]. Diligence and accuracy," bemerkte er im Vorwort der ersten Quarto-Ausgabe, "are the only merits which an historical writer may ascribe to himself [...] I may therefore be allowed to say that I have carefully examined all the original materials that could illustrate the subject which I have undertaken to treat[3].

Wer war dieser Mann, welche Daten seines Lebens helfen uns, sein Werk zu verstehen? Edward Gibbon wurde 1737 in Putney, einem Ort in der Grafschaft Surrey, als Sohn eines Parlamentsmitglieds für Southampton geboren. Er stammte aus einer wohlhabenden Familie, deren Reichtum vom Großvater Gibbons in die Familie gebracht worden war. Dieser hatte sein Vermögen als Heereslieferant für den späteren König Wilhelm III. gemacht. Gibbon war das erste von sieben Kindern, von denen nur er die Kindheit überlebte und war als Kind sehr schwach. 1747 starb seine Mutter und der Vater zog nach Hampshire, während der junge Edward unter der Obhut seiner Tante in Putney verblieb. Er besuchte die Schule und brachte sich selbst Latein durch die Lektüre von solch schwierigen Texten wie Horaz, Vergil, Terenz und Ovid bei. Als seine Tante 1748 eine Art Internat für die Studenten von Westminster eröffnete, zog Edward mit ihr dorthin und besuchte ab 1749 die renommierte Schule. Seine Gesundheit ließ ihn aber wiederholt im Stich, so dass er seine Ausbildung nur mit der Hilfe von Privatlehrern beenden konnte. 1752 wurde er in Oxford eingeschrieben, aber man kann nicht sagen, dass das Studentenleben ihm gefallen habe. Gibbon war in Oxford vollkommen auf sich gestellt, vertiefte sich in katholische Theologie und konvertierte 1753 zum Katholizismus - sehr zum Leidwesen seines Vaters, der ihn aus Oxford entfernen lassen musste[4], denn diese Universität war damals noch rein anglikanisch, und ihn zu einem kalvinistischen Geistlichen namens Pavillard nach Lausanne schickte, um ihm die katholischen Flausen auszutreiben[5]. Dies gelang Pavillard in knapp zwei Jahren und Gibbon wurde Weihnachten 1754 wieder Protestant. Mit Hilfe seines Lehrers

---

Gibbon's Decline and Fall, in: Studies in Eighteenth-Century Culture, Bd.19, 1989, S. 225-245.

[2] Jeremy Black, *The Art of History*, S. 144 f.

[3] Zitiert bei Black, *The Art of History*, S. 145 f.

[4] J. W. Burrow, *Gibbon*, Oxford, New York 1985 (Past Masters), S. 8.

[5] Edward Gibbon, *Verfall und Untergang des römischen Reiches*, hrsg. von Dero A. Saunders, Nördlingen 1987, S. XIII.

lernte Gibbon Französisch, das er bald wie seine Muttersprache beherr-
schte, vertiefte sich weiter in die lateinischen Klassiker und begeisterte sich
auch für das Griechische. 1757 schon lernte er Voltaire kennen und die
spätere Frau Neckers und Mutter Madame de Staels, Suzanne Curchod, in
die er sich unglücklich verliebte. Von 1759- 1761 war Gibbon Kommandant der Hampshire-Miliz, denn England befand sich im Siebenjährigen
Krieg mit Frankreich und man befürchtete eine Invasion aus Frankreich.
Nach der Demobilisierung seines Bataillons begab er sich 1763 auf die
grand tour auf dem Kontinent, die ihn auch über Paris führte. Hier lernte
er die französischen Enzyklopädisten d'Alembert und Diderot kennen.
1764 finden wir ihn in Rom. Hier befiel ihn die Idee einer römischen
Geschichte und zwar, wenn man seinen Worten glauben darf, als er am 15.
Oktober die Ruinen des Kapitols besichtigte. In einem Brief an den Vater
berichtete er von dem Eindruck, den bei ihm Rom hinterließ, in bewegten
Worten.

> Ich habe schon einen solchen Reichtum an Beschäftigungen für
> einen Geist gefunden, der durch Bekanntschaft mit den Römern ein
> wenig darauf vorbereitet ist, daß ich fast wie im Traum umhergehe.
> Welche Vorstellungen uns die Bücher von der Größe dieses Volkes
> auch immer vermitteln mögen, ihre Schilderungen von Rom in der
> Zeit seiner höchsten Blüte bleiben unendlich weit hinter dem Bild
> seiner Ruinen zurück. Ich bin überzeugt, daß es nie zuvor eine
> solche Nation gegeben hat, und zum Wohle der Menschheit hoffe
> ich, daß es nie wieder eine geben wird.[6]

Gibbons Überzeugung von der einmaligen Größe Roms war also schon
definitiv festgelegt, bevor er sich an das Studium der römischen Geschichte
machte.

1765 nach England zurückgekehrt, lebte er die nächsten fünf Jahre in
Buriton, Putney und London, wo er sich mit den Vorarbeiten für seine
Geschichte beschäftigte. Zu den wichtigsten Autoren, die ihn bei seinen
Vorarbeiten beeinflussten gehörten u.a. Blackstone, Gabriel Bonnet de
Mably, Pope, Moliere, Shakespeare, La Bruyere, Montesquieu, Corneille,
Hume, Voltaire, Pascal, Walpole und Tacitus[7]. Von diesen Autoren sollten

---

[6] Gibbon, *Verfall und Niedergang*, (wie Anm. 5), S. XIX.
[7] Patricia B. Craddock, *Young Edward Gibbon: Gentleman of Letters*, Baltimore, London
1982, S. 241, 245.

vor allem Montesquieu, Hume und Tacitus einen großen Einfluss auf die Abfassung seines *magnum opus* ausüben[8]. Nach dem Tode seines Vaters im Jahre 1770 zog er nach London, nun endlich unabhängig durch die Erbschaft des Familienvermögens, die allerdings auch einen Berg Schulden mit sich brachte. Neben seiner schriftstellerischen und historiographischen Arbeit beanspruchte die Sanierung seiner Vermögensverhältnisse im Zeitraum 1770 bis 1776 den Hauptteil seiner Zeit[9]. 1776 erschien der erste Band seines berühmten Buches, das sofort ein Erfolg wurde. Gibbon selbst bemerkte über den Erfolg seines Buches: "My book was on every table, and on almost every toilette; the historian was crowned by the taste or fashion of the day".[10] Zu den Kritikern, die sein Werk in den höchsten Tönen lobten gehörte Premierminister Horace Walpole ebenso, wie der gealterte David Hume, der Gibbon anlässlich eines Aufenthaltes in London 1776 einen Besuch abstattete[11].

1774 schon war er für den Bezirk Liskeard ins Parlament gewählt worden, eine Nebentätigkeit, die er bis 1781 beibehielt. Im allgemeinen unterstützte der Parlamentarier Gibbon die Position der Regierung, stimmte in Fragen der amerikanischen Kolonialpolitik aber auch schon einmal mit der Opposition. 1779 erhielt er einen Sitz im *Board of Trade and Plantations*, dem obersten Verwaltungsorgan der englischen Kolonien, eine Tätigkeit, die ihm stattliche 800 Pfund Sterling im Jahr einbrachte. 1781 erschienen der zweite und dritte Band seiner Geschichte, ohne viel Aufsehen zu erregen. Sie waren dennoch ein großer kommerzieller Erfolg. Infolge politischer Entwicklungen, die mit dem Sturz seines politischen Patrons, des Premierministers Lord North endeten, wurde der Board of

---

[8] Auf die Vorbildfunktion David Humes verweist David Wootton, *Narrative, Irony, and Faith in Gibbon's Decline and Fall*, in: History and Theory, Bd. 33,4, 1994, S. 77-105. Das Vorbild Humes lag vor allem in der Wahl der antiken Geschichte (David Hume, *The History of England from the Invasion of Julius Caesar to the Revolution in 1688 in Eight Volumes*, London 1807) und der Narrativierung der Geschichtsschreibung. Hume war auch in seiner kritischen Einstellung zum Christentum für Gibbon prägend. Gibbon war seinerseits ein sehr großer Einfluss auf die Vorlesungen Samuel Taylor Coleridges zur römischen Geschichte. Charles DePaolo, *Coleridge and Gibbon's Controversy over the Decline and Fall of the Roman Empire*, in: Clio, Bd. 20,1, 1990, S. 13-22.

[9] Patricia B. Craddock, *Edward Gibbon: Luminous Historian*, 1772-1794, Baltimore, London 1989, S. 14 f.

[10] Gibbon, *Autobiographies*, S. 264. Es handelt sich um eine Passage in Autobiographie E.

[11] Craddock, *Edward Gibbon, Luminous Historian*, (wie Anm.7), S. 69.

Trade aufgelöst und Gibbon verlor sein Einkommen[12]. Lord North sicherte Gibbon noch einen Parlamentssitz für Lymington in der Grafschaft Hampshire, aber als North wieder die Regierung übernahm, vergaß man Gibbon bei der Verteilung der Ämter[13].

Er gab seine politische Karriere auf, verkaufte alles, was er besaß, außer seiner Bibliothek und zog 1783 nach Lausanne. 1784 beendete er dort den vierten Band der *History*, der fünfte folgte zwei Jahre später. 1788 erschienen die letzten Bände in London, der fünfte und letzte mit einer Widmung für Lord North. 1789 schrieb Gibbon seine *Memoirs of My Life and Writing*. 1793 musste er nach London zurück, um sich operieren zu lassen, erholte sich aber nie wieder und starb 1794[14].

Das Werk

Der Aufbau seines *Decline and Fall* ist sehr uneinheitlich. Dies kommt schon in der chronologischen Gewichtung der einzelnen Epochen in bezug auf das Gesamtwerk zum Ausdruck. Der erste Teil seines Oeuvres deckt die 460 Jahre zwischen 180 und 641 ab. Dieser kleinere Teil des Geschichtszeitraums beansprucht fast fünf Achtel des gesamten Werkes, während für die verbleibenden Jahre von 641 bis 1435 noch drei Achtel verblieben.

In den Kapiteln vier bis sieben beschäftigt er sich mit den Nachfolgern des Marcus Antoninus, nämlich Septimius Severus, Severus Alexander und Maximinus I. Die Organisation dieser vier Kapitel betont die strukturelle Übereinstimmung der behandelten Kaiser, die weniger in Ähnlichkeit ihrer Politik als in der Vergleichbarkeit der politischen Grundproblematik der Zeit liegen. Für Gibbon war klar, dass trotz scheinbarer Unterschiede, die römische Politik dieser Epoche daran krankte, dass das Imperium immer weniger römisch wurde. Verschärft wurde dieses strukturelle Problem durch die Vorherrschaft der Söldnerheere, denen es mehr und mehr oblag, den Kaiser auszuwählen oder zu stürzen. Hinter diesem Erklärungsansatz lag Montesquieus Vorbild, das Gibbon ermunterte, über soziologische und politikwissenschaftliche Zusammenhänge zu spekulieren. Dennoch ist der Stil dieser Kapitel narrativ. Sie organisieren sich um einen Charakter, ein

---

[12] *The Works of Edward Gibbon*, 15 Bde, Bd. 14, Autobiography, New York 1907, S. 275. Im folgenden zitiert als Gibbon, *Autobiography*. Valentine, *Lord North*, vol. 2, S. 199.

[13] Alan Valentine, *Lord North*, 2 Bde, Norman OK 1967, hier Bd. 2, S. 182.

[14] *Encyclopaedia Britannica*, Bd. 10, S. 338-339.

Individuum, d.h. sie beginnen mit einer Exposition, nach der der Charakter des jeweiligen Kaisers und seiner Rivalen präsentiert wird. Es folgt eine Schilderung der wichtigsten Ereignisse, eine Bewertung des Kaisers und seiner Gegner, die von einer abschließenden Beurteilung abgerundet wird. Die Konsequenz dieser erzählerischen Perspektive ist eine Beschleunigung der Narration, so dass das Imperium in einem raschen Wechsel der Herrscher ins Chaos zu taumeln scheint. In 68 Jahren des Niedergangs regierten fünfzehn Kaiser.

Die endliche Auflösung des römischen Reiches wird also oberflächlich als logische Konsequenz der geschilderten Fakten - in Wirklichkeit aber als Ergebnis des narrativen *Emplotments* - glaubhaft gemacht[15]. Ein weiterer Kunstgriff Gibbons, um den Anschein von Genauigkeit zu erwecken, die erzählerische Spannung zu erhalten und das Thema des Scheiterns immer wieder aufzuwerfen, besteht darin, andauernd auf Fehlschläge oder Unglücke zu verweisen, die den Römern in dieser Zeit zum ersten Male widerfuhren.

Das Modell für die Behandlung der römischen Kaiser ist Tacitus, den er als Autorität ungefragt akzeptierte und der selbst den moralischen Abstieg seiner Epoche untersuchte, indem er seine *Historien* mit den Bürgerkriegen nach dem Tode Neros begann und dann in den Annalen chronologisch zu Augustus zurückging, um zu verdeutlichen, dass die Ursachen des Niedergang im Prinzipat gelegt worden seien, das der tugendhaften römische Republik den Todesstoß versetzt habe. Beide, Tacitus und Gibbon, tendierten dazu, die römische Republik zu idealisieren und Gibbon fragte sich mehrfach, ob er mit seinem Narrativ chronologisch nicht hätte früher beginnen sollen[16].

Es gibt Literaturwissenschaftler wie Arthur Quinn, die behaupten, Gibbons Decline and Fall sei nur eine Adaption der Texte von Tacitus für das Lesepublikum des 18. Jahrhunderts gewesen. Dies geht entscheiden zu weit[17]. Allerdings ist der Einfluss des Tacitus gerade in der ersten Hälfte des Gibbonschen Werks überdeutlich: Es gibt in den ersten 38 Kapiteln, die mit dem Ende Westroms enden, mehr als 39 direkte Verweise auf die

---

[15] Craddock, *Edward Gibbon:Luminous Historian*, (wie Anm. 7), S. 26 f.

[16] Betty Radice (Hrsg.), *Edward Gibbon. The Decline and Fall of the Roman Empire 1, Introduction*, Bd.10 f. (Folio Edition), London 1983, S. 10. (Im folgenden zitiert als DAF, Folio Edition).

[17] Arthur Quinn, *Meditating Tacitus. Gibbon's Adaptation to an Eighteenth Century Audience*, in: Quarterly Journal of Speech, Bd. 70,1, 1984, S.53-68.

Autorität des Tacitus. Die Bewunderung des Tacitus hatte auch Grenzen: So problematisierte Gibbon im achten Kapitel, das Persien und den Staat des Ataxerxes zum Thema hat, die Rolle des römischen Vorbildes mittels des rhetorischen Kunstgriffs, die Germanen oder Parther als Gegenentwurf zu den lasterhaften Römern aufzubauen. „[Tacitus'] principle object is to relieve the attention of the reader from a uniform scene of vice and misery", wie Gibbon sich ausdrückt[18].

Dass es eine regelrechte *Taciteisierung* von Gibbons Text nicht gegeben hat, zeigt schon das neunte Kapitel, in dem er die germanischen Barbaren thematisiert und Tacitus in ironischer Weise kommentiert, etwa da, wo jener über die germanische Götterwelt schreibt[19].

Innerhalb des zweiten Teils gibt es dicht erzählte Perioden, die mit sehr lose verknüpften Kapiteln abwechseln. Das heisst, dass auch dieser zweite Teil zeitlich und räumlich sehr unausgewogen ist. Der erste Teil wird denn auch im allgemeinen für den gelungeneren gehalten und es ist offensichtlich, dass Gibbons eigentliches Interesse den Jahren bis zum Sturz des weströmischen Reiches galt.

Die Geschichte Konstantinopels nach Heraclius ist für Gibbon nur noch die Geschichte eines *uniform tale of weakness and misery*, ein Urteil, das zwar anfechtbar ist, aber auch die Auffassung Gibbons von der einmaligen Größe Roms verdeutlicht. Gibbon sah die Geschichte Konstantinopels nicht aus der Perspektive des oströmischen Reiches, das Westeuropa bis zum 12. Jahrhundert vor dem Druck des Islam abgeschirmt hatte, noch konnte er die Tatsache berücksichtigen, dass es die Kultur dieses Reiches war, die die Kontinuität griechischen Denkens für Westeuropa bewahrt hatte. Die Ursachen der oströmischen Revolutionen, Putsche und Palastrevolten interessierten ihn nicht, da er Byzanz von vorne herein mit den Begriffen Verrat, Grausamkeit und Dekadenz gleichgesetzt hatte. Man darf in der Gegenüberstellung von Rom und Konstantinopel aber nicht nur einen Beleg für Gibbons Voreingenommenheit und Beschränktheit sehen, sondern es handelte sich bei dieser Zweiteilung der Geschichte auch um einen Kunstgriff, um der enormen Stofffülle in Gibbons Werk Herr zu werden[20].

---

[18] *DAF*, Folio Edition, Bd.1, S. 187.

[19] *DAF*, Folio Edition, Bd.1, S. 214 n. Paul Cartledge, *The Tacitism of Edward Gibbon (Two Hundred Years on)*, in: Mediterranean Historical Review, Bd.4,2, 1989, S. 251-270.

[20] Martine Watson Brownley, *Gibbon's Artistic and Historical Scope in the "Decline and Fall"*, in: Journal of the History of Ideas, Bd. 42, 1981, S. 629-642, hier S. 630 f.

Gibbons Geschichte zentriert sich um die Idealepoche der römischen Geschichte, die er im zweiten nachchristlichen Jahrhundert sah:

> If a man were called to fix the period in the history of the world during which the condition of the human race was most happy and prosperous, he would without hesitation name that which elapsed from the death of Domitian (96 A.D.) to the accession of Commodus (180 A.D.).[21]

Dieses Idealbild war in Gibbons Augen durch die schon eingangs zitierten folgende Charakteristika gekennzeichnet: In der Zeit zwischen 96 bis 180 unserer Zeitrechnung herrschte im römischen Reich ein davor und danach nie erreichtes Maß an Ausgewogenheit, innerem Frieden und Glück. Die Ursachen für diese Glücksperiode lagen in der außenpolitischen Zurückhaltung Roms, das weder dem Streben nach eindeutiger Dominanz noch dem Einfluss der unterworfenen Völker nachgab. Die Idee des Weltfriedens, der *Pax Romana* gab dem politischen System so etwas wie eine einheitliche Ideologie. Auf verfassungsrechtlichem Gebiet stellte die Epoche der fünf guten Kaiser einen Höhepunkt dar, da die Elemente der gemischten Verfassung besonders klar ausgeprägt waren. Der Senat als Souverän und der Kaiser als monarchische Exekutive garantierten dem Staat jenes Maß an Ausgewogenheit, das Gibbon für so vorbildlich hielt.

Das Erklärungsmuster Gibbons ist, dem Stande der damaligen Naturwissenschaft entsprechend, ein mechanistisches. Ich werde auf diesen Punkt noch später eingehen. Dabei ist es von großer Bedeutung, dass Gibbons unterscheidet zwischen historischen Fakten und solchen historischen Vorgängen, die die historische Entwicklung vorantreiben und weiterbewegen[22].

---

[21] Zitiert in: James Westfall Thompson, *A History of Historical Writing*, Bd. 2, S. 88.

[22] Among a multitude of historical facts there are some, and those by much the majority, which prove nothing more than that they are facts. There are others that may be useful in drawing a partial conclusion, whereby the philosopher may be anabled to judge of the motives of an action, or some particular features in a character; these relate only to single links of the chain. Those whose influence extends throughout the whole system, and which are so intimately connected as to give motion to the springs of action, are very rare; and what is still more rarely to be met with is a genius who knows how to distinguish them, amidst the vast chaos of events wherein they are jumbled, and deduce them pure and unmixed from the rest. Gibbon, *Essay sur l'Étude de la Littérature*.

Viele Autoren haben nach den Erklärungsmustern in Gibbons DAF gefragt und die Antworten sind sehr unterschiedlich ausgefallen. Die kausalen Erklärungen Gibbons seien nicht konsistent oder gar widersprüchlich, hieß es[23]. Einige Autoren gingen so weit, zu behaupten, Gibbon habe in der Geschichte keinen Sinn gesehen. Ich glaube, man kann diese Aussage nach obigem Zitat als widerlegt ansehen. Andere haben zu Recht darauf hingewiesen, dass Gibbon ein Vertreter der Whig-Aristkratie war. Er, ein Bewunderer von Burkes Kampfschrift gegen die französische Revolution, war wie dieser ein Befürworter gemäßigter parlamentarischer Reformen. Er war aber auch ein entschiedener Gegner revolutionärer Veränderungen und hat als anfänglicher Bewunderer der französischen Revolution später in ihr etwas gesehen, das zum Schaden der französischen Nation und des französischen Volkes sein würde[24]. Als Parteigänger von Lord North war er den amerikanischen Freiheitsbestrebungen vollkommen abhold, wenn er auch gelegentlich mit der Opposition abstimmte. Ein entschiedener Verfechter des Gleichgewichtsgedankens auch in den außenpolitischen Beziehungen Englands, sah er die expansionistischen Bestrebungen Großbritanniens nach 1763 mit Argwohn[25].

Berücksichtigt man Gibbons politische Überzeugungen, bekommt viel von dem, was bei Gibbon zunächst widersprüchlich und schwammig zu sein scheint, ein anderes Gesicht. Gibbon etabliert eine Hierarchie historischer Vorgänge, die unterscheidet in bloße Tatsachen (*historical facts*), d.h. Tatsachen, die eine partielle Schlussfolgerung auf die Motive von Aktionen zulassen, und solche, die tiefer liegen und die eigentlich vorantreibenden Kräfte sind. Geschichte, wo sie nach Ursachen fragt, hat also etwas Verborgenes zu entdecken. Unter der Oberfläche des scheinbaren Chaos gibt es eine tiefere Ebene, in der sich Bedeutung erst einstellt.

---

[23] Gay, *The Enlightenment*, S. 388.

[24] In einen Brief an seinen langjährigen und intimen Freund Lord Sheffield vom 15.12.1789, also kurz nach Beginn der Revolution, schrieb er unter Bezug auf die Vorgänge im Nachbarland: „The abuses of the court an government called aloud for reformation [...] The French nation had a glorious opportunity, but they have abused, and may lose their advantages. If they had been content with a liberal translation of our system, if they had respected the prerogatives of the crown, and the privileges of the Nobles, they might have raised a solid fabric, on the only true foundation, the natural Aristocracy of a great Country!", *The Works of Edward Gibbon. Private Letters of Edward Gibbon*, Bd.15, New York 1907, S. 393.

[25] Black, Jeremy, *Empire and Enlightenment in Edward Gibbon's Treatment of International Relations*, in: International History Review, Bd.17,3, 1995, S. 441-458.

Die Selbstregulierung menschlicher Geschichte unterliegt bestimmten Einflussgrößen, mit denen sich Gibbon in seinem Werk immer wieder auseinandersetzte. Die beiden wichtigsten Begriffe sind hier „Balance" und „Excess", also Gleichgewicht und Überschuss. Beide Begriffe entstammen der Begriffswelt der Mechanik, sind also in sich selbst schon metaphorisch. Dabei ist mit diesen Begriffen auch immer schon ein implizites Werturteil verbunden. Gleichgewicht ist etwas Positives, Überschuss führt zu negativen Veränderungen. Dies wird deutlich, wenn Gibbon über die römische Kaiserzeit sagt:

> The balance of power established by Diocletian subsisted no longer than while it was sustained by the firm and dexterous hand of the founder. It required such a fortunate mixture of different tempers and abilities as could scarcely be found [...].[26]

Dabei ist Gibbons Interpretation in erster Linie politisch. Wirtschaftliche und soziale Kategorien fehlen bei seiner Bewertung des Gleichgewichts und des Überschusses fast vollständig[27]. Für die Außenpolitik übersetzt heißt Gleichgewicht in erster Linie *balance of power*. Die Entartungsformen dieser Form des Gleichgewichts heißen *Domination* und *Submergence*, also Beherrschung oder Unterwerfung. So führte eine ungezügelte Tendenz, andere Völker beherrschen zu wollen, zum Niedergang des Reiches. Das Erklärungsmuster *Balance* versus *Excess* spielt aber auf mehr Gebieten als der Außenpolitik eine wichtige Rolle. Gibbon wendete es auch in der Beurteilung der römischen Verfassung an: Sie schwanke zwischen den Extremen Adelsherrschaft und Volksherrschaft sowie der Monarchie. Ziel einer *balanced constitution* sei deshalb die *mixed constitution*. Auch hier liege das Scheitern am Abweichen vom goldenen Mittelweg. Daran kann auch Gibbons Lob der fünf guten Kaiser nichts ändern. Der Despotismus habe auf vielerlei Arten zum Niedergang Roms beigetragen[28]. Ein ähnliches Kausalitätsmuster wendet Gibbon bei der Militärpolitik Roms an. Es sei darum gegangen, die Balance zwischen zivilen und militärischen Autoritäten zu wahren. Ein stehendes Heer war

---

[26] Edward Gibbon, *The History of the Decline and Fall of the Roman Empire*, Bd.2, S. 106. Zitiert wird nach der Auflage von 1881, hrsg. von D. Milzman.

[27] Gerald J. Gruman, *"Balance" and "Excess" as Gibbon's Explanation of the Decline and Fall*, in: History and Theory, 1961, S. 75-85, S. 76.

[28] Gruman, ebd., S. 79 f.

für Gibbon synonym zur Bedrohung der Freiheit. Dadurch, dass in der Phase des römischen Expansionismus das Bürgerheer durch stehende Söldnerheere ausgewechselt worden seien, sei es zu einer Störung des Gleichgewichts zwischen ziviler und militärischer Gewalt gekommen[29].

Gibbons mechanistisches Erklärungsmodell kommt auch bei der Religionspolitik zur Verwendung. Stabil war für Gibbon das altrömische Religionssystem, das er für ausgewogen hielt. Dieses Religionssystem sei tolerant andersartigen Überzeugungen gegenüber gewesen und habe keine extremen Positionen in Bezug auf Säkularismus oder Klerikalismus eingenommen. Die altrömische Religion sei in einer ausgewogenen Weise in das Staatssystem einbezogen gewesen, ohne dieses aber zu dominieren. Wie die Berufsarmee dem gesellschaftlichen System schade, so belaste die Gesellschaft auch der berufsmäßige Klerikerstand. Ausgewogen war dieses religiöse System in Gibbons Meinung auch, anders als das Christentum, in Bezug auf das Verhältnis von Skeptizismus und Aberglauben[30]. Das Grundmuster historischer Explikation bei Gibbon, die Kausalität des Gleichgewichts, ist also auf viele Bereiche anwendbar und wurde von Gibbon auf allen erdenklichen Arealen eingesetzt. Allerdings ist dieser Erklärungsansatz nicht der einzige, der bei Gibbon verwendet wird. Es gibt bei ihm sehr viele solcher *patterns of interpretation*, und einige scheinen sich sogar gegenseitig auszuschließen. Es fehlt ein ausgearbeitetes System solcher Interpretationsmuster. Deshalb bietet Gibbon für die Interpretation seines geschichtsphilosophischen Ansatzes auch so viele verschiedene Möglichkeiten[31].

Trotz der Berühmtheit, die Gibbon mit seiner Geschichte des römischen Reiches fast unmittelbar erreichte, rief das Werk bei einigen Zeitgenossen große Empörung hervor. Vor allem das fünfzehnte und das sechzehnte Kapitel des ersten Bandes, erregten den Zorn vornehmlich der protestantischen Theologen. Gibbon begründete in diesen Kapiteln seine These, dass der Untergang des römischen Reiches unter anderem ein Ergebnis des Vordringens des Christentums und der Barbaren gewesen sei. Neben diesem Punkt wurde aber auch kritisiert, dass Gibbon überhaupt das Christentum zum Gegenstand historischer Untersuchung machte. Den Erfolg des Christentum zu erklären, ohne auf göttliche Intervention zu

---

[29] Gruman, ebd., S. 81 f.
[30] Gruman, ebd., S. 82.
[31] Gruman, ebd., S. 76.

rekurrieren, schien einigen Zeitgenossen ein Hinweis für eine blasphe-
mische Grundhaltung des Autors[32]. In der Tat hat sich Gibbon ein paar
ironische und sarkastische Seitenhiebe auf das Christentum nicht versagen
können. Für Gibbon war der Aufschrei der Empörung, der durch einige
der Kritiken gellte, angeblich unerwartet und überraschend gekommen,
obwohl Beispiele für Ironie, wie das obige, vermuten lassen, dass er mit
der Empörung der bigotten Zeitgenossen gerechnet hatte. Er erwähnt den
Widerhall der Kritiken in seiner Autobiographie mit ironisch gemeinten
Worten[33].

Wie sah nun Gibbons Bild des Christentum aus? Er griff nicht die
Inhalte der christlichen Dogmatik an, sondern verlegte sich auf die Analyse der Wirkungen, die das Christentum für den römischen Staat hatte[34].
Zentral für Gibbons Bewertung der Religion waren dabei die von David
Hume entlehnten Begriffe *Superstition* und *Enthusiasm*, im Deutschen
wohl am besten wiedergegeben mit „Aberglaube" und „religiöser Erleuch-
tung".[35] Gibbon misstraute vielen traditionellen Glaubenssätzen und All-

---

[32] Craddock, *Edward Gibbon:Luminous Historian*, (wie Anm. 7), S. 60 f.

[33] "Had I believed that the majority of English readers were so fondly attached even to
the name and shadow of Christianity, had I foreseen the pious, the timid, and the prudent
would feel, or affect to feel, with such exquisite sensibility, I might perhaps have even
softended the two invidious Chapters, which would create many enemies and conciliate
few friends." Gibbon, *Autobiographies*, S. 268. Autobiographie E. Verschiedene Streitschrif-
ten erschienen, die sich mit den vermeintlichen oder tatsächlichen Attacken Gibbons auf
das Christentum beschäftigten, darunter das Pamphlet James Chelsums *Remarks on Mr.
Gibbon's History* von 1772. Gibbon wehrte sich publizistisch mit seiner *Vindication of Some
Passages in the Fifteenth and Sixteenth Chapters of the History of the Decline and Fall of the
Roman Empire*, auf die als Antwort im Jahre 1785 eine *Reply to Gibbon's Vindication*
erschien. Daneben Richard Watson, *An Apology for Christianity*, in: a Series of Letters to
Edward Gibbon, 1776; Henry Taylor, *Thoughts on the Nature of the Grand Apostacy, with
Reflections on the Fifteenth Chapter of Mr. Gibbon's History*, 1781/82; Joseph Milner, *Gibbon's
Account of Christianity Considered*, 1781. Weitere Texte siehe *Cambridge History of English
Literature*, Bd.10, S.307-309.

[34] Paul Turnbull, *Buffeted for Ancestral Sins. Some Neglected Aspects of Gibbon's Roman
Conversion*, in: Eighteenth-Century Life, Bd.11,1, 1987, S. 18-35.

[35] „Enthusiasm, a transport of the mind, whereby it is led to think and imagine things
in a sublime, surprising, yet probable manner. [...] Enthusiasm, in a religious sense, implies
a transport of the mind, whereby it fancies itself inspired with some relevation, impulse,
etc. from heaven." *Encyclopeadia Britannica*, Bd.2, Edinburgh 1771, S.501. J.G.A. Pocock,
Superstition and Enthusiasm in Gibbon's History of Religion, in: Eighteenth-Century Life,
Bd.8,1, 1982, S.83-94.

tagspraktiken, aber er war tief angezogen von christlicher Spiritualität[36]. Wichtiger als diese biographische Information ist für uns die Rolle der Religion in *Decline and Fall*. Der Historiker schreibt in diesem Kontext über die Rolle des Christentums:

> Daß das Glück eines *künftigen* Lebens das große Ziel der Religion ist, mögen wir ohne Überraschung und Ärgerniß vernehmen, daß die Einführung oder wenigstens der Mißbrauch des Christenthumes nicht ohne einigen Einfluß auf das Sinken und den Sturz des römischen Reiches gewesen ist. Die Geistlichkeit predigte mit Erfolg die Lehren der Geduld und Feigheit; die thätigen Tugenden der bürgerlichen Gesellschaft wurden enthmutigt, und die letzten Überreste des kriegerischen Geistes im Kloster begraben: ein großer Theil des öffentlichen und Privatreichthumes ward den gleißenden Forderungen der Mildthätigkeit und Andacht gewidmet, und der Sold der Soldaten an jene unnützen Schaaren beiderlei Geschlechtes vergeudet, die höchstens nur das Verdienst der Enthaltsamkeit und Keuschheit für sich in Anspruch nehmen konnten.[37]

In die tolerante Welt des Heidentums, in dem verschiedene Kulte hatten nebeneinander existieren können, brach das Christentum - so Gibbons Überzeugung - als eine fremde und destruktive Macht ein: Untolerant, exklusiv, theologisch dogmatisch, streng organisiert und asketisch. Das so gesehene Christentum wurde zu einer Kraft, die das alte Reich zersetzte und korrodierte[38]. Gibbon zog aus der Erkenntnis von der staatszer-

---

[36] Paul Turnbull, *The Supposed Infidelity of Edward Gibbon*, in: Historical Journal [Great Britain], Bd.25,1, 1982, S 23-41.

[37] Gibbon, *Verfall und Untergang*, S. 558; entspricht dem 31. bzw. 38. Kapitel der Originalausgabe.

[38] Burrow, (wie Anm. 4), Gibbon, S. 53. W. H. C Frend, *Edward Gibbon (1737-1794) and Early Christianity*, in: Journal of Ecclesiastical History, Bd.45,4, 1994, S. 661-672. Frend untersucht die Behandlung des Christentums durch Gibbon in den Kapiteln 15, 16 und 37 von DAF. Nicht das Christentum als Ganzes sei schlecht – so Gibbon –, sondern die machthungrigen Kleriker und Mönche. Die Religiosität Gibbons ist seit Erscheinen des ersten Bandes von DAF Gegenstand erregter Debatten gewesen. Er wurde von aufgebrachten Zeitgenossen als Atheist, Agnostiker, Deist oder Freidenker identifiziert. Er war nichts von alledem, wie B. W. Young, B. W., *Scepticism in Excess. Gibbon and Eithteenth-Century Christianity*, in: Historical Journal, Bd.41,1, 1998, S. 179-199 zeigt. Siehe auch

setzenden Wirkung des Christentums und der Bedrohung durch die barbarischen Völker dann auch gleich praktische Konsequenzen für die Gegenwart. Auf den Niedergang Roms anspielend, sagte er:

> Diese furchtbare Umwälzung lässt sich mit Nutzen zur Belehrung des gegenwärtigen Jahrhunderts anwenden. Es ist die Pflicht des Patrioten das ausschließliche Interesse und den Ruhm seines Vaterlandes vorzuziehen und zu befördern; ein Philosoph aber darf seine Blicke erweitern und Europa als eine große Republik betrachten, deren verschiedene Bewohner fast dieselbe Höhe der Gesittung und Kultur erreicht haben. [...] Die wilden Nationen des Erdballes sind die gemeinsamen Feinde der civilisierten Gesellschaft, und wir mögen mit besorglicher Neugierde fragen, ob Europa von einer Wiederholung jener Drangsale, die einst die Waffen und die Einrichtungen Roms vernichtet haben, fortwährend bedroht ist.[39]

Praktische Bedeutung hatte religiöse Toleranz nicht nur für die römische Zeit, sondern auch für die Gegenwart, wie Gibbon angesichts der antikatholischen *Gordon Riots* des Jahres 1780 bemerkte[40].

Dem Leser wird in DAF ein großes Drama präsentiert, ohne dass auf den ersten Blick klar wird, warum dieses Drama so ablief, wie Gibbon es darstellte. Erst auf den zweiten Blick offenbaren sich dem Leser aus der Fülle der Informationen und Details die Gründe für diesen Sturz und in Kapitel 38 mit dem beziehungsreichen Titel *General Observations on the Fall of the Roman Empire in the West* stellte er seine Hauptthese vor. Rom sei gefallen wegen des *natural and inevitable effect of immoderate greatness*. Die Konstruktion habe schließlich dem Druck ihres eigenen Gewichtes nachgeben müssen und sei zusammengebrochen[41].

Letztlich ist seine Erklärung also hier wieder die metaphorische Erklärung aus dem Zuviel an Gewicht oder fehlendem Gleichgewicht, der mangelnden Ausgewogenheit, eine Idee, die sich auch schon bei Montesquieu in seinen *Considérations sur les causes de la grandeur et de la décadence des Romains* von 1743 findet. Er geht aber über Montesquieu hinaus, in-

---

Myron C. Noonkester, *Gibbon and the Clergy. Private Virtues, Public Vices*, in: Harvard Theological Review, Bd.83,4, 1990, S. 399-414.

[39] Gibbon, *Verfall und Untergang*, S. 559 f.
[40] Craddock, *Gibbon*, (wie Anm. 7), Bd.2, S.148.
[41] Black, *The Art of History*, S. 167.

dem er von dem *natürlichen* und *unvermeidlichen* Effekt der Größe Roms spricht, so als ob es eine naturgesetzliche Kausalität gebe, die große Strukturen aus ihren inneren Schwierigkeiten heraus zerbreche[42].

Gibbon in seiner Epoche

Kommen wir zum Epochenbewusstsein, von dem auf diesem Symposion die Rede sein soll. Zwischen 1714 und 1754 hatte sich Großbritannien aus großen kriegerischen Verwicklungen herausgehalten. Es hatte zwar in kontinentale Verwicklungen eingegriffen, um seine Position zu behaupten, aber es hatte nicht versucht, seine Besitzungen in Übersee auf Kosten anderer europäischer Nationen auszudehnen. Nach 1754 änderte sich das Bild. England ging aus einer Epoche der friedlichen Besitzstandswahrung über zu einem aggressiven Kolonialismus, der mit dem Aufstieg William Pitts in Zusammenhang steht, aber auch Pitt sah deutlich, dass die Zeichen auf Expansion standen. Diese Expansion wurde ausgelöst durch das wirtschaftliche Wachstum der englischen Industrie und Landwirtschaft, sowohl im Mutterland wie in den Kolonien. Speziell die nordamerikanischen Kolonien traten in direkte Konkurrenz mit dem französischen Kolonialbesitz in Nordamerika, sei es auf dem Gebiet der Fischereirechte, des Pelzhandels oder der Konsumgüterproduktion. Jamaika, die wichtigste britische Besitzung in der Karibik, war von spanischen Kolonien umgeben und stellte das Zentrum des englischen Sklavenhandels dar, stand aber auch im direkten Wettbewerb mit den französischen Zuckerinseln. Trotz aller kulturellen und wirtschaftlichen Unterschiede waren die Handelsniederlassungen in Afrika, die Kolonien in der Karibik und Nordamerika in Form des Dreieckhandels fest mit dem Mutterland verbunden. Sklaven aus Afrika wurden in die Westindischen Inseln verschleppt, Zucker und Melasse aus der Karibik fanden ihren Weg nach Nordamerika, wo sie zu Rum weiterverarbeitet wurden, englische und nordamerikanische Fertigwaren wurden auf die Westindischen Inseln exportiert, und in Nordamerika produzierte Nahrungsmittel fanden ihren Weg nach Jamaika, wo eine Sklavenbevölkerung von 120.000 Menschen versorgt werden musste. Auch auf dem Gebiet des Sklavenhandels gab es eine erbitterte Konkurrenz mit Frankreich und anderen Nationen, die das Monopol der für den Sklavenhandel verantwortlichen Royal African Company durchbrochen

---

[42] Black, *The Art of History*, S. 167.

hatten. Auch in Indien stießen französische Handelsinteressen auf den
Widerstand der englischen Händler. Die East India Company unterhielt
drei große Kontore in Bombay, Madras und Kalkutta, jedes mit Befesti-
gungen und einer Garnison, die dem Schutz britischer Handelsinteressen
dienten. Die Franzosen, die relativ spät auf dem indischen Subkontinent
aufgetaucht waren, begannen bald, sich mit den lokalen indischen Herrschern zu arrangieren, was aber zu Auseinandersetzungen führte, die Mitte
der 1740er Jahre die ersten militärischen Verwicklungen auslösten. Der
Siebenjährige Krieg wurde jedoch in den nordamerikanischen Kolonien
ausgelöst. Der Pariser Friede von 1763, der diesen Krieg beschloss, brachte
England ganz Kanada, Florida, die Westindischen Inseln Grenada, Domi-
nica und Tobago, sowie den Senegal in Afrika. Der Friede kostete jedoch
einen hohen finanziellen und politischen Preis, denn die nordamerikanischen Kolonien befanden sich ab 1765 in einem Abnabelungsprozess vom
Mutterland, der 1776 in der Unabhängigkeit mündete. Das Empire machte
eine Krise durch, die im Siebenjährigen Krieg begann, an dem Gibbon als
Kommandant der Miliz teilgenommen hatte, und die 1776 kulminierte,
dem Jahr, in dem der erste Band von *Decline and Fall* erschien.

Gibbon und auch seine Zeitgenossen sahen eine enge Beziehung zwischen der Geschichte des Imperium Romanum und der eigenen Gegenwart. In der Rezension des ersten Bandes im einflussreichen und der hoch-
kirchlichen Tradition anhängenden *Critical Review* wurde die Verbindung
der Christenverfolgungen in Rom mit denen der jüngeren Geschichte ausdrücklich hergestellt[43]. Die enge Beziehung von Geschichte und Politik ist
auch plausibel, wenn Sie sich daran erinnern, dass Gibbon als Parteigänger
selbst politisch aktiv gewesen ist. Er bekleidete einen Parlamentssitz und
wusste die europäische Politik aus dem Blickwinkel eines weit gereisten
Mannes zu beurteilen. Während er den ersten Bandes fertigstellte, debattie-
te das Parlament, dem Gibbon angehörte, die Maßnahmen der englischen
Krone gegen die rebellischen Amerikaner[44]. Speziell die Parteinahme für
Lord Frederick North dürfte Beleg dafür sein, dass Gibbon eine dezidierte
politische Auffassung hatte. Lord North war schließlich derjenige Premierminister, der zwischen 1770 und 1782 auch für die verfehlte Kolonialpolitik Englands in Nordamerika verantwortlich war und viele Historiker

---

[43] Craddock, *Edward Gibbon:Luminous Historian*, 1772-1794, Baltimore, London 1989,
S. 71.
[44] Craddock, ebd., S. 53-59.

sehen in seiner Politik eine Ursache für die Ablösung der amerikanischen
Kolonien vom Mutterland. North, der das erste stabile Kabinett unter
George III bilden konnte, war ein klarer Verfechter einer königlichen
Politik und ordnete sich dem Monarchen vollkommen unter. Wie sollten
die Leser Gibbons keine Parallele ziehen zwischen den Vorgängen in Rom
und in London, wo doch in seiner Geschichte ständig die Rede war vom
Gleichgewicht zwischen *Domination* und *Submergence*, Adelsherrschaft
und Volksherrschaft, dem Ziel der *mixed constitution*, einem Glaubensar-
tikel der Whigs seit 1688 und der verfehlten Militärpolitik Roms. Mussten
die Leser nicht "London" denken, wo Gibbon "Rom" schrieb?

Oppositionelle Whigs, die im Krieg mit Amerika die Seite der Auf-
ständischen vertraten, hofften Gibbon auf ihre Seite ziehen zu können und
rechtfertigten ihre Hoffnungen unter Verweis auf bestimmte Passagen in
DAF. Sie schrieben ihn ab, nachdem er von Lord North einen Posten in
der Kolonialverwaltung erhalten hatte. J.W. Swain argumentierte, die ame-
rikafreundlichsten Passagen im zweiten und dritten Band von *Decline and
Fall* seien im Dezember 1777 bis Februar 1778 geschrieben worden, während seine Position in den Bänden vier und sechs – also nach seiner Ernen-
nung zum Lord of Trade – davon sehr abwichen. Gibbons Biographin
Craddock ist dieser Auffassung unter Verweis auf die Chronologie der
betreffenden Kapitel entschieden entgegengetreten[45]. Dennoch – und das
konzediert auch Craddock – ist *Decline and Fall* voller impliziter Bezüge
auf die amerikanischen Vorgänge und die Opposition zitierte Gibbons
Buch bei dem Versuch, den Krieg nach Cornwallis' Kapitulation in York-
town zu beenden[46]. In den Kapiteln, denen Gibbon 1778 seine größte
Aufmerksamkeit schenkte, stand die Uneinigkeit als zerstörerisches Prinzip im Mittelpunkt der Erörterung. Gibbon lehnte die Politik der Kaiser
Konstantin und Constantius klar ab, aber es geht wohl zu weit, wolle man
behaupten, er habe wegen dieser Ablehnung die Position von Lord North
unterstützt[47].

Dennoch: Die Position des Politikers Gibbon und die des Autors hin-
gen auf vielfältige Weise zusammen. Beispielsweise begann Gibbon nach
Beginn der Französischen Revolution eine genealogische Geschichte der
europäischen Dynastien zu schreiben. Er gab dieses Projekt, in dem das

---

[45] Craddock, *Gibbon*, (wie Anm. 7), Bd. 2, S. 113.
[46] Ebd.
[47].Ebd.

Kapitel zum britischen Königshaus mit dem Titel *The Antiquities of the House of Brunswick* von 1789-92 einen prominenten Platz einnehmen sollte, jedoch auf, zum einen, weil er nicht genug deutsch sprach, um die Quellen lesen zu können, zum anderen, um nicht in den Geruch zu kommen, ein Gegner der Monarchie zu sein. In der Tat ist seine Schrift die Verteidigung der Monarchie, die jedoch mit dem Haus Braunschweig kritisch ins Gericht geht[48].

Ging es im amerikanischen Kolonialkrieg nicht auch um das Recht, ein stehendes Heer in den Kolonien zu unterhalten und in Privatwohnungen einzuquartieren? War es nicht Kennzeichen der Religion unter den Stuartkönigen, während der Republik, ja in der Gegenwart, dass es ihr gestattet war, direkt auf die Politik einzuwirken? All dies kann einem Leser der Jahre 1776 bis 1798 nicht entgangen sein. Gibbon jedenfalls sind diese Parallelen gegenwärtig gewesen und er ließ sich in seinen Briefen ja auch zu politischem Tagesgeschehen sehr ausführlich aus[49]. Schließlich hatte er als Mitarbeiter des *Board of Plantation*, der obersten Verwaltungsbehörde der Kolonien, Briefwechsel mit den englischen Kommandierenden im amerikanischen Kolonialkrieg, verfügte also über erstklassige Informationsquellen zu den Vorgängen in den Kolonien und hat selbst im Auftrag seines politischen Patrons Denkschriften zur Verteidigung der Kolonialpolitik Lord Norths verfassen müssen[50]. Obwohl der zweite Teil von *Decline and Fall*, der sich vornehmlich mit der Geschichte Konstantinopels beschäftigt, mehrheitlich in einer Zeit entstand, in der sich Gibbon nicht mehr als Politiker sah und betätigte, war der Bezug zur aktuellen englischen Politik mehr als deutlich: Gibbon fasste die Ursachen für den Fall des römischen Reiches zusammen und fragte sich, ob Europa ein ähnliches Schicksal widerfahren könne. Zum einen hätten die Römer die Anzahl ihrer potentiellen Feinde nicht gekannt, ein Umstand, der nun nicht mehr zutreffe. Zum zweiten habe die Völkerwanderung den Druck

---

[48] David Womersley, *Gibbon's Unfinished History. The French Revolution and English Political Vocabularies*, in: Historical Journal, Bd.35,1, 1992, S. 63-89.

[49] Zum Vergleich Roms mit Großbritannien siehe Steven Turner, *Enlightenment Topographies. Scotland, Switzerland, the South Seas*, in: Eighteenth Century. Theory and Interpretation, Bd. 38,3, 1997, S. 231-246.

[50] Brief an J. B. Holroyd vom 7. 11. 1776, in dem er erwähnt, er erhalte Briefe von Bourgoyne, in: *Private Letters*, S. 183. Gibbon verfasste u.a. 1779 das *Mémoire justicatif*, in dem die französische Regierung diplomatisch angegriffen wurde, weil sie den amerikanischen Rebellen zu Hilfe geeilt war. Craddock, *Gibbon*, (wie Anm. 7), Bd.2, S. 134 f.

auf Rom um ein Vielfaches verstärkt. Heute sei dies anders, denn nach
Osten schirme Europa ein *Cordon Sanitaire* von christlichen Königreichen
ab. Außerdem sei Russland dabei, sich selbst in die Reihe der zivilisierten
Nationen einzugliedern. Zum dritten sei Rom seine Zusammensetzung aus
vielen Nationalitäten unter dem Dach eines zentral gelenkten, monar-
chischen Staates zum Verhängnis geworden. Europa aber zerfalle in zwölf
verschiedene Königreiche, drei Republiken und verschiedene kleinere
Staaten und damit ruhe die politische Kompetenz auf mehreren Schultern.
Zum vierten habe sich das Kriegswesen in einer Art und Weise verändert,
die es den Barbaren, anders als bei den Römern, unmöglich mache, das
zivilisierte Europa zu unterwerfen[51]. Zudem bliebe der Menschheit die
Hoffnung, dass sie sich bisher aus einer Rasse von Wilden, "nackt an Leib
und Seele", wie er sich ausdrückte, "allmälig zur Herrschaft über die
Thiere, Befruchtung der Erde, Durchschiffung des Meeres und Ausmes-
sung des Himmels erhoben" habe. Zwar verliefe dieser Fortschritt nicht
gradlinig, denn "[...] auf Jahrhunderte mühsamen Aufsteigens folgte ein
Augenblick reißenden Niedersturzes [...]", doch sollte die Erfahrung von
viertausend Jahren in diesem Punkt die Hoffnung auf den Fortschritt der
Menschen mehren und nicht mindern[52]. Ein solcher *reißender Niedersturz*
war in Gibbons Augen der Sturz Roms, denn hier folge das Dunkel des
Mittelalters auf das goldene Zeitalter der Menschheit. Der erste Teil, der
mit dem Ende des Westreiches endet, wird von einem Kapitel beschlossen,
in dem es um die Eroberung Britanniens durch die Sachsen und damit das
Ende der römischen Kultur in England geht. Dieses Kapitel geht den
abschließenden grundsätzlichen Bemerkungen über den Untergang des
Westreiches unmittelbar voraus, die das 38. Kapitel beschließen. Die
Geschichte Englands in römischer Zeit steht also in enger Verbindung mit
den allgemeinen Gründen für den Untergang des römischen Reiches. Hier,
mehr als anderswo, sagt Gibbon, wie sehr römisches Gleichgewicht und
römisches Recht das Vorbild für englische Prosperität im ausgehenden 18.
Jahrhundert sein sollte.

---

[51] Gibbon, *Verfall und Untergang*, S. 560-562.
[52] Gibbon, *Verfall und Untergang*, S. 563 f.

Klassik ohne Devotion. Ein Blick auf Amerikas griechisch inspirierte Architektur des 19. Jahrhunderts

Lambert Schneider (Hamburg)

Antike, womöglich gar eine griechische Klassik, hat es wohl nie gegeben. Als es *sie* gab, war es keine Antike, und spätere *Antike* - darunter unsere heutige und hiesige - ist ja nichts schlicht Vorfindbares, sondern stets etwas Interpretiertes, von uns Modelliertes und auch Instrumentalisiertes: etwas, das nur in Anführungszeichen vor uns auftauchen kann. Eine uninterpretierte, gewissermaßen interessenlose Geschichte ist unvorstellbar, da Geschichte durch Interpretieren überhaupt erst entsteht. Solche Sätze werden in meinem Fach, der Klassischen Archäologie, zwar als wahr anerkannt, aber sie erscheinen in der Praxis unserer Forschung und in unseren außerwissenschaftlichen Anschauungen doch zumeist so abgelegen und als Randunschärfe zu vernachlässigen wie Einsteins Relativitätstheorie im täglichen Leben. Wir meinen, den Gegenstand Vergangenheit wenigstens tendenziell korrekt, d.h. mit der Wirklichkeit abgeglichen, fassen zu können, auch wenn dies, bei Licht besehen, letztlich ein aussichtsloses Unterfangen bleiben muss. Im Rückblick auf Anschauungen und interpretierende Aktivitäten vergangener Generationen aber gewinnt die subjektive, zeitgebundene, damit umgekehrt aber auch aktuelle, aktive und kreative Seite des Betrachtens, Darstellens und Erforschens von Antike Kontur: als etwas, das nicht negativ als Trübung unserer Sicht auf Vergangenheit bewertet werden muss, sondern im Gegenteil als Movens von Wissenschaft begriffen werden kann.

Der Blick auf eine uns fremde Antikeaneignung und Antikekreierung - nämlich in den USA der Ante-Bellum-Epoche, d.h. der ersten Hälfte des 19. Jahrhunderts - mag dies veranschaulichen und zum Nachdenken über in Europa gehegte Werturteile anregen[1]. War Amerika doch ein Land, das in jenen

---

[1] Die im folgenden vorgestellten Überlegungen entstanden während meines Aufenthaltes am Getty Research Institute for the History of Art and the Humanities, wohin ich 1996 für ein Jahr eingeladen war. Ich danke, auch an dieser Stelle, für die herzliche und intellektuell anregende Atmosphäre, die ich dort genießen durfte, und für die vielfältige Unterstützung, die mir zuteil wurde. In Kalifornien waren es außer Salvatore Settis und Theresa Menard vor allem Linda Hart und Diane Favro, denen ich Anregungen zum Thema und Kritik meiner Vorstellungen verdanke, in Deutschland Christoph Höcker und Nicole Kloth. Eine kürzere Version dieses Beitrags erschien in: Veröffentlichungen der Joachim Jungius-Gesellschaft der Wissenschaften Hamburg 87, 1998, S. 859-868.
B.Ch. Trowbridge, *Old Houses of Connecticut*, New Haven, CT. 1923.- J. Frazer Smith, *White Pillars. Early Life and Architecture of the Lower Mississippi Valley Country*, New York 1941.- Talbot Hamlin, *The Greek Revival in America and Some of its Critics*, The Art Bulletin 1942, S. 244-258.- Beatrice St.

Dezennien ganz andere Voraussetzungen für Rezeption und Verwendung von
Antike bot als Europa, u. a. in dem Umstand, dass klassische Bildung kaum
Vehikel sozialen Aufstiegs war, insofern auch kein Muss für irgendwen.

Welche kulturellen Folgen dies hatte, sei hier am Beispiel griechisch inspirierter Architektur (Abb.1) und der
zeitgenössischen öffentlichen Reaktion auf dieses Phänomen veranschaulicht.

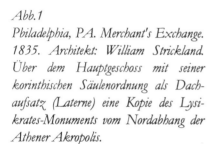

Abb.1
Philadelphia, PA. Merchant's Exchange.
1835. Architekt: William Strickland.
Über dem Hauptgeschoss mit seiner
korinthischen Säulenordnung als Dach-
aufsatz (Laterne) eine Kopie des Lysi-
krates-Monuments vom Nordabhang der
Athener Akropolis.

Julien Ravenel, *Architects of Charleston*, Charleston, 1945.- Charles Morse Stotz, *The Architectural
Heritage of Early Western Pennsylvania. A Record of Building before 1860*, Pittsburgh 1966.- John Walker
McCoubrey, *American Art, 1700-1960. Sources and Documents*, Englewood Cliffs, NJ. 1965.- Walter
C. Kidney, *The Architecture of Choice*, New York 1974.- R.W. Hammet, *Architecture of the United States*, New York 1976.- Henry Russell Hitchcock, William Seale, *Temples of Democracy. The State Capitols of the USA*, New York/London 1976.- William H. Pierson jr., *American Buildings and their Architects. The Colonial and Neo-Classical Styles*, Garden City, NY. 1976.- G.E. Kidder Smith, *The Architecture of the United States*, Garden City, NY. 1981.- David Lowenthal, *The Past is a Foreign Country*,
Cambridge 1985, S. 105-124.- L. Meyer Reinhold, *Classica Americana. The Greek and Roman Heritage
in the United States*, Detroit 1984.- Bobby Potts, *Plantation Country along the Mississippi River in Louisiana and Mississippi*, New Orleans 1988.- Kenneth Severens, *Charleston Antebellum Architecture and Ci-
vic Destiny*, Knoxville, TN. 1988.- Robert G. Kennedy, *Greek Revival America*, New York 1989.- Pa-
mela Scott, Antoinette J. Lee, *Buildings of the District of Columbia*, Oxford 1993.- Panayotis Tourni-
kiotis, *The Parthenon and its Impact in Modern Times*, Athen 1994.- Christoph Höcker, *Greek Revival
America? Reflections on Uses and Functions of Antique Architectural Patterns in American Architecture between 1760 and 1860*, in: Hephaistos 15, 1997, S. 197-240.- Caroline Winterer: *The Culture of Classicism. Ancient Greece and Rome in American Intellectual Life. 1780-1910* (Baltimore/London 2002).

Doch zunächst ein Blick auf die europäische, speziell die deutsche Szene. Als die von Lord Elgin vom Parthenon auf der Athener Akropolis abgenommen Skulpturen 1809 in England ankamen und zunächst in einer eigenen Halle, dann im British Museum ausgestellt wurden[2], erlangten sie binnen kurzer Zeit Weltruhm. Besonders die Giebelskulpturen avancierten trotz ihrer Zerstückelung zum Kunstobjekt Nummer Eins. Klassisch griechische Skulptur wurde als Ausdruck einer freieren Lebensweise verstanden: freier als die Gegenwart es in den meisten Ländern Europas zuließ. Der Blick zurück in die Vergangenheit hatte utopischen Charakter, war mit Sehnsüchten für die Zukunft verbunden. Die Parthenon-Skulpturen versinnbildlichten den europäischen Betrachtern des frühen 19. Jahrhunderts natürliche Bewegungsfreiheit des Körpers, Freiheit von der einengenden Etikette höfischer Tracht, von Wespentaille und Schnürbrust (Abb.2), von steifen Kragen und abgezirkelten Schritten, Freiheit aber auch des Denkens und politischen Handelns[3]. Auch Nacktheit stand in den ParthenonSkulpturen wie selbstverständlich vor Augen, und selbst die teilweise wie nass am Körper anliegenden Gewänder verhüllen ja nicht, sondern unterstützen die Vorstellung kraftvoll fließender Bewegung. Sich lässig räkelnd oder in heftiger Aktion stellen die Götter selbstbewusst ihre eigene Körperlichkeit zur Schau (Abb.3). Sollten alle Menschen sich einmal so verhalten dürfen, befreit von Zwängen des Althergebrachten und von staatlich Aufoktroyiertem? Dies waren in Deutschland die Träume eines Johann Gottfried Herder oder Goethe[4].

In einer merkwürdigen doppelten Gleichung wurde klassisch Griechische Skulptur und in der Folge erstaunlicherweise auch Architektur als Symbol von Natürlichkeit, ja als Perfektion von Natur verstanden und Natur wiederum als Metapher von Freiheit[5]. So war es nicht nur die Tatsache, dass man nun endlich Fragmente griechischer Bildhauerkunst aus derjenigen Epoche Athens besaß, die als Wiege der Demokratie und abendländischer Freiheit (gemeint gegenüber

---

[2] Christopher Hitchens, *The Elgin Marbles. Should they be retuned to Greece?* London 1987.

[3] Vgl. Lambert Schneider - Christoph Höcker, *Die Akropolis von Athen*, Köln 1990. S. 29-48.

[4] Johann Gottfried Herder, *Plastik*, Riga 1778.- Gotthold Ephraim Lessing, *Laokoon oder über die Grenzen der Malerei und Poesie*, Berlin 1769.- Ders., *Wie die Alten den Tod gebildet*, Berlin 1769.- Friedrich Schiller, *Über Anmut und Würde*, Leipzig 1793.- Ders., *Über das Pathetische*, Leipzig 1793.- Johann Wolfgang Goethe, *Baukunst*, 1795.- Ders., *Einleitung in die Propyläen*, Tübingen 1798.- Ders., *Über Laokoon*, Tübingen 1798.- Ders., *Der Sammler und die Seinigen* [= *Propyläen* II], Tübingen 1799.- Ders., *Winckelmann und sein Jahrhundert*, Tübingen 1805.- Ders., *Myrons Kuh* [= *Über Kunst und Altertum* II 1], Tübingen 1812.

[5] Kurt W. Forster, *L'ordine dorico come diapason dell'architettura moderna*, in: I greci 1.1. Noi e i Greci (Salvatore Settis, Hrsg.), Torino 1996, S. 707-742.

angeblichem orientalischem Despotismus) verstanden wurde. Es war auch die
spezifische Gestalt jener Skulpturen, die auf eine Interpretation seitens der
Betrachter stieß, die damals erwachte und bald auch wieder von anderen Ideen
überlagert werden sollte.

Abb. 2   Abb. 3
Französische Mode kurz   Göttinnen im Ostgiebel des Parthenon. London, British Museum
vor der Revolution von
1789. Galerie des Modes
1778-1787, Taf. 88

    Dass die Gebildeten jener Zeit diese Kunstwerke so sahen und entsprechend
bewerteten, kam nicht von ungefähr. Johann Joachim Winckelmann war es
gewesen, der diese kühne Gleichung - Klassisch griechische Kunst gleich natürlich, und Natur gleich frei - Jahrzehnte zuvor formuliert[6] und damit einen Funken
gezündet hatte, der in weiten Teilen Europas mit Interesse und fast durchweg
begeistert aufgenommen wurde.
    Als so natürlich, so unverdorben von Luxus und *oversophistication* empfand
Winckelmann griechische Kunst, dass er sie sogar unmittelbar mit der
vermeintlichen Unschuld und Schlichtheit des Indianers verglich, zugleich mit
dessen Lebendigkeit und geschmeidiger Beweglichkeit: eine Idee, die übrigens in
Amerika seit der ersten Hälfte des 19. Jahrhunderts immer wieder aufgegriffen
wurde und zu manchmal kuriosen Visualisierungen geführt hat.
    Wie ein klassisch griechischer Flussgott oder auch wie der Dionysos im
Ostgiebel des Parthenon lagert der *edle Wilde* in Henry Kirks Brunnenensemble

---

    [6] Johann Joachim Winckelmann, *Gedanken über die Nachahmung der griechischen Werke in der Malerey
und Bildhauerkunst*, Dresden 1756. Vgl. Johann Gottfried Herder, *Plastik*, Riga 1778.

von 1850 in Philadelphia (Abb. 4)[7]. Auch das Antikenkennern bis zum Überdruss vertraute Thema *Ponderation* klassischer Statuen wurde auf dem exotischen Gegenstand projiziert: so z.B. in Shobal Clevengers Figur eines *Indian Chief* [8] von 1843 (Abb. 5), bei der ebenfalls die *Natürlichkeit des Wilden* durch Griechisch-Sein ausgedrückt werden soll. Man mag über ein solches Beispiel lächeln, und das zu Recht. Aber es zeigt eindrucksvoll die außerordentliche Nachwirkung jener fiktionalen Gleichung.

Abb. 4
Philadelphia, P.A. Brunnenensemble mit Allegorien der Erdteile. Henry Kirk, 1850.

Abb. 5
>Indian Chief<. Von Shobal Clevenger, 1843

Winckelmann hatte jene herausragende Qualität von Natürlichkeit insbesondere Werken des 5. und 4. Jahrhunderts v. Chr. zugeschrieben, die er als die eigentlich klassischen bezeichnete. Es war seit Winckelmanns Epoche, dass die Bedeutung des Wortes *klassisch* - obwohl immer noch die griechische *und* römische Periode als ganzes umfassend - auf griechische Kunstwerke des 5. und 4. Jahrhunderts, allen voran athenische, fokussiert wurde. Doch selbst innerhalb dieses engeren Rahmens waren es keineswegs alle möglichen Aspekte und Gattungen der Kunst, sondern es war die Plastik, der dieses Primat zuerkannt wurde: Plastik als Gattung oder doch wenigstens plastische Eigenschaften der Kunst in anderen Medien.

---

[7] Zum Künstler: William L. Vance, *America's Rome*, New Haven/London 1989, S. 302 ff.

[8] Aus: United States Magazine and Democratic Review, February 1844. Wiedergegeben bei: William L. Vance, *America's Rome*, New Haven, CT./London 1989, S. 304, Fig. 116.

So war es innerhalb der Antike das Griechische, das seit Winckelmann mit diesem hehren Etikett behaftet wurde. Und innerhalb dieses Rahmens war es die Epoche des 5. und 4. Jahrhunderts, und innerhalb dieser Epoche wiederum die Bildende Kunst und darunter wiederum die Plastik oder plastische Eigenschaften der Kunst, die in der geschilderten Weise qualifiziert wurden.

Winckelmanns eminent autopoietisches Konzept - ein inneres Bild, eine Kreation, die sich nie auf Beobachtungen und Gelehrtheit gründete, obwohl sie das vorgab und obwohl Winckelmann durchaus ein grandioser Beobachter und Gelehrter war - jenes Konzept war von vornherein ambivalent: Es enthielt eine politische Utopie, war zugleich aber gesellschaftlicher Praxis enthoben. So konnte es in der Folgezeit Sehnsüchte der aufgeklärten Öffentlichkeit in ganz Europa verkörpern, muss aber zugleich den etablierten Mächten, und selbst den reaktionärsten, ganz und gar harmlos erschienen sein, ob nun dem Papst oder den hellenisch gesinnten Herrschern Bayerns oder Preußens, die in der ersten Hälfte des 19. Jahrhunderts miteinander wetteiferten, ihre Hauptstädte - damals immer noch provinzielle Orte im Vergleich zu Metropolen wie Paris oder London - in ein neues Athen zu verwandeln[9] (Abb. 6).

Abb. 6
Torbau am Königsplatz in München,
1848-1862 (Architekt: Leo von Klenze)

---

[9] Nachbau des Parthenon: Die unter Kronprinz Ludwig von Bayern 1830-1842 am Steilufer der Donau bei Regensburg angelegte Walhalla, von dem Architekten Leo von Klenze "in den Tagen Teutschlands tiefster Schmach" (Napolen hatte Preußen besiegt) als architektonischer Widerspruch gegen die Wirklichkeit der Zeit errichtet zur Aufbewahrung der Bildnisse verdienter Deutscher: J. Traeger, *Der Weg nach Walhalla. Denkmallandschaft und Bildungsreisen im 19. Jahrhundert,* Regensburg 1987. - Beispiele für Nachbauten der Athener Propyläen: Das von Carl Gotthard Langhans entworfene und 1789-1791 erbaute Brandenburger Tor in Berlin; die Propyläen am Königsplatz in München, oben Abb. 6.

Sogar Politiker wie ein Fürst Metternich oder Zar Alexander III. fühlten sich keineswegs abgestoßen von jenem idealistischen Hellenen-Traum[10]. So war es also nicht nur, dass die gesellschaftlichen und politischen Aspekte Winckelmanns revolutionärer Gedanken von anderen Klassizismuskonzepten überlagert wurden, sondern schon von Beginn an scheint der geschilderte Klassizismus selbst mit den undemokratischsten Praktiken - oder um es in Winckelmanns Ausdrucksweise zu sagen, den *unnatürlichsten* und somit *ungriechischsten* kaum in Konflikt geraten zu sein. Jedenfalls wurde griechische Bau-Ordnung, vor allem im kontinentalen Europa, bald zur Architektursprache des Establishments, zum Ausdruck staatlicher oder privater Autorität[11] in milderer oder strengerer Form (meist letzterer): vor allem in den deutschsprachigen Ländern und in Griechenland selbst.

Schon dem ursprünglichen lateinischen Wortsinne nach hatte der Begriff *klassisch* die Zugehörigkeit zu einer oberen Klasse in ihrer Abgrenzung gegenüber niederen Klassen bezeichnet, und selbstverständlich blieb diese bereits seit langem im neuzeitlichen Europa den antiken Bauordnungen angeheftete Bedeutung im Klassizismus des 19. Jahrhunderts erhalten. Nun aber kamen besondere Schwere und tiefer Ernst hinzu. Vor allem die dorische Bauordnung, verkörpert durch die dorische Säule, aber in geringfügig leichterer und eleganterer Verwendung und Bedeutung auch die ionische Bauordnung, symbolisierten nun das, was Sigmund Freud treffend das „Über-Ich" genannt hat: Zucht und Selbstzucht als Ausdruck menschlicher Kultur. Winckelmanns Etikettierung einer griechischen Skulptur - und in der Folge auch einer griechischen Säule - als Symbol von Natürlichkeit und Freiheit war gewichen zugunsten einer neuen Etikettierung als klassenbewusster von außen gesetzter Ordnung und innerer, durch Erziehung vermittelter Selbstzucht. Klassisch griechische Kunst war auf eine höchst problematische Weise zum Symbol von Kultur schlechthin geworden, mit weitreichenden Folgen nicht nur für Architektur und Kunst[12], sondern auch für die wissenschaftliche Archäologie.

---

[10] Als freie Adaption der Propyläen auf der Athener Akropolis entstand in moderner Technik, nämlich als Gusseisenkonstruktion, als Erinnerung an Russlands Feldzüge gegen die Türkei und Polen 1834-1838 in St. Petersburg das noch heute erhaltene Moskauer Tor (Architekt: W.P. Stassow).

[11] Suzanne L. Marchand, *Down from Olympus. Archaeology and Philhellenism in Germany, 1750-1970*, Princeton, NJ. 1996, S. 7-16. Lambert Schneider, *Il classico nella cultura postmoderna*, in: Salvatore Settis (Hrsg.), *I Greci I: Noi e i Greci*, Torino 1996, S. 707-741.

[12] Lambert Schneider, *Das archäologische Denkmal in der Gegenwart*, in: Die Antike in der europäischen Gegenwart (Hrsg. Walter Ludwig), Symposium der Joachim Jungius-Gesellschaft der Wissenschaften Hamburg 1992, Göttingen 1993, S. 31-42 und 171-178.

Gründlichkeit und Ernst, strenge, archäologisch gesicherte Observanz
gegenüber dem verehrten klassischen Vorbild waren jedenfalls im kontinentalen
Europa nicht nur bei Ausgrabung und Antikenstudium, sondern auch beim
heimischen klassizistischen Bauen zumeist die leitenden Motive. Angesichts des
weiter tradierten Winckelmannschen Konzepts der Plastizität, das mittlerweile auf
Architektur übertragen worden war, ist es nun nicht verwunderlich, dass die meisten jener Architekturen weniger echte Gebäude im landläufigen Sinne waren, d.h.
lebendig genutzte Räume, sondern vielmehr fast durchweg plastische Monumente,
steinerne Zeichen: Walhalla, Grabmonument, Tormonument, usw., - eben *Monumente*, die man nicht in das tägliche Leben integriert, sondern als etwas in sich Ab-
geschlossenes auf einen Sockel stellt, um zu ihnen aufzublicken. Eben dies sollte
mit griechischer. Klassik im 19. Jahrhundert ja geschehen. Gerade die archäologisch treuesten Verwendungen von klassisch dorischer und ionischer Bauordnung waren nicht lebendig genutzte Architekturen, sondern, geprägt durch die
Wertungen Winckelmanns und seiner Nachfolger, plastische Monumente: steinerne Symbole von *law and order* und von verinnerlichter Ordnung schlechthin (Abb.
6). Jenes hier verkürzt geschilderte Klassik-Ideal wurde durch neuzeitliches Bauen
physisch verwirklicht, nicht weniger aber durch archäologische Ausgrabung,
Forschung und museale Präsentation. Klassische Archäologie wirkte nicht isoliert,
sondern als eine strukturelle Ergänzung und Komplettierung sonstiger Vorgehensweisen im gesamten Bündel der Maßnahmen des neuzeitlichen Klasszismus[13].
    Wie stellt sich nun demgegenüber der Umgang mit den gleichen Vorbildern
in einem Land dar, das lange Zeit keine Klassische Archäologie als wissen-
schaftliches Lehr- und Forschungsfach besaß? Nehmen wir die klassizistische
Szene in den USA in den Blick,, wobei ich mich auf die Architektur beschränke.
Tatsächlich bietet Amerika die reichste Ausprägung von an griechischen Formen
inspirierter Architektur[14] in der ganzen Welt, quantitativ und ebenso qualitativ, d.h.
im Spektrum formaler Variation.
    Amerikas Klassizismus in Architektur und Bildender Kunst wurde bislang -
gleich ob von amerikanischen oder europäischen Wissenschaftlern - zumeist aus
europäischer Perspektive betrachtet und untersucht. Welche Einflüsse wirkten aus
der Alten Welt auf Architekten und Bauherren in den USA, welche Ideen wurden
dabei mittels formaler Übernahmen transportiert? - So die übliche und ja auch
durchaus sinnvolle Frage. Zwei Hauptergebnisse der jüngeren Forschung sind
diesbezüglich festzuhalten: Der frühe amerikanische Klassizismus, der auf die

---

[13] Marchand, (wie Anm. 11) S. 7-74.- Lambert Schneider, *Archäologie, Tourismus und Gesellschaft*, in:
Archäologie (Hrsgg. von Adolf Borbein, Tonio Hölscher und Paul Zanker), Berlin 2000.
[14] s. Anm. 1.

Phase der an britischen Vorbildern orientierten *Colonial Architecture* folgte, griff nicht allein auf englische, sondern ebenso auf französische Vorbilder[15] zurück, was seine leicht einsehbaren historisch-politischen Ursachen hat. Und er war zu allermeist eine keineswegs nur auf die griechische *Klassik*, sondern ebenso auf die Renaissance und über sie auf die römische Antike zurückgreifende Bewegung[16]; erst seit den 20er Jahren des 19. Jahrhunderts zeigt sich eine spezifische Hinwendung zu altgriechischen Bau- und Dekorationsmustern[17]. Eine zweite Frage, die gewöhnlich an die Objekte herangetragen wird, scheint ebenfalls eminent europäisch und obendrein klassizistisch: Wie wirkte die Antike auf die Neuzeit, auf das Europa des 18. und 19. Jh. und in der Folge auf Amerika? Dominant, eben weil wirkungsmächtig, bleibt dieser Sichtweise die verehrte - und deshalb ja rezipierte und angeblich weiter tradierte - Antike, dominiert die Gegenwart. Die folgenden, auf einzelne Beispiele und Motive beschränkten Überlegungen nehmen die umgekehrte Perspektive ein und gehen von der jeweiligen Gegenwart aus: Wie und warum spielten amerikanische Bauherren, Architekten und Künstler[18] mit

---

[15] Glanville Downey, *On Some Post-Classical Architectural Terms*, in: Transactions of the American Philological Association 77, 1946, S. 22-34.- Lorenz Eitner, *Neoclassicism and Romanticism 1750-1850. Sources and Documents* (ed. by H.W. Janson), London 1971.- J. Mordaunt Crook, *The Dilemma of Style. Architectural Ideas from the Picturesque to the Post-Modern*, London 1987.- Th.J. McCormick, *Charles-Louis Clerisseau and the Genesis of Neo-Classicism*, Cambridge, MA. 1990.- Gerald M. Ackermann, *A Chink in the Wall of Neoclassicism*, in: June Hargrove (Hrsg.), The French Academy. Classicism and its Antagonists, Congress Delaware, London 1990, S. 168-195.- James Steven Curl, *The Art and Architecture of Freemasonry*, Woodstock/New York 1991.- Höcker, (wie Anm. 1).

[16] W. Chaitkin, *Roman America*, in: Architectural Design 49, 1979, 8/9, Profile 23, 8-19.- Meyer Reinhold, (wie Anm. 1).- Baldur Köster, *Palladio in Amerika. Die Kontinuität klassizistischen Bauens in den USA*, München 1990.- Höcker, (wie Anm. 1).

[17] Kennedy, (wie Anm. 1). Im Vergleich zur hier vorgetragenen Einschätzung stark einschränkend und mit anderer historischer Bewertung Höcker, (wie Anm.1).

[18] Die meisten dieser Architekturen in den USA sind nicht von professionellen Architekten entworfen, sondern wurden von *builder-carpenters* (bei Lafever *operative workmen*) erstellt, worüber Schriftquellen bislang kaum publiziert sind. Die hier aufgeführte Basisliteratur bezieht sich auf namentlich bekannte und durch Schriften dokumentierte Architekten: Asher Benjamin, *Practice of Architecture*, New York 1833; Reprint [= *The Works of Asher Benjamin vol.* 5] New York 1972.- Ders., *A Reprint of Several Works*, ed. by A. Embury II, New York 1917.- John M. Bryan (ed.), *Robert Mills, Architect*, Washington, DC. 1989.- Andrew Jackson Downing, *The Architecture of Country Houses*, 1850; Reprint New York 1969.- Ders., *Pleasure Grounds. Andrew Jackson Downing and Montgomery Place, with Illustrations by AJD*, ed. by Jaquetta M. Haley, New York 1988.- H. M. Pierce Gallagher, *Robert Mills. Architect of the Washington Monument 1781-1855*, New York 1935.- Minard

griechischen Anregungen, wozu und in welcher Weise kopierten und adaptierten
sie altgriechische Vorbilder ?

Nicht ohne Grund haben Henry-Russell Hitchcock und William Seale ihr
bekanntes Buch über die in dorischer, ionischer und korinthischer Säulenordnung
erbauten State Capitols *Temples of Democracy*[19] genannt. In gewisser Hinsicht sind
speziell jene Bauten - etwa das Indiana State Capitol (Abb. 7) von 1831-1835 in
Indianapolis, das State Capitol in Columbus/Ohio von 1839-1861 oder auch das
Old State Capitol in Springfield, IL von 1837 (Abb.8)[20] - so etwas wie „temples of
democracy" gewesen. Dennoch trägt ein solcher Titel, indem er – wie die meisten
Arbeiten, die ich zu diesem Thema fand   -   den Gedanken nahe legt, griechische

Abb. 7
*Entwurf der Architektenfirma Town & Davis für das Indiana State
Capitol in Indianapolis, IN., 1830*

Lafever, *The Modern Builder's Guide*, New York 1852.- Ders., *The Beauties of Modern Architecture,
Illustrated by 48 Original Plates Designed Expressly for this Work*, New York 1839.- Ders., *The
Architectural Instructor, Containing a History of Architecture from the Earliest Ages to the Present Time...*
New York 1856.- Roger Hall Newton, *Town & Davis. Pioneers in American Architecture 1812-1870*,
New York 1952.- Amelia Peck, *Alexander Jackson Davis, American Architect 1803-1892*, New York
1992.- Arthur Scully jr., *James Dakin, Architect. His Career in New York and the South*, Baton Rouge,
LA. 1973.- Gene Waddell - Rodri Windsor Liscombe, *Mills's Courthouses & Jails*, Easley, SC. 1981.

[19] s. Anm. 1.

[20] Architekt: John Francis Rague.

Abb. 8
Springfield, IL, Old State Capitol. 1837/40 und 1850. Architekt: John Francis Rague.
Restaurierungen 1966/68

Formen seien damals primär als Ausdruck demokratischer Prinzipien verstanden worden. Dies ist nicht der Fall. Schon die Chronologie widerspricht dem. Zitierungen und Paraphrasierungen spezifisch griechischer visueller Elemente sind in dem frühen Staatsarchitekturen der USA selten und treten an eher untergeordneter Stelle auf, z.B. als `archaischer' Unterbau am United States Capitol in Washington, DC.[21] (Abb. 9 und 10): einer Gesamtarchitektur, die sich im übrigen völlig ungriechisch gibt und eher eine Mixtur aus Pantheon, Petersdom, französischer Revolutionsarchitektur und vielem mehr darstellt.

---

[21] 1793-1863. Architekten: William Thornton, B.H. Latrobe, Charles Bulfinch, Robert Mills, T.U. Walter): Hamlin, (wie Anm. 1) pl. VI oben links (Raum unter dem Old Senate).- G. Brown, *The History of the United States Capitol.* 1980.

Abb.9
Washington, DC., United States Capitol
1793-1863

Abb. 10
Säulen im Basement des United States
Capitol, kopiert nach denen des
archaischen dorischen Tempels von
Paestum (sog. Basilika)

Die Welle *griechisch* inspirierter Bauten - und es ist wirklich eine Ozeanwelle, die in großer Schnelligkeit von den alten Neuengland-Staaten bis weit in den Mittleren Westen schwappte - setzt erst in den mittleren 20er Jahren des 19. Jahrhunderts ein: mehr als eine Generation nach den Vätern der amerikanischen Demokratie. Jene Väter, die Unterzeichner der Verfassung, hatten sich ebenfalls massiv auf die Antike bezogen, wie aus zeitgenössischen Quellen zu entnehmen ist. Aber nicht das klassische Athen mit seinem wenig ermutigenden Schicksal war ihnen Vorbild, sondern stets die Römische Republik. Deshalb verglichen sie sich selbst auch keinesfalls mit radikalen Demokraten vom Schlage eines Perikles oder gar Ephialtes, sondern immer wieder mit Figuren wie Cato oder dem legendären Cincinnatus: römischen Politikern, die in der antiken wie neuzeitlichen Rezeption als Repräsentanten eines einfachen, von harter Arbeit geprägten Lebens galten, - Leute, die sich visuell oder literarisch hinter dem Pflug hätten abbilden lassen und zugleich als Menschen, die sich zugleich um die Gemeinschaft, d.h. um den Staat kümmern. Antike ja, aber Griechenland nein. Dies war, grob gesprochen, die Devise jener Gründergeneration[22]. Und auch später, als Griechisches in Architektur, Dekoration und Skulptur zur Mode wurde, blieb diese Attitüde erhalten. Visualisierung von Demokratie war also nicht das Motiv für das Einsetzen der *Greek wave*, und diese *wave* wurde auch später nicht so verstanden. Es war vielmehr das neue Selbstbewusstsein der beiden folgenden Generationen, ein nach den Jahren der Depression durch die Siege Andrew Jacksons über die englischen Truppen entfachter Stolz, den diese *Greek wave* ausdrückt[23]. Weniger Tempel der Demokratie als vielmehr Tempel der neuen ökonomischen Prosperität und des Selbstbewusstseins, diese Wohlhabenheit auch öffentlich zu präsentieren, waren die meisten dieser griechisch inspirierten Bauten deshalb (Abb.11). Es ist bezeichnend, dass nicht so sehr die alten Gründerfamilien sich der neuen

Abb.11
Posierende Dame vor Villa in Milledgeville, GA.:
Old Govenor`s Mansion. 1837-1838

griechischen Mode hingaben, als vielmehr die jungen Unternehmer. Und hierin liegt einer der Gründe, warum man in den Hochburgen der Altsiedler wie Boston oder Maine zwar durchaus auch Bauten des sogenannten Greek Revival findet, die meisten und eindrucksvollsten Beispiele aber weiter westlich, in Troy[24] oder

---

[22] Treffend Kennedy, a.O. (s. Anm. 1) S. 5-103.

[23] s. Anm. 19.

[24] First Presbyterian Church, jetzt Julia Howard Bush Memorial Center, Russell Sage College. Congress street, Ecke First. 1834-1836. Architekt: James H. Dakin. 6-säuliger dorischer Prostylos: Scully, (wie Anm. 1), S. 23 ff.- Smith, *America,* vol. 1 (wie Anm. 1) S. 189.- Smith, *United States,* (wie Anm. 1), vol. 1, S. 468-469.

Geneva[25] (beide Upstate NY.) zum Beispiel, d.h. in jeweils neu erschlossenen
Gebieten. Diese neue Unternehmerschicht aber war tatsächlich und ihrer eigenen
Einschätzung nach gegenwarts- und zukunftsorientiert. Sie erblickte weder in
Griechenland ein demokratisches Vorbild, noch sah sie überhaupt zu
Altgriechenland in sehnsüchtiger oder devoter Weise auf, sondern sie kleidete sich
architektonisch mit diesen offenbar als standes- und situationsgemäß empfun-
denen Formen ein. Ein anschauliches Beispiel bietet New London, CT: die *Whale
Oil Row* (Abb. 12)[26] - die Walöl-Häuserzeile! Ahabs, wie in Melvilles grandiosem
Roman *Moby Dick*[27], nicht Philologen oder sonstige Staatsbeamte waren
Auftraggeber und Benutzer dieser *griechischen* Häuser, deren Frontsäulenstellungen
den heute nicht mehr erhaltenen kleinen ionischen Ilissostempel in Athen nachbilden, wie er von James Stuart und Nicholas Revett in ihrem berühmten
dreibändigen Werk *The Antiquities of Athens Measured and Delineated* von 1762-1794
publiziert vorlag.

Abb. 12
New London, CT. Whale Oil Row, no. 1-4

---

[25] Rose Hill. 1.5 Meilen südlich von US 20, östlich von Geneva. 1837-1839. 6-säuliger ionischer
Prostylos, flankiert von Seitenflügeln: Smith, *America,* (wie Anm. 1), Vol. 1, S. 188. Smith, *United States,*
(s. Anm. 1), Vol. 1, S. 434-435.

[26] Um 1850. Holzbauten.

[27] Herman Melville, *Moby Dick or the White Whale.* 1851.

Doch es sind nicht allein die Umstände, wer wann wo baute, die gegen eine enge Koppelung von *Greek Revival* und Demokratiegedanken in den USA sprechen, auch die zeitgenössischen Einschätzungen des Phänomens weisen in eine andere Richtung, und - wie sich gleich zeigen wird - nicht zuletzt die Gebäude selbst. Während die meisten griechischen Bauten des europäischen Kontinents Winckelmanns Idee der grundsätzlich plastischen Gestalt griechischer Kunst in Architektur umsetzten und im wesentlichen als plastische Zeichen, eben als Monumente auftraten[28] und damit der übernommenen Form das Primat zuerkannten, waren entsprechende Bauten der Ante-Bellum-Epoche in den USA nicht nur der Sache nach Zweckbauten, sondern stellten diese Zweckhaftigkeit und dementsprechende Unterordnung der Antikenzitate auch deutlich visuell zur Schau. Nicht versteckt hinter ehrwürdigen dorischen oder ionischen Säulen liegen die prachtvollen Villen und Stadthäuser der Reichen, sondern wie ein Kleid oder ein Accessoire ziehen sich die Bauten den Tempellook an.

Die meisten dieser Architekturen sind übrigens nicht von professionellen Architekten entworfen, sondern von *builder-carpenters* (bei Lafever [s. u.] *operative workmen*) erstellt, worüber Schriftquellen bislang kaum publiziert sind. Einige der Gebäude - vor allem die frühesten - ähneln auf den ersten Blick denjenigen, die man in England und auf dem europäischen Kontinent antrifft: archäologisch recht exakte Kopien altgriechischer Architektur, wie z. B. die United Methodist Church

Abb. 13
Charleston, SC.
Bethel United
Methodist Church.
1852/53.

---

[28] So besonders in Deutschland selbst dann, wenn es sich wie etwa bei der Walhalla um echte Raumarchitektur handelt und nicht um Ehrentore oder sonstige nur von außen zu betrachtende Mahnmale. Kurt W. Forster, *L'ordine dorico come diapason dell' architettura moderna*, in: I Greci, vol. I (Salvatore Settis, Hrsg.). Torino 1996. S. 665-706.- Lambert Schneider, *Il classico nella cultura postmoderna*, ebd., S. 707-742.

in Charleston, SC. (Abb. 13) und vor allem William Stricklands Nachbau des
Parthenon von 1819/24 in Philadelphia, PA. (Abb. 14 und 15).

*Abb. 14   Philadelphia, PA. Second Bank of the United States. 1819/24.
Architekt: William Strickland.*

Doch selbst solche strikten Kopien antiker Muster wurden von den
zeitgenössischen Betrachtern in einem anderen Licht gesehen: Licht nicht nur in
metaphorischer, sondern auch seiner Wortbedeutung. Eine deutliche Vorstellung
von solcher Rezeption vermittelt Philip Hone's Charakterisierung dieses Gebäudes
an vom 14. Februar 1838, eines typischen Entrepreneurs seiner Zeit, eines
Politikers und Amateurs auf dem Feld der Architektur und der Künste:

> The portico of this glorious edifice, the sight of which always repays me for
> coming to Philadelphia, appeared more beautiful to me this evening than
> usual, from the effect of the gaslight. Each of the fluted columns had a jet
> of light from the inner side so placed as not to be seen from the street, but
> casting a strong light upon the front of the building, the softness of which,
> with its flickering from the wind, produced an effect strikingly beautiful[29].

---

[29] In anderem Zusammenhang zitiert bei Hamlin, (wie Anm. 1), S. 78 Anm. 19.

Abb. 15
Philadelphia, PA. Second Bank of the United States,
mit Gasbeleuchtung. 1819-1824

Hone's Sicht war eine zeitgenössische, aber die Lampen existieren noch, und ich war glücklich, eine Postkarte zu finden, die genau jene Impression wiedergibt (Abb. 15): Das Grundkonzept griechischen Tempelbaus ist hier ganz und gar auf den Kopf gestellt. Während die massiven Cellawände der altgriechischen Tempel als dunkle kompakte Masse hinter den hell schimmernden Säulen zurücktraten, leuchtet hier die *Cella,* der Kernbau, wie ein Juwel hinter dem dunkleren Zaun der Säulen. Gewiss sind die Säulen auch hier visuell wichtig, dominant aber ist das Gebäude selbst, das in unserem Falle schließlich die *Second Bank of the United States* ist, nicht irgend ein hohles Monument, sondern ein eminentes Gebrauchsgebäude. Als ich vor einigen Jahren dieses Bild zum ersten Mal sah, war ich sogleich fasziniert von jener radikalen Inversion beim Kopieren des antiken Modells, eines Kopierens, das in den Details auf größte Akkuratesse Wert legt. Und ich war noch mehr fasziniert, auf einer Reise durch die Oststaaten der USA und bei Durchsicht neuerer lokal herausgegebener Bildbände festzustellen, dass es sich hierbei nicht um einen isolierten Fall handelt.

Eine ähnliche Beleuchtung ist dokumentiert für das Old Custom House in Erie, P.A. (1839) oder für eine Synagoge in Charleston (Abb. 16): was die Front anlangt, eine minutiöse Kopie des sogenannten Theseion an der Agora von Athen.

Abb. 16 Charleston, SC. Bethel United Methodist Church. 1852/53

Abb. 17   Natchez, MS. First Church of Christ Scientist, ehemals Bank. 1833

Wiederum um einst eine noble Bank, sogar mit Unterkunftsräumen für den Präsidenten der Vereinigten Staaten, wenn er diesen Ort besuchte, war die heutige First Church of Christ Scientist (Abb. 17) in Natchez, MS, 1833 errichtet als eine Adaption des Ilissos-Tempels in Athen, nach der Zeichnung wiederum von Stuart und Revett in ihrem bereits zitierten Werk. Auch hier ist das Licht hinter den Säulen authentisch. Nicht weniger eindrucksvoll präsentiert sich das Actor's Theatre von Louisville, KY. (Abb. 18), wiederum ursprünglich eine Bank, designed von James H. Dakin und errichtet 1835/37. Sogar neoklassizistische Architekturen der eher schrecklichen Art im 20. Jahrhundert wie das Lincoln Memorial in Washington, D.C., setzen diese amerikanische Tradition fort.

Abb. 18
Louisville, KY. Actor's Theatre 1835/37.
Architekt: James H. Dakin.

Die gezeigten Beispiele verraten zunächst nur eine veränderte Einstellung gegenüber den Bauwerken, noch nicht ein verändertes Bauen selbst. Aber sie sind geeignet, unseren Blick zu schärfen für eine tatsächliche Besonderheit der amerikanischen griechisch inspirierten Architektur, in der sich der wirklich neue und souveräne Umgang der Amerikaner mit dem Phänomen *Griechische Klassik* manifestiert. Nicht nur durch Gaslichter, sondern durch ganze Reihen großer Fenster[30],

---

[30] Die Betonung der Fensterfronten findet sich bereits bei von Palladios Bauten beeinflussten Architekturen in den USA, so etwa dem Arlington House bei Washington, DC (1802-1818): Seitenflügel zuerst errichtet, dann die sechssäulige, von Palladio-Bauten und dem unfertigen dorischen Peripteros in Segesta inspirierte dorische Tempelfront in der Mitte (wohl 1818/1819). Architekt:: George Hadfield. Vgl. Kennedy, (wie Anm. 1), S. 105-108.- Smith, *United States,* (wie Anm. 1), vol. 2, S. 583-584.

Dorisch: Andalusia. 13 Meilen nordöstlich von Philadelphia, 1836. Nicholas Biddle war der Architekt des Ursprungsbaus, Thomas U. Walter der der Renovierung. Sechssäuliger Prostylos nach oft doppelstöckig und komplettiert durch weiträumige Türen, verwandelten amerikanische Architekten griechische Tempelarchitektur und ebenso europäisch-klassizistische Architekturvorbilder in etwas gänzlich Neues: in Gebäude, die sich griechische Säulenstellungen wie ein Kleid anziehen, sich aber keineswegs hinter diesen Säulen verbergen. Dieselbe Einstellung, die wir am Beispiel der künstlichen Beleuchtung beobachteten, wiederholt sich hier materiell. Und dies ist nicht allein eine Frage des ästhetischen Designs, nein, es ist die lebendige gegenwärtige Nutzung der Gebäude, die auf diese Weise selbstbewusst, eben auch selbstbewusst gegenüber historischer Vergangenheit, zum Ausdruck gebracht wird.

Theseion in Athen. Kennedy, (wie Anm. 1), S. 109-111. Pierson, (wie Anm.1), S. 444.- Smith, *America*, vol. 1, S. 195.- Smith, *United States* vol. 1, S. 624.

Fredonia, NY. The William Risley House, ca. 1837. Viersäuliger Prostylos. Kennedy, (wie Anm. 1), S. 238-239.

Ionisch: Ann Arbor, MI. The Judge Robert S. Wilson House, 1843. Viersäuliger Prostylos nach Ilissos-Tempel (Stuart-Revett): Kennedy, (wie Anm. 1), S. 235.

Austin, TX: Governor's Mansion (10th-11th street), 1853-1855. Architekt: Abner Cook.. Sechssäulige ionische Kolonnade, Kapitelle nach Ilissos-Tempel (Stuart-Revett): Kennedy, (wie Anm.1), S. 242. Smith, *United States* vol. 3, S. 635-636.

Eutaw, AL. Kirkwood bzw. Dr. H. Kirksey House, 1850er Jahre. Kapitelle nach Ilissos-Tempel. Kennedy, S. 241.

Granville, OH. Avery Downer House, 1842. Auf Grundlage des Designs von Minard Lafever errichtet. Viersäuliger ionischer Prostylos mit dorischen Seitenflügeln; griechisch dekorierte Tür. Kennedy, S. 232.

Mount Pleasant, TN. Clifton Place, 1839. Hohe ionische Säulen (Erechtheion, Nordhalle?), Kapitelle aber nach Ilissos (Stuart-Revett pl. VI): Kennedy, S. 50.

Napoleonville, LA. Madewood Plantation House, 1846-1848. Bayou Lafourche, 2 Meilen südlich von Napoleonville. Architekt: Henry Howard.. 6-säuliger Prostylos, Kapitelle nach Erechtheion. Kennedy, S. 158.- Potts, S. 12.- Scully, S. 119.- Smith, *United States* vol. 2, S. 313-314.

Orwell, VT. The Wilcox-Cutts House/Brookside, 1790er Jahre, neu konzipiert 1843. Architekt der neuen Konzeption: Thomas Dake. Fünfsäuliger (!) Prostylos, Kapitelle nach Plaka-Kolonnade bei Stuart-Revett III pl. II?. Kennedy, S. 35.- Pierson, S. 449.

Staatsarchitektur, ionisch:

Nashville, TN. Tennessee State Capitol, 1845-1859. Architekt: William Strickland. Sechs- und achtsäulige Prostyloi (Adaptionen nach Erechtheion). Als Dachbekrönung Lysikrates-Monument; im Innern tuskanische Kapitelle: Hamlin, (wie Anm. 1), Plan und Aufriss 59, fig. 6.- Hitchcock-Seale, (wie Anm. 1), S. 119: Ansicht von 1865.- Hudson - Ballard, (wie Anm. 1), S. 314-315, Abb. S. 315. Kennedy, S. 353.- Smith, *America* vol. 1, S. 352.- Smith, *United States* vol. 2, S. 566-567.

Wie Juwelen leuchten die Gebäude hinter hölzernen oder steinernen dorischen, ionischen und korinthischen Säuleneinstellungen. So der Blick von außen. Aber auch die Aussicht von innen nach draußen ist nicht minder stolz und einladend: Der Blick gleitet durch klassisch antike Säulenstellungen hindurch auf die gegenwärtige Umgebung: gewiss auch dies ein Rückgriff letztlich auf die Antike, aber natürlich nicht die der griechischen *Klassik*, sondern späterer Epochen. Ein Kleid, das man sich kauft und das man an- und ablegt, wie man will - so belegen es nicht nur die Bauwerke selbst, sondern auch dokumentierte Aussagen ihrer auf die Gegenwart stolzen Benutzer. Beispiele sind etwa William Risley House in Fredonia, NY. von 1837 (Abb. 19) oder eine Villa aus den Jahren um 1850 in Eutaw, AL. (Abb. 20). Hier sind Kopien der ionischen Säulen des Ilissos-Tempels in Athen aus dem 5. Jh. verwendet, den eigentlichen Bau zu umkleiden und das Dach zu tragen, darüber hinaus aber auch einen Balkon, der auf höchst unklassische Weise direkt an den Säulenschäften befestigt ist. Das Dach wiederum wird bekrönt von einem Belvedere, der die Hauptstruktur des Gebäudes in verkleinertem Maßstab noch einmal wiederholt.

Abb. 19
Fredonia, NY. William Risley
House. 1837.

Abb. 20
Eutaw, AL. Kirkwood bzw.
Dr. H. Kirksey House. Um 1850.

Nicht weniger eindrucksvoll ist Neill-Cochran House in Austin, TX. (Abb. 21), errichtet in der gleichen Zeitspanne. Wieder sind als Muster die Säulen des Ilissos-Tempels verwendet, wie sie gezeichnet von Stuart und Revet und wiederholt in zahlreichen amerikanischen Architekturbüchern des 19. Jahrhunderts vorlagen. Und wieder sieht man die Reihen der schönen großen Fenster auf beiden Stockwerken hinter der ionischen Säulenstellung. Die Säulen des Ilissos-Tempels wurden häufig als Modell genommen, so etwa beim Wilcox-Cutts-House von 1843 in Orwell VT. (Abb. 22), diesmal fünf an der Zahl und damit klassische Regeln der Säulenordnung lässig beiseite schiebend, um eine Kolonnade zu schaffen, die nicht den Blick aus den Fenstern dahinter behindert.

Abb. 21
Austin, TX. Neill Cochran House
(Governor's Mansion). 1853/55.
Architekt: Abner Cook.

Abb. 22
Orwell, VT. Wilcock Cutts House.
1843 (Umbau zur jetzigen Gestalt).
Architekt: Thomas Dake.

Abb. 23   Nashville, TE. State Capitol. 1845/59.

Ein ähnliches Wichtignehmen des Gebäudes selbst und ein Stolz auf das, was in dem Gebäude vorgeht, lassen sich an Staatsarchitekturen beobachten. Nashville's Tennessee-State-Capitol von 1845/59 (Abb. 23), entworfen von William Strickland (dem Architekten der oben angesprochenen Second Bank of the United States) präsentiert eine erweiterte Version der Ostfront des Erechtheion auf der Akropolis mit deren charakteristischen Kapitellen, jedoch mit acht an Stelle von sechs Säulen, und wieder blinkenden Reihen von Fenstern hinter der Kolonnade. Die gleiche Umkehrung bei Benutzung des klassischen Erechtheion findet man an vielen amerikanischen Gebäuden jener Zeit, von denen hier nur Madewood-Plantation-House (Abb. 36) bei Napoleonville, LA, von 1846/48 erwähnt sei.

Ob bei umlaufender Kolonnade, vorspringendem Portico oder Tempelfront, wieder und wieder tritt der geschilderte Effekt auf[31], so bei einer von Minard Lafever entworfenen Architektur: Avery Downer House in Granville, OH., erbaut 1842. Sogar in Fällen, wo die Säulenordnung *in toto* kopiert wurde, ist die fundamentale Umkehrung des klassischen Konzept zu erkennen: etwa bei der Verwendung der Nordfront des Erechtheion auf der Athener Akropolis für eine große Villa in Clifton Place (Abb. 24) bei Mount Pleasant, T.E. (1839); oder bei

---

[31] s. Anm. 30.

der Benutzung des Aufrisses des Ilissos-Tempels für ein Haus mit großen
Fenstern und einer Eingangstür, die sich nicht - wie klassisch zu erwarten - in der
Mitte, sondern an der Seite befindet: Judge Robert Wilson House (Abb. 25) von
1843 in Ann Arbor, Mi. Dass sich Bauherren und Architekten der *Ante Bellum*-
Epoche nicht scheuten, frivol auch fünf Säulen sogar an im übrigen das Vorbild
genau kopierende Bauten zu applizieren[32], entspricht der neuen und in dieser
Weise eben typisch amerikanischen Herangehensweise an das Klassische[33].

Abb. 24   *Abb. 25*
Mount Pleasant, TE. Clifton Place, 1839   *Ann Arbor, MI. Wilson House, 1843*

Nach den oben gemachten Ausführungen zur ionischen Bauordnung müssen
die entsprechenden dorischen Beispiele[34] nicht im einzelnen kommentiert werden,
genannt aber seien doch einige wenige: ein Haus in Central Massachusetts (Abb.
26), entworfen von Elias Carter; und als sorgfältige Kopie des Athena and
Hephaistos-Tempels an der Athener Agora, Andalusia (Abb. 27) bei Philadelphia,
P.A.: in Auftrag gegeben von Nicholas Biddle und entworfen von Thomas U.
Walter, *dem* Architekten des *doric revival.* Obwohl hier die Villa zu einer Art Tempel

---

[32] Z.B. Wilcox-Cutts House in Orwell, VT., in den 1790ern errichtet und 1843 umgebaut
(Architekt: Thomas Dake): Pierson, (wie Anm. 1) S. 449.- Kennedy, (wie Anm. 1) S. 35.

[33] Auch variierende Interkolumnien wurden als Mittel zum gleichen Zweck eingesetzt, so beim
Villenbau Bellevue bei La Grange, GA., von 1853-1855: Smith, *America* (wie. Anm. 1) vol. 1, S. 362.
Smith, *United States* (wie Anm. 1), vol. 2, S. 102-103.

[34] s. Anm. 30.

mit vorgesetzter - d.h. prostyler - Säulenstellung geworden ist (das originale Hephaisteion besitzt natürlich eine umlaufende Kolonnade), präsentiert sich der Gebäudekern stolz mit weiten Türeingängen und großen Fenstern. Einmal dies Phänomens gewahr, werfe man noch einmal einen - nun geschärften - Blick auf Strickland's Parthenon-Adaption in Philadelphia (Abb. 14 und 15) und erkennt nun, dass dieses Bauwerk ursprünglich nicht nur fünf große Türen besaß, sondern ebenso viele quadratische Fenster darüber, die nur später aus statischen Gründen vermauert wurden.

Abb. 26
Haus in Central
Massachusetts,
ca. 1850

Abb. 27
Philadelphia, P.A.
Andalusia, 1798,
Säulenstellung
1835/36

Abb. 28   Athen, Theatermonument des Thrasyllos am
Südabhang der Akropolis

Eine der ingeniösesten und kühnsten Wiederverwendungen klassischer
Vorbilder war die Vergrößerung und Repetition des Aufrisses des kleinen
Athenischen Theatermonuments des Thrasyllos (Abb. 28) zu einem Konzept, das
nicht nur auf Privatvillen appliziert werden konnte, sondern auch auf Großbauten
wie Warenhäuser und Hotels. Die Gegenüberstellung mit Stuart und Revetts
Zeichnung des Originals zeigt eindrucksvoll, was unter der Hand amerikanischer
Architekten wie Gallier, Dakin[35] und vor allem Alexander Jackson Davis[36] aus
dem simplen altgriechischen Modell herausentwickelt wurde: Reihen von Pfeilern,
die endlos verlängert werden konnten, immer ein nach außen hin offenes
Kerngebäude dahinter zur Schau stellend. Wieder mit dem beschriebenen Lichtef-

---

[35] Arthur Scully, *James Dakin, Architect. His career in the south.* Baton Rouge, LA. 1973.

[36] Amelia Peck (Hg.), *Alexander Jackson Davis, American Architect 1803-1892.* New York 1992.

Abb. 29

Burnside, LA.   Bocage Plantation.   1830/40.   Architekt: James Dakin.

Abb. 30   Napoleonville, LA.   Ashland-Belle-Helene, 1841

fekt: So etwa Belle Meade bei Nashville, T.E., von 1853/54[37]; oder Bocage Plantation bei Burnside, LA. von 1840 (Abb. 29)[38]; oder Ashland-Belle-Helene (Abb. 30) in Darrow bei Napoleonville, L.A., von 1841 (James Gallier)[39], wieder mit Türen, Fenstern und einem direkt an die Pfeiler angeklinkten Balkon, ein Konzept, das auch bei Häusern vom Tempeltyp appliziert wurde. Aufwendige Beispiele dieser aus dem Thrasyllos-Monument entwickelten Pfeilerordnung sind A.L. Davies Entwürfe für verschiedene Projekte: etwa das US-Hotel in Alabama oder das riesige Astor Hotel in New York aus den Jahren um 1830 (Abb. 31) und die New York-Commercial Exchange[40].

Abb. 31
Alexander L. Davis' Entwurf für das Astor Hotel in New York. Um 1830.

[37] Architekt: William Giles Harding. Hudson-Ballard, (wie Anm. 1), S. 317-319.- Smith, *America* I, (wie Anm. 1), S. 368.- Smith, *United States* II, (wie Anm. 1), S. 568-569.

[38] Houmas House: Smith, *America* II, (wie Anm. 1), S. 570.

[39] Kennedy, (wie Anm. 1), S. 159.- Pierson, (wie Anm. 1), S. 456.- Smith, *America* II, S. 571.- Smith, *United States* II, (wie Anm. 1), S. 312-313.

[40] s. Anm. 36.

Noch einmal ist es der schon zitierte Philip Hone, späterer Bürgermeister von New York, der uns eine lebendige Schilderung des ästhetischen und praktischen Funktionierens dieses besonderen Typus von Klassik-Adaption hinterlassen hat. In seinem Tagebuch schrieb er am 1. September 1835 mit Bezug auf den von Town, Davis und Dakin entworfenen Rockaway Pavillion[41]:

> "We had last night at the pavillion a farwell hop in the dining room, at which the girls enjoyed themselves very much. At eleven o'clock, I retired to my room, lighted a cigar and seated myself at the front window. The view was unspeakably grand. The broad red moon ... threw a solemn light over the unruffled face of the ocean, and the lofty columns of the noble piazza, breaking the silver streams of light into dark gloomy shadows, gave the edifice the appearance of some relic of classic antiquity."

Nun - ein antikes Erscheinungsbild gab das Gebäude so nicht ab, aber *some relic* ist doch *quite to the point*.

In diesen Architekturen drückt sich eine Einstellung gegenüber vorgefundenen historischen Mustern aus, die Kennerschaft zwar einschließt, die aber keine Klassische Archäologie als Wissenschaft nötig hat. Tatsächlich sind amerikanische Architekten nicht nach Griechenland gereist, und weitgehend das gleiche gilt für ihre Bauherren[42]. Man kupferte aus einigen wenigen Büchern ab – ge-wöhnlich Stuart-Revett, aber auch David LeRoi[43], transponierte dies, wie zum Beispiel Minard Lafever, in eigene Bücher, und danach wurde dann gebaut: zumeist, wie gesagt, in Holz und im übrigen gewöhnlich von Zimmermann-Bauleuten, nicht von Architekten im eigentlichen Sinne.

---

[41] *The Diary of Philip Hone* (edited by Allan Nevins), New York 1927, vol. 1, S. 74. Zitiert bei Hamlin, (wie Anm. 1), S. 261, Anm. 1.

[42] Zu den seltenen Ausnahmen Meyer Reinhold, (wie Anm. 1) S. 265-279.- Kennedy, (wie Anm. 1), S. 78. Höcker, (wie Anm. 1) passim.

[43] *Les ruines de plus beaux monuments de la Grèce*, Paris 1758. Hierzu: Höcker, (wie Anm. 1), S. 205-210. Zur Wirkung von Stuart und Revett's Publikation: D. Wiebenson, *Stuart and Revett's 'Antiquities of Athens'. The Influence of Archaeological Publication on the Neoclassical Concept of Hellenism*. New York/Ann Arbor 1983.- W.H. Kruft, *Geschichte der Architekturtheorim*, 1985. S. 233 ff.

Abb. 32
>Griechisches< Blattkapitell. Entwurf: Minard Lafever.
Aus: The Beauties of Modern Architecture. 3. Aufl. 1839.

Abb. 33
Korinthisches Kapitell vom Lysikrates
Monument am Nordhang der Athener
Akropolis. 335/34 v. Chr. Aus: Abb. 34
James Stuart - Nicholas Revett, The   Blattkapitell vom >Turm der Winde<
Antiquities of Athens Measured and   (Wasseruhr des Andronikos) in Athen.
Delineated. London 1762/94.   1. Jh. v. Chr.
                                        Aus: Stuart - Revett (s. die vorige Abb.).

Verwundert es da noch, dass die Architekten und Zimmerleute zum Teil
äußerst frei, ja aus Sicht strikter Klassizisten geradezu frivol mit den

vorgefundenen Mustern umgingen? Sie wurden gedehnt und zusammen-
gepresst, reduziert und bereichert, halbiert oder geviertelt und mit anderen
Typen kombiniert - Anpassungen, die devote Antikenverehrer in Europa wahrscheinlich mit dem Vorgehen eines Prokrustes verglichen hätten. Eine für
amerikanische Betrachter durchaus überzeugende und insofern gelungene Art
von Baumpfropfung mit dem Ergebnis einer Kapitellpflanze, über die die alten
Griechen gestaunt hätten, ist Minard Lafevers Blattkapitell (Abb. 32), das sich
besonders in den Südstaaten großer Beliebtheit erfreute. Das Werk von 1839, in
dem er diese Kreation vorstellte, trägt den bezeichnenden Titel: *The Beauties of
Modern Architecture...*[44]. Sein Vorgehen: Man nehme nur aus Stuart-Revett den
unteren Teil des korinthischen Kapitells vom Lysikrates-Monument in Athen,
samt den charakteristischen Blattzungen und Blüten (Abb. 33)[45], mache dann
einen Schnitt und setze darauf unbekümmert die obere Hälfte des in Athen
nicht weit entfernten und ebenfalls bei Stuart - Revett abgebildeten Kapitells
des Turms der Winde (Abb. 34)[46], nun aber nicht als exakte Kopie, sondern zu
saftigen Blättern weiterentwickelt[47], wie sie von altägyptischen Kapitellen
abgesehen sein könnten, deren Formen nach Napoleons Feldzug in Publikationen, sogar zu Übersichtstafeln versammelt, publiziert vorlagen[48]. Als
kennerhafte Variation fügt sich Lafevers Kapitell spielerisch und harmonisch in
die Reihe der völlig neu kreierten Kapitellformen jener Zeit ein: der *American
Tobacco-* und der *Corn-Order*[49]. So schrieb denn auch Lafever zu seinem Kapitell:
„This is a design composed of antique specimens, and reduced to accurate proportions; with a view to render it acceptable in many places, instead of the
standard orders. ... In many situations this design will be preferable to those ge-

---

[44] *...illustrated by 48 original plates, designed expressly for this work.* 3. Aufl. 1839. Lafevers tendenziell
anti-römische (samt Kritik an Vitruv!) und pro-griechische Einstellung erhellt besonders aus den
Passagen S. 50 ff.

[45] James Stuart - Nicholas Revett, *The Antiquities of Athens.* Vol. 1. London 1762. Chapter IV, pl.
VI.

[46] a.O. (s. die vorige Anm.), chapter III, pl. VII.

[47] Ähnlichkeit weisen tatsächliche altgriechische Kapitelle auf. Doch waren die mir bekannten
archaischen Beispiele im frühen 19. Jh. noch nicht ausgegraben bzw. publiziert und scheiden insofern
als Muster aus, so z.B. Delphi, Schatzhaus der Massalioten: Jean-Francois Bommelaer - Didier
Laroche, *Guide de Delphes. Le site.* Athen/Paris 1991. S. 62 fig. 12.

[48] *Description de l'Egypte, publiée par les ordres de Napoléon Bonaparte.* Paris 1802 ff.; Nachdruck Köln
1994. Vol. 1, pl. 74. 75. 89. Vgl. auch C.R. Lepsius, *Denkmäler aus Aegypten und Aethiopien,* 1. Abteilung,
vol. 1 & 2. Berlin 1852; Nachdruck Genf o.J., Abtheilung 1 Bl. 108.

[49] Pierson, a.O. (s. Anm. 1), S. 403.

nerally in use". Und als Kommentierung seiner im gleichen Buch vorgestellten Variation auf das Erechtheion-Kapitell bemerkte er: "This example has neither the proportions nor general features of the antique Ionic order, nor is it pretended that it is in general equal to it; but it is hoped that it may not be ... inferior".

Bekenntnisse zum Neuen waren - auch unter klassizistischen Architekten und Künstlern - gängige Münze. Angesichts der beobachteten Freiheit im Umgang mit der Klassik des 5. Jahrhunderts v. Chr., dem nicht devoten und deshalb auch so gänzlich unarchäologischen Vorgehen amerikanischer Architekten in jenen Jahrzehnten, machen Zitate wie das folgende aber doch Sinn: „Go not to the old world for your examples. We have entered a new era in the history of the world; it is our destiny to lead, not to be lead", dies die Worte nicht etwa eines Antiklassizisten, sondern eines dezidiert *greek-minded* Architekten, Robert Mills[50] - auch dies, wie dem Antikenkenner nicht entgeht, ironischerweise ein klassisches Zitat, doch ein lateinisches, kein griechisches, nämlich ein Vers aus Vergils *Aeneis*.[51]

Bei Aufnahme vieler Elemente englischen und kontinental-europäischen griechischen Klassizismus[52], ist die eigene und neue Umgangsweise Amerikas mit dem Phänomen unverkennbar. Weiterführungen von Bautraditionen aus vorangegangener Zeit sind indessen sehr wohl auch hier zu entdecken: für die Kernbauten sowie Tür- und Balkonlösungen die voraufgegangene Colonial Architecture, für die Blickführung aus den Fenstern durch die Säulen hindurch auf die umgebende Landschaft, Palladios Bauten: gewiss auch dies eine Art Klassizismus, doch ein wesentlich auf Rom, nicht auf Griechenland bezogener Traditionsfaden, dessen Verfolgung aber den Rahmen dieses Beitrags sprengen würde.

Um sich die historische Besonderheit des *Antebellum-Klassizismus* in Amerika in ihrem vollen Umfang bewusst zu machen, ist es nützlich, zum Schluss noch einmal einen Blick zurück auf England zu werfen. War es doch England, das u.a. durch Stuart und Revetts Publikation Musterbücher für den amerikanischen Klassizismus geliefert hatte und das zudem bereits seit den späten 70er Jahren des 18. Jahrhunderts - 40 Jahre früher also als die USA - eine Fülle von griechisch inspirierten Bauten aufwies, die als Vorbilder für amerikanische Architektur hätten dienen können. Auch war in England, mehr als auf dem europäischen Kontinent - die Verwendung altgriechischer Bauordnungen für lebendig genutzte Architektur,

---

[50] *The Progress of Architecture in Virginia.* Ohne Jahresangabe. Vgl. M.H. Pierce Gallagher, *Robert Mills. Architect of the Washington Monument, 1781-1855,* New York 1935. S. 156-157.

[51] Vergil, Aeneis, VI, 851: Tu regere imperio populos, Romane, memento.

[52] Zuletzt Höcker, a.O. (s. Anm. 1).

für Kirchen und Wohnhäuser, bereits vorexerziert worden. Doch ähneln diese Vorgängerbauten den amerikanischen Architekturen tatsächlich so sehr, wie gewöhnlich behauptet wird? Stolze Fensterfronten hinter griechisch-dorischen und ionischen Säulenstellungen wie in den USA, architektonische Auflösungen der Wand und damit Helligkeit von Räumen, die auch nach außen hin präsentiert wird, - alles dies ist im europäischen auf Griechenland gerichteten Klassizismus so kaum zu finden. Selbst dort, wo Funktionalität in den Vordergrund gestellt und ähnliche Lösungen wie in den USA gesucht wurden, machen die Bauten doch einen erheblich anderen Eindruck. William Wilkins' East Portico of Grange Park, Hampshire (Abb. 35)[53] von 1804-09 etwa belegt, wie vergleichsweise schüchtern man sogar im experimentierfreudigen England noch mit dem Vorbild der griechischen Bauordnungen umging; fast scheinen sich die Fenster hinter der Tempelfassade des Athena- und Hephaistostempels von Athen zu verstecken.

Abb. 35

Grange Park, Hampshire (England). 1804/09. Architekt: William Wilkins.

Griechische Bauordnung als repräsentatives Vorbild und lebendige Architekturnutzung blieben auf diese Weise letztlich unverträgliche Gegensätze, zwi-

---

[53] Mit einer die Fensterfront verdeckenden Vorhalle von großer Tiefe. J.Mordaunt Crook, *The Greek Revival. Neo-Classical Attitudes in British Architecture, 1760-1870*, London 1972. S. 97-134, pl. 93.96.97.- Forster, (wie Anm. 5), S. 682-683.

schen denen man allenfalls geschickte Kompromisse machen konnte. Anders
manch souverän lockerer amerikanischer Umgang mit diesen Gegebenheiten.

Abb. 36
Bayou Lafourche bei Napoleonville, LA. Madewood Plantation House. 1846/48. Architekt:
Henry Howard.

Warum sollte man denn auch nicht Säulen einfach dünner und schlanker
machen, selbst die dorischen, und dazu noch auf halber Höhe - ganz untekto-
nisch, ohne Kapitell - einen spacy balcony einklinken (Abb. 36)[54] und auf diese

---

[54] Auch dieses Phänomen ist als solches keine amerikanische Neuerfindung, sondern in
Palladio-Bauten, aber auch englischen Architekturen (z.B. solchen von John Nash) vorgeprägt.
Weniger die isolierte Form als solche, als vielmehr Art und Häufigkeit ihrer durch den
Architekturgebrauch diktierten Verwendung machen den Unterschied:

Weise zum ersten Mal in der Geschichte diese Bauordnung kompromisslos den gegenwärtigen Wohn- und Repräsentationsbedürfnissen anpassen? Amerikanische Klassizisten schätzten sehr wohl das in Europa kreierte Winckelmannsche klassische Ideal, doch es wäre ihnen in jener Epoche nicht einmal im Traum eingefallen, kniefällig und in der Konsequenz in archäologischer Treue einer fernen Vergangenheit Verehrung zu zollen[55]. Gerade in ihrer damals dezidiert nicht-archäologischen Herangehensweise aber schufen sie eine reiche und schöne, von stilistischen Skrupeln unbelastete und deshalb zuweilen verwegene Vielfalt griechisch inspirierter Bauten und Kunstwerke[56].

Austin, TX. Governor`s Mansion, 1853-1855: Kennedy, (wie Anm. 1), S. 242.- Smith, *United States,* vol. 3, S. 635-636.

Columbia, TN. George W. Polk, Rattle and Snap, 1845: Hudson - Ballard, (wie Anm. 1), S. 306-309.- Kenndey, S. 155 u. 305.

Columbus, MS. Waverly Plantation, ca. 1852: Kennedy, S. 150.- Smith, *America,* vol. 1, S. 364. Smith, *United States,* vol. 2, S. 386-387.

Eutaw, AL. Kirkwood bzw. Dr. H. Kirksey House, 1850er Jahre: Kennedy, (wie Anm.1), S. 241.

Napoleonville, LA. Madewood Plantation House, Bayou Lafourche, 1846-1848: Kennedy, S. 158.- Potts, a.O., S. 12. Scully, (wie Anm. 1), S. 119.- Smith, *United States,* vol.2, S. 313-314.

Natchez, MS. Stanton Hall. 1851-1857: Kennedy, S. 152 und 303.- Potts, (wie Anm. 1), S. 44-45.- Smith, *America,* vol. 1, S. 366.- Smith, *United States,* vol. 2, S. 395-396.

Dunleith, 1856: Kennedy, S. 157. Potts, S. 157.

Winston-Salem, NC. Edward Belo House, 1848-1858: Kennedy, S. 53.

[55] Anders als im späten 19. und frühen 20. Jahrhundert in den USA, wo eine archäologisch untermauerte und mit größtem Ernst vorgetragene Attitüde etwa bei Bauten für Colleges, Bibliotheken, Gerichte und Museen einsetzt: W.F. Creighton (1883-1968), *The Parthenon in Nashville.* 1968.- Bernard Michael Boyle, *Architectural practice in America 1865-1965: Ideal and reality,* in: The Architect. Chapters in the History of the Profession, ed. by Spiro Kostoff., Oxford 1977, S. 309-344.- *The Lowie Museum of Anthropology in association with Scolar Press.* London/Berkeley, CA. 1983.- Fikret K. Yegul, *Gentlemen of Instinct and Breeding. Architecture at the American Academy in Rome 1894-1940,* Oxford 1991.- Linda Hart, *Decontextualizing the Monuments of the Roman Forum. Archaeological Restoration Drawings by the Architecture Students at the American Academy in Rome,* Los Angeles 1998.- Caroline Winterer (wie Anm. 1). Zu den Weltausstellungen Daniel H. Burnham, *The Final Official Report of the Director of Works of the World`s Columbian Exposition,* 2 vols., Chicago 1893.- D. Ewald - P. Clute, *San Francisco Invites the World. The Panama Pacific International Exposition of 1915.*- Stanley Appelbaum, *The Chicago World's Fair of 1893.*New York 1980.- Benedict Burton, *The Anthropology of World's Fairs. San Francisco's Panama Pacific International Exposition of 1915.*

[56] Nur wenige ausgewählte Aspekte aus dem vielfältigen Spektrum amerikanischer Klassikrezeption konnten hier vorgestellt werden. Vieles, auch vieles Wichtige, wurde weggelassen -

Klassizistische Grundvorstellungen haben Klassische Archäologie als Fach ins Leben gerufen und viele Vorgehensweisen dieser Disziplin über Jahrhunderte geprägt: mit Konsequenzen, die auch heute archäologische Arbeit bestimmen. Klassische Archäologie hat sich vielfach nur graduell von populären Klassizismen abgehoben, unterschied sich oft nicht grundsätzlich von ihnen, sondern bildete eine strukturelle Ergänzung sonstiger Aktivitäten innerhalb dieses Spektrums[57]. Im vorangegangenen wurden unterschiedliche Haltungen gegenüber *Klassik* angesprochen: devotere und, mit ihnen gepaart, wissenschaftliche Archäologie, und - im Amerika der ersten Hälfte des 19.Jahrhunderts - aufrechtere, entspanntere und freizügigere Umgehensweisen mit 5. Jh.-Antike, zu denen allerdings Archäologie nicht, bzw. allenfalls am Rande, gehörte. So betrachtet, erweist sich die professionalisierte und institutionalisierte Wissenschaft im Rückblick nicht als kultureller Fortschritt per se, sondern sollte - nicht anders als Klassizismen in Architektur und Bildender Kunst - als ein Unterfangen gesehen werden, dessen Ausgang von der Frage abhängt, wie man jeweils das eigene Verhältnis zu jener fernen und von der gegenwärtigen Lebenswirklichkeit unwiederbringlich abgetrennten Vergangenheit bestimmt.

---

nicht nur der notwendigen Beschränkung dieses Beitrags wegen, sondern auch und vor allem, weil Entscheidendes auf diesem Gebiet noch gar nicht erforscht ist: Wie wirkte die damalige Diskussion der Sklavenfrage, bei der man sich auf Altgriechenland als demokratische Sklavenhaltergesellschaft berief, auf diese Bauten aus? Man würde meinen, dass klassisch-griechische Baumuster - wir stehen mit diesen Architekturen ja zeitlich unmittelbar vor dem Civil War - diesbezüglich legitimierend und propagierend wirken sollten, doch finden sich die entsprechenden Beispiele eben keineswegs ausschließlich oder auch nur massiert in den Südstaaten. Ebenfalls ungeklärt ist die Frage, wie es sich mit den vielen Religionsgemeinschaften verhält, die offenbar alle sich *griechischer* Architektur als Mittel der Selbstdarstellung bedienten: Freimaurer und jüdische Gemeinden ebenso wie Methodisten, Lutheraner und Baptisten.

[57] Ph. Culham - L. Edmunds (Hrsg.), *Classics. A Discipline and Profession in Crisis?* Lanham, MD 1989.- Helmuth Sichtermann, *Kulturgeschichte der Klassischen Archäologie.* München 1996.- Suzanne L. Marchand, *Down from Olympus. Archaeology and Philhellenism in Germany, 1750-1970,* Princeton, NJ. 1996.- Lambert Schneider, *Die deutsche Graecophilie stürzt vom Sockel...* [Rez. von Marchand], in: *FAZ* vom 6. Feb. 1997, S. 10.- Ders., *Archäologie, Tourismus und Gesellschaft,* in: A. Borbein - T. Hölscher - P. Zanker (Hrsg.), Archäologie. Defizite und Perspektiven, Berlin 2000.- Caroline Winterer (wie Anm. 1).

Wilhelm von Humboldt und das Studium des Altertums

Kjeld Matthiessen (Münster)

Wilhelm von Humboldt wurde 1767 in Potsdam geboren. Das Schloss Tegel war (und ist) Eigentum der Familie, und dort ist er denn auch 1835 gestorben. Er besuchte nie eine öffentliche Schule, sondern wurde in der damals üblichen Weise der Adelserziehung durch Hauslehrer unterrichtet, zusammen mit seinem Bruder Alexander, dem späteren großen Naturforscher. In den Jahren 1787-9 studierte er Jura und Philosophie in Frankfurt an der Oder und in Göttingen, wo er besonders von dem Klassischen Philologen Christian Gottlob Heyne beeindruckt war. Danach war er Referendar am Kammergericht in Berlin (1790-1). Seine finanzielle Unabhängigkeit machte es möglich, zunächst auf eine Tätigkeit im Staatsdienst zu verzichten und sich jahrelang dem Studium des Altertums zu widmen, einem Studium, das er während seines ganzen Lebens neben seinen sonstigen Tätigkeiten weiterführte und vertiefte.

Er knüpfte enge Beziehungen zum Weimarer Kreis, lebte selbst längere Zeit in Jena (1794-6) und verkehrte freundschaftlich mit Goethe und besonders mit Schiller. 1797-1801 hielt er sich in Frankreich und Spanien auf. Von 1802 bis 1819 übernahm er Funktionen im preußischen Staatsdienst, zunächst als Gesandter beim Heiligen Stuhl in Rom (1802-8) und dann als Sektionschef (einem Staatssekretär vergleichbar) für Schul-, Hochschul- und kirchliche Angelegenheiten (1809-10), in welcher Eigenschaft er die Berliner Universität gründete und entscheidende Anstöße zur Reform des preußischen Schulwesens und zu der Emanzipation der Juden gab. Danach war er Gesandter in Wien (1810-15), wo er einen wesentlichen Anteil daran hatte, dass sich Österreich 1813 der preußisch-russischen Koalition gegen Frankreich anschloss, was dann zum Sieg bei Leipzig und zum Sturz Napoleons führte. Er vertrat Preußen auf den internationalen Kongressen nach Beendigung der Napoleonischen Kriege, so auf dem Wiener Kongress (1814-5), wo er im Interesse Preußens und Deutschlands erfolgreich tätig war. Dass zwar kein Deutsches Reich gegründet wurde, wie von vielen gewünscht, sondern wenigstens ein völkerrechtliches Gebilde namens *Deutscher Bund* entstand, geht mit auf seine Initiative zurück. Dass dieser Bund nur so kraftlos geriet, ist nicht seine

Schuld. 1815-8 war Humboldt Gesandter in London und danach für kurze
Zeit Minister für Ständische Angelegenheiten. Ende 1819 schied er aus
dem Staatsdienst aus, wobei seine Ablehnung der restaurativen Tendenzen, die sich vor allem in den Karlsbader Beschlüssen von 1819 äußerten,
der Hauptanlass zu seinem Rücktritt war. In seinen letzten fünfzehn Le-
bensjahren widmete sich Humboldt besonders intensiv der Sprachwissenschaft und Sprachphilosophie.

Die Beschäftigung mit dem Altertum diente Humboldt zunächst allein der Bildung der eigenen Persönlichkeit. Da aber die Idee der Bildung
durch das Studium der Antike, und zwar in erster Linie der griechischen,
in der zweiten Hälfte des 18. Jahrhunderts in Deutschland, vor allem im
protestantischen Norddeutschland, weit verbreitet war, konnte ein solcher Bildungsgang kein Aufsehen erregen. Allenfalls die Intensität, mit der
er sein Studium betrieb, konnte auffallen.

Er schreibt in seinen Briefen immer wieder, dass er an keinem Tag *si-
ne Graecis* bleibt. Insbesondere den Homer trägt er immer bei sich und
liest in ihm so regelmäßig wie der fromme Christ in seiner Bibel. Wir
wissen, dass auch schon Winkelmann ähnlich verfuhr. Dass für Humboldt
Homer das bedeutete, was dem Christen die Bibel ist, war ihm selbst be-
wusst.So konnte er an seine Frau schreiben:

> Ich habe kürzlich wieder die ganze Iliade durchgelesen. Es ist un-
> glaublich, wenn man den Homer so wie ich seit seinem sechzehnten
> Jahre liest und ewig wieder liest, wie sich das Leben in einzelne Teile
> verwebt (...). Ehemals ging es den meisten Menschen so mit der Bi-
> bel. Jetzt sind viele, die weder die Bibel noch den Homer so haben
> und gar nichts, was so aus dem Dunkel der Jahrhunderte aufsteigt
> und durchs ganze Leben zieht. Ich begreife eigentlich nicht, wie man
> so leben kann.[1]

Bezeichnend sowohl für Humboldts Distanziertheit gegenüber dem Tagesgeschehen als auch für seine Beziehung zu Homer ist es, dass ihm, als er
nach der Schlacht von Leipzig über das Schlachtfeld geht und die vielen
Gefallenen sieht, die homerische Wendung „die Erde mit denZähnen

---

[1] Wilhelm und Karoline von Humboldt in ihren Briefen, hrsg. von Anna von Sydow,
Bd. 5, Berlin 1912, S. 258 (Brief vom 9. 6. 1816).

nehmen"[2] einfällt, die er jetzt erst eigentlich in ihrem vollen Sinn versteht. Bezeichnend ist auch, dass er sich anschließend mit seinem Gastgeber in Leipzig, dem Klassischen Philologen Gottfried Hermann über den Agamemnon des Aischylos unterhält[3].

Humboldts Beitrag zur Erforschung der antiken Literaturen ist freilich recht gering. In der Altertumswissenschaft, die sich um 1800 stark professionalisierte (also zum Arbeitsfeld von Universitätsprofessoren und Gymnasialrektoren wurde), blieb er ein zwar hochbegabter, aber fachlich nicht hinreichend geschulter Außenseiter. Das war ihm auch selbst bewusst. Er hat vor allem übersetzt, einige Gedichte Pindars und den Agamemnon des Aischylos, einen schwierigen Text, dessen Übersetzung er sich noch schwerer gemacht hat dadurch, dass er ihn in den Versmaßen des Originals übertragen hat. Ich komme auf diese Weise des Übersetzens noch zurück. Auf jeden Fall ist Humboldts Übersetzung des Agamemnon eine beachtliche Leistung, die sich neben den Versuchen anderer Übersetzer durchaus sehen lassen kann[4]. Er hat ihr auch wertvolle Erläuterungen zur Interpretation des Dramas beigegeben.

Seine eigentlichen Verdienste liegen anderswo, nämlich in erster Linie in seinen Studien zur Allgemeinen Sprachwissenschaft und in der Erforschung vieler Einzelsprachen, darunter auch des Griechischen, und daneben auch in einigen kurzen, aber gewichtigen Abhandlungen, in denen er die griechische Kultur in großen Zügen charakterisiert und den Wert ihres Studiums für die Gegenwart analysiert. Auf einige dieser Abhandlungen möchte ich etwas näher eingehen.

Zum ersten Mal äußert sich Humboldt zu Bildungsfragen im Jahre 1793 in seiner kleinen Schrift *Theorie der Bildung des Menschen*[5]. Hier beschreibt er den individuellen Bildungsprozess als Entfaltung der Kräfte, die in der Seele angelegt sind. Diese Entfaltung vollziehe sich am besten an

---

[2] ὀδὰξ ἕλον οὔδας Homer, Ilias 11, 749, ähnlich ὀδὰξ ἕλον ἄσπετον οὔδας 19, 61, Odyssee 22, 269.

[3] W. u. .K. v. Humboldt (wie Anm. 1), Bd.4, Berlin 1910, S. 149 (Brief vom 20. 10. 1913). Bei den Gesprächen mit Hermann ging es besonders um Fragen der Metrik; vgl. S. 152 (Brief vom 22. 10. 1813).

[4] Helmut Flashar, *W. v. Humboldt und die griechische Literatur*, in: Bernfried Schlerath (Hrsg.), W. v. Humboldt. Vortragszyklus zum 150. Todestag, Berlin - New York 1986. S. 82-100, hier S. 97.

[5] W. v. Humboldt, *Werke in fünf Bänden*, hrsg. von Andreas Flitner und Klaus Giel, Bd. 1: *Schriften zur Anthropologie und zur Geschichte*, Darmstadt [2] 1960, S. 234-40.

einer Aufgabe, nämlich durch die Auseinandersetzung mit einem Gegenstand, der aber nicht beliebig sein dürfe, sondern für das Ganze der Welt repräsentativ sein müsse. Darüber, welcher Gegenstand nun besonders für eine solche Auseinandersetzung geeignet sei, macht Humboldt in dieser Schrift noch keine Aussagen, wohl aber in einer anderen Schrift aus dem gleichen Jahr mit dem Titel *Über das Studium des Altertums und des griechischen insbesondere*[6]. Hier spricht er über den Gegenstand, an dem er selbst seine Individualität gebildet hat, nämlich über die griechische Kultur, von der er meint, dass sie auch für andere einen ähnlich großen Bildungswert gewinnen könne wie für ihn selbst.

Diese Schrift war, übrigens ebenso wie die andere Schrift aus dem gleichen Jahr, nicht für die Veröffentlichung bestimmt. Vielmehr ging es Humboldt darum, seine eigene Position zur griechischen Antike für sich selbst und einen kleinen Kreis von Freunden zu klären. Nur diesen Freunden, darunter Schiller und dem Klassischen Philologen Friedrich August Wolf, Professor in Halle, gab er Einblick in die Schrift. Wolf stellte seinerseits ähnliche Überlegungen wie Humboldt an, und zwar im Rahmen seiner 1807 unter dem Titel *Darstellung der Altertums-Wissenschaft* erschienenen Schrift. Hier führt Wolf in mehreren langen Zitaten einige Kernstellen aus Humboldts Schrift an, die insgesamt mehr als drei Seiten umfassen. Er nennt den Namen des Verfassers nicht, sondern spricht nur von „einem Edelmann, mit dem zusammen ich manchmal Philologie treibe" (συμφιλολογοῦντός τινός ποθ' ἡμῖν καλοῦ κἀγαθοῦ), und merkt an, dass er von ihm bei seinen eigenen Überlegungen zu den Zielen der Altertumswissenschaft wichtige Anregungen empfangen habe[7].

Humboldt, der leider einen am Juristendeutsch und an der Sprache Kants geschulten, schon für seine Zeitgenossen schwer lesbaren Stil schreibt, untersucht in seiner Schrift den, wie er ihn nennt, „formalen Nutzen" des Studiums der Kunst und Literatur des Altertums, das heißt den persönlichen Gewinn, der jedem, der sich wissenschaftlich mit dem Altertum beschäftigt, hieraus für die Entfaltung seiner geistigen Anlagen

---

[6] Humboldt, *Werke* (wie Anm. 5), Bd. 2: *Schriften zur Altertumskunde und Ästhetik. Die Vasken*, Darmstadt[2] 1961, S. 1-24.
[7] Friedrich August Wolf, *Darstellung der Altertums-Wissenschaft*, in: Kleine Schriften in lateinischer und deutscher Sprache, hrsg. von Gottfried Bernhardy, Halle 1869, S. 808-95, hier S. 884-90.

erwächst. Diesem „formalen Nutzen" steht gegenüber der „materiale Nutzen", den das Studium des Altertums für andere Wissenschaften erbringt,
etwa die Erforschung des antiken Rechts für die Rechtswissenschaft und
dergleichen mehr. Hier werden die Altertumswissenschaften, die er mit
einem damals gerade neu geprägten Begriff „humanistische Wissenschaft"
nennt, gewissermaßen zu Hilfswissenschaften für andere Fächer. Über
diesen „materialen Nutzen", so groß er auch sein mag, will er nicht spre-
chen.der „formale Nutzen" nun, auf den er sich im folgenden beschränkt,
kann entweder ästhetisch sein, also im Kunstgenuss liegen oder in dem,
was damals gern *Bildung des Geschmacks* genannt wurde, ferner darin, dass
man die Gesetze einer künstlerischen Gattung studiert und dadurch dann
andere Werke der Gattung besser beurteilen kann. Er kann aber auch
historisch sein, indem man nämlich die aus dem Altertum erhaltenen
Werke „als Werke aus der Periode, aus welcher sie stammen, betrachtet,
und auf ihre Urheber sieht". Auf diese letztgenannte Weise des „formalen
Nutzen" in historischer Hinsicht legt Humboldt im folgenden das Haupt-
gewicht. Damit stellt er anders als die meisten anderen Zeitgenossen, nicht
die ästhetische Bildung durch das Studium des Altertums in den Mittelpunkt, sondern die historische. Doch zeigt es sich sehr deutlich, dass die
Weise, wie Humboldt das Altertum sieht und wie er will, dass andere es
sehen, nicht historisch im Sinn der Geschichtswissenschaft ist, die ihre
Gegenstände notwendigerweise kritisch sieht. Vielmehr ist die historische
Sicht, die er vom Altertum hat, „idealisch". Dies ist ihm selbst voll bewusst, und er spricht es an anderer Stelle auch deutlich aus: „... wir sehen
offenbar das Altertum idealischer an als es war, und wir sollen es".[8]
Was ist mit „idealisch" gemeint? Nicht unbedingt ein verklärtes, sondern ein auf bestimmte charakteristische Züge beschränktes Bild, abstrahiert aus den großen Werken der bildenden Kunst und denen der großen
griechischen Dichter. Dabei hält sich Humboldt, anders als man es vielleicht erwarten sollte, nicht an den *Klassiker* Sophokles, sondern an Homer und die eher archaischen Dichter Pindar und Aischylos. Es ist zugleich ein Bild, das die Funktion hat, kontrastiv der gegenwärtigen Kultur
gegenübergestellt zu werden als das Einfache und Natürliche im Gegensatz
zur komplexen und immer komplexer werdenden, künstlichen und immer künstlicher werdenden Gegenwartskultur. Es ist klar zu erkennen,

---

[8] *Goethes zweiter römischer Aufenthalt*, in: Humboldt, *Werke* (wie Anm. 5), Bd. 2, S.
415.

dass Humboldt damit Gedanken Rousseaus aufnimmt, nämlich mit seiner Hochschätzung der Naturnähe oder, wie er gern sagt, der „Naivetät". Andererseits knüpft er an Winkelmann an, wenn er diese Naturnähe oder *Naivetät* bei den Griechen finden will. Für ihn wie für die meisten anderen Theoretiker des Neuhumanismus ist es charakteristisch, dass fast nur von den Griechen die Rede ist und nicht oder nur ganz am Rand von den Römern[9]. Das Desinteresse des jungen Humboldt an allem spezifisch Römischen weicht allerdings später, vor allem unter den starken Eindrücken, die er in den sechs Jahren seiner Tätigkeit in Rom aufgenommen hat. Doch auch dann sieht er das antike Rom niemals idealisch wie Griechenland, sondern immer historisch im Sinn einer kritischen Geschichtswissenschaft. Rom und Italien sind für ihn die großen Vermittler zwischen den Griechen und der Gegenwart, zuerst durch das von der griechischen Kultur geprägte römische Weltreich und sodann durch die Renaissance.

Beim Studium des Altertums geht es Humboldt also um den historischen Nutzen, der dadurch entsteht, dass man die Epoche kennenlernt, aus der die aus dem Altertum erhaltenen Werke stammen, und damit zugleich die Menschen, welche diese Werke geschaffen haben. Damit kommt er zu einer ganz ähnlichen Formulierung wie Wolf, der von einer „Kenntnis der altertümlichen Menschheit selbst" als Ziel des Studiums der Antike spricht[10]. Die besondere Eigentümlichkeit Humboldts aber ist die kontrastive Sicht, in der er die Menschen des Altertums zur gegenwärtigen Epoche sieht. Ein wichtiger Unterschied zu manchen seiner späteren Äußerungen sollte besonders hervorgehoben werden, nämlich dass Humboldt hier die Griechen des Altertums nicht den Deutschen gegenüberstellt, sondern ganz allgemein den Westeuropäern der Gegenwart, die er nicht nach Nationen differenziert. Die Besonderheit der griechischen Kultur besteht für ihn darin, dass sie einer frühen Epoche der Menschheitsgeschichte angehört und zugleich der Natur nahe und infolgedessen noch einfach, aber doch schon differenziert und verfeinert ist, sich also bei einem hohen Entwicklungsgrad doch noch einen hohen Grad von Ursprünglichkeit und *Naivetät* bewahrt hat. Ich zitiere den zentralen Passus:

---

[9] „Insofern antik idealisch heißt, nehmen die Römer nur in dem Maße daran teil, als es unmöglich ist, sie von den Griechen zu sondern." *Über den Charakter der Griechen, die idealische und historische Ansicht desselben,* in: Humboldt, Werke, (wie Anm. 6), S. 65-72, hier S. 66; wörtlich ebenso in *Geschichte des Verfalls und Unterganges der griechischen Freistaaten* im gleichen Band, S. 73-124, hier S. 101.

[10] Wolf (wie Anm. 7) S. 883.

Bei den Griechen zeigt sich aber ein doppeltes, äußerst merkwürdiges und vielleicht in der Geschichte einziges Phänomen. Als sie noch sehr viele Spuren der Rohheit anfangender Nationen verrieten, besaßen sie schon eine überaus große Empfänglichkeit für jede Schönheit der Natur und der Kunst, einen feingebildeten Takt und einen richtigen Geschmack, nicht der Kunst, aber der Empfindung (...) und wiederum als die Kultur schon auf einen sehr hohen Grad gestiegen war, erhielt sich dennoch eine Einfachheit des Sinns und Geschmacks, den man sonst nur in der Jugend der Nationen antrifft. (...) In seinem ersten Lallen verrät der Grieche feines und richtiges Gefühl; und in dem reifen Alter des Mannes verliert er nicht ganz seinen ersten einfachen Kindersinn. Hierin, dünkt mich, liegt ein großer Teil des eigentlich Charakteristischen der Nation.[11]

An einer anderen Stelle seiner Schrift setzt Humboldt den so beschriebenen griechischen Volkscharakter in Beziehung zum Charakter der Kultur der Gegenwart. Dabei ist die Gegenwart des Jahres 1793 gemeint, aber es ist interessant, sich zu überlegen, wie weit das Gesagte auch auf die Gegenwart des Jahres 2000 bezogen werden kann.

Es zeigt sich daher in dem Griechischen Charakter meistenteils der ursprüngliche Charakter der Menschheit überhaupt, nur mit einem so hohen Grade der Verfeinerung versetzt, als vielleicht nur immer möglich sein mag; und vorzüglich ist der Mensch, welchen die Griechischen Schriftsteller darstellen, aus lauter höchst einfachen, großen und - wenigstens aus gewissen Gesichtspunkten betrachtet - immer schönen Zügen zusammengesetzt. Das Studium eines solchen Charakters muss in jeder Lage und in jedem Zeitalter allgemein heilsam auf die menschliche Bildung wirken, da derselbe gleichsam die Grundlage des menschlichen Charakters überhaupt ausmacht. Vorzüglich aber muss es in einem Zeitalter, wo durch unzählige vereinte Umstände die Aufmerksamkeit mehr auf Sachen, als auf Menschen, und mehr auf Massen von Menschen, als auf Individuen, mehr auf äußeren Wert und Nutzen, als auf innere Schönheit und Genuss gerichtet ist, und wo hohe und mannigfaltige Kultur sehr weit von der ersten Einfachheit abgeführt hat, heilsam sein, auf Nationen zurückzublicken, bei denen dies alles beinah gerade umgekehrt war.[12]

---

[11] Humboldt, Werke, Bd.2 (wie Anm. 6), S. 13.
[12] S. 19.

Humboldts Aussage, dass das Studium der Griechen „allgemein heilsam auf die menschliche Bildung" wirke, lässt die pädagogische Bedeutung seiner Gedanken erkennen. Nach seiner Meinung ist es den Griechen von allen Völkern am reinsten gelungen, die Idee des Menschen zu verwirklichen, also sich von dem bestimmen zu lassen, was das Leben aller Menschen bestimmen sollte, was sich aber gerade in der Neuzeit wegen der Spaltung der Menschheit in Nationen, Konfessionen, Stände und Berufe nur schwer verwirklichen lässt. Der moderne Mensch kann nur dann zu sich selbst finden, wenn er die Griechen studiert. Nur so erfährt er, was der Mensch sein kann und muss, über alle modernen Spaltungen und Spezialisierungen hinweg. Das Studium der Griechen ist bildend, weil der junge Mensch an ihnen zunächst einmal lernen kann, was es heißt, ein Mensch zu sein, bevor er dann in die verschiedenen Beziehungen und Bindungen eintritt, in die er als moderner Mensch eintreten muss. In ihnen, die immer zugleich Festlegungen, Begrenzungen und Verengungen sind, wäre es nahezu unmöglich, die Idee des Menschen zu verwirklichen, wenn man nicht einmal vorher bei den Griechen die schönste Realisierung der Idee des Menschen kennengelernt hätte.

Man wirft dem Neuhumanismus heute gelegentlich vor, dass er die historische Distanz zwischen der griechischen und der eigenen Kultur nicht beachtet hätte und in naiver Weise eine Gleichförmigkeit (Isomorphie) der beiden Kulturen angenommen hätte[13]. Das Gegenteil ist richtig, jedenfalls für Humboldt. Nicht nur ist ihm die historische Distanz bewusst, sondern nach seiner Meinung trägt gerade wegen dieser Distanz, wegen der großen Fremdheit, ja Gegensätzlichkeit der griechischen Kultur die Beschäftigung mit ihr Entscheidendes für die Bildung der Gegenwart bei. Für ihn sind die Griechen auch nicht die exemplarische Nation schlechthin. Es kann nach seiner Meinung nicht ausgeschlossen werden, dass wir eines Tages ein Volk entdecken, dessen Studium noch lohnender wäre als das der Griechen. Dabei denkt er vor allem an die indische oder die chinesische Kultur, also reich entwickelte alte Kulturen, über die damals noch nicht viel bekannt war. Es müsste aber auf jeden Fall „eine anfangende Nation" sein, wie er sagt, also eine solche, welche sich weitgehend aus eigenen Voraussetzungen entwickelt hat und nicht überwiegend durch die Übernahme von Traditionen anderer Völker geprägt worden ist. Letzteres sei aber der

---

[13] Saul B. Robinsohn, *Bildungsreform als Revision des Curriculum*, Neuwied³ 1971, S. 19.

Fall bei den Römern und auch bei den anderen westeuropäischen Nationen, denn sie alle seien mehr oder weniger stark entweder von den Griechen oder von Römern und Griechen beeinflusst[14]. In den Jahren 1796-7
kam Humboldt in der umfangreichen Einleitung zu der von ihm geplanten Schrift *Das achtzehnte Jahrhundert* auf die Unterschiede zwischen dem
Altertum und der westeuropäischen Kultur der Gegenwart zurück. Hier
sieht er den besonderen Vorzug seines Jahrhunderts darin, dass es mit dem
Altertum, besonders dem griechischen, in einen „Wettstreit" eintreten
musste, einen Wettstreit zweier durchaus gleichrangiger, aber in vieler
Hinsicht gegensätzlicher Epochen[15]. So kann er schreiben:

> Die griechische Vorwelt dient uns zu einem Ideal. Die Neueren be-
> kommen durch den Einfluss der Alten einen wichtigen und eigen-
> tümlichen Charakterzug mehr; sie sehen in ihnen ein Zeitalter vor
> sich, dem sie an Fortschritten in allen Fächern der Erkenntnis, an
> Gründlichkeit und Tiefe des philosophischen Forschungsgeistes, an
> erfindungsreicher Gewandtheit und Klugheit in allen Geschäften,
> mit Einem Wort an vollendeter Reife, und in der Erwerbung und
> dem Besitz aller Güter und einzelnen Fähigkeiten, die das Leben rei-
> zend und anziehend machen, bei weitem überlegen sind, dem sie
> aber auf der anderen Seite an Feinheit und Richtigkeit des Sinns, an
> Stärke und Feuer der Einbildungskraft, an Beweglichkeit und Leb-
> haftigkeit der Empfindung, an fruchtbarem Genie zur bildenden
> Kunst und zur Dichtung, an edler Freiheit der Gesinnungen, an
> schöner Einheit des Gemüts, kurz an einfacher Weisheit das Leben
> unmittelbar zu benutzen und zu genießen so weit nachstehen, dass
> sie dadurch, da sie einmal auch diese Ansprüche nicht aufgeben kön-
> nen, zu einem unaufhörlichen Wettstreit aufgefordert werden.

Auch hier spricht Humboldt nicht speziell über das Verhältnis der Deutschen zu den Griechen, sondern allgemein über das der Westeuropäer zu
ihnen. Zwar beabsichtigte er im Rahmen dieser Schrift gründlich auf die
Nationalcharaktere der europäischen Völker einzugehen, insbesondere auf
den französischen und auch auf den deutschen, aber er kam hier über
Vorüberlegungen nicht hinaus[16].Über eine besondere Nähe der Deutschen

---

[14] Humboldt, *Werke*, Bd.1 (wie Anm. 6), S. 20-1.
[15] Humboldt, *Werke*, Bd.1 (wie Anm. 5), S. 376-505, hier S. 402-4, das Zitat 402.
[16] Vgl. hierzu den Brief an Goethe vom Frühjahr 1798, in: *Goethes Briefwechsel mit W.
und A. v. Humboldt*, hrsg. von Ludwig Geiger, Berlin 1909, S. 49-51.

zu den Griechen äußert sich Humboldt nachweislich zum ersten Mal in
einem Brief an Schiller vom 22. September 1795. Dort spricht er von seiner „Grille von der Ähnlichkeit der Griechen und Deutschen".[17] Dabei
legt es die Formulierung nahe, dass er sich hier auf mündliche Äußerungen bezieht, die er schon früher gegenüber Schiller gemacht hat. Ähnlich
äußert er sich auch am 18. März 1799 und am 30. Mai 1800 brieflich gegenüber Goethe[18]. Dies sind allerdings rein private Äußerungen zu einer
Idee, die er offenbar als noch unausgegoren empfand.

In seiner römischen Zeit beschäftigte sich Humboldt erneut mit Versuchen, die griechische Kultur in ihrer Besonderheit und in ihrer Bedeutung für die Gegenwart zu charakterisieren. Es entstanden mehrere Entwürfe: *Latium und Hellas oder Betrachtungen über das klassische Altertum*
aus dem Jahre 1806 oder1807 [19], *Über den Charakter der Griechen, die idealische und historische Ansicht desselben* aus dem Jahre 1807 [20] und *Geschichte
des Verfalls und Unterganges der griechischen Freistaaten* aus dem gleichen
Jahre[21]. Diese Texte sind Skizzen oder Einleitungen zu nie geschriebenen
größeren Abhandlungen. Sie blieben unveröffentlicht und dementsprechend ohne Wirkung auf die Zeitgenossen.

Auch in diesen Schriften bleibt die idealische Ansicht der Griechen
erhalten und wird vielleicht sogar noch stärker betont, etwa durch den
Satz in der Schrift *Über den Charakter der Griechen ...*, mit der ich mich
zuerst befasse: "Die Griechen (...) sind für uns, was ihre Götter für sie
waren".[22] Weiter heißt es, dass hier „eine ganze Nation sich einen nur
durch Genialität erklärbaren Charakter geben" konnte[23].

Die „Neueren", wie Humboldt sie nennt, sieht er ähnlich differenziert wie an der zitierten Stelle in der Einleitung zum Achtzehnten Jahrhundert. Er erkennt an, dass die „Neueren" manches besitzen, was „den
Alten fremd sein" musste. Drei Dinge nennt er, die in der Neuzeit nötig
sind, aber im Altertum noch fehlten:

---

[17] *Briefwechsel zwischen Schiller und W. v. Humboldt*, hrsg. von Albert Leitzmann, Stuttgart[3] 1900, S. 143.
[18] *Goethes Briefwechsel* (wie Anm. 16), S. 64 und 124.
[19] Humboldt, *Werke*, Bd. 2 (wie Anm. 6), S. 25-64.
[20] S. 65-72.
[21] S. 73-124.
[22] S. 65.
[23] S. 66.

Das Absolute muss auf abstraktem Wege ergründet, das Wirkliche
auf gelehrtem erforscht, das sittliche Zusammenleben der Menschen
durch Mittel, die der Ausbildung des Individuums auf den ersten
Anblick entgegenlaufen, zu größeren und schwerer zu erreichenden
Resultaten geführt werden.[24]

Humboldt bezieht sich damit erstens auf die Entwicklung der Philosophie
der Neuzeit, die Wege eingeschlagen hat, die weit von der antiken Tradition wegführen, wobei er in seinem Umkreis besonders an Kant und Fichte denken dürfte.

Zweitens erkennt er, wohl auch durch seinen Bruder belehrt, die Bedeutung der Naturwissenschaften an, die durch ihre experimentelle Methode
Erkenntnisse gewinnen, die „den Alten fremd sein" mussten.

Drittens weiß er als Diplomat genug von den Notwendigkeiten, die
den modernen Staat zwingen, das öffentliche, wirtschaftliche und gesellschaftliche Leben konsequenter durchzuorganisieren, als es die Bürger-
schaften der antiken Stadtstaaten konnten und wollten. Das führt dann
aber auch zu einer Beständigkeit der modernen Staaten, die denen der
Griechen versagt bleiben musste. Dies ist auch die Erkenntnis, die bei
Humboldts Entwurf einer Geschichte des Verfalls und Unterganges der
griechischen Freistaaten eine grundlegende Bedeutung gewinnen sollte.

In den drei genannten Bereichen „können nun die Neueren die Alten
übertreffen"[25]. Die Entwicklung in diesen drei Bereichen trennt denn aber
auch die Neueren von den Alten. Eine Überwindung dieser Trennung, so
wünschenswert sie wäre, „kann der Nachwelt vorbehalten bleiben", wie
Humboldt sagt[26]. Sie bleibt eine noch zu lösende, wenn auch fast unlösba-
re Aufgabe, ein Ziel, das sich nur teilweise erreichen lässt, „als Ganzes aber
nur von dem Gedanken, nur in der Tiefe der Brust, und nur in einzelnen
glücklichen Augenblicken angeschaut und geahndet werden kann".[27]

Das anzustrebende Ziel ist eine Wiedergewinnung der Vorzüge der
griechischen Kultur, und zwar unter Bewahrung der Vorzüge und unter
Beachtung der Notwendigkeiten der modernen Kultur. Dabei stellt Humboldt sehr viel deutlicher als früher dar, worin die Vorzüge der „Neueren"
bestehen. Er stellt die Frage: „Was gelang den Griechen und was den

---

[24] S. 70.
[25] Ebd.
[26] Ebd.
[27] S. 72.

Neueren so vorzugsweise, dass die einen und die anderen es niemals er-
reichten?" Seine Antwort ist: einerseits Bildhauerei und andererseits Musik. „Zur Plastik der Alten haben die Neueren nie das Mindeste hinzuzu-
setzen versucht (...) und die schöne Musik hat das Altertum nie gekannt".[28] Als einzige Ausnahme im Bereich der Plastik nennt er immerhin
Michelangelo. Was die Musik betrifft, so hat selbst der zutiefst unmusika-
lische Humboldt offenbar bemerkt, dass in ihr unter den Bedingungen der
Gegenwart etwas Wunderbares entstanden ist, dem sich im Altertum
nichts Vergleichbares gegenüberstellen lässt.

Am Schluss seiner Schrift kommt Humboldt zur Formulierung einer
Reihe von Gegensatzpaaren, mit denen sich Griechen und Neuere schlag-
wortartig in ihrer Besonderheit kennzeichnen lassen[29]:

Griechen	Neuere
Gestalt	Gefühl
klassisch	romantisch
Mythos	Christentum
Schicksal	Gnade

Damit betont er sowohl die Gegensätzlichkeit als auch die Gleichrangig-
keit der Griechen und der Neueren. Denn auch das, was in der zweiten
Spalte erscheint, hat ja seine Bedeutung. Die Überwindung der genannten
Gegensätze in einer Synthese scheint schwer oder nahezu unmöglich zu
sein. Immerhin deutet Humboldt im Bereich der Künste sehr kühn eine
Möglichkeit der Synthese an, nämlich die Malerei „als die Vermittlerin
zwischen Bildhauerei (in der Form) und Musik (in der Farbe)", aber er
weist sofort auf die Schwierigkeit hin, für die Malerei Gegenstände zu
finden, „die dem Mythos und dem Christentum gleich fremd seien", denn
Gegenstände der einen oder der anderen Art würden sofort wieder auf
eine der Seiten des Gegensatzes treten[30]. Dieser Einwand scheint mir allerdings recht vordergründig zu sein.

In seiner etwa gleichzeitigen Schrift *Latium und Hellas*, in der anders
als im Titel fast nur von Hellas die Rede ist, gibt Humboldt wieder eine
allgemeine Charakteristik der Griechen, in der sich manches anderswo
Gesagte wiederholt. Er hebt hier aber einen Gesichtspunkt neu hervor,
der für ihn im folgenden immer wichtiger werden sollte, nämlich den der

---

[28] S. 71.
[29] S. 71-2.
[30] S. 72.

Sprache. Die Sprache ist für ihn „der Odem, die Seele der Nation selbst", und er schreibt weiter: „Ohne sie als Hilfsmittel zu gebrauchen, wäre jeder Versuch über Nationaleigentümlichkeiten vergeblich, da nur in der Sprache sich der ganze Charakter ausprägt"[31]. Er stellt fest, dass ein Volkscharakter durch zweierlei entsteht, durch die gemeinsame Abstammung und durch die Sprache, wobei die Sprache von wesentlich größerer Bedeutung ist. Darum ist es am einfachsten, Aussagen über den Charakter eines Volkes zu machen, wenn man seine Sprache analysiert. Doch bleibt Humboldt in dieser fragmentarisch gebliebenen Schrift bei allgemeinen Aussagen stehen, vor allem über die Bedeutung der Sprache für das Denken des jeweiligen Volkes, Aussagen, die schon einige Grundgedanken seiner Sprachphilosophie enthalten.

Vor dem Hintergrund dieser Überlegungen Humboldts über die Bedeutung der Sprache ist es vielleicht auch zu sehen, wenn er 1909 bei seinen Stellungnahmen zum Königsberger und Litauischen Schulplan verlangt, dass der griechische und lateinische Sprachunterricht „wirklich Sprachunterricht und nicht, wie jetzt so oft, eine mit Altertums- und historischen Kenntnissen verbrämte und hauptsächlich auf Übung gestützte Anleitung zum Verständnis der klassischen Schriftsteller sei"[32], und wenn er den Grundsatz aufstellt „dass die Form einer Sprache als Form sichtbar werden muss".[33]

Dies scheint auf den ersten Blick dem zu widersprechen, was er 1793 über die heilsame Wirkung des Studiums des griechischen Altertums gesagt hatte. Aber dieser Widerspruch löst sich vielleicht auf, wenn man bedenkt, dass sich seine Stellungnahmen nur auf Schulen beziehen und nicht auf das Ganze des Bildungsprozesses. Denn auf der Universität war den altertumswissenschaftlichen Studien nach den Vorstellungen der damaligen Universitätsreformer ein bedeutender Anteil zugedacht, und zwar im Rahmen einer für Studierende aller Fächer obligatorischen historisch-philosophischen Propädeutik, die von der Philosophischen Fakultät geleistet werden sollte.

---

[31] S. 58-9.
[32] *Der Königsberger und der Litauische Schulplan*, in: Humboldt, Werke (wie Anm. 5), Bd. 4: Schriften zur Politik und zum Bildungswesen, Darmstadt [2] 1964, S. 168-95, hier S.174.
[33] S. 176.

Auf eine letzte Frage möchte ich noch eingehen, nämlich auf das Problem der von Gerhard Lohse vermuteten „Zusammengehörigkeit von Griechenrenaissance und deutschem Nationalismus"[34] und um den Beitrag Humboldts zu der lange Zeit verbreiteten Meinung, dass von allen Völkern Europas die Deutschen den Griechen des Altertums am nächsten ständen und dass hier eine Art von Seelenverwandtschaft vorläge. Lohse sieht hier und schon vorher bei Klopstock und den Dichtern des Göttinger Hainbundes die Anfänge für das verhängnisvolle „deutsche Sonderbewusstsein", das schließlich zur Selbstisolierung der Deutschen vom Hauptstrom der westeuropäischen Geistesentwicklung geführt und einen ungünstigen Einfluss auf die politische Geschichte Deutschlands ausgeübt habe.

Hierzu möchte ich zunächst einschränkend bemerken, dass man bei Humboldt nicht von Nationalismus sprechen sollte, sondern von Nationalgefühl, und dass sich dieses Gefühl nicht auf das Staatsvolk, sondern auf die Kulturnation bezieht. Wenn Humboldt in den oben erwähnten Briefen an Schiller und Goethe von einer besonderen Ähnlichkeit der Griechen und Deutschen spricht, bezieht sich dies nicht auf das damals in den letzten Zügen liegende Reich, übrigens ein sehr locker geknüpftes übernationales oder eher vornationales Gebilde.

Noch deutlicher wird dies 1807, als Humboldt die Einleitung zum Entwurf einer *Geschichte des Verfalls und Unterganges der griechischen Freistaaten* verfasst[35]. Jetzt ist das Reich nicht mehr existent und sogar Preußen zu einem französischen Klientelstaat abgesunken.

Gerade dadurch aber ist, wie Humboldt meint, die deutsche Nation der griechischen ähnlich geworden, und zwar derjenigen nach dem Verfall der Freistaaten. Die politische Souveränität der Griechen war damals verloren, die Kulturnation aber blieb bestehen, vielmehr begann gerade jetzt die große Ausstrahlung der griechischen Kultur in den Orient, dann über Rom in das ganze Mittelmeergebiet und, vermittelt durch die Renaissance, nach ganz Europa.

Ebenso haben nun auch die Deutschen ihr Reich und die Souveränität ihrer Einzelstaaten verloren, vielleicht für immer, aber die Kulturnation könnte die Zeit ihres größten Einflusses auf die anderen Nationen noch

---

[34] Gerhard Lohse, *Die Homerrezeption im 'Sturm und Drang' und deutscher Nationalismus im 18. Jahrhundert*, International Journal of the Classical Tradition 4, 1997, S. 195-231, hier S. 195.
[35] Humboldt, *Werke*, Bd. 2 (wie Anm. 6), S. 73-124.

vor sich haben. Vor diesem Hintergrund muss, wie ich meine, das gesehen werden, was Humboldt in dieser Schrift über die besonders enge Beziehung zwischen Griechen und Deutschen sagt:

> Die Deutschen besitzen das unstreitige Verdienst, die Griechische Bildung zuerst treu aufgefasst und tief gefühlt zu haben; zugleich aber lag in ihrer Sprache schon vorgebildet das geheimnisvolle Mittel da, ihren wohltätigen Einfluss weit über den Kreis der Gelehrten hinaus auf einen beträchtlichen Teil der Nation verbreiten zu können. Andere Nationen sind hierin nie gleich glücklich gewesen, oder wenigstens haben ihre Vertraulichkeit mit den Griechen weder in Kommentaren noch Übersetzungen noch Nachahmungen noch endlich (worauf es am meisten ankommt) in dem übergangenen Geiste des Altertums auf ähnliche Art bewiesen. Deutsche knüpft daher seitdem ein ungleich festeres und engeres Band an die Griechen als an irgend eine andere auch bei weitem näherliegende Zeit oder Nation.[36]

Das sind nun recht kühne Behauptungen, bei denen man aber die Situation des Jahres 1807 bedenken muss, um zu verstehen, wie Humboldt zu ihnen kommt. Was seine Annahme betrifft, der Geist des Altertums sei auf die Deutschen übergegangen, so könnte er immerhin auf Goethe verweisen, dem es ja nach seiner Meinung gelungen ist, auch unter den Bedingungen der Gegenwart gleichsam zu einem Griechen zu werden. Ähnlich steht es mit seinen Aussagen über die besondere Beschaffenheit der deutschen Sprache und über die Leistungen der deutschen Gelehrten und Dichter in der Erforschung und Rezeption der griechischen Literatur. Auch hier lassen sich einige Belege dafür beibringen, dass seine Aussagen nicht ganz abwegig oder zumindest aus der Zeit heraus verständlich sind.

Die Griechenbegeisterung erwachte in Deutschland in der Zeit um 1750. Im Jahre 1747 begann Klopstock Gedichte in antiken Metren zu schreiben, und im folgenden Jahr erschienen die ersten drei Gesänge des Messias in antiken Hexametern. Beides wurde vom deutschen Publikum

---

[36] S. 87. Ähnlich auch eine Äußerung Humboldts in einem Brief an Johann Gottfried Schweighäuser vom 4. 11. 1807: "Zugleich kann ich nicht leugnen, dass ich dem armen, zerrütteten Deutschland ein Monument setzen möchte, weil, meiner langgehegten Überzeugung nach, Griechischer Geist auf Deutschen geimpft, erst das gibt, worin die Menschheit, ohne Stillstand, vorschreiten kann." (*W. v. Humboldts Briefe an J. G. Schweighäuser*, hrsg.von A. Leitzmann, Jena 1934 (Jenaer germanistische Forschungen 25), S. 41.

enthusiastisch aufgenommen. 1756 erschien Winckelmanns Schrift *Über die Nachahmung der griechischen Werke in der Malerei und Bildhauerkunst* und fand ebenfalls begeisterte Aufnahme. Die Wirkung Winckelmanns verband sich mit der Rousseaus. Das Einfache und Natürliche, zu dem zurückzukehren Rousseau in seiner Preisschrift von 1750 aufgefordert hatte, ließ sich, wie Winckelmann jetzt zeigte, bei den Griechen finden, die der Natur noch ganz nahe gestanden hatten. Wenn es galt, zur Natur zurückzukehren, dann konnte dies am besten durch die Nachahmung der Griechen geschehen. Es schien, jedenfalls auf den ersten Blick, als wenn die Deutschen, und nur sie, damals ganz plötzlich ihr Herz für die Griechen entdeckt hätten.

In Wahrheit war das Interesse an den Griechen schon früher erwacht, nämlich gegen Ende des 17. Jahrhunderts, und zwar in Frankreich und England, den geistigen Zentren Westeuropas. Dabei ging es besonders um die Bewertung Homers[37]. In Frankreich führte die sogenannte *Querelle des anciens et des modernes*, der Streit über den Vorzug der antiken oder der modernen Dichtung, besonders im Bereich der Epik, zu einem neuen Interesse an Homer. In England war dies die Zeit des beginnenden Geniekults, und Homer diente dort als Beispiel für eine große schöpferische Persönlichkeit, die gleichsam aus dem Nichts ein unübertreffliches Werk geschaffen hatte. In beiden Ländern bemühte man sich darum, Homer zu interpretieren und gute Übersetzungen seiner Epen herzustellen. 1708 erschien die französische Homerübersetzung von Anne Dacier, 1715-25 entstand die englische von Alexander Pope. In England entwickelte sich eine bedeutende griechische Philologie, deren wichtigster Vertreter Richard Bentley war. Die Deutschen und die Niederländer folgten etwa gleichzeitig nach.

Der erste bedeutende Gräzist in Deutschland war Johann Matthias Gesner, seit 1734 Professor in Göttingen. Sein Nachfolger war Heyne, der Lehrer Humboldts, dessen Schüler wiederum Humboldts Freund Wolf. Humboldt hat also Recht, wenn er auf die eindrucksvolle Tradition der griechischen Philologie in Deutschland hinweist. Aber er übersieht entweder oder hat keine Kenntnis davon, dass die englische und die niederländische Gräzistik durchaus Gleichwertiges geleistet hatten. Dass die Franzosen und Italiener bis dahin weniger vorzuweisen hatten, sieht er andererseits ganz richtig.

---

[37] Hierzu Georg Finsler, *Homer in der Neuzeit*, Leipzig 1912.

Was die Rezeption von Stoffen aus der griechischen Dichtung betrifft, so standen die Franzosen und Italiener den Deutschen allerdings nicht nach; man braucht nur an die italienischen Opern über Stoffe aus der griechischen Mythologie zu denken oder an Racines Phèdre und Iphigénie en Aulide. Hingegen kommt den deutschen Dichtern bei der Rezeption antiker Formen der Vorrang zu. Hierbei ist ein Phänomen von Bedeutung, auf das Humboldt anspielt, wenn er von dem „geheimnisvollen Mittel" spricht, das in der deutschen Sprache „schon vorgebildet" lag. Es ist möglich, mit den spezifischen Mitteln dieser Sprache, nämlich mit Hilfe des dynamischen Akzents, antike Metren analog nachzubilden, deren Struktur auf ganz anderen Grundlagen beruht, nämlich auf der Quantität der Silben. Das macht Übersetzungen antiker Dichtungen möglich, die nicht nur den Inhalt der Vorlage genau wiedergeben, sondern auch ihre metrische Form und damit ihren spezifischen Rhythmus nachahmen können. Das geht in anderen europäischen Sprachen nicht oder nicht so gut. Deswegen können deutsche Übersetzungen antiker Dichtungen einen besseren Eindruck vom Original vermitteln als solche in andere Sprachen. So konnte Voß eine Homerübersetzung schaffen, die dem Original näher kam als diejenige von Anne Dacier und die von Pope, und so konnte auch Humboldt selbst den Agamemnon des Aischylos in den Versmaßen des Originals übersetzen. Und nicht nur das. Diese Weise der Nachbildung antiker Metren konnte nicht nur für Übersetzungen benutzt werden. Sie wurde sogar nicht einmal zuerst dafür benutzt, sondern für eigenständige Dichtungen in deutscher Sprache, aber in diesen nachgebildeten antiken Metren. Klopstock hatte gezeigt, wie dies möglich war, und zwar mit seinen eindrucksvollen Gedichten im alkäischen, asklepiadeischen und Sapphischen Versmaß und vor allem mit dem Messias. Er hatte damit eine Tradition begründet, in die sich einerseits Voß mit seinen Homerübersetzungen stellte und andererseits Goethe mit seinen Epen Reineke Fuchs und Hermann und Dorothea. Dabei beschränkte sich in allen diesen Fällen der homerische Charakter nicht auf das Metrum, sondern erstreckte sich auch auf die sprachlichen Mittel und die Erzählstruktur. –
Ich möchte das Ergebnis meiner Ausführungen zum Zusammenhang von Nationalbewusstsein und Griechenrezeption bei Wilhelm von Humboldtdiesem letzten Punkt in den folgenden vier Thesen zusammenfasssen:.

1. Humboldts Vermutung einer besonderen Griechennähe der Deutschen bezieht sich nicht auf die Staatsnation, sondern die Kulturnation und sollte darum nicht als ein Schritt auf dem Wege zur Entstehung eines deutschen Nationalismus aufgefasst werden, sondern als eine Äußerung im Rahmen des friedlichen Wettstreits der Kulturnationen.

2. Seine Vermutung ist in der Tat eine *Grille*, wie er sie selber nennt[38], vielleicht zu verstehen als kleiner Trost in schwerer Zeit, die einer genaueren Prüfung nicht standhält und allenfalls in dem kleinen Teilbereich der Nachbildung antiker Metren einen Anhaltspunkt in der Realität findet.

3. Man kann aber verstehen, wie er zu dieser Meinung gekommen ist, wenn man die Intensität bedenkt, mit der die griechische Literatur und Kunst gerade im Deutschland der zweiten Hälfte des 18. Jahrhunderts bewundert, studiert, rezipiert und nachgebildet wurden.

4. Da Humboldt seine Gedanken über die Wesensverwandtschaft von Deutschen und Griechen nur brieflich gegenüber Freunden und in Entwürfen zu unvollendeten und darum auch jahrzehntelang unveröffentlicht gebliebenen Schriften formuliert hat[39], dürfte ihre Auswirkung auf das Entstehen eines deutschen Sonderbewusstseins nur sehr gering gewesen sein.

Humboldt lebte viele Jahre in anderen Ländern Europas, in Frankreich, Spanien, Italien und England. Er hat sich immer wieder darum bemüht, die Nationalcharaktere der Völker, unter denen er lebte, möglichst treffend zu kennzeichnen. In diesen Zusammenhang gehören auch die von Lohse zitierten Äußerungen. Aber etwas anderes war ihm noch wichtiger. Über den Nationen stand ihm immer die Menschheit.

Das letzte Ziel aller seiner Bemühungen um das Wesen der Sprache und die Besonderheiten der Einzelsprachen war ihm die weltumgreifende Kommunikation der Menschen aller Nationen über die Grenzen der Sprachgemeinschaften hinweg. Ich schließe darum mit einem Zitat aus einer Schrift des alten Humboldt aus dem Jahre 1828, in dem er über dieses Ziel spricht.

---

[38] Wie Anm. 19.
[39] Bis auf den Briefwechsel mit Schiller, der 1830, und den mit Goethe, der 1876 erschien, wurden die anderen Schriften Humboldts, von denen in diesem Aufsatz die Rede ist, erst in den Jahren 1896-1920 veröffentlicht.

Wenn es eine Idee gibt, die durch die ganze Geschichte hindurch in
immer mehr erweiterter Geltung sichtbar ist, wenn irgendeine die
vielfach bestrittene, aber noch vielfacher missverstandene Vervoll-
kommnung des ganzen Geschlechtes beweist, so ist es die Mensch-
lichkeit, das Bestreben, die Grenzen, welche Vorurteile und einseiti-
ge Ansichten aller Art feindselig zwischen die Menschen stellen, auf-
zuheben und die gesamte Menschheit ohne Rücksicht auf Religion,
Nation und Farbe, als einen großen, nahe verbrüderten Stamm, ein
zur Erreichung Eines Zweckes, der freien Entwicklung innerlicher
Kraft, bestehendes Ganzes zu behandeln. Es ist dies das letzte, äußerste Ziel der Geselligkeit und zugleich die durch seine Natur selbst in
ihn gelegte Richtung des Menschen auf unbestimmte Erweiterung
seines Daseins.[40]

---

[40] Humboldt, *Über die Sprachen der Südseeinseln*, in: Gesammelte Schriften, Bd. 6, 1.
Hälfte, hg. von A. Leitzmann, Berlin 1907, S. 37-51, hier S. 38.

Voy de Humb et Bonpl

HUMANITAS. LITERÆ. FRUGES.

Merkur und Minerva helfen Cuauhtémoc auf die Beine: Europäisierte Amerikaerfahrung im Medium der Antike bei Bartolomé de Las Casas und Alexander von Humboldt

Jochen Meissner (Hamburg)[1]

> "They cannot represent themselves, they must be represented." K. Marx/E. W. Said
>
> „Unser europäisches Denken hebt an bei den Griechen, seitdem gilt es als die einzige Form des Denkens überhaupt." B. Snell
>
> „Ich lachte und machte Scherze über die Meteorologie des Aristoteles und seine ganze Philosophie, als ich sah, dass dort, wo nach seinen Regeln alles verbrennen und ein Feuer sein sollte, ich und meine Begleiter froren." José de Acosta

Am 30. Juni 1804 trat Alexander von Humboldt an Bord der französischen Fregatte „La Favorite" den Heimweg nach Europa an. Fünf Jahre lang hatte er die verschiedensten Regionen Süd- und Mittelamerikas bereist und schließlich auch noch den „Vereinigten Staaten von Amerika" einen Besuch abgestattet. Mehr als drei Jahrzehnte sollte die – unvollendet gebliebene – Dokumentation dieser Reise in dem 29 Bände umfassenden *Voyage de Humboldt et Bonpland* in Anspruch nehmen. Erst als 1814 bzw. 1838 die beiden Bände des *Atlas géographique et physique* erschienen, kam das für das gesamte Werk als Schlüssel gedachte Frontispiz zum Abdruck,

---

[1] Ich danke Astrid Meier für zahlreiche, unschätzbare Hinweise zu diesem Manuskript. Nachweise für die Motti: 1. Karl Marx, *Der 18te Brumaire des Louis Napoleon*, in: Karl Marx; Friedrich Engels, Werke (=MEW), Bd. 8, Berlin 1988, 111-207, S. 198. Leider kommt erst in der englischen Übersetzung die doppelte Bedeutung von „Representation" im politischen und im sprachwissenschaftlichen Sinne zum Tragen, weshalb ich hier auf Saids Übersetzung zurückgreife: Edward Said, *Orientalism, Western Conceptions of the Orient*, 4. Aufl. New York 1995, S. xi; 2. Bruno Snell, *Die Entdeckung des Geistes. Studien zur Entstehung des europäischen Denkens bei den Griechen*, 8. Aufl. Göttingen 2000, S. 7; 3. „Aqui yo confieso que me reí e hice donaire de los meteoros de Aristóteles y de su filosofía, viendo que en el lugar y en el tiempo que conforme a sus reglas había de arder todo y ser un fuego, yo y todos mis compañeros teníamos frío." José de Acosta; Edmundo O'Gorman (ed.), *Historia natural y moral de las Indias en que se tratan las cosas notables del cielo, y elementos, metales, plantas y animales dellas y los ritos, y ceremonias, leyes y gobierno, y guerras de los Indios*, 2nda ed. rev. México 1962, S. 77; vgl. Anthony Grafton; April Shelford; Nancy Siraisi, *New worlds, ancient texts, the power of tradition and the shock of discovery*, Cambridge, Mass. 1992, S. 1.

dem dieser Beitrag seinen Titel verdankt. Bei seinem Malerfreund François Gérard hatte Humboldt sich schon 1815 für dieses Kunstwerk überschwänglich bedankt, aber noch rund vierzig Jahre später schwärmt der gleiche Humboldt vom „herrlichen Titelkupfer von Gérard" und vom „wunderschönen allegorischen Titelblatt".[2]

Alle Elemente dieses detailreichen Kupferstiches[3], vom schneebedeckten Chimborazo und der angedeuteten Flora im Hintergrund, über die Darstellungen präkolumbianischer Architektur und die Muster im Steinrelief, in den Gewändern und auf den Waffen bis hin zum Arm-, Hals- und Kopfschmuck sowie der umgestoßenen Statue im Vordergrund, stellen Wiederaufnahmen von Motiven dar, die in Humboldts Reisewerk behandelt werden, genauer von Darstellungen, die zum großen Teil auf Humboldts eigene Skizzen zurückgehen und im Teilwerk der *Vues des Cordillères et Monumens [sic!] des Peuples Indigènes de l'Amérique* veröffentlicht worden waren[4]. Alle Elemente? Zwei, allerdings beherrschende, den Hintergrund zu einem großen Teil verdeckende Figuren bilden eine Ausnahme: In der Szene sehen wir wie die im Profil gezeigten griechisch-römischen Gottheiten Hermes-Merkur und Athene-Minerva einem halb

---

[2] Vgl. Helga von Kügelgen, *Amerika als Allegorie*, in: Frank Holl; Haus der Kulturen der Welt; Kunst- und Ausstellungshalle der Bundesrepublik Deutschland (Hrsg.), Alexander von Humboldt, Netzwerke des Wissens, Ostfildern 1999, S. 133.

[3] Der Kupferstich wurde von Barthélemy Roger nach einer Zeichnung von François Gérard angefertigt. Das Frontispiz ist abgedruckt in Alexander von Humboldt, *Atlas géographique et physique du Nouveau Continent*, Paris 1814 – 1838. Das monumentale Reisewerk trieb mehrere Verleger in den Ruin und kostete Alexander von Humboldt sein Vermögen. Auch aus diesem Grund weichen die Systematik des Werkes und die Reihenfolge der Veröffentlichung wesentlich voneinander ab. Dies wiederum hat in der Literatur für viel Verwirrung gesorgt und macht die eindeutige bibliographische Identifikation seiner Teile kompliziert. Neuerdings trägt wesentlich zur Klärung bei: Horst Fiedler; Ulrike Leitner, *Alexander von Humboldts Schriften, Bibliographie der selbständig erschienenen Werke*, Berlin 2000 (Beiträge zur Alexander-von-Humboldt-Forschung, 20).

[4] Zu den Motivnachweisen im Detail und einer umfassenden Deutung des Frontispiz vgl. den grundlegenden Aufsatz von Helga von Kügelgen Kropfinger, *El Frontispicio de François Gérard para la obra de viaje de Humboldt y Bonpland*, in: Jahrbuch für Geschichte von Staat, Wirtschaft und Gesellschaft Lateinamerikas 20 (1983), 575-616. Die zur Zeit am breitesten zugängliche Ausgabe der *Vues* (...) dürfte das von Duviols und Minguet herausgegebene Faksimile sein: Alexandre de Humboldt; Jean-Paul Duviols; Charles Minguet (eds.), *Vues des Cordillères et monuments des Peuples Indigènes de l'Amérique*, Nanterre 1989.

knienden Aztekenfürsten[5], dessen Blick gesenkt ist, hilfreich zur Seite stehen wollen. Die europäischen Repräsentanten der griechisch-römischen Antike begegnen ihrem amerikanischen Widerpart allerdings nicht auf Augenhöhe. Die Geber- und Nehmerrollen sind eindeutig verteilt. Teilnahmsvollen Blickes reicht Merkur dem Gefallenen seinen Arm, Minerva bietet einen Ölzweig an, doch die Haltung der Figuren macht es unvermeidlich: Merkur und Minerva blicken auf die Amerika symbolisierende Figur herab.

Amerika und die Antike

> „Diese Lektüre ist Entzifferung, Übersetzung einer Übersetzung, deren Original wir nie zu Gesicht bekommen." Octavio Paz[6]

Die Veränderungen im Umgang mit der Antike, die als Epoche der Renaissance in die Kulturgeschichte eingegangen sind, liegen nicht nur zeitlich nahe zur sogenannten „Entdeckung" Amerikas. Die Wahrnehmung der „Neuen" außereuropäischen Welt ist auch in anderen Hinsichten eng mit der Aufnahme von Motiven aus der Antike verknüpft. Wie das Bildbeispiel von Humboldts Frontispiz zeigt, denkt man sich die Begegnung zwischen Europa und Amerika auch in späteren Jahrhunderten gerne als eine Begegnung mit der „eigenen" europäischen Vergangenheit. Diesem Verhältnis will ich auf den folgenden Seiten etwas genauer nachspüren. Der allegorischen Darstellung einer Begegnung von Europa und Amerika ist dabei eine Ambivalenz eingeschrieben, die ich besonders thematisieren möchte. Einerseits „adelt" dieser Vergleich nämlich die altamerikanischen Kulturen der Inkas, Mayas und Azteken. Er „erhebt" sie aus dem Stand barbarischer oder gar noch nicht einmal dem Menschheitsgeschlecht angehöriger Völkerschaften, wie mancher Europäer sie sehen

---

[5] Diese Bezeichnung ist eine Zuschreibung der späteren Literatur, Cuauhtémoc, der Name des „letzten" Aztekenherrschers, meine Zuspitzung. Humboldt selber spricht lediglich von einer Repräsentation Amerikas. Auf die daraus resultierenden Fehlinterpretationen in der Vergangenheit weist insbesondere hin: Helga von Kügelgen Kropfinger, *El Frontispicio de François Gérard para la obra de viaje de Humboldt y Bonpland*, in: Jahrbuch für Geschichte von Staat, Wirtschaft und Gesellschaft Lateinamerikas 20 (1983), 575-616, S. 577. Zur Umdeutung Cuauhtémocs zum mexikanischen Nationalsymbol vgl. Josefina García Quintana, *Cuauhtémoc en el siglo XIX*, México 1977 (Dictámenes Ichcateopan, 1).
[6] Octavio Paz, *Das Labyrinth der Einsamkeit*, Frankfurt a. M. 1985, S. 216.

mochte[7], in den Kreis der bemerkenswerten Zivilisationen. Geographische und zeitliche Distanz werden so fast zu Synonymen. Andererseits wird der Vergleich aber oft genug auch ebenso sehr zum Medium, die Differenz zur „eigenen" Gegenwartskultur zu beschreiben und Rangordnungen, oft gekleidet in das Bild von „Entwicklungsstadien", zwischen der „europäisch-eigenen" und der „außereuropäisch-fremden" Welt zu etablieren[8].

Der Vergleich beschränkt sich aber nicht auf jenen zwischen den Kulturen selbst. Auch das Verhältnis zwischen Alter und Neuer Welt wird mit jenem zwischen z. B. der griechischen und römischen Welt verglichen, wie die Humboldtsche Bildunterschrift und sein eigener Kommentar hierzu verdeutlicht:

Das Frontispiz stellt das von Minerva und Merkur über die Übel der *conquista* getröstete Amerika dar. Man liest unten auf dem Kupferstich die Worte: *humanitas, literae, fruges*. Der jüngere Plinius schrieb an Maximus, Quästor Bithyniens und zum Gouverneur der Provinz Achaia ernannt: "Denken Sie daran, dass die Griechen den anderen Völkern die Zivilisation, die Wissenschaften und den Weizen gegeben haben." Diese gleichen Wohltaten schuldet Amerika dem Alten Kontinent[9].

Auf Humboldt werde ich weiter unten noch einmal zurückkommen. Festhalten will ich an dieser Stelle nur, dass das Frontispiz als Beispiel für einen Zusammenhang dienen kann, der in der europäischen Perzeptionsgeschichtsschreibung schon vielfach hervorgehoben worden ist, dass es

---

[7] Sepúlveda, auf den ich noch zurückkomme, etwa, spricht von den „homunculi", wobei wir uns vor Augen führen müssen, dass wir es hier noch mit der gelehrten, also „vornehmen" Ausdrucksweise zu tun haben. Vgl. Juan Ginés de Sepúlveda; Marcelino Menéndez Pelayo; Manuel García-Pelayo (eds.), *Tratado sobre las justas causas de la guerra contra los indios*, México 1996, S. 104. Einerseits wurde zwar kaum in Frage gestellt, dass die Indios im Prinzip Menschen waren, andererseits wurden die Indios aber gerade von Sepúlveda verschiedentlich gerne in deutliche Nähe zu den Tieren gerückt.

[8] Dass diese Problematik eigentlich auf Amerika kaum beschränkt werden kann, sondern (etwa vor dem Hintergrund der portugiesischen Expansion) in größere außereuropäische Erfahrungsbereiche ausgreift, wird u. a. deutlich durch die Studie von Marília dos Santos Lopes, *Wonderful things never yet seen. iconography of the discoveries*, Lisboa 1998.

[9] Vgl. Hanno Beck, *Kommentar*, in: Alexander von Humboldt; Hanno Beck (Hrsg.), Die Forschungsreise in den Tropen Amerikas, Bd. 2,3, Darmstadt 1997, 369-489, Teilband 1, S. 440f und Helga von Kügelgen Kropfinger, *El Frontispicio de François Gérard para la obra de viaje de Humboldt y Bonpland*, in: Jahrbuch für Geschichte von Staat, Wirtschaft und Gesellschaft Lateinamerikas 20 (1983), 575-616, S. 584.

nämlich eine Beziehung zwischen Antikebildern und Amerikabildern im europäischen Denken der Frühen Neuzeit und darüber hinaus gibt. Und da der Begriff des Bildes eine gewisse Statik impliziert, muss ich ergänzen: es gibt auch eine Beziehung zwischen der Wahrnehmung und Interpretation Amerikas und der Wahrnehmung und Interpretation der Antike, der in beide Richtungen verändernd gewirkt hat. In gewissem Kontrast zur üblichen Behandlung des Themas soll allerdings auch herausgearbeitet werden, dass erstens die Antike nur eine unter mehreren Möglichkeiten darstellte, die Neue Welt in den Horizont der Alten hineinzuholen, und dass es zweitens solcher Brückenschläge auch bedurfte, um „Amerika" gegenüber Europa überhaupt als „Neue Welt" wahrnehmen zu können[10].

Das Beispiel, an dem ich einige Aspekte dieses Problems verdeutlichen möchte, ist das der Azteken, jene mittelamerikanische Kultur, deren politisches und kulturelles Zentrum die im Hochbecken von Mexiko gelegene Doppelstadt Tenochtitlán/Tlatelolco war. Jene Stadt, die von spanischindianischen Truppen unter Führung von Hernán Cortés 1521 endgültig erobert wurde und aus der sich bis heute die vermutlich bevölkerungsreichste Stadt unseres Erdballs, nämlich Mexiko-Stadt, entwickelt hat.

Ich werde dabei in drei Schritten vorgehen: Zunächst will ich die Frage aufwerfen, wie es eigentlich dazu kam, dass Griechen und Römer gewissermassen als *cordon sanitaire*, also als eine Schutzzone, die das Überspringen des kulturzersetzenden Virus der Alterität verhindern sollte, zwischen die europäische Vorstellungswelt und ihre amerikanischen Herausforderungen eingezogen wurden. Schließlich dürfte das – verkürzt gesagt –

---

[10] Grundlegend für diese Zusammenhänge ist folgende Textanthologie: Anthony Pagden (ed.), *Facing each Other, the World's Perception of Europe and Europe's Perception of the World*, 2 Bde. Aldershot, Singapore, Sydney 2000 (An Expanding World. The European Impact on World History, 1450 - 1800, 31). Das Problem ist freilich alt und lässt sich natürlich auch für die Griechen selbst untersuchen. Mehr noch: Die Schriften eines Herodot wirken wiederum auf einige der hier behandelten Autoren zurück. Dies zeigen insbesondere: Albrecht Dihle, *Die Griechen und die Fremden*, München 1994; Wilfried Nippel, *Ethnologie und Anthropologie bei Herodot*, in: ders., Griechen, Barbaren und "Wilde". Alte Geschichte und Sozialanthropologie, Frankfurt am Main 1990, 11-29; Wilfried Nippel, *Aristoteles und die Indios*, 'Gerechter Krieg' und 'Sklaven von Natur' in der *spanischen Kolonialdiskussion des 16. Jh.*, in: Ch. Dipper; M. Vogt (Hrsg.), Entdeckungen und frühe Kolonisation, Darmstadt 1993, 69-90; Wilfried Nippel, *Altertum und Neue Welt*, in: ders., Griechen, Barbaren und "Wilde. Alte Geschichte und Sozialanthropologie, Frankfurt am Main 1990, 30-55 und Wilfried Nippel, *La costruzione dell'altro*, in: Salvatore Settis (ed.), I Greci: storia, cultura, arte, società, Vol. I: Noi e i Greci, Torino 1996, 167-196.

spanisch-indianische Spannungsverhältnis auch ohne dies kompliziert genug gewesen sein. Was hatten Griechen und Römer also eigentlich in Mexiko verloren? Ich möchte dann in einem zweiten Schritt etwas genauer betrachten, welche Autoren des 16. Jahrhunderts sich der Antikemetapher bedienten und welche nicht? Schließlich werde ich einen großen Zeitsprung in das ausgehende 18. und beginnende 19. Jahrhundert unternehmen. In diesem dritten und letzten Teil komme ich auf Alexander von Humboldt zurück und frage, welche Modifikationen zwei bis drei Jahrhunderte später in den dann gedachten Analogien zwischen Azteken und griechisch-römischer Antike erkennbar werden.

Zunächst die Frage, wie die Griechen und Römer eigentlich nach Mexiko kamen. So selbstverständlich die Analogien zwischen griechisch-römischen und amerikanischen „Altertümern" nicht nur vielen Perzeptionshistorikern und Ideengeschichtlern der Frühen Neuzeit, sondern auch einem allgemeineren Publikum heute zu sein scheinen, so wenig machten viele Zeitgenossen der Eroberung Mexikos – zumindest in den Anfängen – von ihnen Gebrauch. Ich werde darauf gleich noch einmal zurückkommen, will aber den Grad der Verbreitung dieser Vorstellung zunächst einmal veranschaulichen. Ihre Nachwirkung wird z. B. deutlich im Titel der Studie des Begründers der modernen sozialanthropologischen Feldforschung, Bronislaw Malinowski, über die Trobriand-Indianer, die er bekanntlich als „Argonauts of the Western Pacific"[11] bezeichnet. Oder ein aktuelleres Beispiel: An Universitäten etwa, die im Gegensatz zur Universität Hamburg in der bedauerlichen Lage sind, nicht über ein altamerikanisches Lehrangebot zu verfügen, wenden sich Studierende, die sich auf diesem Felde prüfen lassen wollen, *natürlich* an Althistoriker und werden von diesen zuweilen auch tatsächlich examiniert.

Manchem Ethnologen galt es indessen lange als ausgemachte Sache, dass die Antike geradezu eine Tyrannei über die Beobachter der außereuropäischen Welten ausgeübt habe[12]. Claude Lévi-Strauss etwa, um nur einen der Klassiker zu zitieren, spricht von einer „willentlichen Blindheit"

---

[11] Bronislaw Malinowski, *Argonauts of the Western Pacific; an account of native enterprise and adventure in the archipelagoes of Melanesian New Guinea*, 3rd ed. Prospect Heights, Illinois 1984.

[12] Vgl. Jürgen Osterhammel, *Die Entzauberung Asiens. Europa und die asiatischen Reiche im 18. Jahrhundert*, München 1998, S. 25f. Osterhammel verweist bereits darauf, dass die europäischen Asienbilder niemals von den gleichzeitigen Antikenbildern getrennt betrachtet werden könnten.

„gegenüber den Sitten der Einwohner der neuen Welt". Den Versuch
einiger Autoren des 16. Jahrhunderts, Vergleichsmomente zwischen den
Sitten und Gebräuchen der Indianer und denen der antiken Gesellschaften
zu katalogisieren, charakterisiert er als – ich zitiere weiter – „einen Rückzug in sich selbst, eine Unempfindlichkeit" gegenüber der Andersartigkeit
der Kulturen, denen man begegnet war[13]. Schon 1957 hatte Durand Echeverría das französische Bild von Amerika bis etwa 1815 als „a reflection
not of reality but of domestic preoccupations" gekennzeichnet[14]. U. a. in
Folge der inzwischen zum Klassiker avancierten Studie *The Old World and
the New* von John H. Elliott öffnete sich der Blick allerdings zunehmend
für die Rückwirkungen, die die „Entdeckung" Amerikas auf Europa selbst
hatte[15]. Anthony Grafton hat in diesem Zusammenhang den Umgang der
Humanisten mit dem Spannungsverhältnis zwischen klassischen Texten
und neuer Amerikaerfahrung thematisiert[16]. Schon in den fünfziger Jahren
hatte freilich der Mexikaner Edmundo O'Gorman die Grundlagen für

---

[13] Vgl. Claude Lévi-Strauss, *Kein Erstaunen vor den Wilden*, in: Frankfurter Allgemeine
Zeitung 141 vom 20. Juni 1992. Zur Geschichte seiner akademischen Disziplin, die Lévi-
Strauss' Beitrag eher in jenem als dem hier verfolgten Zusammenhang nachvollziehbar
macht, vgl. Adam Kuper, *Anthropologists and anthropology. The British school, 1922-1972*,
London 1973 und Adam Kuper, *The invention of primitive society, transformations of an
illusion*, London, New York 1988.
[14] Durand Echeverría, *Mirage in the West; a history of the French image of American
society to 1815*, reprint with corrections Princeton 1968 (1957), S. 77 f.
[15] Vgl. John Huxtable Elliott, *The Old World and the New, 1492-1650*, 12. Aufl. Cambridge 2000 (1970) und John Huxtable Elliott, *Final reflections, The Old World and the New
revisited*, in: Karen Ordahl Kupperman (ed.), *America in European consciousness, 1493-1750*,
Chapel Hill, London 1995, 391-408. Die vorwiegend englisch geführte Debatte blendet
dabei wichtige, in anderen Sprachen verfasste Beiträge oft ungerechtfertigterweise aus. So
etwa Jean-Paul Duviols, *L'amérique espagnole vue et rêvée. Les livres de voyages, de Christophe
Colomb à Bougainville*, Paris 1985 oder Frauke Gewecke, *Wie die Neue Welt in die alte kam*,
München, Stuttgart 1986. Auch auf die Veröffentlichungen von Urs Bitterli, die zum Teil
über Amerika hinausgehen, ist in diesem Zusammenhang hinzuweisen: Urs Bitterli, *Die
'Wilden' und die 'Zivilisierten', Grundzüge einer Geistes- und Kulturgeschichte der europäisch-
überseeischen Begegnung*, München 1976; Urs Bitterli, *Alte Welt, neue Welt, Formen des euro-
päisch-überseeischen Kulturkontakts vom 15. bis zum 18. Jahrhundert*, 2. Aufl. München 1992
und Urs Bitterli, *Die Entdeckung Amerikas, Von Kolumbus bis Alexander von Humboldt*,
München 1992. Vgl. auch Hans Wolff (Hrsg.), *Amerika, das frühe Bild der Neuen Welt*,
Ausstellung der Bayerischen Staatsbibliothek, München 1992.
[16] Anthony Grafton; April Shelford; Nancy Siraisi, *New worlds, ancient texts, the power
of tradition and the shock of discovery*, Cambridge, Mass. 1992.

einen solchen Perspektivwechsel gelegt[17]. Unter den Perzeptionsforschern, jenen Historikern und Literaturwissenschaftlern also, die sich professionell mit dem Problem der europäischen Wahrnehmung der außereuropäischen Welt befassen, ist der Grad der Rückwirkung Amerikas auf Europa höchst umstritten. Im Disput zwischen *Minimalisten* und *Maximalisten*, der u. a. auf zwei großen Tagungen in Los Angeles[18] und Providence[19] verhandelt wurde, scheinen jedoch jene, die hier eher skeptisch-minimalistisch argumentieren, einen leichten Punktsieg davon zu tragen. Die europäische Auseinandersetzung mit Amerika, so weit sie überhaupt stattgefunden habe, sei im Wesentlichen selbstreferentiell geblieben. Sich mit den europäischen Amerikabildern zu befassen, eröffne zwar viele neue Einsichten in den „inneren Monolog" der Europäer, gebe aber kaum Anlass anzunehmen, die Europäer hätten Amerika als solches zur Kenntnis nehmen wollen oder können[20]. „The most that can be said", meint etwa Peter Burke mit Blick auf Giovanni Battista Vico (1668-1744), „is that the American examples stimulated (...) to look at (...) classical sources in a new way." Alles in allem habe zumindest bis zum 18. Jahrhundert die Amerikaerfahrung kaum zu einer Umwälzung der Vorstellungswelten beigetragen[21].

---

[17] Vgl. Edmundo O'Gorman, *La invención de América, investigación acerca de la estructura histórica del nuevo mundo y del sentido de su devenir*, 4ta ed. México 1986.

[18] Dokumentiert in: Fredi Chiappelli; Michael J. B Allen; Robert Louis Benson (eds.), *First images of America, the impact of the New World on the Old, 2 vols.*, 2 vols. Berkeley 1976.

[19] Dokumentiert in: Karen Ordahl Kupperman (ed.), *America in European consciousness, 1493-1750*, Chapel Hill, London 1995.

[20] Ebd., S. 6. Eine häufige Referenz für die Vertreter dieser These ist die Arbeit von Todorov, der in der europäischen *Sprachbeherrschung* vor allem einen wesentlichen Grund für die raschen Eroberungserfolge etwa eines Hernán Cortés in Mexiko ausmachen zu können glaubt. Dass in der *Sprachenpolitik* und in einer spezifischen Neugier gegenüber dem Fremden eine Besonderheit „europäischer Weltwahrnehmung" liegen könnte, deutet auch Wolfgang Reinhard an. Vgl. dazu Tzvetan Todorov, *Die Eroberung Amerikas, Das Problem des Anderen*, Frankfurt a. M. 1982; Bruno Rech, *Bartolomé de Las Casas und die Antike*, in: Wolfgang Reinhard (Hrsg.), Humanismus und Neue Welt, Weinheim 1987, 167-197. Zu einer kritischen Würdigung Todorovs (im Vergleich zu Edward Said) vgl. auch Jürgen Osterhammel, *Wissen als Macht, Deutungen interkulturellen Nicht-Verstehens bei Tzvetan Todorov und Edward Said*, in: Eva-Maria Auch; Stig Förster (Hrsg.), 'Barbaren' und 'weisse Teufel', Kulturkonflikte und Imperialismus in Asien vom 18. bis zum 20. Jahrhundert, Paderborn 1997, 145-169.

[21] Peter Burke, *America and the rewriting of World History*, in: Karen Ordahl Kupperman (ed.), America in European consciousness, *1493-1750*, Chapel Hill, London 1995, 33-51, S. 44.

Abgesehen davon, dass hier zuweilen das Bild „getrennter Sphären" deutlich überzogen und der z. T. atlantikübergreifende Diskurs- und Handlungszusammenhang zwischen den essenzialisierten Kontinenten *Europa* und *Amerika* zu wenig ins Blickfeld gerückt wird[22], scheint insgesamt weithin das Bild vorzuherrschen, der „antike Bildungsballast" sei wesentlich dafür verantwortlich zu machen, dass das europäische Wissen über Amerika vollkommen selbstbezogen geblieben sei. Die große Chance einer verstehenden Begegnung sei so vertan worden[23]. Ich könnte weitere Zitate anbringen, die aber letztlich alle auf das gleiche hinauslaufen: eine große Anklage der Antike bzw. des Antikebildes des 16. Jahrhunderts, schuld daran zu sein, dass Amerika eher mit griechisch-römischen Metaphern *zugedeckt* worden sei denn durch die Europäer *entdeckt* zu werden.

Diesem Mythos vom Sündenfall der europäischen Wahrnehmung der aussereuropäischen Welt und insbesondere der Mitschuld des Antikebewusstseins möchte ich sowohl auf theoretischer als auch auf empirischer Ebene widersprechen und damit zugleich auf die Frage zurückkommen, wie denn die Römer und Griechen eigentlich nach Amerika kamen. Theoretisch möchte ich – mir dabei ein Argument Jürgen Osterhammels zu eigen machend – einwenden, dass die Melancholie der oben genannten Autoren über den vermeintlichen europäischen Autismus gegenüber der außereuropäischen Welt letztlich auf einer epistemologischen Grund-

---

[22] Eine andere Perspektive zeigt Horst Pietschmann, *Geschichte des atlantischen Systems, 1580-1830, ein historischer Versuch zur Erklärung der 'Globalisierung' jenseits nationalgeschichtlicher Perspektiven*, Hamburg 1998 (Berichte aus den Sitzungen der Joachim Jungius-Gesellschaft der Wissenschaften, 16, Heft 2). Einen interessanten Forschungsansatz, der die dichotomische Gegenüberstellung von „Europa" und „Amerika" durch die empirische Untersuchung von Vermittlungswegen der Nachrichten aus der „Neuen Welt" in Europa relativiert, führt Renate Pieper vor: *Die Vermittlung einer neuen Welt, Amerika im Nachrichtennetz des Habsburgischen Imperiums 1493-1598*, Mainz 2000 (Veröffentlichungen des Instituts für Europäische Geschichte Mainz. Abteilung für Universalgeschichte, Bd. 163).

[23] Anders argumentiert an gleicher Stelle freilich Sabine MacCormick, die bereits auf die Notwendigkeit hinweist, sich bei der Übersetzungsarbeit der amerikanischen Erfahrung in den europäischen Kulturhorizont der in Europa vorherrschenden Bezugssysteme, also z. B. jenem der klassischen Texte, zu bedienen. Vgl. Sabine MacCormack, *Limits of Understanding, Perceptions of Greco-Roman and Amerindian Paganism in Early Modern Europe*, in: Karen Ordahl Kupperman (ed.), America in European consciousness, 1493-1750, Chapel Hill, London 1995, 79-129, S. 86ff. Ähnlich, wenn auch im ganz anderen Kontext des *New Historicism* Stephen Greenblatt, *Marvelous possessions, the wonder of the New World*, Chicago 1991, S. 64. Und natürlich immer wieder die verschiedenen Beiträge von Anthony Pagden, auf die ich jeweils an spezifischer Stelle hinweise.

annahme zu basieren scheint, die leicht als Chimäre zu entlarven ist. Die Vorstellung nämlich, es hätte damals die Möglichkeit gegeben (bzw. gäbe sie heute), die Andersartigkeit z. B. der Mexica, auf die Cortés und seine Gefolgsleute trafen, ohne Verlust an Authentizität in die Sprache der eigenen Kultur zurückzuübersetzen. Das ist offensichtlich Unsinn. Wie anders als mit Hilfe der europäischen Sprach- und Kulturtraditionen hätten die frühen Chronisten denn die Daheimgebliebenen von den ungeheuren Neuigkeiten unterrichten sollen, wenn nicht durch eine monströse Vereinfachung und die Erfindung von Metaphern für das andernfalls Unsagbare. Eine so fremde und andersartige Kultur wie die der Azteken stellte eine große Herausforderung für die Interpretation und das Verständnis der Europäer dar. Für die Augenzeugen, die „teilnehmenden Beobachter" der Eroberung Mexikos, wie man z. B. Hernán Cortés und Bernal Díaz nennen könnte, war, was sie von der aztekischen Kultur sahen, fühlten, hörten, rochen und schmeckten, schlichtweg schwer zu fassen. Die Bezugsrahmen und Ordnungsangebote einer modernen Anthropologie waren noch nicht in Sicht. Behelfen konnten sie sich lediglich mit dem vagen aristotelischen Barbarenbegriff und mit Vergleichen und Metaphern. Wollten sie den Europäern berichten, was sie gesehen hatten, mussten sie Vergleiche anstellen oder erfinden, mit denen die Europäer etwas anfangen konnten. „The European observer in America (...)", sagt Anthony Pagden, "was not equipped with an adequate descriptive vocabulary for his task and was beset by an uncertainty about how to use his conceptual tools in an unfamiliar terrain".[24] Zu Beginn behalfen sich die europäischen Beobachter damit, ähnliche Dinge so zu beschreiben, als seien sie faktisch identisch oder aber indem sie die örtlichen Namen verwandten, die freilich wenig zur Klärung beitrugen: „e otros animales que llaman *mohuy* y todos los otros que llaman *coris*". Fernández de Oviedo fügte hinzu: „que son como gazapos o conejos pequeños" (wie kleine Kaninchen, Anm. d. Verf.)[25]. Pagden weist darauf hin, dass an anderer Stelle für Fernández de Oviedo Pumas tatsächlich Löwen, Jaguare tatsächlich Tiger waren usw.

---

[24] Anthony Pagden, *The fall of natural man. The American Indian and the origins of comparative ethnology*, Cambridge 1982, S. 11.
[25] Gonzalo Fernández de Oviedo y Valdés; Juan Pérez de Tudela Bueso (ed.), *Historia general y natural de las Indias*, Madrid 1992 (Biblioteca de Autores Españoles, 117), S. 48.

Der Unzulänglichkeit dieses Verfahrens waren sich die Autoren des 16. Jahrhunderts ja durchaus bewusst. Acosta, einer der wirkungsmächtigsten Chronisten Amerikas im 16. Jahrhundert, bemerkt etwa, die Tiere, die man in Amerika vorfinde, zu beschreiben, indem man sie auf die Tierarten zurückführe, die in Europa bekannt seien, sei „etwa so aussagekräftig wie der Versuch zu erklären, was ein Ei sei, indem man behauptet, es sei eine Kastanie".[26] Die frühen Berichte über die Azteken etwa eines Hernán Cortés oder eines Bernal Díaz stecken voller Hinweise darauf, dass sie selbst kaum fassen konnten, was sie sahen bzw. gesehen hatten. So schreibt Cortés etwa in seinem zweiten berichtenden Brief an seinen Herrn, Kaiser Karl V.:

> Um nun eine Beschreibung der großen Stadt Tenochtitlán und der Herrlichkeit des Moctezuma, von den Sitten und Gebräuchen dieses Volkes und von der Ordnung und Regierung dieses Landes zu geben, würde es eines erfahreneren Berichterstatters bedürfen, da ich nicht den hundertsten Teil dessen zu sagen weiß, was gesagt werden könnte.

In diese Situation gestellt, hatte Cortés nur die Möglichkeit, entweder auf einen Bericht ganz zu verzichten, ich bezweifle, dass dies zu einem authentischeren Bild von den Azteken in Europa beigetragen hätte, oder so fortzufahren, wie er es tut. Ich zitiere weiter:

> Ich will aber dennoch einiges von dem erzählen, was ich gesehen habe, wenn ich auch überzeugt bin, dass man es nicht glauben wird, da wir ja selbst, die wir es mit eigenen Augen gesehen haben, es mit unserer Vernunft nicht begreifen können.[27]

---

[26] „Mas por decir lo más cierto, quien por esta vía de poner sólo diferencias accidentales pretendiere salvar la propagación de los animales de Indias y redurcirlos a las de Europa, tomará carga, que mal podrá salir con ella. Porque si hemos de juzgar las especies de los animales por sus propiedades, son tan diversas que quererlas reducir a especies conocidas de Europa, será llamar al huevo castaña." José de Acosta; Edmundo O'Gorman (ed.), *Historia natural y moral de las Indias en que se tratan las cosas notables del cielo, y elementos, metales, plantas y animales dellas y los ritos, y ceremonias, leyes y gobierno, y guerras de los Indios*, 2nda ed. rev. México 1962, S. 203. Vgl. auch Pagden, *the fall*, (wie Anm. 23), S. 12.
[27] Hernán Cortés, *Die Eroberung Mexikos, Eigenhändige Berichte an Kaiser Karl V., 1520 - 1524*, Stuttgart, Wien 1984, S. 89.

Ganz ähnlich äußert sich auch Bernal Díaz del Castillo, der sogar immer wieder die prinzipielle Unvergleichbarkeit seiner Amerikaerfahrung betont. Nicht nur rhetorisch fragt er etwa, ob es je Männer gegeben habe, die ein derart kühnes Wagnis auf sich genommen hätten, oder er stellt an anderer Stelle fest: „wenn ich es nicht mit eigenen Augen gesehen hätte, würde ich es nicht glauben können".[28]

Spricht aus solchen Formulierungen – so ließe sich einwenden – aber nicht vor allem das Bestreben, die eigenen Eroberungstaten zu überhöhen und zu heroisieren, und weniger das Empfinden der Hilflosigkeit, das Gesehene zu beschreiben? Das mag zumindest partiell der Fall sein, denn gerade Cortés' Berichte haben über weite Strecken Rechtfertigungscharakter und sind fraglos Werbeschriften, um für seine politischen Ambitionen die kaiserliche Unterstützung zu gewinnen. Andererseits geht es aber Europäern, denen man vergleichbare Motive kaum unterstellen kann, nicht anders. Pedro Martir, dessen *Decadas* eine sehr weite Verbreitung im frühneuzeitlichen Europa fanden und denen deshalb eine ganz entscheidende Rolle für die frühe Prägung des Amerikabildes zukommt, spricht von Dingen, die er nicht beschreiben könne bzw. für die er Vergleichbares niemals gesehen habe[29]. Ähnlich äußert sich in der Republik Venedig Gaspar Contarini über amerikanische Textilien, er habe niemals exquisitere Stickereien gesehen[30]. Und Albrecht Dürer notiert 1520 in sein Tagebuch, nachdem er Gelegenheit bekommen hatte, den sogenannten Aztekenschatz, den Cortés nach Spanien hatte schicken lassen, in Augenschein zu nehmen, dass er in seinem ganzen Leben nichts gesehen habe, das sein Herz so ergötzt habe, wie diese Manifestationen aztekischer Kultur. Er sah sich nicht in der Lage, so schrieb er weiter, was er dort sah, in Worte zu fassen[31].

---

[28] Bernal Díaz del Castillo; Carmelo Sáenz de Santa Maria (ed.), *Historia verdadera de la conquista de la Nueva España*, México 1991, S. 879.

[29] Pietro Martire d' Anghiera, *De orbe novo*, New York, London 1912, S. 41ff. Vgl. Benjamin Keen, *La imagen azteca en el pensamiento occidental*, México 1984, S. 74.

[30] Benjamin Keen, *La imagen azteca en el pensamiento occidental*, México 1984, S. 74.

[31] „Und ich hab aber all mein lebtag nichts gesehen, das mein hercz also erfreuet hat als diese dieng. Dann ich hab darin gesehen wunderliche künstliche dieng und hab mich verwundert der subtilen jngenia der menschen jn frembden landen. Und der dieng weiß ich nit außzusprechen, die ich do gehabt hab." Albrecht Dürer, *Das Tagebuch der niederländischen Reise*, Brüssel 1970, S. 65. J.-A. Goris und Gerges Marlier, die Herausgeber des niederländischen Tagebuches Dürers stellen fest, dass, was er auch immer den Malereien eines Rogier van der Weyden oder Hugo van der Goes an Lobsprüchen

Wichtig an diesen Zitaten für den hier verfolgten Zusammenhang ist dabei weniger die „Einzigartigkeit" und „Grandiosität" dieser Manifestationen aztekischer Kultur. Wichtig ist vor allem, dass sie die Unfähigkeit des europäischen Beobachters, ja die Unmöglichkeit zum Ausdruck bringen, das Gesehene in Worte zu fassen. Auch dies, die Unbeschreiblichkeit, mag freilich als Topos der europäischen Reiseberichterstattung angesehen und deshalb als Fortschreibung eines innereuropäischen Monologes gelesen werden, dessen Anheben spätestens mit Marco Polo bemerkt werden kann. Diesem Argument kann in letzter Instanz nicht wirklich widersprochen werden, weil es die ganz und gar unvertretbare Position eines möglichen Heraustretens des Diskurses aus seinen Kontexten unterstellt. Man muss auch hier von den innereuropäischen Alternativen her argumentieren, wenn man die Dimensionen der Problematik wirklich verdeutlichen will:

Schließlich könnte man sich auch vorstellen, den vielen Geschichten *über die* und der vorgestellten Kritik *an den* frühen „Schwelgereien" über die Neue Welt eine Geschichte des Schweigens an die Seite zu stellen. Offensichtlich gab es nämlich Menschen, die vor der Aufgabe, das Gesehene und Erlebte anderen zu beschreiben, einfach kapitulierten. Eine der wenigen Stellen, an denen das fassbar wird, kann ich leider nicht aus der Amerikaerfahrung herleiten. Nichts desto weniger repräsentiert sie eine vergleichbare europäische Außereuropa-Erfahrung. Anlässlich eines Festes der Einwohner von Tahiti, an dem ein Offizier aus der Besatzung von Cooks Schiff 1773 teilgenommen hatte, notiert Georg Forster:

> Als wir ihn aber um die Beschreibung derselben [Ceremonien, Erg. d. Vf.] ersuchten, gestand er, 'daß sie zwar sehr sonderbar gewesen wären, doch könne er sich keiner insbesondre erinnern, wisse auch nicht *wie* er sie erzählen solle.' Auf solche Art entgieng uns eine merkwürdige Entdeckung, die wir bey dieser Gelegenheit über die Gebräuche dieses Volkes hätten machen können; und es war zu bedauern, daß kein verständigerer Beobachter zugegen gewesen, der wenigstens das, was er *gesehen*, auch hätte *erzählen* können.[32]

---

zuerkannte, ihn diese „viel weniger in Erstaunen versetzen, als die *dieng* aus Gold und Silber, welche die Conquistadoren aus Mexiko herübergebracht haben." Albrecht Dürer, *Das Tagebuch der niederländischen Reise*, Brüssel 1970, S. 48.
[32] Die Hervorhebungen und die Orthographie wurden von der Vorlage übernommen: Georg Forster, *Reise um die Welt*, Frankfurt a. M. 1997, S. 580. Ich verdanke diesen

Hier interessiert aber eher das, was sich mit Anthony Pagden als intellektuelle Strategien kennzeichnen lässt, die das Ziel verfolgen, die Erfahrung einer Neuen Welt in den europäischen Erkenntnishorizont hineinzuholen[33], insbesondere die Rolle, welche die europäische Antike in solchen Strategien gespielt hat. Las Casas formuliert das Problem so:

> Sicher, um die Großartigkeit und Würde dieser Dinge aus den *Indias* [=Amerika] (...) hervorzuheben, wäre es notwendig, über die Eloquenz und Wirksamkeit eines Demosthenes zu verfügen; und um dies aufzuschreiben, bräuchte man die Hand eines Cicero.[34]

Gab es denn, so möchte man fragen, gar keine Alternativen? Doch, denn gegen die genannte Kritik, die Bildungslast der Antike habe eine authentische Amerikarezeption wesentlich verhindert, lässt sich nämlich auch ein empirischer Beweis führen, den man in der Diskussion der letzten Jahre über dieses Thema ein wenig vernachlässigt zu haben scheint: „there are many voices", wie J. H. Eliott hervorhebt[35]. Macht man sich nämlich die Mühe, etwa die Berichte eines Cortés' oder eines Bernal Díaz del Castillo gezielt auf diese Frage hin durchzusehen, fällt auf, dass, dort die Antike gar keine Rolle bei der Beschreibung Amerikas spielt. Natürlich bedienen sich auch diese beiden Autoren aus den eben erläuterten Gründen des Vergleichs. Interessanterweise sind es aber Vergleiche mit dem Europa und insbesondere dem Spanien ihrer Gegenwart. Cortés beschreibt etwa den großen Markt von Tlatelolco, den er noch vor der endgültigen Eroberung

---

Hinweis Sigrid Weigel, "Die nahe Fremde, das Territorium des 'Weiblichen', zum Verständnis von 'Wilden' und 'Frauen' im Diskurs der Aufklärung", in: Thomas Koebner; Gerhart Pickerodt (Hrsg.), *Die Andere Welt, Studien zum Exotismus,* Frankfurt am Main 1987, 171-199, S. 177.

[33] Anthony Pagden, *European Encounters with the New World. From Renaissance to Romanticism,* New Haven, London 1993. Dieser Titel ist inzwischen auch in deutscher Übersetzung erschienen: Anthony Pagden, *Das erfundene Amerika, der Aufbruch des europäischen Denkens in die Neue Welt,* München 1996.

[34] Bartolomé de las Casas; Juan Pérez de Tudela; Emilio López Oto (eds.), *Obras escogidas, Historia de las Indias,* 2 vols. Madrid 1957-1961 (Biblioteca de Autores Españoles, 95, 96), Bd. 95, S. 365: „Ciertamente, para encarecer la grandeza y dignidad destas cosas de las Indias (...) necesario fuera tener la elocuencia y eficacia de Demóstenes, y para escrebillo la mano de Cicerón."

[35] John Huxtable Elliott, *Final reflections, The Old World and the New revisited,* in: Karen Ordahl Kupperman (ed.), *America in European consciousness, 1493-1750,* Chapel Hill, London 1995, 391-408, S. 399.

und Zerstörung als Gast Moctezumas in unbeeinträchtigter Form zu sehen bekam, als doppelt so groß wie jenen von Salamanca. Die Stadt selbst ist so groß wie Sevilla oder Córdoba, das Gebiet der Azteken insgesamt etwa so groß wie das Spaniens, und der Hauptturm der Tempelanlage ist höher als der Turm der Kathedrale von Sevilla. Schließlich die beachtliche Aussage: „Um nicht weitschweifig zu werden, will ich nur noch sagen, dass dieses Volk etwa dieselbe Lebensart besitzt wie in Spanien".[36]

Ähnlich fasst Bernal Díaz seine Vergleiche: Die Brote etwa schmecken wie Käse. Der Sklavenmarkt in Tlatelolco war so groß wie der in Guinea, und den Markt selber vergleicht Díaz mit der Messe seiner Geburtsstadt Medina del Campo. Bei Bernal ist zwar auch von Rom und Konstantinopel die Rede, aber eben auch nicht vom antiken Rom bzw. Ostrom, sondern von diesen Städten in der Gegenwart des Chronisten[37].

Der Befund ist also eindeutig: in diesen Abhandlungen der Konquistadoren ist von Griechen und Römern noch keine Rede. Sie finden ihren Weg nach Amerika erst, als der Streit der Gelehrten über die Neue Welt ausbricht. Vor allem in den Schriften des Bartolomé de Las Casas, der als großer Verfechter einer Indianerschutzpolitik und Ankläger eines Genozids an der indianischen Bevölkerung Amerikas in die Geschichte eingehen sollte. Zwar stellt schon vorher etwa Gonzalo Fernández de Oviedo in seiner Allgemeinen Naturgeschichte Indiens gelegentliche Vergleiche mit der Kultur der Griechen und Römer an, aber sie bleiben noch auf dem Niveau des Eier-Kastanien-Vergleichs, den Acosta später kritisieren sollte.

Und damit kommen wir einer Antwort auf die Frage näher, wie denn Griechen und Römer ihren Weg nach Mexiko und in das restliche Amerika fanden. Sie taten dies gewissermaßen auf dem Umweg ihres kulturellen Gegenentwurfes, nämlich der Barbaren. In dem Streit, der in Spanien und Europa über die Behandlung der Indianer ausbrach, spielte die aristotelische Definition des „natürlichen Sklaven" eine entscheidende Rolle für die Rechtfertigung der Unterwerfung, evtl. Versklavung und Zwangsmissionierung der indianischen Bevölkerung in Amerika. Diesem Streit lag letztlich ein politisch-ökonomischer Interessenkonflikt um die

---

[36] Hernán Cortés, *Die Eroberung Mexikos, Eigenhändige Berichte an Kaiser Karl V., 1520 - 1524*, Stuttgart, Wien 1984, S. 97.

[37] Bernal Díaz del Castillo; Carmelo Sáenz de Santa Maria (ed.), *Historia verdadera de la conquista de la Nueva España*, México 1991, S. 256ff. Bei den Bezügen auf das Rom und das Konstantinopel seiner Zeit beruft er sich allerdings auf seine Kameraden, die diese Orte schon gesehen hätten.

Kontrolle der indianischen Arbeitskraft und der indianischen Tribute zugrunde. Sepúlveda hatte seinen Kunstfiguren Democrates und Leopoldus eine eindeutige Position in den Mund gelegt, die offensichtlich daran interessiert war, die spanischen Eroberungen in Amerika zu legitimieren. Democrates gelingt es in diesem Sepúlveda-Text seinen Dialogpartner Leopoldus davon zu überzeugen, dass es sich bei den Indios um Barbaren und also natürliche Sklaven im Sinne der aristotelischen Definition handelte[38]. Die „Mexikaner" spielten bei dieser Beweisführung eine Schlüsselrolle. Sepúlveda hob hervor, dass sie als die weisesten, raffiniertesten und mächtigsten aller indianischen Völkerschaften angesehen würden. Da er glaubte, den Beweis für diese Gruppe geführt zu haben, schien er ihm mithin zugleich für alle Indianer und damit für das gesamte Amerika erbracht[39].

Las Casas' Antikisierung der Azteken als Medium ihrer „Humanisierung"

Der Dominikanermönch Las Casas war wohl der entschiedenste Gegner der Auffassungen von Sepúlveda[40]. In den Jahren nach dem großen Disput mit Sepúlveda in Valladolid 1550/1[41] legte Las Casas jenen Teil seiner

---

[38] "(...) natura servi, barbari, inculti et inhumani", rekapituliert Leopoldus das erste Argument für die Gerechtigkeit des Krieges gegen die Indios von Democrates. Vgl. Juan Ginés de Sepúlveda; Marcelino Menéndez Pelayo; Manuel García-Pelayo (eds.), *Tratado sobre las justas causas de la guerra contra los indios*, México 1996, S. 152 und vorher S. 80 f. Die angegebene ist eine sehr nützliche lateinisch-spanische Ausgabe. Die ältere Literatur zitiert aber vorzugsweise: Juan Ginés de Sepúlveda; Angel Losada (ed.), *Democrates segundo*, Madrid 1951; vgl. auch Horst Pietschmann, *Aristotelischer Humanismus und Inhumanität? Sepúlveda und die amerikanischen Ureinwohner*, in: Wolfgang Reinhard (Hrsg.), Humanismus und Neue Welt, Mitteilung XV der Kommission für Humanismusforschung der DFG, Weinheim 1987, 143-166 und Benjamin Keen, *La imagen azteca en el pensamiento occidental*, México 1984, S. 91.

[39] Juan Ginés de Sepúlveda; Marcelino Menéndez Pelayo; Manuel García-Pelayo (eds.), *Tratado sobre las justas causas de la guerra contra los indios*, México 1996, S. 106ff.

[40] Jedenfalls scheint Sepúlveda lange Zeit eher durch diesen prominenten Kritiker denn durch seine eigenen Schriften Teil des *kollektiven Gedächtnisses* geworden zu sein, was in der nachfolgenden Literatur häufig zu einer Verzeichnung von Sepúlvedas eigener Position geführt hat.

[41] Die Literatur zum Streit in Valladolid, der eine wichtige Rolle für die kronspanische Indianerpolitik spielte, füllt Bibliotheken. Las Casas ist in diesem, aber auch in anderen Zusammenhängen besondere Aufmerksamkeit zuteil geworden. Hinzu kommt, dass die starke Polarisierung der Positionen, die in der spanischen Historiographie des 20. Jahrhunderts mit den Namen Giménez Fernández auf der Seite der Lascasistas und

Überlegungen, die für unseren Zusammenhang von besonderem Interesse sind, vor allem in seiner *Apologética historia sumaria*[42] schriftlich fest. Dem

---

Menéndez Pidal auf der Seite der extremen Las-Casas-Kritik verbunden sind, einer nüchternen Bewertung nicht immer zuträglich war. Internationalisiert wurde die Diskussion seit den fünfziger Jahren insbesondere durch verschiedene Beiträge von Lewis Hanke. Vgl. Lewis Hanke, *All mankind is one; a study of the disputation between Bartolomé de Las Casas and Juan Ginés de Sepúlveda in 1550 on the intellectual and religious capacity of the American Indians*, DeKalb 1994; bzw. Hanke-kritisch Edmundo O'Gorman, *El señor Lewis Hanke y la apologética*, in: Bartolomé de las Casas; Edmundo O'Gorman (ed.), Apologética historia sumaria, 3. ed. México 1967, clxvii-clxix. Eine gute Grundlage für die Beschäftigung mit Las Casas bieten darüber hinaus Henry Raup Wagner; Helen Rand Parish, *The life and writings of Bartolomé de las Casas*, Albuquerque 1967; Juan Friede; Benjamin Keen, *Bartolomé de las Casas in history, toward an understanding of the man and his work*, DeKalb 1971; Benjamin Keen, *Essays in the intellectual history of colonial Latin America*, Boulder, Colo. 1998; die verschiedenen einführenden Beiträge in Bartolomé de las Casas, *Werkauswahl*, 3 Bde. Paderborn; München; Wien; Zürich 1994; Anthony Pagden, *The fall of natural man*, (wie Anm. 24), S. 119-145; David A. Brading, *The First America. The Spanish monarchy, creole patriots, and the liberal state 1492 - 1867*, Cambridge 1991, S. 58-101; die Biographie von Álvaro Huerga im Band 14 der *Obras completas* von Las Casas (s. Fußnote 41); sowie Isacio Pérez Fernández; Helen Rand Parish, *Inventario documentado de los escritos de fray Bartolomé de las Casas*, Bayamón, Puerto Rico 1981 (Estudios monográficos, 1); Isacio Pérez Fernández, *Cronología documentada de los viajes, estancias y actuaciones de fray Bartolomé de las Casas*, Bayamón, Puerto Rico 1984 (Estudios monográficos, 2). Eine hervorragende Detailanalyse der antiken Quellen, derer sich Las Casas bedient und damit zum hier behandelten Thema bietet Bruno Rech, *Bartolomé de Las Casas und die Antike*, in: Wolfgang Reinhard (Hrsg.), Humanismus und Neue Welt, Weinheim 1987, 167-197.

[42] Die *Apologética Historia Sumaria* darf auf keinen Fall mit der besser bekannten *Brevísima relación de la destrucción de las Indias/Kurzgefasster Bericht von der Verwüstung der Westindischen Länder* verwechselt werden, die bereits zu Las Casas Lebzeiten erschien. Die „Apologética" wurde dagegen erst im 20. Jahrhundert (1909) zum ersten Mal veröffentlicht und ist heute in diversen Ausgaben verfügbar. Einen hervorragenden kritischen Apparat bietet die (allerdings leider unvollständige) Übersetzung ins Deutsche, die im Rahmen der von Mariano Delgado herausgegebenen Werkauswahl der Schriften von Las Casas erschienen ist: Bartolomé de las Casas, *Kurze apologetische Geschichte*, in: ders. und Mariano Delgado (Hrsg.), *Werkauswahl, Bd. 2: Historische und ethnographische Schriften*, Paderborn 1995, 325-512. Die maßgebliche spanische Ausgabe ist: Bartolomé de las Casas; Vidal Abril Castelló et al. (eds.), *Apologética historia sumaria*, (=*Obras Completas* vols. 6-8), Madrid 1992. Einer verbreiteten Praxis folgend zitiere ich hier allerdings nach der zwar älteren, aber leichter zugänglichen Ausgabe in der *Biblioteca de Autores Españoles*: Bartolomé de las Casas; Juan Pérez de Tudela Bueso (ed.), *Apologética Historia*, 2 vols. Madrid 1958 (Biblioteca de Autores Españoles, 105, 106). Vgl. Bruno Rech, *Bartolomé de Las Casas und die Antike*, in: Wolfgang Reinhard (Hrsg.), Humanismus und Neue Welt, Weinheim 1987, 167-197. Schließlich ist, insbesondere wegen der Einführung von Edmundo O'Gorman, auf

Vergleich mit der griechisch-römischen Antike kommt in diesem Werk eine Schlüsselrolle zu. Sie wird aber nicht mehr nur als Stichwortgeber für simple Analogien etwa zwischen aztekischen und antiken Gottheiten[43] benutzt, sondern für einen systematischen Vergleich zwischen der europäischen Antike mit den altamerikanischen Kulturen herangezogen, der in der neueren *intellectual history* als erstes bekanntes Beispiel für eine ethnographische Komparatistik charakterisiert worden ist[44]. Las Casas stellt große Datenmengen über die Moral, die Organisation, die Religion etc. der amerikanischen Völker, mit einem besonderen Schwerpunkt bei den Inkas und Azteken, zusammen, um diese anschließend Punkt für Punkt mit dem ihm zugänglichen Wissen über die Welt der europäischen Antike zu vergleichen. Die politische Absicht, die er mit diesem Verfahren verfolgte, liegt auf der Hand: indem er die Überlegenheit der aztekischen Kultur über die der europäischen Antike nachzuweisen suchte, holte er den vermeintlich barbarisch Anderen in den europäischen Kulturhorizont hinein. Indem er zeigte, dass die Azteken mindestens so zivilisiert waren wie die Griechen, entzog er einer mit Aristoteles argumentierenden Versklavung der Indianer die Grundlage. Mir scheint an dieser Verwendung des Antikeargumentes auch im größeren Zusammenhang der in diesem Band dokumentierten Tagung dreierlei bemerkenswert:

1. Indem Las Casas diesen Vergleich anstellt, legt er Grundlagen für eine Entwicklungslehre, derzufolge sich alle Völker nicht mehr in ihrem prinzipiellen Charakter, sondern nur noch in ihrer Entwicklungsstufe voneinander unterscheiden. Die Grundvorstellung ist dabei, dass alle Völker im Prinzip die gleichen Entwicklungsstadien durchlaufen müssen

---

die mexikanische Ausgabe hinzuweisen: Bartolomé de las Casas; Edmundo O'Gorman (ed.), *Apologética historia sumaria*, 3. ed. México 1967 (Serie de historiadores y cronistas de Indias, 1).

[43] So hatte etwa Baltasar Dorantes de Carranza die aztekischen und die griechisch-römischen Gottheiten miteinander verglichen. Vgl. Baltasar Dorantes de Carranza; Ernesto de la Torre Villar (ed.), *Sumaria relación de las cosas de la Nueva España, con noticia individual de los conquistadores y primeros pobladores españoles*, México 1987 (Biblioteca Porrúa, 87) und Benjamin Keen, *La imagen azteca en el pensamiento occidental*, México 1984, S. 101.

[44] Vgl. David A. Brading, *The First America. The Spanish monarchy, creole patriots, and the liberal state 1492 - 1867*, Cambridge 1991, S. 89 und vor allem Anthony Pagden, *The fall of natural man*, (wie Anm. 24), S. 121 f. Erläuternd dazu Anthony Pagden, *European Encounters with the New World*, (wie Anm. 33), S. 80 f. Vgl. aber auch Joan-Pau Rubiés, *New Worlds and Renaissance Ethnology*, in: History and Anthropology VI (1993), 157-197.

von den primitivsten Anfängen bis schließlich zur höchsten Entwicklungsstufe, die Las Casas in seinem Fall natürlich im vom Evangelium
erleuchteten Christentum erkennt. Für Las Casas formt die Menschheit
eine Einheit und jedes – noch so wilde oder barbarische – Volk, das dieser
Menschheit angehört, ist in der Lage, den Weg der Zivilisation zu beschreiten. Dies läuft auf die Herstellung einer Analogie ganz neuen Typs hinaus,
die gewissermaßen nicht mehr auf die Oberflächenerscheinung der unmittelbaren Wiedererkennbarkeit, sondern auf die tiefenpsychologische oder
mentalitätsgeschichtliche Verwandlung geographischer und kultureller Distanzen in zeitliche Distanzen abzielt. Mit anderen, von Reinhard Koselleck freilich für einen anderen Zusammenhang geprägten Worten, bei Las
Casas können wir Zeuge eines der Versuche werden, die räumliche und
geographische Distanz zwischen Europa und Amerika in eine zeitliche
Distanz zu kippen. Ich fürchte, ich überziehe, aber ich möchte wagen zu
behaupten, dass wir bei Las Casas dem Versuch begegnen, durch
bestimmte, von ihm entwickelte Gedankenkonstruktionen die Angst vor
einer unüberwindlichen kulturellen Alterität zu beschwichtigen. So geht
er bei seinen Überlegungen davon aus, dass die Verschiedenheit der Europäer von den Amerikanern und ihrer Kultur, also z. B. von den Azteken,
lediglich in der Differenz auf einer Zeitskala begründet liegt. Die Unterschiede zu den Europäern seiner Gegenwart ließe sich dann analog zu den
eigenen Vorvätern erklären, die in der griechisch-römischen Antike verortet werden.

2. Wenn diese Interpretation zutrifft, würde dies die Kritik deutlich
relativieren, der Bildungsballast der Antike habe einer authentischen Alte-
ritätserfahrung angesichts der Entdeckung einer „Neuen Welt" im Wege
gestanden. Im Gegenteil: es würde sie umkehren: Erst der Versuch eine
Beziehung zwischen der Andersartigkeit der europäischen Antike und der
Kultur der Azteken herzustellen, machte die Neue Welt als solche erfahrbar. Und schließlich – und dies scheint mir der entscheidende Punkt zu
sein:

3. Erst dadurch, dass die aztekische Kultur durch die Analogie zur
europäischen Antike in den Erfahrungshorizont der europäischen
Vorstellungswelt hineingeholt wurde, konnte sie ihre eigentliche Spreng-
kraft für das europäische Selbstverständnis entwickeln. Las Casas' Analogie zwischen europäischer Antike und der Kultur der Azteken entpuppt
sich in dieser Perspektive nicht etwa als Affirmation unveränderlicher
europäischer Vorstellungswelten über außereuropäische Kulturen, sondern

gewissermaßen als trojanisches Pferd, das den Feind der Alterität in die eigenen Mauern holt. Übrigens nicht nur in der Langzeitwirkung, sondern auch in der Rückwirkung auf Las Casas selber, wie ich im folgenden kurz zeigen möchte.

Der Schwerpunkt des Las-Casas-Textes liegt bei der Religion. Interessant ist nun, dass für Las Casas nicht etwa unmittelbare Analogien zwischen dem „Götzendienst" der Azteken und der christlichen Lehre zum entscheidenden Kriterium erhoben werden, sondern vielmehr die Abstrakta von Religiosität und Frömmigkeit als solche. Nicht welchen Gottheiten die Kirchen und Tempel der Azteken gewidmet werden, sondern ihre pure Zahl wird zum Ausweis ihrer Frömmigkeit[45]:

> Allein in Neu-Spanien scheint es in den Zeiten des Heidentums mehr bedeutsame und herausragende Tempel gegeben zu haben als im gesamten früher bekannten Erdkreis. Denn von Rom, Theben, Memphis oder Athen (...) liest man nicht, dass sich dort so viele und insgesamt so bedeutende Tempel befunden hätten, wie sie in der Stadt Cholula vorhanden waren, wo es deren mehr als 300 gab.[46]

Es folgt schließlich eine schier unglaubliche Wendung eines zentralen Sepúlveda-Argumentes. Dieser hatte eine Berechnung über die Größenordnung der Menschenopfer bei den Mexikanern angestellt und war auf dieser Grundlage zu dem Ergebnis gekommen, dass eine simple Aufrechnung der Zahl von Menschenleben, die das Fortbestehen der Aztekenherrschaft allein durch das Ritual der Menschenopfer an die aztekischen Gottheiten gefordert habe, die Zahl der Opfer der Conquista bei weitem

---

[45] Bartolomé de las Casas; Juan Pérez de Tudela Bueso (ed.), *Apologética Historia*, 2 vols. Madrid 1958 (Biblioteca de Autores Españoles, 105, 106), Bd. 105, S. 446-450.

[46] "(...) parece haber habido más templos principales y señalados en sola la Nueva España, en tiempo de su infidelidad, que en todo el resto de la tierra que antiguamente se sabía del mundo. Porque ni en Roma, ni en Tebas, ni en Menfis, ni en Atenas, que fueron ciudades nominatísimas y donde rebosaba la religión y rito de los ídolos e idolatría, no se lee que hobiese tantos y en común tan principales templos, que pasaban de trescientos como había en la ciudad de Cholula". Bartolomé de las Casas; Juan Pérez de Tudela Bueso (ed.), *Apologética Historia*, 2 vols. Madrid 1958 (Biblioteca de Autores Españoles, 105, 106), Tlbd. 105, S. 453. Vgl. auch Bartolomé de las Casas, *Kurze apologetische Geschichte*, in: ders. und Mariano Delgado (Hrsg.), *Werkauswahl, Bd. 2: Historische und ethnographische Schriften*, Paderborn 1995, 325-512, S. 405.

aufwiege[47]. Las Casas begegnet diesem Argument mit einer interessanten Doppelstrategie: Zum einen zieht er in seiner Entgegnung auf Sepúlveda in Valladolid die Berechnung in Zweifel und hält die angegebene Zahl von Menschenopfern für überzogen[48]. In der *Apologética historia sumaria* argumentiert er aber gleichzeitig mit dem Hinweis auf die griechisch-römische Antike: Die Zahl, der Variantenreichtum und die Größe der Opfer, die die Azteken ihren Göttern erwiesen, sei offensichtlich jenen, die wir in der europäischen Antike antreffen, überlegen gewesen[49]: „Aus

---

[47] Juan Ginés de Sepúlveda; Marcelino Menéndez Pelayo; Manuel García-Pelayo (eds.), *Tratado sobre las justas causas de la guerra contra los indios*, México 1996, S. 128.

[48] Bartolomé de las Casas; Juan Pérez de Tudela Bueso (ed.), *Obras escogidas V: Opúsculos, cartas y memoriales*, Madrid 1958 (Biblioteca de Autores Españoles, 110), Bd. 110, S. 333. Vgl. auch Benjamin Keen, *La imagen azteca en el pensamiento occidental*, México 1984, S. 107.

[49] Wegen der Missverständlichkeit eines Kurzzitates an dieser Stelle, gebe ich hier eine der entscheidenden Passagen (Kap. 188) in ihrer Gesamtheit wieder, die sich allerdings auf alle Formen von Opfergaben bezieht. Der entscheidende Passus ist kursiv abgesetzt: "Quédannos de cotejar los sacrificios, ritos y religión de las gentes de la Nueva España y de los reinos del Perú, con las destas Indias, mayormente con todos los de las naciones antiguas de todo el orbe y toda su maquina, y por ahorrar tiempo no es menester cotejarlas con las destas Indias, pues con verdad podemos decir que a todas las naciones del mundo, gentiles, en los sacrificios excedieron, y comenzando de la Nueva España y sus adherentes y comarcanas, y las que arriba dejimos contenerse dentro de aqueste vocablo, aunque también salen de sus límites otras provincias que la misma religión profesaban, decimos lo siguiente: *Que las desta Nueva España, en los sacrificios, a todas las naciones antiguas del mundo hayan excedido y aventajádose, y por consiguiente, hayan mostrado y demostrado ser de más delgado y desmarañado y claro y sotil juicio de razón, y de mejor entendimiento, y más comedidas y religiosas para con Dios, porque formaron mejor y más notable concepto y estimación de las excelencias y perfecciones de Dios;* pruébase por este modo, conviene a saber, en nueve cosas. La primera, en la penitencia que se disponían para celebrar sus fiestas y ofrecer sus sacrificios. La segunda, en la diversidad y multitud de los géneros y especies de cosas que ofrecían en sacrificio. La tercera, en la preciosidad y valor de los mismos sacrificios. La cuarta, en el dolor y aspereza y tormentos que por ofrecer los sacrificios y observancia e integridad de su religión y culto de sus dioses padecían y tolerando lo sufrían. La quinta, en las cerimonias y solicitud, diligencia, temor, mortificación y devoción grandísima con que los ofrecían. La sexta, en la perpetuidad del huego, el cual siempre conservaban noches y días. La séptima, en la modestísima y religiosísima y admirable honestidad de que usaban y tenían como innata y natural en todas sus cerimonias, ritos, sacrificios y divinos oficios. La octava, en la excelencia y sanctidad (según ellos creían) de las solenidades pascuales que de ciertos años a ciertos años tenían. La novena (según creo), en el mayor número de fiestas y días solenes que guardar y celebrar solían." Las Casas führt im folgenden jeden dieser Punkte *en detail* aus; Bartolomé de las Casas; Juan Pérez de Tudela Bueso (ed.), *Apologética Historia*, 2 vols. Madrid 1958 (Biblioteca de Autores Españoles, 105, 106), Bd. 106, S. 184ff.

dem bisher gesagten (...) folgert man, dass die Völker Neu-Spaniens, allein
was dieses Opfer betrifft, in Zahl und Menge der Menschen, die sie jedes
Jahr opferten, alle Völker der antiken Welt übertrafen".[50] Alles in allem
glaubte Las Casas beweisen zu können, dass die „Amerikaner" religiöser
gewesen seien als die Völker der Antike[51]. Während die Menschenopfer
Unschuldiger also bei Sepúlveda die gewaltsame Eroberung Amerikas
wesentlich legitimierten, begründete das gleiche Phänomen bei Las Casas
die prinzipielle Gottesfürchtigkeit der „Indianer" und damit die grundsätzliche Legitimation des aztekischen Herrschaftssystems. Zwei jeweils
für sich „humanistische Prinzipien" beanspruchende Positionen standen
sich hier offensichtlich unvereinbar gegenüber. Welche dabei eher in Konflikt mit der vorherrschenden Herrschaftsstrategie stand, ist weniger leicht
zu entscheiden, als die dominante, Sepúlveda-kritische historiographische
Tradition nahezulegen scheint[52].

Hierbei will ich es für das 16. Jahrhundert belassen und nun einen
Sprung – ideengeschichtlich in das 18. Jahrhundert, chronologisch in das
frühe 19. Jahrhundert – wagen, nämlich zu Alexander von Humboldt. Die
Versuchung ist groß, gestützt auf die Arbeiten von Gerbi, Keen, Brading
u. a., einen Flug durch die gesamte Gutenberggalaxis zu unternehmen, die
sich zwischen der Mitte des 16. und dem beginnenden 19. Jahrhundert,
also zwischen dem Abschluss der *Apologética Historia* durch Las Casas und
dem Erscheinen der Reiseberichte Alexander von Humboldts, ausbildete[53].

Vgl. auch Bartolomé de las Casas, *Kurze apologetische Geschichte*, in: ders. und Mariano
Delgado (Hrsg.), *Werkauswahl, Bd. 2: Historische und ethnographische Schriften*, Paderborn
1995, 325-512, S. 452ff.

[50] "De lo dicho hasta aquí en este tercero miembro se sigue que las naciones de la Nueva
España, en lo que concierne a este solo sacrificio, excedieron a todas las gentes del mundo
antiguas, cuanto al número y multitud de la gente que cada año sacrificaban." Bartolomé de
las Casas; Juan Pérez de Tudela Bueso (ed.), *Apologética Historia*, 2 vols. Madrid 1958
(Biblioteca de Autores Españoles, 105, 106), Bd. 106, S. 189.

[51] Bartolomé de las Casas; Juan Pérez de Tudela Bueso (ed.), *Apologética Historia*, 2 vols.
Madrid 1958 (Biblioteca de Autores Españoles, 105, 106), Bd. 106, S.182.

[52] Leider kann hier nicht verfolgt werden, welche Rückwirkungen der vorgestellte
Amerika-Gebrauch der Antike nun wiederum auf die Antikenbilder nachfolgender
Generationen hatte. Hier liegt sicher ein interessantes eigenes Forschungsfeld, dessen
Fruchtbarkeit Grafton verdeutlicht: Anthony Grafton; April Shelford; Nancy Siraisi, *New
worlds, ancient texts, the power of tradition and the shock of discovery*, Cambridge, Mass. 1992.

[53] Antonello Gerbi; Sandro Gerbi, *La disputa del Nuovo Mondo, storia di una polemica,
1750-1900*, Nuova ed. Milano 1983; Benjamin Keen, *La imagen azteca en el pensamiento*

Ich bezweifle freilich, dass dies dem Piloten erlauben würde, gesicherte Erkenntnisse über Kontinuitäten und Brüche im Ganzen und im Detail zu präsentieren. Deshalb geht es mir eher darum, die Verwendung der Antike für das Begreifen der außereuropäischen Welt, in diesem Fall Amerikas, im Werk Alexander von Humboldts vorzustellen und den Befund mit den Überlegungen zur *Apologética Historia* Las Casas' in Beziehung zu setzen. Wie aber lässt sich methodisch rechtfertigen, aus all den denkbaren Alternativen gerade Alexander von Humboldt als Kontrapunkt zu Bartolomé de Las Casas auszuwählen?

Alexander von Humboldt als Symbolfigur des Übergangs in der europäischen Amerika-Beschreibung

> „Jeder sei auf seine Art ein Grieche! Aber er sei's." Goethe[54]

Alexander von Humboldt gehört offensichtlich zu jenen Heroenfiguren, die Repräsentationen einer exemplarischen Geschichtsschreibung gerne in ihre Ahnentafeln einschreiben. In seiner Popularität ist er verschiedentlich mit Albert Einstein verglichen worden. Wie dieser hat er eine eigene Ikonographie hervorgebracht[55]. In der kaum mehr überschaubaren Humboldt-Literatur[56] stoßen wir allerdings auf ein breites Spektrum an Deu-

---

occidental, México 1984; David A. Brading, *The First America. The Spanish monarchy, creole patriots, and the liberal state 1492 - 1867*, Cambridge 1991.

[54] . Johann Wolfgang von Goethe, *Antik und Modern*, in: ders., Goethe Werke, Bd. 6, Frankfurt a. M. 1998, 310-316, hier S. 314; 2

[55] Vgl. Halina Nelken, *Alexander von Humboldt, his portraits and their artists, a documentary iconography*, Berlin 1980.

[56] Grundlegend für eine Beschäftigung mit Alexander von Humboldt sind die Biographien von Hanno Beck und Charles Minguet. Beck hat außerdem Humboldts Schriften durch eine Studienausgabe wieder einem breiteren Publikum zugänglich gemacht und zugleich kenntnisreich kommentiert. Auf dem Feld der Herausgabe unveröffentlichter Schriften und deutscher Übersetzungen (der vor allem in Französisch verfassten Originalwerke) sowie durch die Publikation von Studien hat die Berliner Alexander-von-Humboldt-Forschungsstelle vor und nach der Wende ebenfalls grundlegende Beiträge geleistet, die nur teilweise im folgenden gewürdigt werden können. Die klassische biographische Darstellung des 19. Jahrhunderts wurde von Bruhns herausgegeben. Aus der Fülle der Humboldt-Studien aus jüngerer Zeit kann ich hier nur auf eine Auswahl hinweisen. Um Doppelungen zu vermeiden, liste ich hier vor allem jene Titel auf, die in anderen Fußnoten nicht noch einmal explizit genannt werden: Hanno Beck, *Alexander von*

tungen, die einander zwar nicht notwendigerweise widersprechen, aber oft genug doch genau entgegengesetzte Aspekte seines Werkes und seiner Bedeutung betonen. So wird Humboldt einerseits als krönender Abschluss einer sich dem Ende zuneigenden Epoche gesehen: Humboldt war für lange Zeit der letzte wissenschaftliche Schriftsteller, der einem europäischen Publikum einen Teil der außereuropäischen Welt in der geordneten Fülle seiner Erscheinungen zu veranschaulichen und zu erklären verstand[57]. Andererseits schreibt man demselben Humboldt – z. T. mit den gleichen Argumenten – eine Vorreiterrolle für eine zugleich „moderne" und „wissenschaftliche" Beschäftigung mit (Latein-)Amerika zu[58]. Seine umfassenden Untersuchungen und empirischen Datensammlungen zu Geographie, Natur- und Kulturgeschichte, zu Wirtschaft und Politik hätten wesentlich dazu beigetragen, Amerika wieder stärker in das europäische Bewusstsein zu rücken und dabei den z. T. wilden Spekula-

---

Humboldt, 2 Bde. Wiesbaden 1959-1961; Alexander von Humboldt; Hanno Beck (Hrsg.), *Studienausgabe, 7 Bde.*, Darmstadt 1987-1997; Karl Bruhns (Hrsg.), *Alexander von Humboldt, eine wissenschaftliche Biographie*, 3 Bde. Leipzig 1872; Wolfgang-Hagen Hein (Hrsg.), *Alexander von Humboldt, Leben und Werk*, Frankfurt a. M. 1985; Otto Krätz; Sabine Kinder; Helga Merlin, *Alexander von Humboldt, Wissenschaftler, Weltbürger, Revolutionär*, München 1997; Uta Lindgren (Hrsg.), *Alexander von Humboldt, Weltbild und Wirkung auf die Wissenschaften*, Köln 1990 (Bayreuther historische Kolloquien, Bd. 4); Adolf Meyer-Abich, *Alexander von Humboldt in Selbstzeugnissen und Bilddokumenten*, Reinbek bei Hamburg 1967; Heinrich Pfeiffer (Hrsg.), *Alexander von Humboldt, Werk und Weltgeltung*, München 1969; Werner Rübe, *Alexander von Humboldt, Anatomie eines Ruhmes*, München 1988; Herbert Scurla, *Alexander von Humboldt, eine Biographie*, Frankfurt a. M. 1984; Alberto Saladino García; Leopoldo Zea (comp.), *Humboldt y América Latina*, México 2000. Natürlich hält auch das Internet viele Informationsmöglichkeiten über Alexander von Humboldt bereit. Beispielhaft sei auf zwei Websites hingewiesen, über die sich weitere Quellen erschließen lassen: http://www.uni-potsdam.de/u/romanistik/-humboldt/ bzw. http://www.bbaw.de/vh/humboldt/.

[57] So etwa bei Jürgen Osterhammel, *Die Entzauberung Asiens. Europa und die asiatischen Reiche im 18. Jahrhundert*, München 1998, S. 36: "Das große amerikanische Reisewerk Alexander von Humboldts, das 1805 zu erscheinen beginnt, führt die aufklärerische Tradition der enzyklopädischen Erfassung fremdkultureller Wirklichkeit durch reisende Generalisten zu einem krönenden Abschluss. (...) Sie wirkt wie eine Stimme aus vergangener Zeit."

[58] Humboldts Modernität hebt insbesondere Ottmar Ette vor. Vgl. Ottmar Ette; Ute Hermanns; Bernd M. Scherer, *Alexander von Humboldt, Aufbruch in die Moderne*, Berlin 2001 und Ottmar Ette, *Alexander von Humboldt und das Projekt der Moderne*, in: ders. und Walther L. Bernecker (Hrsg.), Ansichten Amerikas, Neuere Studien zu Alexander von Humboldt, Frankfurt a. M. 2001, 9-17. Skeptischer dagegen Hans Blumenberg, *Die Lesbarkeit der Welt*, 2. Aufl. Frankfurt am Main 1989, S. 281-299.

tionen über den Charakter Amerikas ein Ende bereitet. In diesem Sinne nennt ihn etwa der französische Humboldt-Biograph Charles Minguet den „premier Patriarche européen de la science américaniste". [59] Aber im Gegensatz zwischen Abschluss und Neubeginn erschöpfen sich die Widersprüche seiner Deutung nicht.

So wird er gleich mehreren Nationalkulturen[60] zugeschlagen und zugleich sein Kosmopolitismus[61] und Universalismus gelobt. Ähnliches gilt für seine wissenschaftsgeschichtliche Einordnung: Während Humboldt von Hanno Beck kurz als „der größte Geograph der neueren Geschichte"[62]

---

[59] Charles Minguet, *Une œuvre maîtresse de l'Americanisme*, in: *Vues des Cordillères*, (wie Anm. 4), S. I-XIV, hier S. XIV.

[60] „Ce savant, (...) a écrit la majeure partie de ses livres en français (...). L'édition monumentale a été publiée à Paris. Il a vécu en France (...)." (Charles Minguet, *Une œuvre maîtresse de l'Americanisme*, in: *Vues des Cordillères*, (wie Anm. 4), S. I-XIV, hier S. III.) Manche zählen die „Reise Alexander von Humboldts nach Südamerika" ebenso selbstverständlich zu den "französischen intellektuellen Leistungen des ersten Kaiserreichs unter Napoleon" (Jean Tulard, *Frankreich im Zeitalter der Revolutionen, 1789 - 1851*, Stuttgart 1989 (Geschichte Frankreichs, 4), S. 247, zitiert nach Otto Krätz; Sabine Kinder; Helga Merlin, *Alexander von Humboldt, Wissenschaftler, Weltbürger, Revolutionär*, München 1997, S. 7), wie er anderen als großer "Deutscher", "Europäer" oder gar "Mexikaner", "Peruaner", "Kolumbianer" oder „Kubaner" gilt (Michael Zeuske, *Humboldt in Amerika: Vergleiche und Transfers, Pantheone und nationale Mythen sowie Revolutionen und Globalisierungen*, in: comparativ 11 (2001), 7-15, hier S. 8). Zur zeitgenössischen Würdigung Humboldts vgl. auch Calvin P. Jones, *The Spanish-American Works of Alexander von Humboldt as viewed by leading British Periodicals, 1800-1830*, in: The Americas 29 (1973), 442-448 und Luz Fernanda Azuela, *La valoración de Humboldt en los homenajes mexicanos del siglo XIX*, in: Alberto Saladino García; Leopoldo Zea (comp.), Humboldt y América Latina, México 2000, 19-25). Jürgen Osterhammel betont demgegenüber zwar, dass Humboldts Reisewerk mindestens ebenso sehr in französischen wie in deutschen Darstellungstraditionen stand, auch dieser Autor nennt Humboldt aber explizit einen „Helden" von jener Sorte, die fortwährend bemüht gewesen sei, Harmonie und Konflikt der Kulturen in ein vernünftiges Verhältnis zueinander zu setzen (Jürgen Osterhammel, *Die Entzauberung Asiens. Europa und die asiatischen Reiche im 18. Jahrhundert*, München 1998, S. 13 und S. 125).

[61] Vgl. Ottmar Ette, *Der Wissenschaftler als Weltbürger. Alexander von Humboldt auf dem Weg zur Kosmopolitik*, in: Ottmar Ette; Walther L. Bernecker (Hrsg.), Ansichten Amerikas, Neuere Studien zu Alexander von Humboldt, Frankfurt a. M. 2001, 231-261.

[62] Vgl. Hanno Beck, *Alexander von Humboldt - der größte Geograph der neueren Geschichte (1769 - 1859)*, in: ders., Große Geographen, Pioniere, Außenseiter, Gelehrte, Berlin 1982, 83-102. Allerdings stellt auch Beck relativierend fest: „Urteile wie dasjenige, Humboldt habe die modernen Geowissenschaften begründet, er sei Geophysiker gewesen und habe die gesamten Naturwissenschaften beherrscht oder gar ‚neuen Wissenschaften das Strombett gegraben', sind wissenschaftsgeschichtlich maßlos übertrieben oder unhistorisch." Vgl. Hanno Beck, *Kommentar*, in: Alexander von Humboldt; Hanno Beck

charakterisiert wird, betonen Richard Konetzke, Manfred Kossok und Charles Minguet seine Stellung in der Entwicklung der Geschichtswissenschaft[63]. Den Errungenschaften der französischen Annales-Schule soll er gar ein Jahrhundert zuvorgekommen sein[64]. Einem Angehörigen der Universität Hamburg wird man vor diesem Hintergrund wohl verzeihen, dass er alle Vereinnahmungsversuche zurückweist und vor allem unterstreicht, dass Humboldt natürlich eigentlich ein Hamburger war[65].

Den Einen ist Humboldt „Wiederentdecker Amerikas",[66] der den Emanzipationsprozess Lateinamerikas, wenn schon nicht vorweggenommen, so doch sympathisierend begleitet habe. Andere ordnen den gleichen Humboldt dagegen gerne jenen kolonialen oder imperialen Projekten zu,

---

(Hrsg.), Die Forschungsreise in den Tropen Amerikas, Bd. 2,3, Darmstadt 1997, 369-489, S. 488.

[63] Richard Konetzke, *Alexander von Humboldt als Geschichtsschreiber Amerikas*, in: HZ 188 (1959), 526-565; Manfred Kossok, *Alexander von Humboldt und der historische Ort der Unabhängigkeitsrevolution Lateinamerikas*, in: ders.; Matthias Middell; Michael Zeuske (Hrsg.), Ausgewählte Schriften, Bd. I, Leipzig 2000, 251-272 (=Kossok in Humboldt Festschrift, Berlin 1969, S. 1-52); Charles Minguet, *Alexandre de Humboldt, Historien et géographe de l'Amérique Espagnole, 1799-1804*, nouvelle édition entièrement révisée et refondue Paris, Montréal 1997. Vgl. auch Bernd Schröter; Michael Zeuske (Hrsg.), *Alexander von Humboldt und das neue Geschichtsbild von Lateinamerika*, Leipzig 1992. Im Wesentlichen auf Konetzke reagiert Hanno Beck, *War Humboldt Historiker auch in seinem Reisebericht und anderen geographischen Werken?*, in: Alexander von Humboldt; Hanno Beck (Hrsg.), Die Forschungsreise in den Tropen Amerikas, Bd. 2,3, Darmstadt 1997, 399-405. Vgl. dazu auch Lutz Raphael, *Freiheit und Wohlstand der Nationen. Alexander von Humboldts Analysen der politischen Zustände Amerikas und das politische Denken seiner Zeit*, in: HZ 260 (1995), 749-776, S. 751.

[64] Vgl. Michael Zeuske, *'Geschichtsschreiber von Amerika': Alexander von Humboldt, Deutschland, Kuba und die Humboldteanisierung Lateinamerikas*, in: comparativ 11,2 (2001), 30-83, S. 40.

[65] Ingo Schwarz; Alexander-von-Humboldt-Forschungsstelle (Berlin), *Alexander von Humboldt in Hamburg aus Briefen und Selbstzeugnissen zum 200. Jahrestag seines Studienbeginns in Hamburg*, 2. überarb. Aufl. Berlin 1994.

[66] Die Prägung dieses Beinamens für Humboldt wird üblicherweise Carl Ritter (1779-1859) zugeschrieben und mit Humboldts und Bonplands Reisewerk begründet. Humboldts Briefe aus Amerika, die noch während seines Amerika-Aufenthaltes Grundlage für Publikationen über seine Amerikareise in Europa wurden, dürften ihm wohl schon früher – zumindest dem Sinne nach – diesen Ruf in Europa eingetragen haben. Vgl. Alexander von Humboldt; Ulrike Moheit (Hrsg.), *Briefe aus Amerika 1799-1804*, Berlin 1993 (Beiträge zur Alexander-von-Humboldt-Forschung, 16) und Magnus Mörner, *Alejandro de Humboldt - la parte venezolana de su "Viaje" y otros relatos de viajeros a comienzos del siglo XVIII*, in: Revista del CESLA *(Warschau)* I (2000), 139-151.

welche die Reisewerke dieser Zeit ganz allgemein zu prägen scheinen[67]. Dabei werden „wissenschaftlicher" Blick und Europazentrismus oft in eins gesetzt. Durch die Preisgabe vieler Hintergrundinformationen etwa über die hispanoamerikanischen Bodenschätze und durch die freimütige Weitergabe der vom ihm erstellten Landkarten, habe er die US-amerikanische Expansion in den Süden, in die ehemals neu-spanischen Territorien[68], und die „Ausbeutung" Lateinamerikas insgesamt begünstigt. Hans-Magnus Enzensberger brachte diese Lehrmeinung einer starken Tendenz in der Humboldtforschung auf den Punkt, als er dichtete: „ein uneigennütziger Bote, der Plünderung, ein Kurier/ der nicht wusste, dass er die Zerstörung dessen zu melden gekommen war;/ was er, in seinen Naturgemälden, bis er neunzig war, liebevoll malte".[69]

Einerseits erscheint Humboldt als ein brillanter Analytiker kolonialer Missstände und „Liberaler". In bezug auf die lateinamerikanische Unabhängigkeitsbewegung soll er „geradezu seherische" Fähigkeiten entwickelt haben[70]. Andererseits verortet z. B. David Brading den preußi-

---

[67] Mary Louise Pratt, *Imperial Eyes. Travel Writing and Transculturation*, London, New York 1992; m. E. Jürgen Osterhammel, *Die Entzauberung Asiens. Europa und die asiatischen Reiche im 18. Jahrhundert*, München 1998, S. 86.

[68] Vgl. Urs Bitterli, *Die Entdeckung Amerikas, Von Kolumbus bis Alexander von Humboldt*, München 1992, S. 470 und Ingo Schwarz, *Alexander von Humboldt, Sociopolitical views of the Americas*, in: Ottmar Ette; Walther L. Bernecker (Hrsg.), Ansichten Amerikas, Neuere Studien zu Alexander von Humboldt, Frankfurt a. M. 2001, 105-115.

[69] Hans Magnus Enzensberger, *Alexander von Humboldt, 1769-1859*, in: Frank Holl; Haus der Kulturen der Welt; Kunst- und Ausstellungshalle der Bundesrepublik Deutschland (Hrsg.), Alexander von Humboldt, Netzwerke des Wissens, Ostfildern 1999, 16-17. Bernecker zeigt allerdings am Beispiel Mexikos, dass Humboldt den Investoren damit nicht immer einen Gefallen tat, sondern viele „Amerika-Erwartungen" sich als völlig überzogen erwiesen. Vgl. Walther L. Bernecker, *Der Mythos vom mexikanischen Reichtum. Alexander von Humboldts Rolle vom Analysten zum Propagandisten*, in: Ottmar Ette; Walther L. Bernecker (Hrsg.), Ansichten Amerikas, Neuere Studien zu Alexander von Humboldt, Frankfurt a. M. 2001, 79-103.

[70] Vgl. u. a. Frank Holl, *Alexander von Humboldt, 'Geschichtsschreiber der Kolonien'*, in: Ottmar Ette; Walther L. Bernecker (Hrsg.), Ansichten Amerikas, Neuere Studien zu Alexander von Humboldt, Frankfurt a. M. 2001, 51-78. Kritischer dagegen Lutz Raphael, *Freiheit und Wohlstand der Nationen. Alexander von Humboldts Analysen der politischen Zustände Amerikas und das politische Denken seiner Zeit*, in: HZ 260 (1995), 749-776, S. 754ff, 763f und Magnus Mörner, *Alejandro de Humboldt - la parte venezolana de su "Viaje" y otros relatos de viajeros a comienzos del siglo XVIII*, in: Revista del CESLA *(Warschau)* I (2000), 139-151. Vielleicht trifft es Humboldts persönliche Spannung zwischen „liberalen" Sympathien und den Anpassungszwängen seines konservativen (Um-) Feldes (zumindest

schen Gelehrten eher im Kontext des Ancien Régime. Einen originellen
Beitrag zur Theorie biete er kaum. Statt dessen habe er viel mehr – im
Prinzip längst zugängliche – Informationen kompiliert und könne auf die
Rolle eines Sprechers des aufgeklärten Absolutismus für Amerika redu-
ziert werden[71].

Schon die Zeitgenossen des jungen Humboldt haben unterschiedliche
Urteile abgegeben. Während Goethe ihn schätzte, konstatierte Schiller bei
ihm eine „Dürftigkeit des Sinnes" und kritisierte zugleich sein „Maul" und
sein Geltungsbedürfnis[72]. Als er am Ende seiner Reise die USA besuchte
und mit Jefferson zusammentraf, notierte Albert Gallatin, Angehöriger
des Kabinetts: „(...) he was not particularly prepossessing to my taste, for
he speaks more than Lucas, Finley and myself put together, and twice as
fast as anybody I know. (...) He gives you no trouble in talking yourself".[73]

---

was Preußen betrifft) am besten, wenn man, wie Kurt-R. Biermann, darauf hinweist, dass
Alexander von Humboldt in Fürst Metternich einerseits den „letzten Mumienkasten"
erblickte, derselbe Humboldt aber andererseits über 35 Jahre mit diesem Exponenten des
Konservativismus in den liebenswürdigsten Formen korrespondierte. Vgl. Kurt-R.
Biermann, *Ein 'politisch schiefer Kopf' und der letzte 'Mumienkasten'"*, in: Frank Holl; Haus
der Kulturen der Welt; Kunst- und Ausstellungshalle der Bundesrepublik Deutschland
(Hrsg.), Alexander von Humboldt, Netzwerke des Wissens, Ostfildern 1999, 135f.
[71] Vgl. David A. Brading, *The First America. The Spanish monarchy, creole patriots, and
the liberal state 1492 - 1867*, Cambridge 1991, S. 514-534, insbesondere S. 517 und 534.
Allerdings muss betont werden, dass Humboldt seine Reise selbst finanzierte. Humboldt
reiste zwar nicht im Auftrag der spanischen Krone, aber doch mit ihrer ausdrücklichen
Duldung. Gerade in Mexiko (aber auch anderenorts) öffneten die in Madrid ausgestellten
Papiere und die am spanischen Hof geknüpften Kontakte Humboldt und Bonpland viele
Türen. Sie machten Humboldts Reisen in den Augen vieler seiner amerikanischer Partner
zu einer mindestens halboffiziellen Angelegenheit. Das abschreckende Beispiel früherer
spanischer Expeditionen vor Augen vermied Humboldt allerdings, nach Abschluss des
Amerikaaufenthaltes nach Spanien zurückzukehren. Vor diesem Hintergrund wirft Puig-
Samper neues Licht auf Humboldts Intentionen bei Reisebeginn und die politischen
Händel am Hofe Karl IV., die schließlich zur Ausstellung der Pässe und Geleitbriefe
führten. Miguel Ángel Puig-Samper, *Humboldt, un prusiano en la corte del rey Carlos IV.*, in:
Revista de Indias 59 (1999), 329-355. Der Beitrag liegt jetzt auch in deutscher Übersetzung
vor: Miguel Ángel Puig-Samper, *Humboldt, ein Preuße am Hofe Karl IV.*, in: Ottmar Ette;
Walther L. Bernecker (Hrsg.), Ansichten Amerikas, Neuere Studien zu Alexander von
Humboldt, Frankfurt a. M. 2001, 19-49.
[72] Vgl. Douglas Botting, *Alexander von Humboldt, Biographie eines grossen
Forschungsreisenden*, 5. Aufl. München 1993, S. 50 und Karl Bruhns (Hrsg.), *Alexander von
Humboldt, eine wissenschaftliche Biographie*, 3 Bde. Leipzig 1872, S. 272f.
[73] Vgl. Douglas Botting, *Humboldt and the Cosmos*, London 1973, S. 175.

Im 20. Jahrhundert ist es vor allem den Studien von Charles Minguet und Antonello Gerbi zu verdanken, dass sich mit Alexander von Humboldt das Bild eines entscheidenden Wegbereiters für eine „wissenschaftliche Betrachtung" Amerikas verbunden hat. Humboldts Reisewerk trug nämlich wesentlich dazu bei, das tradierte europäische Amerikabild zu korrigieren, das sich stellvertretend für viele an Hegel verdeutlichen lässt. Hegels Unfreundlichkeiten über Amerika gaben Antonello Gerbi einen wesentlichen Anlass für seine – hier schon mehrfach erwähnten – Studien über die *disputa del Nuovo Mondo*. Hegels Darstellung sollte dabei nicht als eine vereinzelte Verirrung des Urteils missverstanden werden. Sie gehört vielmehr in den Kontext eines weit verbreiteten europäischen Bildes von der Inferiorität Amerikas, das von Autoren geprägt wurde, die, wie etwa Robertson oder Buffon, gemeinhin zur Aufklärung gerechnet werden. Ein paar Kostproben mögen Hegels Sicht veranschaulichen: Man nenne Amerika, sagt der Philosoph, nicht nur deswegen die Neue Welt, weil sie Bewohnern der Alten erst spät bekannt geworden sei, sondern „diese Weltteile sind (...) überhaupt neu, in Ansehung ihrer ganzen physischen und geistigen Beschaffenheit". Er spricht von physischer und geographischer Unreife. Von der amerikanischen

> Kultur, namentlich in Mexiko und Peru, haben wir zwar Nachrichten, aber bloß die, dass dieselbe eine ganz natürliche war, die untergehen musste (...). Physisch und geistig ohnmächtig hat sich Amerika immer gezeigt (...). Einige Künste haben die Eingeborenen allerdings von den Europäern angenommen, unter anderen die des Branntweintrinkens, (...). Sanftmut und Trieblosigkeit, Demut und kriechende Unterwürfigkeit (...) sind dort der Hauptcharakter der Amerikaner. (...) Die Inferiorität dieser Individuen in jeder Rücksicht, selbst in Hinsicht der Größe, gibt sich in allem zu erkennen; (...) nachts musste eine Glocke sie sogar an ihre ehelichen Pflichten erinnern.[74]

---

[74] Georg Wilhelm Friedrich Hegel, *Vorlesungen über die Philosophie der Geschichte*, Frankfurt a. M. 1995 (Georg Wilhelm Friedrich Hegel Werke, 12), S. 107f. Leider kann hier nicht vertieft werden, dass die mancherorts zu beobachtende Hegel-Renaissance in jüngerer Zeit zu dem Hinweis geführt hat, dass sich diese Äußerungen nur im Kontext des Hegelschen Gesamtentwurfs wirklich erschließen und Humboldt und Hegel sehr viel mehr Gemeinsamkeiten „im Geiste" erkennen lassen, als die hier erwähnte historiographische Tradition ihnen zubilligt. Vgl. Christoph Pause, Die Debatte um die Neue Welt: Alexander von Humboldt und G. W. F. Hegel, Magisterarbeit Hamburg 2000.

Natürlich war diesen Bildern schon frühzeitig widersprochen worden. Humboldt stellt nach Antonello Gerbi jedoch einen besonderen Wendepunkt in der Debatte dar: Die Vorstellung vom inferioren Amerika sei von Naturalisten und Historikern von großen Ruhm zugleich vertieft und verbreitet worden. Um sie ins Wanken zu bringen, so meint Gerbi deshalb, sei mehr nötig gewesen als das instinktive Misstrauen, das etwa ein Saint-Beuve gezeigt habe. Nach Gerbi habe es dazu vielmehr „des Wortes der Wissenschaft" bedurft, das Alexander von Humboldt mit besonderem Nachdruck repräsentierte[75].

Humboldt schließt also den Zyklus einer spezifischen Betrachtungsweise in gewisser Weise ab: Weite Teile der Literatur stellen einem vermeintlich eurozentrischen Amerikabild des 16. Jahrhunderts ein aufgeklärt-„modernes" Amerikabild des beginnenden 19. Jahrhunderts gegenüber, das in Humboldt seinen wichtigsten Repräsentanten habe[76]. Humboldt ist in der Tat einer der Letzten, die Lateinamerika noch aus seinem kolonialen Zusammenhang heraus interpretierten, d. h. mittel- und südamerikanische Regionen gleichermaßen vorstellen. Mit der Ausbildung der modernen lateinamerikanischen Staatenwelt im Verlauf der ersten Hälfte des 19. Jahrhunderts regionalisiert sich auch die Reiseberichterstattung, zerfallen die „Amerikabilder" und nationalisiert sich der Blick in Amerika wie in Europa. Hinzu kommt, dass nach Humboldt, der noch eine „ganzheitliche" Betrachtung pflegt, sich auch die wissenschaftliche Betrachtung nach Disziplinen ausdifferenziert[77]. Es würde deswegen schwer fallen, einen geeigneteren Autor neben Humboldt zu finden, dessen Antike-

---

[75] Antonello Gerbi, *La disputa del nuevo mundo, historia de una polémica 1750 - 1900*, México 1982, S.506f und S. 511.

[76] Einer der wenigen Beiträge, die am Humboldt-Mythos etwas zu kratzen wagen, ist: Walther L. Bernecker, Der Mythos vom mexikanischen Reichtum. Alexander von Humboldts Rolle vom Analysten zum Propagandisten, in: Ottmar Ette; Walther L. Bernecker (Hrsg.), Ansichten Amerikas, Neuere Studien zu Alexander von Humboldt, Frankfurt a. M. 2001, 79-103.

[77] Vgl. Klaus Michael Meyer-Abich, *Vom Baum der Erkenntnis zum Baum des Lebens, ganzheitliches Denken der Natur in Wissenschaft und Wirtschaft*, München 1997. Einen systematisierenden Überblick für einen Teil, nämlich für die „deutschen Naturforscher" in Südamerika in der Nachfolge Humboldts bietet Brigitte Hoppe, *Nach dem Vorbild Humboldts in Südamerika: Erweiterung der Kenntnisse und Erkenntnisse durch deutsche Naturforscher*, in: Ottmar Ette; Walther L. Bernecker (Hrsg.), Ansichten Amerikas, Neuere Studien zu Alexander von Humboldt, Frankfurt a. M. 2001, 195-218, insbesondere S. 215-218.

bezüge in der Reiseberichterstattung des 19. Jahrhunderts, jenen des 16. Jahrhunderts gegenübergestellt werden könnten. Welche Rolle spielt also nun die griechisch-römische Antike in Humboldts Amerikabeschreibung?

Keine Griechen, nur Asiaten

Humboldts Antikegebrauch lässt sich insbesondere an seiner Beschreibung der altamerikanischen Kulturen verdeutlichen, auch wenn er sich nicht auf diesen Aspekt beschränkt. Ich stütze mich dabei vor allem auf die schon 1810 veröffentlichten „*Vues des Cordillères et Monumens des Peuples Indigènes de l'Amérique*"; erstens weil sie – mangels einer leicht verfügbaren deutschsprachigen Ausgabe – hierzulande weniger berücksichtigt worden sind; zweitens weil sie wohl am deutlichsten Verdienste aber auch Grenzen von Humboldts Antikegebrauch bei der Amerikabeschreibung erkennen lassen und ausdrücklich die altamerikanischen Kulturen thematisieren; drittens schließlich bietet sich gerade dieses Werk besonders an, weil hier – wie eingangs beschrieben – die Vorlagen für alle Elemente zu finden sind, die im Frontispiz verewigt wurden, das Humboldt selbst für einen geeigneten Schlüssel zu seinem Reisewerk ansah. Die hier gemachten Aussagen lassen sich aber dennoch ebenso durch einen Blick in andere Teile des Amerikawerkes stützen. Dies gilt insbesondere für die Behandlung der „indianischen Kultur", die wir in seiner Beschreibung Neu-Spaniens (also Mexikos) finden[78]. Auch hierauf wie auch auf die *Relation historique*, also die eigentliche Reisebeschreibung, und den Kosmos wird daher im Folgenden gelegentlich Bezug genommen.

Wie bei einem typischen Vertreter des Philhellenismus seiner Zeit nicht anders zu erwarten, sah Humboldt in der griechischen Kunst und Kultur den absoluten Maßstab für die ästhetische Bewertung der Kunstdenkmäler, die er in Amerika (bzw. in Europa, nachdem sie dorthin verbracht worden waren) vorfand. Die altamerikanischen Hochkulturen, zumindest soweit er sie kennen konnte, waren nach Humboldt weit davon entfernt, uns jene Bewunderung abzuverlangen, die die „Harmonie und Schönheit der Formen" als Ausdruck des griechischen „Schaffensgenies" für sich in Anspruch nehmen konnten. Die amerikanischen Überreste waren für ihn nicht im ästhetischen, sondern nur in einem antiquarischen

---

[78] Alexander von Humboldt; Hanno Beck (Hrsg.), *Das Mexico-Werk*, Darmstadt 1991, S. 168-200.

Sinn interessant. Nur als historische Monumente könnten die Denkmäler von Völkern Aufmerksamkeit verdienen, „die keinen hohen Grad von intellektueller Kultur erreicht haben" bzw. die für die „Schönheit der Formen weniger empfänglich waren" als die Künstler „Kleinasiens und eines Teils des südlichen Europa". Die Reste der altamerikanischen Bildhauerei gehörten damit für Humboldt in die „andere" Klasse der „asiatischen" Kunst, der die griechische als Gegenbeispiel strahlend gegenüberstand.

Der Befund fällt gerade im Vergleich zu Las Casas ambivalent aus. Während Las Casas im 16. Jahrhundert gewissermaßen Gebrauch von der Antike machte, um das Unerhörte der altamerikanischen Kulturen in den Erfahrungshorizont europäischer Entscheidungsträger über den Umgang mit den Bewohnern der Neuen Welt zu holen, ist bei Humboldt, also zu Beginn des 19. Jahrhundert, die griechische Kultur überzeitlicher und räumlich ungebundener Maßstab für die Betrachtung aller Kulturen. Humboldt ist sich eines besonderen Gebrauchs der Antike auch in Differenz zu jenem des 16. Jahrhundert bewusst.

Die Neigung zum Wunderbaren und das Bestreben, die Beschreibungen des neuen Kontinents mit einigen Zügen des klassischen Altertums auszuschmücken, haben unstreitig dazu beigetragen, den Erzählungen Orellanas ein größeres Gewicht zu verleihen. Beim Lesen der Werke von Vespucci, Ferdinand Columbus, Geraldini, Oviedo und Peter Martyr von Anghiera erkennt man unzweideutig die Tendenz der Schriftsteller des 16. Jahrhunderts, bei neuentdeckten Völkern all das zu finden, was die Griechen uns vom ersten Zeitalter der Welt und von den Sitten der barbarischen Skythen und Afrikaner melden. Wir glauben, durch diese Reisebeschreibungen aus einer anderen Hemisphäre in Zeiten eines hohen Altertums versetzt zu sein, und was die amerikanischen Horden in ihrer ursprünglichen Einfachheit den Europäern darstellen, ist ein lebendes, gleichsam zeitgenössisches Altertum (eine Art Antike, deren Zeitgenossen wir fast sind). Was damals nur stilistische Ausschmückung und ein Spiel des Witzes war, ist in unseren Tagen Motiv ernster Diskussionen geworden. Eine in Louisiana publizierte Abhandlung unternimmt es, die gesamte griechische Fabelwelt einschließlich der Amazonen aus der lokalen Kenntnis des Nicaragua-Sees und einiger anderer amerikanischer

Landschaften zu erklären![79] Deutet dieses Zitat noch eine gewisse Distanz-
nahme zur „Antikisierung" des Anderen durch Humboldts Zeitgenossen
an, kann doch kaum ein Zweifel daran bestehen, dass er diese Sicht im
Wesentlichen teilte. Es gebe zwei Gründe, leitete Humboldt bereits seinen
Essay zu den *Ansichten der Kordilleren und der Kunstdenkmäler der indige-
nen Völker* ein, sich mit den Werken jener Völker zu befassen, von denen
wir zeitlich durch Jahrhunderte getrennt seien. Zum einen forderten die
Kunstwerke von Völkern, in denen die Zivilisation bereits weit fortge-
schritten sei, uns Bewunderung ab für die Harmonie und die Schönheit
der Formen und für das Genie, das sie hervorgebracht habe. Humboldt
lässt keinen Zweifel daran, dass er damit vor allem die griechische Welt der
Antike (und ihre Erben) meint: „Tel est le privilège de ce qui a été produit
sous le ciel de l'Asie mineure, et d'une partie de l'Europe australe".
Dagegen könnten die Kunstdenkmäler der Völker, die gar nicht zu einem
gehobenen Grad der „culture intellectuelle" aufgestiegen seien und die uns
für die Schönheit der Formen weniger empfindsam erscheinen würden,
nur als historische Zeugnisse betrachtet werden. Auch diese Art hat ihren
Platz, nämlich zwischen den Ufern des Euphrat im Westen und der Ost-
küste Asiens[80]. Diese „rohen Werke und bizarren Formen, (...) die nur
aufgrund ihrer schieren Größe und des ihnen zugeschriebenen Alters
beeindrucken", seien interessant im Zusammenhang mit dem Studium
dessen, was man zu Humboldts Zeiten die „Philosophie der Geschichte"
nannte[81]. Sie fesseln unsere Betrachtung, nach Humboldt, weil sie einen

---

[79] Alexander von Humboldt; Hanno Beck (Hrsg.), *Die Forschungsreise in den Tropen
Amerikas*, 3 Teilbde. Darmstadt 1997 (Alexander von Humboldt, Studienausgabe, Bd. II),
Tlbd. 3, S. 39.

[80] „Les monumens des nations dont nous sommes séparés par un long intervalle de
siècles, peuvent fixer notre intérêt de deux manières très-différentes. Si les ouvrages de l'art
parvenus jusqu'à nous appartiennent à des peuples dont la civilisation a été très-avancée,
c'est par l'harmonie et la beauté des formes, c'est par le génie avec lequel ils sont conçus
qu'ils excitent notre admiration. (...) Tel est le privilège de ce qui a été produit sous le ciel
de l'Asie mineure, et d'une partie de l'Europe australe. Au contraire, les monumens des
peuples qui ne sont point parvenus à un haut degré de culture intellectuelle, ou qui, soit par
des causes religieuses et politiques, soit par la nature de leur organisation, ont paru moins
sensibles à la beauté des formes, ne peuvent être considérés que comme des monumens
historiques. C'est à cette classe qu'appartiennent les restes de sculpture répandus dans les
vastes contrées qui s'étendent depuis les rives de l'Euphràte jusqu'aux côtes orientales de
l'Asie." *Vues des Cordillères*, (wie Anm.4), S. 1.

[81] „Les ouvrages les plus grossiers, les formes les plus bizarres, ces masses de rochers
sculptés, qui n'imposent que par leur grandeur et par la haute antiquité qu'on leur attribue,

Einblick in die alten Beziehungen zwischen den Völkern und den gemeinsamen Ursprung ihrer mythologischen Traditionen gäben[82]. Und um keine Fragen offen zu lassen, ordnet Humboldt in seinem Bemühen um eine umfassende Systematik der Kulturentwicklung des Menschen die Zeugnisse altamerikanischer Kultur explizit hier, in diese zweite Kategorie, ein: „Das ist, warum die Überreste der Kunst, oder vielmehr des Handwerks, der Völker der Neuen Welt, unserer Betrachtung würdig sind".[83] Sie sind Ausdruck eines „primitiven Typus", der uns in einer Welt, die wir die Neue zu nennen gewöhnt seien, uns jene antiken Institutionen, religiösen Vorstellungen und Bauformen wiederfinden lasse, auf die man auch in den Regionen Asiens in der ersten Morgenröte der Zivilisation zu stoßen scheine[84]. Untersuchungen dieser – von „halbbarbarischen Völkern" geschaffenen – Monumente böten unseren Augen das Bild vom gleichförmig fortschreitenden Gang des menschlichen Geistes. Die Werke der ersten Bewohner Mexikos, so konkretisiert er in seinenÜberlegungen, seien etwa zwischen jenen „der skythischen Völker und den antiken Manifestationen Hindostans" einzuordnen[85].

Die altamerikanischen Kulturen stehen auf Humboldts Fortschrittsskala also deutlich vor oder unterhalb jener der Griechen und Römer: „Die peruanische Theokratie war ohne Zweifel weniger repressiv als die Regierung der mexikanischen Könige; aber die einen wie die anderen haben dazu beigetragen, den Monumenten, dem Kult und der Mythologie dieser beiden Bergvölker diesen dunklen und trüben Zug zu geben, der sie

---

les pyramides énormes qui annoncent le concours d'une multitude d'ouvriers; tout se lie à l'étude philosophique de l'histoire." Ebd., S. 2.

[82] „(...) fixent nos regards, parce qu'elles jettent du jour sur les anciennes communications des peuples, et sur l'origine commune de leurs traditions mythologiques." Ebd., S. 1

[83] "C'est par ce même lien que les foibles restes de l'art, ou plutôt de l'industrie des peuples du Nouveau Continent, sont dignes de notre attention." Ebd., S. 2.

[84] „On est surpris de trouver, vers la fin du quinzième siècle, dans un monde que nous appelons nouveau, ces institutions antiques, ces idées religieuses, ces formes d'édifices qui semblent remonter, en Asie, à la première aurore de la civilisation. (...) Partout se manifeste l'empreinte d'un type primitif, (...).", ebd., S. I.

[85] „Les recherches sur les monumens élevés par des nations à demi-barbares, ont encore un autre intérêt qu'on pourroit nommer psycologique: elles offrent à nos yeux le tableau de la marche uniforme et progressive de l'esprit humain. Les ouvrages des premiers habitans du Mexique tiennent le milieu entre ceux des peuples scythes et les monumens antiques de l'Indostan." Ebd., S. 2.

deutlich abscheidet von den Künsten und den süßen Fiktionen der Völker Griechenlands".[86] Für diese Unterlegenheit müsse man, so Humboldt, freilich Verständnis haben:

> Wundern wir uns nicht über die Rohheit des Stils und die Unrichtigkeit der Umrisse in den Werken der amerikanischen Völker. Sehr früh vielleicht von dem übrigen Menschgeschlecht abgesondert (...) und sich selbst überlassen konnten sie sich doch wohl nur langsam entwickeln. (...) Wie viele Nationen der Alten Welt lebten in einem Klima, das jenem der Griechen vergleichbar ist? Waren umgeben von Allem, was die Einbildungskraft begeistern konnte, ohne sich darum je zum Gefühl für schöne Formen[87] zu erheben? Einem Gefühl, das die Kunst nur da geleitet, wo griechischer Genius sie befruchtet hatte.[88]

Kurz und gut: Wie Humboldt an der Beschreibung einer Büste, die übrigens auch im linken Vordergrund des hier abgedruckten Frontispiz dargestellt ist, exemplarisch zeigen zu können glaubt, weise alles auf die „Kindheit der Kunst" im Alten Amerika hin[89]. Diese drücke sich auch in

---

[86] „La théocratie péruvienne étoit moins oppressive sans doute que le gouvernement des rois mexicains; mais l'un et l'autre ont contribué à donner aux monumens, au culte et à la mythologie de deux peuples montagnards, cet aspect morne et sombre qui contraste avec les arts et les douces fictions des peuples de la Grèce." Ebd., S. XVI.

[87] An dieser Passage wird übrigens auch deutlich, dass inzwischen (also bei der Abfassung des Textes für die *Vues ...*) mancher unmittelbar vor Ort gewonnene Eindruck wieder vergessen war. In seinen – erst in den letzten Jahren auszugsweise veröffentlichten – Reisetagebüchern hatte Humboldt nach einem Besuch der Ruinenstadt des Chimu-Reiches noch die das Gegenteil ausdrückende Aussage notiert: „Voilà donc des preuves que ces peuples avaient quelque idée de la beauté des formes." Vgl. Alexander von Humboldt; Margot Faak; Manfred Kossok (Hrsg.), *Lateinamerika am Vorabend der Unabhängigkeitsrevolution. Eine Anthologie von Impressionen und Urteilen, aus seinen Reisetagebüchern zusammengestellt und erläutert durch ‑ ‑*, Berlin 1982, S. 327. Allerdings zeigen die Tagebücher auch, dass Humboldt schon 1804, noch in Mexiko, wenig Sympathie für die Kultur der Inkas aufzubringen wusste. Vgl. ebd., S. 329.

[88] „Ne nous étonnons pas de la grossièreté du style et de l'incorrection des contours dans les ouvrages des peuples de l'Amérique. Séparés peut-être de bonne heure du reste du genre humain, (...), ces peuples, livrés à eux-mêmes, n'ont pu se développer qu'avec lenteur. (...) Combien de nations de l'Ancien Continent ont vécu sous un climat analogue à celui de la Grèce, entourées de tout ce qui peut émouvoir l'imagination, sans s'élever au sentiment de la beauté des formes, sentiment qui n'a présidé aux arts que là où ils ont été fécondés par le génie des Grecs!" *Vues des Cordillères*, (wie Anm. 4), S. 2f.

[89] „(...) ce qui indique l'enfance de l'art." Ebd., S. 6.

der Vorliebe zur Nachahmung (statt der Ausbildung eines originellen Schaffensgenies) aus, in der die Bergvölker Mexikos den „tatarischen und mongolischen Horden" (und überhaupt die Bewohner der Neuen Welt den Völkern Ostasiens) gleichen würden.

> Sie haben es dahin gebracht, alles, was ihnen vor die Augen kommt, knechtisch zu kopieren, und nach der Ankunft der Europäer gelernt, ihren Umrissen alle Richtigkeit zu geben. Dessen ungeachtet aber bemerkt man in ihren Arbeiten nicht, dass sie von dem Gefühl für das Schöne durchdrungen sind, ohne das sich Malerei und Bildhauerkunst nicht über die mechanischen Künste erheben können.[90]

Und einmal bei „den Asiaten" angekommen, bricht sich nun auch bei Humboldt der pure Ethnozentrismus Bahn, wie er etwa an folgender Stelle unabweisbar nachlesbar wird:

> Ein kriegerisches und robustes Bergvolk [gemeint sind die Mexikaner, Erg. d. Vf.] von äußerster Abscheulichkeit nach den Schönheitsbegriffen der Europäer, verroht durch den Despotismus, an die Zeremonien eines blutigen Kultes gewöhnt, ist, sich selbst überlassen, wenig darauf vorbereitet, sich zur Kultur der Schönen Künste zu erheben. (...) All diese Umstände mussten dazu beitragen, den schlechten Geschmack unter den Mexikanern zu verewigen.[91]

---

[90] „On ne sauroit nier que les peuples montagnards du Mexique appartiennent à une race d'hommes qui, semblable à plusieurs hordes tartares et mongoles, se plaît à imiter la forme des objets. Partout à la Nouvelle-Espagne, comme à Quito et au Pérou, on voit des Indiens qui savent peindre et sculpter; ils parviennent à copier servilement tout ce qui s'offre à leur vue: ils ont appris, depuis l'arrivée des Européens, à donner de la correction à leurs contours; mais rien n'annonce qu'ils soient pénétrés de ce sentiment du beau, sans lequel la peinture et la sculpture ne peuvent s'élever au-dessus des arts mécaniques. Sous ce rapport, et sous bien d'autres encore, les habitans du nouveau monde ressemblent à tous les peuples de L'Asie orientale." Ebd., S. 68.

[91] „Un peuple montagnard et guerrier, robuste, mais d'une laideur extrême, d'après les principes de beauté des Européens, abruti par le despotisme, acoutumé aux cérémonies d'un culte sanguinaire, est déjà par lui-même peu disposé à s'élever à la culture des beaux arts: l'habitude de peindre au lieu d'écrire, l'aspect journalier de tant de figures hideuses et disproportionnées, l'obligation de conserver les mêmes formes sans jamais les altérer; toutes ces circonstances devoient contribuer à perpétuer le mauvais goût parmi les Mexicains." Ebd., S. 69.

Im Mexiko-Werk heißt es ganz ähnlich: „Indessen kenne ich keine Men-
schenrasse, welche ärmer an Einbildungskraft zu sein schiene".[92] Was jemals an Kultur vorhanden war, war erstens wohl fremden Einflüssen
geschuldet[93] und zweitens auf jeden Fall mit der Conquista vernichtet worden[94]. An anderer Stelle spricht Humboldt auch explizit aus, dass „Amerika keinen ausgezeichneten Platz in der Geschichte des Menschenge-
schlechts und in den alten Revolutionen, die diese belebt haben, behauptet".[95] Das hätte freilich auch ein Satz aus der Feder Hegels sein können.
  Nun mögen diese Zitate ein notwendiges Korrektiv zu der allzu
euphorischen Verherrlichung Alexander von Humboldts als eines frühen
Repräsentanten der Vorstellung einer prinzipiellen Gleichbehandlung
unterschiedlicher Kulturen und eines „Vorreiters der Moderne"[96] sowie
eines frühen Kulturrelativisten[97] darstellen, der in der Literatur der Geschichtsphilosophie Hegels entgegengestellt wird. Die in den oben wiedergegebenen Zitaten aufscheinende Perspektive Humboldts nicht zu kontex-
tualisieren, würde freilich einem Autor, der ideengeschichtlich noch stärker dem 18. als dem 19. Jahrhundert verpflichtet zu sein scheint, kaum
gerecht. Kann die heutige Geschichtsschreibung über Amerika, Afrika und
Asien in Humboldt trotzdem einen Vorläufer und Anreger suchen, wie es
ein Autor vorschlägt[98]? Vier mögliche Antworten auf diese Fragen möchte
ich ausführen. Zum ersten ist Humboldts Reisewerk voller Hinweise, die
das Bild eines naiv Fortschrittsgläubigen und sturen Eurozentristen, wie es

---

[92] Vgl. Alexander von Humboldt; Hanno Beck (Hrsg.), *Das Mexico-Werk*, Darmstadt
1991, S. 183.
[93] So schreibt er zum ausgebildeten Kalendersystem der „Mexicaner": „So möchte man
glauben, dass diese Fortschritte nicht die Wirkung einer intellektuellen Entwicklung der
Amerikaner selbst gewesen, sondern dass sie sie ihrer Verbindung mit irgendeinem sehr
gebildeten Volk von Mittelasien verdankten." Ebd., S. 178f.
[94] „Zu Anfang der spanischen Eroberung wurden die wohlhabendsten Indianer, bei
denen man eine gewisse intellektuelle Kultur vermuten konnte, größtenteils die Opfer der
europäischen Grausamkeit." Ebd., S. 177.
[95] Alexander von Humboldt; Hanno Beck (Hrsg.), *Die Forschungsreise in den Tropen
Amerikas*, 3 Teilbde. Darmstadt 1997 (Alexander von Humboldt, Studienausgabe, Bd. II),
Tlbd. 1, S. 16.
[96].Vgl. Ottmar Ette, *Alexander von Humboldt und das Projekt der Moderne*, in: ders. und
Walther L. Bernecker (Hrsg.), Ansichten Amerikas, Neuere Studien zu Alexander von
Humboldt, Frankfurt a. M. 2001, 9-17.
[97] Vgl. Jürgen Osterhammel, *Alexander von Humboldt als Historiker*, in: Dies
Academicus 1991, Hagen 1991, 27-39, S. 35.
[98] Vgl. ebd., S. 29.

aus den obigen Belegstellen resultieren könnte, deutlich relativieren.
Humboldt weiß selbst um die Zeit- und Kulturgebundenheit seiner
Urteile. Dass er sie dennoch ausspricht, ist einem Darstellungsdilemma
geschuldet, das er selber problematisiert und uns an die Probleme erinnert,
die wir oben für das 16. Jahrhundert erörtert haben. Auch einem Autor
des beginnenden 21. Jahrhundert dürfte es nicht völlig unbekannt sein:
Humboldt will die „goldene Mitte zwischen zwei Wegen halten, die die
Gelehrten, die Forschungen zu den Monumenten, den Sprachen und den
Traditionen der Völker unternommen, beschritten haben." D. h. einer reinen Beschreibung, einer Ansammlung von Material, die zu keinem verall-
gemeinerbaren Ergebnis mehr kommt, einerseits; der Freiheit zur Formulierung möglicherweise brillanter, aber auf wenig solider Grundlage basie-
render Hypothesen andererseits. „Könnte ich", so fragt Humboldt, „glücklich genug gewesen sein, die skizzierten Mängel zu vermeiden?"[99] Ist das
monumentale Reisewerk bei der Beantwortung dieser Frage noch offensichtlich von jenem Optimismus inspiriert, ohne den diese Tausenden
Seiten wohl niemals das Licht der Welt erblickt hätten, antwortet er doch
in seinem Alterswerk, dem unter seinen Zeitgenossen äußerst populären
Kosmos, immer noch ermunternd, aber doch skeptischer:

> Durch den Glanz neuer Entdeckungen angeregt, mit Hoffnungen
> genährt, deren Täuschung oft erst spät eintritt, wähnt jedes Zeitalter
> dem Kulminationspunkt im Erkennen und Verstehen der Natur
> nahegelangt zu sein. Ich bezweifle, dass bei ernstem Nachdenken ein
> solcher Glaube den Genuss der Gegenwart wahrhaft erhöhe.

Humboldt ist hier vom Bild eines vor dem forschenden Blick zurückwie-
chenden Horizontes der menschlichen Welterkenntnis geprägt. Schon
diese Metapher deutet an, welche zentrale Rolle er in diesem Prozess der
Entdeckung Amerikas einräumt[100]. Bedeutsamer für den hier verfolgten
Zusammenhang ist freilich, dass das in seiner Lebenszeit auf diese Art
Erkannte, „nur ein sehr unbeträchtlicher Teil von dem ist", dessen Entdeckung noch aussteht. „Jedes Erforschte ist nur eine Stufe zu etwas

---

[99] *Vues des Cordillères*, (wie Anm. 4), S. V.
[100] Vgl. Anthony Pagden, *European Encounters with the New World*, (wie Anm. 33), S.
104-115; Charles Minguet, *Alexandre de Humboldt*, (wie Anm. 63), S. 418-423 und John
Huxtable Elliott, *The discovery of America and the discovery of man*, in: The British
Academy, Proceedings of the British Academy LVIII, London 1972, 101-125.

Höherem."[101] Insofern stehen auch Humboldts Forschungen zu den altamerikanischen Kulturen unter dem Vorbehalt der Vorläufigkeit, der alle
Forschung unterliegt. Zum zweiten erkennt Humboldt zumindest
theoretisch die Grenzen seiner Analogien. Wenn ihn diese theoretischen
Überlegungen auch kaum vor den oben zitierten apodiktischen Urteilen
bewahren, weist doch vieles in seinem monumentalen Reisewerk über den
Tag hinaus. Oft wirft er die in seiner Zeit gängigen Interpretationen nur
auf, um sie entweder empirisch zu widerlegen oder aber um auf die
objektiven Erkenntnisgrenzen seiner Zeit hinzuweisen. Mehr als einmal
findet man daher Formulierungen wie: „Über diese Frage will ich nicht
entscheiden". Im Zweifelsfall ist ihm die genaue Beschreibung weit
wichtiger als das Ziehen allgemeiner und damit fragwürdiger
Schlussfolgerungen. Schon in der Einleitung zu den *Vues des Cordillères et*
monuments des Peuples Indigènes de l'Amérique verweist er daher in dem
entscheidenden Absatz deutlich auf die Grenzen der zeitüblichen
Analogieschlüsse:

> Indem ich im Laufe dieser Untersuchungen die Worte *Monumente*
> *der Neuen Welt, Fortschritt in den gestaltenden Künsten, intellektuelle*
> *Kultur* [Hervorhebung im Original] verwende, habe ich nicht einen
> Stand der Dinge skizzieren wollen, der andeutet, man nenne in einer
> ein wenig vagen Form eine Kultur sehr fortgeschritten. Nichts ist
> schwieriger, als Nationen zu vergleichen, die unterschiedlichen
> Wegen bei ihrer sozialen Vervollkommnung gefolgt sind. Die Me-
> xikaner und die Peruaner sollten nicht nach Prinzipien beurteilt
> werden, die man der Geschichte von Völkern entnommen hat, die
> uns unsere Studien unablässig vergegenwärtigen. Sie sind von den
> Griechen und Römern ähnlich weit entfernt, wie sie sich Etruskern
> und Tibetanern nähern.[102]

---

[101] Auch dies übrigens ein Topos, zu dessen Urhebern schon ein Acosta des 16.
Jahrhunderts gezählt werden könnte: „Aunque hay muchos que tienen por opinión, y de
mí confieso no estoy lejos de su parecer que hay mucho más tierra que no está descubierta."
José de Acosta; Edmundo O'Gorman (ed.), *Historia natural y moral de las Indias en que se*
tratan las cosas notables del cielo, y elementos, metales, plantas y animales dellas y los ritos, y
ceremonias, leyes y gobierno, y guerras de los Indios, 2nda ed. rev. México 1962, S. 34.
[102] „En employant dans le cours de ces recherches les mots *monumens du nouveau*
monde, progrès dans les arts du dessin, culture intellectuelle, je n'ai pas voulu désigner un état
de choses qui indique ce qu'on appelle un peu vaguement une civilisation très-avancée. Rien
n'est plus difficile que de comparer des nations qui ont suivi des routes différentes dans leur
perfectionnement social. Les Mexicains et les Péruviens ne sauroient être jugés d'après des

Die amerikanischen Kulturen lassen sich also nicht auf eine der typischen kulturellen Ausformungen in der Frühphase der menschlichen Kulturentwicklung reduzieren. Sie repräsentieren vielmehr *auch* unverwechselbare *spezifische*, wenn man so will, eigensinnige Kulturen:

> Trotz diesen, wirklich auffallenden, Ähnlichkeiten zwischen den Völkern des neuen Kontinents und den tatarischen Stämmen, welche die Religion von Buddha angenommen haben, glaube ich indes doch in der Mythologie der Amerikaner, in dem Styl ihrer Malereien, in ihren Sprachen, und besonders in ihrer äußeren Bildung die Nachkommen einer Menschenrasse zu erkennen, die sich früh von dem übrigen Menschengeschlecht getrennt, und, während einer langen Reihe von Jahrhunderten, *einen besondern Gang in der Entwicklung ihrer intellektuellen Fähigkeiten und in ihrer Tendenz zur Zivilisation* [Hervorhebung von mir] genommen hat.[103]

Was aber begründet, dieser Exkurs ist angesichts der Bedeutung der „Natur" in Humboldts Kulturverständnis hier unvermeidlich, diese Unterschiede in der „Menschheitsentwicklung"? Damit sind wir bei dem eigentlichen Problem, das Humboldt immer wieder beschäftigt hat und sich wie ein roter Faden durch seine Werke zieht: Wie lassen sich die vielfältigen Beziehungen zwischen Natur- und Kulturentwicklung und ihre gegenseitige Durchdringung erklären und deuten. Für Humboldt, wie übrigens ja auch für die Autoren des 16. Jahrhunderts einschließlich Las Casas', sind

---

principes puisés dans l'histoire des peuples que nos études nous rappellent sans cesse. Ils s'éloignent autant des Grecs et des Romains qu'ils se rapprochent des Etrusques et des Tibétains." *Vues des Cordillères*, (wie Anm. 4), S. XV. Wer hier genau liest, wird freilich rasch bemerken, dass der Zweifel am Vergleich weniger prinzipiell ist als es die Formulierung zunächst nahe zu legen scheint und lediglich problematisiert, dass die Nähe zu den „asiatischen Völkern" hier unpassend sein könnte. Vgl. auch Charles Minguet, *Alexandre de Humboldt*, (wie Anm. 63), S. 277, der im gleichen Zusammenhang auf die „Relation historique (...)" verweist.

[103] „Malgré ces rapports frappans entre les peuples du nouveau continent et les tribus tartares qui ont adopté la religion de Bouddah, je crois reconnoître dans la mythologie des Américains, dans le style de leurs peintures, dans leurs langues, et surtout dans leur conformation extérieure, les descendans d'une race d'hommes qui, séparée de bonne heure du reste de l'espèce humaine, a suivi, pendant une longue série de siècles, une route particulière dans le développement de ses facultés intellectuelles et dans sa tendance vers la civilisation", *Vues des Cordillères*, (wie Anm. 4), S. 86.

dies nicht getrennte Sphären, sondern zwei Seiten der gleichen Medaille der Welterkenntnis. „Um die Ursprünge der Künste zu erkennen, muss man die Natur studieren, die ihre Geburt gesehen hat".[104]

> Wenn ich in demselben Werk die rohen Denkmale der Urein-
> wohner von America, und die malerischen Ansichten des Gebirgs-
> landes, welches diese Völker bewohnt haben, darstelle, so glaube ich
> Gegenstände zu vereinigen, deren gegenseitige Beziehung denen, die
> sich mit dem philosophischen Studium des menschlichen Geistes
> beschäftigen, nicht entgangen ist.[105]

Ohne Zweifel haben

> Klima, Bildung des Bodens, die Physiognomie der Pflanzen, der
> Anblick einer lachenden oder wilden Natur auf die Fortschritte der
> Kunst und auf den unterscheidenden Styl ihrer Werke den
> entschiedensten Einfluss.

Es sind die Natur-, und nicht die Kulturdenkmäler, die Alexander von Humboldts Amerikafaszination ausmachen. „Jahrhunderte würden nicht hinreichen, die Schönheiten zu betrachten und die Wunder zu entdecken, welche die Natur dort auf einer Strecke von 2500 Meilen (...) zerstreut hat." Die überwältigende Naturerfahrung ist es, die aus Humboldts Sicht die geringe geschichtliche Bedeutung der altamerikanischen Kulturen kompensiert[106]. Während die Alte Welt ganz menschlich umgestaltete Kultur-

---

[104] „Pour bien connoître l'origine des arts, il faut étudier la nature du site qui les a vus naître." *Vues des Cordillères*, (wie Anm. 4), S. 3. Diese Verbindung zwischen Natur- und Kulturbetrachtung steht freilich in einer weit zurückreichenden Tradition. Die Bezüge zu Montesquieu liegen dabei besonders nahe und sind daher auch in der Literatur verschiedentlich behandelt worden. José Enrique Covarrubias weist sowohl auf wesentliche Gemeinsamkeiten als auch auf Unterschiede zwischen Montesquieu und Humboldt hin, die auch für spätere europäische Beschreibungen z. B. mexikanischer Verhältnisse während des 19. Jahrhunderts prägend geblieben sind. Vgl. José Enrique Covarrubias, *Visión extranjera de México, 1840-1867*, México 1998 (Serie Historia moderna y contemporánea, 31), S. 11-19.

[105] „En présentant dans un même ouvrage les monumens grossiers des peuples indigènes de l'Amérique et les vues pittoresques du pays montueux que ces peuples ont habité, je crois réunir des objets dont les rapports n'ont pas échappé à la sagacité de ceux, qui se livrent à l'étude philosophique de l'esprit humain", *Vues des Cordillères*, (wie Anm. 4), S.3.

[106] Alexander von Humboldt; Hanno Beck (Hrsg.), *Die Forschungsreise in den Tropen Amerikas*, 3 Teilbde. Darmstadt 1997 (Studienausgabe, Bd. II), S. 16.

landschaft sei, ist es in der Neuen umgekehrt. „Der Mensch verschwindet mit seinen Hervorbringungen inmitten einer wilden und gigantischen Natur".[107]

Drittens geht Humboldt besonders in einem Punkt deutlich über die Darstellungen des 16. Jahrhunderts, die er (soweit sie ihm bekannt sein konnten) genau studiert hat, hinaus. Er zieht, gewissermaßen auf der Höhe der medientechnischen Möglichkeiten seiner Zeit, jene Schlussfolgerung, die seinen Ansichten der Kordilleren ihren eigentlichen Pioniercharakter verleiht: die Ausnutzung der „Zeige- und vor allem Reproduktionsmöglichkeiten" seiner Epoche durch möglichst getreue Reproduktion von Abbildungen, durch welche die nicht-schriftliche Vermittlung von Americana neue Wege beschreiten kann[108]. So ist er wohl der erste, der durch eine farbige Wiedergabe von Auszügen aus den Codices, diese Quellen einem „breiteren"[109] Publikum zugänglich macht[110]. „Man muss," so schreibt Humboldt,

---

[107] Ebd., S. 15 f. Diesen Punkt behandelt ausführlich Mary Louise Pratt, *Imperial Eyes. Travel Writing and Transculturation*, London, New York 1992, S. 111-143. Andere Autoren sprechen gerade in bezug auf Humboldts *Vues...* von einer „uneasy combination of mountain views and pre-Columbian art." Vgl. R. A. McNeil; Malcolm D. Deas, *Europeans in Latin America, Humboldt to Hudson, Catalogue of an exhibition held in the Bodleian Library, December 1980-Arpil 1981*, Oxford 1980, S. 6. Man kann dennoch die Prägewirkung für die spätere Reiseberichterstattung gar nicht überschätzen. So fühlte man sich ganz unvermittelt in Humboldts Reisebericht versetzt, als vor wenigen Tagen in der FAZ folgende Passagen von einem Besucher Ekuadors zu lesen waren: „Die Schönheit ist in Ekuador ohnehin eher der Natur als den Städten und Dörfern vorbehalten (...)". Und für den, der dies noch immer eher einer Kontinuität der ekuadorianischen Verhältnisse als einer Kontinuität des europäischen Blickes zuschreibt, hier noch eine Zugabe, die einem Humboldt-Leser natürlich ebenfalls „irgendwie bekannt" vorkommen wird: „Einen solchen Parforceritt durch ein halbes Dutzend Klimazonen und Vegetationssysteme kann man kaum irgendwo grandioser erleben (...)." Vgl. Jakob Strobel y Serra, *Die Asche wird zu Leben, Von der Sanftmut der Vulkane und der Menschen, eine Klimazonenreise durch Ekuador*, in: Frankfurter Allgemeine Zeitung Nr. 266 vom 15. November 2001, S. R1. Die Vorbildwirkung *und* die Variation von Humboldts Modell bei späteren deutschen Reisebeschreibungen behandelt auch Helene Bonnlander, *Der vermittelte Imperialismus, der Blick auf aussereuropäische Lebenswelten von Alexander von Humboldt zu Heinrich Brugsch*, Frankfurt am Main 1998 (Europäische Hochschulschriften. Reihe I, Deutsche Sprache und Literatur, Bd. 1654).

[108] Dies würdigt vor allem Jean-Paul Duviols, *Alexandre de Humboldt et l'image Amérique, Commentaires iconographiques*, in: Vues des cordillères, (wie Anm. 4), S. XV-XXII.

[109] Die Anführungsstriche sind hier freilich erforderlich, denn Humboldts Werk war so teuer, dass Humboldt klagen muss, er selbst könne sich kein Exemplar leisten. Dennoch

an diesen Orten gewesen sein, um die Naivität, diese wahre und örtliche Färbung, die die Beschreibungen der ersten spanischen Reisenden charakterisieren, zu ermessen. Wenn man ihre Werke studiert, bedauert man, dass sie nicht von Abbildungen begleitet werden, die eine exakte Vorstellung von den Monumenten geben könnten, die vom Fanatismus zerstört oder durch die Schuld der Sorglosigkeit zu Ruinen verfallen sind.[111]

Aus dieser Kritik an seinen Vorgängern hat Humboldt offensichtlich Konsequenzen zu ziehen versucht. In seinem Bemühen um genaue Abbildung liegt auch ein wesentlicher Grund, warum Humboldt trotz seiner „entwicklungsgeschichtlichen Geringschätzung" der Kulturen Altamerikas, wenn auch in einem etwas vagen Sinne zuweilen zu den Ahnherrn der modernen Altamerikanistik gezählt wird[112]. In den *Vues* sind auf zwanzig Tafeln einzelne Seiten alter Codices abgebildet. Dass Humboldt einige davon in Mexiko gekauft hatte und sie später nach Berlin verbrachte,

---

machte Humboldts Werk zum ersten Mal möglich, farbige Reproduktionen von Fragmenten der weit über Europa und Amerika verstreuten Codices nebeneinander zu betrachten.

[110] „Humboldt may thus be seen as a key figure in helping to establish what would become in time a 'canon' of major Aztec sculptural work." Vgl. Eloise Quiñones Keber, *Humboldt and Aztec Art*, in: Colonial Latin American Review 5,2 (1996), 277-297, S. 284 und 291. Auch Kubler spricht Humboldt das Verdienst zu, die „nineteenth-century enlargement of the visual base of information" über die Amerikas mit eingeleitet zu haben. Vgl. George Kubler, *Esthetic Recognition of Ancient Amerindian Art*, New Haven 1991, S. 9. Über Humboldts Bewertung der aztekischen Kultur macht sich auch dieser Autor freilich keine Illusionen. Vgl. ebd., S. 100.

[111] „Il faut avoir été sur les lieux pour apprécier cette naïveté, cette teinte vraie et locale qui cáractérise les relations des premiers voyageurs espagnols. En étudiant leurs ouvrages, on regrette qu'ils ne soient pas accompagnés de figures qui puissent donner une idée exacte de tant de monumens détruits par le fanatisme ou tombés en ruine par l'effet d'une coupable insouciance." Vgl. *Vues des Cordillères*, (wie Anm. 4), S. II.

[112] Vgl. Eloise Quiñones Keber, *Humboldt and Aztec Art*, in: Colonial Latin American Review 5,2 (1996), 277-297, insbesondere S. 278; Elizabeth Hill Boone (ed.), *Collecting the pre-Columbian past*, Washington D. C. 1993, S. 322; für die mexikanistische Forschung Enrique Florescano, *The creation of the Museo Nacional de Antropología of Mexico and its scientific, educational, and political purposes*, in: Elizabeth Hill Boone (ed.), Collecting the pre-Columbian past, Washington D. C. 1993, 81-103, S. 85. Kritischer dagegen Ignacio Bernal, *A history of mexican archaeology, the vanished civilizations of Middle America*, London 1980. Auch Bernal weist darauf hin, dass Humboldt sich auf frühere Studien stützen kann und einer europäischen Perspektive in seiner Betrachtung der altamerikanischen Kulturen verbunden bleibt. Vgl. ebd., S. 102 und passim.

würde man heute unter der Kategorie Kunstraub einordnen. Für eine getreue Reproduktion und damit für die Möglichkeit einer wissenschaftlichen Beschäftigung mit diesen wichtigen Zeugnissen war dies aus seiner Sicht eine wichtige Voraussetzung. Die Reproduktion von Humboldts Stücken im zweiten Band von Lord Kingsborough's *Antiquities of Mexico*[113] stützt diese Deutung ebenso wie die spätere Ausbildung einer deutschen altamerikanischen Schule durch Eduard Seler u. a., die „Reisemitbringsel" europäischer Amerikareisender wie Humboldt für das Studium der amerikanischen Kulturen nutzbar zu machen begann.

Der Grad von Humboldts Engagement gerade auf diesem Feld ist übrigens auch daran ablesbar, dass die teuren Kupferstiche Humboldts Verleger in den Bankrott trieben und sein eigenes Vermögen empfindlich schmälerten. Aus den dargestellten Gründen weit prägender als für die Altamerikanistik waren Humboldts Amerikabilder freilich in der amerikanischen Landschaftsmalerei wie vor allem Renate Löschner in verschiedenen Beiträgen gezeigt hat[114].

---

[113] Edward King Kingsborough; Agostino Aglio; Guillermo Dupaix, *Antiquities of Mexico: comprising fac-similes of ancient Mexican paintings and hieroglyphics, preserved in the royal libraries of Paris, Berlin and Dresden, in the Imperial library of Vienna, in the Vatican library; in the Borgian museum at Rome; in the library of the Institute at Bologna; and in the Bodleian library at Oxford. Together with the Monuments of New Spain, by M. Dupaix: with their respective scales of measurement and accompanying descriptions*, 9 vols., London 1830-1948.

[114] Die stilbildende Wirkung Humboldts für die nachfolgende, malerische Amerikadarstellung behandeln Stanton Loomis Catlin, *Traveller-Reporter, artists, and the empirical tradition in post-independence Latin America*, in: Dawn Ades (ed.), Art in Latin America, the modern era, 1820-1980, New Haven, Conn. 1989, S. 41-62; Renate Löschner, *Lateinamerikanische Landschaftsdarstellungen der Maler aus dem Umkreis von Alexander von Humboldt*, Inaugural - Dissertation zur Erlangung des Grades eines Doktors der Philosophie, TU Berlin 1976; Renate Löschner, *Deutsche Künstler in Lateinamerika, Maler und Naturforscher des 19. Jh. illustrieren einen Kontinent*, Berlin 1978; Renate Löschner, *Die Amerikaillustration unter dem Einfluß von Alexander von Humboldts*, in: Wolfgang-Hagen Hein (Hrsg.), Alexander von Humboldt, Leben und Werk, Frankfurt a. M. 1985, S. 283-300. Zur Bild-Geschichte Amerikas vor Humboldt vgl. auch Hugh Honour, *The New Golden Land, European images of America from the discoveries to the present time*, London 1975; Jean-Paul Duviols, *L'amérique espagnole vue et rêvée. Les livres de voyages, de Christophe Colomb à Bougainville*, Paris 1985 und im weiteren Sinne Gustav Siebenmann; Hans-Joachim König (Hrsg.), *Das Bild Lateinamerikas im deutschen Sprachraum, ein Arbeitsgespräch an der Herzog August Bibliothek Wolfenbüttel, 15.-17. März 1989*, Tübingen 1992 (Beihefte zur Iberoromania, Bd. 8).

Einen vierten Aspekt sollte man abschließend nicht übersehen: Humboldt ist viel weniger der isolierte Einzeltäter, als der er in der Literatur oft erscheint. Seine Beiträge wären ohne den Kontakt zu „lokalen Informanten", die ihm nicht zuletzt durch die Geleitbriefe der spanischen Krone ermöglicht wurden, kaum zu denken. Humboldt bedient sich des Wissens mexikanischer und südamerikanischer Gelehrter und politisch wacher Zeitgenossen, um seinen Bericht so „wahrheitsgetreu" wie möglich verfassen zu können.

Sein Gebrauch dieser Quellen ist an jeder Stelle insofern vorbildhaft, als er den genauen Leser hierüber nie im Unklaren lässt. Humboldts Rolle für die „Wiederentdeckung Amerikas" besteht deshalb nicht zuletzt darin, die Leistungen „mexikanischen" Gelehrtentums (etwa eines León y Gama oder eines Clavijero) vor der Weltöffentlichkeit als seriös im Sinne moderner Wissenschaftlichkeit zu akkreditieren und damit erst auf die mannigfaltigen Quellen, sich über Amerika aus erster Hand zu informieren, hinzuweisen[115]. Der eigentliche Beitrag Humboldts liegt also einerseits in der bildlichen und nicht mehr nur schriftlichen Darstellung jenes Amerika, und andererseits darin, originär amerikanische Quellen für den europäischen Beobachter als „authentisch" glaubhaft zu machen. Sich mit diesen Bildern auseinandersetzen hilft uns verstehen, wie Europa Amerika zu verstehen gesucht hat und wie wir z. T. heute noch Amerika verstehen. Das Problem ist freilich – allen Gedankenspielen einer „intellectual history" zum Trotz – von einer „Realgeschichte" Amerikas kaum zu trennen[116]. Erst vor dem Hintergrund der zunehmenden Ausblendung der außereuropäischen Welt aus der Wahrnehmung der deutschen Historiographie seit dem 19. Jahrhundert wird nachvollziehbar, warum eine moderne Geschichtswissenschaft von Humboldt heute wieder etwas lernen kann[117].

---

[115] Diesen Aspekt hebt insbesondere der Mexikaner Leopoldo Zea hervor. Vgl. Leopoldo Zea, *Alejandro de Humboldt, Autodescubrimiento de América*, in: Wolfgang Greive (Hrsg.), Alexander von Humboldt, Die andere Entdeckung Amerikas, Rehburg-Loccum 1993, S. 36-51.

[116] Jürgen Osterhammel, *Distanzerfahrung. Darstellungsweisen des Fremden im 18. Jahrhundert*, in: Hans-Joachim König; Wolfgang Reinhard; Reinhard Wendt (Hrsg.), Der europäische Beobachter außereuropäischer Kulturen, Zur Problematik der Wirklichkeitswahrnehmung, Berlin 1989, S. 9-42, hier S. 42.

[117] Vgl. Jochen Meissner, *Die außereuropäische Geschichte in Hamburg und der Republik: Kurzes Plädoyer für Kooperationen im Interesse einer "nachholenden Modernisierung" der*

Keine Frage des Erkenntnisfortschritts:
Heilbare Barbarisierung bei Humboldt vs. Herausforderung des europäischen Blicks durch Las Casas

Ich fasse abschließend noch einmal zusammen und spitze meine Kernthese noch einmal zu: Die allegorische Darstellung der Begegnung Amerikas und Europas im von Gérard für Humboldt entworfenen Frontispiz des *Atlas Géographique* versinnbildlicht, dass zu Beginn des 19. Jahrhunderts die griechisch-römische Antike in Amerika keiner fundamentalen Herausforderung mehr gegenüberzustehen glaubte, sondern eher einem bemitleidenswerten Geschöpf, dem freilich mit Hilfe europäischen Handels, europäischer Wissenschaft und europäischen „Weizens" der Weg zur Zivilisation geebnet werden könnte. Las Casas hatte dagegen die „alten" Mexikaner als den „alten" Griechen und Römern in vielen Hinsichten überlegen beschrieben. Damit hatte er den von Amerika ausgehenden Impulsen für das Antikebild und das europäische Selbstverständnis seiner Zeit – wie übrigens auch andere Autoren des 16. Jahrhunderts allen voran Acosta – einerseits Ausdruck verliehen; andererseits hatte er auf diesem Wege gleichzeitig hinter die Überlegenheitsvorstellungen gegenüber den Bewohnern der Neuen Welt Fragezeichen gesetzt. Möglicherweise handelt es sich bei Las Casas' „historia apologética" und einer Handvoll weiterer Schriften (etwa Sahagúns), die wie die von Las Casas erst im 20. Jahrhundert einer breiteren Öffentlichkeit zugänglich gemacht wurden um „isolated moments", die sich weniger in eine fortschreitende europäische „Amerikaerkenntnis" einordnen lassen als vielmehr einem solchen Ordnungsverhalten eher widersprechen[118]. Freilich sollte man auch die Grenzen von Las Casas' Darstellung nicht beschönigen, der natürlich parteilich ist. Auch Las Casas billigte den amerikanischen „Ureinwohnern" keine eigene Geschichte jenseits der „griechisch-christlichen" Ökumene zu. Auch er zeichnet sie teilweise mit „barbarischen Zügen". In seinem Bemühen, die europäischen Eroberungen zu deligitimieren, entwickelt er allerdings zugleich eine vergleichende Ethnologie, die, wie oben gezeigt, dennoch über seinen Standort hinausweist. Humboldt geht in seinem Amerika-Werk zwar ebenfalls kritisch mit der These von der Minderwertigkeit der

---

deutschen Fachhistorie, in: Laurence Marfaing; Brigitte Reinwald (Hrsg.), Afrikanische Beziehungen, Netzwerke und Räume, Münster 2001, S. 417-428.

[118] Michael T. Ryan, *Assimilating New Worlds in the Sixteenth and Seventeenth Centuries*, in: Comparative Studies in Society and History 23 (1981), S. 519-538, hier S. 522.

Menschen, der Fauna und Flora Lateinamerikas ins Gericht, die um 1800 gerade in „aufgeklärten" Kreisen verbreitet war. Dieses Bild schlug sich, wie gezeigt, auch bei Hegel nieder. In vielen Hinsichten lässt die Schärfe von Humboldts Ton hier kaum etwas zu wünschen übrig. Überwältig ist Humboldt aber in erster Linie von der amerikanischen Natur. Den altamerikanischen Kulturen räumt er dagegen nur „asiatischen" Rang ein und ist weit davon entfernt, die „amerikanischen Hochkulturen" mit den Leistungen der Römer und der von ihm besonders verehrten Griechen auf einer Stufe zu sehen. Zur Menschheitsgeschichte haben die „alten Amerikaner" aus seiner Sicht nichts Wesentliches beigetragen. Wenn man überhaupt im Vergleichen so weit gehen will, die beiden Sichtweisen unmittelbar gegenüberzustellen, ließe sich fragen, ob man auf Zeugnisse eines „Nicht-Hinsehen-Wollens" bei den altamerikanischen Kulturen möglicherweise eher im 19. als im 16. Jahrhundert trifft[119]. Im 16. Jahrhundert wussten manche Autoren jedenfalls, sich das etablierte Referenzsystem der klassischen Texte nutzbar zu machen, um die Neue Welt in den europäischen Erfahrungshorizont zu holen. Seit dem 19. Jahrhundert scheint dieses Potenzial in vielen Hinsichten stillgelegt worden zu sein. Wenn ich richtig sehe, nicht nur zum Nachteil der außereuropäischen Geschichte, sondern auch zum Nachteil der mit der Antike selbst befassten Wissenschaften.

Allerdings lässt sich die Veränderung in der Bedeutung der Antike-Metapher auch weniger melancholisch deuten – insbesondere wenn man den Blick nicht unnötig auf das Problem der Aktualisierung von Antike verengt. Schließlich hatte Humboldt ganz andere Möglichkeiten zur Verfügung als die Autoren des 16. Jahrhunderts. Am Beispiel der Reproduktion bildlicher Darstellungen in den *Vues des Cordillères* konnten wir dies bereits zeigen. Dazu kommt das gesamte Repertoire der statistischen Beschreibung und genauen Messungen in naturwissenschaftlichen Referenzsystemen, deren mögliche Autorität den an Klassikern des 16. Jahrhunderts geschulten Autoren im besten Falle erst vage vor Augen stand, die aber Humboldt voll zum Tragen zu bringen wusste. In dieser Sicht bediente sich Las Casas der Antike, weil es das vorherrschende (wenn auch, wie am Beispiel der Spanienmetaphern der Konquistadoren gezeigt, nicht das einzige verfügbare) Referenzsystem seiner Zeit war. Bei Humboldt tritt die statistische Erfassung, die exakte Messung und genaue

---

[119] Vgl. Anthony Pagden, *The fall of natural man*, (wie Anm. 24), S. 1 ff.

Beschreibung an diese Stelle. Humboldts Beschäftigung mit den altamerikanischen Kulturen mag hinter der eines Acosta, eines Sahagún oder eines
Las Casas zurückbleiben. Für Humboldts „Vergegenwärtigunsstrategien"
über die „aktuelle Lage" Amerikas zu seiner Zeit gilt dies sicher nicht.
Anders wäre seine Rückwirkung auf die Amerikabilder, von Europäern
wie Amerikanern[120] seiner Zeit, kaum zu erklären. Humboldt braucht –
wie das Frontispiz zeigt – die Antikemetapher nur noch zur zeitgemäßen
Verzierung, dem Erkenntnisgewinn seiner Zeit ist sie dagegen, wie Humboldts Umgang mit den altamerikanischen Kulturen zeigt, in weiten
Bereichen eher abträglich.

---

[120] Beispielhaft untersucht für Mexiko in: Juan A. Ortega y Medina, *Humboldt desde
México*, México 1960. Vgl. auch Michel Bertrand, *Alexander von Humboldt und die
'Wiederentdeckung' Mexikos zu Beginn des 19. Jahrhunderts*, in: comparativ 11 (2001), S. 84-
104 und Walther L. Bernecker, *Der Mythos vom mexikanischen Reichtum. Alexander von
Humboldts Rolle vom Analysten zum Propagandisten*, in: Ottmar Ette; Walther L. Bernecker
(Hrsg.), Ansichten Amerikas, Neuere Studien zu Alexander von Humboldt, Frankfurt a.
M. 2001, S. 79-103.

„denn man irrt sehr, wenn man glaubt, daß es Antiken giebt." – Die Metamorphosen eines kulturellen und politischen Leitphantasmas am Beispiel eines Fragments von Friedrich von Hardenberg (Novalis)

Martin Schierbaum (München)

> Die Moderne wird durch die Macht des Trugbilds definiert.
> (Gilles Deleuze)

1

Das 1798 entstandene 443. Fragment aus den Vorarbeiten zu verschiedenen Fragmentsammlungen[1] Friedrich von Hardenbergs dokumentiert eine relativ unbekannte Perspektive der deutschen frühromantischen Antikerezeption. In diesem Fragment lassen sich exemplarisch sowohl die Einbindung Hardenbergs in die zeitgenössischen Debatten um die Rolle der Antike wie auch der eigene Weg der Frühromantiker, schließlich auch einige Schwerpunkte dieser Arbeitsperiode Hardenbergs nachvollziehen und diskutieren.

Dieses Fragment, so die hier vertretene These, projektiert keineswegs eine Abwendung von der Antike, sondern stellt eine recht elaborierte Rezeptionsform der Antike dar, die das theoretische Arsenal und die Positionsbildungen in den zeitgenössischen Diskussionen fast vollständig in den Gedankengang einfließen läßt. Es bezieht sich gleichermaßen auf Kants Theorie der Einbildungskraft[2], als Mittlerin zwischen Subjekt und Objekt und übernimmt die für die Frühromantik typische Konzeption der Belebung[3] der Gegenstände in der Erkenntnis. In die Diskussion des

---

[1] Novalis, *Werke, Tagebücher und Briefe Friedrich von Hardenbergs*, hrsg. v. Hans Joachim Mähl und Richard Samuel, 3 Bde., Bd. 1 und 2, München Wien 1978, Bd. 3, München Wien 1987, Bd. 2, S. 412-414.

[2] Vgl. dazu Immanuel Kant, *Kritik der Urteilskraft* (im Weiteren zitiert als *KdU*), hrsg. v. Wilhelm Weischedel, Frankfurt / Main [13]1994, B 256 u. ö.

[3] Das Konzept der Belebung wird im Kontext der *ästhetischen Idee* entwickelt, vgl. Kant, *KdU* B 198.

Klassischen und Modernen gehen die Positionsbildungen Schillers ein, der unter anderem die Begriffe das Naive für die antike Kunst und das Sentimentalische für die moderne Kunst prägt. Hardenberg nimmt hier mit den Begriffen des Klassischen und des Interessanten die Position Friedrich Schlegels auf, der diese Termini als Gegenbegriffe zu Schillers Konzeption formuliert[4]. Schließlich ruft der Begriff der Setzung den Kontext der Auseinandersetzung Fichtes mit Kant auf, Fichtes Begriff der Tathandlung und seine Konsequenz für die Subjektkonzeption, bei der das Ich als eine Setzung aufgefaßt wird, als eine These, wie Hardenberg es nennt, dem ein Nicht-Ich entgegengesetzt wird[5]. Die Überlegungen Hardenbergs sind im Zentrum der frühromantischen Debatten angesiedelt, die sich um die drei großen Tendenzen des Zeitalters, die Friedrich Schlegel als die Französische Revolution, die Wissenschaftslehre Fichtes und Goethes Roman Wilhelm Meisters Lehrjahre bestimmt, entwickeln[6].

Das Fragment, an dem wir Hardenbergs Antikerezeption hauptsächlich analysieren und diskutieren wollen, nimmt Goethes künstlerische und naturwissenschaftliche Leistungen zum Ausgangspunkt der Frage nach der Antike, als Gegenstand der bildenden Kunst und gleichzeitig der Epoche. Diese Leitlinien der Diskussion können wir hier lediglich kurz aufführen, es kommt uns darauf an zu betonen, dass der Gedankengang Hardenbergs nicht so aus der Luft gegriffen ist, wie man auf den ersten Blick vielleicht meinen könnte.

---

[4] Vgl. Friedrich Schiller, *Ueber naive und sentimentalische Dichtung [1795], Schillers Werke*. Nationalausgabe, Bd. 20, hrsg. v. Benno von Wiese u. Helmut Koopmann, Weimar 1962, S. 413-503 und Friedrich Schlegel, *Über das Studium der griechischen Poesie [1795-1797]*, Kritische Friedrich-Schlegel-Ausgabe, Bd. 1, *Studien des klassischen Altertums*, hrsg. v. Ernst Behler, Paderborn München Wien 1979, S. 217-367. Vgl. dazu unter anderem: Hans-Robert Jauss, *Literaturgeschichte als Provokation*, Frankfurt a. M. 1974, Peter Szondi, *Poetik und Geschichtsphilosophie I. Antike und Moderne in der Ästhetik der Goethezeit, Hegels Lehre von der Dichtung*, Frankfurt a. M. 1985, Jochen Schmidt, *Die Geschichte des Geniegedankens 1750-1945*, Bd. 1, Von der Aufklärung zum Idealismus, Darmstadt 1985, S. 13-18.

[5] Vgl. dazu die *Fichte-Studien* Hardenbergs, bes. Nr. 1-11, Hardenberg, Werke, Bd. 2, S. 8-16. Der Kommentar zu diesen Stellen, Hardenberg, *Werke*, Bd. 3, S. 300-303, dokumentiert die Bezugspunkte zu Fichtes Text, *Ueber den Begriff der Wissenschaftslehre [1794]*, Johann Gottlieb Fichte, Gottlieb Fichtes sämtliche Werke, hrsg. v. Immanuel Herrmann Fichte, 8 Bde., Berlin 1845f., Reprint, Berlin 1971. Der erste Satz der ersten *Fichte-Studie* lautet: „Im Satze a ist a liegt nichts als ein Setzen." Hardenberg, *Werke*, Bd. 2, S. 8.

[6] Friedrich Schlegel, *Athenäums-Fragmente*, Nr. 216, Kritische Friedrich-Schlegel-Ausgabe, Bd. 2, *Charakteristiken und Kritiken I (1776-1801)*, hrsg. v. Hans Eichner, München Paderborn Wien 1967, S. 193.

Die Antike als Leitbild ist spätestens seit Winckelmann in die deutsche Bildungsdiskussion und in die Diskussion um das nationale Selbstverständnis gekommen. Hardenberg setzt sich in mancher Hinsicht vom Antikebild seiner Zeit ab und bestimmt die Antike als eine Produktion der Phantasie, einer Phantasie freilich, die bei der Strukturierung der Gegenwart und der Wirklichkeit eine wesentliche Rolle spielt. Wenn wir die Antike hier als ein Leitphantasma bezeichnen, dann beziehen wir uns einerseits auf Hardenbergs Zugang zu ihr, andererseits auf die neuere philosophische Diskussion. In den letzten Jahren ist die Antikerezeption des 18. und 19. Jahrhunderts durchaus kritisch betrachtet und in den Kontext der Genese des Nationalsozialismus gestellt worden[7], mit diesen Forschungsergebnissen werden wir unsere Interpretation des Fragments konfrontieren. Als Metamorphosen bezeichnen wir den Neuansatz in der Gestaltung und Auffassung des Bildes der Antike wie auch die Kritik daran.

Fragt man nach einem unmittelbaren Anlaß für Hardenbergs Thesen zur Antike, dann legt die Forschung zu diesem Fragment als konkreten Bezugspunkt die Eindrücke nahe, die Hardenberg bei einer Exkursion in die Dresdener Antiken- und Gemäldegalerie am 25. und 26. August 1798 zusammen mit den Brüdern Schlegel, deren Frauen, Friedrich Schelling und einigen anderen sammelte[8]. Hier kann man den Weg von der Kunst zum Leben, von der Statue zur ihrer Interpretation mit der Perspektive auf einen Neuansatz sich abzeichnen sehen.

Das Fragment Nr. 443 der Vorarbeiten markiert eine Art Schwellensituation in der Arbeit Hardenbergs von einer Phase des primär philosophisch ausgerichteten Arbeitens zu einer, die durch naturwissenschaftliche Überlegungen gekennzeichnet ist[9], und es markiert einen Wendepunkt in

---

[7] vgl. dazu, Philippe Lacoue-Labarthe, *Die Fiktion des Politischen. Heidegger, Die Kunst und die Politik*, Stuttgart 1990 und Joseph Vogl (Hrsg.), *Gemeinschaften. Positionen zu einer Philosophie des Politischen*, Frankfurt a. M. 1994. Einleitung. „Gerade das imaginäre Werden eines deutschen Volkes und einer deutschen Nation - die in dieser Hinsicht keineswegs 'verspätet' ist - offenbart dabei den doppelten Einsatz, den die politische Einbildungskraft mit ihrer Fixierung an eine Substanz der Gemeinschaft ins Spiel bringt." Ebd., S. 15. Eine politisch-ökonomische Hardenberglektüre legt Vogl mit ähnlicher Perspektive vor in: Joseph Vogl, *Geschichte, Wissen, Ökonomie*, in: Poststrukturalismus. Herausforderungen an die Literaturwissenschaft, hrsg. v. Gerhard Neumann, Stuttgart Weimar 1997, S. 462- 480 u. 624-626.

[8] Hardenberg, Werke, Bd. 3., S. 416.

[9] Ebd., S. 414 f.

Hardenbergs Auseinandersetzung mit Goethes Roman Wilhelm Meisters
Lehrjahre, der für die Entstehung des frühromantischen Romans und der
Kunsttheorie einen Meilenstein darstellt. Die Positionsbildung zu Goethe
dokumentiert sich zunehmend als eine kritische Spannung, kritisch ist sie
im Sinne einer Herausforderung für ein eigenes ästhetisches Arbeiten. Die
Rivalität der Kunstkonzepte der Weimarer Großdenker und Dichter -
Goethe und Schiller - und der Jeaner und Berliner Talente - die Gebrüder
Schlegel, Schelling, Tieck und andere sind hier zu nennen - manifestiert
sich im Umgang mit den kunsttheoretischen Standortbestimmungen und
Bezugspunkten. Diese Rivalität wird unter anderem in der Rezeption der
Antike deutlich[10]. Das Fragment 443 diskutiert zunächst die Rolle Goethes als Dichter und als Naturwissenschaftler. „Göthe ist ein ganz prac-
tischer Dichter. Er ist in seinen Wercken [...] höchst einfach, nett, bequem
und dauerhaft".[11] Für Goethes naturwissenschaftliche Tätigkeit, für die
seine Farbenlehre als Bezugspunkt angesehen werden kann, nimmt Hardenberg einen romantischen Einschlag wahr:

> In seinen physicalischen Studien wird es recht klar, daß es seine Nei-
> gung ist eher etwas Unbedeutendes ganz fertig zu machen - ihm die
> höchste Politur und Bequemlichkeit zu geben, als eine Welt anzu-
> fangen und etwas zu thun, wovon man vorauswissen kann, daß man
> es nicht vollkommen ausführen wird, daß es gewiß ungeschickt
> bleibt, und daß man es nie darinn zu einer meisterhaften Fertigkeit
> bringt. Auch in diesem Felde wählt er einen romantischen oder sonst
> artig verschlungenen Gegenstand.[12]

Goethe wird mit deutlicher Ironie als ein leicht medioker Dichter dargestellt, solide als Wissenschaftler mit einem Bewußtsein für die eigenen
Grenzen. Wenn man bedenkt, dass Goethes Farbenlehre sich mit keinem

---

[10] Anknüpfungspunkte für andere, besonders machtpolitische Rivalitäten im Umkreis
der Universität Jena liefert u. a. W. Daniel Wilson, *Das Goethe Tabu. Protest und Menschen-
rechte im klassischen Weimar*, München 1999. Wilson untersucht Goethes Rolle bei der
Durchsetzung totalitärer und absolutistischer Strukturen im Herzogtum Sachsen-Weimar-
Eisenach als Mitglied des Geheimen Consiliums, das unter anderem für die Bespitzelung
der Jenaer Universität verantwortlich war, aus der Fichte, einer der wichtigen Lehrer Hardenbergs, aufgrund des Atheismusverdachts durch die Initiative dieses Gremiums entfernt
1798 wurde.
[11] Hardenberg, Werke, Bd. 2, S. 412.
[12] Ebd.

geringeren als Newton auseinandersetzt und dass er mit seinem Werther beinahe eine ganze Generation in den Suizid getrieben hat, dann sind die Wertungen, die ihn als *praktisch, nett, einfach, bequem* und *dauerhaft* ansehen, eher auf ein solides Mittelmaß zu beziehen. Hardenberg differenziert aber in seiner Wahl der Begriffe, das, was mit einer deutlichen Ironie vorgetragen wird, was im ungebrochenen Selbstbewußtsein des frühromantischen Jungdichters gesprochen wird, bezieht sich auf den Dichter Goethe, als Künstler aber erfährt Goethe eine besondere Wertschätzung. Der Dichter Goethe wird durch „einen natürlich oeconomischen und einen durch Verstand erworbenen edlen Geschmack" (ebd.) charakterisiert. Als Dichter ist Goethe für Hardenberg uninspiriert und nicht im mindesten genial. Als genial stellt Hardenberg allerdings Goethes Darstellungsweise, besonders in der Naturwissenschaft heraus[13]. Goethes Künstlerschaft liegt für dieses Fragment auf einer anderen Ebene als der der Dichtung und damit dokumentiert sich ein Prozeß der Einordnung Goethes und der Positionierung Hardenbergs zum großen Weimarer. „Seine Betrachtungen des Lichts, der Verwandlung der Pflanzen und der Insecten sind Bestätigungen und zugleich die überzeugendsten Beweise, dass auch der vollkommene Lehrvortrag in das Gebiet des Künstlers gehört".[14] Goethes Qualitäten bestehen für Hardenberg, der als angehender Bergbauingenieur mit naturwissenschaftlichen Fragestellungen auf dem höchsten Niveau seiner Zeit beschäftigt ist, in der künstlerischen Darstellung. Goethe wird in dieser Hinsicht als der „erste Physiker seiner Zeit"[15] bestimmt.

---

[13] Die Darstellung markiert für diese Epoche des frühromantischen Denkens eine wesentliche Qualität des Genies, die sich unter anderem in den *Vermischten Bemerkungen* findet: „Das Genie sagt aber so dreist und sicher, was es in sich vorgehn sieht, weil es nicht in seiner Darstellung und also auch die Darstellung nicht [in] ihm befangen ist, sondern seine Betrachtung und das Betrachtete frey zusammenzustimmen, zu Einem Wercke frey sich zu vereinigen scheint." Hardenberg, Werke, Bd. 2, S. 232-234 (*Vermischte Bemerkungen* Nr. 22). Zwei Qualitäten sind hier hervorzuheben, einerseits der introspektive Blick, die Darstellung kommt aus dem Inneren, ist aber für das Genie nicht im Inneren befangen. Zweitens die Freiheit, die in der Darstellung bereits anklingt, sich aber auch auf das Verhältnis von Betrachtung und Betrachtetem bezieht. Hardenberg geht hier von einer Beziehung von Gegenstand und Betrachtung des Gegenstandes aus, die nicht von einer Zwangsläufigkeit oder Notwendigkeit bestimmt ist, sondern von der Gestaltung, die mit dem Gegenstand frei zusammenstimmt.

[14] Hardenberg, Werke: Bd. 2, S. 412.

[15] Ebd., S. 413.

Entscheidend für diese Einschätzung Goethes im 443. Fragment der
Vorarbeiten sind nicht die Kenntnisse und die Entdeckungen Goethes,
sondern die Art, wie er mit der Natur als einem Gegenstand umgeht, an
dieser Stelle zieht Hardenberg die Parallele zwischen Natur und Antike:
„Hier kommt es darauf an, ob man die Natur, wie ein Künstler die Antike, betrachtet - denn ist die Natur etwas anders, als eine lebende Antike.
Natur und Natureinsicht entstehn zugleich, wie Antike, und Antiken-
kenntniß [...]“.[16]
   Mit diesem Gedanken kristallisiert sich Hardenbergs Einschnitt in die
Diskussion und sein radikaler Neuansatz in der Antikerezeption heraus:
erst der Blick des Künstlers lasse die Natur wie auch die Antike entstehen,
es geht für Hardenberg bei der Einsicht in die Natur und der Kenntnis der
Antike nicht um sachliche Kompetenz, sondern um einen Prozeß, die
Betrachtung mit den Augen des Künstlers. Im Vergleich von Natur und
Antike wird außerdem die bis heute konstitutive Differenz von Natur
und Kultur radikal eingeebnet zugunsten einer Betonung der Perspektive
auf den Gegenstand. Wenn man die Antike als Statue versteht, dann ist die
„lebende Antike“ mit einer künstlerischen Belebung in Verbindung zu
bringen. Die Relation von antiker Statue und Natur als eine zwischen der
toten aber lebensnahen Darstellung eines Menschen und der lebenden
Form in der Natur, die man vielleicht erwarten würde, gilt hier nicht. Vor
dem Auge des Künstlers spielt der Gegensatz zwischen dem Natur- und
dem Kulturprodukt keine wesentliche Rolle, entscheidend ist das Zugleich
in der Produktion des Bildes: „Natur und Natureinsicht entstehn zugleich,
wie Antike, und Antikenkenntniß“. Die Natur wie die Antike - auch als
Epoche - sind in Hardenbergs Konzept der Antikerezeption Produkte, die
mit der Einsicht und der Kenntnis erst Gestalt und Leben annehmen[17].

---

[16] Ebd.

[17] Ganz anders bezieht sich Schiller in der Anfangspassage seiner Abhandlung *Ueber
naive und sentimentalische Dichtung* auf die Natur und gleichzeitig auf die "Denkmäler der
alten Zeiten": „Es giebt Augenblicke in unserm Leben, wo wir der Natur in Pflanzen,
Mineralien, Thieren, Landschaften, so wie der menschlichen Natur in Kindern, in den
Sitten des Landvolks und der Urwelt, nicht weil sie unsern Sinnen wohlthut, auch nicht
weil sie unsern Verstand oder Geschmack befriedigt (von beyden kann oft das Gegentheil
satt finden) sondern bloß w e i l   s i e   N a t u r   i s t, eine Art von Liebe und rührender
Achtung widmen. Jeder feinere Mensch, dem es nicht ganz und gar an Empfindung fehlt,
erfährt dieses, wenn er im Freyen wandelt, wenn er auf dem Lande lebt, oder sich bei den
Denkmälern der alten Zeiten verweilet, kurz, wenn er in künstlichen Verhältnissen und
Situationen mit dem Anblick der einfältigen Natur überrascht wird.“ Schiller, *Ueber naive*

Vor dem Hintergrund des künstlerischen Blicks existiert die Differenz zwischen tot und belebt, zwischen Natur und Kultur nicht. Das Objekt der Erkenntnis entsteht erst als Produkt des subjektiven künstlerischen Blicks. Eine Belebung kann nur in der Erkenntnis selbst durch die Einbildungskraft und die gesteigerte Einbildungskraft, die Phantasie, geschehen.

Der folgende Schritt dieser Argumentation spitzt den Gedanken nochmals zu: „denn man irrt sehr, wenn man glaubt, dass es Antiken giebt. Erst jezt fängt die Antike an zu entstehen. Sie wird unter den Augen und der Seele des Künstlers.“[18] Wurde im ersten Teil des Exkurses das Entstehen der Antike im Moment des Betrachtens betont, so wird diese These im zweiten noch radikaler formuliert und die Existenz der Antike insgesamt geleugnet. Der Moment der Entstehung der Antike wird in die künstlerische Betrachtung verlagert, genauer in die optische und intellektuelle Verarbeitung, die als Produktion des künstlerischen Bildes aufgefaßt werden muß.

> Die Reste des Alterthums sind nur die specifischen Reize zur Bildung der Antike. Nicht mit den Händen wird die Antike gemacht. Der Geist bringt sie durch das Auge hervor - und der gehaune Stein ist nur der Körper, der erst durch sie Bedeutung erhält, und zur Erscheinung derselben wird.[19]

Die materiellen Relikte des Altertums geben der Phantasie und dem Geist bestimmte Reize für seine Tätigkeit. Das Bild, das von der Antike als Statue und als Epoche erzeugt werden kann, ist nach Hardenbergs Auffassung kein anderes als ein geistiges, durch Geist produziertes. Der Blick auf den Stein als Objekt und die Verarbeitung durch den Geist erzeugen die Bedeutung, und hier liegt das Skandalon seiner These, sie erzeugen auch die Erscheinung.

Dieses Modell der Antikerezeption wird in der Konfrontation mit ihrem Kontext im Werk Hardenbergs deutlicher und kann in einigen Aspekten erweitert werden. Wesentliche Fragmente der kurze Zeit vor

---

und sentimentalische Dichtung, S. 413. Schiller stellt hier ein Konzept von der Natur dar, das durch seine Faktizität Empfindungen hervorruft, und parallelisiert gleichzeitig die Eindrücke der Natur mit denen der *Urwelt* und der "Denkmäler der alten Zeiten“, die er gegen das Künstliche a priori abgrenzt. Antike und Natur verschmelzen hier zur organischen Einheit, die im Vergleich mit dem Künstlichen von einer Unmittelbarkeit zeugt.

[18] Hardenberg: Werke, Bd. 2, S. 413.
[19] Ebd.

dem 443. Fragment der Vorarbeiten entstandenen Sammlung Vermischte
Bemerkungen - sie ist besser unter dem Namen Blüthentstaub bekannt,
den Friedrich Schlegel ihr für die Veröffentlichung in der Zeitschrift Athe-
naeum gab - ermöglichen eine Präzisierung unserer Argumentation hinsichtlich der These der Bedingtheit der Verbindung von Erscheinung und
Bedeutung. Sie stellen außerdem mit der Diskussion des Gegensatzes des
Klassischen und Interessanten einen weiteren Rahmen für die erkenntnistheoretischen Voraussetzungen dar, die auf die Antike Anwendung
finden. Schließlich kann vor dem Hintergrund dieser Fragmentsammlung
der Impuls des „erst jetzt", in den Kontext zweier Grundansätze der
frühromantischen Kunsttheorie gestellt werden.

Einer der wesentlichen theoretischen Neuansätze der Frühromantik
besteht in der Radikalisierung der Trennung von Subjekt und Objekt, in
unserem Beispiel vom Objekt Stein und der Bildung der Antike durch
Geist und Phantasie im Subjekt. Die Frage, die sich hier für die frühromantische Erkenntnistheorie aufdrängt, richtet sich auf die Unbedingtheit
dieses Verhältnisses vom Objekt und seiner Bedeutung für das erkennende
Subjekt. Das erste Fragment der Vermischten Bemerkungen lautet „Wir
suchen überall das Unbedingte, und finden immer nur Dinge."[20] Man hat
lange darüber diskutiert, ob Hardenberg an dieser Stelle eine Richtung auf
das Unbedingte, das Absolute, das Göttliche einschlagen will[21]. Nähert
man sich vom 443. Fragment der Vorarbeiten dieser Fragestellung, lassen
sich bereits einige Ansatzpunkte für die Beantwortung finden. Die Dinge,
also hier die materiellen Relikte, sind für den Künstler gerade das Material
für seine durch Phantasie und Geist geleitete Produktion. Wenn die Antike und die Natur erst durch Augen und Geist des sie betrachtenden
Künstlers entstehen, dann haben sie nicht die Stellung eines Unbedingten,
die durch die Erscheinung die Bedeutung unbedingt vorgeben, sondern sie

---

[20] Hardenberg, Werke, Bd. 2, S. 226 (*Vermischte Bemerkungen*, Nr. 1).
[21] Vgl. zu dieser Forschungsdebatte u. a.: Richard Samuel, *Die poetische Staats- und Geschichtsauffassung Friedrich von Hardenbergs (Novalis)*, Frankfurt a. M. 1925, S. 118, Ludwig
Stockinger, *Religiöse Erfahrung zwischen christlicher Tradition und romantischer Dichtung bei
Friedrich von Hardenberg (Novalis)*, in: Religiöse Erfahrung. Historische Modelle in christlicher Tradition, hrsg. v. Walter Haug und Dietmar Mieth, München 1992, S. 361-393, Herbert Uerlings, *Novalis und die Wissenschaft*, in: Herbert Uerlings (Hrsg.), *Novalis und die
Wissenschaft*, Tübingen 1997, S. 1-22, bes. S. 11f.. Sie betonen die Tendenz zum Unbedingten. Dagegen nehmen Stellung Jurij Striedter, *Die Fragmente des Novalis als „Präfiguratio-
nen" seiner Dichtung*, München 1985, S. 30 und Wm. Arctander O'Brien, *Novalis. Signs of
Revolution*, Durham und London 1995, S. 145.

sind und bleiben Fiktionen. Die Bedeutung entsteht nicht durch einen Rückgriff auf das Unbedingte, das eine Interpretation nahelegt oder vermittelt. Das Relikt ist ein Reiz, der erst im Subjekt Erscheinung wie Bedeutung erzeugt.

Unter dem Gesichtspunkt des Reizes diskutiert Hardenberg im 51. Fragment der Vermischten Bemerkungen den zentralen Gegensatz der zeitgenössischen Positionsbildungen in der Antikerezeption und benutzt dabei die von Friedrich Schlegel gegen Schiller eingeführte Terminologie:

„Das Interessante ist, was mich nicht, um Mein Selbst Willen, sondern nur, als Mittel, als Glied, in Bewegung sezt. Das Klassische stört mich gar nicht - es afficirt mich nur indirecte durch mich selbst -"[22]. Weder das Interessante noch das Klassische können aus Hardenbergs Perspektive eine direkte Affektion, eine unmittelbare Wirkung hervorbringen, das Interessante wird von ihm als Mittel, um eine Bewegung auszulösen, definiert, als Störung[23]. Auch hier wird nicht die Unmittelbarkeit für die Wirkung verantwortlich gemacht. Der Rezipient soll in diesem Fall nicht bestätigt oder gefestigt werden, sondern das Interessante ist ein Medium für dessen Bewegung. Dem Klassischen dagegen wird dieser Bewegungsimpuls, die Störung, abgesprochen. Die Affektion, die durchaus als mögliche angesehen wird, liegt dabei nicht im Gegenstand, sondern wiederum im Rezipienten. Der weitere Gedankengang dieses Fragments bezieht sich auf das Klassische:

> Es ist nicht für mich da, als classisch, wenn ich es nicht setze, als ein Solches, das mich nicht afficieren würde, wenn ich mich nicht selbst zur Hervorbringung desselben für mich, bestimmte - anrührte, wenn ich nicht ein Stück von mir selbst losrisse, und diesen Keim sich auf eine eigenthümliche Weise vor meinen Augen entwickeln ließe - eine Entwicklung, die oft nur einen Moment bedarf - und mit der sinnlichen Wahrnehmung des Objects zusammenfällt - so daß ich ein Object vor mir sehe, in welchem das gemeine Object und das Ideal, wechselseitig durchdrungen, nur Ein wunderbares Individuum bilden.[24]

---

[22] Hardenberg, *Werke*, Bd. 2, S. 246 (*Vermischte Bemerkungen* Nr. 51).
[23] Der Begriff der Störung ist u. a. konstitutiv für Hardenbergs Konzeption des Witzes, Hardenberg, *Werke*, Bd. 2, S. 238-240 (*Vermischte Bemerkungen*, Nr. 30).
[24] Hardenberg, *Werke*, Bd. 2, S. 246 (*Vermischte Bemerkungen* Nr. 51).

Die Affektion durch das Klassische beruht in Hardenbergs Auffassung auf einer Autoaffektion, die bewußt produziert wird, dazu ist die Setzung des Klassischen als Klassisches notwendig, sonst würde es nicht existieren. Die erkenntnistheoretischen Grundlagen haben sich im Vergleich mit dem Antike-Fragment nicht geändert, die Bedeutung und die Erscheinung des Klassischen entstehen nicht unmittelbar, sie werden vom Subjekt festgelegt. Die Existenz des Klassischen ist für Hardenberg ein Produkt der Betrachtung. Erst dieser Setzung folgt die Autoaffektion. Dieser Vorgang wird genauer beschrieben: das Klassische kann erst wirken, wenn es als Objekt mit einem Keim aus dem Rezipienten selbst in Beziehung gesetzt wird. Dieser Keim ist allerdings nicht mehr als eine anthropologische oder theologische Konstante zu interpretieren, die einen unmittelbaren Zugang garantieren könnte, sondern als fiktionaler Produktionsprozeß vor den Augen des Betrachters. Er wird nach außen getragen und in der Entwicklung selbst beobachtet. Hardenberg stellt hier die durch Phantasie geleitete Genese eines Bildes dar, die bewußt und beobachtet geschieht, einen Erkenntnisvorgang, der mit der Wahrnehmung des Objekts in ein synchrones Verhältnis gebracht wird. Das, was hier aus dem Betrachtenden heraus zur Koinzidenz mit dem Objekt gebracht wird, ist das Ideal.

Beziehen wir diese erkenntnistheoretischen Grundannahmen nochmals auf das Bild der Antike im 443. Fragment der Vorarbeiten. Das Relikt des Altertums wird durch Augen und Geist des Künstlers mit einem Ideal verschränkt und erhält auf diese Weise erst Bedeutung und Erscheinung. Das Zugleich von Erscheinung und Bedeutung kann auf diese Applikation des Ideals durch die fiktionale Setzung und die Koinzidenz mit dem Objekt bezogen werden.

Um den Einschnitt, den Hardenberg in diesen Fragmenten markiert, herauszustellen, konfrontieren wir sein Konzept mit einer Äußerung Schillers, die mit einer anderen Rezeption der Antike verbunden ist, der Trennung von Kunst und Leben. Während in anderer Hinsicht, z. B. in seiner Fassung des Spiels und des Spieltriebs in künstlerischer Hinsicht, die Schiller in den Briefen Ueber die ästhetische Erziehung des Menschen vorträgt[25], die Grenzen zwischen Hardenbergs und Schillers ästhetischen Konzeptionen nicht so deutlich zu ziehen sind. In Schillers Programmtext

---

[25] Friedrich Schiller, *Ueber die ästhetische Erziehung des Menschen in einer Reihe von Briefen*, Schillers Werke. Nationalausgabe, Bd. 20, S. 309-412, bes. S. 353-359, (Spiel hier ebenfalls mit Bezug zur griechischen Antike: S. 359), 387, 400, 407 f., 410.

zu seiner Zeitschrift die Horen wird der Weg aus der Tagesaktualität durch: „ein allgemeines und höheres Interesse an dem, was rein menschlich und über allen Einfluß der Zeiten erhaben ist", gefordert, nur so sei es möglich, die Gemüter „wieder in Freiheit zu setzen und die politisch geteilte Welt unter der Fahne der Wahrheit und Schönheit wieder zu vereinigen."[26] Das rein Menschliche, das Überzeitliche, das Wahre und das Schöne sind für Schiller in diesem Kontext die entscheidenden Attribute auch und gerade für eine Rückwendung zur Antike in stofflicher wie in formaler Hinsicht[27]. Für Hardenberg hingegen ist dieses Ideal, das die Antike zweifellos für Schiller und viele andere darstellt, nichts anderes als eine künstlerische Projektion durch Autoaffektion und ein Prozeß der Produktion von Erscheinung und Bedeutung im Moment der Betrachtung.

---

[26] Schillers Werke, Nationalausgabe, Bd. 22, hrsg. v. Herbert Meyer, Weimar 1958, S. 106.

[27] Zumindest aus heutiger Perspektive problematisch erscheint der Zusammenhang der Antikerezeption in der Abhandlung *Ueber die ästhetische Erziehung des Menschen*, deren Veröffentlichung in dieser ersten Nummer der *Horen* begann. Schiller, der über den Zusammenhang von Kunst und Staat reflektiert, bezieht hier die Griechen in stofflicher, formaler und politischer Hinsicht ein, wenn er die Schlachtordnung des griechischen Heeres in der Schlacht um Troja zur Matrix des freien Zusammenspiels aller unter dem Gesetz und im Staat erhebt: „Wenn das trojanische Herr mit gellendem Geschrey gleich einem Zug von Kranichen ins Schlachtfeld heranstürmt, so nähert sich das griechische demselben still und mit edlem Schritt". Schiller, *Ueber die ästhetische Erziehung des Menschen*, S. 409. Schiller favorisiert naturgemäß die Schlachtordnung der Griechen: „Dort sehen wir bloß den Uebermuth blinder Kräfte, hier den Sieg der Form, und die simple Majestät des Gesetzes." Ebd. Diese Rezeption der Griechen ist eine hochgradig literarische, durch die antiken Texte vermittelte und durch Literaturgeschichten etc. angereicherte. Es handelt sich um ein ästhetisches Tableau, das er z. B. bei Homer vorfindet und im Bewußtsein der Trennung von Kunst und Leben für seine politisch-ästhetische Theorie mobilisiert. Seine Reflexion geht allerdings nicht so weit, das Tableau als solch ein ästhetisches Mittel zu reflektieren. Ähnlich wie der Begriff der Einfalt für die *Natur* und *Urwelt* in *Ueber naive und sentimentalische Dichtung*, stehen hier *Form* und *Gesetz* für eine Unmittelbarkeit, die bei den Griechen nicht kulturell vermittelt werden muß.
Die Ironie der Geschichte besteht darin, dass Napoleon, ein Leser Caesars aus strategischem Interesse, auf eben diese Organisationsstruktur, die Schiller bei den Griechen bewundert, und darüber hinaus auf die Einbindung des Einzelnen in die Ziele des ganzen militärischen Unternehmens, für die seit Alters her die Heere der griechischen Stadtstaaten berühmt sind, zurückgreift und so militärisch und politisch gerüstet mit genau den Mitteln, die Schiller zur Installation der Freiheit einsetzen wollte, eben diese Freiheit auf Jahrzehnte vernichtet.

Geht es Schiller im Horenprogramm um das Überzeitliche, so setzt
Hardenberg sowohl in dem Fragment zur Antike als auch in den Vermischten Bemerkungen einen radikalen Schnitt an. Der Satz „Erst jezt
fängt die Antike an zu entstehen." kann einerseits, wie die zitierten Fragmente aus den Vermischten Bemerkungen nahelegen, auf die Simultanität
der Wahrnehmung des Objekts und die fiktionale Produktion des Ideals
bezogen werden, sie kann andererseits als eine für die Frühromantik typische Geste interpretiert werden, für die eigene Arbeit einen völligen Neu-
anfang in der Kunst, der Kultur, der Philosophie, der Politik und nicht
zuletzt der Religion[28] auszurufen.

In beiden Fällen, der Simultanität und des Neuanfangs, kann man
nicht von einer Herabwürdigung der Antike, weder als Kunstwerk noch
als Epoche, sprechen, vielmehr geht es um eine spezifisch frühromantische
Zugangsweise zu ihr.

Ähnlich wie für das Fragment aus den Vorarbeiten die Existenz der
Antike, wird auch in den Vermischten Bemerkungen die Existenz der
Kunst und auch ihrer Geschichte in Frage gestellt. Nach Hardenbergs
Auffassung habe der Kunstkritiker die Aufgabe, die Geschichte der Kunst
erst entstehen zu lassen und das nicht nur im Bereich des Geistigen:
„Formeln für Kunstindividuen finden, durch die sie im eigentlichsten Sinn
erst verstanden werden, macht das Geschäft des artistischen Kritikers aus -
dessen Arbeiten die Geschichte der Kunst vorbereiten."[29] Seine Arbeit
zielt also darauf, die Ideale, von denen im Fragment zum Klassischen und
zum Interessanten die Rede war, herauszuschälen und sie für den Kunstbe-
trieb zur Verfügung zu stellen. Erst durch eine Wechselwirkung zwischen
Kunstproduktion und Kunstkritik, die sich teils selbst als künstlerisches
Produkt auffaßt, kann die Geschichte der Kunst beginnen[30].

---

[28] Der Begriff der „geistigen Gegenwart" markiert diese Positionierung Hardenbergs
und seine Ausrichtung auf eine durch poetische Verfahren strukturierte Zukunft, „Erstarrung" und „Auflösung" sind hier Begriffe, die die gegenwärtige Situation und die Verände-
rungsmöglichkeiten für die angesprochenen Bereiche wiedergeben, vgl. Hardenberg: Werke, Bd. 2, S. 282 (*Vermischte Bemerkungen* Nr. 123).

[29] Hardenberg, Werke, Bd. 2, S. 248 (*Vermischte Bemerkungen* Nr. 52).

[30] Diese Perspektive macht sich Hardenberg auch für die eigene Arbeit zueigen: „Die
Kunst Bücher zu schreiben ist noch nicht erfunden. Sie ist aber auf dem Punct erfunden zu
werden. Fragmente dieser Art sind litterairische Sämereyen. Es mag freylich manches taube
Körnchen darunter seyn - Indeß wenn nur einiges aufgeht." Hardenberg, Werke, Bd. 2, S.
274 (*Vermischte Bemerkungen* Nr. 104).

Die Positionsbestimmung der Frühromantik nicht nur zur Kunst, sondern zum gesamten Rahmen der hier erwähnten Themen, wie Philosophie, Kultur, Religion und Politik, bezieht sich auf einen Punkt unmittelbar vor dem Durchbruch zur „wahren" Kunst, und dokumentiert damit ein äußerst stabiles Selbstbewußtsein. Wenn in diesem Kontext von einer Entstehung der Antike gesprochen wird, dann steht diese Feststellung im Rahmen der Kunstgeschichte und der Kunst selbst. Die frühromantische Auseinandersetzung mit Kunst und Antike ist hochgradig reflektiert und bezieht in der Produktion des Bildes, mit dem dann weiter gearbeitet wird, die Bedingungen der Entstehung mit ein. Die mit Kants Worten „Bedingung der Möglichkeit" von Antike wird als Projektion im Moment ihrer Genese dokumentiert und in einem zweiten Schritt produktiv für die Weiterentwicklung der Kunst genutzt.

Für die Kunst selbst hat das Altertum dennoch eine vorbildliche Rolle: „Wenn ich die neuesten Freunde der Litteratur des Alterthums recht verstehe, so haben sie mit ihrer Foderung, die klassischen Schriftsteller nachzuahmen nichts anders im Sinn, als uns zu Künstlern zu bilden - Kunsttalent in uns zu erwecken."[31] Unter den neuesten Freuden der Literatur des Altertums wird man sich die Brüder Schlegel vorzustellen haben unter anderem Friedrich Schlegels Texte zur Kunst und Literatur der Antike[32]. Der erste Schritt dieser Argumentation geht scheinbar den konventionellen Weg, wiederum wird Antike mit Kunst verbunden. Durch die Nachahmung der Antike soll das eigene Talent gefördert werden. Die Begründung dafür lautet: „Keine moderne Nation hat den Kunstverstand in so hohem Grad gehabt, als die Alten. Alles ist bey ihnen Kunstwerck - aber vielleicht dürfte man nicht zu viel sagen, wenn man annähme, dass sie es erst für uns sind, oder werden können."[33] An dieser Stelle nimmt Hardenberg die Argumentation aus der ersten hier zitierten Passage zu den Antiken auf, der Kunstverstand und die Ubiquität der Kunst bei den Griechen sind für ihn eine Projektion vom Eigenen auf das Fremde, das Ideal der antiken Kunst wird erst im Moment der Betrachtung produziert. Hardenberg wendet diesen Gedanken auch auf die Literatur der Antike:

---

[31] Hardenberg: Werke, Bd. 2, S. 414.
[32] Vgl. dazu: Bernd Bräutigam, *Leben wie im Roman. Untersuchungen zum ästhetischen Imperativ im Frühwerk Friedrich Schlegels (1794-1800)*, Paderborn München Wien Zürich 1986, S. 39: „Die Gräkomanie Schlegels besteht nicht in der Wiederherstellung oder Wiederbelebung verschütteter Tradition, sondern in ihrer Überbietung."
[33] Ebd.

> Der classischen Litteratur geht es wie der Antike; sie ist uns eigent-
> lich nicht gegeben - sie ist nicht vorhanden - sondern sie soll von uns
> erst hervorgebracht werden. Durch fleißiges und geistvolles Studium
> der Alten entsteht erst eine klassische Literatur für uns - die die Al-
> ten selbst nicht hatten.[34]

Wie die klassische Antike selbst, ist auch die Literatur nur ein Produkt der
Rezeption, sie entsteht erst durch die Bildung der Ideale in der Auseinandersetzung mit den Texten, dieses Produkt wird als von Bedingungen und
Intentionen der Produktion und der Autorschaft vollkommen losgelöst
verstanden. Gewendet auf die frühromantische Kunstauffassung, kann die
These der Universalität der Kunst in dieser klassischen Epoche außerdem
als Gegenstand der Reflexion der eigenen Anstrengungen angesehen werden, die Verbindung von Kunst und Leben herzustellen.

Die frühromantische Transformation des Künstlerischen ins Prosai-
sche des Alltags und des Prosaischen ins Künstlerische, Hardenberg nennt
das an anderer Stelle Romantisieren[35], korrespondiert in einem wesentlichen Punkt mit den Alten in dem Satz „Alles ist bei ihnen Kunstwerk."
Man muß nach dem bisher Ausgeführten aber präzisieren, es handelt sich
um eine Korrespondenz mit eben jenem Bild, das die Antike als die von
Kunst durchgestaltete Epoche ansieht, einem Bild nämlich, das als ein
nachträglich entstandenes entziffert wird und das als eine Projektion auf
die Gegenwart angewendet wird. Wenn 'alles bei den Alten Kunst ist',
dann ist die Trennung von Kunst und Leben aufgehoben, allerdings ohne
die Bedingungen des Zustandekommens dieser Projektion zu leugnen. Fest
steht dabei für Hardenberg, dass unter der Perspektive des Künstlerischen
das Bild der Antike aus einem Bedürfnis seiner eigenen Zeit entsteht, einem Bedürfnis, das er selbst für seine Pläne im Bereich der frühromantischen Kunst übernehmen will.

Aus dieser Perspektive der fundamentalen Differenz zwischen den Alten und ihrer Rezeption entsteht ein Gedankenspiel: „Die Alten würden
sich eine umgekehrte Aufgabe nehmen müssen - denn der bloße Künstler
ist ein einseitiger, beschränkter Mensch. An Strenge steht Göthe wohl
den Alten nach - aber er übertrifft sie an Gehalt - welches Verdienst je-

---

[34] Ebd.
[35] Hardenberg, Werke, Bd. 2, S. 334 (*Vorarbeiten*, Nr. 105).

doch nicht das Seinige ist".[36] In dieser Reihe der Depotenzierung aus
frühromantischem Überschwang werden sowohl die Alten als auch Goethe als defizitär eingeordnet, die Alten können zwar die Strenge aufwei-
sen, Goethe zwar den Gehalt, beide gilt es, für die noch zu gründende
Kunst zu übertreffen. Das Fragment endet mit dem Appell „Göthe wird
und muß übertroffen werden - aber nur wie die Alten übertroffen werden
können, an Gehalt und Kraft, an Mannigfaltigkeit und Tiefsinn - als
Künstler eigentlich nicht - oder doch nur sehr wenig, denn seine Richtigkeit und Strenge ist vielleicht schon musterhafter, als es scheint."[37]
    Zusammengefaßt würde das für die kommende Literatur bedeuten,
dass sie sich am von ihr selbst produzierten Ideal der Strenge, das sie der
Antike verdankt, und an dem von Gehalt und Tiefe, das sie bei Goethe
findet, orientiert und beide hinter sich zurücklassen kann.
    Halten wir kurz inne und blicken auf den nicht ganz unerheblichen
Begriff der Nachahmung der Antike zurück, der im Kontext der „neuesten Freunde der Litteratur des Alterthums" fiel. Nachahmung ist für
Hardenberg, und diese Auffassung unterstellt er auch den neusten Ken-
nern der Antike, Orientierung an einem Ideal, das aber nichts mit dem
Gegenstand zu tun hat, sondern das sich im Prozeß der Auseinandersetzung als Phantasieprodukt erst bildet und damit die künstlerische Bildung
ermöglicht und beflügelt. Diese ist wiederum eng an die Bildung dieser
Idealbilder geknüpft. Das Altertum wird in dieser Nachahmung als ein
kulturell vermittelter Kristallisationspunkt für die Phantasieproduktion
analysiert, der selbst eine Phantasmagorie darstellt. Hardenebergs Schluß-
folgerung ist zunächst paradox: die Antike ist eigentlich nicht vorhanden,
eine klassische Literatur hat es nicht gegeben, aber sie kann als Maßstab
für eine Kunstproduktion imaginiert werden. Dieser Maßstab stellt neue
Möglichkeiten für die Weiterentwicklung der aktuellen Kunst bereit. Die
Konzeption entstand an dem Punkt einer Diskussion als in Deutschland
noch der Konflikt schwelte, ob man sich bedingungslos an der vorbildlichen Antike orientieren sollte, oder ob man die Eigenständigkeit und die
Modernität betonen sollte[38]. In diesem Kontext weicht Hardenberg einmal

[36] Hardenberg, Werke, Bd. 2, S. 414 (*Vorarbeiten*, Nr. 443).
[37] Ebd.
[38] Vgl. dazu unter anderem: Ernst Behler, *Französische Revolution und Antikekult*, in:
Karl-Robert Mandelkow (Hrsg.): Europäische Romantik I, Wiesbaden 1982 (Neues Handbuch der Literaturwissenschaft Bd. 14), S. 83-112 und die bereits zitierten Arbeiten von
Szondi und Jauss (vgl. Anm. 4).

mehr von den vorgegebenen Bahnen ab und schlägt einen eigenen Weg ein. Nachahmung gehört für ihn in den Produktionsprozeß als reflektiertes Spiel mit einer Phantasmagorie, die solange tragfähig ist, bis der erwünschte Effekt, die neue Kunst, jenseits der Vorgaben Goethes und der Stilideale, die dem Altertum zugeschrieben werden und die er bereits bei Goethe entdeckt, vorhanden ist.

2

In den letzten Jahren ist in der französischen und auch der deutschen philosophischen und literaturwissenschaftlichen Diskussion, die sich mit Hölderlin, Nietzsche und ihrer Rezeption durch Heidegger aber auch mit Hardenberg selbst auseinandersetzt, ein Vorwurf laut geworden, der sich auf ein Problem der Antikerezeption zuspitzt: es handelt sich um den Vorwurf, sich in der doppelten Anstrengung der Gründung der Nation und der Nachahmung der Antike in Widersprüche verstrickt zu haben, die den Umgang mit dem Bild der Nation schließlich in die Katastrophe des Nationalsozialismus geführt hätten. Aber auch hier bleiben wir beim Thema der Phantasmagorien, dieser Vorwurf kann selbst als Phantasmogorie demaskiert werden.

Philippe Lacoue-Labarthe bezieht in den Versuch, den für ihn letztlich „unerklärlich"[39] bleibenden Nationalsozialismus dennoch zu erklären, die Rezeption der Antike in der Zeit zwischen Winckelmann und Wagner an zentraler Stelle ein. Er analysiert im Anschluß an eine in Frankreich und neuerdings auch in Deutschland geführte Debatte, eine Kontinuität in der Verbindung von Antikerezeption, Kunstkonzeptionen und Nationaldenken. Sein Grundvorwurf lautet, in dieser Zeit sei einerseits das Politische mit dem Ästhetischen verschränkt worden, man sei bemüht gewesen, das Volk nach ästhetischen Gesichtspunkten zu einem Nationalkörper zu formen und zu bilden. Diese Bestrebung sei andererseits auf eine zusätzliche Problematik getroffen, die der Spannung zwischen der Behauptung von nationaler Eigenständigkeit und der Verpflichtung auf die Nachah-

---

[39] Lacoue-Labarthe: *Fiktion*, (wie Anm. 7), S. 115. Lacoue-Labarthes These ist gerade für die Hardenbergforschung nicht ganz neu. Bereits die Forschung der späten 70er und frühen 80er Jahre hat unter anderem im Rückgriff auf Benjamin ähnlich Argumente entwickelt, vgl. u.a.: Klaus Peter, *Studien der Aufklärung. Moral und Politik bei Lessing, Novalis und Friedrich Schlegel*, Wiesbaden 1980, mit Bezug auf Benjamin, S. 133.

mung der Antike und der darin vorbildlichen Franzosen, es habe sich also um eine doppelte Nachahmung, die der Antike und der Franzosen gehandelt, mit dem Ziel, die nationale Eigenständigkeit zu erreichen. In diesem zweiten Zusammenhang der Nachahmungsproblematik spricht Lacoue-Labarthe von einem Agon, einer „Rivalität mit dem Alten“, die sich einerseits in der Querelle des Anciens et des Moderns, andererseits in der Rivalität mit Frankreich niederschlägt. Das Problem umreißt er folgendermaßen:

> Die Aufgabe war, wie man weiß a limine unmöglich. Einerseits ist die deutsche imitatio, was ihre Schwierigkeiten vertieft, wesentlich durch die französische bestimmt, ist imitatio zweiten Grades: der mimetische Agon mit Griechenland wird durch einen Agon mit Frankreich verdoppelt, in dem es nicht nur darum geht, Frankreich das Monopol über das antike Vorbild [...] zu entreißen, sondern auch darum, ein bisher nicht nachgemachtes Griechenland, eine Art Außer- oder Übergriechenland wenn man will zu erfinden, das noch Griechenland zugrunde liegt (aber doch Gefahr läuft, nie dagewesen zu sein).[40]

Diese Argumentation zur Rezeption der Antike kulminiert in der These eines fundamentalen Paradoxes der Identifikation mit den Bildern und Vorbildern: „Was die deutsche imitatio in Griechenland sucht, ist das Vorbild und also die Möglichkeit unabgeleiteten Zustandekommens, reiner Ursprünglichkeit: das Vorbild einer Selbstgestaltwerdung.“[41] Der Vorwurf lautet, die deutsche Antikerezeption von der Mitte des 18. Jahrhunderts an wende sich der Antike, dem fremden und anderen Gegenstand zu, um die eigene Gestalt daraus abzuleiten und zwar nicht durch die Differenz, sondern durch die Identifikation mit dem Gegenstand. Dabei spricht er von einer Identifikation, die an der konstitutiven Differenz des Eigenen und des Fremden notwendig zum Scheitern verurteilt sei. Dieses Scheitern drücke sich in dem Moment aus, in dem die Nachahmung zur Grundlage der eigenen Gründung in einem Unbedingten gemacht werde. Der Versuch, über die Mimesis zu eigener „geschichtlicher Existenz zu kommen“, habe nach Lacoue-Labarthes Auffassung in Deutschland eine „Art Psychose oder geschichtlich-geistiger Schizophre-

---

[40] Lacoue-Labarthe, *Fiktion*, (wie Anm. 7), S. 117.
[41] Ebd., S. 118.

nie" verursacht, „deren warnende Zeichen (und Opfer) einige seiner wun-
der- und verwundbarsten Genies, von Hölderlin bis Nietzsche waren"[42].
Lacoue-Labarthe stellt die These, dass Mimesis in einen direkten Bezug zur
ursprünglichen Bildung - verstanden als Erziehung und als Formung - des
Volkes gesetzt wird, ins Zentrum seiner Argumentation. Ein Mechanis-
mus, den er in der Ideenlehre Platons beginnen und im Nationalsozialismus enden sieht und in dem die Antikerezeption der Zeit zwischen
Winckelmann und Wagner eine wesentliche Rolle zugeschrieben wird[43].
    Die Vorbilder sind in der Antikerezeption ästhetische Vorbilder für
die „Ästhetisierung des Politischen"[44], die Gestaltung des Volkes nach dem
Abbild der Antike, wie man sie sich vorstellte, mit dem Ziel, zur nationalen Eigenständigkeit auch und gerade gegenüber Frankreich zu gelangen.
    Kurz zusammengefaßt lautet die Kritik an der Antikerezeption des
Zeitraums um 1800, man habe sich auf eine Formung und Gestaltung des
Volks nach ästhetischen Prinzipien, einen Nationalästhetizismus, eingelas-
sen, um auf der Grundlage eines Paradoxes zwischen Mimesis und Genialität, zwischen der Nachahmung der Antike, besonders der griechischen,
und der *Selbstwerdung* einen eigenen Nationalcharakter durch Identifikation zu erzeugen.
    Slavoj Zizek, der sich sehr intensiv mit der Zeit zwischen Kant und
Hegel auseinandergesetzt hat, entgegnet der Argumentation Lacoue-
Labarthes, dass er seinerseits, freilich unreflektiert „genau den Akt" der
„Installierung" eines Phantasmas begehe[45]. Er spricht von einer „endlose[n] Suche nach dem phantasmatischen Punkt [...] an welchem die deutsche Geschichte 'die falsche Richtung einschlug', die im Nazismus endete",
und fügt hier auch die These von Lacoue-Labarthe über die „Ästhetisierung der Politik in der romantischen Reaktion auf Kant" ein[46].
    Für Zizek steht jedoch fest, dass es diesen Punkt des Umschlagens ins
Böse nicht gibt, dass er nur als Produkt der Phantasie erzeugt und gesetzt
werden kann, und er wirft deshalb Lacoue-Labarthe und anderen vor, im
Bereich der moralischen und philosophischen Bewertung der Zusammenhänge genau dasselbe getan zu haben, das sie kritisieren. Allerdings diesmal

---

[42] Ebd.
[43] Vgl. ebd., S. 121.
[44] Ebd., S. 127.
[45] Slavoj Zizek, *Die Pest der Phantasmen. Die Effizienz des Phantasmatischen in den neuen Medien*, Wien 1997, S. 31.
[46] Ebd., S. 32.

nicht für ein Ideal, sondern für sein Gegenteil. Die politische Kritik an der Antikerezeption durch Lacoue-Labarthe folge also dem Prinzip der Phantasmagorie, es suche eine Urszene, an dem das „Undenkbare" denkbar werde. Lacoue-Labarthe identifiziere seine Phantasmagorie des Schrittes vom Weg mit der Wirklichkeit und gebe sie als Wirklichkeit aus.

3

Konfrontieren wir, trotz der Defizite in der Argumentation, dennoch kurz Hardenbergs Position zur Antike[47] mit den Argumenten Lacoue-Labarthes. Hardenberg verlegt bereits in seiner Auseinandersetzung mit Goethe den Aspekt von der Dichtung zur Kunst, seine Frage zielt auf die Analyse und die daran ansetzende Produktion von Idealen, auf deren Darstellung und Verfeinerung in Kunstwerken. Die Betrachtung von Natur und Antike, die Hardenberg thematisiert, ist die mit den Augen des Künstlers. Sein Ansatzpunkt wird durch den Wechsel der Perspektive auf den Gegenstand gekennzeichnet, er ebnet die konventionelle Unterscheidung von Natur und Kultur ein, wenn er eine Verlebendigung allein auf die Betrachtung des Gegenstandes fokussiert. Unter diesen Voraussetzungen entsteht für ihn die Antike erst im Moment des Betrachtens durch die künstlerische Phantasie als ein Bild. Allein der Künstler kann die Antike entstehen lassen, ihre Erscheinung und ihre Bedeutung sind Projektionen, die darauf zielen, ein künstlerisches Ideal freizulegen und der Kunst als Ansatzpunkt für eine Weiterentwicklung zur Verfügung zu stellen. All

---

[47] Eine genauere Auseinandersetzung gerade auch mit Fragen der politischen Konzeption Hardenbergs, die in der Forschung gern auf die Dichotomie von einer Erklärung für die Monarchie oder die für die Demokratie zugespitzt wird, und mit seiner Geschichtsphilosophie, die im Spielraum zwischen Nihilismus und Teleo-Theologie interpretiert wird, kann unter anderem deshalb an dieser Stelle nicht geleistet werden, weil unseres Erachtens die Argumentation Hardenbergs zu diesen wesentlichen Punkten ähnlich unorthodox und voraussetzungsreich verläuft, wie für die Frage der Antikerezeption. Aus diesem Grunde beziehen wir lediglich Zizeks Gegenargumente gegen Lacoue-Labarthes Position ein, da sie unseren Argumentationsstrang der Phantasmagorie weiterführen. Zizeks Konsequenz ist allerdings alarmierender als die Lacoue-Labarthes: er zieht, gestützt auf die Arbeiten Jacques Lacans, die Konsequenz, dass die Vernachlässigung der Arbeit am *Realen* in Lacans Terminologie, also die Auseinandersetzung mit dem, was den imaginären Entwürfen von Subjekten und von Gruppen entgegensteht, eine Art permanente Bedrohung für das Zusammenleben von Menschen darstellt.

das hat nichts mit einem Weg zurück zum Unmittelbaren zu tun, sondern spielt sich in der Fiktion ab. In einer Fiktion, bei der das Relikt auf der einen Seite steht, Erscheinung und Bedeutung auf der anderen stehen, erzeugt werden und keine Unmittelbarkeit darstellen.

Im Kontext des Interessanten und des Klassischen hob Hardenberg wiederum die Setzung durch Imagination für das Klassische hervor, dabei wurde diese Setzung als solche beobachtet und reflektiert. Die Affektion wurde hier ebenfalls nicht mit dem Unbedingten in Verbindung gebracht, sondern mit dem Eigenen, von dem abstrahiert wird und das die Basis für die Produktion des Ideals liefert, das mit dem Objekt im Moment der Erkenntnis in ein Wechselverhältnis gebracht wird.

Der Einschnitt in die Kontinuität zwischen den Alten und ihrer Konzeption wird übertragen auf die im Entstehen begriffene neue Kunst. Dabei wird durchaus mit strategischer Absicht ein Bild - das des Altertums als Epoche der Ubiquität der Kunst - instrumentalisiert, um es für die Gegenwart wirksam zu machen, für die eigene Kunst, die die Grenze zum Leben überschreiten soll. Es geht nicht um die Gründung in Kunst, sondern um die Begründung einer neuen Kunst aus der Fiktion zu neuen Fiktionen.

Zwei wesentliche Punkte sind in der Konfrontation des Hardenbergschen Antikebildes mit der Kritik an der Antikerezeption hervorzuheben, einerseits der Verzicht Hardenbergs auf eine ursprüngliche Gründung, auf eine Unmittelbarkeit, das wird in dem Satz, der die Nichtexistenz der Antike formuliert, besonders deutlich. Zweitens ist der Grad an Abstraktion und an Reflektiertheit zu betonen. Es wird das Bild der Antike in seinem immanenten Funktionieren herausgearbeitet und anderseits die daran anknüpfende romantische Kunstkonzeption selbst reflektiert und als auf einer Phantasmagorie basierend dargestellt. Insofern ist der Begriff der Nachahmung nicht an den der Selbstgestaltwerdung geknüpft, sondern in den Produktionskreislauf der Kunst eingebunden und von der Produktion des Ideals in der Rezeption, also jenseits der Unmittelbarkeit gedacht.

In die Kontinuität dieses frühromantischen Denkens gehört die Einebnung der Natur-Kultur-Differenz von der Seite der Einbildungskraft. Im Gegensatz zu dem von Lacoue-Labarthe Kritisierten wird nicht das Natürliche mit dem Künstlerischen kurzgeschlossen, sondern, beides wird in eine Distanz zum Betrachter, die bis zur Existenzleugnung geht, gebracht.

Fassen wir kurz zusammen, für die Position Hardenbergs gibt es die
Antike nur in der potenzierten Form des künstlerischen Produktes, er
wendet für diese These das elaborierte Arsenal der frühromantischen Erkenntnistheorie zur Absetzung besonders gegen die Positionen an, die die
Trennung zwischen Kunst und Leben auf ihre Fahnen geschrieben haben.
Seine Antikerezeption will hingegen das Bild der Antike konkret für das
Leben und seine auf Kunst ausgerichtete Bewältigung fruchtbar machen.
In der künstlerischen Darstellung lobt er Goethe gerade in dieser Hinsicht. In dieser Darstellung entstehen, was uns heute befremdlich erscheint, Erscheinung und Bedeutung im Moment der Betrachtung und
losgelöst vom Objekt. Dieser Prozeß wird von Hardenberg bewußt gemacht und als solcher der Produktion eines Ideals reflektiert. Er soll zu
einer Neugestaltung der Wissenschaften und des Lebens führen, ohne sich
auf ein Unmittelbares zu beziehen. Reflektiert Hardenberg die Entstehung
eines Phantasieprodukts am Beispiel der Natur und Antike, so kritisiert
Lacoue-Labarthe gerade die Vereinigung von Mimesis und Genialität im
Zeichen der Unmittelbarkeit und erfindet damit selbst einen Anfang. Man
könnt ihm mit Zizek und in Hardenbergs Formulierung antworten, denn
man irrt sehr, wenn man glaubt, dass es den phantasmatischen Punkt des
Umschlags ins Böse gibt.

Wozu braucht man einen Aufklärer in der Restauration? Über Euripides in der ersten Hälfte des 19. Jahrhunderts.

Martin Hose (München)

Der Auftakt war bereits wenig verheißungsvoll. Das Hoftheater in Weimar studierte auf Veranlassung Goethes Euripides' *Ion* in der Bearbeitung von August Wilhelm Schlegel[1] ein. Die Premiere am 2. Januar 1802 geriet zum Fiasko. Goethe mußte aus seiner Loge heraus das Publikum zur Ordnung rufen: „Man lache nicht". Eine vernichtende Kritik Böttigers im *Journal des Luxus und der Moden* konnte er nur mit Mühe verhindern[2]. Dass sich das Publikum in Weimar nicht für Euripides begeisterte, setzte gleichsam die Serie der Mißerfolge fort, die der Tragiker bereits zu Lebzeiten zu bewältigen hatte und zugleich steht die Weimarer Aufführung symbolisch für das geringe Interesse, das Euripides bis weit in die zweite Hälfte des 19. Jahrhunderts entgegengebracht wurde. Wenn antike Dramen inszeniert wurden, so stand Sophokles im Vordergrund. Insbesondere seine thebanischen Stücke, *Antigone*, *König Ödipus* und *Ödipus auf Kolonos*, wurden rezipiert. Als repräsentativ hierfür darf die berühmte und epochemachende Produktion der *Antigone* in Potsdam 1841 gelten. Auf Betreiben des preußischen Königs Friedrich Wilhelm IV. kam es dafür zu einer Zusammenarbeit von Böckh[3], Tieck und Mendelssohn-Bartholdy[4]. Diese *Antigone* war in den folgenden Dezennien auf den deutschen Bühnen ebenso erfolgreich[5], wie ein analoges Projekt mit Euripides' *Medea* (1843) ohne nachhaltige Wirkung blieb[6]. Auch der *Hippolytos* (1851) hatte keinen Erfolg[7]. Für das Theater des 19. Jhdts.

---

[1] Dazu Uwe Petersen, *Goethe und Euripides. Untersuchungen zur Euripides-Rezeption in der Goethezeit*, Heidelberg 1974, S. 106-116.

[2] Siehe Hellmut Flashar, *Inszenierung der Antike. Das griechische Drama auf der Bühne der Neuzeit 1585-1990*, München 1991, S. 52.

[3] Zu Böckh siehe zuletzt Ernst Vogt, *Das Werk August Böckhs als Herausforderung für unsere Zeit*, in: Humboldt-Universität zu Berlin, Öffentliche Vorlesungen, Heft 93, 1998, S. 7-21.

[4] Dazu insgesamt Flashar, (wie Anm. 2), S.67-74; vgl. auch Gerhard Lohse, *Antikes Drama und modernes Theater. Zu Hellmut Flashars 'Inszenierung der Antike'*, Göttingische Gelehrte Anzeigen Bd. 250, 1998, S. 65-103, hier 76-82.

[5] Nachweise bei Flashar , (wie Anm. 2).

[6] Flashar , (wie Anm. 2), S. 76 f.

[7] Flashar , (wie Anm. 2), S. 81.

bedeutete mithin Euripides wenig[8]. Dies ist insofern bemerkenswert, als er im 17. und 18. Jhdt. durchaus Beachtung gefunden hatte. Racine[9] und Gluck[10] mögen hier als Stichworte genügen, was das 18. Jhdt. an Euripides schätzte. Er war eine Art Voltaire der Antike[11]: Man griff die - unzutreffende[12] - antike Tradition auf, die Euripides mit Sokrates verband, und betrachtete ihn als Aufklärer avant la lettre. So zeigt ihn Johann Georg Sulzers *Allgemeiner Theorie der Schönen Künste*[13] als Lehrer von Wahrheit und Tugend, als Kämpfer gegen Aberglauben und falsche, unsittlicher Götterlehre und als Träger Sokratischer Stärke. Herder und Wieland priesen seine Fähigkeit, entsprechende Sentenzen zu prägen. Just diese Qualität wurde indes alsbald der Punkt, an dem Kritik und Herabsetzung ihren Ausgang nahm. Protagonisten der Kritik waren die Brüder August Wilhelm und Friedrich Schlegel[14]. 1797 publizierte Friedrich Schlegel den Aufsatz *Über das Studium der griechischen Poesie*[15]. Dort heißt es zur Charakterisierung der modernen Poesie:

> So verwirrt sind die Gränzen der Wissenschaft und der Kunst, des Wahren und des Schönen, dass sogar die Ueberzeugung von der Unwandelbarkeit jener ewigen Gränzen fast allgemein wankend geworden ist. Die Philosophie poetisirt und die Poesie philosophirt: die Geschichte wird als Dichtung, diese aber als Geschichte behandelt (...). Diese Anarchie bleibt nicht an den äusseren Gränzen stehen, sondern erstreckt sich über das ganze Gebiet des Geschmacks und der Kunst[16].

Harten Tadel erfährt die französische Tragödie:

---

[8] Kurioserweise läßt sich ein gewisses Interesse für das Satyrspiel *Kyklops* erkennen, das zwischen 1882 und 1887 mehrfach am Wiener Burgtheater gegeben wurde, Flashar, (wie Anm. 2), S. 100.

[9] Dazu Flashar, (wie Anm. 2), S. 39.

[10] Dazu Flashar, (wie Anm. 2), S. 44 u. 46.

[11] Siehe insgesamt Olga Franke, *Euripides bei den deutschen Dramatikern des achtzehnten Jahrhunderts*, Leipzig 1929.

[12] Siehe insgesamt Andreas Patzer, *Sokrates in der Tragödie*, Würzburger Jahrbücher für die Altertumswissenschaft, Neue Folge, Bd. 22, 1998, S. 34-45.

[13] 4 Bde., zuerst Leipzig 1771-1774, Artikel *Euripides*.

[14] Siehe dazu Glenn W. Most, *Schlegel, Schlegel und die Geburt eines Tragödienparadigmas*, Poetica Bd. 25, 1993, S. 155-175.

[15] Bd. 1 der *Historischen und kritischen Versuche über das klassische Altertum*, Neustrelitz 1797, abgedruckt (und danach im folgenden zitiert) bei Paul Hankamer (Hrsg.), Fr. Schlegel, *Über das Studium ...* Godesberg 1947.

[16] wie Anm. 15, S. 48.

In der sogenannten Tragödie eines Racine und Voltaire hingegen wird durch eine missglückte Präsentation des Objektiven die ungünstigste Ansicht desselben gleichsam ins Unerträgliche idealisiert. Im steten Wechsel des Wirklichen und des Abgeschmackten ist hier hässliche Heftigkeit und abgeschliffene Leerheit innigst in einander verbunden[17].

Das Gegenbild hierzu stellte für Friedrich Schlegel die griechische Poesie dar:

> Die griechische Poesie in Masse ist ein Maximum und Kanon der natürlichen Poesie, und auch jedes einzelne Erzeugnis derselben ist das vollkommenste in seiner Art (...). In ihr ist der ganze Kreislauf der organischen Entwicklung der Kunst abgeschlossen und vollendet. Sie ist eine ewige Naturgeschichte des Geschmacks und der Natur[18].

Die Tragödie nimmt dabei die Rolle einer Schlüsselgattung ein, und Friedrich Schlegel spricht in diesem Zusammenhang stets von Aischylos und Sophokles: „Mit echter Schöpferkraft hatte Aischylos die Tragödie erfunden... Was der Kühne entwarf, führte Sophokles aus ...".[19] Sie sind - neben Homer, Pindar und Aristophanes[20] - die Vorbilder, die er für Technik und Motivik immer wieder apostrophiert[21]. Euripides ist nur marginal erwähnt. Diese Selektion lag, wie es scheint, am Ende des 18. Jhdts. nahe. Wilhelm von Humboldt etwa folgte ihr auch, wie sein Brief an Schiller vom 16. 11. 1795 zeigt. Dort figurieren Sophokles, Homer, Pindar und Aristophanes als reine Muster griechischen Geistes[22]. Allerdings läßt sich erkennen, wie Friedrich Schlegel zu seinem Übergehen des Euripides kam. 1794 schrieb er in seiner Abhandlung *Von den Schulen der griechischen Poesie* Euripides eine „kraftvolle, aber gesetzlose Schwelgerei" zu; „der Styl des Euripides ist weich und üppig, ausschweifend in seiner leichten Fülle, er opfert das Ganze glänzenden Stellen auf".[23]

---

[17] wie Anm. 15, S. 194.
[18] Ebd., S. 142 f., siehe dazu Most, (wie Anm. 14), S. 157.
[19] Ebd., S. 131.
[20] Ebd., S. 178.
[21] Ebd., S. 178 oder - zum Schicksalsmotiv - S. 163.
[22] Siehe dazu Hellmut Flashar, *Wilhelm von Humboldt und die griechische Literatur*, in: Bernfried Schlerath (Hrsg.), Wilhelm von Humboldt. Vortragszyklus zum 150. Geburtstag, Berlin; New York 1986, 82-100, hier S. 85f.
[23] Friedrich Schlegel, *Von den Schulen der griechischen Poesie* (1794), in: Ernst Behler u.a. (Hrsg.), Kritische Friedrich Schlegel Ausgabe München, Paderborn, Wien, Bd. 1, 1979, S. 3-18, Zitate S. 14.

Bei einer derartigen Sichtweise besitzt Euripides genau die Fehler, die Friedrich Schlegel seiner zeitgenössischen Poesie zum Vorwurf macht: Anarchie,
Grenzverletzungen, Verstöße gegen die Gebote der *reinen* Poesie. Die vol-
tairehaften Züge, die das 18. Jhdt. - Wieland oder Sulger - schätzten, wurden
an der Schwelle zum 19. Jhdt. zum Stigma. Die Frage, in welchem Maße die
antifranzösischen Attribute der Zeit auf das Urteil über Euripides eingewirkt
haben[24], drängt sich dabei geradezu auf.

August Wilhelm Schlegel, Friedrichs älterer Bruder, führte sowohl in
seinen *Vorlesungen über dramatische Kunst und Literatur*, die er 1808 in Wien
hielt, als auch in der *Geschichte der klassischen Literatur*[25], in die die Vorlesungen teilweise eingingen, Friedrichs Euripides-Bild weiter aus[26]. „Wem es einzig
darum zu tun wäre, in der alten Poesie die Werke vom echten großen Stil
kennenzulernen, der könnte sich mit den beiden älteren Tragikern begnügen
und den Euripides ganz überschlagen". So beginnt in der Literaturgeschichte
das Euripides-Kapitel[27]. Die darauf folgende Charakterisierung zielt zuvörderst darauf nachzuweisen, dass Euripides *unpoetisch* ist – Gegenstimmen,
auch vermeintliche, werden entkräftet. So attestiert Schlegel Aristoteles, der
in der Poetik Euripides als den *tragischsten Dichter* apostrophiert, dass er „sich
nicht sonderlich auf das Wesen dieser Gattung verstand".[28] August Wilhelm
Schlegel appliziert das von seinem Bruder entworfene Entwicklungsmodell,
Entstehung, Blüte, Verfall, das letztlich auf Herders Konzept der Kulturgeschichte ruht, konsequent auf die drei attischen Tragiker. Hierbei wird Euripides erstmals - soweit ich sehe - nicht nur ein entsprechender Platz in der
Entwicklung, sondern sogar eine aktive Rolle in ihr zugewiesen: „Euripides
hat nicht bloß die äußere Gesetzmäßigkeit der Tragödie zerstört, sondern
ihren ganzen Sinn verfehlt"[29]. Hier fällt also das Wort vom Zerstörer der Tragödie, das Nietzsche - in Anlehnung an Aristophanes' *Frösche* (V. 868) - in der
Geburt der Tragödie 1872 aufgreifen und weiter zuspitzen wird: An Euripides

---

[24] Hier wäre einzubeziehen August Wilhelm Schlegel, *Comparaison entre la Phèdre et celle
d'Euripide*, Paris 1807.
[25] August Wilhelm Schlegel, *Geschichte der klassischen Literatur*, bzw. *Vorlesungen über
dramatische Kunst und Literatur*. Erster Teil (in: Kritische Schriften und Briefe, hrsg. von Edgar
Lohner, Bd. 3 u. Bd. 5, Stuttgart 1964 u. 1966).
[26] Zum Verhältnis zwischen den Brüdern siehe Most, (wie Anm. 14), passim. Vgl. auch
Ernst Behler, *A. W. Schlegel and the Nineteenth Century Damnatio of Euripides*, Greek Roman
and Byzantine Studies, Vol. 27, 1986, S. 335-367.
[27] (wie Anm. 26), S. 293.
[28] Ebd., S. 293 f.
[29] Ebd., S. 294.

starb die Tragödie[30]. Bei Schlegel ist das Urteil zunächst ästhetisch orientiert, er findet formale Regellosigkeiten[31], eine über die Poesie dominierende Rhetorik[32] - und zugleich eine Aufgabe des Idealisierten gegenüber der Realität[33]. Auch August Wilhelm Schlegel sieht eine Nähe zur Philosophie:

> Euripides war durch die Schule der Philosophen gelaufen (er war ein Schüler des Anaxagoras, nicht des Sokrates, wie manche behaupten, sondern nur durch Umgang mit ihm verbunden), da setzt er denn eine Eitelkeit darein, immer auf allerlei Philosophen anzuspielen; meines Bedünkens auf sehr unvollkommene Art, so daß man die Lehren nicht verstehen wird, wenn man sie nicht schon zuvor kennt (...)[34].

Auch das *Theater der Gefühle* mißfällt August Wilhelm, auch hier folgt er seinem Bruder[35]. Er verdammt die „verführerische Sophistik der Leidenschaften" - und obgleich er durchaus versucht, Tragödien insgesamt zu würdigen, wie sein Vergleich der Elektra-Stücke der drei Tragiker zeigt[36], fußt sein Urteil erheblich auf einer Isolierung einzelner Momente in Euripides' Werk. Er fragmentiert den Text in einer Weise, die dem karikierenden Verfahren des Aristophanes entspricht[37]:

> Berüchtigt ist folgender Vers, der zur Entschuldigung des Meineids gesprochen wird:
> ‚Die Zunge schwor, doch unbeeidigt ist der Sinn'. Diesen hat ihm aber Aristophanes dermaßen verpfeffert, daß es ihm wohl bei ähnlichen Gelegenheiten zur Warnung mag gedient haben.

---

[30] Dazu Albert Heinrichs, *The Last of the Detractors: Friedrich Nietzsche's Condemnation of Euripides*, Greek Roman and Byzantine Studies, Bd. 27, 1986, S.369-397, besonders 371. Heinrichs weist zugleich den Einfluß von A. W. Schlegel auf Nietzsche nach.

[31] (wie Anm. 26) S. 299.

[32] Ebd., 298.

[33] Ebd., S. 301.

[34] Ebd., S. 295.

[35] Vgl. Friedrichs *Über das Studium* (wie Anm. 15) S. 154f mit Augusts *Geschichte* (wie Anm. 25) S. 298.

[36] (wie Anm. 25) S. 301-310, dort das berühmte Verdikt über Euripides: „Um nicht ungerecht zu sein, muß ich noch bemerken, daß die Elektra vielleicht sein allerschlechtestes Stück ist" (310).

[37] Dazu Verf., Fragment und Kontext. „Zwei Methoden der Interpretation in der griechischen Literatur", in: Jens Holzhausen (Hrsg.), Ψυχή · *Seele - anima. Festschrift für Karin Alt*, Stuttgart; Leipzig 1998, S. 89-112.

Schlegel zitiert hier Euripides' *Hippolytos* ,V. 612: Der jungendliche Titelheld hat soeben durch die Amme von der bislang geheimen Liebe seiner Stiefmutter erfahren und kann seine Empörung über das Ansinnen nicht im Zaum halten.

Die Erinnerung der Amme an den Eid, den sie ihm abgenommen hat (V. 611), schiebt er in diesem exaltierten Zustand mit dem getadelten Vers beiseite. Doch fühlt er sich, wie wenig später deutlich wird (V. 657), weiter an den Eid gebunden und wird sogar sein Leben dafür opfern[38].

Schlegel nimmt all dies nicht zur Kenntnis, er betrachtet den Vers quasi als Wort des Dichters, wie es auch Aristophanes tut[39], dieser allerdings in bewußt parodischer Isolierung.

Der unpoetische, rhetorische, grenzüberschreitende Tragiker Euripides genügte dem Anspruch der Romantik an ein Kunstwerk also nicht mehr. „Geistige Verwesung",[40] lautet das wohl vernichtendste Urteil August Wilhelm Schlegels. Dieses Verdikt wurde im 19. Jahrhundert immer wieder nachgesprochen. Es bereitet keinerlei Schwierigkeiten, eine Blütenlese der Euripides-Invektiven großer Geister der Zeit zu geben[41]. Lediglich als Beispiel mag Theodor Mommsen dienen:

> Allein wie Euripides es unternimmt, den Menschen darzustellen wie er ist, liegt darin mehr ein logischer und in gewissem Sinn ein geschichtlicher als ein dichterischer Fortschritt. Er hat die antike Tragödie zu zerstören, nicht die moderne zu erschaffen vermocht (...). Durchaus und nach allen Seiten hin ist er der volle Ausdruck einer Zeit einerseits der großartigsten geschichtlichen und philosophischen Bewegung, andererseits der Trübung des Urquells aller Poesie, der reinen und schlichten Volkstümlichkeit (...)[42].

---

[38] Siehe Albin Lesky, *Die tragische Dichtung der Hellenen*, Göttingen ³1972, S. 319.

[39] Siehe Aristophanes' *Thesmophoriazusen* 175-76, *Frösche* 101 und 1471 - siehe dazu auch Aristoteles *Rhetorik* 1416a 28, Kenneth Dover (Hrsg.), *Aristophanes Frogs*, Oxford 1993, S. 16.

[40]. (wie Anm. 25), S. 299.

[41] Vgl. etwa Henrichs (wie Anm. 31), weitere Stimmen bei William M. Calder III., *Ulrich von Wilamowitz-Moellendorff. Sospitator Euripidis*, Greek Roman and Byzantine Studies Bd. 27, 1986, S. 409-430. Siehe ferner Ann Norris Michelini, *Euripides and the Tragic Tradition*, Madison 1987, S. 3-10.

[42] Theodor Mommsen, *Römische Geschichte*, Bd. 2. Drittes Buch, DTV 1976, S. 437 (= Bd. 1, S. 911 der 9. Aufl. 1902, 6. Aufl. 1874; entspricht im Text der 2. Aufl. 1856).

Gewiß darf man ein allgemeines Interesse eines gebildeten Lesepublikums an Euripides voraussetzen, erschienen doch zwischen 1800 und 1850 zahlreiche Stücke in Übertragungen[43] sowie Bothes und Donners Gesamtübersetzungen[44]. Von einer tiefgreifenden Wirkung des Euripides darf man aber angesichts der massiven Abwertungstendenz durch die Literaturkritik kaum sprechen, abgesehen von einer später zu behandelnden Ausnahme.

2

Man könnte es nun mit einem rein negativen Befund für die Rezeptionsgeschichte des Euripides bewenden lassen. Indes scheint es möglich, noch einen Schritt weiterzugehen, wenn man die Resonanz, die Sophokles im 19. Jahrhundert fand, beschreibt. Denn mit ihr eröffnet sich die Perspektive, *e contrario* das Desinteresse an Euripides zu analysieren. Sophokles war unter den antiken Dramatikern das Lieblingskind der Literaturtheorie und -kritik, er präsentierte in der Sicht der Gebrüder Schlegel oder Hegels die Vollendung der Tragödie[45]. Diese Hochschätzung ging einher mit zwei Einflußbereichen, die Sophokles von der Theorie in die Praxis des 19. Jhdts. überführten. Da ist zunächst die Vorbildfunktion insbesondere des *König Ödipus* für die *Schicksalstragödie*. Hiermit wurde eine im 18. Jhdt. vollzogene Weichenstellung weitergeführt, da dort etwa J. R. M. Lenz und Herder alte und *neue* Tragödie so geschieden hatten, dass bei den Alten das Fatum, bei den Neuen der Charakter eine zentrale Rolle spiele[46]. Schiller knüpfte in der *Braut von Messina* auch insofern an die *Alten* an, als sich das Motiv des Fluchs in diesem Stück auf den Laios-Fluch[47] oder die Verwünschungen des Ödipus beziehen

---

[43] Eine vollständige Sammlung liegt m. W. nicht vor, genannt seien e. g. Friedrich Stägers Übersetzungen von *Hekabe* und *Phönizierinnen*, Halle 1827, Chr. M. Wielands der *Helena*, Zürich 1805. Zu Sophokles siehe Wolfgang Schildknecht, *Deutscher Sophokles:Beiträge zur Geschichte der Tragödie in Deutschland*, Würzburg 1935; Hans Frey, *Deutscher Sophokles*, Winterthur 1964.

[44] *Euripides. Werke.* Verdeutscht von Friedrich Heinrich Bothe, 5 Bde., Berlin 1800-1803; *Euripides*, übersetzt von J. J. C. Donner, 3 Bde., Heidelberg 1841-1852.

[45] Siehe dazu oben passim. Siehe ferner Gabriele Schmoll May, *Tradition im Umbruch. Zur Sophokles-Rezeption im deutschen Vormärz*, New York, Bern etc. 1989.

[46] Schmoll May, (wie Anm. 45), S. 65. Jakob Michael Reinhold Lenz, *Anmerkungen über das Theater* (1774), zitiert nach Benno von Wiese (Hrsg.), *Deutsche Dramaturgie vom Barock bis zur Klassik*, Tübingen 1967, S. 64.

[47] Siehe dazu Harald Patzer, *Die dramatische Handlung der Sieben Gegen Theben*, Harvard

lassen[48]. Die ersten Dezennien des 19. Jhdts. waren die Blütezeit der Schicksalstragödie: Zaccharias Werner, *Der vierundzwanzigste Februar* (1810/1815),
Adolf Müllner, *Der neunundzwanzigste Februar* (1812) und *Die Schuld* (1813)
oder Franz Grillparzer, *Die Ahnfrau* (1817)[49] sowie August von Platens
Parodien *Die verhängnisvolle Gabel* (1826) und *Der romantische Oedipus* (1829)
können hier genannt werden[50]. *Der romantische Oedipus* verweist bereits
durch den Titel auf den Ausgangspunkt dieser tragischen Schreibweise. Franz
Grillparzer hat sich zudem mehrfach zur Bedeutung des Schicksalsmotivs
theoretisch geäußert. Aus diesen Bemerkungen *Über das Fatum*[51] wird
erkennbar, warum Euripides als Modell der Schicksalstragödie gar nicht in
Betracht kam. Grillparzer entwirft 1817 ein Bild, in dem *Gott als letzter Ring
in der Kette der Dinge* figuriert, einer Kette, deren Zwischenglieder für den
Menschen in Dunkel gehüllt sind und für die deshalb die Idee des Schicksals
eintritt. Ferner stellt er zutreffend fest, dass bei Euripides die Götter an die
Stelle des Schicksals treten, sowie dass „die Idee des Schicksals, obschon für
die Philosophie verwerflich, für die Poesie von höchster Wirkung ist"[52]. Der
im 18. Jahrhundert geschätzte philosophierende Tragiker hatte damit bei den
Schicksalstragikern verspielt. Bemerkenswert ist freilich Grillparzers Sopho-
kles-Bild. Aus Sicht der modernen Forschung - die indes in sich durchaus
kontrovers ist[53] - liegt hier eine Reduktion des Sophokleischen Konzepts auf

---

Studies in Classical Philology, Bd. 63, 1958, S. 97-119.

[48] Schmoll May, (wie Anm. 45), S. 64. Siehe ferner Wolfgang Schadewaldt, *Schillers Braut
von Messina*, in: Hellas und Hesperien, Bd. 2, Zürich, Stuttgart 1970, S. 144-166.

[49] Dazu insgesamt Schmoll May, (wie Anm. 45), S. 63-79.

[50] Dazu Schmoll May, (wie Anm. 45), S.81-93.

[51] Franz Grillparzer, *Über das Fatum*, in: Sämtliche Werke, Fünfte Ausgabe, hrsg. u. eingel.
von August Sauer, Stuttgart o. J. (1893), Bd. 15, S. 94-101, hier zitiert nach Klaus Hammer
(Hrsg.), *Dramaturgische Schriften des 19. Jahrhunderts*, Bd. 1, Berlin 1987, S. 259-264.

[52] Grillparzer, (wie Anm. 51), S. 260 f., Zitat 261.

[53] Siehe die verschiedenen Ansätze bei M. J. O'Brien (Hrsg.), *Twentieth-Century
Interpretations of Oedipus Rex. A Collection of Critical Essays*, Englewood Cliffs 1968. Vgl.
ferner Walter Burkert, *Oedipus, Oracles, and Meaning. - From Sophocles to Umberto Eco*, The
Samuel James Stubbs Lecture Series, Toronto 1991. In Deutschland ist seit etwa 15 Jahren die
Bedeutung des Charakters wieder prononciert vertreten worden, so besonders von Arbogast
Schmitt, *Menschliches Fehlen und tragisches Scheitern. Zur Handlungsmotivation im
Sophokleischen König Ödipus*, Rheinisches Museum für Philologie, Bd. 131, 1988, S. 8-30, und
Eckart Lefèvre, *Die Unfähigkeit, sich zu erkennen: Unzeitgemäße Bemerkungen zu Sophokles'
Oidipus Tyrannos*, Würzburger Jahrbücher für die Altertumswissenschaft, Neue Folge, Bd. 13,
1987, S. 37-58; eine Gegenposition bezieht Bernd Manuwald, *Oidipus und Adrastos.
Bemerkungen zur neueren Diskussion um die Schuldfrage in Sophokles' König Oidipus*,
Rheinisches Museum für Philologie, Bd. 135, 1992, S. 1-43.

das Schicksal, das sich überdies so rein nirgendwo im Text findet. Doch Grillparzer könnte einem solchen Einwand begegnen. Formuliert er doch 1817 die produktionsästhetische Devise: „ Es müssen die Fakten gegeben sein und dem Zuschauer überlassen werden, dabei schaudernd ein Fatum zu denken".[54] Er extrapoliert also aus den Stücken das nicht explizierte Schicksalsmotiv[55]. Euripides bot mit seiner Schreibweise, alle wesentlichen Kausalverbindungen auf der menschlichen Ebene anzusiedeln, für die Schicksalstragödie keine Anknüpfungspunkte.

Die erste Hälfte des 19. Jahrhunderts ist in Deutschland die Phase eines großen öffentlichen Interesses für die (griechische) Antike. Der Zusammenbruch des Heiligen Römischen Reiches und besonders des friedrizianischen Preußen unter dem Ansturm des Napoleonischen Frankreich öffnete energischen gesellschaftlichen Reformbestrebungen, die zuvor chancenlos waren, den nötigen Raum[56]. Die alte Ständegesellschaft sollte überwunden werden, eine bürgerliche Gleichheit nach französischem Muster an ihre Stelle treten. Die damit verbundene Aufwertung des Individuums gegenüber den alten (ständischen) Kontexten und Bindungen führte auf eine Betonung der Notwendigkeit von Bildung[57], die zugleich insgesamt als Nationalbildung konzipiert wurde. Im maßgeblich von Wilhelm von Humboldt entworfenen Bildungskonzept nahm bekanntlich die griechische Antike eine führende Stellung ein: „Die Griechen sind uns nicht bloss ein nützlich historisch zu kennendes Volk, sondern ein Ideal".[58] Die Betonung - und Rechtfertigung - der Beschäftigung mit den Griechen in den aufeinander bezogen konzipierten

---

[54] (wie Anm. 51) S. 262.

[55] Dass die Bezugnahme dieses Konzepts auf die Antike höchst fragwürdig ist, fiel bereits Zeitgenossen auf. Siehe etwa Karl Immermann, *Über den rasenden Ajax des Sophokles* (1826), in: Hammer (wie Anm. 51), S. 287-297, „ ... die Schicksalsidee aber, welche die Formel der alten lyrischen Anschauungs- u. Darstellungsweise ist, muß die wunderlichsten Enstellungen erleiden, um als Helotin dem modernen Poeten das Wasser kümmerlich auf die Räder zu tragen, womit er sein tragisches Mühlwerk treibt" (Zitat 297).

[56] Zum folgenden grundsätzlich Manfred Landfester, *Humanismus und Gesellschaft im 19. Jahrhundert*, Darmstadt 1988.

[57] Die praktische Notwendigkeit, Bildung statt Herkunft zum Kriterium für die Zugehörigkeit zur funktionalen Elite Preußens zu befördern, zeigen - allerdings in perspektivischer Färbung - die Erinnerungen Otto von Bismarcks an seine *Lehrjahre* in der preußischen Justiz, siehe dessen *Erinnerung und Gedanke*, Buch 1,1 (in: O. v. B. Werke in Auswahl, Bd. 8, Teil A, hrsg. v. Rudolf Buchner, Darmstadt 1975, S. 1-11).

[58] Wilhelm von Humboldt, *Über den Charakter der Griechen, die idealische und historische Ansicht desselben*, in: Werke in fünf Bänden, hrsg. von Andreas Flitner u. Klaus Giel, Bd. 2, Schriften zur Altertumskunde und Ästhetik, Darmstadt ³1979, S. 65-72, Zitat 65.

Humboldtschen Bildungseinrichtungen, dem humanistischen Gymnasium und der Universität, gründete mithin auf dem *Ideal*; daraus folgte inhaltlich die Auseinandersetzung mit zuvörderst Homer, Sophokles und Platon. Der nach der ästhetischen Theorie (Schlegel, Hegel) nicht mehr dem Ideal entsprechende Euripides hatte damit auch dort einen schweren Stand. Wenn überhaupt, wurde er nur selektiv rezipiert. Es mutet aus heutiger Sicht gespenstisch an, dass in einer dezidiert für „die weibliche Jugend" zusammengestellten Sammlung von griechischer Dichtung in Übersetzung[59] gerade die *Alkestis* des Euripides vertreten ist, also das Stück, das um den Opfertod einer Frau für ihren Mann kreist. Das Resultat des Humboldtschen Rekurses auf das Ideal-Griechentum ist allerdings in einer wichtigen Hinsicht höchst bemerkenswert. Otto von Bismarck beginnt seine Memoiren mit dem berühmten Satz: „Als normales Produkt unseres staatlichen Unterrichts verließ ich 1832 die Schule als Pantheist, und wenn nicht als Republikaner, doch mit der Überzeugung, dass die Republik die vernünftigste Staatsform sei (...)".[60] Und am 28. Oktober 1841 schreibt Friedrich Varnhagen von Ense in seinen Tagebüchern angesichts der oben erwähnten, von Friedrich Wilhelm IV. in Potsdam inaugurierten *Antigone*-Aufführung, wie er bei der Lektüre des Stückes daran dachte

> bei den schlagenden Stellen, daß in derselben Stunde sie dem König ins Gesicht gesagt werden. Übrigens erweckte es mir eine Art abergläubigen Erschauerns, daß eine solche Tragödie am Hofe zur Aufführung gewählt wurden, solche Darstellung der harten, zum Gesetz erhobenen Willkür und des greuelvollen Untergangs[61].

Bei Varnhagen und wohl auch bei Bismarck wird also die griechische Antike als politisch relevant, ja brisant und regimekritisch aufgefaßt. Dass gar in der *Antigone* dargestellt würde, wie Willkür zum Gesetz erhoben wird, ist eine - auch aus heutiger Sicht - radikale Leseweise, die dem Stück im Preußen des Vormärz eine gewaltige politische Aktualität verleiht. Dem steht gegenüber, dass offensichtlich Friedrich Wilhelm IV das Stück wohl kaum vor dem Hintergrund seiner fehlenden Bereitschaft gelesen haben dürfte, Preußen eine

---

[59] *Die Dichter des alten Griechenlands und Roms. Für die weibliche Jungend bearbeitet von* Gustav Schwab, 2 Bde., Stuttgart 1835; siehe dazu Landfester, (wie Anm. 57), S. 51.

[60] *Erinnerung und Gedanken,* (wie Anm. 57), S. 1.

[61] Friedrich Varnhagen von Ense, *Europäische Zeitenwende. Tagebücher 1835-1860,* München 1960, S. 73; hier zitiert nach Landfester, (wie Anm. 56), S. 106.

Verfassung zu geben. Man kann vielmehr annehmen, dass der König unter dem Eindruck von Tiecks Lesart der *Antigone* stand, nach der dieses Stück einer *modern-christlichen* Auffassung am nächsten stehe und die Titelheldin als quasi-christliche Märtyrerin, als Maria Magdalena gesehen werden konnte[62].

Denkbar wäre auch[63], dass das Stück für Friedrich Wilhelm einen sublimen *tragischen* Sinn entfaltete, indem es - entsprechend der Interpretation Hegels - als vollendetes Kunstwerk *die Kollision von zwei gleichrangigen Zwecken* repräsentierte, von dem des Staats, also des sittlichen Lebens in seiner geistigen Allgemeinheit, und dem der Familie, also der natürlichen Sittlichkeit[64]. Wie man auch hier entscheidet, bei beiden Erklärung verliert die *Antigone* ihre Brisanz, und auch so ließ sich Sophokles rezipieren. Derartige Interpretationslinien, die wohl, wie ein Schulaufsatz Hegels von 1788 zeigt[65], traditionell die Lesart auch in der Schule gewesen sein könnten, bilden den Hintergrund für Positionen, die der griechischen Literatur Relevanz absprechen und seine Vorbildhaftigkeit bestreiten.

Signifikant ist hier etwa ein Essay Karl Immermanns von 1826 *Über den rasenden Ajax des Sophokles*, der, gleichsam im Vorgriff auf den Positivismus, die Sophokleische Tragödie als historische, aber nicht mehr zeitlos gültige und deswegen vorbildliche Errungenschaft definiert: „Zwischen Sophokles und die Anforderungen der Gegenwart gestellt, verliert der Poet sich selbst und ein festes Ziel aus den Augen und den Grund unter den Füßen".[66] Ähnlich läßt sich das Postulat Heinrich Heines verstehen, die Kunst müsse in ihre Zeit gestellt werden.[67] Für Euripides war allerdings sowohl bei denjenigen, die Sophokles politische Relevanz zuschrieben, als auch bei den

---

[62] So Lohse, (wie Anm. 4), S. 77-78.

[63] Siehe dazu insgesamt Flashar (wie Anm. 2) S. 60–66.

[64] Georg Wilhelm Friedrich Hegel, *Vorlesungen über die Ästhetik III* (Werke in zwanzig Bänden, hrsg. von Eva Moldenhauer und Karl Markus Michel, Bd.15), Frankfurt 1970, 485-7.

[65] Georg Wilhelm Friedrich Hegel, *Über einige charakteristische Unterschiede der alten Dichter* (1788), in: Inge Gellert (Hrsg.), G. F. W. Hegel, Frühe Studien und Entwürfe 1787-1800, Berlin 1991, S. 15-18, dort 17: „Überhaupt sieht man es allen Werken der Alten sogleich an, dass sie sich ruhig dem Gang ihrer Vorstellungen überließen und ohne Rücksicht auf ein Publikum ihre Werke verfertigten" - ein *engagiertes Theater* ist damit nicht denkbar.

[66] (wie Anm. 56), S. 289.

[67] Siehe dazu Schmoll May, (wie Anm. 45), S. 2-3. Freilich ist Heines Position in *Die romantische Schule* (1832) durchaus differenziert, da er Schlegels Technik der Euripides-Schelte kritisiert. (Siehe Heinrich Heine, *Die romantische Schule*, Kritische Ausgabe, Stuttgart 1976, S. 68 f.).

‚Modernen' kein Platz. Denn einerseits ist Euripides' Werk zu vielschichtig,
und aus Stücken wie dem *Orestes* läßt sich eine radikale Demokratie-Kritik
herauslesen[68]. Und andererseits stellten auch *die Modernen* die traditionellen,
Schlegelschen ästhetischen Forderung auf. So heißt es bei Immermann: „Man
wende nicht Euripides ein. Wir reden hier nur von antiker Dichtung auf ihrer
höchsten Stufe".[69]

3

In einem solchen Klima allgemeinen Desinteresses an Euripides ist die
Bezugnahme Johann Wolfgang Goethes auf diesen Dichter zunächst erstaunlich. Doch lassen sich drei Quellen oder wenigstens Felder des Goetheschen
Interesses erkennen. Zunächst hatte er sich wesentlich intensiver mit der grie-
chischen Literatur befaßt als die meisten seiner Zeitgenossen, ja anfänglich
sogar Neigung zu einem entsprechenden Studium gezeigt[70].
    Ferner gehörte er doch eben auch noch dem aufklärerischen 18. Jhdt.
weit genug an, um den *voltairischen* Euripides goutieren zu können, wie seine
Farce *Götter, Helden und Wieland* (1774) zeigt, die auf Wielands
Auseinandersetzung mit Euripides in seiner *Alceste* und fünf an Johann Georg
Jacobi gerichteten Briefen im *Teutschen Merkur* reagiert[71]. Und drittens setzte
sich Goethe während der Zusammenarbeit mit Schiller intensiv in Theorie
und Praxis mit Euripides auseinander[72]. So erlahmte seine Sympathie für den
attischen Tragiker nicht, mochten auch bei Goethe, entsprechend der
allgemeinen Tendenz des 19. Jahrhunderts, stärker Homer, Pindar und
Sophokles zu Fixpunkten in der griechischen Literatur werden[73].
    Eine bemerkenswerte nochmalige Intensivierung im Verhältnis zwischen
Goethe und Euripides vollzieht sich in den zwanziger Jahren des 19.
Jahrhunderts. Ihr Hintergrund ist Goethes Verbindung mit den Klassischen

---

[68] Siehe dazu etwa Walter Burkert, *Die Absurdität und das Ende der Tragödie*, Antike und
Abendland Bd. 20, 1974, S. 97-109.
[69] (wie Anm. 55), Anm. zu S. 296.
[70] Siehe dazu Ernst-Richard Schwinge, *Goethe und die Poesie der Griechen*, Abhandlungen
der Mainzer Akad. 1986, Nr. 5.
[71] Dazu Petersen, (wie Anm. 1), S. 11-70.
[72] Dazu Petersen, (wie Anm. 1), S. 71-150.
[73] Schwinge, (wie Anm. 70), S. 23.

Philologen[74] Friedrich Wilhelm Riemer, Karl Göttling und insbesondere Gottfried Hermann. Hermann publizierte 1821 zwei größere Fragmente aus dem *Phaethon* des Euripides, die Heinrich Hase auf zwei Blättern einer Pariser Handschrift entdeckt hatte[75]. Er schickte seine Abhandlung[76] an Goethe.

> Die von Herrn Professor und Ritter Hermann im Jahre 1821 freundlich mitgeteilten Fragmente wirkten, wie alles was von diesem edlen Geist- und Zeitverwandten jemals zu mir gelangt, auf mein Innerstes kräftig und entschieden; ich glaubte hier eine der herrlichsten Productionen des großen Tragikers vor mir zu sehen; ohne mein Wissen und Wollen schien das Zerstückte sich im innern Sinn zu restaurieren, und als ich mich wirklich an die Arbeit zu wenden gedachte, waren die Herren Professoren Göttling und Riemer, in Jena und Weimar, behülflich durch Uebersetzen und Aufsuchen der noch sonst muthmaßlichen Fragmente dieses unschätzbaren Werks,

schreibt Goethe 1826[77]. In der Tat unternahm er 1823 einen Rekonstruktionsversuch des Stücks[78], gestützt auf die genannten Philologen und philologisches Rüstzeug[79]. Diesen Versuch, auf dessen Einzelheiten hier nicht eingegangen werden kann[80], ergänzte 1826 eine weitere kleine Abhandlung, deren Beginn oben zitiert wurde. Signifikant erscheint dabei an der Beschäftigung mit dem

---

[74] Siehe insgesamt Petersen, (wie Anm. 1), S. 160-173.

[75] Es handelt sich um den Codex Parisinus Claromontanus 107, dazu James Diggle (Hrsg.), *Euripides Phaethon*, Cambridge 1970.

[76] Godofredus Hermannus (ed.), *Euripidis Fragmenta duo Phaethontis*, Leipzig 1821.

[77] *Zu Phaethon des Euripides*, zitiert nach: Goethe, Schriften zur Literatur, Bd. 1: Text, bearb. von Edith Nahler, Berlin 1970, S. 171-174, Zitat 171.

[78] *Phaethon, Tragödie des Euripides. Versuch einer Wiederherstellung aus Bruchstücken*, in: Über Kunst und Altertum. Vierten Bandes zweites Heft, 1823; im folgenden nach Schriften zur Literatur, Bd. 1, (wie Anm. 77), S. 159-170.

[79] Er entleiht von Februar bis März 1823 aus der herzoglichen Bibliothek in Weimar (siehe dazu Elise v. Keudell, *Goethe als Benutzer der Weimarer Bibliothek. Ein Verzeichnis der von ihm entliehenen Werke*, Weimar 1931, 234, Nr. 1464) die Bände 2 und 3 der Euripides-Ausgabe von Barnes-Musgrave (*Euripidis Tragodiae, Fragmenta, Epistulae* ex editione Iosuae Barnesii, nunc recusa et aucta, Tomus I, Leipzig 1778; Ex recensione Samuelis Musgravii, Tomus II, Leipzig 1779; Tomus III continens Samuelis Musgravii notas integras in Euripidem. Curavit Christianus Daniel Beckius, Leipzig 1788), die die bis dahin bekannten Fragmente und den Index verborum enthielten. Die Ovidische Version war ihm lange vertraut (s. Petersen, [wie Anm. 1], S. 174-176), Nonnos durch Sergej Uwarow bzw. die Übersetzung durch dessen Lehrer Friedrich Graefe (Petersen S. 177).

[80] Siehe die Analyse bei Petersen, (wie Anm. 1), S. 178-9 u. S.183-196.

fragmentarischen *Phaethon*, dass die dezidierte Zielsetzung nicht allein Sammlung der Überreste ist, wie sie im 18. Jhdt. in der Philologie üblich ist[81] und ihre Wurzeln in der Sentenzen-Zusammenstellung der Gnomologien-Tradition hat (auch Goethe hat durchaus solche Gnomologien gelesen[82]). Vielmehr geht es Goethe um mehr: die Rekonstruktion eines mutmaßlichen Meisterwerks, die Wiederherstellung des *inneren Sinns*. Diese Zielsetzung hat Gottfried Hermann begeistert begrüßt. Er schrieb am 10.4.1823 an Goethe[83]:

> Was Ew. Excellenz mir über den Phaethon mitzuteilen geruhten, ist ein herrlicher Beweis, wie ein schöpferischer Geist das Todte zu beleben, und aus zerstreuten Trümmern die Umrisse und Verhältnisse des vormaligen Prachtgebäudes herzustellen weiß.

Der *Phaethon* wird also von Goethe, abgesehen von seinem grundsätzlichen Interesse an Euripides, auch zu einem *Fragment im Geiste der Romantik* gemacht[84], er gerät zu einer „köstlichen Reliquie"[85], an der sich die Phantasie entzünden kann, dessen einstige Größe („eine der herrlichsten Productionen des großen Tragikers", ein „unschätzbares Werk"[86]) noch in den Trümmern Ehrfurcht gebietet. Einen ähnlich gelagerten Rekonstruktionsversuch unternahm Goethe 1826 für Euripides' *Philoktet*, für den er auf Anregung Hermanns die Reden 52 und 59 des *Dion Chrysostomos* las[87].

Der *fragmentarische Euripides* interessierte also Goethe, und hier liegt die einzige Überlegenheit des Euripides über Sophokles, aus dessen Fragmenten bekanntlich keine (eine Ausnahme bilden nur die *Spürhunde*) Rekonstruktionen möglich sind[88].

---

[81] Zur Geschichte des Fragmentesammelns siehe A. C. Dionisotti, *On fragments in classical scholarship*, in: Glenn W. Most (Hrsg.), Collecting Fragments - Fragmente Sammeln, Göttingen 1997, 1-33; Rudolf Kassel, *Fragmente und ihre Sammler*, in: Heinz Hofmann, Annette Harder (Hrsgg.), Fragmenta dramatica, Göttingen 1991, S. 243-53.

[82] Siehe Petersen, (wie Anm. 1), S. 160-61.

[83] Abdruck des Briefes bei Petersen, (wie Anm. 1), S. 217-18, Zitat 217.

[84] Vgl. dazu F. Rauber, *The fragment as romantic form*, Modern Language Quarterly Bd. 30, 1969.

[85] *Phaethon*, (wie Anm. 78), S. 159.

[86] Zu *Phaethon*, (wie Anm. 78), S. 171.

[87] Siehe Petersen, (wie Anm. 1), S. 179-181. Die Dion-Ausgabe von Morelli entlieh er von Februar bis August 1826, siehe v. Keudell, (wie Anm. 79), S. 268 (Nr. 1681).

[88] Dazu Stefan Radt, *Sophokles in seinen Fragmenten*, in: Jacqeline de Romilly (Hrsg.), Sophocle, Entretiens sur l'antiquité classique, Tome 29, Vandoeuvres-Genève 1982, S. 185-231, hier 223-24.

4

Euripides geriet also in der ersten Hälfte des 19. Jahrhunderts ungeachtet der
Griechenbegeisterung ins Hintertreffen. Was ihn im 18. Jahrhundert auszeich-
nete, die Verbindung von Dramatik und Philosophie, ja Aufklärung, schien
unwichtig geworden. Die ständische Gesellschaft des Ancien Regime war
zerbrochen, Traditionen lösten sich auf. Euripides konnte als Infragestellung
von festen Normen gelesen werden[89] - nach dem Zusammenbruch, in einer
Phase der Konsolidierung[90], wurde offensichtlich Sophokles benötigt. Es ist
bezeichnend, dass der *Aufklärer* im fin de siecle der bürgerlichen Gesellschaft
wieder in Kurs kam[91]: 1895 betonte in England A. W. Verrall den Rationa-
listen Euripides[92], 1902 apostrophierte in Wien Theodor Gomperz den
Vertreter der Aufklärung[93], und fast zeitgleich fand Wilhelm Nestle in Euripides den Dichter der Aufklärung[94]. Und auf der Bühne des späten 19. und des
20. Jahrhunderts wurde Euripides erfolgreich[95], ohne allerdings insgesamt die
Bedeutung des Sophokles zu erreichen.

---

[89] In diesem Sinn Ernst-Richard Schwinge, *Einleitung*, in: Ders. (Hrsg.), *Euripides*,
Darmstadt 1968, p. VII-XVIII, hier XIV.

[90] Dazu Schmoll May, (wie Anm. 45), S. 21-34.

[91] Über die Rolle von Wilamowitz in diesem Kontext siehe Calder, (wie Anm. 41).

[92] A. W. Verrall, *Euripides the Rationalist*, Cambridge 1895. Dass diese Sicht problematisch
ist, unterstreicht E. R. Dodds, *Euripides the Irrationalist*, Classical Review 43, 1929, S. 97-104.

[93] Theodor Gomperz, *Griechische Denker. Eine Geschichte der antiken Philosophie*, Bd. 2
Leipzig ³1912 (1. Aufl. 1902): „In weitaus überwiegendem Maße war jedoch Euripides ein
Vertreter der Aufklärung und ihrer weitgehenden Forderungen (...)" (S. 12).

[94] Wilhelm Nestle, *Euripides, der Dichter der griechischen Aufklärung*, Stuttgart 1901. Siehe
zu Nestle jetzt auch Glenn W. Most, *From „Logos to Mythos"*, in: Richard Buxton (Hrsg.),
From Myth to Reason?, Oxford 1999, S. 25-47.

[95] Dazu Flashar, (wie Anm. 2), S. 110 ff.

Heinrich Heines Stellung zu den Traditionen der griechisch-römischen Antike oder Heinrich Heine – „Bruder in Apoll"

Franzjosef Schuh (Hamburg)

1

Heinrich Heine (1797-1856) hat in seinen Gedichten und Schriften immer wieder Motive der Antike aufgegriffen[1]. Hierbei gibt es zwar auch eine Verwendung traditionell fest umrissener Sprach- und Gedankenbilder ohne formale oder inhaltliche Veränderung, jedoch m. E. fast nie in dem äußerlichen Sinne des nur rhetorischen Schmucks[1]. In der Regel finden wir vielmehr bei Heine eine intensive Auseinandersetzung mit dem Rezipierten. Heine verändert dieses, entwickelt Form und Inhalt weiter, oft sogar bis hin zu eigenen Mythen.

Diese Auseinandersetzung mit den Traditionen der griechisch-römischen Antike finden wir voll ausgebildet in den *Nordseezyklen*, also ab 1825/26[2]. Und sie hört – trotz Heines sogenannter „religiöser Umwälzung" ab 1848 (s. unten Abschnitt 7) – nicht mehr auf bis hin zu seinen letzten Gedichten und Schriften. Ich möchte aus der Zeit des frühen Heine, also den Jahren 1825 bis 1831, dem Jahr seiner Übersiedlung nach Paris, einige Beispiele anführen. Zunächst ein Beispiel aus seinen Prosaschriften und danach zwei Gedichte.

---

[1] Das Material aller Stellen, an denen Heine Antikes zitiert, ist bereits vollständig gesammelt bei Maria Filtso, *H.Heine und die Antike*, Diss. Phil. München 1928.

[2] In den Gedichten, die im *Buch der Lieder* vor den Zyklen der *Nordseebilder* liegen, gibt es im Vergleich dazu wenige, auch eher konventionelle, Hinweise. Hervorzuheben wäre aber etwa im Zyklus *Die Heimkehr. 1823-1824* das Gedicht XXIV *„Ich unglückselger Atlas"*. Das eindrucksvolle Gedicht (vgl. die Vertonung von Schubert) enthält eine Identifikation mit der mythischen Figur des Atlas und dessen Funktionen als Träger der Welt. Die hier vorliegende rhetorische Figur der Antonomasie macht den bruchlosen Übergang zur Person des Dichters selbst und seiner entsprechenden modernen Funktion als eines Trägers der Schmerzen der Welt möglich.

Im zweiten Teil der *Reisebilder*, dem Buch mit dem Titel *Ideen – das Buch Le Grand* aus dem Jahre 1826 singt Heine in Kapitel III ein Lob des Lebens trotz aller Tragödien zwischen Männern und Frauen. Die „Weiber" mögen ihn hassen und verlachen, „aber laßt mich leben!", schreibt er. Das Leben sei (II, S. 253)[2]:

> gar zu spaßhaft süß, und die Welt so lieblich verworren; sie ist der Traum eines weinberauschten Gottes, der sich aus der zechenden Götterversammlung à la française fortgeschlichen, auf einem einsamen Stern sich schlafen gelegt, und selbst nicht weiß, daß er alles das auch erschafft, was er träumt. Und die Traumgebilde gestalten sich oft buntscheckig toll, oft auch harmonisch vernünftig - die Ilias, Plato, die Schlacht bei Marathon, Moses, die medizäische Venus, der Straßburger Münster, die französische Revolution, Hegel, die Dampfschiffe usw. sind einelne gute Gedanken in diesem Gottestraum - aber es wird nicht lange dauern, und der Gott erwacht, und reibt sich die verschlafenen Augen, und lächelt - und unsre Welt ist zerronnen in Nichts, ja, sie hat nie existiert.

Wenn Heine an der zitierten Stelle über Gründe für das Leben in dieser leidvollen Welt spricht und dabei dieses „gar zu spaßhaft süß" und die Welt „so lieblich verworren" nennt, dann entspinnt sich geradezu aus dieser letzten Feststellung der poetische Einfall, die Welt aus dem „Traum eines weinberauschten Gottes" entstehen zu lassen. Und mag auch nach dem Erwachen des Gottes alles in Nichts zerrinnen, ja, nicht einmal existiert haben, für Heine ändert dies nichts an dem Glück, in dieser Welt leben zu dürfen. „Gleichviel! ich lebe" (ebd.), lautet das abschließende Fazit seiner Darlegung.

Auf den ersten Hinblick können wir zwei Dinge feststellen: Erstens, die gleichsam antike Szene ist, soweit ich sehe, kein direktes Zitat aus der griechisch-römischen Mythologie, sondern Heines Erfindung. Freilich, bei dem „weinberauschten Gott" wird man Dionysos assoziieren. Heine selbst

---

[2] Heine zitiere ich in der Regel nach der Ausgabe: *Heinrich Heine. Sämtliche Schriften*, hrsg. von Klaus Briegleb, Bd.I-VI/2, München ²1975 (dtv) (¹1962). Herangezogen wird auch: *H. Heine. Sämtliche Werke.* Düsseldorfer Ausgabe, hrsg. von Manfred Windfuhr, Hamburg 1973 ff., Bd. I-XVI (zitiert als *H.Heine, GA*); außerdem: *H. Heine. Sämtliche Werke*, hrsg. von Hans Kaufmann (Textrevision und Erläuterungen von Gotthard Erler, Taschenbuchausgabe des Kindler-Verlags), München 1964, Bd .I-XIV, (zitiert als *H. Heine, SW. Kaufmann*).

aber nennt diesen Namen nicht und gibt auch sonst keinen direkten Hinweis. M.E. denkt er auch nicht an diesen bestimmten griechisch-römischen Gott. Vielmehr will er die Vorstellung, die leidvolle Welt möge vielleicht gar keine reale Existenz haben, sondern nur eine Art temporärer Fiktion sein, dadurch mythisch oder besser: poetisch überhöhen, dass er sie von einem weinberauschten Gott erträumt sein läßt, einem trunken gewordenen Gott, der sich aus einer pokulierenden Götterversammlung ohne Abschied (d. i. à la francaise) davonschleicht, um sich an einem einsamen Platz schlafen zu legen und zu träumen. Dabei verbindet er Einzelheiten aus der Antike mit dem Topos Das Leben ein Traum.

Zweitens: Heine sagt von den Traumgebilden, sie seien „oft harmonisch vernünftig[!]" und nennt die dann aufgezählten von der Ilias bis zu Hegel und den Dampfschiffen „gute Gedanken in diesem schaffenden Gottestraum". Das bedeutet nicht nur, dass Hegel namentlich erscheint, sondern wir haben hier auch das Spiel des Heinrich Heine mit dem hegelianischen Gedanken, die Ereignisse unserer Welt seien Objektivierungen des Weltgeistes. Und der wird bei Heine zu einem trunkenen Gott, der unsere Wirklichkeit träumt [3].

Wir sehen, wie hier bei Heine eine gleichsam antike Szene in den Kontext eng verknüpft ist, wie Altes neben Neuem unter einem eigenen leitenden Gedanken vereinigt wird, wobei das Antikische nur *ein* wenn auch wichtiger, fruchtbarer Baustein ist; schließlich liefert es ja auch noch das szenische Gerüst, in dem der Dichter seinen gesamten Gedanken aufbaut!

Auffällig ist noch, dass unter den namentlich genannten, den positiven historischen Ereignissen, er die griechischen zwar an erster Stelle nennt, aber doch in einer Reihe neben den jüdisch-christlichen und denen der unmittelbaren Vergangenheit und der Gegenwart. Das bedeutet, dass die antiken Ereignisse als inhaltliche hier keine Priorität haben.

Unser zweites, ein poetisches Beipiel, sei aus dem zweiten *Nordseezyklus*, der 1826 entstanden ist. Hier begrüßt in dem Einleitungsgedicht *Meergruß* (I, 197 f.) der Dichter das Meer mit dem Ruf „Thalatta! Thalatta!". Heine zitiert eine allseits bekannte Lesefrucht aus der *Anabasis* des Schulautors Xenophon. Er vergleicht seinen eigenen Meergruß mit jenem Ruf, mit dem die geschlagenen zehntausend Griechen, nach schwierigstem

---

[3] Anders Jost Hermand in *H.Heine*, GA VI, S. 805: „komplizierte Kontrafaktur mehrerer mythologischer und religiöser Vorstellungen."

Rückzug aus dem Innern Persiens das endlich erreichte Schwarze Meer als
die sozusagen erste Station ihrer Heimat begrüßt hatten (V. 1-7):

> Thalatta! Thalatta!
> Sei mir gegrüßt, du ewiges Meer!
> Sei mir gegrüßt zehntausendmal,
> Aus jauchzendem Herzen,
> Wie einst dich begrüßten
> Zehntausend Griechenherzen,
> Unglückbekämpfende, heimatverlangende,
> Weltberühmte Griechenherzen.

Während in der nächsten Strophe die Begrüßung des Meeres weiter noch
aus der Sicht der Griechen beschrieben wird, führt in der dritten der Dichter seinen Gruß an das ewige Meer fort als einen Gruß an die Heimat
überhaupt: „Wie Sprache der Heimat rauscht mir dein Wasser" (V. 19).
Und das sich nun ereignende Erinnern beschwört das Glück einer Kindheit herauf, welche die Heines sein könnte. Die vorletzte Strophe dann
beschreibt das Unglück der Fremde und den Umschlag in das gegenwärtige Glück, beschlossen wird sie wieder mit dem „Thalatta! Thalatta"-Ruf.
„[...]wie hab ich geschmachtet in öder Fremde!/ Gleich einer welken Blu-
me/In des Botanikers blecherner Kapsel,/ Lag mir das Herz in der Brust./
Mir ist, als saß ich winterlange,/ Ein Kranker, in dunkler Krankenstube"
(V. 29-34).

In der letzten Strophe schließlich hat nur die erste Zeile wieder einen
direkten Bezug zu dem antiken Ereignis, aber nur um eine Analogie des
gegenwärtig Sprechenden mit dem (vielleicht) maßstabsetzenden Ereignis
der Antike herzustellen: „Du tapferes Rückzugherz!", redet der Sprechende sich selbst an, um dann mit den militärischen Termini für den Liebes-
kampf – seit den griechischen Lyrikern bekannt, Heine aber doch wohl
besonders durch die *römischen* Liebeslyriker Ovid, Tibull, Properz und
auch Horaz vertraut – seinen Kampf, seine Niederlage und seinen endlich
doch geglückten Rückzug vor den Barbarinnen des Nordens[4] zu besingen
(V. 44-59):

---

[4] Schon allein an dieser geographischen Angabe „des Nordens" können wir die veränderte
Bezugnahme auf Heine selbst sehen. Für die Griechen nämlich müßte es heißen „des Südens",
da sie ja aus dem Innern Persiens kommen.

Du tapferes Rückzugherz!
Wie oft, wie bitteroft
Bedrängten dich des Nordens Barbarinnen!
Aus großen, siegenden Augen
Schossen sie brennende Pfeile;
Mit krummgeschliffenen Worten
Drohten sie mir die Brust zu spalten;
Mit Keilschriftbillets zerschlugen sie mir
Das arme, betäubte Gehirn-
Vergebens hielt ich den Schild entgegen,
Die Pfeile zischten, die Hiebe krachten,
Und von des Nordens Barbarinnen
Ward ich gedrängt bis ans Meer,
Und frei aufatmend begrüß ich das Meer,
Das liebe, rettende Meer-
        Thalatta! Thalatta!

Wir sehen schon ein wenig, wie der junge Heine das macht. Dass er überhaupt antike Inhalte und Formen verwendet, kann ja nicht verwundern. Heine steht wie alle Dichter und Schriftsteller seiner Zeit in der (noch weitgehend ungebrochenen) Tradition des *Europäisch-lateinischen Mittelalters* (auf deren Kontinuität ja E. R. Curtius eindrucksvoll hingewiesen hat). Die Gedanken- und Sprachbilder der Antike sind immer noch integrierte Bestandteile des literarischen Schaffens.

Sich einen Gedanken der überlieferten Antike aneignend, der aufbewahrt ist in einem plastischen Wortbild, gestaltet er sein eigenes Erleben. Dabei reduziert er die alte Geschichte souverän auf einige entscheidende, für ihn passende Momente: Abenteuer, Gefahren, Niederlage, eine dieser abgetrotzte Rettung, die einem Sieg gleich kommt, um in diesem Rahmen sein unverwechselbares, sein eigenes Leben, überhöhend, ebenso realistisch wie hinreißend zu gestalten. Er erreicht eine neue Einheit, eine wechselseitige. Das Antikische wird modern, das Moderne antik! Dies Prinzip der Aneignung bleibt. Was sich ändert sind die Modi, das Maß der Verschmelzung.

Dabei denkt er sich nicht im Sinne der rhetorischen Figur Antonomasie in das Antike hinein (das geschah etwa in dem frühen Gedicht *Ich unglückselger Atlas*, s. Anm. 2), Heines Dichten ist ganz gegenwärtig! Das Alte ist ihm im Sinne seiner Geschichtsauffassung eine zugewachsene

Überlieferung, die er sich gänzlich angeeignet hat, vom Aspekt des Antiken her könnte man sagen: das Antike reproduziert sich in ihm als *forma
formans, gestaltende Formkraft*, auf neue Art, auf Heines Art [5].

2

In dieser Weise des Umganges mit den überlieferten Gedanken- und
Sprachbildern ist im übrigen eine bestimmte Betrachtung der Geschichte
enthalten, die wir nicht nur aus Heines Gebrauch erschließen müssen.

In einem kurzen Text, den er zwischen 1832 und 1839 geschrieben
hat[6], und der erst über ein Jahrzehnt nach seinem Tod, 1869, veröffentlicht und wahrscheinlich von dem Herausgeber mit dem Titel *Verschie-
denartige Geschichtsauffassung* versehen worden ist[7], in diesem Text spricht
Heine auch über seine eigene Geschichtsauffassung. Er spricht sich sowohl
gegen „die Weltweisen der historischen Schule und die Poeten der Wolfgang Goetheschen Kunstperiode" (III, S. 21) aus wie gegen diejenigen, die
einer Ansicht huldigen, „wonach alle irdischen Dinge einer schönen Ver-
vollkommenheit entgegenreifen" (S. 22).

Jene sähen „in allen Dingen nur einen trostlosen Kreislauf"; ihr Wahl-
spruch: „Es ist nichts Neues unter der Sonne" (S. 21) führe gegenüber der
Gegenwart zu Indifferentismus und Fatalismus. Für diese wiederum mit
ihrem Glauben an „einen [zukünftigen] höheren gottähnlichen Zustand
des Menschengeschlechtes" (S. 22), an eine Zukunft des „heiligsten Frie-
dens", der „reinste[n] Verbrüderung" und der „ewigste[n] Glückseligkeit",
gelte „die Gegenwart (...) bloß als Mittel, und die Zukunft [sei] ihr Zweck"
(S. 22). Zwar ist Heine diese letztere Ansicht sympathischer, aber: „wir
fühlen uns wichtiger gestimmt, als dass wir uns nur als Mittel zu einem
Zweck betrachten möchten; es will uns überhaupt bedünken, als seien

---

[5] Die bisher erschienenen Arbeiten zu H. und der Antike von Hermann Friedmann, *Die
Götter Griechenlands von Schiller bis zu Heine*, Riga. Diss.1905; Maria Filtso, (wie Anm.2);
Wolfgang Hecht, *Wandlungen von Heines Antikenbild*, in: H. H., streitbarer Humanist u.
volksverbundener Dichter, Intern. wiss.Konferenz...in Weimar , 1973, S. 132-143 u. 385-395
und Robert C. Holub, *H.Heines reception of German Grecophilia*, Heidelberg 1981, haben
diesen Aspekt gar nicht oder nur am Rande behandelt.

[6] Vielleicht 1833; s. Gerhard Höhn, *Heine-Handbuch*, Stuttgart [2]1997, S.323.

[7] Adolf Strodtmann, *Letzte Gedichte und Gedanken*. Hamburg, 1869.

Zweck und Mittel nur konventionelle Begriffe, die der Mensch in die Natur und in die Geschichte hineingrübelt, von denen aber der Schöpfer nichts wußte, indem" – und damit stellt Heine seine eigene Sicht dar- „jedes Erschaffnis sich selbst bezweckt und jedes Ereignis sich selbst bedingt , und alles, wie die Welt selbst, seiner selbst willen da ist und geschieht." Heines Fazit lautet: „Das Leben ist weder Zweck noch Mittel; das Leben ist ein Recht". Und darum verlangt Heine, sich einzusetzen für „die Interessen der Gegenwart und das zunächst zu verfechtende Menschenrecht, das Recht zu leben" (S. 23).

Mag dieser Text auch nicht auf eine eindeutige geschichtsphilosophische Aussage festzulegen sein, Heine wollte bekanntlich kein Philosoph sein, dem es um eine abstrakte Geschichtstheorie mit feststellenden Begriffen hätte gehen können. Man beachte nur seine Abwertung der „konventionellen" Begriffe Zweck und Mittel, die der Mensch in Natur und Geschichte „hineingrübelt". Aber er drückt sich immer auf einem hohen Reflexionsniveau aus. Seine Sprache läßt immer ihre Begründungen sichtbar werden, und sei es, wie in der Poesie mit bewußt gesetzten Metaphern oder Bildern oder auch *nur* durch ironische Brechung; denn auch die Ironie ist eine Form der in Reflexion gebrochenen Sprache. Und so sind einige Momente festzustellen, die mit Heines übrigem Werk übereinstimmen. Heine scheint gegen die gängigen Geschichtstheorien seiner Zeit zu sein. So vertritt er hier ebensowenig eine Geringschätzung wie eine Verherrlichung von Vergangenheit oder Zukunft. Es gibt für ihn weder einen Primat des Vergangenen im Sinne eines Rufes *Zurück zu den Anfängen*, als ob dort die Wahrheit sei, noch ein Hoffen auf ein Paradies in der Zukunft, auf Kosten der Gegenwart. Vergangenheit wie Zukunft sind Gegebenheiten der menschlichen Natur, des Lebens selbst, und darum sind sie am Menschenrecht auf das gegenwärtige Leben zu messen. Das Kriterium für den Wert eines vergangenen Ereignisses ist, ob und wieweit es „ein guter Gedanke Gottes" war[8], und für den Wert eines zukünftigen Ereignisses, ob es „ein guter Gedanke Gottes" werden könnte. Und das bedeutet für etwas Vergangenes: ob in ihm etwas in Erscheinung getreten ist, das in der Gegenwart noch wirklich, noch lebendig ist, d. i. ob es für die Gegenwärtigen noch erfahrbar ist. Hieraus ergeben sich die grundsätzlichen Bedingungen seiner Rezeption der Vergangenheit.

---

[8] *Reisebilder*, II 253.

3

Als letztes Beispiel aus der frühen Zeit sei noch aus demselben Nordseezyklus das große Gedicht *Die Götter Griechenlands* (I, 205-207) beigezogen.
Ebenso in freien Rhythmen, steht es wie dieser ganze Zyklus unter dem
Einfluß intensiver antiker Lektüre, besonders des Homer. Dabei läßt sich
der sprachliche Einfluß der vossischen Homerübersetzung, der *Ilias* ebenso
wie der *Odyssee*, ständig verfolgen [9]. In diesem monologischen Gedicht
befindet sich der sprechende Dichter zu Beginn im Angesicht des „voll-
blühenden Mond[es]" (V. 1), dessen fließendes Goldlicht das Meer erglän-
zen macht und dämmerig verzaubert (V. 4-8).

> Und am hellblaun, sternlosen Himmel
> Schweben die weißen Wolken,
> Wie kolossale Götterbilder
> Von leuchtendem Marmor.

Aber jene Wahrnehmung der schwebenden Wolken, die den Schauenden
derart überwältigt, dass er die Wolken mit leuchtenden marmornen Göttern vergleicht, diese Wahrnehmung wird sofort berichtigt (V. 9-14):

> Nein, nimmermehr, das sind keine Wolken!
> Das sind sie selber, die Götter von Hellas,
> Die einst so freudig die Welt beherrschten,
> Doch jetzt, verdrängt und verstorben,
> Als ungeheure Gespenster dahinziehn
> Am mitternächtlichen Himmel.

Das unmittelbare Erleben der Naturereignisse bei dem Heine dieser Zeit
ist m.E. von einer wirklichkeitsbezogenen Intensität, wie wir sie unter den
nachklassischen Dichtern nur noch bei Hölderlin finden. Und wie bei
diesem finden wir in den Gedichten dieses Zyklus auch eine ständige An-
wesenheit der Götter.[10] Aber es ist leicht, schon jetzt entscheidende Unterschiede zwischen den beiden Dichtern zu sehen, Unterschiede, die Heines

---

[9] Vgl. Lydia Baer, *Anklänge an Homer (nach Voss) in der Nordsee H. Heines*, in: Journal of
English and German Philology 29, 1930, S. 1-17.

[10] Vgl. *Nordsee* I,2; 3; 4; 5; *Nordsee* II,1; 2; 4; 5; 6.

Verhältnis zur Antike unterscheiden dürften von jenem *Klassischen Humanismus* als einer Art Glaubensbewegung; ein Humanismus, dem auch Hölderlin huldigt, ein Humanismus, der als historische Ideologie durch Winckelmann[11] begründet worden war, von der deutschen Klassik ausgebaut und durch Wilhelm v. Humboldt in die deutsche Bildungswelt eingegangen ist.

Für Hölderlin *ist* die Natur die Erscheinung der Götter. Ihre ewige Präsenz ist ebensowenig der vergänglichen Zeit unterworfen wie es zwischen ihnen und dem gegenwärtigen Dichter/Gläubigen eine Distanz gibt. Ja, in unserer götterfernen Welt sind für ihn die Ereignisse der Natur noch die einzigen Manifestationen der Götter. So wenn er Helios als identisch mit der Sonne anruft:

> Geh unter, schöne Sonne, sie achteten
> Nur wenig dein, sie kannten dich, *heilige*, nicht,
> Denn mühelos und stille bist du
> Über den mühsamen aufgegangen (Hervorh. v. Verf.)[12].

Heine hingegen erlebt das Naturereignis nicht ausschließlich als Erscheinung eines Gottes. Er nimmt zuerst einmal das Naturspektakel als solches wahr: den Mond mit seinem Glanz über Meer und Wellen und darüber die Wolken. Dies spricht er aus, dies artikuliert er. Aber in der fortschreitenden Wahrnehmung der Einzelheiten entwickelt sich ein Zweites: ein interpretierendes Verstehen! Daraus erst entsteht der *Vergleich* der weißen Wolken mit den „Götterbildern von leuchtendem Marmor". Und erst in einem weiteren Schritt wird dann dieses vergleichende Wahrnehmen reflektierend berichtigt, es seien gar keine Wolken, nein, dies seien die Götter!

Aber diese Götter, die jetzt für den Dichter auch wirklich dort sind, werden sogleich nach Maßgabe seines geschichtlichen Verständnisses in ihrem geschichtlichen Rahmen gesehen: einst Beherrscher der Welt, sind sie jetzt „ungeheure Gespenster", die „am mitternächtlichen Himmel dahinziehn". Heine nimmt in und vermittels der Natur Götter wahr, aber es

---

[11] Johann Joachim Winckelmann (1717-1768), *Gedanken über die Nachahmung der griechischen Werke in Malerei und Bildhauerkunst* (1755); *Geschichte der Kunst des Altertums* (1784).

[12] Friedrich Hölderlin. *Gedichte*, S. 235, hrsg. v. Jochen Schmidt, Frankfurt/Main 1992 (Bibl. dtsch.Klass. 80).

sind die durch die Zeit gegangenen, die entmachteten Götter. Gleichwohl
handelt es sich hier m.E. doch um eine Art Parusie, genauer: moderner
Parusie. Wie könnte auch der Dichter sonst fortfahren (V. 15-18):

> Staunend, und seltsam geblendet, betracht ich
> Das luftige Pantheon,
> Die feierlich stummen, graunhaft bewegten
> Riesengestalten.

So betrachtet Heine, der Dichter, diese Götter zwar mit Faszination, aber
doch mit Distanz: durch die Geschichte von ihnen entfernt, durch das
Erleben verbunden! Und in dieser Haltung spricht er im folgenden mit
den einzelnen Göttergestalten. Wir hören ihm zu, wie er Zeus, den
„Himmelskönig" (V. 19), mit seinen „berühmten olymposerschütternden
Locken"(V. 21) erkennt, den erloschenen Blitz in seiner Hand wahrnimmt, und trotz Unglück und Gram im Antlitz „noch immer de[n] alte[n] Stolz" (V. 24)! Mit seinem neuen Wissen, kritisierend und doch trö-
stend, meint Heine dann: „Doch auch die Götter regieren nicht ewig,/ Die
jungen verdrängen die alten" (V. 28f.), um dann, wie zurechtweisend, fortzufahren (V. 30-32): „Wie du einst den greisen Vater/ Und deine Titanen-
Öhme verdrängt hast,/ Jupiter Parricida!".[13]

Nach diesem Muster erkennt, beschreibt und redet er, erinnernd, geschichtlich einordnend und bewertend, auch Juno an und Pallas Athene,
Aphrodite/Venus, Poebus/Apollon und Hephäst; bei dem letzteren erinnert er aus dem Schluß des ersten Buches der *Ilias* (A 596-600) die für immer vergangene Szene des Hephäst beim Göttermahl, in der dieser den
hinkenden Mundschenk spielt, doch Heine muß abweichend von Homer
schließen (V. 62 f.): „-Und längst ist erloschen / Das unauslöschliche [14]
Göttergelächter -".

---

[13] H. nimmt eine *gemeinsame* griechisch-römische Antike an; besonders in Mythologie
und Religion unterscheidet er nicht zwischen spezifisch Griechischem und Römischen. So
wechselt er auch zwischen den griechischen bzw. römischen Namen für die einzelnen Götter
und Heroen; so hier V. 26 „Zeus", V. 32 „Jupiter".

[14] H.s Wortwahl *unauslöschlich* entspricht nicht der Übersetzung von Johann Heinrich
Voss: *„unermeßliches* Lachen". Heine gibt präzise die griechische Wortbedeutung von
ἄσβεστος (Hom. Ilias A 599) wieder.

Nach diesem mit Reflexionen durchsetzten Gespräch an und über die Götter folgt etwas Überraschendes. Heine setzt abrupt neu ein (64-66): „Ich hab euch niemals geliebt, ihr Götter!/ Denn widerwärtig sind mir die Griechen,/ Und gar die Römer sind mir verhaßt". Widerspricht das nicht der Annahme, Heine betrachte die griechisch-römischen Götter aus Distanz und Verbundenheit? Ich denke, im Gegenteil! Denn Heine meint *hier* nicht die eben erlebten, in ihrer Existenz veränderten Götter. Die in diesen letzten drei Versen angesprochenen Götter sind die ehemals herrschenden Götter als ewige, unveränderte. Heine will sagen, er sei keiner von denen, die hier und jetzt die alten Griechen, so wie sie einst waren, *liebten*, kein Gräcophiler! Er will sich damit absetzen von der seiner Meinung nach historisch distanzlosen Griechenbegeisterung der Anhänger von Winckelmann, der Goetheaner u.s.w. bis hin zu Platen. Das Griechentum als gegenwärtige Lebensmacht wäre ihm „*widerwärtig*" als ein Widerspruch zu seinem Geschichtsverständnis, das historische Distanz gebietet [15]. Doch Heine bietet diesem neuen Gedanken, keinen wei-

---

[15] Das „*widerwärtig*" (V. 65) allerdings impliziert wohl mehr als *nur* die historische Distanz. Man vgl. dazu das Gedicht *Götterdämmerung*, V. 79-89, *Buch der Lieder. Die Heimkehr 1823-1824.* (I, 150-152). Dieses pessimistische Verweigerungsgedicht des jungen Heine (entstanden 1822, s. Pierre Grappin, *H. Heine, GA*, I/2, S. 905) schildert im ersten Teil sein Erlebnis der Verkommenheit der gegenwärtigen Welt, und steigert sich im zweiten Teil zu einer Vision des Weltuntergangs, einer *Götterdämmerung*. Die „trotzigen Riesensöhne" der Mutter Erde (=Giganten) stürmen die Himmelsveste. Der von Zwergen und Kobolden unterstützte Angriff auf den „bleichen Gott" und seine Engelsscharen gipfelt und endet in dem Bild, wie Heine seinen *eignen* Engel dort sieht „Mit seinen blonden Locken, süßen Zügen,/ Und mit der ewgen Liebe um den Mund,/ Und mit der Seligkeit im blauen Auge- / Und ein entsetzlich häßlich schwarzer Kobold /Reißt ihn vom Boden, meinen bleichen Engel,/ Beäugelt grinsend seine edlen Glieder[!],/Umschlingt ihn fest mit zärtlicher [V.l.: „*griechischer*" im Erstdruck 1822 (im *Gesellschafter*, Nr. 84 V. 27. 5. 1822) und in den *Reisebildern I* [1826] Umschlingung-" (vgl. Pierre Grappin, ad loc.), worauf ein gellender Schrei durchs ganze Weltall dessen Vernichtung beschließt: „und es herrscht die alte Nacht." Es scheint offenkundig, dass der junge H. hier mit dem angstbesetzten sexuellen Aspekt der ʻgriechischen Liebeʼ =Homosexualität) Selbst- und Weltvernichtung verbindet. Die Änderung von „*griechischer Umschlingung*" in: „zärtlicher Umschlingung'" erfolgte erst für die Aufnahme des Gedichts in das *Buch d. Lieder* ([1]1827). D. h., da die Planung für diese Lyriksammlung erst im Winter 1826 bzw. Frühjahr 1827, *gleichzeitig* (oder etwas später) mit der Arbeit an den *Reisebildern II* (Druck März 1827), erfolgt (zur Datierung s. Jost Hermand, *H.Heine, GA* VI, S. 713, 728,

teren Raum, sondern, von Erbarmen und Mitleid mit den reduzierten
Göttern am Himmel erfüllt, ergreift er in „düstere[m] Groll" (V.
77) für die besiegten Götter Partei gegen die Feigheit der „neuen, herrschenden,
tristen Götter,/ Die schadenfrohen im Schafspelz der Demut" (V.75 f.). Ja,
dieser „düstere Groll" ist offensichtlich so groß, dass er fortfährt: „Und
brechen möcht ich die neuen Tempel,/ Und kämpfen für euch, ihr alten
Götter,/ Für euch und eur gutes, ambrosisches Recht" (V. 78 f.)[16]. „Und in
Götterkämpfen halt ich es jetzt / Mit der Partei der besiegten Götter" (V.
89 f.). Das Gedicht endet damit, dass die Götter „wie Sterbende, / Schmer-
zenverklärt" (V. 93 f) plötzlich verschwinden; auch der Mond verbirgt sich
hinter dem Gewölk, das Meer rauscht auf, „Und siegreich traten hervor
am Himmel / Die ewigen Sterne" (V. 98 f.).

　　Auch der Schluß ist anders als bei Hölderlin. Die Götter, die zwar
noch existieren, aber nur als „Gespenster" auftauchen, sind am Ende wieder verschwunden, und nur die Natur selbst ist wieder da: „siegreich traten
hervor am Himmel / Die ewigen Sterne"(V. 98 f.).

4

In diesen frühen Gedichten mit ihrer begeisternden Verbindung von sub-
jektivem Erleben, sinnenhafter Erfahrung der gegebenen Natur und zeit-
verpflichteter historischer Reflexion wird uns ebenso ergriffenen wie
nachdenklichen Lesern demonstriert, was Sensualismus im heineschen
Sinne von Hause aus ist. Heine war seiner Wahrnehmungsfähigkeit nach

---

797), und da in diesen *Reisebildern II* die Xenien Immermanns gegen Platen (und Rückert) von
Heine aufgenommen wurden, dürfte hier ein Zusammenhang mit der Textänderung bestehen! -Liegt hier eine bisher nicht bemerkte mögliche psychologische Verbindung mit der
Maßlosigkeit von Heines späterem Angriff gerade auf Platens Sexualität vor? Man vgl. auch
den späteren Brief Heines an Menzel vom 2. 5. 1828 anläßlich der eben erschienenen *Gedichte*
Platens, wo H. sich mit ähnlichen Ausdrücken vernehmen läßt: „[...] er [sc. Platen] ist ein
wahrer Dichter. Leider! leider, oder besser, schrecklich! schrecklich! das ganze Buch enthält
nichts als Seufzen nach Pederastie. Es hat mich daher bis zum fatalsten Mißbehagen *angewi-
dert* [!].-".

[16] Dieser Wunsch ist ein Ausdruck für die Stärke seines Grolls, keine wirkliche Absichts-
erklärung, widerspricht also nicht V. 64 ff.

immer nicht mehr und nicht weniger als ein Sensualist; d.h. ein Mensch, für den das Ergreifen auch der äußersten Wahrheit, also sowohl der unmittelbar erfahrenen als der in der Gechichte geschehenden *Ideen* -wenn man mit diesem gelungenen Terminus *Ideen* den Geist in seinen einzelnen konkret umschreibbaren Gestalten meint (was Heine als *Hegelianer* tut)-, dass also das Ergreifen von Ideen nur mittels der Wahrnehmung der sinnenhaft erfahrbaren Welt möglich sei. Genau das stellt sich in den besprochenen Gedichten dar!

Damit meine ich einen Sensualismus, der noch nicht durch die Kenntnisnahme des St.Simon beeinflußt worden ist. Ein Sensualismus, der m.E. als Heines urprünglicher Sensualismus die Grundlage für jenen war. Angeregt durch St.Simon erweitert er ihn auf eine soziale Verhaltensweise. Zusammen mit dem so genannten Spiritualismus haben wir damit die beiden Hauptkategorien der heineschen Geschichtsauffassung.

So heißt es im ersten Buch von *Zur Geschichte der Religion und Philosophie in Deutschland* (1834), er verwende die Worte *Spiritualismus* und *Sensualismus* „zur Bezeichnung jener Denkweisen, wovon die eine den Geist dadurch verherrlichen will, dass sie die Materie zu zerstören strebt, während die andere die natürlichen Rechte der Materie gegen die Usurpation des Geistes zu vindizieren sucht." (III, S. 533) [17]. In dem eben vorgeführten Gedicht *Die Götter Griechenlands* finden wir nicht nur diesen ursprünglichen heineschen Sensualismus, sondern in seiner Parteinahme für die besiegten Heidengötter gegen das lustfeindliche Juden-Christentum finden wir auch schon die Erlebnisgrundlage für seine Ablehnung des *Spiritualismus* (V. 773-76):

[...]wie feig und windig
Die Götter sind, die euch besiegten,

---

[17] S. auch III, 556: „[...] da wir mit diesen zwei Namen [sc. Sensualismus und Spiritualismus] auch jene zwei soziale Systeme, die sich in allen Manifestattionen des Lebens geltend machen, bezeichnen. Den Namen Spiritualismus überlassen wir daher jener frevelhaften Anmaßung des Geistes, der nach alleiniger Verherrlichung strebend, die Materie zu zertreten, wenigstens zu flektieren sucht: und den Namen Sensualismus über lasssen wir jener Opposition, die, dagegen eifernd, ein Rehabilitieren der Materie bezweckt und den Sinnen ihre Rechte vindiziert, ohne die Rechte des Geistes, ja nicht einmal ohne die Suprematie des Geistes zu leugnen. Hingegen den philosophischen Meinungen über die Natur unserer Erkenntnis gebe ich lieber die Namen Idealismus und Materialismus [...]"

Die neuen, herrschenden, tristen Götter,
Die schadenfrohen im Schafspelz der Demut-

Im vierten Teil der Reisebilder, geschrieben 1829/30, ed.1831, *Der Stadt Lucca*, zu Beginn des Kap.VI aber imaginiert Heine eine Scene im Olymp, in der der Gegensatz zwischen den griechisch-römischen Göttern und dem Christentum[18] in einem ad hoc geschaffenen *Mythos* sehr deutlich, ja, schneidend ausgedrückt wird. Mit den Versen Homers aus dem Ende des ersten Buches der *Ilias* läßt Heine vor uns das Bild der tafelnden Götter entstehen. Die letzten vier der insgesamt acht von ihm zitierten Verse (*Ilias* A 597-604) sind (II, S. 492):

Also den ganzen Tag bis spät zur sinkenden Sonne
Schmausten sie; und nicht mangelt' ihr Herz des gemeinsamen Mahles,
Nicht des Saitengetöns von der lieblichen Leier Apollons,
Noch des Gesanges der Musen mit holdantwortender Stimme. (Vulgata). [19]

---

[18] Vgl. schon Gotth.Erler in: *H. Heine, SW..Kaufmann*, Bd. VI, S 263: „Es geht Heine...um den Gegensatz zwischen dem antiken „Sensualismus" und dem christlichen und jüdischen „Spiritualismus"."

[19] Gotth. Erler meint an derselben Stelle (s. vorige Anm.), da das Wort 'Vulgata' die in der römischen Kirche authorisierte Bibelübersetzung bezeichne, gehe es Heine bei dieser absichtlichen Vertauschung der christlichen *Vulgata* mit der heidnischen Ilias des Homer um den Gegensatz zwischen antikem Sensualismus und jüdisch-christlichem Spiritualismus. Ähnlich Günter Häntzschel in II, 899 (Briegleb) „Dem Freund des Homer ist die Ilias Vulgata" und Alfred Opitz in: *H. Heine, GA*,VII/2, S. 1591. „Wenn Heine diese Absicht gehabt hätte, wieso schreibt er dann, wie Erler ebd. bemerkt, in der französischen Ausgabe 'Iliade'! In dem gänzlich katholischen Frankreich würde man seine Absicht noch besser als in dem halb protestantischen Deutschland verstanden haben."- Aber mit 'Vulgata' kann ebenso eine andere allgemein verbreitete Ausgabe und/oder geltende Überlieferung gemeint sein. H. wußte, dass man so auch von einer Homervulgata als der allgemeine Gültigkeit beanspruchenden Texttradition Homers sprach -so wie der berühmte Homerphilologe Fr..Aug.Wolff in Berlin, den Heine zwischen 1821 und 1823 hörte und mit dem er persönlich bekannt geworden (vgl.. Gerhard Höhn, Heine-Handbuch, [2] 1997, S. 170). Heines hier herangezogene Übersetzung ist die von J. H. Voss, die schon damals die Übersetzungen seiner Vorgänger und Zeitgenossen fast vergessen gemacht hatte und die bei allen Gebildeten als *der deutsche Homer* galt. Angesichts Heines außerordentlicher Wertschätzung des J. H. Voß („nach Lessing der größte Bürger in der deutschen Literatur", *Romant.Schule* III, 382; doch beachte auch den ganzen Abschnitt über Voß, ebd. S. 381-387!) dürfte die Kennzeichnung der vossischen Übersetzung als Vulgata

In dieses festliche und friedliche Bild, besonders für den, der sich erinnert, dass dieses Götterfest bei Homer der versöhnende, friedlich-festliche Abschluß eines Streites zwischen Zeus und Hera unter den versammelten Göttern war, läßt Heine folgenden Text ohne kommentierenden Übergang (eine Collage!) hineinschlagen (II, S. 492 f):

> Da plötzlich keuchte heran ein bleicher, bluttriefender Jude, mit einer Dornenkrone auf dem Haupte, und mit einem großen Holzkreuz auf der Schulter; und er warf das Kreuz auf den hohen Göttertisch, daß die goldnen Pokale zitterten, und die Götter verstummten und erblichen, und immer bleicher wurden, bis sie endlich ganz in Nebel zerrannen.
>
> Nun gab es eine traurige Zeit, und die Welt wurde grau und dunkel. Es gab keine glücklichen Götter mehr, der Olymp wurde ein Lazarett wo geschundene, gebratene und gespießte Götter langweilig umherschlichen, und ihre Wunden verbanden und triste Lieder sangen. Die Religion gewährte keine Freude mehr, sondern Trost; es war eine trübselige, blutrünstige Delinquentenreligion.

Heine läßt den Gedanken aber nicht ganz so stehen, sondern fragt, ob die leidende und kranke Menschheit nicht einen solchen leidenden Gott nötig habe. Denn „die vorigen heiteren Götter" seien „Festtagsgötter" gewesen (II, S. 493),

> um die man lustig herumtanzte, und denen man nur danken konnte. Sie wurden deshalb auch nie so ganz von ganzem Herzen geliebt. Um so ganz von ganzem Herzen geliebt zu werden- muß man leidend sein. Das Mitleid ist die letzte Weihe der Liebe, vielleicht die Liebe selbst. Von allen Göttern, die jemals gelebt haben, ist daher Christus derjenige Gott, der am meisten geliebt worden. Besonders von den Frauen - -

---

(im Sinne des verbindlichen ‘deutschen Homers’) eine schöne Reverenz Heines an Voss sein. Und die Änderung in der französischen Ausgabe in ‘Iliade’ ist nunmehr als eine notwendige deutlich, da diese Anspielung mit dem Terminus *Vulgata* dort nicht verständlich gewesen wäre. Denn wer kannte in Frankreich schon Voss oder wer hätte gar seine deutsche Iliasübersetzung benutzt!

Auch wenn Heine zum Schluß dieses Textes ein wenig spielt, seine traurig-ironische Redeweise hörbar wird, können wir nicht am Ernst dieser Aussage zweifeln. Die Forschung konnte rekonstruieren, dass unser Text so wie der Hauptanteil des vierten Teils der Reisebilder im Herbst 1830 in Hamburg[20], nach Heines Helgolandaufenthalt, verfaßt wurde. Heine war zu dieser Zeit, ein halbes Jahr vor seiner Abreise nach Paris am 1. Mai 1831, in einer schweren Krise. Körperlich zeitweise schwer angeschlagen, Streit mit seinem Verleger Julius Campe und seinem Onkel und Wohltäter Salomon Heine, irritierend unangenehme Folgen der Platenaffaire, und nicht zuletzt zermürbende Mißerfolge mit seinen Versuchen, eine Anstellung in Berlin, München oder auch Hamburg zu bekommen. Mißerfolge, die teilweise mit demütigenden Bitten (Bitte an Varnhagen, eine fingierte Annonce in einem Berliner Blatt zu lancieren, Heine solle eine Syndicusstelle am Hamburger Senat erhalten; Brief v. 4.April 1831) und wirklichem oder vermeintlichem Freundesverrat verbunden waren. Bekanntlich beendete Heine auch diese quälenden Unsicherheiten durch seine Übersiedelung nach Paris.

Jene Szene auf dem Olymp mit ihrer Härte, Bitterkeit und entschiedenen Größe lebt vielleicht auch aus dieser harten Situation Heines in dieser Zeit.

5

Das Begriffspaar Sensualismus/Spiritualismus nun, mit dessen Hilfe Heine sich die geschichtliche Entwicklung von der Antike über das Christentum zu seiner gegenwärtigen Situation zu erklären versucht, entwickelt er im einzelnen in dem Buch *Zur Geschichte der Religion und Philosophie in Deutschland* von 1834. Es geht ihm darum darzustellen, wie die antike Materie/Leiblichkeit, die eine Einheit von Materie und Geist gewesen sei, also etwas wie vergeistigte oder belebte Materie, wie diese durch die jüdisch-christliche Entwicklung, durch deren Deismus und leibfeindliche Geistigkeit zerstört worden und nunmehr wiederzugewinnen sei. Bei dieser Wiedergewinnung spielt Spinoza für Heine eine entscheidende Rolle.

---

[20] Ende August bis Anfang November 1830, s. Alfred Opitz in: *H. Heine, GA*, VII/2, S. 1434 u.1489.

In dem Begriff des von Spinoza übernommenen Pantheismus ist ein Gott impliziert, der „sowohl Materie wie Geist [ist], beides ist gleich göttlich, und wer die heilige Materie beleidigt, ist eben so sündhaft, wie der, welcher sündigt gegen den heiligen Geist." (III, S. 565 f.). Dieser

Gott der Pantheisten unterscheidet sich also von dem Gott der Deisten dadurch, daß er in der Welt selbst ist, während letzterer ganz außer, oder was dasselbe ist, über der Welt ist. Der Gott der Deisten regiert die Welt von oben herab als ein von ihm abgesondertes Etablissement. Nur in betreff der Art des Regierens differenzieren unter einander die Deisten.

Dem Deisten also mit seinem außer- oder überweltlichen Gott, „ist nur der Geist heilig" (ebd). Und durch diesen Spiritualismus kommt schließlich die Erniedrigung der Materie/Leiblichkeit zustande. Der Begriff des spinozistischen Pantheismus transportiert gewisser Maßen unter veränderten Bedingungen die antike Materie/Leiblichkeit in die Moderne. Er ermögliche neue Institutionen, welche „die Rehabilitation der Materie, die Wiedereinsetzung derselben in ihre Würde, in ihre menschliche Anerkennung, ihre religiöse Heilgung, ihre Versöhnung mit dem Geiste" (ebd. S. 568) zum Zwecke hätten.

In dem Buch *Ludwig Börne. Eine Denkschrift* [21] entwickelt Heine diese Gedanken weiter, indem er die Begriffe *Nazarenertum/Hellenentum* einführt. Gleich im ersten Buch der Denkschrift greift Heine Börne an, dieser habe in seinen Äußerungen über Goethe wie über andere Schriftsteller „seine nazarenische Beschränktheit" verraten (IV, S. 18). Definierend führt Heine aus, er bediene sich des Wortes „nazarenisch", das für „jüdisch" oder „christlich" stehe, hier nicht, „um einen Glauben, sondern um ein Naturell zu bezeichnen", ebenso wie er mit dem Wort „Hellene" nicht ein „bestimmtes Volk" (bezeichne), „sondern eine sowohl angeborene als angebildete Geistesrichtung [...]. In dieser Beziehung möchte ich sagen: alle Menschen sind entweder Juden oder Hellenen, Menschen mit asketischen, bildfeindlichen, vergeistigungssüchtigen

---

[21] Außer dem zweiten Buch, das zum größten Teil doch wohl schon 1830 entstanden ist, aus der zweiten Hälfte des Jahres 1839, und ediert 1840.

Trieben oder Menschen von lebensheiterem, entfaltungsstolzem und realistischem Wesen." (ebd. S.18). Mit diesem Begriffspaar wird für Heine das Hellenentum zum konkreten Programm.

Die vergleichsweise abstrakten Begriffe Spiritualismus/Sensualismus, in denen das Jüdisch-Christliche beziehungsweise das Antike nur impliziert waren, werden ergänzt durch aus der Geschichte gewonnene, *inhaltlich* bestimmte Paradigmen, die nicht im Sinne eines *vergangenheitsfixierten* Humanismus oder sonstigen Glaubens etwa *die* Juden/Christen oder *die* Griechen meinen, sondern es werden aus der geschichtlichen Faktizität dieser beiden grundsätzliche, beispielhafte Strukturen gewonnen. Die „Nazarener" stehen in Heines unüberholbarer Diktion für Menschen „mit asketischen, bildfeindlichen, vergeistigungssüchtigen Trieben", die „Hellenen" für Menschen „von lebensheiterem, entfaltungsstolzem und realistischem Wesen".

Im zweiten Buch der *Börnedenkschrift*, den so genannten *Helgolandbriefen*, stoßen wir noch auf einen erstaunlichen Widerschein der Antike bei Heine. In dem Brief vom 29. Juli spricht er in einem Lob des A.T. von der Größe dieses Buches und sagt, die Bibel sei der unmittelbare Ausdruck Gottes, ihr Wort sei „gleichsam ein Naturprodukt wie ein Baum, wie eine Blume, wie das Meer[...] Das ist wirklich das Wort Gottes", ohne „jede Spur von Kunst", das der „absolute Geist" schreibe. Und dann lobt Heine ebenso den Homer (IV, S. 46):

> Im Homer, dem anderen großen Buche, ist die Darstellung ein Produkt der Kunst, und wenn auch der Stoff immer, ebenso wie in der Bibel, aus der Realität aufgegriffen ist, so gestaltet er sich doch zu einem poetischen Gebilde, gleichsam umgeschmolzen im Tiegel des menschlichen Geistes; er wird geläutert durch einen geistigen Prozeß, den wir Kunst nennen

Das eine ist das Buch der Wahrheit, des Geistes, Homer das der Schönheit, da es für ihn den Ursprung der Kunst und d.h. der Idee der Schönheit[22] darstellt. Das verstehen wir gut, – es ist ja hegelianisch, dass sich in Homer (als Objekt verwirklicht) die Idee der Schönheit als Kunst objektiviert habe[23]!

---

[22] In dieser Formulierung in dem Gedicht *Bimini*, prol. 39 f.

[23] Doch eine Stelle im zweiten Buch *Zur Geschichte der Religion und Philosophie in Deutsch-*

Jedem Leser Heines wird ständig vor Augen geführt, dass der *Denker* Heine nicht isoliert neben dem *Dichter* steht. Die Prosaarbeiten Heines sind, auch wenn nach den Reisebildern die selbständigen Gedichte in ihnen selten werden, immer mit bildhaftem, wenn man will: poetisch-mythischem Denken durchtränkt. So auch im Börnebuch. Ich möchte jetzt aus dem fünften, also dem letzten Buch der Börnedenkschrift, zwei Stellen auswählen, die dies gerade in der Verbindung mit dem Antiken zeigen, Stellen, an denen Heine in seine eigene Sicht Antikes hineinnimmt, und dieses sich, wie oben schon bemerkt, als *innere* Form seines Schreibens erweist.

Das fünfte Buch beginnt mit einer klagenden, bitter-ironischen Glückseligpreisung der überlebenden Helden der ersten Revolution, d. h. also über ihr Schicksal nach 1799. Über die in den Kerkern, die wenigstens deutsche Luft atmen können, über die in der Emigration, die nur mit der Armut zu kämpfen haben, über die, die den Verstand verloren haben, und schließlich am meisten über die toten Helden wie „de[n] arme[n] Börne". Dann aber, von sich sprechend wie am Ende einer Klimax, redet er von seinen furchtbaren Träumen, die ihn nachts heimsuchen, Träume „des Kerkers, des Elends, des Wahnsinns, des Todes! Ein schillerndes Gemisch von Unsinn und Weisheit[...]!"(IV, S. 125).

Heine erzählt dann einen dieser Träume, einen Wiederholungstraum, der seine Verzweiflung und Einsamkeit in der Gesellschaft, in der er lebt, grell beleuchtet; einen Traum, in den er ein 'Ereignis der Antike' übernimmt.

---

land beschreibt, wie H. selbst sich diese Erscheinungsweise der Ideen in der Menschheit, beim einzelnen und bei den Völkern, in der Geschichte vorstellt. Ausgehend von dem pantheistischen Gedanken: „Gott ist identisch mit der Welt", heißt es dort: „Im Menschen kommt die Gottheit zum Selbstbewußtsein, und solches Selbstbewußtsein offenbart sie wieder durch den Menschen. Aber dieses geschieht nicht in dem einzelnen und durch den einzelnen Menschen, sondern in und durch die Gesamtheit der Menschen: so daß jeder Mensch nur einen Teil des Gott-Welt-Alls auffaßt und darstellt, alle Menschen zusammen aber das ganze Gott-Welt-All in der Idee und in der Realität auffassen und darstellen werden. Jedes Volk vielleicht hat die Sendung, einen bestimmten Teil des Gott-Welt-Alls zu erkennen und kund zu geben, eine Reihe von Erscheinungen zu begreifen und eine Reihe von Ideen zur Erscheinung zu bringen, und das Resultat den nachfolgenden Völkern, denen eine ähnliche Sendung obliegt, zu überliefern" (III, 569).

„Gewöhnlich, in meinen Träumen, sitze ich auf einem Eckstein der
Rue Laffitte[...]". Mondschein auf dem schmutzigen Boulevardpflaster, „so
daß der Kot vergoldet scheint[...] ... Die vorübergehenden Menschen sind
ebenfalls nur glänzender Kot."(S. 125 f.). Die von Heine dann beschriebene Gesellschaft sind „Stockjobbers, Spieler, wohlfeile Skribenten, Falsch-
münzer des Gedankens," und Dirnen, satte, kunstbeflissene Spießer; da-
zwischen die Karossen der Neureichen mit ihren Lakaien. So auch der
neue Bankier, der ehemalige Zigarrenhändler Aguado; dessen

> Rosse bespritzen von oben bis unten meine rosaroten Trikotklei-
> der...Ja, zu meiner eigenen Verwunderung, bin ich ganz in rosaroten
> Trikot gekleidet in ein sogenanntes fleischfarbiges Gewand, da die
> vorgerückte Jahreszeit und auch das Klima keine völlige Nacktheit
> erlaubt wie in Griechenland, bei den Thermopylen wo der König
> Leonidas mit seinen dreihundert Spartiaten, am Vorabend der
> Schlacht, ganz nackt tanzte, ganz nackt das Haupt mit Blumen be-
> kränzt...Eben wie Leonidas auf dem Gemälde von David bin ich ko-
> stümiert, wenn ich in meinen Träumen auf dem Eckstein sitze, an
> der Rue Laffitte, wo der verdammte Kutscher von Aguado mir mei-
> ne Trikothosen bespritzt...Der Lump, er bespritzt mir sogar den
> Blumenkranz, den schönen Blumenkranz, den ich auf meinem
> Haupte trage, der aber unter uns gesagt, schon ziemlich trocken und
> nicht mehr duftet...Ach! es waren frische freudige Blumen, als ich
> mich einst damit schmückte, in der Meinung, den anderen Morgen
> ginge es zur Schlacht, zum heiligen Todessieg für das Vaterland - - -
> Das ist nun lange her, [...].

Jetzt sitze er da und harre des Kampfes, die Blumen auf seinem Kopfe
welkten, die Haare würden weiß,

> und mein Herz erkrankt mir in der Brust...Heiliger Gott! was wird
> einem die Zeit so lange bei solchem tatenlosen Harren, und am En-
> de stirbt mir noch der Mut...Ich sehe wie die Leute vorbeigehen,
> mich mitleidig anschauen und einander zuflüstern: der arme Narr!
> (ebd.).

Ohne eine umfassend historische oder biographische Einordnung hier
leisten zu können, sei doch darauf hingewiesen, wie Heine sich hier beschreibt als einen, der, sich einreihend in die unglückliche Phalanx der

Überlebenden von 1799, nicht in der Lage ist, inmitten der erlebten Widersprüche die Ergebnisse der Gechichte zum eigenen Vorteil zu *vergolden*, wie andere auch ein *Neureicher* zu sein, sondern wie er uns vielmehr erscheint als einer, der sich, den alten Idealen verpflichtet, im Traume wünscht, ein Kämpfer, wenn auch nur mit wenigen, geblieben zu sein, in Erwartung der kommenden Schlacht, des Unterganges, des Todes gewiß: „zum heiligen Todessieg für das Vaterland", doch auch das (nur) mit dem verwelkten Dichterkranz im Haar!

Wir sehen, wie all das sich – verzweifelt und auch abgründig – gruppiert, versammelt um das antike Bild des Leonidas und seiner 300 Spartiaten an den Thermopylen. Dies Bild bündelt Heines enorme Einbildungs- und Sprachkraft, lenkt seine rhetorische Meisterschaft, die sich nicht vordrängt, sondern in den Gegenstand eingegangen ist. Wir sehen, wie Heine Einzelzüge des Antiken, für sein Ziel abändernd, auswählt und verdichtet, und so seine eigene Wahrheit – *andeutend* im Sinne des Wortes – erreicht, denke ich. Wie Heine sozusagen Antikes zu *eigenen* Mythen weiterschreibt. Damit meine ich, dass es der Schreib- und Denkweise Heines ganz unadäquat ist, solche Stellen als Poesie, im Sinne eines vagen Begriffs allerdings, abzutun. Vielmehr müssen wir behutsam am Text herauszubekommen versuchen, was Heine mit diesen Stellen über die rational deutlich beschreibbare Form hinaus aussagen will [24].

Den Übergang zu der zweiten Stelle, die das gesamte Werk abschließt, bilden etwa folgende Gedanken: Nachdem Heine in seinen grübelnden Associationen bis zu Todesgedanken getrieben wird und hierbei dann auch Börnes Grab erwähnt, spricht er über die Diffamierung, die in der Fragestellung enthalten sei, ob jemand nur Schriftsteller oder auch noch ein Charakter sei. Börne habe, stellt er dann fest, der Diffamierung vorgearbeitet, ihn charakterlos zu nennen; und zum Beweis zitiert er einen der *Pariser Briefe* Börnes, die Unterstellungen dieser Art enthielten.

Zu resigniert, sich zu verteidigen, ist er zwar in all diesem Überdruß, zurückblickend auf seine bisher erbrachten Leistungen, fast so etwas wie stolz, angesichts der Zukunft aber hoffnungslos: „Ich fühle eine sonderbare Müdigkeit des Geistes." (IV, S. 138). Heines Verzweiflung ist deutlich spürbar. Er spottet danach eher gequält über die Beschränktheit seiner

---

[24] H. ist sich im übrigen der Spannung zwischen diesen Traumvisionen und unserem normalen Sprechen im klaren. Vgl. seine Bemerkung vor dem zweiten Traum, dem Schlußtraum (IV, 141): „In greller Bilderschrift ...".

Kritiker angesichts seiner Werke und erinnert dabei vergleichend an das
erbärmliche und verständnislose Geschwätz des Publikums, als auf dem
Place Luis XVI der Obelisk errichtet wurde. Denn, meint Heine, die Hie-
roglyphen auf diesem enthielten vielleicht eine Angabe über die verborgene Quelle, „woraus die Menschheit trinken muß, um geheilt zu werden"
(IV, S. 140).

Doch bis zur Entdeckung dieses Heilmittels werde noch viel Zeit vergehen, würden noch allerlei Quacksalber kommen. Zuerst kämen die Radikalen, und sollten sie die Menschen für kurze Zeit von ihren Leiden
befreien können, dann „nur auf Kosten der letzten Spuren von Schönheit,
die dem Patienten bis jetzt geblieben sind." (IV, S. 140). Und: "Alle überlieferte Heiterkeit, alle Süße, aller Blumenduft, alle Poesie wird aus dem
Leben herausgepumpt werden,[...] Für die Schönheit und das Genie wird
sich kein Platz finden in dem Gemeinwesen unserer neuen Puritaner, und
beide werden fletriert und unterdrückt werden, noch weit betrübsamer als
unter dem älteren Regimente. Denn Schönheit und Genie sind ja auch eine
Art Königtum, und sie passen nicht in eine Gesellschaft, wo jeder, im
Mißgefühl der eigenen Mittelmäßigkeit, alle höhere Begabnis herabzuwür-
digen sucht, bis aufs banale Niveau. [...] Die öde Werkeltagsgesinnung der
modernen Puritaner verbreitet sich schon über ganz Europa, wie eine
graue Dämmerung, die einer starren Winterszeit vorausgeht..." (ebd., S.
140). Und nun nimmt Heine wieder Antikes zu Hilfe, um seine Gedanken zum Abschluß und Höhepunkt zu bringen: „Die letzten Nymphen,
die das Christentum verschont hat, sie flüchten ins wildeste Dickicht. In
welchem traurigen Zustand habe ich sie dort erblickt, jüngste Nacht!..."
(IV, S. 141). Und ehe er den quälenden Traum schildert, sagt er: „In greller
Bilderschrift zeigt mir der Traum das große Leid, das ich mir gern verheh-
len möchte, und das ich kaum auszusprechen wage in den nüchternen
Begriffslauten des hellen Tages - - -". In seinem Traum nun kommt er auf
den letzten, trostlosen Rückzugsplatz der Nymphen. Und diese sind nicht
gleich den schönen nackten Frauenbildern auf den „lüsternen Gemälden
des Giulio Romano", sondern:

wenngleich immer noch geschmückt mit dem Liebreiz ewiger Jugend, trugen [sie] dennoch eine geheime Zerstörnis an Leib und Wesen; [...] abgemagert und wie überfröstelt vom kalten Elend, und gar in den Gesichtern trotz des lächelnden Leichtsinns zuckten die Spuren eines abgrundtiefen Grams.

Und er beschreibt vergebliche, schnell abgebrochene Versuche der einen oder anderen Nymphe, einen brennenden Reisig aus dem Feuer wie einen Thyrsusstab zu schwingen und zu tanzen. Eine unter ihnen, abgemagert, aber nicht abstoßend, eher anziehend wirkend, mit „griechisch gradnäsige[m] Gesicht", legt erschöpft, wie eine Sterbende röchelnd, ihren Kopf auf die Knie des Träumers, um zu schlafen. Da hört er die Nymphen um ihn herum kaum verständlich flüstern und tuscheln. Aus Furcht vor einer Verschlimmerung der Zeiten beschließen sie, „noch tiefer waldeinwärts zu flüchten..." (S. 143). Plötzlich erhebt sich in der Ferne „Geschrei von rohen Pöbelstimmen... Sie schrieen, ich weiß nicht was?...Dazwischen kicherte ein katholisches Mettenglöckchen... Und meine schönen Waldfrauen wurden sichtbar noch blasser und magerer, bis sie endlich ganz in Nebel zerflossen, und ich selber gähnend erwachte." (S. 143). –Damit schließt das Werk.

Heines Verzweiflung am Schluss der Börnedenkschrift, die Errettung der Menschheit finde in einer absehbaren Zeit nicht statt und seine pessimistische *Prophetie*, die Befreiungsversuche gerade seiner Zeit brächten den Menschen Schlimmeres als alle bisherigen, bedient sich zuletzt eines Traumbildes, in dem die antiken Nymphen als Walterinnen der Schönheit sogar von ihrem letzten Rückzugsplatz vertrieben werden. Das Verschwinden der *hellenischen* Idee der Schönheit: unverzichtbares Element des Lebens, besonders des Genies, vollendet die Verkümmerung der menschlichen Welt.

Abschließend können wir für das Börnebuch feststellen, dass in ihm das *Antike* ein wesentliches Konstituens der heineschen Schreibweise ist, sowohl für den *Denker* wie für den *Dichter*.

Angefangen mit der Konstituierung des grundlegenden Begriffspaars *nazarenisch/hellenisch* über die Festellung Homers als des *Einführers* der Kunst (=Schönheit/Poesie) bis hin zu dem Traum in der Rue Laffitte und dem Schlußtraum mit den Nymphen, ist Heine (erst) in die Lage versetzt, sowohl *abzurechnen* mit dem Denken und dem politischen Verhalten eines Börne wie in Worte zu bringen seine eigene unauflösbare Verflechtung in die Widersprüche seiner Zeit und seiner selbst.

6

Die bisherige Betrachtung einiger wesentlicher Stellen hat uns die zentrale
Bedeutung der Antike für Heine bestätigt. Ideen, Wahrheiten der Antike,
so wie Heine sie sich für seine gegenwärtige Existenz angeeignet hat, haben
ihm auch ermöglicht, seine eigene schriftstellerische Existenz in ihrer
Komplexität aus Herkunft, Lebensschicksal und geschichtlichen Situationen darzustellen. Wir finden bei Heine aber auch noch ein anderes Bemühen um die Antike.

Im zweiten der oben zitierten sogenannten Helgolandbriefe aus der
Börnedenkschrift schreibt Heine von seiner „Nachforschung über die letzten Spuren des Heidentums in der getauften modernen Zeit." Und er fährt
fort: „Es ist höchst merkwürdig, wie lange und unter welchen Vermummungen sich die schönen Wesen der griechischen Fabelwelt in Europa
erhalten haben."(IV, S. 49).

Etwa zwanzig Jahre später, 1853, erweitert und verdeutlicht Heine
dies in einem Vorwort für die französische Ausgabe des zweiten Teiles der
Elementargeister. Dort lesen wir: „Wir alle gehen dahin, Menschen und
Götter, Glauben und Sagen (croyances et traditions)...Es ist vielleicht ein
frommes Werk (une oeuvre pieuse), die letzteren vor dem völligen Vergessen zu bewahren, indem man sie einbalsamiert, [...] durch den Gebrauch
der Zaubermittel, die nur in der Apotheke des Poeten zu finden sind (une
oeuvre pieuse que de préserver ces dernières d'un oubli complet en les
enbaumant [...] par l'emploi d'arcanes qui ne se trouvent que dans la
pharmacie du poète).[25]

Dieses Motiv der Bewahrung der *Traditionen* führt bei Heine ab der
Mitte der 30er Jahre zu einer Reihe von Werken, die nicht wie die bis jetzt
behandelten das Antike als eine Art *innerer Form* in sein Schaffen integrieren, so also, dass dieses von jenem mitkonstituiert wird, sondern diese
Werke stellen die Antike eher *von außen* dar. Dabei ist wichtig zu betonen, dass diese Arbeiten aus derselben geschichtlichen Sehweise geschehen.
Schon oben haben wir hingewiesen auf den grundsäzlichen Unterschied ,
der zwischen Heines Rezeption der Antike und der des *Klassischen Humanismus* (S.6) besteht. Dessen Begründer Winckelmann –man beachte den

---

[25] Zitiert nach H.Heine, SW.Kaufmann X, 308.

Titel seines ersten Werkes *Gedanken über die Nachahmung der griechischen Werke in Malerei und Bildhauerkunst* (1755)- will die antiken Werke als die verpflichtenden Originale zurückgewinnen. Die verfälschenden Überlagerungen sind zu entfernen, die vorhandenen Trümmer sollen zu den ursprünglichen Werken führen. Und diese wiedergewonnenen *alten* Originale sind das Eigentliche, sie sind als das Ursprüngliche das Bessere, ja, das Wahre.

Diesen oft falschen Historismus, der die Gegenwart zugunsten der Vergangenheit zu entwerten geneigt ist und damit die geschichtliche Entwicklung marginalisiert und im Grunde leugnet, wird von Heine strikt abgelehnt. Für Heine ist die Antike vergangen, lebt nur unter Vermummungen reduziert weiter. Und ein solcherart reduziertes Weiterleben der antiken griechisch-römischen Götter macht Heine auch zum Gegenstand in den Werken, in denen er die Bewahrung der *Traditionen* sich zum Ziel gesetzt hat. In den *Elementargeistern*, den *Göttern im Exil* und den Ballettscenarien *Die Göttin Diana* und *Der Dr. Faust*.

Bevor wir uns nun den *Elementargeistern* zuwenden, sei noch darauf hingewiesen, dass Heine schon in dem Buch *Zur Gesch.d.Rel.u.Philos.in Deutschland* (III, S. 619) auch die germanische Religion, den „Pantheismus der alten Germanen" mit ihrem „Naturdienst", neben der griechisch-römischen als eine *antike* Religion ansieht. Beide Religionen leben für ihn im Volksglauben, in den alten Sagen und Legenden des Mittelalters fort, nachdem sie vom Christentum besiegt und abgedrängt worden sind in böse Zauberei, nachdem die Götter zu Teufeln erniedrigt und die keuschen Priesterinnen zu Hexen gemacht worden sind. Und so bestehen *Die Elementargeister*[26], die Heine 1835 zu schreiben begonnen hat und seine erste Arbeit sind, in der er solche alten Sagen und Legenden mit den Mitteln der Poesie bearbeiten will, aus zwei Teilen. In deren erstem Teil, den er noch in demselben Jahr 1835 auf französisch in dem Buch *De l'Allemagne* veröffentlichte, behandelt Heine Sagen und Legenden aus der germanisch-keltischen Überlieferung, und zwar aus Deutschland und anderen Ländern

---

[26] Elementargeister werden diese Geister genannt, weil sie in den vier Elementen wohnen. Die Sagen handeln also von den Geistern der Erde: den Kobolden und Zwergen, den Geistern der Luft: den Elfen, den Geistern des Wassers: den Nixen und schließlich vom Teufel, dem einzigen Feuergeist; denn, wie Heine zu beweisen sucht, im eigentlichen Volksglauben ist er der einzige Feuergeist.

Europas. Im zweiten Teil hingegen, der erst 1837 geschrieben und gleich
auf deutsch ediert worden ist, geht es um die griechisch-römischen Götter.

Obgleich die germanisch-keltischen Sagen, wie Heine sie erzählt, erfüllt sind von seinen eigenen *großen* Gefühlen und tiefen Gedanken, und
also unser brennendes Interess herausfordern, muß ich mich hier beschränken und kann nur ein paar knappe Bemerkungen darüber machen,
um mich danach gleich dem zweiten Teil mit den griechisch-römischen
Sagen zuzuwenden. Zu der altdänischen Ballade vom *Nachtraben* zum
Beispiel schreibt Heine: „Dieses Lied ist so schauerlich, so grauenhaft, so
düster, wie eine skandinavische Nacht, und doch glüht darin eine Liebe,
die an wilder Süße und brennender Innigkeit nicht ihres Gleichen hat, eine
Liebe, die, immer gewaltiger entlodernd, endlich wie ein Nordlicht em-
porschießt und mit ihren leidenschaftlichen Strahlen den ganzen Himmel
überflammt."(III, S. 662). Heine bringt viele solcher Beispiele; und wenn
man das liest, staunt man mit fortlaufender Lektüre.

Im zweiten Teil also mit den griechisch-römischen Sagen spricht Heine von der „alte[n] griechische[n] Heiterkeit, jene[r] Lebenslust, die dem
Christentum als Teufeltum erschien."(III, S. 684). Und er führt weiter aus,
„diese Tempel [sc. die griechischen] hielt er [sc. der Christ] für die Burgen
wirklicher Dämonen, und den Göttern, die diese Statuen darstellten, ver-
lieh er eine unbestrittene Existenz; sie waren nämlich lauter Teufel."(S.
685). In den Ruinen der alten Tempel wohnten nach „der Meinung des
Volkes noch immer die altgriechischen Gottheiten."(ebd.). Am Tage hiel-
ten sie sich versteckt, um „des Nachts aber in liebreizender Gestalt em-
por[zu]steigen, um irgendeinen arglosen Wanderer oder verwegenen Ge-
sellen zu betören und zu verlocken"(S. 686).

Heine erzählt dann die Legende vom Zauber einer Venusstatue (*Das
Marmorbild*) und bringt aus *Des Knaben Wunderhorn* das Gedicht *Der
Tannhäuser*, dem er seine eigene Version dieser Legende vom mittelalterli-
chen Ritter Tannhäuser und der Göttin Venus entgegenstellt.

Auch *Die Götter im Exil* (VI/1, S. 397-423), Heines wohl bekanntestes
Werk dieser Art, stellen das Schicksal der vom Christentum besiegten
griechisch-römischen Götter dar, die als „vermaledeite Existenzen" (S.
400), als Dämonen und Teufel in den Volkssagen weiterleben. Seine Mitteilungen über diese verteufelten Götter bezeichnet Heine „gleichsam als
Illustrationen [...], als mehr oder minder sauber ausgeführte Radierungen
und Holzschnitte."(S. 399). Auch „moderne Gelehrte" behandelten dieses

Thema, aber sie hätten es eingesargt „in die hölzernen Mumienkästen ihrer konfusen und abstrakten Wissenschaftssprache", er aber habe „den Gedanken wieder zum wirklichen Leben heraufbeschworen, durch die Zaubermacht des allgemein verständlichen Wortes, durch die Schwarzkunst eines gesunden, klaren, volkstümlichen Stiles!"(S. 401). Nach dem Sieg des Christentums, „als der wahre Herr der Welt sein Kreuzbanner auf die Himmelsburg pflanzte, und die ikonoklastischen Zeloten, die schwarze Bande der Mönche, alle Tempel brachen und die verjagten Götter mit Feuer und Fluch verfolgten" (S. 401), hätten die Götter (wie ehemals vor den Titanen) fliehen und unter allerlei Vermummungen in abgelegenen Verstecken ein Unterkommen suchen müssen. Viele dieser armen Emigranten, „ohne Obdach und Ambrosia", hätten sich durch ein bürgerliches Handwerk das liebe Brot erwerben müssen. So Apollo als Hirt in Niederösterreich. Aber durch sein schönes Singen verdächtig geworden, sei dieser von einem gelehrten Mönch als Heidengott erkannt und dem geistlichen Gericht überliefert worden; unter der Folter habe er gestanden, „daß er der Gott Apollo sei."(S. 402).

Nach einem kurzen Bericht über Mars und dessen modernen *Beruf* als Scharfrichter in Padua beginnt er mit der ersten von drei längeren Erzählungen, die den Hauptteil der *Götter im Exil* ausmachen. Ein junger Fischer aus Tirol, an einem der Seen in den waldigen Bergen lebend, der auch gelegentlich Fährmanndienste ausführt, wird einmal nachts von drei vermummten Mönchen geweckt und gegen gutes Entgelt um die Verleihung seiner Barke gebeten. Dem jungen Fischer fällt weiter nichts auf, außer die geisterhaft kalte Hand eines der drei Mönche, als ihm dieser bei der Rückgabe des Bootes den ausgemachten Preis aushändigt. Als sich dieses Vorkommnis in den folgenden Jahren jeweils einmal wiederholt, und sich bei dem jungen Fischer doch Verwunderung und Erstaunen zunehmend eingestellt haben, beschließt er endlich im siebenten Jahr, den dreien nachzuspionieren. Es gelingt ihm, sich im Boot zu verstecken und am anderen Ufer, ungesehen, ein ausgelassenes Bacchanal, angeführt von den drei Mönchen, die sich als Bacchus, Priap und Silen entpuppen, genau zu beobachten. Der Fischer, aufgeschreckt und entsetzt von dem in seinen Augen grellen und schamlosen Treiben, macht sich am nächsten Tag in ein nahegelegenes Franziskanerkloster auf, um dem Superior, dem gleichzeitigen Vorsitzenden des zuständigen geistlichen Gerichts, diese gottlose Angelegenheit zu berichten und anzuzeigen. Doch da muß er feststellen, dass der Superior selbst jener Bacchus ist, und seine beiden Gefährten Priap und Silen ebenfalls Mitglieder dieses Klosters sind, waltend in Keller und Küche. Der Superior/Bacchus verdammt ihn ebenso ironisch wie wirksam zum Schweigen über seine „Hirngeburten der Trunkenheit", so dass er „erst" - wie es bei Heine heißt- „in spätern Jahren die Geschichte seinen Angehörigen [erzählte]"(S. 408).

Die zweite Geschichte berichtet von einem Holländer, der als Kaufmann einen ostfriesischen Schiffer anheuert, um die Seelen Verstorbener auf die Insel der Toten, die sogenannte „weiße Insel", zu fahren; doch der ist in Wirklichkeit Merkur, griechisch Hermes, d. h.- wie Heine genau formuliert- „Hermes Psychopompos"(S. 412): Hermes, der Seelengeleiter also.

Im Übergang zu der letzten größeren Geschichte werden Pluto/Hades, der Gott der Unterwelt, und der Meergott Neptun/Poseidon erwähnt als die Götter, die als einzige ihre Herrschaft eigentlich nicht verloren haben. So hören wir besonders über Neptun, dass an dessen Existenz kein Seemann zweifelt; erscheine er doch regelmäßig bei der Seemannstaufe! Und diese Bemerkungen leiten über zur Erzählung über einen Freund, einen Walfischfänger, einen, "der größten Walfischfänger, die ich [sc.der Erzähler] kennen lernte"(S. 415), aus Drontheim in Norwegen: den Niels Andersen. Und ein Disput mit diesem über die Existenz bzw. Nichtexistenz „moralischer Prinzipien"(S. 417) bei den Walfischen führt zur letzten Erzählung, der von dem „falschen Heidengott, der fern am Nordpol auf der Kanincheninsel sitzt,"(S. 418). Und nun hören wir die Erzählung von einem alten, hinfälligen Greis, der auf dieser Insel mit einer ebenso uralten, aber noch milchgebenden Ziege und einem ausgemergelten Vogel dahinvegetiert – im Elend, aber, wie die Erzählung von der Begegnung der Walfischfänger mit ihm zeigt, nicht ohne Größe! Und so enthüllt sich, dass der Alte Zeus/Juppiter ist, der zerzauste Vogel sein Adler, und die alte Ziege Amalthea, „die den Gott bereits auf Kreta säugte und jetzt im Exil wieder mit ihrer Milch ernährte"(S. 422).

Die beiden Ballette *Der Dr. Faust* und *Die Göttin Diana* sind beide erst in der zweiten Hälfte der vierziger Jahre entstanden; sie sind beide Auftragsarbeiten für den englischen Theaterdirektor Esquire Lumley, der sie auch angeregt hatte. Die „flüchtige Skizze", wie Heine sagt (VI/1, S. 427), des Ballet-Scenarios der *Göttin Diana* wurde zu Beginn des Jahres 1846 geschrieben, und erst 1854 als Nachtrag zu den *Göttern im Exil* veröffentlicht. Den *Dr. Faust* schrieb Heine zusammen mit Erläuterungen in den

Monaten Jan./Febr. des Jahres 1847; veröffentlicht wurden beide Texte
mit einer zusätzlichen Einleitung im Jahre 1851.

In dem rasch hingeschriebenen Entwurf [27] der *Göttin Diana* (VI/1, S.
425-436) *illustriert* Heine in der Begegnung eines deutschen Ritters aus dem
Mittelalter mit Diana und anderen toten, aber noch wirkmächtigen Göttern, das Aufeinandertreffen einer *nazarenisch* verstandenen Gesellschaft
mit einer *hellenischen*. Diana und ihre Nymphen leben in den Ruinen eines
alten Tempels im waldigen Gebirge. Sie wird von dem Ritter verfolgt, der
ihr „mit Leib und Leben" dienstbar sein will, ja, sich ihr sogar opfern [28]
will (S. 428).

Die Menschen der anderen, der nazarenischen Welt leben in einer go-
tischen Ritterburg; die Männer sind „kriegerisch roh und blöde", die Frau-
en „affektiert, sittsam und zimperlich." Man sieht die „zeremoniösesten
Verbeugungen und Knixe"(S. 430), einen gravitätisch germanischen Walzer
und den sehnsüchtigen Ritter in dieser Umgebung „brütend und melancholisch"(ebd.).

Mit dem Auftreten der Göttin Diana, ihres Gefolges und anderer Götter, alle unter Masken, in der Ritterburg „[tanzt] griechisch heidnische
Götterlust mit der germanisch spiritualitischen Haustugend einen Zwei-
kampf." (S. 431). Als die Götter sich zu erkennen geben, fleht der Ritter
Dianen an, ihn nicht wieder zu verlassen, aber da sie nur im „Venusberg",
am zurückgezogenen Ort der Götter, zusammen sein können, bleibt der
Ritter verzweifelt alleine zurück. Auf der Suche nach der Göttin findet er
in unzugänglichem Gebirge nach mancherlei Prüfungen seine Diana. Doch
vor dem gemeinsamen Einzug in den Venusberg, dem Wohnort der Götter, wird er von dem „treue[n] Eckart" (S. 433), der dort vor dem Tor
„christliche" Wache hält, getötet. Im Venusberg, wohin der getötete Ritter
gebracht worden ist, scheint zunächst Diana nichts zu erreichen mit ihrer
Bitte, den Ritter wieder lebendig zu machen; schließlich aber wird er dann
doch durch die Leier Apolls und den Wein des Bacchus wieder zum Leben
– allerdings nur im Venusberg – erweckt.

Der Schluß ist eine „Glorie der Verklärung"(S. 436), an der alle anwesenden Götter und Göttinnen und alle „die berühmten Männer und Frau-
en der antiken und der mittelalterlichen Welt, die der Volksglaube wegen

---

[27] Heine am 27.Febr. 1846 an Lassalle: „in zwei Morgenstunden"; zit.VI/2, S. 139.

[28] Der Opferaspekt könnte die zu Beginn bestehende Unvereinbarkeit der griechischen
und christlichen Welt darstellen.

ihres sensualistischen Rufes oder wegen ihrer Fabelhaftigkeit in den Venusberg versetzt hat" (S. 434), teilnehmen. Unter den Frauen sehen wir „unbegreiflicherweise auch Judith, die Mörderin des edlen Holofernes", dann Helena, die Königin von Saba, Kleopatra, Herodias, und „verschiedene Heldinnen der bretonischen Rittersagen. Unter den Männern ragen hervor Alexander, der Poet Ovidius, Julius Cäsar, Dieterich von Bern, König Artus, Ogier der Däne, Amadis v. Gallien, Friedrich der Zweite von Hohenstaufen," (ebd.) u.s.w. Und „Wolfgang v. Goethe" (ebd.); außerdem noch hohe geistliche Würdenträger. Keine Trennung also hier im Venusberg zwischen Griechen/Römern, Juden/Christen oder Germanen. Eine *hellenische* Märchenwelt abseits der *nazarenischen* Wirklichkeit.

In seinem *Dr. Faust* (VI/1, S. 351-372) behauptet Heine, den eigentlichen Gehalt der alten Faustsage im Gegensatz zu Goethe zu bewahren. Die beiden wichtigsten Unterschiede in diesem fünfaktigen Ballettscenario sind, dass der Teufel eine Frau ist: Mephistophela, und – dass Faust zum Schluß nicht errettet wird. Nachdem Faust das „wunderschöne[.] Weib[...]" (S. 359), das ihm im Spiegel seines Studierzimmers erschienen war, durch die Unterzeichnung des Teufelpakts mit der Verpfändung seiner Seele doch noch auf dem Hexensabbath bekommen hat, wendet er sich „danach" von dieser als einer Satansbraut überdrüssig und voll Widerwillen ab. Obgleich nun die Verschmähte ihn mit Haß verfolgt, gelingt es Faust mit Hilfe von Mephistophela und ihren Teufelsrossen durch die Lüfte zu entkommen, um zu Helena zu gelangen. Faust, heißt es, „empfindet eine unendliche Sehnsucht nach dem Reinschönen, nach griechischer Harmonie, nach den uneigennützig edlen Gestalten der Homerischen Frühlingswelt!" (S. 366). Helena ist das, „was das gelehrte, nach antikem Ideal dürstende Herz des Doktors begehrte; er gibt seine volle Begeisterung zu erkennen"(ebd.). Faust und Mephistophela kommen in eine ideale griechische Welt, wo Helena herrscht unter gottähnlichen Männern und Frauen, „gemessen, keusch und feierlich"(S. 367). Ein Ort, wo alles „griechische Heiterkeit [atmet], ambrosischen Götterfrieden, klassische Ruhe. Nichts erinnert an ein neblichtes Jenseits, an mystische Wollust- und Angstschauer, an überirdische Ekstase eines Geistes, der sich von der Körperlichkeit emanzipiert: hier ist alles reale plastische Seligkeit ohne retrospektive Wehmut, ohne ahnende leere Sehnsucht" (ebd.). Faust erquickt sich an dem „Anblick des Urschönen und des wahrhaft Edlen" (ebd.). Und Faust und Mephistophela folgen der Einladung, „auf der stillen

Insel des Glücks"(ebd.) zu wohnen. Da aber erscheint die verschmähte
Satansbraut und nimmt mit dieser Idylle „an Gegenständen und Personen
die schauderhafteste Umwandlung" (S. 368) vor: Die Landschaft zerbirst,
die Paläste und Tempel stürzen zu Ruinen zusammen, Helena und ihr
gottgleiches Gefolge verfallen zu scheußlichen Gerippen. Faust kann zwar
in dem schrecklichen Kampf die Satansbraut töten, aber Mephistophela
muß ihn durch die Lüfte mit ihren geflügelten Rossen erretten. Das
Schlußbild dieses Aktes zeigt ein wüstes Land, das vom anbrausenden
Meer überspült wird! Im fünften Akt versucht sich Faust in einer kleinen
Stadt des 16. Jahrhunderts als Wunderdoktor. Er erringt das blonde Bür-
germeisterstöchterlein und scheint endgültig seinen Seelenfrieden zu finden. „Vergessen sind die Zweifel und die schwärmerischen Schmerzergüsse
des Hochmutsgeistes, und er strahlt vor innerer Beseeligung" (S. 371).
Eben als der festliche Brautzug in den Dom einziehen will, erscheint Mephistophela mit einer Rotte von Teufeln und präsentiert den Kontrakt.
Vor den Augen der entsetzten Zuschauer veranstalten die Teufel ein Höl-
lenspektakel, und Mephistophela verhöhnt und erniedrigt den bettelnden
Faust, bis sie sich schließlich in eine Schlange verwandelt, den Faust er-
drosselt und mit ihm im Flammengeprassel in die Erde versinkt, „während
das Glockengeläute und die Orgelklänge, die vom Dome her ertönen, zu
frommen christlichen Gebeten auffordern" (S. 372).

In den Erläuterungen (VI/1, S. 372-396), die Heine für die Ausgabe
von 1851 umgearbeitet hat [29], sagt er von Helena, sie „ist eben Griechenland und das Hellenentum selbst, welches plötzlich im Herzen Deutschlands emportaucht, wie beschworen durch Zaubersprüche. Das magische
Buch aber, welches die stärksten jener Zaubersprüche enthielt, hieß Ho-
meros, und dies war der wahre große Höllenzwang, welcher den Faust
und so viele seiner Zeitgenossen köderte und verführte" (S. 383). Faust
wird „als einer jener Humanisten" bezeichnet, „welche das Griechentum,
griechische Wissenschaft und Kunst, in Deutschland mit Enthusiasmus
verbreiteten" (ebd.).

Dann beschreibt er die Wiedergeburt der antiken Weltanschauung, die
Renaissance, und die des „judäischen Geistes". Jene geschehen durch Homer, diese durch die Bibel. Sie nennt er „die beiden großen Bücher der

---

[29] Vgl. Brief an Campe v. 21. 8. 1851: „Ich werde Ihnen nämlich ein ganzes Originalmanu-
skript schicken, mit Ausnahme von etwa drei bis vier Druckbogen, welche Erläuterungen
zum „Faust" enthalten sollen, die ich vorher durchaus durcharbeiten muß."

Menschheit", die sich nach erbittertem Kampf vor einem Jahrtausend im Mittelalter kampfmüde zurückgezogen hätten; und sie „treten zu Anfang des sechzehnten Jahrhunderts wieder öffentlich in die Schranken. Wenn ich oben aussprach, dass die Revolte der realistischen, sensualistischen Lebenslust gegen die spiritualistisch altkatholische Aszese die eigentliche Idee der Faustsage ist: so will ich hier darauf hindeuten, wie jene sensualistische, realistische Lebenslust selbst im Gemüte der Denker zunächst dadurch entstanden ist, dass dieselben plötzlich mit den Denkmalen griechischer Kunst und Wissenschaft bekannt wurden, dass sie den Homer lasen, sowie auch die Originalwerke von Plato und Aristoteles" (S. 384). Diese Parteinahme in den Erläuterungen für den Sensualismus und dessen Rückführung auf die 'Wiedergeburt' der Griechen: auf die Lektüre der Homer, Plato und Aristoteles in der Renaissance, ist 1851 erstaunlich; 1851 - nach seiner von ihm selbst so benannten „*Religiösen Umwälzung*" im Jahre 1848.

Bevor ich aber auf die Frage nach der Stellung des späten Heine zum Antiken und seiner von ihm selbst so benannten „*religiösen Umwälzung*" an Hand einiger Stellen wenigstens eingehen will, möchte ich noch eine Bemerkung über die eben behandelten Arbeiten machen.

Wenn Heine in der oben zitierten Bemerkung zu den *Göttern im Exil* meint, sie seien „gleichsam Illustrationen" und „mehr oder minder sauber ausgeführte Radierungen und Holzschnitte"(VI/1, S. 399), dann trifft diese eigene Bewertung Heines m.E. im großen und ganzen auf all diese *konservierenden* Arbeiten zu. Trotz überraschender und bewegender Einfälle, ausgesprochen *schöner* Stellen und bedeutender Feststellungen, die aber in den andern besprochenen Arbeiten tiefer gehen oder stringenter abgeleitet werden, sind diese Arbeiten Parerga. Und gerade was die Beziehung zum Antiken angeht, sind sie m.E. nicht annähernd vergleichbar mit den oben behandelten Gedichten und Prosaarbeiten. Wenn Heine in der Börnedenkschrift über sein Lebenswerk sagt, andere mögen darüber streiten, ob es gut oder schlecht war, und dann fortfährt: „Genug; es war groß; ich merkte es an der schmerzlichen Erweiterung der Seele, woraus diese Schöpfungen hervorgingen" (IV, S. 138), so gilt dieser von Heine selbst aufgestellte hohe Maßstab für diese Arbeiten wohl nur teilweise, am ehesten noch für den ersten Teil der *Elementargeister* und einiges in *Den Göttern im Exil*.

7

Im Nachwort zum *Romanzero*, Heines vorletzter Gedichtsammlung aus dem Jahre 1851 (VI/1, S. 180-186), schreibt dieser über seine „religiöse Umwälzung" etwa seit 1848. Er schreibt, den Gott der Pantheisten aufgegeben zu haben und zu dem persönlichen Gott wie der verlorene Sohn zurückgekehrt zu sein. Er erwähnt hierbei zwar auch seine schwere Krankheit[30], meint aber, es gebe vielleicht einen „minder miserable[n] Grund. Das himmlische Heimweh überfiel mich[...]" (ebd., S. 182). Er sei zwar zu „dem alten Aberglauben, zu einem persönlichen Gotte" zurückgekehrt, aber er besteht darauf, dass seine „religiösen Überzeugungen und Ansichten frei geblieben [sind] von jeder Kirchlichkeit;[...] Ich habe mit keiner Symbolik gespielt und meiner Vernunft nicht ganz entsagt. Ich habe nichts abgeschworen, nicht einmal meine alten Heidengötter, von denen ich mich zwar abgewendet, aber scheidend in Liebe und Freundschaft." (S. 184). Mit dieser Äußerung stimmen andere von ihm überein. So schreibt er in dem Brief an Julius Campe vom 1. Juni 1850:

> Die religiöse Umwälzung, die in mir sich ereignete, ist eine bloß geistige, mehr ein Akt meines Denkens als des seligen Empfindelns[!], und das Krankenbett hat durchaus wenig Antheil daran, wie ich mir fest bewußt bin. Es sind große, erhabne, schauerliche Gedanken über mich gekommen, aber es waren Gedanken, Blitze des Lichts und nicht die Phosphordünste der Glaubenspisse. [...] damit sie nicht wähnen, ich würde, wenn ich auch selber die Gesammtausgabe [sic!] besorge, in unfreyer Weis etwas darin ausmerzen; quod scripsi, scripsi.

Wir können hier nicht das schwierige, seit Heines Lebenszeit schon diskutierte Problem der „religiösen Umwälzung" weiter vertiefen. In Bezug auf unser Problem gilt, dass Heine seine Einstellung zur Antike nicht entscheidend oder -nehmen wir lieber eine Formulierung auf, die er in diesem Zusammenhang in einem Brief an Heinrich Laube schreibt – nicht „allzu fanatisch"[31] verändert hat. Und so möchte ich lieber von einem *schweben-*

---

[30] Bekanntlich fesselte sozusagen H. seine Krankheit seit 1848 bis zu seinem Tode 1856 ans Bett.

[31] Brief an Heinr. Laube vom 25. 1. 1850: „daß auch in meinen religiösen Ansichten und

den Nebeneinander als einem *Gegeneinander* der beiden religiösen Haltungen sprechen; denn die Bezüge zum Griechisch-Römischen waren nicht nur weiter präsent, sondern m.E. auch immer noch entscheidend beteiligt. Nicht nur Heines oben zitierte Prosaarbeiten (Abschnitt VI) mit ihren 1851 und später dazu geschriebenen Vorbemerkungen und Erläuterungen stellen das unter Beweis, sondern auch die letzten Gedichte und letzten Prosaarbeiten. Wenn wir seine letzten Gedichtsammlungen, den *Romanzero* und die *Gedichte 1853 und 1854*, sowie die erst postum veröffentlichten Gedichte durchmustern, dann finden wir abgesehen von den vielen Anspielungen ausgesprochen enge Bezüge zur griechisch-römischen Antike. Ich will aber hier nicht weiter auf seinen fortgeführten umfangreichen Umgang mit der antiken Gedanken- und Bilderwelt überhaupt eingehen, sondern nur noch einige Beispiele betrachten, in denen sein Verhältnis *religiöse Umwälzung–Hellenentum* thematisiert ist.

Im *Romanzero*, im Buch *Hebräische Melodien*, das bekanntlich gerade sein wiedergewecktes religiöses Gefühl in einer neuen Hinwendung auch zu seinem Väterglauben beispielhaft darstellt, finden wir in dem großen Fragment *Jehuda ben Halevy* (VI/1, S. 129-158) zwei Hinweise für das weitergelebte Hellenentum in dem von mir bezeichneten Sinn. Im dritten Teil des *Jehuda* wird die Geschichte des „Kästchens des Darius" erzählt: ein kostbares Kästchen, das aus der Beute des Darius stammt und dessen wertvollen Inhalt der Sieger Alexander großmütig verschenkte, während er selbst nur das leere Kästchen behielt.

> Er verschloß darin die Lieder
> Des ambrosischen Homeros,
> Seines Lieblings, und zu Häupten
> Seines Bettes in der Nacht
> Stand das Kästchen – Schlief der König,
> Stiegen draus hervor der Helden
> Lichte Bilder, und sie schlichen
> Gaukelnd sich in seine Träume (Jeh. III, V. 93-100).

Gedanken eine Februarrevolution eingetreten ist, wo ich an der Stelle eines früheren Prinzips, das mich doch früherhin ziemlich indifferent ließ, ein neues Prinzip aufstellte, dem ich ebenfalls nicht allzu fanatisch anhänge."

Jetzt, da der am Boden liegende, krüppelelende Heine seine ehemalige Liebe zu den Gesängen „von den Taten/des Peliden, des Odysseus" (Jeh.III, V. 103 f.) mit seiner Liebe zu den Gedichten des lebens- und schicksalsverwandten Rabbis und Dichters Jehuda ausgetauscht hat, jetzt möchte *er* das Kästchen haben, um darin die Gedichte des Jehuda zu verwahren wie vorher Alexander die des Homer. Das scheint mir ein schönes Beispiel für das *schwebende Nebeneinander* beider Geisteshaltungen bei Heine. Die Gewichtung der *Genealogie* des Darius-Kästchens durch die breite, epische, aber ganz heinesche Erzählung seines Schicksals, in der Tradition ebenso biblisch wie homerisch .(vgl. die Genealogie des Herrscherstabes des Agamemnon in der *Ilias* (Hom. B, 101 ff.), die Erinnerung an seine 'Liebe' zu Homer in seiner eigenen prangenden Jugend: „Damals war so sonnengoldig und so purpur mir zumute,/ Meine Stirn umkränzte Weinlaub,/ Und es tönten die Fanfaren"(Jeh. III, V. 105-108), doch vor allem die gänzliche Abwesenheit jeder ideologischen Begründung für den Wechsel - Heine sagt einfach: „Andre Zeiten, andre Vögel " (ebd. V. 101), all das zeigt das Weiterleben des Hellenischen bei ihm.

Doch auch im letzten Teil dieses anrührenden Gedichtes gibt uns Heine einen sehr schönen Hinweis, wenn er das schwere Schicksal des Jehuda als „Dichterschicksal" apostrophiert und dies verallgemeinert als „böse[n] Unstern,/ Der die Söhne des Apollo/ Tödlich nergelt, und sogar ihren Vater nicht verschont hat."(Jeh. IV, V. 121-124).

Und – ganz erstaunlich! – dieser Vater Apoll, der Vater aller Dichter, wird dann von Heine in einer übermütig erzählten Geschichte zum „göttliche[n] Schlemihl". „Ja, der hohe Delphier ist/ Ein Schlemihl, und gar der Lorbeer,/ Der so stolz die Stirne krönet,/ Ist ein Zeichen des Schlemihltums."(ebd. V. 128-132).

Schlemihl aber, der unschuldige Unglücksrabe, der von einem für einen Sünder bestimmten Speer in der Väterzeit vor dreitausend Jahren versehentlich getötet wurde, dieser Schlemihl ist der Ahnherr der jüdischen Dichter! Und da das A.T. nach Heine die ursprüngliche geschichtliche Erscheinung der Idee der Wahrheit ist, ist er natürlich der Ahnherr aller Dichter überhaupt! Und darum gehört auch der Gott der Dichter, Apollo dazu!

Heine macht uns vor, wie man mit der scheinbaren Unvereinbarkeit solcher Widersprüche umgehen kann. Alle Fanatiker aber, die das einfach nicht wahrhaben wollen, mögen sich vor dem Schluß seines letzten Gedichtes in den *Hebräischen Melodien*, der *Disputation*, in acht nehmen, wenn sie Heine für etwas anderes als dieses *schwebende Nebeneinander* in Anspruch nehmen möchten.

Im Prolog des Gedichtes *Bimini* (VI/1, S. 243-266), eines der postum veröffentlichten, geschrieben „Ende 1852 bis Anfang 1853"[32], kommt Heine in den Versen 34 ff. auf den bereits mehrfach erwähnten Preis der beiden „Großen Bücher", der Bibel und des Homer, zurück. Die Bibel nennt er „Buch der Wahrheit" (V. 40), den Homer „Buch der Schönheit" (V. 39). Steigernd setzt er hinzu:

> Beide aber hat Gott selber
> Abgefaßt in zwei verschiednen
> Himmelssprachen, und er schrieb sie,
> Wie wir glauben, eigenhändig [33] (V. 41-44).

Und sein letztes großes programmatisches Gedicht, vielleicht sein letztes überhaupt (jedenfalls mit Sicherheit erst zwischen Juli 1855 und Februar 1856 geschrieben), ich meine das Gedicht an die Mouche, die er bekanntlich erst 1855 kennenlernte, dieses letzte Gedicht *„Es träumte mir von einer Sommernacht"* enthält auch ein Bekenntnis zum Hellenentum. In diesem Gedicht, in dem der Dichter sich tot in einem Marmorgrab träumt, gibt es zwei unser Thema und meine These belegende Stellen. Einmal die Verse 57-60. In diesen Versen werden die Reliefs des Sarkophags beschrieben und dabei stellt Heine zwar das Hellenentum und das Nazarenertum als Gegensätze dar, sieht sie aber gleichsam von einer *höheren Warte* aus als gleichwertig und miteinander versöhnt an:

> Die Gegensätze sind hier grell gepaart,
> Der Griechen Lustsinn und der Gottgedanke
> Judäas! Und in Arabeskenart
> Um beide schlingt der Efeu eine Ranke.

---

[32] Frauke Bartelt in: *H.Heine*, GA, III/2, S.1565.

[33] Die beiden Himmelssprachen sind nach H. das Alt-Griechische und das Hebräische, und *Ilias* und *Odyssee* also *von Gott geschrieben*, d.h. sie wären nach H. so wie die Bibel dem Homer vom Heiligen Geist diktiert.

Mit diesem versöhnenden Bild der Efeuranke nimmt der todkranke Dichter auf, was er schon Anfang oder Mitte der 30er Jahre im Helgolandbrief vom 20.Juli (Börnedenkschrift) über Wahrheit/ Kunst, Bibel/Homer, Nazarenertum/Hellenentum schreibt: „Ist vielleicht solche harmonische Vermischnung der beiden Elemente die Aufgabe der gesamten europäischen Zivilisation?" (IV, V. 46 f.). Die zweite Stelle sind die Verse 134-140 mit einer grundsätzlichen Parteinahme für das Hellenentum. Die Vertreter der verschiedenen Religionen erheben mit einem Mal lauten Streit:

> Spukt in dem Stein der alte Glaubenswahn?
> Und disputieren diese Marmorschemen?
> Der Schreckensruf des wilden Waldgotts Pan
> Wetteifert wild mit Mosis Anathemen!
> O, dieser Streit wird endgen nimmermehr,
> Stets wird die Wahrheit hadern mit dem Schönen,
> Stets wird geschieden sein der Menschheit Heer
> In zwei Partein: Barbaren und Hellenen.

Und noch ein Letztes zu Heines religiöser Umkehr! Als ein Beweistück für die Abkehr des späten Heine von den griechischen Göttern wird gerne das Gedicht Der Apollogott (VI/1, S. 32-36) aus dem ersten Buch des Romanzero, dem Historienbuch, angesehen. In dem Gedicht soll der Gott Apoll im Exil dargestellt sein, nicht besiegt und erniedrigt zwar, aber ehrenvoll, sondern als Gauner[34]. Und diese moralische Abwertung des späten Heine wird als Zeichen für seine Abkehr von den Heidengöttern interpretiert. -- Zweifel sind erlaubt!

Zunächst der Verlauf des Gedichtes: Das Lied erzählt von einer Nonne, in einem Kloster auf einem Felsen hoch über dem Rhein, die sich aus ihrem Zellenfenster heraus verliebt in einen blondgelockten, rotbemantelten Fant, der, mit neun Weibern in seinem Schifflein unter ihrem Fenster vorbeiziehend, zur Leier singt: „Ich bin der Gott der Musika" (Ap.II, V. 1). Die Nonne verliebt sich in ihn so sehr, dass sie das Kloster verläßt, den Rhein aufwärts zieht bis Holland und jeden,der ihr begenet, fragt, ob er nicht Apollo gesehen, der mit dem roten Mantel, der lieblich singe und die Leier spiele. „Und er ist mein holder Abgott" (Ap.III, V. 12). Keiner von den Gefragten kann ihr antworten, bis ihr schließlich ein „schlottrig alter

---

[34] Vgl. Gerhard Höhn, Heine-Handbuch,19972, S.141: "in der 'Apollogott' gaunern sich Götter durchs Exil."

Mensch" (Ap.III, V. 18) begegnet, der ihr genüßlich Auskunft erteilt. Ja, er
habe ihn oft gesehen, in Amsterdam in der deutschen Synagoge, als Vorsänger, – ehemals (Ap.III, V. 37). „Und da hieß er Rabbi Faibisch,/Was auf
Hochdeutsch heißt Apollo".

Der rote Mantel sei noch nicht bezahlt, seinen Vater kenne er gut, mit
der Mutter sei er verwandt. Der Gesuchte spiele die Leier gut, aber besser
noch die Karten, und sein Amt als Vorsänger habe er verloren, sei dann
Komödiant geworden. Und aus dem Amsterdamer Spielhaus habe er
jüngst ein paar Dirnen herausgezogen: "Und mit diesen Musen zieht er
/Jetzt herum als ein Apollo".

Dieser Kerl ist also ein Schwindler, der sich mit Leier und Gesang
ziert, sich für Apoll ausgibt und mit neun Huren als Musen durch die
Lande zieht. Handelt das Gedicht wirklich von Apollo als einem exilierten
Gott? Ich denke, der Unterschied zu den Göttern im Exil ist zu deutlich,
nicht was die Steigerung des Elends der alten Götter angeht, sondern
grundsätzlich. Dieser Apollogott ist der Sache nach das genaue Gegenteil
von den Göttern im Exil. Diese sind im Elend, sie sind möglicherweise alt
und krank, müssen unter einem fremden, angenommenen Namen sich als
etwas anderes ausgeben; aber ihre Göttlichkeit steht nie in Frage! Der
Apollo aus den *Göttern im Exil*, der als Hirte gehen mußte, wurde gefol-
tert und gestand, dass er Apollo sei. Unser *Apollogott* würde auf der Folter
gestehen müssen, dass er, ehemals der Rabbi Faibich aus Amsterdam, jetzt
aber ein Rumtreiber sei!

Und dann ist da auch noch die Überschrift! *Der Apollogott*, ein sonst –
soweit ich sehe – nirgends belegtes Kompositum! *Apollogott* ist im Deutschen semantisch nicht identisch mit *Gott Apollo* oder *Apollo, der Gott*. Ich
denke, der Sprachkünstler Heine hat hier ad hoc ein Kompositum gebildet, das aufgrund seiner Unüblichkeit ironisch vorausweisen sollte auf das
Ergebnis des Gedichtes, in dem sich dieser 'Apollogott' als ein mieser
Schwindler erweisen wird. Vielleicht aber auch so, wie man umgangs-
sprachlich einen schlechten Musikanten, der auf der Geige nur herumkrat-
zen kann, sich aber wie ein Virtuose aufführt, verspotten kann als *Der
Paganinigeiger*.

Schließen möchte ich mit einer Anwendung von Wort und Sache
Apoll in den *Geständnissen*. In dem Buch *Geständnisse. Geschrieben im
Winter 1854* (VI/1, S. 443-501) nimmt Heine sich vor, „die philosophi-
schen und religiösen Variationen, die seit seiner [sc. des Buches De l'Alle-

magne] Abfassung im Geiste des Autors   vorgefallen, zu beschreiben,"
(ebd. S. 449). Heine macht also wieder seine *religiöse Umwälzung* zum
Thema. Er rechnet nun mit seiner früheren Auffassung der deutschen,
besonders der hegelschen Philosophie und den damit verbundenen athe-
istischen Anschauungen ab[35]. In diesem Zusammenhang spricht er von
seiner heute höheren Achtung für Moses, und er fügt zwar eine kritische
Bemerkung über die Griechen hinzu: „Meine Vorliebe für Hellas hat seit-
dem abgenommen. Ich sehe jetzt, die Griechen waren nur schöne Jünglin-
ge, die Juden aber waren immer Männer, gewaltige, unbeugsame Männer"
(S. 481). Aber, ich denke, Er bleibt gleichwohl auch *Hellene*. Und das zeigt
die Fortsetzung seiner Darstellung.

Nachdem er die Verdienste des Protestantismus um die Bibel, die das
religiöse Gefühl wieder in ihm erweckt hatte, hervorgehoben und überhaupt die Nähe des protestantischen Lebens zu dem jüdischen gepriesen
hat, wendet er sich – nunmehr in seiner leichten, herb-ironischen Art –
den Gerüchten zu, die sich um „das Wiedererwachen [s]eines religiösen
Gefühls" (S. 488) gerankt haben; bis hin zu dem Gerücht, er sei auch noch
katholisch geworden. Breit und mit offenem Vergnügen erzählt er den
Ursprung dieser Geschichte: seine katholische Trauung mit Mathilde 1841.
Wie im Vorbeigehen weist er auf die Nähe des Dichters zur Symbolik des
katholischen Dogmas und Kultus' hin, um dann dankbar und anerken-
nend von seiner katholischen Erziehung im Düsseldorfer Lyceum zu sprechen. Dabei erzählt er von dem Rektor dieses Lyzeums, der als Freund der
Familie sich oft mit seiner Mutter über seine Erziehung und künftige
Laufbahn unterhalten habe und bei einer solchen Unterhaltung einmal
geraten habe, den kleinen Harry Heine die geistliche Laufbahn einschlagen
zu lassen, „nach Rom zu schicken, um in einem dortigen Seminar katholi-
che Theologie zu studieren" (S. 495). Und jener habe versichert, diesen
durch seine einflußreichen Freunde dort „zu einem bedeutenden Kirchen-

---

[35] Was nun Hegel angeht, so sei eher nebenbei bemerkt – wenn das überhaupt bei diesem
Gegenstand möglich ist –, dass die Abrechnung ja nicht so sehr gegen Hegel als vielmehr
gegen die Hegelianer und deren Nach-Folger außerhalb der Philosophie geht. Denn Heine
führt aus, die hegelsche Philosophie habe nach seiner Einsicht "allen diesen Gottlosigkeiten"
(sc. dem "vollständigsten Atheismus"[VI/1, S. 466] der neueren deutschen Philosophie und
seinem geheimen Bundesgenossen, "dem schauderhaft nacktesten, ganz feigenblattlosen,
kommunen Kommunismus" [ebd., S. 467]) –es habe also die Hegelsche Philosophie „allen
diesen Gottlosigkeiten den furchtbarsten Vorschub geleistet"(S. 473).

amte zu fördern". Und – seine Mutter habe es bei ihrer Erzählung vor acht
Jahren sehr bedauert, dem Rat nicht gefolgt zu sein. Und nun beschreibt
Heine mit sichtlichem Behagen seine mögliche Laufbahn als römischer
Abbate, „der nicht bloß der Kirche Christi, sondern auch dem Apoll und
den Musen dient"(S. 496). Er beschwört seine Erfolge als Prediger herauf,
besonders bei den römischen Damen, „und vielleicht durch solche Gunst
und Verdienste [wäre er] in der Hierarchie der Kirche zu den Höchsten
Würden gelangt", vielleicht „ein monsignore geworden, ein Violett-
strumpf", hätte vielleicht den „roten Hut" bekommen, und am Ende vielleicht sogar „jenen erhabensten Ehrenposten" (S. 497). Und nun malt er
aus, wie er den Papst gemacht hätte, seine Heiligkeit auf dem Balkone dem
Volke gezeigt, „die Hände ausgestreckt und den Segen erteilt, der Stadt
und der Welt"(ebd.).
    Aber diese Träumereien beendet er mit den Worten: „Es ist nichts aus
mir geworden, nichts als ein Dichter" (S. 498). Doch, um sich keiner
heuchlerischen Demut hinzugeben, meint er dagegen: „Man ist viel, wenn
man ein Dichter ist"(ebd.), besonders in Deutschland.
    Dann spricht er von seinem großen Ruhm; sei doch eine Übersetzung
seiner Gedichte ins Japanische „das erste europäische Buch gewesen, das in
japanischer Sprache erschienen"(ebd.).Aber er muß gleich feststellen, wie
der Ruhm überhaupt ihm „seit geraumer Zeit sehr verleidet"(S. 499) sei.
„Ich stehe jetzt vor dem großen Breinapf, aber es fehlt mir der Löffel"
(ebd.). Denn, „der Spott Gottes lastet schwer auf mir. Der große Autor des
Weltalls, der Aristophanes des Himmels" habe ihm, „dem kleinen irdischen, sogenannten deutschen Aristophanes" das Armselige seines Spottes
zeigen wollen im Vergleich zu seiner eigenen „kolossalen Spaßmache-
rei"(ebd.). Doch wenn er sich auch beuge und es ihm an solcher höchsten
Schöpferkraft fehle, „so blitzt doch in meinem Geiste die ewige Vernunft
[der alte Hegel! der Verf.] und ich darf sogar den Spaß Gottes vor ihr Forum ziehen [der freie Geist! der Verf.] und einer ehrfurchtsvollen Kritik
unterwerfen" (ebd.). Und so wirft der hadernde Heine, dieser unbeugsame
Hiob, dem großen Spaßmacher Gott vor, erstens, der Spaß ziehe sich zu
sehr in die Länge, schon über sechs Jahre, „was nachgerade langweilig
wird"(ebd.). Diesem relativ harmlosen aesthetischen Monitum fügt er aber
ein unter Schriftstellern vernichtendes hinzu. Denn Heine wirft dem großen Spaßmacher vor, er habe „ein Plagiat an hoch sich selber begangen"
(ebd. S. 500). Und als Beweis hierfür führt er dann eine Stelle aus der Lim-

burger Chronik von Anno 1480 an. In der Limburger Chronik, in der unter den Nachrichten des Jahres auch von den beliebten Liedern des jeweiligen Jahres berichtet werde, würde für jenes Jahr 1480 von den süßesten und lieblichsten Weisen berichtet, die je „in deutschen Landen" gesungen worden wären. Und der Autor dieser Lieder sei ein junger Kleriker gewesen, ein Kleriker, der die Pest gehabt habe. Vom Kopf bis zu den Füßen vermummt, die Kapuze über das Gesicht gezogen, mit der Lazarusklapper in der Hand, um die anderen vor sich zu warnen, habe dieser junge Kleriker „traurig in der Öde seines Elends gesessen, während jauchzend und jubelnd ganz Deutschland seine Lieder sang und pfiff! O, dieser Ruhm war die uns wohlbekannte Verhöhnung, der grausame Spaß Gottes"(S. 500). Und der letzte Satz der *Geständnisse* lautet:

> Manchmal in meinen trüben Nachtgesichten glaube ich den armen Klerikus der Limburger Chronik, meinen *Bruder in Apoll* , vor mir zu sehen, und seine Augen lugen sonderbar stier hervor aus seiner Kapuze; aber im selben Augenblick huscht er von dannen, und verhallend, wie das Echo eines Traumes, hör ich die knarrenden Töne der Lazarusklapper (ebd. Hervorh. v. Verf.).

Was für Heine übrigbleibt, ist der Dichter, dem, wie er in den Geständnissen weiter oben gesagt hat, „die Wiedergeburt des religiösen Gefühls genügte", also unbedürftig ist irgendeiner positiven Religion. Denn es heißt dort: „Er hat die Gnade, und seinem Geist erschließt sich die Symbolik des Himmels und der Erde; er bedarf dazu keines Kirchenschlüssels" (S. 482.). Und bei diesem Erschließen der Symbolik von Himmel und Erde, die nichts anderes ist als das Sein der Dinge, ihre einfache Wahrheit, haben die *Griechen* in Heines ganz eigener Aneignung eine durchgehende, eine entscheidende Rolle gespielt.

Was bleibt, ist mit den Worten Heines selbst also nicht etwa Bruder in Juda oder Bruder in Christo, sondern *Bruder in Apoll.*

Vom Reden „in verbotenen Metaphern und unerhörten Begriffsfügungen".
Nietzsches Poetik und Kunsttheorie aus dem Geiste des Dionysos[1]

Gunter Martens (Hamburg)

Das Problem einer Theorie der Dichtung, d. h. die Frage, was das eigentlich ist, was ein Werk der Literatur zum Kunstwerk macht, wie dieses Künstlerische zu erklären ist, woher es kommt und wozu es überhaupt da ist, hat Nietzsche von Anfang an beschäftigt. Schon die Briefe und Aufsätze des Schülers von Schulpforta zeugen von diesem Interesse, und die Bemühungen des werdenden Altphilologen kreisen immer wieder um diese Fragestellung. Und natürlich ist das erste große Werk, das den Ruhm des Philosophen begründete, die 1871 zuerst publizierte *Geburt der Tragödie aus dem Geiste der Musik* genau diesem Problem gewidmet. Es war eine „Frage ersten Ranges und Reizes" gewesen, die ihn damals beschäftigte, berichtet Nietzsche 1886 in seinem Vorwort zur Neuauflage des Buches, nämlich die zutiefst beunruhigende Einsicht, dass die „wohlgerathenste, schönste, bestbeneidete, zum Leben verführendste Art der bisherigen Menschen, die Griechen – wie? gerade sie [...] die Tragödie nöthig [hatten]. Mehr noch – die Kunst! Wozu – griechische Kunst?".[2]

Die ganze philosophische – geschichtsphilosophische – Tragweite dieser Frage zeigt sich Nietzsche bereits in diesem Werk in voller Schärfe: es geht ihm hier um nichts anderes als um das Problem der Wahrheit, oder – im Kontext des endenden 19. Jahrhunderts formuliert – um das Problem der Wissenschaft (1,13):

---

[1] Im folgenden beschränke ich mich darauf, den Vortragstext – ergänzt durch Stellennachweise und wenige Anmerkungen – wiederzugeben. Eine erweiterte Fassung findet sich unter dem Titel „Schon zu Beginn der Moderne ‘postmodern’? – Zur poetologischen Konzeption in Nietzsches Frühwerk" in dem Sammelband: *„In die Höhe fallen" – Grenzgänge zwischen Literatur und Philosophie*, hrsg. von Anja Lemke und Martin Schierbaum, Würzburg 2000, S. 73-97.

[2] Friedrich Nietzsche, *Sämtliche Werke. Kritische Studienausgabe* [KSA], hrsg. von Giorgio Colli und Mazzino Montinari, 15 Bde., München 1980, Bd. 1, S. 11f. – Im folgenden werden Zitate aus dieser Ausgabe mit Angabe der Band- und Seitenzahl unmittelbar im Text nachgewiesen. Sperrungen in den Zitaten stammen jeweils vom Autor des Textes Friedrich Nietzsche; eigene Hervorhebungen von mir erscheinen dagegen in Kursivschrift.

> Was ich damals zu fassen bekam, etwas Furchtbares und Gefährliches, ein Problem mit Hörnern, nicht nothwendig gerade ein Stier, jedenfalls ein n e u e s Problem: heute würde ich sagen, dass es das P r o b l e m   d e r   W i s s e n s c h a f t   selbst war – Wissenschaft zum ersten Male als problematisch, als fragwürdig gefasst.

Und genau dieses Problem der Wissenschaft besteht nach Nietzsche darin, dass es nicht mehr auf dem Boden der Wissenschaft erkannt, gelöst werden kann. Nur durch Transzendierung in einen anderen Bereich, in der Form einer „Artisten-Metaphysik" (1, 17) der Kunst könne sich der Mensch dem Erkenntnisproblem der Wissenschaften nähern. So sieht denn Nietzsche die Aufgabe seiner kunsttheoretischen, poetologischen Überlegungen darin, die „Wissenschaft unter der Optik des Künstlers zu sehn", aber auch auf dieser Ebene wiederum nicht stehen zu bleiben, sondern die Kunst ihrerseits unter der Optik „des Lebens" zu greifen (1, 14).

In diesem Satz deutet sich eine Hierarchie an, die alle bislang in der Tradition der abendländischen Philosophie gängigen Wertungen auf den Kopf stellt: Die Wissenschaft nimmt den untersten Rang ein, die Kunst steht in der Mitte, und zwar als Mittlerin zwischen Wissenschaft und dem obersten, umfassendsten Prinzip, das Nietzsche an dieser Stelle als „Leben" bezeichnet. Das sieht in seiner Intention nach einem differenziert gestuften Weltmodell aus, wie es uns etwa aus der Philosophie Platons geläufig ist. Und in der Tat begegnen uns ähnliche Überlegungen auch gleich zu Beginn der *Geburt der Tragödie*, sogar fast im Sinne einer mathematisch fixierbaren Gleichung. Nietzsche eröffnet bekanntlich seine Gedanken zum Entstehen der Dichtung mit der Vorstellung der beiden „Kunsttriebe" des Apollinischen und des Dionysischen, die beide zusammen in ihrer „Duplizität" das definieren, was Kunst als solche ausmacht. Das Apollinische seinerseits erläutert er nun in der Analogie des Traumes, versucht in diesem Gleichnis einen ersten Zugang zum Phänomen der Kunst zu eröffnen (1, 26 f.):

> Der schöne Schein der Traumwelten, in deren Erzeugung jeder Mensch voller Künstler ist, ist die Voraussetzung aller bildenden Kunst, ja auch, wie wir sehen werden, einer wichtigen Hälfte der Poësie. Wir geniessen im unmittelbaren Verständnisse der Gestalt, alle Formen sprechen zu uns, es gibt nichts Gleichgültiges und Un-

nöthiges. Bei dem höchsten Leben dieser Traumwirklichkeit haben
wir doch noch die durchschimmernde Empfindung ihres
S c h e i n s : wenigstens ist dies meine Erfahrung, für deren Häufigkeit, ja Normalität, ich manches Zeugniss und die Aussprüche der
Dichter beizubringen hätte. Der philosophische Mensch hat sogar
das Vorgefühl, dass auch unter dieser Wirklichkeit, in der wir leben
und sind, eine zweite ganz andre verborgen liege, dass also auch sie
ein Schein sei [...]. Wie nun der Philosoph zur Wirklichkeit des Daseins, so verhält sich der künstlerisch erregbare Mensch zur Wirklichkeit des Traumes; er sieht genau und gern zu: denn aus diesen
Bildern deutet er sich das Leben, an diesen Vorgängen übt er sich für
das Leben.

Wir hören also, die Kunst verhält sich – wohlgemerkt in der Analogie des
Traums – zur Wirklichkeit, wie – in den Augen der Philosophen – die
Wirklichkeit des hic et nunc ihrerseits zu einer zweiten verborgenen, we-
sentlichen Wirklichkeit. Und wenn nun Nietzsche ausführt, dass die
Kunst zur Wirklichkeit im Verhältnis von Schein („schöner Schein", wie
Nietzsche selbst hervorhebt [1, 27]) und Sein steht, und das Sein dieser
Wirklichkeit wiederum im Verhältnis zu dem hinter ihr Verborgenen,
Eigentlichen auch nur wieder Schein sein soll, so ergibt sich nun für den
Bereich der Kunst der Charakter des "Scheins des Scheins" (1, 39): Der
künstlerische Traum ist der schöne Schein einer scheinhaften Wirk-
lichkeit, der ein nichtscheinhaftes Sein zugrunde liegt. In der Kunst poten-
ziert sich also der Scheincharakter unserer Wirklichkeit, kommt in der
Form der doppelten Negation (Schein des Scheins) der Schein selbst zum
Vorschein, vermittelt durch die durchschimmernde „Empfindung des
Scheins". Schon in diesen ersten Sätzen der *Geburt der Tragödie* deutet
sich das an, was für Nietzsche Kunst zu leisten vermag, ja bestimmt sich
sogar der Charakter der Kunst aus ihrer Funktion; denn von dem Philosophen, und das ist für Nietzsche immer der Kunstphilosoph, der „dionysos
philosophos", wie er später sagt[3], heißt es weiter: „er sieht genau und gern
[der Wirklichkeit des Traums] zu: denn aus diesen Bildern deutet sich das
Leben, an diesen Vorgängen übt er sich für das Leben" (1, 27).

---

[3] KSA 13, 613. – In einer letzten Fassung seines Plans einer „Umwerthung aller Wert-
he" (Oktober 1888) notiert sich Nietzsche „dionysos philosophos" als Titel des abschließenden Kapitels dieses geplanten, jedoch nicht mehr zur Ausführung gekommenen Werkes. Vgl. dazu im einzelnen Mazzino Montinari, „Nietzsches Nachlaß von 1885 bis 1888

Bevor wir nun diesen Gedanken einer funktionalen Ästhetik etwas weiter vertiefen, halten wir zunächst einmal fest: Nietzsche entwickelt – hierin noch weitgehend den Vorgaben Schopenhauers verpflichtet – seine Theorie der Kunst und der Dichtung vor dem Hintergrund eines zweigestuften Weltmodells: Dem eigentlichen, freilich verborgenen Grund des Wirklichen – und Nietzsche verwendet in der *Geburt der Tragödie* die verschiedensten Begriffe, um dieses Eigentliche zu fassen: er spricht vom „Urgrund", vom „Ur-Einen", von „Leben" oder auch, im Sinne seines Lehrers Arthur Schopenhauer, vom „Willen" – diesem „wahrhaft Seienden" (1, 38) also steht unsere scheinhafte Wirklichkeit, in der wir sind, gegenüber. Dieser Bereich ist zugleich die Welt der Wissenschaft, die ihrerseits zur Erschaffung des Scheincharakters Wesentliches beiträgt. Und dieser Dualismus wird noch einmal differenziert, 'potenziert', indem Nietzsche dem Schein des Wirklichen quasi wiederum als Schein, nunmehr als durchschimmernder, entlarvender Schein die Kunst zuordnet. Wenn nun Nietzsche in diesem Konstrukt einen fundamentalen „Urgrund" anzunehmen scheint, so drängt sich unmittelbar die Frage auf, ob denn jener Philosoph, der sich späterhin so dezidiert als Gegner jedes metaphysischen Denkens verstand[4], der voller Überzeugung den Tod Gottes verkündete und stolz darauf war, jede Vorstellung einer transzendenten Welt als Trug, als Ideologie zu entlarven, an dieser Stelle noch einer Metaphysik das Wort redet, mit dem Verweis auf das eigentlich „Ur-Eine" eine Tür zu der von ihm so verachteten „Hinterwelt"[5] öffnet.

Ich möchte hier antworten: Ja und Nein, und ich meine, dass wir allein in dieser Doppeltheit, in dieser hinterhältigen Widersprüchlichkeit den Kern des Nietzscheschen Denkens, und das heißt zugleich, seiner Poetologie, fassen können: *Ja*, weil sich hinter den Erscheinungen, die wir

---

oder Textkritik und Wille zur Macht", in: *Nietzsche*, hrsg. von Jörg Salaquarda [Wege der Forschung 521], Darmstadt 1980, S. 323-347.

[4] Vgl. z. B. die lapidare Feststellung in einer Notiz aus dem Sommer 1883: „Unsinn aller Metaphysik als einer Ableitung des Bedingten aus dem Unbedingten" (10, 342).

[5] So stellt Nietzsche beispielsweise im Abschnitt „Von den ersten und letzten Dingen" (in *Menschliches, Allzumenschliches I*) zum „Ding an sich" fest, es sei „eines homerischen Gelächters werth" (2, 38). Zu Nietzsches Rede von der „Hinterwelt" vgl. vor allem Zarathustras Rede *Von den Hinterweltlern* (4, 35-38). – Die Nietzsche-Forschung ist freilich nicht immer diesem Verdikt der Metaphysik gefolgt. Prominentester Vertreter einer gegenläufigen Auffassung ist zweifellos Martin Heidegger, der Nietzsches Philosophie als „Vollendung der abendländischen Metaphysik" liest (Heidegger, *Nietzsche*, Pfullingen 1961, Bd. 2, S. 7).

wahrnehmen können, also hinter dem 'Physischen' etwas anderes zu ver-
bergen scheint, was dem widerspricht, was wir in der Wirklichkeit zu
sehen vermeinen; und *Nein*, weil dieses Metaphysische nichts anderes ist
als die sich uns darstellende Wirklichkeit[6]. Nicht zwei Welten sind es, die
Nietzsche hier unterscheidet, sondern allein eine Welt, in der Physik und
Metaphysik zusammenfallen, in der Schein und Sein eins ist[7]; die eine
Welt ist das Ein und Alles, von der wir freilich nur die Ahnung eines
Scheins, nämlich das Bild, das wir uns von ihr machen, haben können.
Das umfassend Eine ist für den Menschen selbst unfaßbar, entzieht sich
jeder Vorstellung, indem es allen Gesetzen der vom Menschen produzier-
ten Logik und Grammatik widerspricht. Es ist das Eine wie auch das andere zugleich, es ist das Widersprüchliche und Chaotische schlechthin, das
über jede Vorstellungskraft des Menschen hinausreicht: „Der Gesammt-
Charakter der Welt ist [...] in alle Ewigkeit Chaos, nicht im Sinne der
fehlenden Nothwendigkeit, sondern der fehlenden Ordnung, Gliederung,
Form, Schönheit, und wie alle unsere ästhetischen Menschlichkeiten hei-
ssen" (3, 468)[8]. Und ich merke an dieser Stelle nur an, dass hier bei Nietzsche eine Bestrebung zu einem Höhe- (und End)punkt kommt, die wir in
der deutschen Geistesgeschichte bereits seit dem Ende des 18. Jahrhunderts verfolgen können und in Hölderlin und den Romantikern ihre frühen Fürsprecher gefunden hat: Sie wendet sich gegen jede Auftrennung
der Welt in ein Jenseits und in ein Diesseits, sucht das Diesseits als das
Eigentliche, als das allein bestimmende Prinzip aufzufassen und die Trans-
zendenz in die Immanenz zurückzubiegen[9].

Die Vorstellung nur einer Welt gewinnt für Nietzsche zunehmend an
Bedeutung. Und mit dieser Bedeutung treten dualistische Weltauffassun-
gen, wie sie seit Platon die abendländische Philosophie bestimmen, in den

---

[6] Diese hier nur sehr knapp umrissene These habe ich in der in Anm. 1 angeführten
erweiterten Fassung meines Vortrages im einzelnen entwickelt.

[7] „Jede Erscheinung ist nun das Ureine selbst", heißt es bezeichnender Weise in einer
Aufzeichnung aus den frühen siebziger Jahren (7, 200).

[8] In diesem Sinne führt Nietzsche in den Aufzeichnungen der Jahre 1887/88 über die
Geburt der Tragödie aus, ihr liege das „Maßlose, Wüste, Asiatische" zu „Grunde" (13, 225).

[9] Und Nietzsche ist sich dabei durchaus bewußt, dass ihm bei einer solchen Operation
jede ontologische Fundierung des „Wahren" verloren gehen muß. Er notiert sich Anfang
1871 folgende Überlegung: „Meine Philosophie u m g e d r e h t e r P l a t o n i s -
m u s : je weiter ab vom wahrhaft Seienden, um so reiner schöner besser ist es. Das Leben
im Schein als Ziel" (7, 199).

Hintergrund. Statt dessen lenkt Nietzsche mehr und mehr seine Aufmerksamkeit auf vorplatonische *monistische* Konzeptionen eines Weltent-
wurfs. Mit der These *Alles ist Eins* – so lesen wir in der Abhandlung *Die
Philosophie im tragischen Zeitalter der Griechen* (1873) – wird der Vorsokratiker Thales zum „ersten griechischen Philosophen" (1, 813), und voller Hochachtung spricht Nietzsche im gleichen Zusammenhang von der
„mystischen" Einheitsvorstellung des Kolophoniers Xenophanes[10]. Ihm
wird die Formel des *Hen kai pan* (Ein und alles) zugeschrieben[11]. Damit
sind wir in unmittelbarer Nähe jenes Vorsokratikers, dem Nietzsche die
größte Hochachtung zollt, des „grossen Heraklit von Ephesus", wie es
schon in der *Geburt der Tragödie* heißt (1, 128). Von ihm sagt unser Philosoph in *Ecce homo*, in seiner Nähe werde es ihm „wärmer, [...] wohler zu
Muthe [...] als irgendwo sonst". Und er fährt fort (6, 612 f.):

> Die Bejahung des Vergehens und Vernichtens, das Entscheidende in
> einer dionysischen Philosophie, das Jasagen zu Gegensatz und Krieg,
> das Werden, mit radikaler Ablehnung auch selbst des Begriffs „Sein"
> – darin muss ich unter allen Umständen das mir Verwandteste aner-
> kennen, was bisher gedacht worden ist.

Die Auffassung, dass „alles eins ist", findet Nietzsche auch in den überlieferten Fragmenten dieses Vorsokratikers wieder[12]; und dieses „Eine" wird
von ihm als eine Einheit von Gegensätzen gedacht. In der bereits angeführten Vorlesungsreihe über *Die Philosophie im tragischen Zeitalter der
Griechen* gibt er eine höchst aufschlußreiche Charakteristik des Geistes-
verwandten aus der Antike. Heraklit, so lesen wir dort, „leugnete die
Zweiheit ganz diverser Welten [...]; er schied nicht mehr eine physische
Welt von einer metaphysischen, ein Reich der bestimmten Qualitäten von
einem Reich der undefinirbaren Unbestimmtheit von einander ab" (1,
822). Sein Satz „Alles hat jederzeit das Entgegengesetzte an sich" habe ihm
die Anklage des Aristoteles eingebracht, „gegen den Satz vom Widerspruch gesündigt zu haben" (1, 823). Und es sind besonders diese Vorstel-

---

[10] Vgl. 1, 840 f. – Nietzsche charakterisiert an dieser Stelle Xenophanes als „religiösen
Mystiker" und stellt dessen Auffassung vom All-Einen die logisch entwickelte Einheitsvorstellung seines Landsmannes Parmenides gegenüber.
[11] Vgl. *Doxographi Graeci*, hrsg. von H. Diels, Berlin 1879, S. 480.
[12] Heraklit, Frgm. Nr. 22 B 50, in: H. Diels - W. Kranz (Hrsg.), *Die Fragmente der Vorsokratiker*, 8. Aufl., Berlin 1956.

lungen vom stets eingeschlossenen Gegensatz, die Nietzsche an den überlieferten Fragmenten dieses Griechen so faszinieren: „Fortwährend ent-
zweit sich eine Qualität mit sich selbst und scheidet sich in ihre Gegensätze: fortwährend streben diese Gegensätze wieder zu einander hin", hebt er
als Quintessenz der Lehre des Vorsokratikers hervor, „und überhaupt: das
Eine ist das Viele" (1, 825 und 827). Hölderlin, der nicht zufällig mit
Nietzsche die Vorliebe für die Vorsokratiker, insbesondere für Heraklit
teilt, greift in seinem *Hyperion*-Roman den grundlegenden Gedanken vom
stets mit eingeschlossenen Gegensatz auf, um mit seiner Hilfe das Schöne
in der Kunst zu bestimmen: "Das große Wort, das ἓν διάφορον ἑαυτῷ
(das Eine in sich selber unterschiedne) des Heraklit, das konnte nur ein
Grieche finden, denn es ist das Wesen der Schönheit"[13]. Nietzsche war mit
dieser Heraklitschen Vorstellung, dass das Eine allein als ein in sich selber
Unterschiedenes, Geschiedenes, zu denken ist und damit schon immer
seinen eigenen Gegensatz mit umfaßt, bestens vertraut: Das Eine – als
Paradoxon gefaßt, dass es nämlich immer mit seinem Nicht-Identischen
identisch ist – präsentiert sich uns immer in den Formen seiner eigenen
Negation, als eine Vielfalt von individuell begrenzten Erscheinungen.
Allerhöchstens in der Annahme eines fortwährenden Werdens, eines steten Stroms können wir uns an dieses Eine herantasten: das All – als ein
'Eines' gedacht – ist allein im Bild des Flusses, in einem Prozeß der steten
Veränderung denkbar: Diese Grundthese Nietzsches rückt seit seiner Arbeit an der *Geburt der Tragödie* immer mehr in das Zentrum seines Denkens. „Was uns ebenso von Kant, wie von Plato und Leibniz trennt: wir
glauben an das Werden [...]. Die Denkweise Heraklit's und Empedokles'
ist wieder erstanden" (11, 442). Und so wird denn für Nietzsche die Formel des *panta rhei*, die ebenfalls dem Heraklit zugeschrieben wird, grundlegend, löst in der Zeit nach der Fertigstellung der *Geburt der Tragödie*
jede Vorstellung eines feststehenden 'Seins' ab. Der achte Abschnitt in
Zarathustras Rede *Von alten und neuen Tafeln* hält diese Einsicht in aller
Deutlichkeit fest (4, 252):

---

[13] Friedrich Hölderlin, *Sämtliche Werke und Briefe*, hrsg. von Michael Knaupp, München 1992, Bd. 1, S. 685. – Hölderlin hat dieses Wort Heraklits mit einer leichten Veränderung des Wortlauts offensichtlich dem *Gastmahl* Platons (187 A) entnommen. Vgl. dazu
Gunter Martens, *'Das Eine in sich selber unterschiedne'. Das 'Wesen der Schönheit' als Struk-
turgesetz in Hölderlins 'Hyperion'*. In: Uwe Beyer: Neue Wege zu Hölderlin, Würzburg
1994, S. 185-198.

Wenn das Wasser Balken hat, wenn Stege und Geländer über den
Fluss springen: wahrlich, da findet Keiner Glauben, der da spricht:
„Alles ist im Fluss."
[...]
   „Im Grunde steht Alles stille" –, das ist eine rechte Winter-
Lehre, ein gut Ding für unfruchtbare Zeit, ein guter Trost für Win-
terschläfer und Ofenhocker.
   „Im Grund steht Alles still" –: d a g e g e n aber predigt der
Thauwind!
   Der Thauwind, ein Stier, der kein pflügender Stier ist, – ein
wüthender Stier, ein Zerstörer, der mit zornigen Hörnern Eis
bricht! Eis aber – – b r i c h t S t e g e !
   Oh meine Brüder, ist j e t z t nicht Alles i m F l u s s e ?
Sind nicht alle Geländer und Stege in's Wasser gefallen? Wer
h i e l t e sich noch an „Gut" und „Böse"?.

In dieser Weltdeutung Zarathustras gibt es also keinen Halt, der Mensch
findet im „Flusse" keine Orientierung mehr, keinen Boden unter den
Füßen: das sei gerade für den Menschen das Entsetzliche, Furchtbare, ja
Bösartige des allem zu Grunde liegenden Seins, wie Nietzsche an anderer
Stelle kommentiert[14]. Für ihn ist das die konsequenteste, abgründigste
Form des Pessimismus: diese Vorstellung erlaubt keine Sinngebung, kei-
nen Erklärungsansatz der Welt mehr: In der Furchtbarkeit dieses Gedan-
kens sieht er jedoch zugleich den allein erlaubten Ansatzpunkt einer
Kunstphilosophie.
   In den letzten Monaten vor seinem Zusammenbruch liest er erneut
die *Geburt der Tragödie*. Und er hält in einer Aufzeichnung aus dem Frühjahr 1888 noch einmal den Grundgedanken seines Frühwerks fest (13, 193):

Die Conception der Welt, auf welche man in dem Hintergrunde dieses Buches stößt, ist absonderlich düster und unangenehm: unter den
bisher bekannt gewordenen Typen des Pessimismus scheint keiner
diesen Grad von Bösartigkeit erreicht zu haben. Hier fehlt der Ge-

---

[14] Vgl. das weiter unten wiedergegebene Zitat aus dem Nachlaß der achtziger Jahre (13,
193). In der *Geburt der Tragödie* beruft sich Nietzsche in der Vorstellung des „ G r a u -
s e n s [...], welches den Menschen ergreift, wenn er plötzlich an den Erkenntnisformen
der Erscheinung irre wird, indem der Satz vom Grunde, in irgend einer seiner Gestaltungen, eine Ausnahme zu erleiden scheint", auf seinen Lehrer Schopenhauer (1, 28).

gensatz einer wahren und einer scheinbaren Welt: es gibt nur Eine
Welt, und diese ist falsch, grausam, widersprüchlich, verführerisch,
ohne Sinn ... Eine so beschaffene Welt ist die wahre Welt ... W i r
h a b e n   L ü g e   n ö t h i g , um über diese Realität, diese
„Wahrheit" zum Sieg zu kommen das heißt, um zu l e b e n ...
Daß die Lüge nöthig ist, um zu leben, das gehört selbst noch mit zu
diesem furchtbaren und fragwürdigen Charakter des Daseins ... [15]

Der Furchtbarkeit der „Daseins" – und wir erfahren in diesem Text noch
einmal, dass der Dualismus von *Sein* und *Schein* in der „Welt" aufgehoben
erscheint – kann sich der Mensch allein durch die Lüge entziehen: indem
er nämlich über das Unfaßbare des Seins ein Netz eines scheinbaren Er-
klärungssystems wirft, in dem der Mensch von sich aus einen Zusammenhang konstruiert, der ihm sinnvoll erscheint, indem er sich ein Bild
von der Welt entwirft, das er verstehen kann und in dem er sich geborgen
fühlt. Das ist zunächst einmal die Funktion der Wissenschaft oder auch
der Religion, in letzter Hinsicht muß für Nietzsche alles das als Ausdruck
der künstlerischen Phantasie im Menschen, seiner eigenen Kunsttätigkeit
gesehen werden. Dieser Gedanke führt uns an den Anfang seiner kunsttheoretischen Überlegungen, zur *Geburt der Tragödie* zurück. In dieser
frühen Schrift bedient sich Nietzsche eines Mythos, einer „Volksweis-
heit", wie er sagt, um der Furchtbarkeit der Welt Ausdruck zu geben, und
zwar ist es der weise Silen, bezeichnenderweise also der Begleiter des Dionysos, der einen Einblick in den „grausamen" Grund dieser Welt gewährt
(1, 193):

> Es geht die alte Sage, dass König Midas lange Zeit nach dem weisen
> S i l e n , dem Begleiter des Dionysus, im Walde gejagt habe, ohne
> ihn zu fangen. Als er ihm endlich in die Hände gefallen ist, fragt der
> König, was für den Menschen das Allerbeste und Allervorzüglichste
> sei. Starr und unbeweglich schweigt der Dämon; bis er, durch den

---

[15] Es ist schwer zu entscheiden, ob Nietzsche mit den zahlreichen Aufzeichnungen, die
er im Zusammenhang der erneuten Beschäftigung mit der *Geburt der Tragödie* in seine
Notizhefte W II, 3 und W II, 5 einträgt und von denen er im Frühsommer 1888 eine fragmentarische Reinschrift (13, 520 ff.) anfertigt, eine eigene „Abhandlung" zur Frage der
Kunst plante (so Montinari in KSA 14, 767) oder ob es sich um eine nochmalige Neufassung der Einleitung für sein Frühwerk handelte. (Bereits Anfang 1886 hatte er den *Versuch
einer Selbstkritik* verfaßt, den er dann im August 1886 als Vorrede für eine Neuauflage der
Geburt der Tragödie seinem Verleger Fritsch nach Leipzig schickte).

König gezwungen, endlich unter gellem Lachen in diese Worte ausbricht: „Elendes Eintagsgeschlecht, des Zufalls Kinder und der Müh-
sal, was zwingst du mich dir zu sagen, was nicht zu hören für dich
das Erspriesslichste ist? Das Allerbeste ist für dich gänzlich uner-
reichbar: nicht geboren zu sein, nicht zu s e i n , n i c h t s zu sein.
Das Zweitbeste aber ist für dich – bald zu sterben".

Es ist nach allem vorher Ausgeführten ja nur folgerichtig, wenn hier als
das beste bezeichnet wird: „nicht zu s e i n , n i c h t s zu sein": Die Existenz des Menschen – begriffen als ein Sein – muß im grundsätzlichen
Widerspruch stehen zur fundamentalen Vorstellung des Werdens, der
Bewegung; nur das Nicht-Sein, das Nicht-etwas-sein garantiert das Aufgehen in den eigentlichen 'Grund' der Welt[16]. Es ist nun höchst bezeichnend, dass sich aus der 'Furchtbarkeit' dieses Gedankens ihre eigene Überwindung entwickelt: Der Wunsch nach dem Tod, der also nur konsequent wäre, bringt aus sich heraus das andere, den Willen zum Leben hervor. Nietzsche hat diese Wendung zum „dionysischen Pessimismus", das
heißt jedoch die Aufhebung des Leidens durch die Form einer letztlichen
Bejahung dieses abgründigen Gedankens, als seine eigentliche Einsicht,
sein „proprium und ipsissimum" (3, 622) bezeichnet, mit dem er sich dem
„romantischen" Pessimismus seines Lehrers Schopenhauer entgegenstellt.
Und diese Überwindung wird möglich durch die Kunst, insbesondere
durch die Dichtung: es ist ihre innerste Funktion, der Grausamkeit des
Daseins mit der Errichtung des Scheins, einer traumhaften Scheinwelt zu
entgehen: Der griechische Göttermythos, dieses für Nietzsche erste Zeugnis der Kunsttätigkeit des Menschen, sich manifestierend etwa in den
Epen des Homer, entspringt der Gegenbewegung des Willens zum Leben
(1, 35 f.):

---

[16] Höchst bemerkenswert erscheint mir, dass dieser Ausspruch des Silen „nicht zu
s e i n , n i c h t s zu sein" erst in der Druckfassung im Text erscheint. Noch in der
unmittelbar vorhergehenden Bearbeitungsstufe *Die Geburt des tragischen Gedankens* lesen
wir: „Das Allervorzüglichste wäre also für euch sammt und sonders, Männer wie Weiber,
gar nicht geboren zu werden. Das Nächstbeste jedoch – nachdem ihr geboren worden,
möglichst bald zu sterben" (1, 588). Hinter dieser signifikanten Veränderung wird erkennbar, dass Nietzsche zum Schluß seiner Arbeit an der *Geburt der Tragödie* die anfängliche
Konzeption eines allem zu Grunde liegenden *Seins* aufgibt zugunsten eines Nicht-Seins, das
er als eine Bewegung der steten Veränderung, d. h. des *Werdens* zu fassen sucht.

Jetzt öffnet sich uns gleichsam der olympische Zauberberg und zeigt
uns seine Wurzeln. Der Grieche kannte und empfand die Schrecken
und Entsetzlichkeiten des Daseins: um überhaupt leben zu können,
musste er vor sie hin die glänzende Traumgeburt der Olympischen
stellen. Jenes ungeheure Misstrauen gegen die titanischen Mächte der
Natur, jene über allen Erkenntnissen erbarmungslos thronende
Moira, jener Geier des grossen Menschenfreundes Prometheus, jenes
Schreckensloos des weisen Oedipus, jener Geschlechtsfluch der
Atriden, der Orest zum Muttermorde zwingt, kurz jene ganze Philosophie des Waldgottes, sammt ihren mythischen Exempeln, an der
die schwermüthigen Etrurier zu Grunde gegangen sind – wurde von
den Griechen durch jene künstlerische M i t t e l w e l t der
Olympier fortwährend von Neuem überwunden, jedenfalls verhüllt
und dem Anblick entzogen. Um leben zu können, mussten die
Griechen diese Götter, aus tiefster Nöthigung, schaffen [...].

In diesem Sinne spricht Nietzsche später von der Kunst als dem "großen
Stimulans des Lebens" (13, 521): Und diesen Genitiv „des Lebens" müssen
wir – spezifisch für Nietzsches zweideutige, vielschichtig-widersprüchliche
Schreibweise – im doppelten Sinne des „genitivus objectivus" und des
„genitivus subjectivus" verstehen[17]: Es ist einerseits das Stimulans zum
Leben, Anreiz, Appell zum Weiterleben – trotz der tödlichen Einsicht; es
ist zugleich aber auch eine Kraft, die von dem *Urgrund*, den ja Nietzsche
selbst immer wieder als „Leben", später als „Wille zur Macht" bezeichnet,
ausgeht. Noch in dieser drängenden Kraft liegt ein Stück der Widersprüchlichkeit des „Einen" begründet, muß es doch, um sich selbst als das
Hen diapheron heauto getreu zu bleiben, zugleich das andere sein.

Die Mittlerfunktion, die nun Nietzsche dem Göttermythos und damit der Dichtung überhaupt, zuweist, kann die Welt der Kunst freilich
nur dann erfüllen, wenn in ihr der Scheincharakter als solcher immer
wieder durchbrochen wird, wenn der Schein seinen eigentlichen Grund
nicht völlig verdeckt, sondern hinter dem „olympischen Zauberberg" das
ihn hervorbringende Prinzip – jenen „erschreckenden Untergrund", den
er in einem Vorentwurf als „furchtbaren, eistreibenden Strom des Daseins" (7, 341) beschreibt oder den er „Leben" nennt oder eben auch „Wil-

---

[17] Die doppelte Bedeutung des Genitivs bringt Nietzsche im vorausgehenden Entwurf
zur zitierten Reinschrift (siehe oben Anm. 15) selbst unmittelbar zum Ausdruck, wenn er
dort festhält: „[...] die K u n s t als das große Stimulans des Lebens, zum Leben." (13,
230) Vgl. auch die ähnliche Formulierung in *Götzendämmerung*, 6, 127.

le" – selbst zum Vorschein kommt. Gerade in diesem *Durchschimmern* unterscheidet sich für Nietzsche Kunst von anderen Formen der Schein-konstruktion, die zwar auch ursprünglich auf das künstlerische Vermögen des Menschen zurückgehen, die jedoch im Laufe der Entwicklung den Scheincharakter vergessen haben, ihn sogar verleugnen: so die Religion, so vor allem die Wissenschaft.

Kunst zeichnet sich demgegenüber dadurch aus, dass sie den Schein selbst zum Vorschein bringt: sie ist zugleich Schein und Nicht-Schein, hat gerade durch diesen Widerspruchcharakter teil an dem grundlegenden, sie hervorbringenden Prinzip, ist selbst, wie wir nun sagen können, ein 'Ei-nes', das seinen Gegensatz in sich einschließt, damit immer schon sich selbst als „Ur-Eines" aufhebt.

Nietzsche wird in seinem Gesamtwerk nicht müde, das Gegensätzli-che in der Kunst, dieses Gespanntsein zwischen Widersprüchen zu beto-nen. Das ist letztlich auch der Sinn des Entwurfs einer Kunsttheorie, wie sie uns in der *Geburt der Tragödie* begegnet: Nietzsche erklärt Kunst hier aus der „Duplizität" des apollinischen und des dionysischen Kunsttriebes. Nur wenn Dichtung an beidem Teil hat, wenn sie sich durch ihre Form als Einmaliges, in sich geschlossenes Individuelles zeigt und zugleich, gera-de in der Betonung der Grenzen, diese Begrenztheit wieder aufbricht, wenn sie schöne Traumwelt, d.h. Halt bietender Schein, und zugleich rauschhaftes, entgrenzendes Durchbrechen dieses Scheins ist, erreicht sie ihre höchste eigentlich gelungene Gestalt, wird sie Zeugnis und Produkt einer Kraft, die der Mensch in keiner anderen Weise als in der dekon-struktiven Verfaßtheit des Kunstwerks mehr zu fassen vermag. Das ist letztlich auch der Sinn des vielzitierten Ausspruchs aus der *Geburt der Tragödie*, dass die Kunst die „höchste Aufgabe und [die] eigentlich meta-physische Thätigkeit dieses Lebens" sei (1, 24).

> Denn dies muss uns vor allem, zu unserer Erniedrigung u n d Er-höhung, deutlich sein, dass die ganze Kunstkomödie durchaus nicht für uns, etwa unserer Besserung und Bildung wegen, aufgeführt wird, ja dass wir ebensowenig die eigentlichen Schöpfer jener Kunstwelt sind: wohl aber dürfen wir von uns selbst annehmen, dass wir für den wahren Schöpfer derselben schon Bilder und künstlerische Pro-jectionen sind und in der Bedeutung von Kunstwerken unsre höch-ste Würde haben – denn nur als a e s t h e t i s c h e s P h ä n o -m e n ist das Dasein und die Welt ewig g e r e c h t f e r t i g t : –

während freilich unser Bewusstsein über diese unsre Bedeutung kaum ein andres ist als es die auf Leinwand gemalten Krieger von der auf ihr dargestellten Schlacht haben (1, 47).

Es stellt sich nun Nietzsche freilich die Frage, wie denn das, was in der Antike etwa in der Ausformung der attischen Tragödie begegnet, in der heutigen Welt noch möglich ist. Wie kann in einer Zeit, die nicht mehr von den Annäherungs- und Absetzungsbewegungen des Dionysischen und des Apollinischen bestimmt ist, sondern in der seit dem Auftreten des Sokrates sich eine dritte, schlechthin kunstfeindliche Kraft, der *theoretische Mensch*, durchgesetzt hat, die Entstehung eines dichterischen Kunstwerks noch denkbar sein?

Die Lösung, die Nietzsche noch in der *Geburt der Tragödie* vorschwebte, ein erneutes Zusammengehen von dionysischen und apollinischen Kunsttrieben, wie es ihm im Gesamtkunstwerk Richard Wagners zunächst verwirklicht erschien, wurde ihm sehr bald obsolet. Schon wenige Monate nach der Publikation seines Frühwerks gab er diese Vorstellung auf und suchte – im Rahmen eines damals geplanten Grundwerks der Philosophie – die Frage in einer sehr viel grundsätzlicheren Weise zu beantworten. Aus diesem Arbeitszusammenhang, der dann sehr bald anderen Plänen weichen mußte, ist ein kleinerer Aufsatz überliefert, der nun für das uns beschäftigende Problem einer Poetik der Moderne von fundamentaler Bedeutung ist: Ich spreche von der Abhandlung *Ueber Wahrheit und Lüge im aussermoralischen Sinn*, die, im Sommer 1872 entworfen und ein Jahr später seinem Freund Gersdorff diktiert, erst relativ spät aus dem Nachlaß bekannt wurde, heute jedoch als eine der wichtigsten Schriften Friedrich Nietzsches, ja, von der Postmoderne als die entscheidende Programm-Schrift des jungen Nietzsche angesehen wird[18]. Da wir nun gerade in diesen Ausführungen die Leitlinien seiner funktionalen Abweichungspoetik am reinsten fassen können, möchte ich auf diesen nicht sehr umfangreichen Aufsatz etwas genauer eingehen.

Es ist ein doppeltes Problem, das Nietzsche in dieser Abhandlung beschäftigt, das ihm erlaubt, die in der *Geburt der Tragödie* angeschnittene Bedeutung der Kunst sehr viel grundsätzlicher als im früheren Werk zu fassen; zum einen geht es nämlich um die Frage: „Welches ist der Werth

---

[18] Vgl. z. B. Paul de Man, *Rhetorik der Tropen*, in: de Man, Allegorien des Lesens, Frankfurt/Main 1988, S. 146 – 163.

der Erkenntniss überhaupt" (7, 417) und wie stellt sich in diesem Zusammenhang das Problem der Wahrheit dar? Zum zweiten sucht er jedoch den Sinn der Kunsttätigkeit des Menschen gerade in ihrem Verhältnis zum rationalen Begriffsvermögen und zum „Trieb der Wahrheit" näher zu fassen.

Nietzsche beginnt zunächst mit der Feststellung, dass es eine Selbstüberschätzung des Menschen, eine maßlose Hybris, sei, zu glauben, er könne mit seinem Intellekt die Welt erkennen: die Erfindung des Erkennens sei die „hochmüthigste und verlogenste Minute der 'Weltgeschichte'" gewesen. „Denn", so fährt er fort, „es giebt für jenen Intellekt keine weitere Mission, die über das Menschenleben hinausführte". Schon hier argumentiert Nietzsche, dass der Intellekt allein Mittel, Werkzeug sei, und zwar mit der Funktion, das „unglücklichste delikateste vergänglichste Wesen [...] eine Minute im Dasein festzuhalten" (1, 876), d. h. die vitale Existenz des Menschen zu sichern. Dieser Gedanke wird in den späteren Werken Nietzsches sehr viel schärfer akzentuiert. In *Menschliches, Allzumenschliches* lesen wir, dass es außerhalb der menschlichen Existenz gar keine Instanz gebe, die für den Intellekt erreichbar wäre, und wenn es sie gäbe, sie die belangloseste Erkenntnis sei – so „gleichgültig" wie für den „Schiffer in Sturmesgefahr die Erkenntniss von der chemischen Analysis des Wassers" (2, 30). Daraus ergibt sich als Konsequenz, dass der Mensch allein auf seine diesseitige Existenz zurückgeworfen sei, dass er im Hic et Nunc, unter Menschen und im Gegenüber der Natur sein Leben fristen müsse, das Leben also die einzige, unüberwindliche Wertungsinstanz sei.

Diese vitalistische Ausrichtung der Argumentation, im Spätwerk sehr viel ausgeprägter als in den frühen Schriften, ist nun auch in unserem Aufsatz aus dem Jahre 1873 so weit bestimmend, dass sie ihrem Autor erlaubt, die Annahme einer absoluten Wahrheitsrelation abzulehnen. Weil es keine außerirdische, metaphysische Instanz gibt, ist keine absolut wahre Aussage möglich, zumindest nicht mit Gewißheit behauptbar. Ja, Nietzsche geht noch einen Schritt weiter, indem er behauptet, es sei nichts absurder als zu glauben, unter Menschen gäbe es einen ehrlichen und reinen Trieb zur Wahrheit, wo doch im Menschen die Verstellungskunst auf ihren Gipfel komme (1, 877).

> [...] hier ist die Täuschung, das Schmeicheln, Lügen und Trügen, das Hinter-dem-Rücken-Reden, das Repräsentiren, das im erborgten Glanze Leben, das Maskirtsein, die verhüllende Convention, das

Bühnenspiel vor Anderen und vor sich selbst, kurz das fortwährende
Herumflattern um die eine Flamme Eitelkeit so sehr die Regel und
das Gesetz, dass fast nichts unbegreiflicher ist, als wie unter den
Menschen ein ehrlicher und reiner Trieb zur Wahrheit aufkommen
konnte. Sie sind tief eingetaucht in Illusionen und Traumbilder, ihr
Auge gleitet nur auf der Oberfläche der Dinge herum und sieht
„Formen“, ihre Empfindung führt nirgends in die Wahrheit, son-
dern begnügt sich Reize zu empfangen und gleichsam ein tastendes
Spiel auf dem Rücken der Dinge zu spielen.

Wieso gibt es aber dennoch diesen unübersehbaren Drang zur Wahrheit,
was ist dann in diesem Zusammenhang noch Wahrheit? Genau hier setzt
nun Nietzsche auf der Ebene des Intellekts mit seinem instrumen-
tal-funktionalen Erklärungsansatz ein (1, 877 f.):

[...] weil aber der Mensch zugleich aus Noth und Langeweile gesellschaftlich und heerdenweise existiren will, braucht er einen Friedensschluss und trachtet darnach dass wenigstens das allergröbste
bellum omnium contra omnes aus seiner Welt verschwinde. Dieser
Friedensschluss bringt aber etwas mit sich, was wie der erste Schritt
zur Erlangung jenes räthselhaften Wahrheitstriebes aussieht. Jetzt
wird nämlich das fixirt, was von nun an „Wahrheit“ sein soll d. h. ,
es wird eine gleichmässig gültige und verbindliche Bezeichnung der
Dinge erfunden, und die Gesetzgebung der Sprache giebt auch die
ersten Gesetze der Wahrheit: denn es entsteht hier zum ersten Male
der Contrast von Wahrheit und Lüge: der Lügner gebraucht die gültigen Bezeichnungen, die Worte, um das Unwirkliche als wirklich
erscheinen zu machen; [...] Er missbraucht die festen Conventionen
durch beliebige Vertauschungen oder gar Umkehrungen der Namen.

Es wird deutlich: An die Stelle einer absoluten Wahrheit tritt die verab-
redete Setzung von Wahrheit; die *Korrespondenztheorie* der Wahrheit wird
abgelöst von einer *Konsenstheorie* der Wahrheit[19], und zwar um zusammenleben zu können, vereinbaren die Menschen untereinander Wahrheiten, an die sie sich – um überhaupt sich verständigen zu können – zu
halten haben. Wichtig ist in unserem Zusammenhang nun die Bindung

---

[19] Diese beiden Begriffe verwendet Jürgen Habermas im Nachwort seiner Auswahl der
Erkenntnistheoretischen Schriften Nietzsches (Frankfurt/Main 1968). – Nietzsche selbst
spricht in seinen Aufzeichnungen von der „Conventions-Wahrheit“ (7, 492).

des Wahrheitsproblems an die Sprache. Wie wir bereits dem zitierten Abschnitt des Aufsatzes entnehmen konnten, sind es nach Nietzsche die
Gesetze der Sprache, die auch die ersten Gesetze der Wahrheit definieren:
Die Regeln der Sprache seien sogar weithin identisch mit den Regeln,
nach denen die Wahrheit bemessen wird. So ist es dann nur konsequent,
wenn Nietzsche sich fragt, ob denn vielleicht über diesen Umweg ein
Ansatz zur absoluten Wahrheit zur Geltung komme (1, 878): „Sind [die
Conventionen selbst] vielleicht Erzeugnisse der Erkenntniss des Wahr-
heitssinnes: decken sich die Bezeichnungen und die Dinge? Ist die Sprache
der adäquate Ausdruck aller Realitäten?" Eine solche irrige Annahme
kann nach Nietzsche nur demjenigen unterlaufen, der sich keine Überlegungen über den Ursprung der Sprache gemacht hat(1, 879):

> Die verschiedenen Sprachen, neben einandergestellt zeigen, dass es
> bei den Worten nie auf die Wahrheit, nie auf einen adäquaten Aus-
> druck ankommt: denn sonst gäbe es nicht so viele Sprachen. Das
> „Ding an sich" (das würde eben die reine folgenlose Wahrheit sein)
> ist auch dem Sprachbildner ganz unfasslich und ganz und gar nicht
> erstrebenswerth. Er bezeichnet nur die Relationen der Dinge zu den
> Menschen und nimmt zu deren Ausdrucke die kühnsten Metaphern
> zu Hilfe. Ein Nervenreiz zuerst übertragen in ein Bild! erste Meta-
> pher. Das Bild wieder nachgeformt in einem Laut! Zweite Metapher.
> Und jedesmal vollständiges Uebersprigen der Sphäre, mitten hinein
> in eine ganz andere und neue.

Aus dieser Überlegung folgert Nietzsche sodann (1, 879):

> Logisch geht es also jedenfalls nicht bei der Entstehung der Sprache
> zu, und das ganze Material worin und womit später der Mensch der
> Wahrheit, der Forscher, der Philosoph arbeitet und baut, stammt,
> wenn nicht aus Wolkenkukuksheim, so doch jedenfalls nicht aus
> dem Wesen der Dinge.

Nietzsche beschreibt also die Entstehung der Sprache als einen Akt der
doppelten Metaphorisierung, in dem jede Entsprechung der so entstandenen Bezeichnungen, der Wörter, mit der Welt der Dinge abhanden gekommen sei; die Übertragung der vorgefundenen Realität in die Sprache
gehorcht keiner Äquivalenzrelation, hat somit auch nichts mit dem „Wesen der Dinge" zu tun. In dem weiteren Prozeß der Sprachbildung geht

für Nietzsche jedoch eine weitere Dimension verloren. Wertet er das Entstehen der Metaphern (als einer zeichenhaften Abbildung der Dinge)
selbst noch als ein „einmaliges [...] individualisirtes Urerlebniss“ (1, 879),
so verflüchtigt sich diese ursprüngliche erlebnishafte Bindung an das
Wirkliche, wie Nietzsche an verschiedenen Beispielen sodann ausführt, in
dem Bestreben, die Metapher durch Wiederholung, durch ihre Habituali-
sierung als Mittel der Kommunikation zu verwenden.

Der so entstehende *Begriff*, mit dem sich die Menschen untereinander
verständigen, zeichne sich, wie auch die Form, gerade durch das „Ueber-
sehen des Individuellen und Wirklichen“ aus, wohingegen „die Natur
keine Begriffe und Formen“ kenne (1, 880). Von der so beschriebenen Ab-
straktheit des Begriffes ist es nur noch ein Schritt zur Definition und Einschätzung dessen, was der Gesellschaft als wahr zu gelten hat (1, 880 f.):

> Was ist also Wahrheit? Ein bewegliches Heer von Metaphern, Meto-
> nymien, Anthropomorphismen kurz eine Summe von menschlichen
> Relationen, die, poetisch und rhetorisch gesteigert, übertragen, ge-
> schmückt wurden, und die nach langem Gebrauche einem Volke
> fest, canonisch und verbindlich dünken: die Wahrheiten sind Illusi-
> onen, von denen man vergessen hat, dass sie welche sind, Meta-
> phern, die abgenutzt und sinnlos kraftlos geworden sind, Münzen,
> die ihr Bild verloren haben und nun als Metall, nicht mehr als Mün-
> zen in Betracht kommen.

Wir können nun genauer bestimmen: Der Konsens, den die Menschen
dem Wahrheitsanspruch zugrunde legen, ist - nach Nietzsche - gewachsen aus der Gewohnheit und Notwendigkeit, bestimmte Relationen mit
immer denselben Begriffen zu bezeichnen: eine Vereinbarung der Gesellschaft, um als solche überhaupt existieren zu können, deren Vereinba-
rungscharakter allerdings im Laufe der menschlichen Entwicklung in
Vergessenheit geraten ist.

Die im Begriff festgehaltene Beziehung zwischen Subjekt und Objekt
umschreibt zugleich das, was dem Menschen als wahr zu gelten hat -
nichts absolut Gültiges, sondern lediglich etwas vom Menschen Gesetztes,
mittels Konvention Gewordenes, oder, wie Nietzsche nunmehr das Problem moralisch wendet: Wahrheit stammt „von der Verpflichtung nach
einer festen Convention zu lügen“, wobei das Bewußtsein des Lügens dem
Menschen „nach hundertjährigen Gewöhnungen“ (1, 881) abhanden ge-

kommen sei. Dennoch ist das Begriffssystem, das sich im Prozeß der Konventionalisierung von den einzelnen Metaphern ableitet, ein höchst leistungsfähiges Gebilde (1, 882):

> Man darf hier den Menschen wohl bewundern als ein gewaltiges Baugenie, dem auf beweglichen Fundamenten und gleichsam auf fliessendem Wasser das Aufthürmen eines unendlich complizirten Begriffsdomes gelingt; freilich, um auf solchen Fundamenten Halt zu finden, muss es ein Bau, wie aus Spinnefäden sein, so zart, um von der Welle fortgetragen, so fest, um nicht von dem Winde auseinander geblasen zu werden. Als Baugenie hebt sich solcher Maassen der Mensch weit über die Biene: diese baut aus Wachs, das sie aus der Natur zusammenholt, er aus dem weit zarteren Stoffe der Begriffe, die er erst aus sich fabriciren muss. Er ist hier sehr zu bewundern – aber nur nicht wegen seines Triebes zur Wahrheit, zum reinen Erkennen der Dinge.

Halten wir an dieser Stelle fest: Das Begriffssystem ist im Laufe der Sprachentwicklung stets verfeinert worden, ist „zart" und zugleich „fest", als imposantes (kirchliches!) Gebäude letztendlich doch immer starr und künstlich; demgegenüber wird die Welt, über die sich dieser „Begriffsdom" wölbt, als in Bewegung, als fließendes Wasser dargestellt. Diese Gegenüberstellung von der festen Struktur der intellektuellen begrifflichen Anschauung und dem Bewegungscharakter des grundlegenden Lebensflusses ist höchst bezeichnend für Nietzsches Weise, das Verhältnis zwischen Ratio und Leben zu fassen; denn für ihn gilt der Grundsatz: Das begriffliche Vermögen des Menschen ist nicht in der Lage, die eigentliche (diesseitige) Wirklichkeit, ihre stete Veränderung, angemessen zu fassen; es ist angewiesen auf Verallgemeinerung und Schematisierung, um den Anforderungen des gesellschaftlichen Lebens, des Kommunizierens und Handelns, zu genügen. Die Unmittelbarkeit des ersten Eindrucks, in dem sich die eigentliche Lebendigkeit, die grundlegende Kraft des Werdens dem Menschen, noch einzuprägen vermochte, und damit die Einmaligkeit und Anschaulichkeit des durch die Ratio nicht gebrochenen Bildes von der Wirklichkeit verflüchtigt sich im System der Begrifflichkeit, das benötigt wird, um die umgebende Welt durch Ordnungen und Grenzbestimmungen verfügbar zu machen. Nun richtet sich Nietzsches Vorwurf freilich nicht gegen die Begriffswelt an sich; er wiederholt es mehrfach: Die Verwendung der Begriffe ist für das Zusammenleben der Menschen unabdingbar. Zu kritisieren ist für ihn allein das Absolutsetzen dieser Begriffe mit einem uneingeschränkten Wahrheitsanspruch, das Verleugnen des eigentlich metaphysischen Ursprungs. Das „Vergessen jener primitiven Metapherwelt, [...] das Hart- und Starr-Werden einer ursprünglichen in hitziger Flüssigkeit aus dem Urvermögen menschlicher Phantasie hervorströmenden Bildermasse" (1, 883) ist zwar, wie Nietzsche durchaus zugesteht, die Vorbedingung der gesellschaftlichen Funktion der Sprache, damit geht aber die einzig mögliche Kraft, die über einen Konsensbegriff der Wahrheit hinauszugreifen vermag, die künstlerisch-schaffende Subjektivität verloren. „Zwischen zwei absolut verschiedenen Sphären wie zwischen Subjekt und Objekt", zwischen dem individuellen Leben und der über das Einzelleben hinausgreifenden *Wirklichkeit*[20], ist zwar, wie Nietzsche nun weiter ausführt, keine Vermittlung denkbar, die sich in den Kategorien der „Causalität", der „Richtigkeit" des „Ausdrucks", fassen ließe, es gibt jedoch immerhin die Möglichkeit eines „ä s t h e t i s c h e n Verhaltens, ich meine eine andeutende Uebertragung, eine nachstammelnde Uebersetzung in eine ganz fremde Sprache. Wozu es aber jedenfalls einer frei dichtenden und frei erfindenden Mittel-Sphäre und Mittelkraft bedarf"(1, 884). Der Kunst, der Dichtung, wird somit eine Mittler-Funktion unterstellt.

Mit diesen Worten führt Nietzsche nun nicht nur die Vorstellung des Ästhetischen in seine Überlegungen ein, sondern schlägt zugleich die Brücke zu seinen Ausführungen in der *Geburt der Tragödie*. Denn wie in der früheren Schrift sieht er auch in seinem Aufsatz *Ueber Wahrheit und Lüge im aussermoralischen Sinn* die Kunst als die einzige Möglichkeit, die Bewegung der eigentlichen Wirklichkeit, des „Lebens", angemessen wiederzugeben[21]: die ästhetisch schöpferische Form, wie sie sich im ursprünglichen Prozeß der „Metapherbildung" (1, 886) zeigt, ist der begrifflich rationalen Erfassung überlegen, weil sie einerseits durch ihre Einmaligkeit

---

[20] Die Trennung von Subjekt und Objekt scheint auf den ersten Blick den Dualismus einer Zweiweltentheorie wieder aufzugreifen; bei näherem Hinsehen handelt es sich jedoch lediglich um zwei *Sphären* nur *einer* Welt. Zur Abfassungszeit des Aufsatzes notiert sich Nietzsche den Satz: „Denn es giebt gar nicht diesen Gegensatz von Materie und Vorstellung" (7, 575).

[21] Das allerdings mit einem gewichtigen Unterschied: Die metaphysische Konstruktion eines „eigentlich Wirklichen", eines „wahrhaft Seienden", die – wie wir gesehen haben – bereits im Kontext der *Geburt der Tragödie* in Frage gestellt erscheint, wird in dem für das „Philosophenbuch" vorgesehenen Essay nun gänzlich zugunsten der Vorstellung einer konkreten diesseitigen Welt, die kein außer-sich-Sein mehr zuläßt, aufgegeben.

die grundlegende Bewegung nicht zur Erstarrung bringt – sie stellt nicht *fest* –, und weil zum anderen in dieser Einmaligkeit die subjektiven Lebensperspektiven des einzelnen Menschen besser aufgehoben sind. Abbilden kann zwar auch die künstlerische Tätigkeit die volle „Wahrheit" der diesseitigen Wirklichkeit nicht, sie kann sie jedoch vermitteln, indem die leitende künstlerische Intuition selbst einen Teil der allem Leben zugrunde liegenden Werdebewegung darstellt. Auch in den Ausführungen dieses einzigen fertiggestellten Kapitels aus dem geplanten „Philosophenbuch" verkörpert Kunst – vor dem Hintergrund der Wahrheitsproblematik – wiederum das wertmäßig Höhere, demgegenüber der „Erkenntnistrieb", soweit er sich der Begriffe und logisch abgeleiteter Konstruktionen bedient, hierarchisch niedriger eingestuft wird; aber auch hier ist, ähnlich wie in der *Geburt der Tragödie*, die Welt der Begriffe (und das heißt zugleich der Wissenschaft) eine notwendige: Sie bietet den Schutz, dass der Mensch nicht fortgeschwemmt wird, dass er sich selbst nicht in der keine Orientierung bietenden Bewegung des allgemeinen Fließens verliert. Und über die *Geburt der Tragödie* hinausgehend haben wir gesehen, dass dieser Bereich gerade auch die gesellschaftlichen Belange des Menschen abdeckt. In den achtziger Jahren notiert sich Nietzsche den fundamentalen Satz: „Wie weit auch unser Intellekt eine Folge von Existenzbedingungen ist – wir hätten ihn nicht, wenn wir ihn nicht nöthig hätten, und hätten ihn nicht s o , wenn wir ihn nicht so nöthig hätten, wenn wir auch anders leben könnten" – ein Wort, all jenen ins Buch geschrieben, die Nietzsche als Irrationalisten zu verdächtigen suchen. Es bleibt jedoch festzuhalten: Die Nötigung des Intellekts gehorcht nicht einem Bedürfnis Wahrheit zu erkennen, sondern zu schematisieren – zum Zweck der Verständigung, der Berechnung.

Aber gerade vor diesem Hintergrund, der in der Abhandlung *Ueber Lüge und Wahrheit im aussermoralischen Sinn* sehr viel schärfer gefaßt wird als in der *Geburt der Tragödie*, wird nun auch die Funktion der Kunst greifbarer als in den früheren Ausführungen. Der Kunst kommt nämlich die Aufgabe zu, die Gefahr der Erstarrung zu bannen, das Absolutsetzen immer wieder aufzubrechen. „[...] w i r h a b e n d i e K u n s t , damit wir nicht an der Wahrheit zu Grunde gehen", lesen wir in einer Aufzeichnung aus dem Frühjahr 1888 (13, 500). In der ästhetischen Tätigkeit hält der Mensch den Kontakt zum „Strom", zu dem, was hinter dem Rational-Faßbaren liegt, zum Transrationalen. Die grundsätzliche Möglich-

kcit dazu ist ihm dadurch gegeben, dass nach Nietzsche der ursprüngliche
Trieb des phantastischen Hervorbringens der Bilder, den er in *Ueber Lüge
und Wahrheit im aussermoralischen Sin*" als „Trieb zur Metapherbildung"
(1, 887) bezeichnet, nie völlig versiegt ist, noch unterdrückt werden kann.
Darin besteht – so ließe sich der Gedankengang weiterführen – gerade für
den Menschen die Chance, der steten Veränderung der Welt, ihrer grundsätzlichen Bewegtheit, sich anzupassen, oder weiter gefaßt: die Veränderung als utopisches Moment in die Zukunft zu projizieren. Gerade hierin
können wir in Nietzsches Kunstauffassung einen zentralen Aspekt ihrer
Modernität erblicken. – Der Argumentationshintergrund in diesem Essay
vermag nun freilich auch die Frage, wie eine Kunsttätigkeit heute ausse-
hen sollte, wie Dichtung in Anbetracht der historischen Entwicklung
erneut zur Geltung kommen könnte, anders, 'realistischer', als in der *Geburt der Tragödie* zu beantworten. Denn der Mensch kann das Rad der
Geschichte nicht mehr zurückdrehen, kann nicht mehr – gleichsam in
Urzeugung – Metaphern für die ihn umgebende Welt finden. Die fertig
ausgebildete Sprache, das System der in ihr festgelegten Begriffe, ist ihm
unumstößlich vorgegeben, er kann es nicht hintergehen, nicht wegden-
ken. So übernimmt – wie Nietzsche ausführt – in dieser Phase der Entwicklung der ursprüngliche 'Metapherntrieb' eine neue Funktion, die er
mit folgenden Worten zu beschreiben sucht (1, 887):

> Jener Trieb zur Metapherbildung, jener Fundamentaltrieb des Men-
> schen, den man keinen Augenblick wegrechnen kann, weil man da-
> mit den Menschen selbst wegrechnen würde, ist dadurch, dass aus
> seinen verflüchtigten Erzeugnissen, den Begriffen, eine reguläre und
> starre neue Welt als eine Zwingburg für ihn gebaut wird, in Wahr-
> heit nicht bezwungen und kaum gebändigt. Er sucht sich ein neues
> Bereich seines Wirkens und ein anderes Flussbette und findet es im
> Mythus und überhaupt in der Kunst. Fortwährend verwirrt er die
> Rubriken und Zellen der Begriffe dadurch, dass er neue Ueber-
> tragungen, Metaphern, Metonymien hinstellt, fortwährend zeigt er
> die Begierde, die vorhandene Welt des wachen Menschen so bunt
> unregelmässig folgenlos unzusammenhängend, reizvoll und ewig neu
> zu gestalten, wie es die Welt des Traumes ist.

Wir sehen, das neue Betätigungsfeld des „Triebs zur Metapherbildung"
bildet den Bereich der Kunst, der Dichtung aus, und zwar dadurch, dass er
das bestehende Begriffsgebäude aufbricht, mit seinem Material Alterna-

tiven aufzeigt, neue Aspekte hervorbringt, neue Lust zum Leben vermittelt. Dabei bedient sich die so definierte künstlerische Tätigkeit durchaus der vorgefundenen Begrifflichkeit, kann sogar nicht anders, als sich in ihr auszudrücken, freilich nicht um die Begriffswelt zu bestätigen, ihre „Wahrheit" zu begründen, sondern um sie zu überwinden, sie letztendlich zu zerschlagen.

Es ist das Konzept einer modernen Poetik der Dekonstruktion, wenn Nietzsche fortfährt (1, 888 f.):

> Jenes ungeheure Gebälk und Bretterwerk der Begriffe, an das sich klammernd der bedürftige Mensch sich durch das Leben rettet, ist dem freigewordenen Intellekt nur ein Gerüst und ein Spielzeug für seine verwegensten Kunststücke: und wenn er es zerschlägt, durcheinanderwirft, ironisch wieder zusammensetzt, das Fremdeste paarend und das Nächste trennend, so offenbart er, dass er jene Notbehelfe der Bedürftigkeit nicht braucht, und dass er jetzt nicht von Begriffen sondern von Intuitionen geleitet wird. Von diesen Intuitionen aus führt kein regelmässiger Weg in das Land der gespenstischen Schemata, der Abstraktionen: für sie ist das Wort nicht gemacht, der Mensch verstummt, wenn er sie sieht, oder redet in lauter verbotenen Metaphern und unerhörten Begriffsfügungen, um wenigstens durch das Zertrümmern und Verhöhnen der alten Begriffsschranken dem Eindrucke der mächtigen gegenwärtigen Intuition schöpferisch zu entsprechen.

Dieser Textausschnitt, dem auch der Titel dieses Aufsatzes entnommen wurde, zeigt nun die konventionelle Sprache, die in ihr gefaßte Begrifflichkeit als die Folie, vor der sich allein die neue Kunst, die moderne Poesie, entfalten kann. Sie drückt sich aus, indem sie dieses Normgefüge zerbricht, in der Zerstörung der Begriffe, in ihrer Um-Ordnung und in neuen Bezügen neuen, zuvor nicht faßbaren Sinn konstituiert.

Wie bei den Griechen – aber mit anderen Mitteln – wird in einer solchen intuitionsgeleiteten Dichtung *wie im Traume* alles möglich: das Aussprechen des in der Begriffswelt Unabgedeckten, jener Bedürfnisse, die von der Konvention nicht zugelassen werden. Als künstlerischer tritt hier der Intellekt aus seiner dienenden Funktion heraus, ist nicht mehr Handwerkszeug, sondern schafft frei, verwirklicht sich als ein vom Prinzip des Lebens geleiteter selbst. Er ist nicht mehr Ausdruck der Bedürftigkeit, sondern eigener Herr, der in seinem Kunstreich Welt, neue Möglichkeiten

des Seins, konstituiert; indem er die Begrenztheit des Alten, des Gewohn-
ten, aufsprengt, schafft er den Ausblick auf neue Dimensionen des Lebens,
die zuvor im Verborgenen bleiben mußten.

Das Ausklammern der begrenzenden Ratio, der Rekurs auf die Intui-
tionen, auf deren Geltung sich in dem zitierten Abschnitt Nietzsche so
sehr zu verlassen scheint, dürfte – für sich genommen – sehr schnell den
Vorwurf des Irrationalismus, des reinen Intuitionismus auf sich ziehen.
Dieser Vorwurf erweist sich freilich angesichts der letzten ausgeführten
Abschnitte des Aufsatzes[22] als voreilig und als unbegründet. Denn in einer
jähen Wendung – die nun selbst strukturell eine auffallende Nähe zu den
abweichungsästhetischen Überlegungen Nietzsches aufweist – stellt der
Autor dem intuitiv-künstlerischen Menschen den vernünftigen zur Seite.
Wie auch Sokrates in der *Geburt der Tragödie* nicht – wie es zunächst er-
scheinen mag – die allein negative Gestalt darstellt, ja in ihrer pointiert
abschätzigen Wertung gerade ins Positive umschlägt[23], so ist der vernunft-
geleitete, rational argumentierende Mensch in Nietzsches Aufsatz „Ueber
Wahrheit und Lüge im aussermoralischen Sinn" das notwendig andere des
'Einen', repräsentiert die Gegensätzlichkeit, die erst das Eine und Ganze,
das in sich selbst Unterschiedene, ausmacht. Jene „Gewaltstreiche des
Gedankens", wie Adorno die Nietzschesche Kunstauffassung beschreibt,
wollen ja nicht Rationalität schlechthin zerschlagen, sondern sind selbst
Funktion einer fundamentaleren Vernunft, die gerade nach aller Verstel-
lung und Erstarrung die Ratio in ihr ursprüngliches Recht einzusetzen
versucht. Das „Bretterwerk der Begriffe" ist auch für Nietzsche ein Notwendiges, nur es muß stets ein Veränderbares bleiben; dafür sorgt Kunst.
Dass die Veränderung der Syntax, das Durcheinanderbringen des Regel-
systems nicht schon einen Selbstwert darstellt, sondern die dem Menschen
verbleibende Möglichkeit ist, sich selbst als veränderbares Wesen zu fas-

---

[22] Die Abhandlung *Ueber Wahrheit und Lüge im aussermoralischen Sinn* ist in mehrfa-
cher Hinsicht als fragmentarisch anzusehen: Zum einen ist der weitere Kontext des „Philo-
sophenbuchs", in das der Essay eingebettet werden sollte, über das Stadium einzelner Pläne
und vorbereitender Aufzeichnungen nicht hinausgekommen; zum anderen ist aber auch
die Abhandlung selbst nicht zu Ende geführt worden. In KSA 14, 114 wird ein Bruchstück
der geplanten Fortsetzung mitgeteilt. Es zeigt ebenso wie Einzelentwürfe in den Notizbü-
chern (7, 417 ff.), dass der reichlich abrupt einsetzende letzte Teil von *Ueber Wahrheit und
Lüge im aussermoralischen Sinn* offensichtlich noch weiter ausgeführt werden sollte.
[23] Vgl. dazu vor allem den Abschnitt *Nietzsches Einstellung gegenüber Sokrates* in dem
Nietzsche-Buch von Walter Kaufmann, Darmstadt 1982, S. 455-478.

sen, erweist den funktionalen Charakter dieser dekonstruktiven Ästhetik. Hier spricht sich der Optimismus des 'dionysischen Pessimisten' Friedrich Nietzsche aus, der den Glauben nicht aufgegeben hat, dass sich gerade aus der Negativität der Kunst, aus ihrem Zug zum Zerschlagen und Negieren, ein letztlich Positives zum Vorschein kommt, das mehr als das nur vereinbart *Wahre* bedeutet. Damit wird Nietzsche zum Wortführer einer modernen, ja im Ansatz bereits postmodernen Dichtungstheorie, und es scheint mir kein Zufall zu sein, dass Adorno es war, der ungemein treffend in wenigen Worten die Bedeutung dieses Kunsttheoretikers zu fassen vermochte:

> Nietzsche hat eine antimetaphysische aber artistische Philosophie gefordert. [...] Der konsequenteste Aufklärer täuschte sich nicht darüber, daß durch schiere Konsequenz Motivation und Sinn von Aufklärung verschwinden. Anstelle der Selbstreflexion von Aufklärung verübt er Gewaltstreiche des Gedankens. Sie drücken aus, daß Wahrheit selbst, deren Idee Aufklärung auslöst, nicht ist ohne jenen Schein, den sie um der Wahrheit willen exstirpieren möchte; mit diesem Moment von Wahrheit ist Kunst solidarisch.[24]

---

[24] Theodor W. Adorno, *Ästhetische Theorie*, in: *Gesammelte Schriften*, hrsg. von Gretel Adorno und Rolf Tiedemann, Bd. 7, Frankfurt/Main, S. 418.

Der sprachlose Chor.
Vom kultischen Drama zum Gesamtkunstwerk

Robert Olwitz (Hamburg)

1

Richard Wagners Verhältnis zur Antike umfaßt einen komplexen, von Widersprüchen der Biographie und der Zeitgeschichte belasteten Themenbereich. Vor allem das griechische Poliskonzept, allen Germanen zum trotz, und die Praxis antiken Theaters spielen für Wagners ästhetische Selbstauffassung eine zentrale, wenn nicht die alles entscheidende Rolle - von Einzelheiten der Dramaturgie bis hin zum (Bayreuther) Festspielentwurf.

Doch Wagners Antikenverständnis entzieht sich zugleich dem geschichtlichen Zugriff: Zu wechselhaft erscheinen die Mythen seines politischen Programms. So heißt es zunächst noch in Wagners sozial-ästhetischer Schrift *Die Kunst und die Revolution*:

> Wir können bei einigem Nachdenken in unserer Kunst keinen Schritt tun, ohne auf den Zusammenhang derselben mit der *Kunst der Griechen* zu treffen. In Wahrheit ist unsere moderner Kunst nur ein Glied in der Kette der Kunstentwickelung des gesamten Europa, und diese nimmt ihren Ausgangspunkt von den Griechen.[1]

Antike, als Ursprungsmythos Europas, wird in den Kontext modernen Bewußtseins gestellt. Doch was uns hier losgelöst noch als 'historisch' begründeter Rückgriff erscheint, erweist sich bei näherer Betrachtung als ein mythisches Vexierspiel. Denn an anderer, späterer Stelle, in einem Brief an Hector Berlioz, stellt Wagner - und dies im deutlichen Blick auf sein persönliches Rezeptionsinteresse - gerade die Willkür solcher Verweise heraus, indem er betont, dass Antikes ihm nur dazu diene, die sinnliche Kunst-Utopie nicht ins Leere abstrakter Struktur zu entlassen:

---

[1] Richard Wagner, *Die Kunst und die Revolution*, in: ders., Gesammelte Schriften und Dichtungen (GSD) Bd. 1, Leipzig ²1888, S. 9.

> Ich frug mich nun weiter, welches die Stellung der Kunst zur Öffent-
> lichkeit sein müßte, um dieser eine unentweihbare Ehrfurcht für sich
> einzuflößen, und, um die Lösung dieser Frage nicht ganz nur in die
> Luft zu konstruieren, nahm ich mir die Stellung zum Anhalte, die
> einst die Kunst zum öffentlichen Leben der Griechen einnahm. [...]
> Dies brachte mich auf die Untersuchung des Verhaltens der einzel-
> nen Künste zueinander [...].[2]

Ursprung und Neukonstruktion des Zusammenhangs stehen in Wagners
Bild der Kulturentwicklung, so scheint es, unvermittelt und ununter-
scheidbar nebeneinander. Hier spiegelt sich zwar ein hegelscher Hang zur
Antikenverklärung - doch wird er zugleich in utopischer Optik durchbrochen: im perspektivisch gerichteten Blick einer Dramenvision, die
Wagner terminologisch als *Kunstwerk der Zukunft* umreißt. Der Ausdruck, oft in empirisch-historischer Richtung mißdeutet, umfaßt eine
fundamentale Kritik der Moderne. Denn deren Geschichtsverständnis
fixierter Ereignisse stellt Wagner das Imaginäre der (nie vorhandenen)
Zukunft entgegen - im halluzinär vor uns hinprojizierten „Spiegel"[3] der
Zeit: An ihr erst konstituiert sich der Ursprung Antike im Mythos Europa.

Entsprechend liest Wagner Geschichte, im Jenseits historisch bedingter Subjekte, als „Handlung", ein mythischer Strom, der fließt und ins
Stocken gerät - im selben Maß, wie die Menschheit ihm zuhört: „Keine
Handlung des Leben steht aber vereinzelt da: sie hat einen Zusammenhang
mit den Handlungen anderer Menschen, durch die sie, gleichwie aus dem
individuellen Gefühl der Handelnden selbst, bedingt wird".[4] Wagners Antike, als Ursprungsmythos auch Teil dieses selben *epischen* Dramas, hilft,
den mythischen *Raum* – dessen zeitliche Dimensionierung – bildhaft neu
zu erfassen.

So wirft sie zugleich, gespiegelt, den Blick in die Zukunft voraus.
„[A]uf die herrliche griechische Kunst", schreibt Wagner an anderer Stelle,
„blicken wir hin, um aus ihrem innigen Verständnisse zu entnehmen, wie
das Kunstwerk der Zukunft beschaffen sein müsse!"[5] Hier bereits deutet

---

[2] Richard Wagner, *Ein Brief an Hector Berlioz. Paris. · Februar 1860*, in: GSD (wie Anm.
1) Bd. 7, S. 84.
[3] Vgl. Richard Wagner, *Oper und Drama*, in: GSD, Bd. 4, S. 288f.
[4] Richard Wagner, *Oper und Drama*,(wie Anm. 3), S. 80.
[5] Richard Wagner, *Das Kunstwerk der Zukunft*, in: GSD, Bd. 3, S. 62.

sich an, worauf der antikische Blick ästhetisch hinauslaufen wird: Ein *Bild*
tritt an Stelle der Rekonstruktion, das mythische Einst der Geschichte
findet sich wieder in dem, was Wagner in unserem Fall als „innige[s]", in
„Oper und Drama", paradoxer noch, als „Gefühlsverständnis" bezeichnet:
„Im Drama müssen wir *Wissende* werden durch das *Gefühl*".[6]

Auf solchem Wege entsteht eine Kunstform, der Wagner selbst den
Begriff der Kunst bisweilen verweigert: „namenlose künstlerische Taten",[7]
wie er schreibt – in denen der Bruch zwischen Kunst und Geschichte,
Empfindung und Denken sich ausinszeniert. Wagners „freie Motive",
fälschlich meistens als *Leitmotive* bezeichnet, erfassen das Wort als Symbol.

Dass in solchen Denk- und Erfahrungsräumen Antikes, im Sinne der
Altertumskunde, in neue Umgebung gerät, versteht sich von selbst. Ich
möchte deshalb beginnen, indem ich den Raum dieser *anderen*, anachro-
nistischen Welterfahrung zum Weg der Philologie in Beziehung setze. Die
Perspektive dabei ist die eines Blicks in die Zukunft: Wagners Imagination
der Antike zu Ursprung und Ziel entläßt sie als Chiffre der Geschichte
selbst. Im Dramenentwurf, der die Schwellenerfahrung des fin de siècle
verbindet mit einer Vision des vereinten Europa, spiegelt sich so die viel-
beschworene Grenze zum neuen Jahrtausend. Vielleicht, wir hoffen es
nicht, auch die Folgen.

2

Den Umgang der Philologie mit Zeit und Ästhetik hat Wagner aufs heftigste angegriffen. Im Zuge der Diskussionen um Nietzsches *Geburt der
Tragödie* formuliert er seine Kritik in einem offenen Brief, der sich verdeckt an Wilamowitz, offiziell an Friedrich Nietzsche richtet[8]. Die klassische Altertumskunde verfehlt, das läßt sich deutlich entnehmen, in Wagners Verständnis die Zielvorstellung lebendiger Wissenschaft. Statt dessen
erschöpfe sie sich in „tödtlich inhaltsarmen" und „citatenreichen" Abhandlungen, ohne gesellschaftliche oder künstlerische Relevanz. Wagner
diagnostiziert als Ursache deren Tendenz, Antike als historisch rekon-

---

[6] Richard Wagner, *Oper und Drama* (wie Anm. 3), S. 78.
[7] Richard Wagner, *Über die Benennung 'Musikdrama'*, in: GSD, Bd. 9, S. 308.
[8] Richard Wagner, *An Friedrich Nietzsche*, in: GSD, Bd. 8, S. 295.

struierbaren Ort zu begreifen: *Emanzipatorisch* verstandene Wissenschaft, wenn auch mit Notenprügeln verfolgt, müsse dagegen, so heißt es, über die instrumentellen Grenzen des Faches hinausgreifen, fort vom „Dokumenten-Archiv", und hin zu ästhetisch-schöpferischer Reflexion. Hier dringt – und ganz im Sinne von Nietzsche – die Kunst in die Heiligtümer der Forschung. Denn die „Erlösung des Denkens, der Wissenschaft in das Kunstwerk"[9] vollzieht sich, so Wagner an anderer Stelle, zugleich in der Arbeit des Künstlers: „Wohl verfährt der Künstler nicht unmittelbar; [...] sein Verfahren ist vielmehr das der Wissenschaft, der suchenden, forschenden, daher willkürlichen und irrenden."[10] So betreibt auch der Künstler seine Ästhetik als Philologie.

> Was nützt es aber nun, wenn man sich auf dem Felde der Philologie Mühe gibt? Dem Studium J. Grimm's entnahm ich einmal ein altdeutsches „Heilawac", formte es mir, um es für meine Zwecke noch geschmeidiger zu machen, zu einem „Weiawaga" (einer Form, die wir heute noch im „Weihwasser" wiedererkennen), leitete hiervon in die verwandten Sprachwurzeln „wogen" und „wiegen", endlich „wellen und „wallen" über, und bildete mir so, nach der Analogie des „Eia popeia" unserer Kinderstubenlieder eine wurzelhaft syllabische Melodie für meine Wassermädchen.[11]

Diese auf den ersten Blick verwirrende Beziehung, die Wagner zur Philologie in Gestalt der Sprachgeschichte eingeht, ist in Wirklichkeit symptomatisch für sein mythisches Zeitverständnis. Das lautmalerische Nonsense-Wort des „Weiawaga" lädt sich auf mit Vergangenheit, doch assoziativ: Gefühl und Wissen ineins. Die Melodie ist wurzelhaft syllabisch nicht im historischen Sinn, sie ist Umdeutung, Metamorphose des Klangs:

WEIA		
WAGA		
WOGE	du	WELLE
		WALLE
	zur	
WIEGE[12]		

---

[9] Richard Wagner, *Das Kunstwerk der Zukunft*, (wie Anm. 5), S. 46.
[10] Ebd., S. 45 - 46.
[11] Richard Wagner, *An Friedrich Nietzsche*, (wie Anm. 8) S. 300.
[12] Richard Wagner, *Rheingold*, 1. Szene, zitiert nach: GSD, (wie Anm. 1), Bd. 5, S. 200.

Der Rheintöchtersang, ein Wiegenlied der Zeit, erfaßt die Wortlisten ety-
mologischer Lexika als Anagramm: Geschichte, paradigmatisch verspielt.
Wagner eröffnet damit, aus den Trümmern der Philologie, den mythischen Gegenentwurf einer Welt, die Geschichte symbolhaft einfängt: Die
Tiefen des Rheins. An Stelle grammatikalisch-syntaktischer Gliederung
tritt, fluktuierend, ein zeitlicher Klangraum: In ihm, der die Tetralogie
zurückführt zum Aufgang der Zeit, zum Beginn imaginierter Kulturentwicklung, assoziiert sich in vielfacher Weise Antike.

Ein Text aus Archiven der Philologie hat diese Symbolik entscheidend geprägt. Denn Droysen, in dessen Vers-Übertragung Wagner die
Tragödien des Aischylos liest, entwirft in seiner Einleitung zur *Prometheia*
die mythische Welt, die Wagner im *Rheingold* bebildert: als „graue Urzeit,
in der noch die *Dämmerung des Werdens* auf Land und Meer lagerte."
Werden und Verderben schienen gefangen zu sein in der „zeitlosen",
„fruchtlos zeugenden Zeit".[13]

Mit einem solchen *zeitlosen Werden* – assoziiert als Tiefe des strömen-
den Wassers – eröffnet Wagner den *Ring*, indem er die mythische Kraft
des *Prometheus*, in ihr die antike Vergangenheit seines Theaters beschwört
und zitiert. Das Orchester vollzieht sie im Vorspiel als *ewig*-harmonisches
Werden in Es, dessen Raum sich allmählich, Dämmerung assoziierend,
verdichtet. Strömung bildet sich ab in beschleunigter Reproduktion der
immer selben Struktur: „fruchtlos zeugende Zeit".

Wenn dann, im Anschluß, der Vorhang sich öffnet, läßt Wagner seine
Vision kultureller Erinnerung bildhaft werden: *„Grünliche Dämmerung,
nach oben zu lichter, nach unten zu dunkler"* beleuchtet die Szene - *„wie in
Wolkenzügen"* strömt der Wasserspiegel *„rastlos"*, zeitlos über den Grund,
„von rechts nach links", entgegen der Schrift und der Syntax[14]. Der Klang
fokussiert sich - im filmischen Cut - allein auf Woglinde, die kreisend ihr
postphilologisches Wiegenlied singt.

Die plötzliche Öffnung der Szene, ein Effekt, für den Wagner den
heute noch üblichen, geteilten Theatervorhang erfindet, ist ausinszenierter
Augenblick: Er imaginiert den geschichtlichen Ursprung als Raum, in dem
sich historische Zeit entäußert zu reiner Ästhetik.

---

[13] Vgl. dazu: Wolfgang Schadewaldt, *Richard Wagner und die Griechen*, in: Wieland
Wagner (Hrsg.), *Richard Wagner und das neue Bayreuth*, München 1962.
[14] Richard Wagner, *Das Rheingold* (wie Anm. 12), S. 200.

In dieser Endlos-Vision, die schließlich als „Meer der Zukunft" Eingang findet in „Oper und Drama"[15], ist Wagners gebrochener Mythos versinnlicht: Die Bühne ist Fotografie eines Ursprungs der Zeit, doch sichtbar ist nur – präsent und im Übergang gegenwartslos – ein ortloses Dämmern. Der Weg in die Tiefe zurück läßt keine kausale Verknüpfung mehr zu: Er mündet, nach Wagners Szenenbeschreibung, ins Chaos der Zeit: ein „wildes Zackengewirr"[16] am Grund der Geschichte.

3

In Wagners Versuch, den Ursprung Antike dramatisch zu reinszenieren, spiegelt sich diese Erfahrung wieder im Augenblick ihres Verlustes. Nicht die Ruinen der Zeit, überlieferte Formen, geben den Ausschlag:

> Antike, historisch verloren, verwirklicht sich nur in ästhetisch erzeugter Präsenz. So wird sie zum Anlaß, das Reinmenschliche wiederum in ursprünglicher Freiheit[!] nachzubilden, nämlich nicht durch die Anwendung einer antiken Form einen bestimmten Stoff darzustellen, sondern durch eine Anwendung der antiken Auffassung der Welt die notwendige neue Form zu bilden.[17]

Über den Bruch der Moderne hinweg wird so deren Zeitdifferenz zum Thema des „neueuropäischen" Dramas[18]. Ihr Medium - Wagner deutet es an im Begriff des Reinmenschlichen - ist die Gemeinschaft der Handelnden selbst, in der sich Geschichte als Raum historischer Spannung verwirklicht: Für Wagner gerät die *Stellung der Kunst zur Öffentlichkeit* zum wichtigsten Katalysator der Zeit.

Hierbei geht er zunächst zwar aus von Hegels Klischee der antiken Schönheit als unmittelbare[r] Einheit des Allgemeinen und Einzelnen",[19] doch bricht er es dann - als unwiederholbar - im Wahrnehmungsbild der

---

[15] Richard Wagner, *Oper und Drama*, (wie Anm. 3), S. 228.
[16] Richard Wagner, *Das Rheingold*, (wie Anm.12), S. 200.
[17] Richard Wagner, *Was ist deutsch?*, in: GSD, (wie Anm. 1), Bd. Bd. 10, S. 41.
[18] Vgl. Richard Wagner, *Bayreuth*, in: GSD, (wie Anm. 1), Bd. 10, S. 341.
[19] Georg Wilhelm Friedrich Hegel, *Jenenser Realphilosophie*, Bd. 2, Leipzig 1931, S. 251. Dazu auch: Dieter Borchmeyer, *Das Theater Richard Wagners*, Stuttgart 1982, S. 64. Zu Wagners Antikenverständnis bes. S. 63ff., S. 76ff. und S. 151ff.

Moderne: Wagners Beschwörung des attischen Dramas, in ihrer Struktur der sich steigernden Tautologie dem *Rheingold*-Vorspiel verwandt, inszeniert seine paradoxale Bindung im Augenblick des Vollzugs:

> [...] dieses Volk strömte von der Staatsversammlung, vom Gerichtsmarkte, vom Lande, von den Schiffen, vom Kriegslager, aus fernsten Gegenden zusammen, erfüllte zu Dreißigtausend das Amphitheater, um die tiefsinnigste aller Tragödien, den *Prometheus* aufführen zu sehen, um sich vor dem gewaltigsten Kunstwerke zu sammeln, sich selbst zu erfassen, seine eigene Tätigkeit zu begreifen, mit seinem Wesen, seiner Genossenschaft, seinem Gotte sich in innigste Einheit zu verschmelzen und so in edelster tiefster Ruhe Das wieder zu sein, was es vor wenigen Stunden in rastlosester Aufregung und gesonderter Individualität ebenfalls gewesen war.[20]

Solche Erlebnisse freilich kann die Moderne nicht bieten: Wagner zerstört die Totalität antiken Erlebens – indem er den Blick seiner Zeit, die er liest in Begriffen marxistischer Sozialkritik, dagegensetzt.

Die These der Sklavenhaltergesellschaft, von Wagner in doppelter Optik als „Sünde der Geschichte" bezeichnet[21], wird zur zentralen Kategorie, an der sich das Bild der Antike verfremdet. Denn Menschen, die im Sinne der Hegelschen Geschichtsutopie ganz im Gemeinwesen aufgehen, setzen voraus, das ihr Leben sich vollständig löst vom Privaten, in letzter Instanz vom Alltäglichen selbst: Dies leisten die Sklaven indem ihre Arbeit die häuslich-privaten Belange wie selbstverständlich erfüllt; sie schaffen – als materielle Bedingung – dem „Geist des Griechen" die mythische Freiheit durch Zwang.

Doch damit, und hier geht Wagner über marxistisches Denken hinaus, wird der gesamte griechische Staat – mit ihm die Antike – zur Täuschung: „Der Sklave", so heißt es, „hat durch sein bloßes, als notwendig erachtetes Dasein als Sklave, die Nichtigkeit und Flüchtigkeit des griechischen Sondermenschentums aufgedeckt [...]".[22] Die Polis gerät in geschichtlicher Deutung zur bloßen flüchtigen Schönheit - das griechische Volk zur Fiktion seiner eigenen Kunst.

---

[20] Richard Wagner, *Die Kunst und die Revolution*, (wie Anm. 1), Bd. 3, S. 11.
[21] Ebd., S. 27.
[22] Ebd., S. 26.

So bricht das Schicksal der Sklaven antike Präsenz und macht, auch an uns, die historische Spannung spürbar: Was die Antike im kultischen Rahmen des Staates verdrängt, spaltet im geschichtlich determinierten Kosmos der Jetztzeit den Einzelnen.

Angelehnt wieder an Marx und Engels faßt auch Wagner die bürgerliche Markt-Gesellschaft als „emanzipiertes Sklaventum" auf – das die antike Trennung versklavten und öffentlichen Lebens im Alltag zersprengter Individuen austrägt: „Der Sklave ist nicht frei, sondern der Freie ist Sklave geworden".[23]

Doch in einer Gesellschaft, die den Menschen gleichermaßen als Berufs- und Privatperson existieren läßt, verliert die Ästhetik ihre Beziehung zum kultischen Raum. Die Kunst wird zur Ware, Produkt versklavender Industrie: „Wo der griechische Künstler, außer durch seinen eigenen Genuß am Kunstwerke, durch den Erfolg und die öffentliche Zustimmung belohnt wurde, wird der moderne Künstler gehalten [!] und - *bezahlt*".[24]

Der historische Bruch, der den mythischen Kontext positivistisch, ortlos zerstört, wird neu in Beziehung gesetzt zum Verhältnis von Kunst und Öffentlichkeit. Die Technologie der Wirtschaft und deren Vermittlung zur Welt der Ästhetik hat das doppelbödige Nebeneinander von Schönheit und Gewalt zu Bewußtsein gebracht - und die Kunst politisch vernichtet.

4

So spiegelt, was traditionell als Geschichte erscheint, in Wagners Sozialtheorie den Widerstand zeitlicher Wahrnehmungsräume, ein zeitloser, autopoetisch erfaßter Reflex: Antike ist das, was ihrer sozialen Erfahrung entspricht. Im Blick der Moderne, deren historische Welt die verborgene ethische Kluft der Antike ausinszeniert, erscheint sie als reine, verloren geglaubte Ästhetik - ähnlich der Tiefe des Rheins: Vision ihres Usprungs.

Das attische Drama gerät so in vielfacher Hinsicht zum Fixpunkt eines Beziehungsgeflechts - zu einem Modell, das die Konstellationen der Zeit in sich austrägt: Es repräsentiert, indem es die Stellung der Kunst zum historischen Raum des öffentlichen Lebens bestimmt, auch die Spannung

---

[23] Ebd., S. 27.
[24] Ebd., S. 24.

der eigenen zeitlichen Ferne. So führt der Versuch, den Mythos Europa ästhetisch neu zu gestalten, zu einer Instanz, die architektonisch den Raum des attischen Theaters zentriert: Der *Chor* des griechischen Dramas – im Brennpunkt der Konstellation – erfüllt genau den beschworenen Traum der erlebten Öffentlichkeit: als Teil einer mythisch erfahrenen Welt. Entsprechend erlangt er in Wagners Ästhetik zentrale Bedeutung.

Auch der Chor ist nur möglich im Kontext seiner Kultur – wie die Polis sich gründet im Glauben an ihre versklavende Notwendigkeit: Kleid und kultische Maske verbergen, so Wagner, als „mythischer schleier"[25] den Blick. Doch dahinter erlebt er als griechisches Volk – zeitlos – den Traum der Antike: Die Öffentlichkeit, die im Chor sich spiegelt, wird Schöpfer des eigenen Mythos.

Hier trifft sich antikes Theater mit Wagners Sozialutopie: Die historische Zeit entgrenzt sich im Chor zum kollektiven, doch geschichtlich determinierten Ereignis: eine Erfahrung, die Wagner – in seinem Entwurf zum „Kunstwerk der Zukunft" – als Verwirklichung des Kommunismus (im unverfänglichen Gegensatz zum *Egoismus*) beschreibt, der die „allgegenwärtigkeit aller momente des lebens zu gleicher zeit"[26] dem griechischen Volk bewußt werden läßt.

Das Ende des griechischen Chores dagegen, den Geist der Emanzipation, liest Wagner im Sinn der historischen Spaltung: als Allegorie einer Sprengung sozialhistorischer Einheit. Mit Ende der Maske ist schließlich – nachdem sie noch Shakespeare in clownesken Nebenfiguren einfangen konnte, die *Nacktheit* städtisch vereinzelter Menschen ins Zentrum gerückt:

> Dieser von aller religion losgetrennte mensch stieg allerdings vom kothurn herab, entkleidete sich der verhüllenden maske [...], verlor somit aber auch seinen communistischen zusammenhang mit der religiös gebundenen allgemeinheit – er entwickelte sich nackt und unverhüllt – aber als *egoist* – wie im staate, der im einzelnen zu grunde ging [...].[27]

[25] Richard Wagner, *Künstlerthum der zukunft. Zum prinzip des communismus*, in: ders.: Nachgelassene Schriften und Dichtungen, Leipzig 1895, S. 126.
[26] Richard Wagner, *Das genie der gemeinsamkeit* in: *Nachgelassene Schriften*, (wie Anm. 25), S. 127.
[27] Richard Wagner, *Künstlerthum der zukunft. Zum prinzip des communismus*, (wie Anm. 25), S. 127.

5

So wird es zum Ziel europäischer Dramaturgie, im neugeschaffenen Chor
die Erzählung der mythischen Welt - über den Bruch der Moderne hinweg - fortzuerzählen. Die kultischen Zeichen jedoch - religiöse Allegorien
der Menschheit - sind unwiderruflich vernichtet: Der Mythos, der die
Geschichte sprengt im kollektiven Bewußtsein, muß, nun ohne die schüt-
zende Maske, den nackten Körper des Einzelnen *unvermittelt* ergreifen.
„[...] erst an diesem egoistischen, aber wahrhaften, aufgeklärten menschen
bildete sich die [klassische] bildhauerkunst u.s.w. aus: ihr war der mensch
stoff, dem kunstwerk der zukunft werden die menschen stoff sein [...]."
Im Stil einer solchen, chorischen Menschheit, die unmittelbar zum Teil
eines mythischen Dramas gerät, ist Wagners vielzitierte Idee des „Gesamtkunstwerks", im Blick der Antike, zu deuten - jenseits der häufig vermuteten *quantitativen* Summierung:

> Das große Gesammtkunstwerk, das alle Gattungen der Kunst zu um-
> fassen hat, um jede einzelne dieser Gattungen als Mittel gewisserma-
> ßen zu verbrauchen, zu vernichten zugunsten der Erreichung des
> Gesammtzweckes *aller*, nämlich der unbedingten, unmittelbaren
> Darstellung der vollendeten menschlichen Natur, - dieses große Ge-
> sammtkunstwerk erkennt er [der Künstler R.O.] nicht als die will-
> kürlich mögliche That eines Einzelnen, sondern als das nothwendig
> denkbare gemeinsame Werk der Menschen der Zukunft.[28]

Ein solches Konzept *dionysisch* zerissener Einheit des Volkes - in ihr die
ersehnte Verschmelzung von Kunst und Staat - entwirft zugleich ein Ge-
meinschaftsmodell, das politisch bedrohliche Assoziationen freisetzt.
Doch Wagner, unschuldig fast, begreift es zunächst noch utopisch:

> Umfaßte das griechische Kunstwerk den Geist einer schönen Na-
> tion, so soll das Kunstwerk der Zukunft den Geist der freien
> Menschheit über alle Schranken der Nationalitäten hinaus umfassen;
> das nationale Wesen in ihm darf nur ein Schmuck, ein Reiz individu-
> eller Mannigfaltigkeit, nicht eine hemmende Schranke sein[29].

---

[28] Richard Wagner, *Das Kunstwerk der Zukunft*, (wie Anm. 5), S. 60.
[29] Richard Wagner, *Die Kunst und die Revolution*, (wie Anm. 1), S. 30.

Liest man die Kunst-Utopie noch im Sinne der Revolution, entwirft sie –
auch Wagner erkennt das – ein Handlungskonzept, das sich jenseits politisch bindender Fixierung vollzieht: „Das Kunstwerk der Zukunft" beschreibt eine künftige freie Gemeinschaft entsprechend der Strömung in
Wagners Musik: momentane Vereinigungen, die „neu sich gestalten, sich
lösen und wiederum knüpfen".[30] Doch Wagner selbst, in neurotischer
Angst, zum Ewigen Juden zu werden, fürchtet jeden Verlust historischer
Bindung, so schließlich selbst den *Beziehungszauber* des menschlichen
Blicks. Denn ohne ein Bild der Nation ist nicht nur die Frage: *Was ist antik?* ohne wirkliche Antwort. Auch die politisch riskantere Frage „*Was ist
deutsch*" – gleichnamig der Titel eines Aufsatzes von Wagner – muß unwiderruflich ins Leere laufen.

Im Gegensatz zu inhaltlich anders gerichteten Darstellungen[31] möchte
ich hier einen Wagners Identitätsproblemen entspringenden Argumentati-
onsbruch in den Vordergrund stellen: Unabwendbar verfällt er in der
Frage nach deutschen Bewußtsein utopisch-politischer Mystifizierung.
Denn Wagner begreift, im Sinne der Klassik, das Deutsche als seelenver-
wandt zur Antike: Deutschland umfaßt nach Wagner, befreit im utopischen Kunstwerk der Zukunft, ästhetisch die Welt.

Man könne ohne Übertreibung behaupten, dass die Antike nach ihrer
jetzigen allgemeinen Weltbedeutung unbekannt geblieben wäre, wenn der
deutsche Geist sie nicht erkannt und erklärt hätte. Der Italiener eignete
sich von der Antike an, was er nachahmen und nachbilden konnte; der
Franzose eignete sich wieder von dieser Nachbildung an, was seinem na-

---

[30] Richard Wagner, *Das Kunstwerk der Zukunft*, (wie Anm. 5), S. 168 f.

[31] Vgl. Udo Bermbach, *Der Wahn des Gesamtkunstwerks*, Frankfurt am Main 1994.
Bermbachs Wiedergabe der Zusammenhänge hat ihre Schwäche in einer Tendenz, auch
Themen, die Wagner nur andenkt und aus weltanschaulichen Gründen nicht weiterzuden-
ken vermag, im Blick auf ein Ganzes hin ausführt. So werden persönlichkeitsbedingte
Brüche in Wagners theoretischem Werk, ideologische Äußerungen etc. in auffälliger Weise
außer Acht gelassen oder von höherem Standpunkt aus objektiviert. (Wagners zweischnei-
diges, von ihm selbst in seinen Ursprüngen kaum reflektiertes Polisverständnis wird von
Bermbach erkenntnistheoretisch sofort als idealtypisches Bild verteidigt und nahezu bruch-
los eingegliedert.) Entsprechend steht auch der anarchische Ansatz in Wagners Gesell-
schafts-Utopie im Vordergrund: Bermbach betont zu Recht, dass ein „antiindividuelles"
Volk von Wagner niemals ausdrücklich gefordert ist - im Gegenteil. Doch wird man der
vollen Konsequenz der Ästhetik und der dennoch im Innersten irrationalen Herangehensweise Wagners ohne Hinweise auf dessen *Denkblockaden* ebensowenig gerecht, wie durch
die Ausblendung demokratischer Ideen, die eine ähnlich dogmatische „Gegenseite" praktiziert. Es wäre wichtig, die Brüche auch weiterhin offenzuhalten.

tionalen Sinne für Eleganz und Form schmeicheln durfte: erst der Deutsche habe sie in ihrer reinmenschlichen Originalität und der Nützlichkeit gänzlich abgewandten, dafür aber der Wiedergabe des Reinmenschlichen einzig förderlichen Bedeutung erkannt[32].

Die *griechisch-humanitäre* Gewalt der Antike, die Wagner selbst noch aufs heftigste ablehnt, gerät so zu neuer Bedrohung. Wagner versucht – im identitätsstiftenden Deutschlandsmythos – die Haltlosigkeit in ein Medium zu bannen, das sich, politisch gefährlich, in seiner Totalität entgrenzt zur verabsolutierten Freiheit. Ein Bruch in Wagners politischer Utopie, in dem sich beängstigend wiederholt, was die Begleitschriften zu *Parsifal* in Hinblick auf arisches Blut formulieren: In ihm ist das Jüdische transzendental gelöscht und enthalten[33], - ähnlich der *deutschen Antike*.

Man fühlt sich besonders gemahnt an die *Meistersinger*, deren Schluß Wagner liest als Entsprechung zum Ende der *Oresteia*:

> Habt Acht! Uns dreuen üble Streich';
> zerfällt erst deutsches Volk und Reich,
> in falscher wälscher Majestät
> kein Fürst bald mehr sein Volk versteht;
> und wälschen Dunst mit wälschem Tand
> sie pflanzen uns in deutsches Land.
> Was deutsch und ächt [!] wüßt' Keiner mehr,
> lebt's nicht in deutscher Meister Ehr'.[34]

Hans Sachs, der erkennt, dass Deutschland nur Kunst ist, behauptet – ganz als enttäuschter Alt-Achtundvierziger – die Kunst sei nur deutsch. Und es jubelt der Chor.

Für Wagners Ästhetik ist, biographisch gesprochen, genau diese Brechung der Kunst ins totale, ins Totalitäre, bestimmend: Es drückt sich in ihr der konstituierende Bruch zwischen Individuum und Gemeinschaft in der Erfahrung des *Augenblicks* aus, der transzendentalen Gesichtslosigkeit – vergleichbar in etwa dem dadaistischen Sinnverlust der Rheintöchtersprache – aus der ein mythischer Strom sich bedrohlich, befreiend ent-

---

[32] Richard Wagner, *Was ist deutsch?* (wie Anm. 17), S. 40 - 41.

[33] Vgl. Richard Wagner, *Heldenthum und Christenthum*, in: GSD (wie Anm. 1) Bd. 10, S. 275 ff., bes. S. 282.

[34] Richard Wagner, *Die Meistersinger von Nürnberg*, zitiert nach: GSD (wie Anm. 1) Bd. 7, S. 270.

wirft. Was Wagner als „Kunstwerk der Zukunft" beschreibt in grandios-schockierendem Utopismus – eine Verschmelzung von Mensch und griechischer Plastik – , ist stets vor diesem Hintergrund zu lesen:

> [...] so ist Gegenstand und künstlerischer Stoff der Darstellung [...] der vollkommene, warme, *lebendige Mensch* selbst; sein Kunstwerk ist das Drama, und die Erlösung des Plastik ist genau die der *Entzauberung des Steines in das Fleisch und Blut des Menschen, aus dem Bewegungslosen in die Bewegung, aus dem Monumentalen ins Gegenwärtige.* Erst wenn der Drang des künstlerischen Bildhauers in die Seele des *Tänzers,* des *mimischen Darstellers,* des singenden und sprechenden, übergegangen ist, kann der Drang wirklich gestillt, gedacht werden. [...] wenn wir die Erinnerung an geliebte Tote in ewig neu lebendem, seelenvollem Fleisch und Blut, nicht wiederum in totem Erz oder Marmor uns vorführen; wenn wir aus dem Steine uns die Bauwerke zur Einhegung des lebendigen Kunstwerkes errichten, nicht aber den lebendigen Menschen in ihm uns mehr vorzustellen haben, dann erst wird die *wahre Plastik* auch vorhanden sein.[35]

6

Wagners Projekt der totalen Öffentlichkeit – wie es sich darstellt in seinem Bezug von Antike und Kapitalismus, in seiner ideologisch unbewältigten Vision utopischer Entgrenzung – führt auf direktem Wege ins ästhetische Konzept der Bayreuther Festspiele. Das Publikum im Raum des Theaters, hier ganz im Sinne Wagners, ist eine vorübergehend sich knüpfende Gemeinschaft, in der das Erlebnis des Ich-Verlustes sich artikuliert. In ihm inszeniert sich auch Wagners politisches Trauma, bisher gefaßt in Diskursen, zu Kunst. So ist es verständlich, dass Wagners Festspiel-

---

[35] Richard Wagner, *Das Kunstwerk der Zukunft,* (wie Anm. 5), S. 140. Vgl. auch die Rede Hitlers auf der Kulturtagung des Parteitags 1933, die Wagners Ästhetik, so scheint es, zitiert – *unverstanden* und in deutlicher Akzentverschiebung, doch unübersehbar: „Die Kunst ist eine erhabene und zum Fanatismus verpflichtende Mission. Wer von der Vorsehung ausersehen ist, die Seele eines Volkes der Mitwelt zu enthüllen, sie in Tönen klingen oder in Steinen sprechen zu lassen, der leidet unter der Gewalt des allmächtigen, ihn beherrschenden Zwanges, der wird seine Sprache reden, auch wenn die Mitwelt ihn nicht versteht oder verstehen will, wird lieber jede Not auf sich nehmen, als auch nur einmal dem Stern untreu zu werden, der ihn innerlich leitet." In: H. Klöss (Hrsg.), *Reden des Führers. Politik und Propaganda Adolf Hitlers 1922-1945,* München 1967, S. 118.

theater – Raum eines sozial-ästhetischen Experiments – nicht nur das Bühnengeschehen, sondern das gesamte Umfeld der Aufführung beeinflussen muß.

Als Antipoden einer Zeit, deren Literaturtheater er abfällig als „Hörspiel" bezeichnet, sieht Wagner vor allem, neben historisch weiter zurückliegenden Werken, den Goetheschen *Faust*. Hier findet er, den eigenen Dramen entsprechend, einen Theaterentwurf „für die Bühne gedacht mit Vergessen aller Bühnen, und in Ermangelung einer populären Kunst, wie die Griechen sie hatten [...]".[36] Auch der *Faust*, wie das Kunstwerk der Zukunft, ist Religionsersatz: „Der *Faust* sollte eigentlich die Bibel sein, ein jeder sollte jeden Vers daraus auswendig wissen".[37]

Für den *Faust* entwirft Wagner ein Regie-Konzept, zu dem er sein eigenes Theater ins Verhältnis setzen wird: Die architektonisch gestaltete Bühne, angereichert „in moderne[r] Ausbildung aller mechanischen Künste"[38], liegt im Zentrum des Zuschauerraums. Im Stil fixierter Improvisation (dem Ideal Frank Castorfs) entsteht das Drama inmitten (und hinter dem Rücken) des Publikums[39].

Die avantgardistische Lösung des Raums erfüllt für Wagner den Zweck, eine Öffentlichkeit aktiv – und quasi als Chor – am Geschehen zu beteiligen. Ein ähnlicher Plan versetzt, entworfen für Beethovens *Missa solemnis*, den Saal in den Rausch dionysischer Massen: „Er wolle", berichtet Cosima in den Tagebüchern, „das Orchester in der Mitte des Saales aufstellen und den Chor ringsherum zirkusartig, alles müsse mitsingen, [...] denn diese Musik sei nicht zum Zuhören, den eigentlichen Eindruck habe nur wer mit rase [...]".[40]

Es ist oft verwundert registriert worden, dass Wagner für sein eigenes Theater einen anderen, dem Faust-Theater scheinbar entgegengesetzten Weg einschlägt. Wagner selbst äußert sich kryptisch dazu: „Wie Sphinxe [auch hier ein Zukunftsverweis!] ragen solche Werke in unsere unfähige Kultur hinein. Nachgeholt kann das deutsche Schauspiel nicht werden, das

---

[36] Cosima Wagner, *Die Tagebücher* (CT), 2 Bände hrsg. von Martin Gregor-Dellin und Dietrich Mack, München-Zürich 1976/77, Bd. 2, S.395.

[37] *CT*, (wie Anm. 35), Bd. 1, S. 658.

[38] Richard Wagner, *Über Schauspieler und Sänger*, in: GSD, (wie Anm. 1), Bd. 9, S. 195-196.

[39] Zum Faust-Theater vgl. auch Dieter Borchmeyer, *Das Theater Richard Wagners*, (wie Anm. 19), S. 48ff.

[40] *CT* (wie Anm. 35) Bd. 1, S. 478.

ist versäumt worden, die Musik ist da und hat alles überschwemmt".[41]
Und dennoch steht Wagners Theater zu *Faust* in einer dramaturgischen
Beziehung. Aus einer entscheidenden Szene des zweiten Teils, in der die
„schwankenden[n] Gestalten"[42] der „Zueignung" als tatsächliches Bild in
die Szene treten, entwickelt Wagner sein *griechisches* Festspielkonzept.

Faust ist zu den Müttern hinabgestiegen, zur Mutter Nacht, der Me-
phisto (was ihm zwar peinlich ist) dennoch entstammt. Das Reich der
Mütter, ewig-leer und ohne Ort, entspricht der Wagnerschen Tiefe des
Rheins: „Wie Wolkenzüge schlingt sich das Getreibe"[43] – *wie in Wolkenzügen* strömt auch das Wasser über den Grund. Von hier aus soll Faust,
zur Hofunterhaltung des Kaisers, Helena und Paris zaubern, Gestalten der
vermoderten Antike. Die Szene, in der die Beschwörung gelingt, reinsze-
niert und bricht das Erlebnis antiken Theaters in einer Form, die heutzutage, nicht weniger magisch, als Kino erlebt wird.

Kaiser und Publikum werden zunächst, zur Verblüffung des cineas-
tisch unerfahrenen Hofes, vor eine geschlossene Mauer gesetzt. Sie ist mit
Teppichen behangen – ein Vorhang zur uneinholbaren Welt der Antike:
Geschichte, bebildert mit Schlachtengemälden. Der „glühnde[...] Dreifuß"
der Mütter[44] beginnt, die Szene betäubend zu füllen: Weihrauchdämpfe
vernebeln den Raum. In diese Dämpfe hinein projiziert die *Laterna magica*
einen filmischen Bildrausch: Helena und Paris erscheinen im Nebel -
nackt, wie als lebende Plastik. Medial, holographisch, in der Substanz der
Zeichen selbst – der zum Leben erweckten Maske – erscheint das Bild der
Antike:

> Nichts hindert mehr, hier ist Magie zur Hand!
> [...]
> Ein tief Theater scheint sich aufzustellen,
> Geheimnisvoll ein Schein uns zu erhellen,
> [...]
> Durch Wunderkraft erscheint allhier zur Schau,
> Massiv genug, ein alter Tempelbau.
> [...]

---

[41] *CT* (wie Anm. 35) Bd. 1, S. 787.
[42] Johann Wolfgang v. Goethe, *Faust*, zitiert nach der Ausgabe von A. Schöne, Frankfurt a. M. 1994, V. 1.
[43] Ebd., V. 6279.
[44] Ebd., V. 6283.

Das wär antik!
[...]
Euer Haupt umschweben
Des Lebens Bilder, regsam, ohne Leben.
Was einmal war, in allem Glanz und Schein,
Es regt sich dort, denn es will ewig sein.
[...]
Und nun erkennt ein Geister-Meisterstück!
So wie sie wandeln machen sie Musik.
Aus luftgen Tönen quillt ein Weißnichtwie,
Indem sie ziehn wird alles Melodie.[45]

Hier ist das Ideal des Wagner-Theaters vorgeprägt: das synästhetische Erlebnis von Bewegung, Raum und Klang, das die Trennung der Menschen und Dinge zurücknimmt. Vorgeführt wird – was der Text verschleiert, das Bild aber nicht - wie Helena Paris zum Helden entjungfert.

Die Öffentlichkeit, besetzt aus den Einzelmenschen des Chores, wehrt sich noch heftig gegen die reintegrierende Kraft des Pornos[46]. Doch am Ende – wir werden auch das bei Wagner erleben – sind sie sämtlich gestürzt in *„Finsternis"* und *„Tumult"*: *„Explosion, Faust liegt am Boden. Die Geister gehen in Dunst auf".*[47]

Wagner bezieht sich in seinen Notizen - mit aller Wahrscheinlichkeit – auf eben dieses (dionysische) Szenarium, wenn er das Kunstwerk der Zukunft als synästhetisches Kino beschreibt:

> Oper eben nur ähnlich der Wirkung im Concertsaal: Depotenzierung der Vernunft. – Umgekehrt nun im vollendeten Drama die vollen Gestalten des erschauten Traumbildes, die andere Welt, wie durch die Laterna magica, vor uns hinprojizirt, leibhaftig – wie beim Geistersehen die Gestalten aller Zeiten u. Räume deutlich vor uns. Musik ist das Licht dieser Laterne.[48]

---

[45]Ebd., V. 6393 ff.

[46] Vgl. Einar Schleef zum „ältesten Pornofilm" in: *Droge Faust Parsifal*, Frankfurt. a. M. 1997, S. 332 ff.

[47] *Faust*, (wie Anm. 41), Szenenanweisung S. 268.

[48] Richard Wagner, *Entwürfe. Gedanken. Fragmente*, in: Nachgelassene Schriften, (wie Anm. 25), S. 147.

7

Nach diesem Modell, und in Anlehnung an den antiken Theaterbau, ist die gesamte Anlage der Bayreuther Festspiele konzipiert – mit deren Hilfe Wagner die Zukunftsvision des Kapitalismus – die technologisch gesteuerte Vermassung der Gesellschaft – utopisch vorausinszeniert und bricht: in filmischer Totale.

Der Raum, in dem das Publikum sitzt, bereitet radikal der Hufeisenform des traditionellen Theaters ein Ende – und scheint sich zunächst, ideell, auf das Vorbild Antike zu stützen: Das ansteigende Halbrund des antiken *théatron* ersetzt das übliche Rang- und Logensystem. Der einzige Schmuck im Zuschauerraum stilisiert ihn zum attischen Freilufttheater: ein Sonnensegel als Deckenverzierung - „griechische" Säulen begrenzen den Saal; das Fehlen eines Foyers verhindert (das soll es zumindest!) die Selbstinszenierung moderner Eliten; und zwischen den Akten erlebt man, auch hier zum antiken Modell konkurrierend, realhistorisches Dämmern im Park.

Doch alles, was in Wagners Theaterbau antik erscheint, ist bloßes „gemaltes" Zitat, das die Ferne zum offenen Raum der attischen Polis zum Thema erhebt: Ein Halbrund ist da, doch umgreift es nun nicht mehr den Chor – die Orchestra: Bühne und Saal sind deutlich getrennt – hier stärker noch als im Logentheater. Der Bruch zwischen Kunst und Öffentlichkeit, Antike verfremdend, wird zum bestimmenden Bild: die historische Kluft im Blick auf die mythische Welt.

So entpuppt sich, rein funktional betrachtet, der Zuschauerraum als ein optischer Fokus – der den bestehenden Riß der Moderne, Versklavung und Freiheit, Ästhetik und Technologie, medial überblendet. Der Zuschauer, schreibt Wagner, „befindet sich jetzt, sobald er seinen Sitz eingenommen hat, recht eigentlich in einem 'Theatron', d.h. einem Raume, der für nichts anderes berechnet ist, als darin zu schauen, und zwar dorthin, wohin seine Stelle ihn weist".[49] Medientheoretisch gesprochen, ist es das Ziel seiner Architektur, den *kinematorgraphischen Raum*, die Leere zwischen dem Publikum und der Projektionsfläche, vergessen zu machen[50] –

---

[49] Richard Wagner, Bayreuth, (Anm. 18), S. 337.
[50] Vgl. Bernd Kunzig, *Richard Wagner und das Kinematographische*, Eggingen 1990, S. 24 - 25.

indem sie die Bühne in schwebender Entfernung vom Publikum
hält. Ein vorgelagertes Proszenium, das auch die griechisch inspirierten Säulen zitiert, erzeugt dabei in seinem Verhältnisse zu dem da-
hinterliegenden engeren Proszenium [...] alsbald die wundervolle
Täuschung eines scheinbaren Fernerrückens der eigentlichen Szene
[...], welche darin besteht, daß der Zuschauer den szenischen Vorgang sich weit entrückt wähnt, ihn aber doch mit der Deutlichkeit der
wirklichen Nähe wahrnimmt; woraus dann die fernere Täuschung
erfolgt, daß ihm die auf der Szene auftretenden Personen in vergrö-
ßerter, übermenschlicher Gestalt erscheinen.[51]

Ferne und Nähe zum mythischen Bild sind ausinszeniert, überhöht – doch
ohne Konturen und verhüllende Maske. An Stelle symbolisch-kultischer
Zeichen tritt in Bayreuth die bildhafte Simulation: Vorahnung künftiger
Medienträume. Der eigentlich „technische Herd" des Theaters, wie Wagner es nennt[52], liegt im unbestimmbaren, optisch fokussierenden Raum
zwischen den beiden Proszenien: Das halb in die Bühne versenkte Orchester ersetzt die Funktion des griechischen Chores. Wagner bezeichnet es
wörtlich als „technischen Apparat zur Hervorbringung des Bildes", der
„durch die Gewalt der Umstimmung des gesamten Sensitoriums bei hin-
reißenden Aufführungen idealer Musikwerke" synästhetisch zur Licht-
quelle wird[53]. Es avanciert, im „mystischen Abgrund" verborgen[54], verdeckt von einer maschinell anmutenden Sicht- und Klangblende, nach
Wagners Begriffen zum Filmprojektor avant la lettre: von seiner Musik ist
nur der Reflex von der Bühne zu hören, nie das Instrumentarium selbst.
Der akustisch gedämpfte Ton wird als Echo gestreut, das Fehlen hoher
Frequenzen läßt ihn den Saal okkupieren[55].

   Wagner befreit maschinell den Klang von der Technologie: Der
Sound[56] seines Mythos durchstößt im Reflex die Mauer der Zeit, die Allegorie der Moderne. Das Drama, die Handlung, erscheint, wie Filme im

---

[51] Richard Wagner, „Bayreuth" (wie Anm. 18), Bd. 10, S. 337.
[52] S. 336.
[53] Ebd. Wagner bezieht sich auf die synästhetische Wirkung der Musik Beethovens.
[54] S. 337.
[55] Vgl. hierzu K. Blaukopf, *Wagners Klangideal in der Klangwelt des 20. Jahrhunderts*, in:
Richard Wagner und das neue Bayreuth, (wie Anm. 13), S. 224 ff.
[56] Mit dem Begriff des *Sound* beziehe ich mich auf Friedrich A. Kittlers noch immer zu
wenig rezipierten Aufsatz: *Weltatem. Über Wagners Medientechnologie*, in: Diskursanalysen
1: Medien, hrsg. von Friedrich A. Kittler u.a., Opladen 1987.

Kino, ganz in den technischen Rahmen gebunden: als strömende Maske in unvermittelter Weise präsent. So spaltet sich schließlich die Menge des Chors in die Einzelpersonen der chorisch *erfaßten* Menschheit. Schon Wolfgang Schadewaldt hat darauf hingewiesen, dass die Rheintöchter, liest man den *Ring* als Palimpsest des *Prometheus*, dem griechischen Chor der Okeaniden entsprechen[57]: Hier sind sie, jede für sich, auf die Bühne versetzt – maskiert im Strom des Orchesters. Eine Entgrenzung ihrer Subjekte äußert sich nun im Ende des Sprache: Ihr *Wagalaweia* zerbricht, wie der Sound des Orchesters, die technischen Signifikanten der Zeit. Gesichtslosigkeit im Spiegel der Zukunft.

So wird das Orchester – als Medium Ausdruck und Mitteilung selbst – zur sprachlos singenden Maske:

> [Die Teilnahme des griechischen Chores war] durchgehends mehr reflektierender Art, er selbst blieb der Handlung wie ihren Motiven fremd. Das Orchester des modernen Symphonikers dagegen wird zu den Motiven der Handlung in einen so innigen Anteil treten, daß es, wie es seinerseits als verkörperte Harmonie den bestimmenden Ausdruck der Melodie einzig ermöglicht, andererseits die Melodie selbst im nötigen ununterbrochenen Flusse erhält und so die Motive stets mit überzeugendster Eindringlichkeit dem Gefühle mitteilt.[58]

Es erzeugt – mit anderen Worten – den Chor im Publikum selbst.

8

So wird die griechische Vergangenheit, im modernen Wortsinn, zum Medium einer zersprengten Kultur. Dennoch: die Wirkung ist keine befreiende. Wie sie als Traum einer sklavenhaltenden Polis begann, gerät die Antike – von Wagner uns neu ins Bewußtsein gerückt – zum Epochenrausch einer kapitalistischen Sehnsuchtsmaschine. Bayreuths Vision, ihre technische Maske, berührt sich erschreckend mit einer Gesellschaft mechanisch entkörperter Menschen – vorgeführt und im Drama zum Thema erhoben zugleich: Mit Alberichs Tarnhelm, der Menschen zu virtuellen Klangkörpern werden läßt (erzeugt von der Stimme des im Orchester

---

[57] Wolfgang Schadewaldt, *Richard Wagner und die Griechen*, (wie Anm. 13), S. 169.
[58] Richard Wagner, *Zukunftsmusik*, in: GSD, (wie Anm. 1), Bd. 7, S. 130.

platzierten Sängers), tritt die *wahre Plastik* ins Leben der Orwellschen Zukunft, doch ist sie zugleich, in ihrem Motiv, von Stille umgeben. Wagners Vision wiederholt, was nach Wagner der Kunst prozeßhaft entgegnet: „denn vom künstlerischen Streben, vom künstlerischen Auffinden abgelenkt, verläugnet, vermehrt, verzehrt er [der menschliche Verstand R.O.] sich endlich im mechanischen raffinieren, im Einswerden mit der Maschine [...]".[59] So bleibt die Antike auch hier, in doppelter Optik historisch-mechanisch verhaftet: erst im Prozeß technologischer *Selbstvernichtung* – die Ursprungsidee im Echo der Zeit – wird Utopisches sichtbar, vorausinszeniert als ein Traum des Theaters. Ein Zusammenhang, den Wagner in zunehmender Resignation – auch schriftlich zum Thema erhebt. Der Aufgang aller Kultur ist rückblickend Leere, Chaos und „*wildes Zackengewirr*": Ein mystischer Abgrund, aus dem, technologisch gedämpft, Antike erklingt.

> Uns muß es dünken, daß die Musik der Hellenen die Welt der Erscheinung selbst innig durchdrang und mit den Gesetzen der Wahrnehmbarkeit sich verschmolz. [...]; die Regeln der Melodik machten den Dichter zum Sänger, und aus dem Chorgesange projizierte sich das Drama auf die Bühne [...]. – Aber das Paradies ging verloren, der Urquell der Bewegung einer Welt versiegte. Diese bewegte sich wie die Kugel auf den erhaltenen Stoß der Radienschwingungen, doch in ihr bewegte sich keine treibende Seele mehr; [...] wie unter der römischen Universal-Zivilisation das Christentum hervortrat, so bricht jetzt aus dem Chaos der modernen Zivilisation die Musik hervor. Beide sagen aus: unser Reich ist nicht von dieser Welt.[60]

So fahren am Ende, wenn sich der Chor dem Bühnenhaus nähert, die Leichen hervor. Schon gleich zu Anfang des *Ring*, im Übergang zur zweiten Szene *Rheingold*, beginnt das Orchester, bisher ein Klangspiegel menschlicher Stimmen, beunruhigend eigenes Leben zu zeigen: Es ist, als würde es sprechen[61]. Das 'Ring-Motiv' verfremdet sich singend, vergleichend, zum Thema der Machtzentrale Walhalls - das Irrationale, die andere Welt, die das Medium repräsentiert, ist entfesselt.

---

[59] Richard Wagner, „Das Kunstwerk der Zukunft" (wie Anm. 5) S. 58.

[60] Richard Wagner, *Beethoven*, in: GSD, (wie Anm. 1), Bd. 9, S. 120-121.

[61] Carolyn Abbate deckt hier Assoziationen des Untoten auf. Vgl. dies., *Mythische Stimmen, sterbliche Körper*, in: Richard Wagner „Der Ring des Nibelungen". Ansichten eines Mythos, hrsg. von Udo Bermbach u.a., Stuttgart-Weimar 1995, hier bes. S. 82-83.

Entsprechend gerät auch der 'Walkürenritt' - in Wagners Regie - zur Bildprojektion bewegter Laterna-magica-Platten: Der Krieg als Totale, als Mediensturm - projiziert in vorüberjagende Wolken. Hier schießt die Gefahr eines epochalen Gesichtsverlustes zusammen mit dem, was Wagner im letzten Abschnitt von „Religion und Kunst" als „Kriegsmaschine" beschreibt[62] - vernichtender Angriff der Bilder - in die, „trotz aller Mathematik und Arithmetik, der blinde Wille, in seiner Weise einmal mit elementarischer Macht losbrechend, sich einmischen könnte."[63] So inszeniert das Bayreuther Festspielhaus - in der dual zerbrochenen Anlage des antiken Theaters - die Spannung der Geschichte, indem es, Entwurf einer Zukunft, die Apokalypse des Bestehenden vorwegnimmt. Wagners Weltuntergänge steigern die Widersprüche der modernen Gesellschaft, die Spaltung des Menschen in Kunst und versklavte Maschinen, utopisch in Zeitlosigkeit: Die mythische Welt der erlebten Vision ist Welt der Vernichtung. - „Da herrsche dann der Wille in seiner vollen Brutalität"[64]. Die letzte Szene *Götterdämmerung*, in der auch der *Wirbel* der Polis, die Radienschwingung zum Stehen kommt, der Wille triumphiert, ist geeignet, Wagners Vision – noch einmal – ästhetisch zu bündeln. Die Anordnung des Bühnenbilds beschreibt - zunächst noch - den Zustand des Wagner-Theaters: Die Halle der Gibichungen *„ist dem Hintergrunde zu ganz offen; diesen nimmt ein freier Uferraum bis zum Flusse hin ein; felsige Anhöhen umgränzen den Raum."* Die Halle bildet, metaphorisch gelesen, den Zuschauersaal, der freie Uferraum dahinter die unbestimmbare *Leer-Distanz* zum Orchester. Der Rhein – wie wir wissen – ist Strom der Musik, hinter dem sich der Raum in die Wagnersche Guckkastenbühne, von Felsen umgrenzt, eröffnet. Dies alles zerbricht, am Ende der Tetralogie, in einer geradezu *vulkanischen* Explosion: „Sogleich steigt prasselnd der Brand hoch, sodass das Feuer den ganzen Raum vor der Halle erfüllt und diese selbst schon zu ergreifen scheint. [...] Plötzlich bricht das Feuer zusammen, sodass nur noch eine düst're Gluthwolke über der Stätte schwebt [...]".[65]

---

[62] Richard Wagner, *Religion und Kunst*, in: GSD, (wie Anm. 1), Bd. 10, S. 252.
[63] Ebd.
[64] Ebd., S. 353.
[65] Richard Wagner, *Götterdämmerung*, zitiert nach der letzten Fassung, in: ders., *Der Ring des Nibelungen. Vollständiger Text mit Notentafeln der Leitmotive*, hrsg. v. Julius Burghold, Mainz 1983, S. 347. Hier auch die folgenden Zitate.

Der Fluss – das Medium des Welttheaters – ist über die Ufer getreten
„und wälzt seine Fluth über die Brandstätte bis an die Schwelle der Halle". -
Hier erfüllt sich, was Wagner als Schicksal des deutschen Theaters beschreibt: „[D]ie Musik ist da und hat alles überschwemmt." Entfesselte
Bilder des Krieges, der Apokalypse. In den Wolken schließlich erscheint,
als gewaltige Lichtprojektion, nordlichtartig[66] verglühend, der *Palast* Wal-
hall: „Aus den Trümmern der zusammengestürzten Halle sehen die Männer und Frauen in höchster Ergriffenheit [in erster Fassung: „in sprachlo-
ser[!] Erschütterung" dem wachsenden Feuerschein am Himmel zu. [...]
Helle Flammen scheinen in dem Saale der Götter aufzuschlagen".[67] Die
Szene umfaßt, am Ende der Tetralogie, das Ende des Dramas schlechthin -
als Beginn des totalen Medienkriegs. - Adorno, in seiner Ablehnung Wagners zuweilen verblüffend hellsichtig, beschreibt es als Folge der mythischen Ursprungsbeschwörung:

> Nicht länger gehorcht das Kunstwerk seiner Hegelschen Definition
> als des sinnlichen Scheinens der Idee, sondern das Sinnliche wird ar-
> rangiert, um zu scheinen, als wäre es der Idee mächtig: das ist der
> wahre Grund des allegorischen Zuges in Wagner, der Beschwörung
> unwiederbringlicher Wesenheit. Der technologische Rausch wird be-
> reitet aus der allzunahen Nüchternheit. So verschränkt der Übergang
> der Oper an die autonome Souveränität des Artisten sich mit dem
> Ursprung der Kulturindustrie. Die Begeisterung des jungen Nietz-
> sche hat das Kunstwerk der Zukunft verkannt [hier irrt Adorno]: in
> ihm ereignet sich die Geburt des Films aus dem Geiste der Musik.[68]

Der unkontrollierbare Schein, die Medien kapitalistischer Zivilisation
besiegen die Menschheit im Rausch der eigenen Apokalypse: Die Herren
und Damen des Chores, aus den Ruinen des *théatron*, lassen - sprachlos
wie wir - die Visionen des Untergangs an sich vorüberziehen. Vielleicht
begreifen sie nun, im Klang des Orchesters, dass diese Bilder die Musik der
Zukunft sind.

Vielleicht aber lauschen sie nur.

---

[66] Vgl. Richard Wagner, *Götterdämmerung* [erste Fassung], in: *GSD* (wie Anm. 1) Bd. 6,
S. 256.
[67] *Götterdämmerung* [letzte Fassung] (wie Anm. 61), S. 348.
[68] Theodor W. Adorno, „Versuch über Wagner", in: ders., *Die musikalischen Monographien*, Frankfurt 1986, S. 260-261.

Der Wirbel der Polis.
Heidegger, Hölderlin und die griechische Kunstreligion

Ulrich Wergin (Hamburg)

Heidegger hat seine Hölderlin-Vorlesungen im Wintersemester 1934/35, also kurz nach dem Ende seiner Rektoratszeit aufgenommen. Daraus hat man den naheliegenden Schluß gezogen, dass es nicht ausreicht, sie lediglich als Beitrag zur Hölderlin-Philologie zu lesen. Es würde jedoch ebenfalls zu kurz greifen, wollte man in das andere Extrem verfallen und sie primär auf ihre zeitgeschichtlichen Implikationen nach dem Muster *Heidegger und seine Verstrickungen in die Machenschaften des Nationalsozialismus* abtasten. Auf dem Wege würde man ihren eigentlichen Ansatz verfehlen, die weit ausholende geschichtsphilosophische Reflexion, die den Nationalsozialismus aus sehr weit zurückreichenden, die Politik und die Ästhetik umspannenden Traditionen zu begreifen versucht und für die dabei Hölderlins Kunst und die der Griechen wesentliche Orientierungszentren bilden.

Dabei geht es ihm zunächst um die Aufdeckung von Kontinuitäten, von so etwas wie umfassenden und dauerhaften Strukturen, die sich um eine grundlegende Problemkonstellation herum gruppieren. In deren Zentrum stehen die immer wieder neu erfahrenen Aporien der Bildung kollektiver und individueller Identitäten, wie sie für Lacoue-Labarthe an der Jenenser Bildungsprogrammatik beispielhaft zu fassen und von da bis hin zu Platon zurückzuverfolgen sind. Ist deren Ziel das Pindarsche „Werde, der du bist", als die reine Selbstbegründung und Selbstgestaltung verstanden, so kann der Weg dahin, darauf ist mit Kant gemäß dem § 49 der *Kritik der Urteilskraft* zu insistieren, nur über die Nachfolge und Aneignung eines Musters reiner Ursprünglichkeit führen. Das bedeutet, dass jeder Bildungsprozeß die Imitation zur Bedingung hat, darüber hinaus eine ursprüngliche Offenheit und Bildbarkeit, eine angeborene Uneigentlichkeit und Gestaltlosigkeit. Eben die wird aber von dem Denken, das im Nationalsozialismus mündet, als Mangel und als Bedrohung erfahren. Folglich wird alles unternommen, um dem Formlosen eine Form aufzuprägen. Dies wird die Sache einer Politik, die sich der Verkörperung von Identitäten verschreibt und sich dabei in den Bahnen der Neuen Mythologie und

des Gesamtkunstwerks hält, dessen Konzeption sich ja wiederum, wie
man weiß, auf die griechische Tragödie als Instanz der Selbstdarstellung
und Selbstbegründung der Polis beruft.

Doch so wichtig für Heidegger die Freilegung solcher Ordnungen und
Gesetzlichkeiten auch ist, so wenig kann sich seine geschichtliche Besin-
nung auf sie beschränken. Dem steht schon allein die für sein Geschichtsverständnis tragende Kategorie der Wiederholung entgegen, für die die
Frage nach dem Unentfalteten und dabei die nach dem anderen Anfang
und einer möglichen Zukunft wesentlich ist, die es aus der Überlieferung
freizusetzen gilt. Eben diese Frage ist es nun aber, bei deren Verfolgung
Hölderlins Dichtung für Heidegger ihre entscheidende Bedeutung gewinnt. Darüber setzt sich indessen die gewiß nicht schwache, in Deutschland sogar eher dominierende Fraktion der Heidegger-Kritiker hinweg, für
die dessen Hölderlin-Exegese vorwiegend unter dem Vorzeichen des Re-
gressiven steht.

Heideggers Hölderlin-Deutungen gelten so fast gemeinhin als Zeugnis
für seinen Abschied von der Moderne[1]. Nach einem verbreiteten Urteil ist
er nicht schlicht nur zur klassischen idealistischen Kunstkonzeption zurückgekehrt, sondern darüber hinaus noch weit hinter den Stand der Diskussion zurückgefallen, die zwischen Hölderlin, Hegel und ihren Zeitgenossen über die Differenz ihrer Epoche und der Antike geführt worden
ist, insofern es ihm mit Hegel gesprochen um die Wiederbelebung der
substantiellen Sittlichkeit und insgesamt der griechischen Kunstreligion
gegangen sei. Dass von der Kunst die Hervorbringung des Heiligen als der
Mitte des geschichtlich-politischen Raums zu erhoffen sein soll, ist in der
Linie dieser Argumentation als ein Programm zu verstehen, dessen letztes
Ziel die Darstellung eines umfassenden, abschließenden Horizonts aller
sinnschaffenden Prozesse ist[2]. Damit wären allerdings in der Tat wesentli-

---

[1] Jürgen Habermas, *Der philosophische Diskurs der Moderne*. Frankfurt a.M. 1985, S. 122-
123, 180-183; Annemarie Gethmann-Siefert, *Heidegger und Hölderlin. Die Überforderung des
'Dichters in dürftiger Zeit'*, in: Annemarie Gethmann-Siefert und Otto Pöggeler (Hrsg.),
Heidegger und die praktische Philosophie. Frankfurt a.M. 1988, S. 217.

[2] Vgl. Otto Pöggeler, *Heidegger und Hölderlin*, in: Otto Pöggeler, Die Frage nach der
Kunst. Freiburg, München 1984. S. 235-238, 244-245; Christoph Jamme, *Dem Dichter Vor-
Denken. Aspekte von Heideggers "Zwiesprache" mit Hölderlin im Kontext seiner Kunstphiloso-
phie*, in: Zeitschrift für philosophische Forschung 38, 1984, S. 204-205, 207-208, 212-213; A.
Gethmann-Siefert, *Heidegger und Hölderlin*, (wie Anm. 1), S. 193, 202-205, 218-219. Lacoue-

che Prinzipien der modernen Ästhetik außer Kraft gesetzt. Das betrifft
natürlich zu allererst das Moment des Scheins, die Entblößung des Fiktionalen der Vermittlungen, die eine Einklammerung von deren Ganzheits-
aspekt, damit ein Ausstellen ihres Setzungscharakters bedeutet. Davon
wird wiederum das andere Axiom einer Poetik, die auf der Höhe ihrer
Zeit sein will, berührt, die Überzeugung von der Partialität einer Dichtung, die ihre Orientierungsfunktion allenfalls in einem offenen, inhomo-
genen, nicht hierarchisch geordneten Feld in der Auseinandersetzung mit
konkurrierenden Handlungs- und Deutungssystemen wahrnehmen kann[3],
und zwar zur Gegenwart hin in zunehmendem Maße nur noch in der
Weise der Aufhebung der Fixierungen, die sie vorfindet, bzw. in der Reflexion auf deren Genese.

Doch bietet bereits die erste Hölderlin-Vorlesung, die gleichsam noch
am unbefangensten mit dem Modell der Kunstreligion umgeht, einen anderen Anblick, als die Kritik es wahrhaben will. Wenn hier die Gründung
von Sitte und Brauch in Tempel und Bild und deren Ursprung in der Erfahrung und Gestaltung der an- und abwesenden Götter durch die großen
Einzelnen evoziert wird, so erscheint indes für die Jetztzeit die Erschaffung eines geistig-geschichtlichen Raums vorrangig daran geknüpft, dass
die Not der Notlosigkeit, die Not der Angst vor dem Fragen, die über
dem Abendland liegt, zu einer kollektiven Erschütterung wird[4]. Das aber
verlangt, dass wir durch die Teilnahme am poetischen Gespräch die Frage,
wer wir sind, wie es heißt, zu einer Frage werden lassen, die wir unsere

---

Labarthe verortet Heideggers Auseinandersetzung mit Hölderlin nach dem *Bruch* mit dem
Nationalsozialismus zwar in der Moderne, indem er sie auf das Wesen des Politischen hin
orientiert, dessen Wahrheit dieser als der Nationalästhetizismus enthüllt habe. Solche Moderne läßt Lacoue-Labarthe jedoch über das Jena Hölderlins etc. bis zur antiken Kunstreligion und Mythologie zurückreichen und Heidegger, dessen Zeitdiagnose nach seinem
Urteil als einzige einen Zugang zur Erschließung und Überwindung dieser Tradition eröffnet, in dieser Phase letztlich bei aller Klarsicht und Distanz in der umrissenen Überlieferung befangen bleiben. Philippe Lacour-Labarthe, *Die Fiktion des Politischen. Heidegger, die
Kunst und die Politik*. Stuttgart 1990, S. 30-33, 89-96, 108, 115f., 127, 136-138, 144-45, 52.

[3] Zum Grundsätzlichen vgl. etwa Wolfgang Iser, *Der Akt des Lesens*. München 1976. S.
97-101, 118-124; *Akte des Fingierens oder Was ist das Fiktive im fiktionalen Text?*, in: Dieter
Henrich und Wolfgang Iser (Hrsg.): Funktionen des Fiktiven, München 1983, S. 125-26,
135-36.

[4] Martin Heidegger, *Hölderlins Hymnen 'Germanien' und 'Der Rhein'*. Gesamtausgabe
Bd. 39. Frankfurt a.M. 1980. S. 98-100, 134-135.

ganze Lebenszeit aushalten[5]. Heidegger nimmt hier also für die Literatur eben das Modell der politischen Öffentlichkeit in Anspruch, das er in der Rektoratsrede der Wissenschaft zugeschrieben hat, hier wie dort unter offenkundigem Bezug auf den Konnex von philosophischem Fragen und politisch-individueller Freiheit, wie ihn Hegel für die griechisch-europäische im Gegensatz zur asiatischen Welt entworfen hat[6].

Im Hinblick auf dies Gemeinsame, das fragende Standhalten als Mitte des staatlichen Daseins, tritt nun der markante Unterschied zwischen Antike und Moderne zutage[7] nämlich der eines Fragens als überwindbarer Vorstufe auf dem Weg zur Antwort, zum bewundernden Ausharren vor dem Seienden und eines ganz anderen, das unter dem Vorzeichen von Nietzsches Wort "Gott ist tot" steht, das ja insgesamt die Folie der Hölderlin-Auslegung bildet[8].

Das verwandelt nicht nur das Denken, indem es völlig ungedeckt der äußersten Verlassenheit und der ständigen Weltungewißheit ausgesetzt wird, sondern auch die Kunst, ihr inneres Gefüge sowohl als auch ihre Stellung unter den geschichtlichen Mächten. Denn unter den Bedingungen der Neuzeit erhält das Moment des Stoßes, des Aufstoßens des Ungeheuren einen ausgezeichneten Rang gegenüber dem Riß, etwa der Sammlung der maßgebenden Bahnen, dem Aufstellen einer Welt im Streit mit der Erde, wofür der griechische Tempel im Kunstwerkaufsatz das Exempel ist[9]. Ineins damit spezifiziert sich sein Charakter, der eine besondere Affinität zum Existenzial der Befindlichkeit aufweist, in der Weise, dass er uns

---

[5] Ebda., S. 56-59.

[6] Heidegger, *Die Selbstbehauptung der deutschen Universität* (im Weiteren *Selbstbehauptung*), Frankfurt a.M. 1983, S. 10-12; *Hölderlins Hymnen 'Germanien' und 'Der Rhein'*, (wie Anm. 4) S. 133-134, 172-175; *Einführung in die Metaphysik,*. 4. Aufl. Tübingen 1976, S. 15, 34-35; Hegel, *Vorlesungen über die Geschichte der Philosophie*, Werke Bd. 18, hg. v. Eva Moldenhauer und Karl Markus Michel, Frankfurt a.M. 1971, S. 115-122 und *Vorlesungen über die Philosophie der Geschichte*, Werke Bd. 12. S. 314-315.

[7] Heidegger, *Selbstbehauptung*, (wie Anm. 6), S. 13; *Beiträge zur Philosophie (Vom Ereignis)*, Gesamtausgabe Bd. 65, Frankfurt a.M. 1989, S. 15, 46, 107-125.

[8] Vgl. dazu Jamme, (wie Anm. 2), S. 197-198; Bernhard Lypp: *'Mein ist die Rede vom Vaterland'. Zu Heideggers Hölderlin*, in: Merkur 41, 1987, S. 122-123.

[9] Heidegger, *Der Ursprung des Kunstwerks*, (im Weiteren *Ursprung*) Stuttgart 1960, S. 41-43, 70-75.

in die Grundstimmung der Not der Götterlosigkeit und Zerrissenheit
schleudert, wie Heidegger das in Hölderlins Hymne «Germanien» gestifte-
te Wahrheitsgeschehen einmal umschreibt[10].

Ihren angestammten Platz als Mitte der politisch-geschichtlichen
Sphäre kann die Kunst primär also nur in der Art ausfüllen, dass sie ins
Leere zeigt und dies schockartig spüren läßt, indem sie alles in einen Wirbel hineinreißt[11]. Die Erfahrung, die dem zugrunde liegt, ist nun bekanntlich so nachhaltig und weitreichend, dass der Raum, in dem ein künftiger
Gott erscheinen könnte, prinzipiell durch das Wissen um dessen Vergänglichkeit offengehalten wird[12]. Das zieht all die weiteren poetologischen
Prinzipien in seinen Bann, denen Heidegger in seiner Hölderlin-Deutung
folgt und die er im *Ursprung des Kunstwerks* zusammengefaßt hat, als da
sind die Akzentuierung des Risses inneralb der Werkstruktur oder die
Bestimmung der Differenzstruktur des Ästhetischen am Leitfaden der
Isolation, der Desautomatisierung und Materialisation sowie der Autore-
flexivität[13]. All diese Kategorien haben zwar auch schon im Kernbestand
der klassisch-romantischen Kunstkonzeption ihr Gegenstück, doch werden sie durch die Radikalisierung des Bruchs mit allen Horizonten der
Verständlichkeit eher in eine enge Nachbarschaft zur klassischen Moderne
unseres Jahrhunderts gerückt. Solche Gemeinsamkeit erstreckt sich
schließlich auch auf den Gedanken einer regionalen Entgrenzung des aus-
gegliederten Ästhetischen, unserer verwandelten Rückkehr aus dem
Machtbereich der Dichtung[14], und dessen Verknüpfung mit dem Projekt
der Avantgarde, deren Lebensexperimente zum Motor und Muster einer
kollektiven Grenzüberschreitung werden[15]. In einer Ära der Not der Notlosigkeit muß jene sich aber auf die Einsamkeit von dem Augenschein

---

[10] Heidegger, *Hölderlins Hymnen 'Germanien' und 'Der Rhein'*, (wie Anm. 4), S. 80.

[11] Heidegger, ebda. S. 45-46. Noch in der Vorlesung über Hölderlins Hymne *Der Ister*
wird das Wesen der Polis, der Stätte des geschichtlichen Aufenthalts und in diesem Sinne
der Politik vom Pol und der wiederum vom Wirbel her erläutert, vgl. Gesamtausgabe Bd.
53, Frankfurt a.M. 1984, S. 100.

[12] Heidegger, *Hölderlins Hymnen 'Germanien' und 'Der Rhein'*, (wie Anm. 4), S. 54-55,
110-111; vgl. dazu auch Pöggeler, „*Heidegger und Hölderlin*“, (wie Anm. 2), S. 240-241.

[13] Heidegger, *Ursprung*, (wie Anm. 2), S. 16-17, 28-32, 41-43, 46-52, 69-75.

[14] Heidegger, *Hölderlins Hymnen 'Germanien' und 'Der Rhein'*, (wie Anm. 4), S. 19-23.

[15] Ebda. S. 50-53, 207-210, 284; *Ursprung*, (wie Anm. 2), S. 74-77, 86-89; *Selbstbehauptung*, (wie Anm. 6), S. 14; *Hölderlins Hymne 'Andenken'*, Gesamtausgabe Bd. 52, Frankfurt
a.M. 1982, S. 167-168.

nach Abseitigen und Überhörten zuspitzen[16], also auf jene dezentrierte Subjektivität, für deren historische Notwendigkeit Habermas Heidegger absurderweise jegliches Verständnis abstreitet[17]. Doch geht es diesem im Gegenteil nicht nur darum, deren abgespaltene Existenz aus der Geschichte heraus lesbar zu machen, sondern darüber hinaus das intersubjektiv gültige Potential ihres Transzendierens, mit Habermas formuliert das Verallgemeinerungsfähige daran einzuholen[18]. Die Grenze und den Prüfstein eines solchen Unternehmens markiert er indessen gleich am Anfang seiner Auseinandersetzung mit Hölderlin, wo er das Gespräch der Polarität von Bindung und unaufheblicher Vereinzelung unterstellt, sich zwischen der Szylla der von Lévinas[19]kritisierten totalisierenden Vereinnahmung des Individuums und der Charybdis des monologischen Solipsismus im Sinn der jüngst wieder von Ricœur oder Habermas[20] erhobenen Vorwürfe hindurchbewegend. Indem er drauf beharrt, dass wir etwa dem Tod ausgesetzt aus sämtlichen Weltbezügen herausgelöst werden, gibt er dennoch die Hoffnung nicht preis, dass uns dabei ein unbedingt Bindendes begegnet, das "weder der Einzelne für sich noch die Gemeinschaft als solche ist"[21], wie diese beiden aber nur durch Sprache ist.

Genau darin steckt ein sehr wesentliches Motiv dafür, dass auch Adorno bei aller Faszination durch den Modernitätsmythos am Wahrheitsanspruch der Kunst festgehalten hat, womit er in diesem zentralen Punkt, der sich schlüssig mit der Rettung des Genie- und des Werkbegriffs ver-

---

[16] Heidegger, *Hölderlins Hymnen 'Germanien' und 'Der Rhein'*, (wie Anm. 4), S. 134-137.

[17] Habermas, *Der philosophische Diskurs der Moderne*, (wie Anm. 1), S. 121.

[18] Heidegger, *Hölderlins Hymnen 'Germanien' und 'Der Rhein'*, (wie Anm. 4), S. 56-59, 69-70; *Hölderlins Hymne 'Andenken'*, (wie Anm. 15), S. 167-168.

[19] Emmanuel Lévinas, *Totalität und Unendlichkeit*. München 1987, S. 435-437; Ders., *Ethik und Unendliches*. Graz, Wien 1986. S. 59-63, 68-69.

[20] Habermas, *Der philosophische Diskurs der Moderne*, (wie Anm. 1), S. 177-179; Paul Ricœur, *Narrative Funktion und menschliche Zeiterfahrung*, in: Romantik, Literatur und Philosophie, hrsg. v. Volker Bohn, Frankfurt a.M., 1987, S. 66-67, 76-79. Für Heidegger ist angesichts dieser widersprüchlichen, aus entgegengesetzter Richtung kommenden Kritik festzuhalten, dass er über die Opposition einer Hermeneutik der Faktizität, des Seins zum Tode und einer Hermeneutik des Dialogs, des Seins zum Text hinaus ist, in die ihn Gadamer einspannen will, vgl. Hans Georg Gadamer, *Text und Interpretation*, hrsg. v. Philippe Forget. München 1984, S. 25-26, 28-29.

[21] Heidegger, *Hölderlins Hymnen 'Germanien' und 'Der Rhein'*, (wie Anm. 4), S. 72-73; *Hölderlins Hymne 'Andenken'*, (wie Anm. 4), S. 157-168.

bindet[22], mit Heidegger gewissermaßen eine Außenseiterrolle innerhalb der zeitgenössischen Kunstdebatten teilt[23]. Der Kern ihrer Kongruenz ist das Insistieren auf einem bindenden und gesellschaftlich vereinigenden Sinn, der vom künstlerischen Medium her auf die übrigen Lebensbereiche ausstrahlen könnte. Wenn Adorno von ihm sagt, dass er über der Identität und dem Widerspruch ist, ein Miteinander des Verschiedenen in der Solidarität des Lebendigen[24], so geht er darin offenkundig in die Richtung, die in Heideggers Erläuterung der «Feiertags»-Hymne die als Wort des Seins gefaßte erwachende Natur einschlägt[25]. Andererseits steht für beide unverrückbar fest, dass die subjektive Emanzipation als das Gesetz der Neuzeit alles in einen unaufhaltsamen Prozeß der Sinnzerstörung hineinzwingt, der nicht nur sämtliche vorgegebenen, objektiv verpflichtenden Ordnungen auflöst, sondern auch die Individuen jeden Halts beraubt, indem er insgesamt die Symbiose von lebensweltlichem Vollzug und unthematischem Vorhalten des Verstehenshorizonts vergegenständlichend zersetzt, die Heidegger als Werk der Einbildungskraft bzw. als Kennzeichen des in Kunst eröffneten Wahrheitsgeschehens statuiert hat[26]. Denn Sinn, sei er ein persönlicher oder kollektiver, kann nicht das Ergebnis einer Setzung sein. Das Dasein der Götter, so drückt es Heidegger aus, ist nicht Sache des Machens[27]. Dennoch kann der Weg zu ihm auch für Adorno nur über die Erfahrung der völligen Vereinzelung führen[28]. In dem Zusammenhang

---

[22] Vgl. hierzu Ulrich Wergin, *Symbolbildung als Konstitution von Erfahrung. Die Debatte über den nichtprofessionellen Schriftsteller in der Literatur der Goethe-Zeit und ihre poetologische Bedeutung*, in: Polyperspektivität in der literarischen Moderne, hrsg. von Jörg Schönert und Harro Segeberg, Frankfurt a. M., Bern 1988, S. 195 ff.

[23] Vgl. Rüdiger Bubner, *Über einige Bedingungen gegenwärtiger Ästhetik*, in: Neue Hefte für Philosophie 5, 1973, S. 38-73.

[24] Theodor W. Adorno, *Negative Dialektik*, Frankfurt a.M. 1966, S. 151, 201-202.

[25] Heidegger *«Wie wenn am Feiertage...»*, in: Erläuterungen zu Hölderlins Dichtung, 2. Aufl. Frankfurt a. M. 1951, S. 52, 58-59.

[26] Adorno, *Ästhetische Theorie*. Frankfurt a.M. 1970. S. 229-243; vgl. dazu Albrecht Wellmer, *Wahrheit, Schein, Versöhnung. Adornos ästhetische Rettung der Modernität*, in: Adorno-Konferenz 1983, hrsg. von Ludwig von Friedeburg und Jürgen Habermas, Frankfurt a. M. 1983, S. 144-148. Zur Symbiose von Sinnvollzug und Vorhalten des Verstehenshorizonts vgl. *Heidegger, Kant und das Problem der Metaphysik*. 2. Aufl. Frankfurt a.M. 1951, S. 86-87, 115, 139, 146; Heidegger, *Ursprung*, S. 29-33, 39-43.

[27] Heidegger, *Hölderlins Hymnen 'Germanien' und 'Der Rhein'*, S. 98-100

[28] Adorno, *Versuch, das Endspiel zu verstehen*, (im Weiteren *Versuch*), in: Noten zur Literatur II, Frankfurt a. M. 1961 S. 199-202.

hebt die *Negative Dialektik* ebenfalls die kardinale Bedeutung hervor, die das Standhalten angesichts der Verlassenheit hat, in welche uns das von der Entstehung des Bewußtseins unabtrennbare Wissen um unsere Sterblichkeit stürzt. Unsere fortwährende animalische Verfassung, die jenes Bewußtsein nicht erträgt, ist es, die uns auf den Weg der Todesverdrängung sei es durch Naturbeherrschung mit ihrem unermeßlichen Destruktionspotential, sei es durch Einkapselung in kollektivistisch oder solipsistisch geschlossene Welten mit all der ihnen inhärenten politischen und sozialen Gewalt getrieben hat[29]. Daher muß es zuallererst die Angelegenheit der autonomen Kunst sein, solche Offenheit wieder einzurichten und auszuhalten. Das legt emphatisch moderne Literatur primär auf den Ausdruck des Grauens fest, der einzig noch in der Weise der *Negation der Negativität*, wie Adorno es im *Becket-Essay*[30] in deutlicher Entsprechung zu Heideggers Reden von der Not der Notlosigkeit[31] darlegt, d.h. des Entsetzens darüber, wie wir existieren, den Impuls zu einem gelingenden Leben vermittelt. Wenn Adorno dieses dann als die gewaltlose Synthesis bestimmt und darin den Wahrheitsanspruch der Kunst begründet findet, muß er sich der Frage stellen, wie ein Gemachtes wahr sein, wie durch ein Menschliches, Gesetztes etwas sein kann, was nicht bloß fürs Subjekt ist[32], dem vielmehr intersubjektive Geltung zusteht.

Für Heidegger wird angesichts dieser Problemlage ein Paradigmenwechsel für das Her- und Darstellen unabweisbar, durch den die neuzeitliche Idolisierung der technischen Verfügbarkeit, der Virtuosität der ästhetischen Materialbeherrschung überwunden wird. Die Folie dafür bildet die Konstruktion des Verhältnisses von griechischer Antike und deutscher Moderne, die Hölderlin im ersten Böhlendorff-Brief entworfen hat und deren Eckpfeiler die Klarheit der Darstellung und das Pathos abgeben. In diesem Rahmen läßt sich die in Rede stehende Konstellation der Epochen in der Weise bestimmen, dass sich vom jeweils entgegengesetzten Ausgangspunkt her eine Bewegung zum anderen Pol hin vollzieht, vom himmlischen Feuer hin zur Darstellung bei den Griechen, in umgekehrter

---

[29] Adorno, *Negative Dialektik*, S. 386, 356-357.

[30] Adorno, *Versuch*, (wie Anm. 28), S. 205-207; *Ästhetische Theorie*, S. 231.

[31] Heidegger, *Hölderlins Hymnen 'Germanien' und 'Der Rhein'*, S. 134-135; Beiträge zur Philosophie, S. 11, 25-26, 235, 239, 242, 304, 385, 407-408 u.ö.; *Wozu Dichter?* In: Holzwege, 3. Aufl. Frankfurt a. M. 1957, S. 248-250.

[32] Adorno, *Ästhetische Theorie*, S. 198, 216, 99.

Richtung bei den Deutschen. Es macht nun das Spezifische von Heideggers Adaption dieses Modells aus, dass er die Darstellungskraft in der Optik der Diagnose des technischen Zeitalters wahrnimmt, wie Jünger sie im *Arbeiter* vorgestellt hat, also unter der Perspektive der ungehemmten Instrumentalisierung und der unbeschränkten Vollzugsfähigkeit. Vor diesem Hintergrund läßt sich die historische Aufgabe seiner Zeit mit Hölderlin so fassen, dass es gelte, den blinden Bann der technischen Performanz und ihrer geschlossenen Regelkreise zu durchbrechen, indem sie dem Dunklen und Undarstellbaren ausgesetzt werden.Für das Gelingen dieses Projekts ist es indessen unabdingbar, dass das Scheitern des Zudringenwollens recht gedeutet wird, für das in der Untersuchung der «Rhein»-Hymne der Halbgott steht. Heidegger rückt diese Figur an die Konzeption des Wahrheitsgeschehens als eines Schicksals heran, wie er sie in der Rektorats-Rede umrissen hat. Dessen Grundzug ist hier, dass das Wissen seinen höchsten Trotz im Aufstand gegen das Seiende im Ganzen entfalten muß, damit dies sich dann in seinem Versagen in seiner ganzen Unabänderlichkeit zeigen und ihm so seine Wahrheit als ein Nichtgemachtes verleihen kann. Die «Rhein»-Vorlesung geht dann der Verwandlung dessen nach, der diese ausgezeichnete Erfahrung auf sich nimmt und der durch sie in den Zwiespalt zwischen der ursprünglichen und der auferlegten Richtung seines Wesens gestürzt wird. Insofern das reine Sichverströmen auf die Verwüstung hinausläuft, ist es die Funktion des erlittenen Widerstands sowie der Hemmung und des Aufschubs, die er bringt, eine Schutzzone zu errichten. Sie sparen einen Bezirk der Grenze, des Maßes und der Gestalt aus, in dem die Wesen sich in ihrer Eigenart entfalten können. Doch bleibt dieser Schonraum ständig gefährdet. Sein Fundament ist, dass die Grenze als solche übernommen wird. Das bedeutet aber gerade, dass die Schranke, indem sie bändigt, das Unbändige als dasjenige hervorbringt, was als Bedingung der Beschränkbarkeit bewahrt sein muß. Wenn so das Zurückwollen in den Ursprung alles andere überdauern muß, und sollte darüber auch jegliches Gebaute und Gebildete vergehen, so liegt darin ein titanisches Destruktionspotential, das dem des vom Ursprung abgelösten, wurzellosen Machens der neuzeitlichen technischen Naturbeherrschung komplementär ist. Von diesem zerstörerischen Moment ist der Halbgott selber am unmittelbarsten betroffen, verstrickt sich doch das Zurückstreben zu den Ursprungsmächten bei Hölderlin wie in der antiken Sage unausweichlich in den mythischen Vergeltungszusammenhang. Dennoch wäre es kein

Ausweg, dies Motiv des Titanischen als Flucht- und Orientierungspunkt unseres Lebens schlicht auszulöschen oder zu verdrängen. Denn einzig im Zusammenspiel von Aufstand und Widerstand erschließt sich der Ursprung, bleibt er nicht länger im Rücken als ein Verhängtes, Unabänderliches. Dass sich so die Feindseligkeit im weitesten Sinne als das Schaffende zeigt, stellt das Unternehmen einer wahrhaften Gründung und Gestaltung vor die Aufgabe, das rechte Verhältnis zu ihr zu finden, d.h. weder dem ihr innewohnenden Gewaltimpuls blind nachzugeben noch aber auch dem Traum ihrer Abschaffung nachzuhängen. Die Grundbedingung dafür ist die gleichursprüngliche Freiheit zu den äußersten Gegensätzen, die keinen von ihnen außer sich oder unter sich hat, ausgrenzt oder bezwingt, sondern einen jeden in seiner Eigenart freigibt. Das schließt aber auch jede hegemoniale Kontrolle über die Instanz aus, die jene zusammenspannt. Maßgebend ist vielmehr, dass die Dimension des Zwischen erschlossen wird, in die uns der Wirbel widerstreitender Ausgangs- und Zielrichtungendes Erfahrungsprozesses als ein Wahrheitsgeschehens hineinzieht.

Diese Instanz des Zwischen ist es, die für Heidegger das moderne Schicksal der Entwurzelung mit dem Heimischwerden im Unheimischsein zusammenspannt, das sich ihm bei der Lektüre von Sophokles' *Antigone* erschließt. Sie ist es aber auch, die ihm so die Gegenwartsbedeutung der Kategorie des Heiligen gewährleistet, insofern als ihr Kern die Erfahrung der Verabgründung anzusetzen ist. Bei deren Expliktion blendet er die Konzeptionen des Dionysischen, die Hölderlin und Nietzsche entwickelt haben, und die christlich-protestantische Rede vom Gewissen auf eine spezifische Weise ineinander, die deren geschichts-pragmatische Potentiale heraustreibt. Die Grundlage dafür bilden die Überlegungen zum Gewissensruf, die sich in den §§ 54-60 von *Sein und Zeit* finden. Hier ist es darum gegangen, diese Instanz von ihren moraltheologischen Konnotationen befreit in ihrer Bedeutsamkeit für die Selbstfindung und für die Ausbildung der Intersubjektivität durchsichtig zu machen. Daher steht der sprachlich-hermeneutische Aspekt im Vordergrund, d.h. die Tatsache, dass jenes etwas bekundet, was wiederum im Spannungsfeld der Eigentlichkeit und des Verfallens auszulegen ist. In dem Rahmen meint das Gewissen ein unvermitteltes Angerufenwerden, das unser Hinhören auf das Man-Selbst und das Gerede unterbricht. Darin liegt das Moment des Stoßes. Gerufen wird aus der Ferne in die Ferne. Das heißt, dass der Ruf das Dasein aus der öffentlichen Ausgelegtheit herausreißt, indem er es dahin vorruft, von woher er kommt: zum eigentlichen Selbst. Insofern ist diese Stimme auch keine in das Dasein hereinragende fremde Macht. Sie kommt aus mir, aber dennoch über mich. Diese Paradoxie löst sich für Heidegger dadurch auf, dass er den Rufer als das im Grunde seiner Unheimlichkeit sich befindende Dasein qualifiziert, als das ursprünglich geworfene, vereinzelte In-der-Welt-sein in seinem Unzuhausesein, vor dem das Man-Selbst flieht und für das es ein Niemand ist. Zu diesem Bruch mit allen ausgebildeten Horizonten der Verständlichkeit gehört, dass der Gewissensruf seine erschließende Kraft primär lautlos, im Modus des Schweigens ausübt. Was uns so zu verstehen gibt, kann nicht der ganze, volle und präsente Sinn sein, zu dem sich unser Leben rundet und abschließt, werden wir durch ihn doch vielmehr dessen inne, dass unser Dasein in seinem Wesen durch ein Nicht bestimmt ist, das uns sowohl von unserem Grund als auch von unserer Potentialität entfernt. Daher ist es der Fluchtpunkt all dieser Bestimmungen, dass die auf dem Wege konstituierte Entschlossenheit nicht das freischwebende Ich aus sich heraus entläßt, dass der Gewissensruf im Gegenteil in die Situation hervorruft. Als ein solches Hervorrufen in die Situation deutet Heidegger dann den Beginn von Hölderlins Hymne *Germanien*, wo die Absage an das Rufen der alten Götter, ihre geschichtliche Notwendigkeit sowie das Leiden an der zurückbleibenden Leere ins Wort gefaßt sind. Dies Aufbrechen des Zwischen, hier das der Epochen, ist radikal vereinzelnd, aber dennoch auf Verständigung hin gerichtet, ja für Heidegger in einem ganz emphatischen Sinn die Wurzel aller Verständigung.

Dieser Zusammenhang von Nicht-Identität und Intersubjektivität wird im Kontext der Hölderlin-Lektüre im wesentlichen am Leitfaden der Todesthematik entfaltet, wie dies durch den einschlägigen § 47 von *Sein und Zeit* prädisponiert ist. Der dreht sich bekanntlich darum, dass das Dasein nie zu einem vollständigen und abgerundeten Selbstverständnis gelangen kann, da der Tod, in welchem es seine Ganzheit erreicht, zugleich der Verlust des Da ist, d.h. der Möglichkeit, den Übergang zum Nichtmehrdasein zu verstehen. Dessen Erfahrung ist aber auch nicht stellvertretend am Bild des Todes anderer zu machen. Denn das Mitsein mit dem Toten als trauernd-gedenkendes Verweilen bei ihm kommt aus der Welt, die der Verstorbene verlassen hat, und erfährt gerade nicht dessen Zuendegekommensein. Ihm wird nur der eigene Verlust, nicht aber der zugänglich, den der Sterbende erleidet. Der andere kann also für mich nie

das Spiegelbild darbieten, das mir meine Ganzheit und mein Wesen zu-
rückwirft. Eine Theorie der Wahrheit, die von einem derartigen Aner-
kennungsgeschehen ausgeht, erweist sich damit als nicht tragfähig. Aus
dem gleichen Grund bleibt mir aber auch der andere in seinem Zum-Ende-
Sein verschlossen. Eben solche Erfahrung der unaufhebbaren Getrenntheit
ist es indessen, die die Voraussetzung für den Übergang zum Fremden und
für die gegenseitige Zugehörigkeit schafft[33].

Das wird in der «Germanien»-Vorlesung vor dem Hintergrund der
sprachlichen Verfassung des Daseins ausgeführt[34], die es dem Sein und dem
Nichts aussetzt, was wiederum die Bedingung dafür ist, dass wir überhaupt
den anderen zu vernehmen in der Lage sind. Dies Hörenkönnen schafft
allerdings nicht die Beziehung zu ihm als etwas Nachträgliches, sondern
setzt sie voraus und zwar nicht als notwendige Fiktion oder im Rekurs auf
Faktisches, auf Lebenswelten und Traditionen, die uns etwa in einen ein-
heitlichen, religiös fundierten Wertkosmos einspannen. Das würde auf
eine Neutralisierung des Selbst in dem von Lévinas kritisierten Sinn hinauslaufen, auf dessen funktionalistische Vereinnahmung oder auf dessen
Fixierung im Status der Unmündigkeit und Anonymität. Darum wird das,
was jeden einzelnen bindet und so die Gemeinschaft ermöglicht, als ein
Etwas bezeichnet, was weder der einzelne für sich noch die Gemeinschaft
als solche ist. Damit wird weder der lebensweltliche Hintergrund der Intersubjektivität[35] entwertet noch umgekehrt eine Norm etabliert, in der
sich ein kollektives Wesen lediglich selbst bestätigt. Das in dem Zusam-

---

[33] Heidegger, *Sein und Zeit*, § 427, S. 237-239; vgl. dazu Jean-Luc Nancy, *Die undarstell-
bare Gemeinschaft*, Stuttgart 1988, S. 72-73, ferner S. 57, 60, 64-65, 130, 179. Nancy hat für
diese kommunikative Struktur den Begriff der *partage* (Mit-Teilung) eingeführt, den wiederum Derrida in seinem Celan-Buch vom Datum und vom Schibboleth her differenzieren
will, vgl. dort speziell S. 69-72.

[34] Heidegger, *Hölderlins Hymnen 'Germanien' und 'Der Rhein'*, (wie Anm. 4), S. 30-31,
68-70 141-143, 173-174; ferner Nietzsche, Bd. I, Pfullingen 1961, S. 577-580; *Sein und Zeit*, §
27, S. 120-121.

[35] Solche Entwertung des lebensweltlichen Hintergrundes der Intersubjektivität als un-
eigentliches Dasein wirft Habermas, *Der philosophische Diskurs der Moderne*, (wie Anm. 1),
S. 177-179 Heidegger vor. Dazu ist darauf hinzuweisen, was Heidegger am Ende von § 27
von *Sein und Zeit* über das Man klarstellt: dass das eigentliche Selbstsein nicht auf einem
vom Man abgelösten Ausnahmezustand des Subjekts beruht, sondern eine existenzielle
Modifikation des Man als eines wesenhaften Existenzials ist.

menhang ins Feld geführte Beispiel der Frontkameradschaft[36], an dem sich
für Heidegger Hölderlins Dichtung mißt und auf die sie aufschließt, hat
demnach nur eine ganz spezielle Gültigkeit. Es will keineswegs die Gemeinschaft zum Selbstzweck und damit zu einem Todeswerk erklären, in
dem als einem notwendigen Opfer sich der Sinn und die Identität des Individuums vollenden, oder sie gar zu einer totemistischen Substanz erheben, die den einzelnen in sich einbehält bzw. zurückfordert. Auf einer
Linie dieser Argumentation liegt es, dass Heidegger ja schon im einschlägigen § 47 von *Sein und Zeit* das Opfer als stellvertretendes Sterben in einer
bestimmten Sache als reduzierte Form des Miteinanders abgestempelt hat,
die auf Zwecke und Ziele eingeschränkt bleibt und nicht an das Sein zum
Tode des anderen in seiner Unvertretbarkeit heranreicht[37]. Können so am
Modell der Frontkameradschaft weder das Opfer noch sein Wofür maßgebend sein, dann ist das, was zählt, offenkundig die Bereitschaft zum
Sichaussetzen. Sie bringt in die Nähe des Todes, von der es heißt, dass sie
jeden in die gleiche Nichtigkeit stellt, die die Quelle des unbedingten Zu-
einandergehörens wird. Die Formel von der *gleichen Nichtigkeit* ist nun
zweifellos nicht das Indiz einer Einebnung des Selbst, bezieht sich die an-
gesprochene Gleichheit doch augenscheinlich auf das je eigene Ausgesetzt-
sein. Das zeigt, dass die Gleichheit in eins das Element der Trennung ist.
Von daher ist es zu sehen, dass der Tod zugleich bindend und vereinzelnd
genannt wird. Insofern er ein Inbegriff der Zeitlichkeit und Endlichkeit
ist, kann dies Bindende weder ein Unendliches noch ein Ewiges sein. Insofern er vereinzelt, ist jenes aber auch nicht als Teilhabe am gemeinsamen
Sinn vorstellbar. Daraus folgt, dass die Bindung von der hier die Rede ist
und die die Geschichte und die Gemeinschaft begründen soll, sich zu allererst auf die Erfahrung der Spaltung und die gemeinsame Verpflichtung auf
sie beziehen muß, die den Rahmen für jegliche Verständigung absteckt.

Das Gespräch, dem so der Boden bereitet wird, ist ein Sichfinden,
das die Sagenden und Hörenden voneinander entfernt, indem ein jeder in
ihm auf sein eigenes endliches Wesen hin angesprochen wird. Dass das
dennoch nicht notgedrungen zu einem Sichverschließen führt, erklärt sich
daraus, dass ich in der Begegnung mit dem anderen in eben dem Maß auf
mich zurückgeworfen werde, in dem ich mich dessen eigenem Sein zum

---

[36] Heidegger, *Hölderlins Hymnen 'Germanien' und 'Der Rhein'*, (wie Anm. 4), S. 72-73.

[37] Heidegger, *Sein und Zeit*, § 47, S. 240.

Tode ausliefere. Diesen intersubjektiven Gehalt der Nicht-Identität faßt
die *Andenken*-Vorlesung in dem Satz zusammen, dass das Heilige und die
Existenz, die seine Sphäre in der Erfahrung der Grenze übernimmt, den
Ursprung des Gesprächs bilden[38]. Von daher erhellt sich die kommunikative Funktion des Dionysos und des Horizonts, innerhalb dessen er zu
Erscheinung gelangt. Das Wesen dieses Halbgotts im ausgezeichneten Sinn
erläutert die *Rhein*-Vorlesung dahingehend, dass er die Polarität einer Erfahrung verkörpert, die das Ja des Lebens und das Nein des Todes, Berük-
kung und Seligkeit auf der einen, Grauen und Entsetzen auf der anderen
Seite umspannt. Er stellt die Antwort auf den Schock dar, den uns eine
Situation versetzt, in welcher das Eine ist, indem es das Andere ist, und in
welcher es ist, indem es zugleich nicht ist[39]. Wenn die *Andenken*-
Vorlesung dann das Wesen des Gesprächs als Erinnerung spezifiziert, kann
das in der Verlängerung dieses Gedankens nur heißen, dass wir in unserem
Verständnis von uns selbst und von unserem Gegenüber sowie die Verständigung mit ihm an jene originäre Differenzerfahrung zurückgebunden
sind. Dafür spricht, dass das Erinnerte nach Heideggers Beschreibung ein
Gewesenes, aber immer noch für unser Reden Bedeutsames offenbart und
zugleich auf ein Früheres zurückweist, das es in sich birgt, ohne es erscheinen zu lassen, dass es von solchem erfüllt ist, was sich entzieht und
die Erinnerung im Verborgenen verankert. Dass dazu zusammenfassend
festgestellt wird, dies sei die Art, wie das Schicksal wese[40], macht vollends
klar, dass die Erinnerung als an die Figur des Halbgotts, an das Dionysische und an die Spur, die es bringt bzw. hinterläßt, geknüpft aufzufassen
ist[41]. Darin liegt der Schlüssel zum Verständnis des für sich genommen
befremdlichen Umstands, dass das Sagen und das Hören, das Gesagte und
das Gehörte das Selbe sind, dass die, die sich im Gespräch befinden, sich
immer wieder alles zu sagen haben und zugleich nichts[42]. Damit ist nicht
nur allgemein angezeigt, dass man sich auf einer Ebene jenseits der Bot-
schaften und Mitteilungen bewegt, ohne dass dies mit einem selbstbezügli-
chen Insichkreisen der Rede gleichzusetzen wäre. Der Kern der Sache ist,
dass die Begegnung, der Verkehr und der Austausch in einem Einver-

---

[38] Heidegger, *Hölderlins Hymne 'Andenken'*, (wie Anm. 15), S. 85-86, 98, 164-165.

[39] Heidegger, *Hölderlins Hymnen 'Germanien' und 'Der Rhein'*, (wie Anm. 4), S. 189-191.

[40] Heidegger, *Hölderlins Hymne 'Andenken'*, (wie Anm. 15), S. 160-162.

[41] Heidegger, *Hölderlins Hymnen 'Germanien' und 'Der Rhein'*, (wie Anm. 4), S. 188-193.

[42] Heidegger, *Hölderlins Hymne 'Andenken'*, (wie Anm. 15), S. 160-161.

ständnis grünen, dessen kommunikativ immer wieder zu bestätigender
identischer Pol die Spur der Spaltung ist, des Ja, das ein Nein, des Einen,
das ein Anderes ist, des Anwesenden, das abwest.

Dulce et decorum est pro patria mori.
Gewandelte Moral als Provokation der Philologie

Joachim Dingel (Hamburg)

Die Sentenz *Dulce et decorum est pro patria mori*, von Horaz in der 2. ‚Römerode' (Carmen III 2,13) geprägt, hat wie kaum eine andere Formulierung der antiken Literatur Geschichte gemacht; sie hat zur Verbrämung des ‚Heldentodes' herhalten müssen, hat aber auch scharfen Widerspruch erfahren und, im Gefolge dieses Widerspruchs, Philologen veranlaßt, den Stein des Anstoßes zu beseitigen: durch Neuinterpretation, aber auch durch Änderung des überlieferten Wortlauts. An diesem Beispiel läßt sich besonders deutlich zeigen – das ist die Hauptabsicht des Vortrags –, welchen Einfluß (gewandelte) moralische Maßstäbe auf den Umgang mit klassischen Texten haben.

Vor Klassischen Philologen bedarf mein Beitrag der Rechtfertigung. Er geht zurück auf ein Referat, in dem ich einem Publikum, das zumeist aus Historikern bestand, eine in unserem Fach geführte Debatte als Beispiel vorführen wollte. Die Aktualität und das bei den Zuhörern vermutete Interesse führten zur Wahl gerade dieses Themas[1]. Die philologische Diskussion selbst fortzusetzen, war nicht beabsichtigt.

Die 2. *Römerode* ist – wie die fünf anderen, mit denen sie das 3. Buch der Carmina eröffnet – eine poetische Moralpredigt, die sich an den Tugenden der Vergangenheit orientiert und dabei auch Formulierungen aus Gedichten früherer Epochen übernimmt. Solche Formulierungen stehen gerade hinter dem „Süß und ehrenvoll ist es, für sein Vaterland zu sterben".[2] Das ist seit langem bekannt und wird in der Horazliteratur auch immer gebührend betont. Betont wird auch immer – und das ist auch der wichtigste Anstoß, den die Philologen nehmen –, dass jene Formulierungen kein wirkliches Vorbild für den „süßen" Heldentod bieten. Bei Kalli-

---

[1] Der damals – am 17. Dezember 1996 im Warburg-Haus – geführten Diskussion mit Hamburger Kolleginnen und Kollegen verdanke ich wichtige Anregungen.

[2] Von den literarischen Traditionen ist die poetische zwar die wichtigste, doch dürfen andere darüber nicht vergessen werden, vor allem nicht die Übungsreden der Rhetorenschule. Vgl. z. B. das von Cicero (Topica 84) genannte Thema *Honestumne sit pro patria mori* („Ob es ehrenvoll ist, für sein Vaterland zu sterben").

nos (aus Ephesos, 7. Jh. vor Chr.) heißt es etwa: „Denn ehrenvoll (τιμῆεν) ist und schmückend (ἀγλαόν) für den Mann, um sein Land, seine Kinder und seine Ehefrau zu kämpfen mit den Feinden" (und dabei zu fallen)[3]. „Ehrenvoll" und „schmückend" also, aber nicht „süß". Tyrtaios (aus Sparta, ebenfalls 7. Jh. vor Chr.) singt: „Denn tot daliegen ist schön (καλόν) für den, der als tapferer Mann in der ersten Reihe gefallen ist im Kampf für sein Vaterland".[4] „Schön" also – und das heißt „gut" und „ehrenhaft" –, aber wiederum nicht „süß".[5]

Im Hinblick auf diese Vorbilder des Horaz hat Carl Werner Müller notiert: „Diese republikanisch-demokratische Wurzel des horazischen Gemeinplatzes gilt es sich zu vergegenwärtigen".[6] Das klingt, als hätte der nicht (mehr) republikanisch und keineswegs demokratisch gesinnte Horaz den „Gemeinplatz" im Gegensatz zu dessen archaisch-griechischen Urhebern mißbraucht. Es muß aber angemerkt werden, dass zumindest schon bei dem Spartaner Tyrtaios der schöne Tod fürs Vaterland die Konsequenz staatlichen Expansionsstrebens – der Unterjochung Messeniens – ist. Wenn die Idee, für sein Vaterland zu sterben, ohne nach seiner gesellschaftlichen Verfassung und seinem moralischen Zustand zu fragen – wenn diese Idee historisch in der griechischen Polis verwurzelt ist, so ist es der Mißbrauch dieser Idee ebenfalls.

Aber zurück zu Horaz und seiner Wirkung auf die Neuzeit! Sein Dulce et decorum est ... hat begeisterte Nachahmer gefunden (Theodor Körner, Hölderlin u. a.), aber auch ironische oder bittere Kommentare. Wieland z. B. spottet im Ersten Buch seiner Musarion: „Schön, s ü ß s o g a r – zum mindsten singet so / Ein Dichter, der zwar selbst beim ersten Anlaß floh – / Süß ist's, und ehrenvoll fürs Vaterland zu sterben, [...]".[7] In Heines Gedicht Zwei Ritter aus dem Romanzero liest man (V. 7-8): „Leben

---

[3] Fr. 1,6–8 (West): τιμῆέν τε γάρ ἐστιν καὶ ἀγλαὸν ἀνδρὶ μάχεσθαι / γῆς πέρι καὶ παίδων κουριδίης τ' ἀλόχου / δυσμενέεσιν.

[4] Fr. 10,1-2 (West): τεθνάμεναι γὰρ καλὸν ἐνὶ προμάχοισι πεσόντα / ἄνδρ' ἀγαθὸν περὶ ἧ / πατρίδι μαρνάμενον.

[5] Zu Kallinos und Tyrtaios vgl. Jessica Wißmann, Motivation und Schmähung. Feiheit in der Ilias und in der griechischen Tragödie, Stuttgart 1997 (Drama, Beiheft 7), S. 77–107.

[6] C. W. Müller, Der schöne Tod des Polisbürgers oder ‚Ehrenvoll ist es, für das Vaterland zu sterben‘, Gymnasium 96, 1989, S. 317–340, hier S. 318.

[7] Christoph Martin Wieland, Sämmtliche Werke, 9. Band, Leipzig 1795 (Nachdruck Hamburg 1984), S. 7.

bleiben, wie das Sterben / Für das Vaterland, ist süß“.[8] (Damit wird freilich eher das Heldentum der beiden Ritter charakterisiert als Horazens
Maxime relativiert.) Übrigens ist Horazens Flucht aus der Schlacht in den
Augen des Dichters, der dieser Begebenheit voller Selbstironie gedenkt[9],
sicherlich kein Argument gegen seine heroische Maxime, denn die Flucht
geschah bei Philippi; Horaz floh damals vor Caesar Octavianus, dem künf-
tigen Staatschef. Wäre Horaz bei Philippi gefallen, dann gewiß nicht „fürs
Vaterland“, jedenfalls nicht aus späterer Sicht.

Der englische Lyriker Wilfred Owen, der mit 25 Jahren im Ersten
Weltkrieg gefallen ist, hat einem seiner Gedichte den Titel *Dulce Et Decorum Est* gegeben und das volle Zitat als bittere Pointe an den Schluß
gesetzt. Zu der Zeit hatte sich der Horazvers schon längst verselbständigt
und war zum Spruch für Totenfeiern und Gedenktafeln geworden[10].

An der wissenschaftlichen Rezeption ging der Erste Weltkrieg jedoch
spurlos vorüber. Im Jahr 1930 schrieb Richard Heinze in der letzten von
ihm besorgten Ausgabe seines berühmten Kommentars: „Findet er in
solch blutigem Kampf den Tod – gut:“ – es folgt das Tyrtaioszitat (s. o.) –
„der Zusatz dulce vertieft das Ethos der alten Gnome. Gelänge es, im römischen Soldaten das Gefühl zu erwecken, dass er in jedem [!] Kriege pro
patria kämpfe, so wäre freilich viel gewonnen“.[11]

Erst nach dem Zweiten Weltkrieg war auch in der Klassischen Philologie das Unbehagen an diesem Horazgedicht und seiner anstößigen Maxime so sehr gewachsen, dass man es unternahm, sich davon mit wissenschaftlichen Mitteln zu befreien.

Den entsprechenden Versuchen vorausgegangen war ein Aufsehen er-
regender studentischer Protest an der Universität München zu Beginn des
Jahres 1958 (kurz vor meinem Abitur; ich erinnere mich, wie unser La-
teinlehrer mit uns darüber diskutierte)[12]: Es sollte die schon vor dem Er-

---

[8] Heinrich Heine, Sämtliche Schriften 6,1, München 1975, S. 37–39, hier S. 37. Den
Nachweis des Zitats verdanke ich Klaus Briegleb. – Das prominenteste Verdammungsurteil
über den Horazvers ist bei deutschen Wissenschaftlern heute das des jungen Bertolt Brecht;
vgl. z. B. Hommel, (wie Anm. 14), S. 220-21.; Lohmann 1989 (wie Anm. 19), S. 337; Funke,
(wie Anm. 30), S. 78; Riedel (wie Anm. 25) S. 394.

[9] In Ode II 7, 9–12.

[10] Ähnlich Joh. 15,13: „Niemand hat größere Liebe denn die, dass er sein Leben läßt für
seine Freunde.“

[11] A. Kiessling-R. Heinze, Q. Horatius Flaccus, Oden und Epoden, 7. Aufl. Berlin 1930,
S. 258.

[12] Hommel, (wie Anm. 14), S. 221 mit Anm. 5.

sten Weltkrieg im Lichthof angebrachte Inschrift Dulce et decorum est
pro patria mori, da nicht mehr zeitgemäß, entfernt werden. Der Protest
gegen die Inschrift hatte Erfolg.

Es ist kein Zufall, dass die Diskussion gerade in Deutschland begonnen und hauptsächlich in Deutschland geführt worden ist. Denn Deutschland hat diesen Krieg zu verantworten und ist nach dem Ende des Krieges
und des Naziregimes kein „Vaterland" mehr gewesen (auch wenn die Na-
tionalhymnen der beiden deutschen Staaten diesen Begriff am Leben gehalten haben[13]). Dazu paßt, dass die nichtdeutschen Diskussionsbeiträge die
moralische Problematik des Horazverses beiseite lassen und sich auf rein
philologische Probleme beschränken.

Die erste philologische Attacke gegen Dulce et decorum est ... kam
von meinem Tübinger Lehrer Hildebrecht Hommel[14]. Sie richtete sich
gegen die traditionelle Deutung des dulce. Denn dass es – objektiv – „ehrenvoll" ist, fürs Vaterland zu sterben, ist in griechischen und römischen
Wertvorstellungen fest verankert; dass es aber – subjektiv – auch noch
„süß" sein, d. h. dem Sterbenden angenehme Gedanken und Gefühle ver-
schaffen soll, wirkt ja auf den modernen Betrachter so anstößig. Hommel
versuchte, dem dulce den subjektiven Charakter zu nehmen und es – genau wie decorum – objektiv zu fassen, als eine Empfindung der (überlebenden) Mitbürger. Dulce sollte so etwas wie „Pietät hervorrufend" bedeuten, der ganze Spruch etwa: „Fürs Vaterland zu sterben, schafft Beliebtheit
und Ehre."[15] Hommel hat mit seiner Interpretation – die er sprachlich
genau zu begründen versuchte – keinen Erfolg gehabt und konnte auch
keinen haben, da der ganze Satz und speziell das dulce darin den ge-
wünschten Sinn nun einmal nicht hergibt. (Aber noch zwanzig Jahre später, in seinem „Nachtrag", hat Hommel sich gegen seine Kritiker gewehrt.)

Ganz andere Wege sind die späteren Philologen gegangen, die das du-
biose Horazwort aus der Welt schaffen wollten. Ich lasse die interessante
Neuinterpretation D. Lohmanns zunächst beiseite, da ich auf sie am aus-
führlichsten eingehen muß, und wende mich dem Vorschlag R. G. M.

---

[13] Bertolt Brechts *Kinderhymne* hingegen, die bei der Wiedervereinigung von einigen Intellektuellen als Nationalhymne vorgeschlagen wurde, kommt ohne den Begriff Vaterland
aus; s. B. Brecht, Ausgewählte Werke in sechs Bänden. Jubiläumsausgabe zum 100. Geburtstag, 3. Band, Frankfurt am Main 1997, S. 396 f.

[14] H. Hommel, *Dulce et decorum* ... , Rheinisches Museum N. F. 111, 1968, S. 219–252.
Wiederabdruck mit *Nachwort* in: ders., Symbola II, Hildesheim usw. 1988, 278–321.

[15] Hommel, (wie Anm. 14), S. 245.

Nisbets zu – eines hervorragenden Horazkenners –, den überlieferten Text zu ändern, nämlich dulci statt dulce et zu schreiben: „Für sein süßes (d. h. geliebtes) Vaterland zu sterben, ist ehrenhaft."[16] Wenn dieser Text überliefert wäre, würde kein Philologe an ihm Anstoß nehmen, schon gar nicht an dem Ausdruck „süßes Vaterland", dessen Tradition bis zu Homer zurückreicht. Mag man auch mit Manfred Fuhrmann der Meinung sein: „Dulci decorum est pro patria mori hat einen etwas banalen Beigeschmack; diese Sentenz klingt matt [...]"[17] – der Haupteinwand gegen die Textänderung bleibt doch, dass dulce et decorum zwar ungewöhnlich, aber nicht evident falsch ist und deshalb nach gutem philologischen Brauch bewahrt werden muß. Erwünscht freilich war eine Parallele, die den Tod fürs Vaterland oder für etwas Vergleichbares als „süß" bezeichnet. Und siehe da, eine Parallele wurde gefunden, an unerwarteter Stelle, nämlich in einem griechischen Roman der Kaiserzeit, bei Achilleus Tatios: „... aber bei der Rettung eines Freundes ist, auch wenn man dabei sterben muß, die Gefahr schön und der Tod süß (γλυκύς)."[18] Diese Formulierung ist sicher von Horaz unabhängig (und überhaupt von lateinischer Literatur); sie kann auf ältere Prägungen zurückgehen, die auch Horaz gekannt haben kann. Also eine Stütze für den Text Dulce et decorum est ..., der inhaltlich so anstößig bleibt wie eh und je.

Nun zu dem geistreichem Versuch Dieter Lohmanns[19]. Lohmann hat die 2. Römerode mit besonderer Rücksicht auf ihren Anfang interpretiert und hat auch wieder den Blick darauf gelenkt, dass die 1. Strophe von III 2 an die letzte von III 1 anknüpft (und dann der Beginn von III 3 an den Schluß von III 2)[20]. Er hat daran erinnert, dass spätantike Grammatiker die

---

[16] In seiner Rezension der Horazausgabe von D. R. Shackleton Bailey (Stuttgart 1985), Classical Review N. S. 36, 1986, S. 227–234, hier S. 231.

[17] So Fuhrmann in einer Diskussion, vgl. W. Ludwig (Hrsg.), *Horace. L'œvre et les imitations. Un siècle d'interprétation*, Entretiens sur l'antiquité classique 39, Vandœvres – Genève 1993, S. 35f.

[18] III 22,1: ... ἀλλ᾽ ὑπὲρ φίλου, κἂν ἀποθανεῖν δεήσῃ, καλὸς ὁ κίνδυνος, γλυκὺς ὁ ϑάνατος. Vgl. S. J. Harrison, *Dulce et decorum: Horace Odes 3.2.13*, Rheinisches Museum N.F. 136, 1993, 91–93. – C. Gnilka, *Dulce et decorum*, Rheinisches Museum N.F. 138, 1995, 94-95, verteidigt den überlieferten Text mit Hinweis auf Prudentius, Per. 1, 25 ff.

[19] D. Lohmann, *‚Dulce et decorum est pro patria mori'. Zu Horaz c. III 2*, in: Schola Anatolica. Freundesgabe für Hermann Steinthal, Tübingen 1989, S. 336–372; ders., *Horaz carmen III 2 und der Zyklus der ‚Römer-Oden'*, Der Altsprachliche Unterricht 3, 1991, S. 62–75.

[20] Die letzten Verse von III 1 lauten (45–48): cur invidendis postibus et novo / sublime ritu moliar atrium? / cur valle permutem Sabina / divitias operosiores? („Warum sollte ich

sechs Römeroden als ein einziges Gedicht aufgefaßt haben[21]. Am Schluß
von III 1 bekennt sich Horaz zu einem Leben in Bescheidenheit, die keineswegs mit Armut zu verwechseln ist. Diese Bescheidenheit wird paupertas genannt, aber sie darf nicht die angusta („beengende") paupertas sein[22],
die am Beginn von III 2 propagiert wird. Demnach, so Lohmann, proklamiert die 1. Strophe von III 2 kein Horazisches Ideal, sondern etwas, das
zwar für trainierende Jungen gut sein mag, aber nicht für Männer. Dementsprechend sieht Lohmann dann in den Versen 6–12 eine Phantasie, die
aus der Sicht eines Jungen formuliert ist: „Die ganze Szene [...] wirkt mit
ihrer Mischung aus Epenparodie, Romantik, Abenteuer und Krieg, Hel-
denruhm und unterschwelliger Erotik wie der pubertäre Traum eines Jungen – und so kann diese Stelle auch nur gemeint sein".[23] Die Sentenz in V.
13 wird als Fortsetzung des Traums gedeutet: „Ja, so süß und ehrenvoll ist
der Tod fürs Vaterland – wie es sich ein unreifer puer in seinen heroischen
Phantastereien ausmalt." Das umstrittene dulce wird in Lohmanns Deutung zum Garanten der Richtigkeit seiner Interpretation: „Die Ironie, mit
der das ehrwürdige Tyrtaioszitat hier im horazischen Sinn umgedeutet
wird, beruht auf der kleinen, aber pointierten Variante am Anfang. Dass

---

einen hohen Vorsaal mit Neid erregenden Türflügeln im neuen Stil errichten? / Warum
sollte ich mein sabinisches Tal gegen Reichtum eintauschen, der mir nur mehr Mühe
bringt?"). Hierauf ‚antwortet‘ III 2, 1–3 Angustam amice pauperiem pati / robustus acri
militia puer / condiscat ... („Die Enge der Armut fügsam zu ertragen, / soll der Junge, in
scharfem Kriegsdienst abgehärtet, / lernen ... ").
[21] Diomedes, der in seiner *Ars grammatica* die Metren aller Oden und Epoden behandelt und dabei die Gedichtnummern angibt, zitiert als Anfang der *prima ode* des 3. Buches
die Worte Odi profanum vulgus et arceo und läßt die zweite mit Quid fles Asterie quem
tibi candida (= III 7, 1) beginnen (H. Keil, *Grammatici Latini* I, Leipzig 1857, S. 525). Exegi
monumentum aere perennius ist bei Diomedes der erste Vers der *vicesima quinta* (ebendort
S. 526). Der Horazkommentator Porfyrio beginnt seine Erläuterungen regelmäßig mit den
Worten Haec ᾠδή oder Hac ᾠδῇ. Diese finden sich bei III 1 und dann erst wieder bei III 7
(A. Holder, Pomponi Porfyrionis commentum in Horatium Flaccum, Innsbruck 1894, S.
86–103). Nur durch die scheinbare Länge des Gedichts erklärt sich ja auch Porfyrios Bemerkung: Haec autem ᾠδή multiplex per varios deducta est sensus. Funkes Kritik (wie
Anm. 30, S. 83) an Lohmann ist in diesem Punkt unbegründet.
[22] Dass zwischen paupertas und pauperies ein sachlicher und stilistischer Unterschied
besteht, mag hier vernachlässigt bleiben.
[23] Lohmann 1989 (wie Anm. 19), S. 352 f. Ein wichtige Stütze für diese Interpretation
ist ihm die *Iccius-Ode* (I 29), besonders die Worte in V. 5 f. ... quae tibi virginum / sponso
necato barbara serviet? („... welche junge Barbarin wird deine Sklavin sein, wenn du ihren
Bräutigam erschlagen hast?"), deren scherzenden Ton er also – anders als die Communis
opinio will – in III 2 wiederfindet (S. 353–355).

das Wort ‚süß' nicht bei Tyrtaios stand, wußte jeder, und vor der Gefahr, dass der Hörer oder Leser der Ode das ‚decorum' mißverstehen oder gar als Identifikation des Dichters mit den jungenhaften Vorstellungen von Ruhm und Ehre deuten könnte, wußte sich Horaz durch das vorangestellte ‚dulce' sicher".[24] Die letzten Verse der ersten Gedichthälfte (14–16) werden als philosophischer Gemeinplatz angesprochen, danach wird die zweite Hälfte (Verse 17–32) als Gegenstück zur ersten interpretiert, als Verherrlichung der Tugenden des Mannes.

Ich habe nicht vor, Lohmanns Deutung, die wenig Zustimmung gefunden hat[25], weiter zu destruieren. Ich möchte lediglich auf einige Schwierigkeiten hinweisen. Die Interpretation der Verse 1–12 scheint zunächst schlüssig (jedenfalls möglich), und sogar der 13. Vers scheint sich ihr zu fügen. Aber die folgenden Gedanken (14–16) mors et fugacem persequitur virum usw. sind zu gewichtig, um noch zu jungenhaften „Phantastereien" zu gehören, und weil sie dafür zu gewichtig sind, geben sie auch dem vorhergehenden dulce et decorum est ... einiges oder alles Gewicht zurück[26].

---

[24] Lohmann 1989 (wie Anm. 19), S. 356. Die Hervorhebungen von ihm. Das von ihm hinzugefügte „so" rechtfertigt Lohmann (in seiner Anm. 32) mit „des Dichters Vorliebe für asyndetische Übergänge". – Für die Diskrepanz zwischen der kriegerischen Begeisterung des Unerfahrenen und der Nüchternheit dessen, der sich auskennt, verweist Lohmann S. 356-7 auf Pindar, Fr. 110 Snell: γλυκὺ δὲ πόλεμος ἀπείροισιν, ἐμπείρων δέ τις / ταρβεῖ προσιόντα νιν καρδίᾳ / περισσῶς („Etwas Süßes ist der Krieg für die, die ihn nicht kennen; wer ihn aber kennt, / der fürchtet sich, wenn der Krieg naht, in seinem Herzen über die Maßen"). Horazens gebildete Zeitgenossen hätten die Pindarverse gekannt und auch deshalb das dulce so verstanden, wie Horaz es nach Lohmann gemeint hat.

[25] Gerhard Binder spricht von einer „vermutlich richtigen Deutung" Lohmanns (die er anschließend referiert): G. B., *Pallida mors. Leben und Tod, Seele und Jenseits in römischen und verwandten Texten*, in: G. B., B. Effe (Hrsg.), Tod und Jenseits im Altertum, Bochumer Altertumswissenschaftliches Colloquium, Band 6, Trier 1991, 203–247, hier 215–217 (das Zitat auf S. 215). Nicht zustimmend, aber auch nicht ablehnend V. Riedel, *Zwischen Ideologie und Kunst. Bertolt Brecht, Heiner Müller und Fragen der modernen Horaz-Forschung*, in: H. Krasser, E. A. Schmidt (Hrsg.), Zeitgenosse Horaz. Der Dichter und seine Leser seit zwei Jahrtausenden, Tübingen 1996, S. 392–423, hier S. 418.

[26] Auch Lohmann scheint dies empfunden zu haben, denn wenn er auch in seiner tabellarischen Übersicht (1989 [wie Anm. 19], S. 364; 1991 [wie Anm. 19], S. 65) die Verse 14–16 dem „Traum" des puer zurechnet, so unterscheidet er doch zuvor (1989, S. 358 und 360) einigermaßen zwischen V. 13 und V. 14–16. Denn er sagt, der Dichter verbinde nun „die Distanzierung von eitler Ruhmsucht mit dem uns aus epikureischen oder stoischen Lehrschriften vertrauten Gedanken: Sterben muß schließlich jeder, ob er sich nun furchtlos dem Tode stellt oder ihm feige zu entkommen sucht", und er spricht von der „Flucht und

Auch die Fixierung des Interpreten auf den in V. 2 genannten puer erscheint im Rückblick problematisch. Zwar kann man virum in V. 16 und iuventae in V. 15 mit jungenhafter Phantasterei in Einklang bringen – wenn es ans Sterben ginge, müßte der puer schon älter sein –, aber es liegt doch näher (oder genauso nahe), die ersten vier Strophen auf die männlichen Werte und Verhaltensweisen zu beziehen, die ein Römer als puer zu lernen und als iuvenis zu bewähren anfängt, um sie als vir fest zu besitzen – abgesehen davon, dass man den Begriff puer im Hinblick auf das Alter nicht zu eng fassen darf[27].

Das größte Bedenken aber gilt der von Lohmann verlangten Perspektivität des Textes, die eher modern als antik ist[28]. Bis V. 12 spricht ein lyrisches Ich, das seine Mahnungen zwar an Vorstellungen eines puer orientieren mag, sie aber als lyrisches Ich verantwortet[29]. V. 13 jedoch wäre – als Sentenz – sowohl vom puer als auch vom lyrischen Ich gesprochen, wäre Fiktion und Kommentar zur Fiktion in einem. Es ist zumindest sehr zweifelhaft, dass ein antiker lyrischer oder epischer Text dies leisten kann. Geleistet wird es von jeher im Drama, wo das, was der Autor einer Person in den Mund legt, prinzipiell zugleich sein Kommentar zu dieser Person ist. In epischen und lyrischen Texten steht die direkte oder indirekte Rede zur Verfügung. Diese pflegt aber für den antiken Leser deutlich markiert zu sein; demnach wäre hier ein inquis („sagst du") oder credis („glaubst du") oder etwas Ähnliches zu erwarten.

Lohmanns Interpretation ist, wie gesagt, auf Ablehnung gestoßen. Ich nenne hier nur die ausführlichen Widerlegungen von Hermann Funke[30] und Karl-Wilhelm Welwei und Mischa Meier[31]. Funke hat dulce et decorum auf die Maxime Epikurs zurückgeführt, nach der das freudige Le-

---

Niederlage des unphilosophischen Mannes angesichts des Todes". Das klingt so, als setze Lohmann zwischen V. 13 und V. 14 eine gedankliche Zäsur an: V. 13 würde die Pointe der jungenhaften „Phantasterei" bilden, V. 14–16 wäre Räsonnement des lyrischen Ich. Aber wie dem auch sei: Die Annahme einer solchen Zäsur ist durchaus nicht plausibel; vielmehr setzt mors et fugacem ... das dulce et decorum est ... unmittelbar fort und erweist es so als den Beginn der ernsthaften Reflexion.

[27] In diesem Sinn Funke, (wie Anm. 30), S. 83 f.

[28] Dies wurde auch in der oben erwähnten Diskussion deutlich.

[29] Dies trifft auch für die Worte eheu, ne ... zu, die zwar den Wunsch der adulta virgo bezeichnen, dabei aber lediglich das vom lyrischen Ich angemahnte suspiret konkretisieren.

[30] H. Funke, *Dulce et decorum*, Scripta Classica Israelica 16, 1997, S. 77–90.

[31] K.-W. Welwei, M. Meier, *Der Topos des ruhmvollen Todes in der zweiten Römerode des Horaz*, Klio 79, 1997, S. 107–116.

ben (ἡδέως ζῆν) mit dem sittlich guten Leben (καλῶς ζῆν) identisch ist, was die Freiheit von Todesfurcht und die Bereitschaft, sein Leben zu opfern, einschließt. Dabei sei Horaz mit dulce ein sprachliches Wagnis eingegangen, bedingt durch die notorische patrii sermonis egestas, die „Armut der lateinischen Sprache".[32] Auch Welwei und Meier erklären die Horazische Maxime aus der Philosophie Epikurs, nach der sittlich gutes Leben und sittlich gutes Sterben (καλῶς ἀποθνῄσκειν) zusammengehören. Die Ernsthaftigkeit der ersten Gedichthälfte wird unter anderem mit dem geplanten Krieg gegen die Parther begründet[33]. Für die Dignität des dulce wird, im Anschluß an die Interpretation Karl Büchners[34], daran erinnert, dass Horaz in Carmen I 1,2 Maecenas als dulce decus meum anredet, was auf dulce et decorum est ... verweise, verweisen aber nur könne, wenn dulce et decorum est ... frei von Ironie sei.

Versucht man, den geschilderten Einzelfall mit allgemeineren Gesichtspunkten zu verknüpfen, so muß zunächst betont werden, dass es um den Text eines Klassikers geht, mehr noch: eines auf der Schule gelesenen Klassikers. Klassische Texte sind, wie alle Texte der Vergangenheit, in der Gefahr, unzeitgemäß zu werden und das Interesse eines lesenden Publikums zu verlieren. Doch anders als die nicht kanonisierten Texte haben sie ihre besonderen Verteidiger, die einem etwa abnehmenden Interesse entgegenzuwirken versuchen. Diese weisen regelmäßig auf die Aktualität des Klassikers hin, achten aber auch auf seine richtige Interpretation. Beides geht nicht immer zusammen: Die Aktualität kann auf einer falschen Interpretation beruhen, und die richtige Interpretation kann der Aktualität den Boden entziehen.

Auch Schulunterricht und Wissenschaftsbetrieb finden sich nicht notwendigerweise auf derselben Seite: Während die Schule sich mit älteren Interpretationen zufrieden geben könnte[35], sofern diese nur attraktiv sind

---

[32] Funke, (wie Anm. 30), S. 90: „[...] allenfalls hätte er zu einem Ausdruck wie iuvat greifen können, womit Seneca, clem. I 1 das befriedigende Gefühl der vollbrachten virtus ausdrückt, aber er brauchte ein parallel zu decorum stehendes Adjektiv und hat dulce gewagt, hoffend und fordernd, dass der Leser mitdenkt."

[33] Welwei, Meier, (wie Anm. 31) S. 110.

[34] K. B., Studien zur römischen Literatur III. Horaz, Wiesbaden 1962, S. 125–138, hier S. 127; Welwei, Meier, (wie Anm. 31), S. 114.

[35] Nicht nur die Schule, sondern überhaupt alle Institutionen außerhalb der Fachwissenschaft, z. B. das Theater. Als Beispiel nenne ich Hegels falsche Antigone-Deutung, der außerhalb der Klassischen Philologie ein zähes Leben beschieden ist.

– sozusagen zum klassischen Text die klassische Deutung darstellen –, steht der Literaturwissenschaftler unter einem Zwang zur Innovation, der dem Wissenschaftsbetrieb immanent ist (dass es in diesem Fall die Auffassung eines Schulmannes war, die besonders provoziert hat, ist untypisch).

Der geschilderte Einzelfall verweist uns auch auf klassische Muster des Umgangs mit befremdlichen Texten. Das wichtigste und einfachste Mittel ist die Textänderung (Konjektur, Emendation). Das Ändern überlieferter Texte ist so alt wie das Überliefern selbst. Um ein klassisches Paar von Textvarianten hier zu nennen: „Friede auf Erden und den Menschen ein Wohlgefallen" oder „Friede auf Erden bei den Menschen seines Wohlgefallens"?[36] Ich belasse es bei diesem Beispiel, ohne es zu kommentieren. Weil die Überlieferung von Fehlern strotzt – bloßen Versehen, aber auch gezielten Änderungen – ist das Konjizieren ein notwendiges (und reizvolles) Philologengeschäft. Eben darum aber ist es auch ein bißchen anrüchig: Zu groß kann die Versuchung werden, einen befremdlichen Text zu ändern, statt den Gründen seiner Befremdlichkeit nachzugehen oder zumindest ihn so stehen zu lassen, wie er überliefert ist. Wenn ich es richtig sehe, ist in den letzten Jahrzehnten die Bereitschaft wieder gewachsen, in den Text auch breit überlieferter großer Klassiker (wie Horaz) einzugreifen. Aber die Zurückhaltung ist hier nach wie vor sehr groß.

Textänderungen beschränken sich im allgemeinen auf wenige Wörter, oft nur ein einziges. Befremdet ein Text als ganzer, ohne dass punktuelle Eingriffe ihm die Befremdlichkeit nehmen könnten, so verfügen seine *Hüter* seit alter Zeit über das Mittel, ihn umzudeuten. Anfangs geschieht dies durch die Allegorese, d. h. eine Auslegung, die hinter dem Wortsinn einen anderen, den eigentlichen Sinn des Textes zu finden glaubt. Das früheste Beispiel für einen allegorisch gedeuteten Autor ist Homer, dessen ‚Theologie‘ der aufkommenden Philosophie anstößig wurde. So konnte die in den homerischen Epen geschilderte Welt der Götter bei Theagenes aus Rhegion (6. Jh. vor Chr.) zu einer Darstellung von Naturkräften werden. Allegorese ist über die Jahrtausende ein wichtiges Instrument bei der Auslegung vor allem religiöser Texte gewesen. Ich brauche darauf hier nicht weiter einzugehen, zumal unsere Zeit, wenn sie Texte gegen ihren vordergründigen Wortsinn deuten möchte, ein anderes Mittel bevorzugt: die Ironie. Auch diese hat als hermeneutischer Notbehelf eine lange Tradi-

---

[36] Lukas 2, 14 καὶ ἀνϑρώποις εὐδοκία (liegt Luthers Übersetzung zugrunde) oder ἐν ἀνϑρώποις εὐδοκίας (Nestle-Aland).

tion. Der Dichter „hat gescherzt" (iocatus est), so kann man beispielweise
in den sog. Berner Scholien zu einer Formulierung des Epikers Lucan lesen, die dem Kaiser schmeichelt[37]. Die Diskussion, ob das Lob Neros am
Anfang der Pharsalia ironisch sei, hat bis weit in unser Jahrhundert hinein
angedauert. Das Beispiel ist deshalb besonders erhellend, weil es die exege-
tischen Grenzen für die Feststellung von Ironie scharf bezeichnet: Ironie
im Herrscherlob bedeutet ja, dass diese auch für die Zeitgenossen – und
damit den Herrscher selbst – verstehbar sein muß (denn dass sie von den
Zeitgenossen nicht bemerkt, aber nach Jahrhunderten von Philologen
aufgedeckt werden kann, läßt sich kaum annehmen). Dies bedeutet aber
für einen Ironiker in der Kaiserzeit eine große Gefahr: in Ungnade zu
fallen, wenn nicht Schlimmeres. Mit anderen Worten: Wenn Texte, die
sich *seriös* geben, als ironische entlarvt werden sollen, bedarf es der un-
überhörbaren *Ironiesignale*, wie gerade Horaz sie gelegentlich verwendet.
Am deutlichsten tut er dies in der 2. Epode, wo das Lob des Landlebens
beim Weiterlesen sich als Lippenbekenntnis eines Wucherers herausstellt.
Doch in *staatstreuen* Texten des klassischen Altertums sind Ironiesignale
bisher nicht nachgewiesen worden.

Ich breche hier ab. Meine Schlußbemerkungen wollten nicht als Tadel
oder Klage verstanden sein, sondern auf strukturelle Gegebenheiten hinweisen: Wenn uns Texte befremden, müssen wir uns fragen, ob sie richtig
überliefert sind und ob wir sie richtig verstehen.

---

[37] Lucans Worte lauten (1, 57): sentiet axis onus („der Himmel wird die Last spüren"),
nämlich die Last Neros, wenn dieser dereinst unter die Götter aufgenommen sein wird.
Onus ist das physische Äquivalent von Neros *Bedeutung, Größe.* Die Commenta Bernensia
(herausgegeben von Hermann Usener, Leipzig 1869) aber erklären die Worte so: iocatus
est. dicitur enim Nero obeso fuisse corpore („denn Nero soll fettleibig gewesen sein").
Ähnlich die Adnotationes super Lucanum (herausgegeben von Johann Endt, Leipzig 1909).
Zumindest diese und andere derartige Erläuterungen scheinen eher aus dem Mittelalter als
aus der Spätantike zu stammen.

Horaz, Carmen III 2

Text
(nach der Ausgabe von Friedrich Klingner, 3. Aufl. Leipzig 1959)

Angustam amice pauperiem pati
robustus acri militia puer
condiscat et Parthos ferocis
vexet eques metuendus hasta

5   vitamque sub divo et trepidis agat
in rebus. illum ex moenibus hosticis
matrona bellantis tyranni
prospiciens et adulta virgo

suspiret, eheu, ne rudis agminum
10   sponsus lacessat regius asperum
tactu leonem, quem cruenta
per medias rapit ira caedes.

dulce et decorum est pro patria mori:
mors et fugacem persequitur virum
15   nec parcit imbellis iuventae
poplitibus timidoque tergo.

virtus repulsae nescia sordidae
intaminatis fulget honoribus
nec sumit aut ponit securis
20   arbitrio popularis aurae:

virtus recludens inmeritis mori
caelum negata temptat iter via
coetusque volgaris et udam
spernit humum fugiente pinna.

25   est et fideli tuta silentio

merces: vetabo, qui Cereris sacrum
volgarit arcanae, sub isdem
sit trabibus fragilemque mecum

30 solvat phaselon: saepe Diespiter
neglectus incesto addidit integrum;
raro antecedentem scelestum
deseruit pede Poena clauso.

Übersetzung

Die Enge der Armut fügsam zu ertragen,
soll der Junge, in scharfem Kriegsdienst abgehärtet,
lernen und soll auf die wilden Parther
eindringen als Reiter, Furcht erregend mit der Lanze,

5 und soll sein Leben unter freiem Himmel verbringen und in bedrohlicher
Lage. Wenn ihn von den feindlichen Mauern
die Frau des kriegführenden Königs
erblickt und seine erwachsene Tochter,

soll sie seufzen, dass ach! nicht der in Kämpfen unerfahrene
10 Bräutigam reizen möge, der Königssohn,
den Löwen, zu berühren gefährlich, den blutiger
Zorn mitten durch das Gemetzel jagt.

Süß und ehrenvoll ist es, für sein Vaterland zu sterben:
Der Tod verfolgt auch den fliehenden Mann
15 und verschont nicht unkriegerischer Jugend
Kniekehlen und ängstlichen Rücken.

Mannestugend kann durch eine Wahlniederlage nicht beschmutzt werden;
in unbefleckten Ämtern glänzt sie
und übernimmt die Macht oder gibt sie auf
20 nicht nach dem Belieben des launischen Volkes:

Mannestugend öffnet denen, die nicht verdient haben zu sterben,
den Himmel; sie versucht den Aufstieg, auch wenn ihr der
Weg verweigert wird;
sie verläßt die Gesellschaft der gemeinen Menge und die
feuchte
Erde mit fliehenden Schwingen.

25   Es gibt für treues Schweigen einen sicheren
Lohn: Ich werde nicht dulden, dass einer, der das heilige Ge-
heimnis
der Ceres verraten hat, unter demselben Dach
sich aufhält wie ich oder mit demselben

zerbrechlichen Schiff die Reise beginnt: Oft hat Diespiter,
30   von einem unreinen Mann mißachtet, einen unschuldigen
mitbestraft;
selten läßt Poena einen Verbrecher laufen,
sie bleibt hinter ihm, auch wenn sie hinkt.

Der Mord an der Kentaurin.
Zur Modernisierung der Antike in Horst Sterns Roman *Klint*

Ludwig Fischer (Hamburg)

Das Alter der Literatur

Dass Horst Stern heute nicht nur vielen schon wieder unbekannt sei, sondern vielmehr auch nachhaltig verkannt werde, mag denjenigen eine Übertreibung erscheinen, die in den siebziger Jahren bereits Fernseher waren.
Damals wurden bei der Ausstrahlung der Reihe *Sterns Stunde* Zuschauer-
zahlen registriert, wie sie sonst nur für Unterhaltungssendungen oder po-
puläre Spielfilme zu verzeichnen waren. Horst Sterns Fernsehfilme über
den fragwürdigen, auch unwürdigen, skandalösen und ahnungslosen Umgang der Menschen mit Tieren machten den Journalisten, der schon einen
langen Berufsweg als erfolgreicher Redakteur und Herausgeber verschiedener Zeitschriften, als Hörfunk-Autor und Sachbuchverfasser gegangen
war, für mehr als ein Dutzend Jahre zur umstrittenen, aber unbezweifel-
ten Autorität in Sachen *Natur*. Und nachdem Stern, Konsequenzen aus
dem für ihn deprimierenden Querelen um seinen letzten, großen Film,
den Dreiteiler „Die Stellvertreter – Tiere in der Pharma-Forschung" zie-
hend, den Bettel beim Fernsehen hingeworfen hatte, gab er mit der Eta-
blierung der Zeitschrift *natur* noch einmal für vier Jahre den Maßstab für
einen engagierten Journalismus zu seinem Lebensthema vor, zu unserem
Naturbezug[1].

Dass dieser Horst Stern, fraglos eine der herausragenden Größen des
deutschsprachigen Journalismus nach 1945, noch zu Lebzeiten in einer
immer hektischer operierenden Medienbetriebsamkeit von der kollektiven
Amnesie erfasst werde, die längst zu den fast zwanghaften Verhaltens-
maßregeln unseres gesellschaftlichen Lebens gehört, hat er selbst mit einer
gewissen Bitterkeit registriert. Die Bilanz von über vierzig Jahren einer –
an Ehrungen, Auflagenzahlen, Einschaltquoten, Rezensionen, fachlicher

---

[1] Zu Sterns Lebensweg und Gesamtwerk vgl. Ludwig Fischer (Hrsg.), *Unerledigte Einsichten. Der Journalist und Schriftsteller Horst Stern*, Hamburg 1997.

Anerkennung gemessen – so erfolgreichen Arbeit für einen verantwor-
tungsvollen, sachkundigen, menschenwürdigen Umgang mit den Tieren,
mit der belebten Mitwelt fällt für Stern im Rückblick eher negativ aus[2].
Mit einer Mischung aus berechtigtem Stolz, harschem Spott und nüchtern-
kritischer Beurteilung stellt er fest, dass in mancherlei Fernsehsendungen
heute als aufsehenerregende journalistische Erkenntnis ausgegeben werde,
was doch ein verwässerter Aufguss seiner Beiträge von vor zwanzig Jahren
ist. Auch der Buchmarkt macht ihn wieder zu einem weitgehend Unbekannten, hält von seinen in gewaltigen Auflagenzahlen erschienenen Publikationen kaum noch etwas bereit[3].

Verkannt aber wird der Schriftsteller Horst Stern, trotz des Erfolgs
mit seinem Roman *Mann aus Apulien*, den er im Alter von 64 Jahren publizierte. 1984 warf Horst Stern von einem Tag auf den anderen Heraus-
geberschaft und Chefredaktion von *natur* hin - und 'verschwand'.[4] Zwei
Jahre später erschien sein erster Roman. Die publizistisch konstruierte
Öffentlichkeit hatte schon ein Deutungsmuster für diesen Übertritt Sterns
in das *literarische Feld* bereitgestellt: Resignation, Verbitterung, Rückzug -
wie ein waidwundes Tier - aus den Gefilden der ökologischen Kämpfe[5].
Nun wurde der Vorwurf des Verrats an der gemeinsamen Sache Natur-

---

[2] Vgl. Ludwig Fischer: *Horst Stern – Ein Lebensentwurf*, in: ders. (Hrsg.), Unerledigte
Einsichten (wie vorige Anm.), S. 53-78, hier S. 72 f.

[3] Eine ausführliche Bibliographie zu Sterns Gesamtwerk liegt, erarbeitet von Martina
Schweitzer, in Fischer, *Unerledigte Einsichten* (wie Anm.1), S. 299-330, vor. Die Auflagenzahlen mancher seiner sogenannten Sachbücher gingen in die Hunderttausende. Zur Zeit
sind nur noch einige wenige Titel in Restauflagen verfügbar. Und der umfangreiche Sammelband Horst Stern, *Das Gewicht einer Feder* (hrsg. v. Ludwig Fischer), München 1997,
wird eher schleppend abgesetzt.

[4] Vgl. *Lauter Geschichten – Interview mit Horst Stern*, in: Stern, Das Gewicht (wie vorige
Anm.), S. 33-79, hier S. 54 f. Im folgenden übernehme ich eine größere Passage aus meinem
Aufsatz *Horst Stern - Ein* den Beitrag von Bernhard Pörksen *Der journalistische Denkstil.
Horst Sterns Lebensweg im Spiegel der Medien – ein erkenntnistheoretischer Versuch über die
Entstehung einer öffentlichen Tatsache*, in: Fischer, Unerledigte Einsichten (wie Anm. 1), S.
167-186.*Lebensentwurf* (wie Anm. 2), S. 73-76.

[5] S. den Beitrag von Bernhard Pörksen *Der journalistische Denkstil. Horst Sterns Lebensweg im Spiegel der Medien – ein erkenntnistheoretischer Versuch über die Entstehung einer
öffentlichen Tatsache*, in: Fischer, Unerledigte Einsichten (wie Anm. 1), S. 167-186.

und Umweltschutz von manchem *Weggefährten* erhoben, und bei einigen ist erst Jahre später - so bekennt z.B. Hubert Weinzierl -

> der Gram darüber verraucht, dass sich Horst Stern, Mitverlierer so vieler Kämpfe um Moore, Auwälder, Watten und Sände, aus dem Bettelorden der Naturschützer in die Zelle des Grundsätzlichen zurückgezogen hat.[6]

Stern selbst beanspruchte für sich lediglich das Recht eines gealterten Menschen auf Kontemplation[7]. Das kontemplative Leben heißt für ihn aber keineswegs, sich in der Beschaulichkeit einzurichten und untätig zu sein. Die Aufmerksamkeit richtet sich nur stärker als früher nach innen: auf die *Arbeit* der Emotionen und der Phantasie. In unserer Kultur gibt es *ein* anerkanntes, hoch bewertetes Reservat für den öffentlichen Ausdruck der Phantasiearbeit: die Künste, allen voran die schöne Literatur.

> Als soziale und kulturelle 'Institutionen' bestätigen die Künste, in besonderem Maße die Literatur, die Abspaltung der Phantasiefähigkeit aus der politisch-öffentlichen Verständigung über gesellschaftliche Normen. Erst sekundär, im Kampf um die Positionierung in sozio-kulturellen Hierarchien, beanspruchen die anerkannten Spezialisten für Phantasiearbeit, die Künstler, wieder ein besonderes moralisches Recht, auch in der politischen Öffentlichkeit Gehör zu finden.[8]

Horst Stern hat nicht nur früh und immer wieder belletristische Texte im engeren Sinne geschrieben. Seine gesamte journalistische Arbeit, bis in die Herausgeberkolumnen der von ihm geleiteten Segler-Zeitschrift *Die Yacht* hinein, ist von einem artifiziellen, mit den Jahren immer offener literarischen Handhaben der Sprache durchzogen[9]. So hält Stern zwar die literarische Befähigung und Neigung über all die Jahre der vollen Konzentration

---

[6] Hubert Weinzierl, *Vorbilder - Mut zur Emotion*, in: natur, Nr.10, 1992, S. 14.

[7] S. z.B. Reiner Luyken, *Schwimmer gegen den Strom*, in: Die Zeit, Nr. 10, 1993, 5. März 1993, S. 100.

[8] Ludwig Fischer, *Zukunft in Literatur ? Über Szenarien*, in: Weimarer Beiträge Jg. 37, 1991, Nr. 3, S. 372-389; hier S. 379.

[9] Dazu Ludwig Fischer, *Vom Nutzen einer Begabung. Der Schriftsteller Horst Stern*, in: Fischer, Unerledigte Einsichten (wie Anm.1), S. 187-210.

auf den Beruf des Journalisten wach, unterstellt sie aber einer funktionalen
Überprüfung der Tauglichkeit für die publizistische Absicht.[10] Immer
wieder hat er dabei die gesellschaftliche Spaltung zwischen dem für *auto-*
nom erklärten Feld der Literatur und den beglaubigten Wirkungsmöglichkeiten in der politischen Arena, etwa über die Massenmedien, während all
der Jahre empfunden, ohne sie eingehender reflektiert zu haben. Indem er
die eigene Arbeit an literarischen Texten über Jahrzehnte immer wieder
zurückstellte, sie der inneren Verpflichtung auf die öffentliche Einmi-
schung und die Wirkungsmöglichkeiten des Journalisten wegen sogar als
eine latente Irritation des *sachbezogenen* Schreibens verdächtigte, unterwarf
er die gleichwohl ungestillte Ambition für lange Zeit einer sehr zwiespälti-
gen Bewertung: Einerseits speiste sich sein journalistisches Vermögen zu
einem guten Teil aus der früh wahrgenommenen literarischen Ader, so
dass der Stolz des erfolgreichen Medienarbeiters immer auch darauf zurückging, *besser zu schreiben* als die meisten Kollegen.[11] Andererseits übernahm Horst Stern, sozusagen gegenläufig zur Triebkraft jener *Schreib-lust*,
in der Lebenspraxis und ihrer Reflexion die Abspaltung und politisch-
öffentliche Entwertung des literarischen Schreibens und räumte der publi-
zistischen Arbeit Vorrang ein.

Erst das Alter erlaubt ihm, sich der folgenreichen Dichotomie zu entziehen: Die bewiesene *Lebensleistung* des beeindruckenden journalistischen
Werks - und das heißt auch: der zur Genüge in *Erfolg* umgesetzte Verzicht
auf die literarische Tätigkeit - rechtfertigen nun den Wechsel des Metiers.
Der Literat Horst Stern hat sich sozusagen das Recht auf die in Schrift
gegossene Phantasiearbeit mit der jahrzehntelangen Dominanz des journalistischen Engagements erkauft. Damit bestätigt er wohl die weithin aner-
kannten, in den Relationen der *Felder* wirksamen Normen, die Literatur
als zwar *hoch*wertig, aber *ohnmächtig* erscheinen lassen.[12] Aber der Positi-
onswechsel ermöglicht ihm zugleich eine produktive Verarbeitung jenes

---

[10] Vgl. Stern, *Lauter Geschichten* (wie Anm. 4), S. 60 f.

[11] Vgl. Stern, *Lauter Geschichten* (wie Anm. 4), S. 46.

[12] Ich beziehe mich hier auf Pierre Bourdieus Theoreme zur inneren Struktur und rela-
tionalen Wertigkeit relativ autonomer Felder. (Vgl. u.a. Pierre Bourdieu, *Sozialer Raum*
und 'Klassen'. Leçon sur la leçon, Frankfurt/M. 1985; zum literarischen Feld jetzt der endlich auf Deutsch vorliegende Band Pierre Bourdieu, *Die Regeln der Kunst. Genese und Struk-*
tur des literarischen Feldes, Frankfurt 1999, sowie Joseph Jurt, *Das literarische Feld. Das*
Konzept Pierre Bourdieus in Theorie und Praxis, Darmstadt 1995).

Zweifels an der Wirksamkeit des journalistischen Lebenseinsatzes, der mit den Jahren immer unabweisbarer geworden war.

Horst Stern hat auch selbst den lebensgeschichtlichen *Sinn* seiner immer neuen Entscheidung, sich das belletristische Schreiben bis fast ins Rentenalter nicht als Hauptgeschäft zuzubilligen, am früh begonnenen Romanvorhaben zum Stauferkaiser Friedrich II. ausgelegt:

> Solch ein Buch hat im Leben eines Mannes seine Zeit, und ich bin froh, dass ich damit so lange gewartet habe; ich bin dankbar für die vielen Hindernisse, die sich mir in den Weg gestellt haben und die mich immer zwangen, Umwege zu machen.[13]

So werden die "Hindernisse" - die ja in Wahrheit auf Entscheidungen aus eigener Verantwortung zurückgingen - als notwendige und glückhafte Beförderungen eines Reifungsprozesses gedeutet, der erst spät das gewählte Sujet angemessen zu gestalten erlaubt. Dass "die ersten 30 Seiten", bei denen der Autor schon "in den Sechzigern" steckenblieb[14], fast zwei Jahrzehnte lang durch die Schubladen der Lebensstationen wanderten, offenbart so in der autobiographischen Konstruktion seinen lange verborgenen Sinn.

Über die *Wahrheit* solchen Selbstverständnisses zu urteilen, steht niemand zu. Dass Horst Sterns später Eintritt in das literarische Feld sich nicht einer bloßen Flucht verdankt, einem resignativen Abschied vom Hauptberuf und einer Bilanz stets neuen Scheiterns[15], sondern auch dem Wirken einer geheimen *Lebensklugheit*, sollte man als Interpretation einer wahrhaftig bemerkenswerten Karriere ernstnehmen. Sterns Literatur ist *Alterswerk*, aber durchzogen von den seit frühen Tagen gespeicherten Energien. Nur so wird verständlich, weshalb die Romane an Kraft und Wucht viele Texte von Jüngeren weit hinter sich lassen.

Der verdoppelte Journalist

In dem dritten Buch des literarischen Alterswerks, dem Roman *Klint*, haben viele Rezensenten an der Oberfläche der erzählten Geschichte eine

---

[13] Stern, *Lauter Geschichten* (wie Anm. 4), S. 72.

[14] Ebd., S. 74.

[15] So gibt Reiner Luyken, *Schwimmer* (wie Anm. 7), Sterns eigene Beurteilung wieder.

kaum verhüllte autobiographische Konstellation abgelesen: Das Arrangement präsentiert zwei Journalisten, die Titelfigur mit der Hauptmasse des vorliegenden Textes, und einen namenlos bleibenden Zunftgenossen, der den Nachlass des in einen rätselhaften Selbstmord abgedrifteten Klint nach immer intensiveren Recherchen herausgibt, kommentiert, stellenweise sogar ergänzt. Das erscheint zunächst einmal als eine ziemlich einfache, im Vergleich etwa zu Ecos artistischem Spiel im Vorspann von *Der Name der Rose* geradezu simple Variante der seit dem 18.Jahrhundert ständig neu erprobten Fingierung eines *aufgefundenen Textes*: Zufällig stößt der anonyme Journalist in Triest auf die Spur des in den Tod gegangenen Kollegen, beginnt nachzuforschen und findet in der Karsthöhle, wo Klint sich in die Kältestarre meditierte, „einen Packen Papier, der in Zeitungen eingewickelt und mit Bindfaden verschnürt war".[16] Die im Buch vorgelegten Texte, sind, so die Fiktion, der Inhalt dieses Bündels.

Die nicht sonderlich raffinierte Erfindung einer angeblichen Authentizität fiktiver Texte – mit der Lancierung eines Herausgebers, der aus professionellem Interesse am Schicksal des Berufskollegen handelt – stellt aber nur eine Art Hilfskonstruktion dar, um jene *Verdoppelung* erzählbar zu machen, die das eigentliche Thema des Romans ist: Die vorgeblich nur wiedergegebenen Texte erscheinen als Dokumente einer zunehmenden „Verwirrung", einer schießlich auch klinisch manifesten, schizophrenen Spaltung, die aber lediglich die *personale Form* einer Spaltung in der Profession des Journalisten Klint ist. Der Herausgeber kennzeichnet bereits in der Einleitung, die eben den Charakter eines editorischen Rechenschaftsberichts annimmt, zwei „Schreibstränge" in der Hinterlassenschaft des Toten. Klint selbst benennt schon in den ersten mitgeteilten Textpartien selbst den Wechsel zwischen „einem an Fakten orientierten und von Recherchen getragenen [...] und einem zweiten, spekulativen" Schreiben (S.15) mit diesem Begriff der „Schreibstränge" (S. 37). Und dass für den Herausgeber in der – stets ein Stück weit hypothetischen – Anordnung der aufgefundenen Texteinheiten die Unterscheidung zwischen "Schreibstrang I" und „Schreibstrang II", trotz eingehender Recherchen, immer weniger gelingt, gilt zwar als Dokument der fortschreitenden geistigen Aberration Klints, muss aber zugleich als zunehmend kongenialer Ausdruck jener ins Uner-

---

[16] Horst Stern, *Klint. Stationen einer Vewirrung*, München 1993, S. 12. (Im folgenden werden Zitate aus dem Roman nur noch mit Seitenangabe im fortlaufenden Aufsatztext nachgewiesen).

trägliche wachsenden Sensibilität des Schreibenden begriffen werden, der eine „linksgewendete Haut" an sich verspürt – die Innenseite nach außen gekehrt (vgl. S. 64 f., 246).

Dieses *Leiden an der Welt* erweist sich als Doppeltes: im wahrsten Sinn des Wortes buchstäblich, nämlich an den *Verwüstungen der Sprache*, die er gerade bei seiner beruflichen Arbeit immer neu wahrnimmt, und – darin fassbar – an den *Verwüstungen der Natur*. Beides lässt ihn, medizinisch betrachtet, irre werden, an der Welt und an sich. In den frühen Stadien seines 'abweichenden Verhaltens', so berichtet der Herausgeber, gab es noch ein Erstaunen über das Irrationale in seinem Handeln und Schreiben, aber dann

> verlor sich in ihm das Gefühl, Unsinn zu reden, wenn er mit einem kranken Baum in Wendungen des Mitgefühls sprach oder wenn er, etwa bei einem Ausflug in eine Sumpflandschaft, eine kreisende Rohrweihe um einen Zustandsbericht über das unter ihr liegende Ökosystem bat. Dass Antworten ausblieben, ernüchterte ihn nicht. Er kannte sie ja (S. 18).

Er habe sich „über das Andauern seiner geistigen Gesundheit" gewundert:

> Sie kommt mir bisweilen wie ein Makel vor, ein beschämend Unsensibles, das auf die Not der Natur nicht mit eigener Not zu antworten weiß und mich fast schon in eine Reihe stellt mit ihren geistlosen Zerstörern.

Der Roman entwickelt, wie gesagt, diese Gedankenfigur mit einer ergreifenden Konsequenz: Das Abgleiten in eine von den Medizinern kühl diagnostizierte Schizophrenie ist zugleich das Ausgeliefertsein an eine visionäre Erkenntnis über den Zustand der Welt. Das Aufdecken von *Krankheit* als Erkenntnisorgan hat wiederum eine ehrwürdige literarische Tradition. Aber Stern radikalisiert diesen Topos in unerhörter Weise: Der entstehende Text selbst gehört zum *Krankheitsbild*. Dass immer entschiedener und immer gewagter *Literatur* entsteht, dass in immer großräumigeren Kunst-Bildern die *Wahrheit* über den gesellschaftlichen Zustand erblickt wird, lässt sich von außen nur als Niederschlag krankhafter Entzweiung betrachten. Deshalb gesteht der Herausgeber auch zum Schluss sein Scheitern ein, das nicht nur darin besteht, dass er die Lücken zwischen Textelementen nicht mehr rekonstruierend füllen und dass er *einfühlende* Nach-

erzählungen der Erlebnisse Klints nicht mehr liefern kann. Schon vorher
hat er mehrfach und zunehmend ratlos konstatieren müssen, dass die gefundenen Texte ihm immer weniger erlauben, klar zwischen „Schreibstrang I" und „Schreibstrang II" zu unterscheiden. Faktografische, also
autobiographisch zu lesende Textbestandteile und phantasierte Erlebnisse
schieben sich unentwirrbar ineinander.

Die Herausgeberinstanz bestätigt ineins Krankheit und Literatur.
Denn der fingierte Editor ist der in die narrative Ebene des Textes hinein-
konstruierte *ideale Leser*: „So fasziniert war ich, dass ich meine geplante
Arbeit über Triest aufgab [....]" (S. 13). Aber zugleich verschafft diese Instanz die Möglichkeit der Distanzierung, das editorische Versagen bedeutet
eben auch die 'Rettung' in ein faktografisches Schreiben *über* Klint. Das
letzte Kapitel beginnt mit der Bemerkung des Herausgebers:

> Die Wahrheit verlangt es an dieser Stelle, mein Unvermögen einzu-
> gestehen, noch weiter von innen heraus aus einem Menschen zu be-
> richten, dessen Leben offenbar einen Punkt erreicht hatte, den man
> in der Sprache der Flieger den Point of no return nennt [...] (S. 312).

Und es schließt sich, als Ergebnis der Nachforschungen, der nur noch
referierende, ins Plusquamperfekt gerückte Bericht über das Auffinden des
toten Klint in der Karsthöhle an, die von Triestiner Wissenschaftlern für
geophysikalische Experimente genutzt werden sollte.

Mit einer zweifachen Verdoppelung also bestimmt Stern den Ort der
angeblich vorgefundenen Literatur: mit der Aufspaltung in einen fingierten, eigentlichen Autor und einen ebenso fingierten Herausgeber und mit
der Trennung der beiden *Schreibstränge*. Dass beide Spaltungen, dem
Wortlaut der Erzählung nach, letztlich "misslingen" und doch die Ermög-
lichung von *Literatur* bilden, enthält wiederum eine doppelte Wahrheit:
eine über den Stellenwert, die Placierung der literarischen Phantasiearbeit
in der gesellschaftlichen Verfassung unserer Öffentlichkeiten und eine
über das Verhältnis des Schriftstellers Stern zu seiner literarischen Arbeit.
In der Anlage des Romans und in der Figur des Journalisten Klint konzipiert Stern bislang am radikalsten einen literarischen Ausdruck für die
weiter oben erwähnte lebensgeschichtliche Umwertung der belletristi-
schen Befähigung: Gerade weil Klint sich vor den meisten Genossen der
Presse-Zunft durch eine wachsende sprachliche Sensibilisierung und Ambition auszeichnet, wird ihm der journalistische Erfolg - und dessen Voraus-

setzung: die *faktengesättigte* wie Wirkungen kalkulierende Schreibweise - durch und durch suspekt.

Man kann also tatsächlich die These wagen, dass Stern *im Rückblick*, in der nachgetragenen Umwertung der Berufstätigkeit, eben den Verzicht symbolisch abarbeitet, den er sich bis ins hohe Alter auferlegt hatte. Angesichts einer solchen, nur in der Phantasie und ihrem Komplement, der Erinnerung, anstellbaren *Abrechnung* mit gelebtem Leben erscheint es dann zwingend, die literarische Figur in die tödliche *geistige Verwirrung* zu schicken: Lebensgeschichtlich ist die retroaktive Umwertung, die Revision der lange angenommenen und behaupteten Normierungen *unmöglich* - das Verwirklichte lässt sich weder ungeschehen machen noch ohne existentielle Gefährdung negieren -, zugleich aber wird die notwendige, *lebensrettende* Umpolung der gelebten Normierungen[17] unabweisbar. Die von Rezipienten bis zum Überdruss gestellte Frage "Sind Sie Klint?", die Sterns Zorn reizt, verkennt deshalb gerade, indem die *symbolische Leistung* der literarischen Konstruktion unbegriffen bleibt, das im genauen Sinn Authentische des Entwurfs.

Die erlebte Antike

Die aus lose aneinandergereihten Kapiteln, aus editorisch arrangierten Textstücken hergestellte erzählerische Linie des Romans führt nun immer tiefer in antikische Gefilde: Die zweite, die Hauptstation in den letzten Lebensmonaten Klints ist Rom, wo - wie noch zu zeigen ist - die erzählerische Präsenz mythologischer Figuren mehr bedeutet als eine *symbolische Aufladung* des Textes. Zunächst bietet die vorgeblich autobiographische Erzählung noch für die irritierende, unvermittelte Gegenwärtigkeit antiker *Versatzstücke* - lateinische Zitate, anspielungsreiche Namen, Verweise auf mythologische Konstellationen - die vom Herausgeber ausdrücklich bestätigte Erklärung, es handele sich um Halluzinationen nach einer „mittleren Gehirnerschütterung" (S. 112). Aber dann verwandeln sich in der Erzählung Klints die Menschen, mit denen er es zu tun hat, in undurchschaubare Gestalten einer *anderen Welt*, als ob die Präsenz des Mythischen

---

[17] Der Satz "Die Literatur hat mir das Leben gerettet" wird vielfach zitiert, ist aber nirgends direkt belegt und vor allem bei der journalistischen Verwendung nicht mit lebensgeschichtlicher Substanz gefüllt (vgl. etwa Hilke Rosenboom, *Der Versteinerte*, in: Der Stern, Nr. 5, 1995, 27. Jan. 1995, S. 74-78; hier S. 76).

personenhaft in die erlebte Gegenwart einfiele. Unentwirrbar schichten
sich konkrete, vom Editor überprüfte Erlebnisse und *phantastische* Erfahrungen zu einer Doppelbödigkeit des Berichteten, bis schließlich die erzählte Abreise nach Arkadien und die Beurteilung Klints durch Beobachter, er sei „verrückt" (S. 200 und S. 203), zusammenfallen. An genau dieser
Stelle schaltet Stern den Herausgeber mit einem meisterhaften, in der di-
stanzierenden Erklärung um so verwirrenderen Kommentar ein.

> Ich habe Grund zu der Annahme, dass Klint in Wahrheit Rom nicht
> verließ, denn die Geschichte, die nun folgt, schließt eigentlich aus,
> dass er den voraufgegangenen Text, seine Flucht aus der Wohnung
> betreffend, an den Orten geschrieben haben könnte, an denen sie
> spielt, in Griechenland. Ich glaube vielmehr, dass er sich in der
> Wohnung verborgen hielt und sich mit der Einbildung einer Flucht
> nach Griechenland (denn auf dieses Land zielt der angebliche Kauf
> einer Fahrkarte nach Brindisi) in eine Arbeit hineinsteigerte, mit der
> er sich die Freiheit erschrieb, statt sie in der Realität zu suchen. Es
> gibt in seinen voraufgegangenen Texten Hinweise, die meine Ver-
> mutung begründet erscheinen lassen. Nachdem er zu Giordano
> Bruno „als dem Fieberherd meiner überhitzten Gedanken" auf Di-
> stanz gegangen war, wollte er, um sich die Abkehr von dem Mönch
> zu erleichtern, auf den Spuren Vergils nach Arkadien. Diese griechi-
> sche Provinz auf der Peloponnes ist denn auch der Ort der Hand-
> lung des folgendes Textes und die Vergilsche Dichtung ihr Gerüst.
> Ihre Handlungsmuster entstammen zu einem nicht geringen Teil
> dem Glauco-Abenteuer. So gehe ich kaum fehl, wenn ich sage, dass
> Klint sich schon in Rom daran machte, sich ein Leben in Arkadien
> vorauszuschreiben: „[...]. Und hier wie dort vermischten sich Leben
> und Traum in ihm bis zu einem Grad, wo die Traumgestalten zu
> Menschen seines Alltags wurden und handeln in sein Leben eingrif-
> fen" (S. 212-13).

Der Herausgeber hält mit nüchtern-analytischer Abwägung die irritieren-
den, bedrängenden Texte auf Abstand und gesteht zugleich ein, dass er
eine wirkliche Klärung des Textstatus nicht erreicht. Die *Leseanweisung*,
die vermeintlich eine *rationale* Lektüre der Dokumente der *Verwirrung*
eröffnet, lässt den Realitätsgehalt des Berichteten also doch in der Schwebe
– das wiederum verdoppelt den eigentümlichen Charakter der angeblich
nur wiedergegebenen Manuskripte.

Am krassesten tritt diese *Vermischung* in der potenzierten Fiktionalität vielleicht dort zutage, wo Klint nicht nur von seiner Reise nach Arkadien erzählt, sondern wo er behauptet, „in den Kopf Vergils" gereist zu sein.Gegen Ende des Romans erscheint diese Redeweise als Ausdruck der definitiven schizophrenen Spaltung. Der Herausgeber formuliert, aufgrund der Nachforschungen in der „psychiatrische[n] Klinik des Spitals Umberto I." in Rom, ein rekonstruiertes Gespräch des behandelnden Arztes mit Klint, nachdem der „offensichtlich Geistesgestörte" dort eingeliefert worden war:

[Der Arzt] erinnerte sich noch gut an diesen auf eine stille Weise erregten, aufsässigen Mann, aus dessen Mund die Wörter gefallen waren wie Münzen aus einem lichterloh flackernden Spielautomaten, richtige und falsche durcheinander, silbern klingende und blechern scheppernde, und alle geprägt von Einsichten in den eigenen Zustand und den der modernen Gesellschaft, Zustände, die er für identisch hielt [...] (S. 292).
    Der Arzt hatte nichts gesagt, bloß prüfend auf Klint geblickt. [...] „Sie waren uns von der Justiz für früher avisiert worden. Man hat schon gefragt nach Ihnen."
    „Ich hatte zu tun", sagte Klint. Er richtete sich auf, wie in Berufsstolz: „Und zwar als Reporter im Kopf des Vergil."
    „Sie lasen Vergil."
    Klint schob das Kinn vor und starrte in das Gesicht seines Gegenüber. Es klang gereizt, wie in Ungeduld mit soviel Nichtverstehen, als er sagte: „Dazu hätte ich Rom nicht verlassen müssen. Ich reiste in Vergils Kopf umher. Sie hörten es doch schon: als Reporter."
    „Also körperlich?"
    „Ja, wie denn sonst als Reporter?"
    „Aber man fand Sie in Rom."
    „Ich fiel heraus aus Vergils Kopf."
    „Ins richtige Leben zurück."
    „Ins richtige Leben zurück."
    „Und davon wurden Sie krank."
    Klint beugte sich weit über den Tisch und sah lauernd zum Arzt auf: „Dann geben Sie zu, Dottore, dass auch Sie krank sind?"
    „Bin ich das?"
    „Sie befinden sich doch auch, wie ich wieder, im richtigen Leben!" (S.295-96).

Aber als Klint aus der Klinik wieder entlassen wird, sucht er die Monumente des antiken Rom auf, weil in seiner Wohnung der Blick „auf den
Teppich mit dem eingewebten Forum Romanum" fiel. „Das gab mit den
Gedanken ein, dass die Kaiserforen ein guter Ort zum Abschiednehmen
von Rom sein würden" (S. 298).

Damit wird eine *realistische* Deutung der krankhaften Redeweise aufgegriffen, die der Roman vorher schon angeboten hatte: das Relief des
antiken Rom könne, wie ein Vexierbild, auch als Abbildung des Kopfes
des Vergil gesehen werden.

Nachdem Klint von einem Gespräch berichtet hat, das er mit Hermes
in einer arkadischen Höhle über die Dichtung Vergils geführt hatte – wobei Hermes „eine anstrengende Wanderung" angekündigt habe, eine „arkadische Wanderung durch den Kopf Vergils" (S. 253) – , erzählt er von
der erneuten Begegnung mit dem Gott in Rom, der, „ganz Athener Dan-
dy", ironisch auf seine *kupierten* Flügel „am Außenknöchel" hingedeutet
habe. Zugleich aber, so die Nacherzählung Klints, habe er gesagt: „Der
Traum ist aus. Ich kam mit Olympic Airways" (S. 256). Und Hermes
führt ihn dann „in den Kopf Vergils": vor das „Planrelief des antiken
Roms" in der Halle des Hauptpostamts an der Piazza San Silvestro.

> „Voilà, Klint, da haben Sie den Kopf Vergils. Ich wünsche in
> ihm eine gute Reise."
> Ich starrte, nicht verstehend, das Bild an. Erst als meine Augen
> den Umrissen des alten Roms folgten, begriff ich. Sie waren deutlich
> abgesetzt gegen den Siedlungsbrei der Neustadt, markiert vom Ti-
> ber im Westen, der aurelianischen Mauer im Norden und der ser-
> vianischen im Osten und Süden, und das ergab in Umrissen das En-
> face-Kopfbild eines vermutlich großen und hageren Mannes mit ei-
> nem knochigen, dünnbehaarten Schädel und zwei Ohren, die, als
> Marsfeld das rechte und als Esquilin-Ausläufer das linke, bäurisch
> derb von den Seiten abstanden. Es fiel mir wie Schuppen von den
> Augen. So oft ich dieses Stadtbild schon angeschaut hatte (fast je-
> desmal, wenn ich meine Manuskripte zum Versand hierhertrug), nie
> hatte ich gesehen, was ich nun sah, nie gedacht, was mir jetzt durch
> den Kopf ging: dass man mit den Adjektiven groß, hager, knochig,
> bäurisch das Aussehen Vergils zu seinen Lebzeiten im augusteischen
> Rom beschrieb. Ich sah noch mehr: Das Gewirr der alten Straßen,
> die den Kopf – mal rundlaufend, mal geradeausgehend – anfüllten,

glichen Gehirnwindungen und Nervenbahnen, und in den zahllosen Häusern sah ich ebensoviele Gehirnzellen und in den kreuz- und querlaufenden Gassen die sie verbindenden Synapsen (S. 259).

Hermes fordert Klint, nach einem kleinen Disput über eine Vergil-Übersetzung auf:

> „Gehen wir. Zur Einstimmung mag es reichen. Wir fliegen nach Brindisi, nehmen von dort das Schiff nach Patras und dann den Bus nach Megalopolis." „Und was ist mit meiner Reise durch den Kopf des Vergil?" – „Nessos wird Sie tragen. Er erwartet Sie am Bus" (ebd.).

Die Passage ist exemplarisch zu lesen: Die vorgeblich nur editorisch arrangierten Texte des „offensichtlich Geistesgestörte[n]" geben eben jene *Vermischung* aus handfest realitätsgefüllter Nacherzählung und traumhafter Phantasieszene wieder, die der distanzierten, medizinisch inspirierten Betrachtung evidente Belege für die schizophrenen Schübe liefert. Ineins damit jedoch arrangiert der als Herausgeberinstanz maskierte *implizite Autor*, die Leseanweisungen für den *idealen Leser* einstreuend[18], ein ironisches Spiel der Antike-Rezeption mit doppeltem und dreifachem Boden. Die phantastischen Streitgespräche der Mythen-Gestalten mit Klint, noch mehr natürlich die „im Kopf des Vergil" (S.266) stattfindende Unterredung zwischen Octavian und Vergil bzw. zwischen Maecenas, Pectus und Vergil (S.267-275), sind gefüllt mit ganz gegenwärtigen, stellenweise subtil philologischen Gedanken zur Antike-Rezeption. Die historischen Personen wie die mythischen Figuren der griechischen und römischen Antike halten sich sozusagen offenkundig im Kopf der heutigen Rezipienten auf. Die augenzwinkernd lancierte, ironische Drehung der doppelsinnigen Rede von der „Reise in den Kopf Vergils" inszeniert also die volle Dialektik einer *Vergegenwärtigung* der Antike: Die historischen Gestalten, ob faktographisch verbürgte oder mythologisch vorgestellte, erscheinen – der *Logik der Dichtung* gemäß – als erzählte Realitäten, changierend zwischen der

---

[18] Ich spiele hier auf Begrifflichkeiten Umberto Ecos an (*Lector in fabula*, München 1990, bes. S. 74 ff.), ohne die erzähltheoretischen Entwürfe, etwa in der Differenz zu Wolfgang Iser (*Der implizite Leser*, München 1972) oder zu Gérard Genette (*Die Erzählung*, München 1994, bes. S. 153 ff.186 ff.) terminologisch und systematisch näher zu erörtern.

symbolischen Aufladung des *wirklich Erlebten* und den Phantasmen der *krankhaften Einbildung*, und zugleich geben sie sich als die Konstruktionen einer aktualisierenden Rezeption zu erkennen. Raffinierter, so muss man sagen, lässt sich eine ihrer Historizität bewusste Antikerezeption, Geschichte buchstäblich als Erzählung vorführend[19], fesselnder und hintersinniger lässt sich eine Antike in der Moderne kaum literarisch entwerfen. Nach zwei Seiten wird von Stern das Arrangement in seine Extreme getrieben: Zum einen erzählt der Text seine wissenschaftlichen Quellen mit, indem der Journalist Klint erklärt, von der Arbeit an einem Essay über Giordano Bruno zu einer professionellen Beschäftigung mit dem „Einfluss griechischer Lyrik auf die Dichtkunst der Römer" gewechselt zu haben.

> Ein Beispiel, das ich näher beleuchten wollte, waren die formalen und inhaltlichen Spuren Theokrits in der Bukolik Vergils. Mein besonderes Interesser galt der ökologischen Realität von Vergils arkadischen Landschaftsbildern. Bei allem Vorbehalt, den ich zur oft verstiegenen Hirtenpoesie des Römers hatte, gab ich doch acht, dass ich mir den arkadischen Mythos nicht beschädigte, den ich seit meinen Studentenjahren mit mir trage. Je schmutziger die reale Natur wird, desto reiner dürfen für meinen Lesegeschmack die Verse wieder sein, die sie zum Gegenstand haben (S. 104).

Und anschließend wird eine Erläuterung vorgelegt, die den beinahe fachwissenschaftlichen Kommentar, in Zitationsform, mit einer Ankündigung für die weitere „Arbeit" verbindet. Der *realistisch* zu lesende Quellenverweis wechselt aber sofort gewissermaßen den Status, indem das dort der antiken Dichtung Zugeschriebene als wortwörtliche Vorgabe für den entstehenden Text erscheint:

---

[19] Hier muss ein Verweis auf die längst ausufernden Debatten über *Geschichte als Ereignis und Erzählung* bzw. *die narrative Wende der Historiographie* genügen (vgl. nur Reinhard Koselleck, Wolf-Dieter Stempel (Hrsg.), *Geschichte – Ereignis und Erzählung*, München 1973 (Poetik und Hermeneutik V); Hartmut Eggert u.a. (Hrsg.), *Geschichte als Literatur. Formen und Grenzen der Repräsentation von Vergangenheit*, Stuttgart 1990; Hayden White, *Die Bedeutung der Form. Erzählstrukturen in der Geschichtsschreibung*, Frankfurt/M. 1990; Moritz Baßler (Hrsg.), *New Historicism . Literaturgeschichte als Poetik der Kultur*, Frankfurt/M. 1995; Christoph Conrad, Martina Kessel (Hrsg.): *Geschichte schreiben in der Postmoderne. Beiträge zur aktuellen Diskussion*, Stuttgart 1994; Wolfgang Hardtwig, Hans-Ulrich Wehler (Hrsg.), *Kulturgeschichte heute*, Göttingen 1996).

Geweckt wurde das arkadische Thema in mir während meiner Studentenzeit in einem akademischen Vortrag des Hamburger Altphilologen Bruno Snell. Die Mitschrift besitze ich noch immer. Als ich sie aus einem Stoß alter Arbeitsunterlagen hervorkramte, fand ich in ihr diesen Satz unterstrichen: *In Vergils Arkadien fließt Mythisches und empirisch Gegebenes ineinander, und in einer für die griechische Dichtung höchst anstößigen Weise treffen sich hier Götter und moderne Menschen.*
Ich nehme mir vor, das als Motto über meine neue Arbeit zu setzen. Einer der Gründe für meine Bitte an Paul, mich mit einem Pauschalvertrag nach Rom zu schicken, war die Absicht, von hier aus endlich einmal die Peloponnes zu bereisen. „Et in Arcadia ego – goethelike", hatte Herms gesagt, als ich ihm beiläufig davon erzählte. Und Herms hatte mich aufs neue überrascht, als er hinzufügte: „Da unten läuft was, Brüssel hat Athen Mittel zugesagt, um die touristische Infrastruktur Arkadiens zu entwickeln. Es sollen dort ja noch Kentauren herumlaufen. Ich gebe Ihnen das Archivmaterial, wenn Sie in mein Büro kommen" (S. 104-05).

Der Reisebüroleiter Herms, unmissverständlich eine Präfiguration des später auftretenden Gottes „der Kaufleute und der Diebe"[20], liefert mit seiner Bemerkung nicht nur eine Ankündigung des später beschriebenen Geschehens, sondern sozusagen das Modell für eine Transformation jener 'anstößigen' Vermengung von Mythos und Empirie, die Snell der Vergilschen Bukolik nachsagt, in den modernen Text.

Die *Modernisierung der Antike* besteht also darin, das Vergils Verfahren auf die Gegenwart angewandt wird – was aber nur in der reflexiven Brechung geschehen kann[21].

Der spielerisch-ironische Gestus, der damit als Lesehinweis installiert ist, wird dann – an der anderen Seite der Extreme – zur Satire, ja Groteske potenziert. Gegen Ende des Romans berichtet Klint, dem Erzählduktus

---

[20] Diese *Zuordnung* wird, wiederum mit einer *realistisch* zu lesenden Einlassung, auf witzige Weise später von Hermes zurückgewiesen (S. 252).

[21] Zu Einzelheiten der Bezugnahme auf Bruno Snell sowie der Vergil-Rezeption Horst Sterns und der darauf bezogenen Romankonstruktion eingehend Andreas Fritsch, „Vergils 'Arkadien'-Motiv in Horst Sterns 'Klint'", in: Fischer, *Unerledigte Einsichten* (wie Anm. 1), S.257-266.

nach, *ganz realistisch* von seiner Fahrt nach Arkadien, die eine Besichti-
gungstour für ausgewählte Journalisten aus mehreren europäischen Ländern ist. Der „Staatliche Griechische Fremdenverkehrsverband" will ihnen
die Umgestaltung der Landschaft Arkadiens zu „touristisch verwertbaren
landschaftlichen Schönheiten" vorführen (S. 276 f). Aus den radebrechen-
den Erläuterungen des Verbandsvertreters wird unter anderem referiert, es
gehe um

> die Umgestaltung des rauhen Arkadiens in eine *lovely* Hirtenland-
> schaft, wie sie sich erstmals im Kopf des vorchristlichen römischen
> Dichters Vergil abgezeichnet habe und wie sie seither, spätestens je-
> doch seit ... er suchte in seinen Papieren ... seit Goethe (er sagte
> *Gothi*) jeder Gebildete als Ziel seiner Sehnsucht nach Ruhe und
> Frieden in sich trage: *Me too in Arcadia!* (S. 278).

Zur „Pressereise" gehört der Besuch in jener Kentauren-Herberge, die
Klint in einem trance-artigen Erlebnis, die leibhaftige Gegenwart der mythischen Figuren erfahrend, schon vorher aufgesucht haben will, wo nun
die Kentaurendarsteller sich 'täuschend echt' präsentieren. Dann schließt
sich das Erscheinen des Hermes in dem Klint vertrauten „Dandylook" an
und schließlich die Fußwanderung mitten in die beschilderte Baustelle
hinein, wo auf „zehn haustürgroßen Tafeln auf hohen eisernen Pfosten"
jene Verse aus den Eklogen Vergils aufgemalt sind, denen der landschafts-
gestaltende Umbau folgt (S. 288 f). Gegipfelt wird das Gruppenerlebnis
durch das Erscheinen Pans, aber der Darsteller bricht aus seiner Rolle aus,
verweist auf die „Schändung lateinischer Dichtung und arkadischer Landschaft in einem" und ruft aus: „It's all bullshit, you know. Und ich kündi-
ge hiermit diesen Scheißjob, hast du gehört, Grieche?" (S. 291). Damit
scheint jene *Vermengung* mythischer Erscheinungen mit der Empirie kru-
der Gegenwart sich als eine misslingende Schausteller-Darbietung zu entlarven, inszeniert von jenem Glauco, dem Klint als einem von rossiger
Stute Gebissenen während der Genesung von seiner Gehirnerschütterung
im römischen Krankenhaus zum erstenmal begegnet zu sein berichtete.
Das Satyrspiel als Decouvrierung des mythologischen Mummenschanzes –
man könnte den Eindruck gewinnen, als ob Stern das Spielerisch-
Gebrochene, das ihm offenbar die einzig angemessene Form der literarischen Antikerezeption in der Gegenwart eröffnet, in eine wiederum symbolisch zu lesende Desillusionierung hineintreibt, um das Projekt einer

Transformation des Vergilschen Verfahrens in die Moderne zum Schluss selbst ad absurdum zu führen. Man darf aber, auf der Ebene der Erzählung, nicht vergessen, dass auch die tourismuspolitische PR-Aktion mit ihrem desaströsen Höhepunkt zu jenen Textteilen gehört, von denen der Herausgeber vermutet, dass sie *Hirngespinste* Klints sind, der womöglich gar nicht nach Arkadien gefahren ist. Die Dekonstruktion der mythologischen Vergegenwärtigung steht selbst unter dem Verdacht, Ausgeburt eines *verwirrten Kopfes* zu sein. Sie hat damit keinen anderen, *realistischeren* Status als die Berichte von der im wahrsten Sinn phantastischen Gegenwart des Mythischen.

Diese Einsicht aber legt die Erwägung nahe, dass die ironisch-witzigen und zum Schluss eben derb grotesken Einschläge jener *anstößigen* Vermengung von mythischer und handfest empirischer Präsenz gewissermaßen die konstruktiv genau kalkulierten Gegengewichte zu den Textpartien sind, in denen der Einbruch des Mythischen in die erlebte Gegenwart einen unerhörten, bedrängenden Ernst bekommt.

Die *Balance*, die Stern sich hier zumutet, ist hochriskant – es gibt in der aktuellen deutschsprachigen Literatur, gerade bei dem Gedanken an Ransmayr und Sinnverwandte, nichts Vergleichbares. Die Funktion, die ein visionär aktualisierter Mythos in den dunklen, den *tiefschwarzen* Partien des Buches bekommt[22], ist die einer existentiellen, buchstäblich am eigenen Leibe erfahrenen Erkenntnis über den Zustand der Welt. Dass diese Erfahrungen dem Phantasma eines 'Verwirrten' zugerechnet werden können, mindert nicht ihre Kraft: Sie sind zu großräumigen Metaphern gestaltet, deren *Erklärungsleistung* das relativierende Arrangement der vorgeblichen Textüberlieferung bzw. Textgenese überspringt.

Die Wahrheit der Bilder

Große Teile des Buches – und die für die Antikerezeption wesentlichen fast ganz – ruhen auf einer einzigen metaphorischen Basiskonstruktion: einer mythengefärbten *Vermischung* nicht nur von „Göttern und modernen Menschen" (im Sinne Bruno Snells), sondern von Menschen und Pferden. Bildliche Konkretion dafür geben die Kentauren ab. Sie erscheinen im Text keineswegs nur im *gag* des erwähnten Satyrspiels gegen Ende, wo die kentaurische Darbietung auf einen Wink des Hermes sich als billige Insze-

---

[22] Vgl. Stern, *Lauter Geschichten* (wie Anm. 4), S. 76f.

nierung zu erkennen gibt – „Jeder der in Kurzrock und Maske befindlichen, wild ausschauenden Männer zog an einem Strick einen Esel hinter sich her; die Tiere waren den Blicken durch die Türhälften entzogen gewesen" (S. 283).

Vielmehr erzählt Klint in Partien, die der Herausgeber klar dem „Schreibstrang II" zuordnet, von einem im wahrsten Sinne leibhaftigen Umgang mit Kentauren. Der findet seine Klimax in dem geradezu ekstatisch-visionären Ritt Klints auf der Kentaurin Melanippe durch das „Tal der Chimären". Die „Pferdfrau" trägt den nackten Mann über einen Boden, der sich dem genaueren Blick als „ein weißleuchtender, stark pulsender Stoff von schwer auszumachender Beschaffenheit" zeigt (S. 237), der sich bewegt wie von „leintuchverhüllten Paarungen" (S. 238).

> Hinter meinen Augen sah ich die Konvulsionen eines Meeres aus sich brünstig verknäulenden Schlangen.
> „Bravo!" sagte Melanippe. „Besser kann man einen richtigen Gedanken nicht bebildern.
> Sie fiel in Schritt, wurde mit tiefgenommenem Kopf, als suchte sie etwas, immer langsamer und blieb schließlich stehen. Mit dem rechten Vorderfuß scharrte sie vorsichtig das weißliche Bodenmedium auf. Es entstand nach und nach ein großes kraterähnliches Loch, dessen Ränder bald aussahen wie die zusammengeschobenen Hautränder einer übergroßen Wunde. Ich beugte mich zur Seite und sah auf ein Meer von Organismen hinunter, in dem ich staunend den Mikrokosmos der Gene erkannte: Moleküle und Chromosomen, Enzyme, Proteine und Nukleotide, Ribosomen, Viren und Vektoren. Die Gewissheit, am Ende langer quälender Überlegungen endlich den richtigen Gedanken gefunden zu haben, wärmte mich: Die vermeintliche Nebeldecke war ein Kontinuum aus blasig aufgeworfenen und miteinander verwachsenen Eiweißhäuten lebender Zellen, die mitsamt ihren Kernen ins Riesenhafte gewuchert waren. Das erklärte auch die Behutsamkeit, mit der Melanippe bei der Eröffnung des Loches zu Werke gegangen war. Ich war mir jetzt sicher: Wir standen auf der nacktgeschundenen Haut der Welt" (S. 238-39).

Klint schildert sich als einen, der „von Sinnen" war und doch mit bestürzender Klarheit diejenigen Vorgänge erschaut, die Kern und Movens aller Lebensprozesse bilden. Aber die Kentaurin scharrt immer neue Löcher des „Bodenmediums" auf, und dort kommen dann Chimären zum Vorschein,

die der Phantasie Hieronymus Boschs entstiegen zu sein scheinen – vor
dessen Bild *Garten der Lüste* hatte Stern den noch *realitätstüchtigen* Klint,
den Romanentwurf präfigurierend, in Madrid lange verweilen lassen (S.
46-54). Klint bekommt schließlich Einblick in eine Ansammlung „genetischen Müll[s]", die Abfallprodukte biotechnologischer „Fehlkombinati-
on[en]" aus der Retorte: „normalwüchsige, mir aus Studium und Naturbe-
obachtung vertraute Tier- und Pflanzengestalten, denen es an der hierorts
herrschenden Phantastik gebrach, Verstümmelte nach einem morphologi-
schen Standard, den der neugöttliche Vierbuchstabencode GACU setzte"
(S. 241).

Bevor der schaudernde Klint dann noch sieht, wie schier endlose
Lastwagenkolonnen das "Lebensunwerte" aus genetischen Experimenten
in der Landschaft abkippen, fasst er im Anblick des sich über dem „Ver-
müllten" wieder schließenden Bodens den Gedanken:

> Als krampfte sich die bis auf die nackte Zellhaut geschundene
> Welt in Schmerz und Scham zusammen über die in ihr zutage lie-
> genden Monströsitäten.
> „Bravo!" sagte Melanippe. „Wir sind im Tal der Chimären."
> Und mit spöttischem Unterton: „Willkommen in meiner Heimat"
> (S. 243).

Wieder hat Stern seiner Figur Klint eine Leseanweisung für den *impliziten
Leser* untergeschoben: den „richtigen Gedanken" einer visionär-metapho-
rischen Anschauung des Zustands der Zivilisation. Denn was Klint, von
der ihm zugetanen „Pferdfrau" geleitet, in der gespenstischen Transfigura-
tion Arkadiens schaut, ist ein erlebtes Bild der *unsichtbaren Praxis* der Bio-
technologie. Sie ist ja nicht nur in den Labors verborgen, einschließlich der
Entsorgung des produzierten Abfalls aus lebendiger Substanz, sondern sie
operiert im Bereich des nur mit aufwendigster Technik überhaupt Wahr-
nehmbaren.

Die Logik der Romankonzeption verdichtet sich hier in eine klassische, aber zur *Spitze* unserer Gesellschaftsentwicklung vorangetriebene
Gedankenfigur: der *wahre* Charakter avanciertester Technologie ist nur
noch in der bildhaften Erkenntnis eines *Wahns* fassbar, der alle Rationalität auch kritischer Wissenschaft hinter sich gelassen hat. (Unter diesem
Aspekt erscheint es bedeutungsvoll, dass Klint den Tod in einer Karsthöhle sucht, in der die Vorbereitungen wissenschaftlicher Experimente „noch

nicht fertig" sind, aber wo er „die Augen starr auf das bleigefüllte Rohrstück gerichtet" (S.318) sitzt, das als Endgewicht eines riesigen Pendels für geophysikalische Messungen dienen soll.)

Die Kentaurin nennt das „Tal der Chimären" ihre „Heimat" und verweist damit auf die Umdeutung der mythologischen Tradition, die Stern mit der das Buch durchwirkenden Großmetapher der *Vermischung* von Pferden und Menschen vornimmt. Die in „anstößiger Weise" in der Erzählung lebendigen mythischen Figuren entlarven nämlich sich selbst als Chimären aus den Gen-Labors.

Diese ironische Wendung des Mythos eben aus dem Geist visionär entlarvter Rationalität nimmt Stern wiederum in die Erzählung des *Verwirrten* hinein, so dass die Geltung der metaphorischen Konstruktion wie im Vexierbild hin- und herspringt – erschreckende Klarheit der bildhaften Erkenntnis und *verrücktes* Spiel mit dem mythologischen Zitatenschatz zugleich.

Es ist eben jene Melanippe, zu der Klint intimste Nähe verspürt, die ihren Brüdern im Fleisch die Illusion nimmt, „die leiblichen Nachkommen der Urkentauren" zu sein (S. 234). Zwar kann sich die Versammlung von Cheiron, Nessos, Homados, Pholos „et.al." kalauernd darüber lustig machen, dass Zeus ihnen Unsterblichkeit verliehen habe, so dass sie nun „den Status von Berufsbeamten auf Lebenszeit" hätten, als „Objekte neuzeitlicher touristischer Begierde, Förderer des staatlichen griechischen Fremdenverkehrs" (S. 226-27). Aber als Melanippe, im Einverständnis mit dem wissenden Hermes, ihnen ihre „Identität nehmen" will, ihre „antikische Kontinuität in Geist und Gestalt" (S. 234), programmiert sie eine schließlich tödliche Rache: Nessos gesteht später, sie in einer Mischung aus Wut, Eifersucht und Geilheit erschlagen zu haben. Von diesem Nessos behauptet Klint am in Patras gestarteten Bus abgeholt worden zu sein, ohne dass einer der Mitreisenden sich darüber gewundert hätte.

> Nessos, der meine Verwunderung bemerkte, sagt: „Erstens sind sie uns hier gewohnt, zweitens halten sie es für möglich, dass wir unglückliche Missgeburten aus unklaren sodomitischen Verhältnissen sind. In einem Hirtenland ist der Verkehr mit einer Eselin oder einer Maultierstute ebenso Wirklichkeit wie Wunsch. Über dergleichen schaut man am besten hinweg; man könnte sich sonst die Seele mit unkeuschen Gedanken beschmutzen. Nun geht auch noch das Gerücht um in Arkadien, die Kentauren von Megalopolis hätten

vielleicht etwas mit den neumodischen Genmanipulationen zu tun, von denen die Zeitungen mit Untertönen der Angst ja häufig genug berichten. Man habe schon Schweine mit Ziegenköpfen gesichtet und Ziegen mit nackten Ringelschwänzen, wie man sie von den Schweinen kennt. Warum dann nicht auch ein hier so Bekanntes wie ein Kentaur, der von alters her in den arkadischen Landschaften lebte. Ihnen sage ich damit nichts Neues, Melanippe klärte sie ja auf. Auch darum erschlug ich sie. Ich ertrug ihren Spott nicht, nicht der Nachfahre des mythologischen Nessos, sondern der Vorfahre einer Generation von Reagenzglasmonstern zu sein. Erst nach der Tat erfuhr ich von Hermes, dass Melanippe, als sie Ihnen das Tal der Chimären mit all seinen Scheußlichkeiten öffnete, die Wahrheit offenbart hatte" (S. 261-62).

Dass die desillusionierende *Modernisierung* des Mythos im Kopf eines Erzählers sich abspielt, der definitiv sich als ein Verdoppelter erfährt, als ein selbst seiner Identität verlustig Gegangener, eröffnet die Möglichkeit, die unmittelbare Gegenwart des Mythischen ebenso darstellbar werden zu lassen wie seine ironische Umdeutung. Der Herausgeber rekonstruiert aus einem „Stichwortszenario" die vorgesehene Erzählung von der *Aufklärung* Melanippes, die bei der Einlieferung in eine Tierklinik von einem an ihrer Erzeugung beteiligten Gen-Techniker wiedererkannt worden sei. Angetrieben von einem andauernd „schlechten Gewissen", habe „der Doktor Melanippe alles" erklärt (S. 264). Dass Klint jedoch diese Erzählung nicht ausgeführt habe, interpretiert der Herausgeber mit einer Ratlosigkeit, in der sich der seine schizophrene Spaltung wahrnehmende Klint befunden habe. „War es dieser Klint oder jener, an dem die Wahrheit der Erzählung abgefragt werden musste? Aber wessen Wahrheit – die des Erzählers Klint oder die des Erzählten?" (S. 264).

Nicht von ungefähr schließt sich an diese Stelle, in der Stern die zweifache Verdoppelung im Text – die ineinandergeschobene extradiegetische und intradiegetische[23] – zum Oszillieren bringt, ein Textbruchstück Klints an, das Klarheit und Krankheitszustand (erneute Gehirnerschütterung, wiederfahren auf dem Rücken eines Kentauren!) ineinanderfließen lässt und ein herausgehobenes Bekenntnis ermöglicht:

---

[23] Die Begriffe verweisen auf die Terminologie Gérard Genettes, ohne dass hier seine narratologischen Theoreme systematisch einbezogen werden können. (Vgl. Genette, *Erzählung,* wie Anm. 18, S. 162 ff).

> Mir ging durch den Kopf, dass auf eine starke Gehirnerschütterung,
> wie ich sie mir am Ast der Platane zugezogen haben könnte, just die
> Symptome folgten, die ich an mir bemerkte. Da spürte ich Zufrie-
> denheit: Alles wurde mit einemmal eins: Rom und Arkadien, innen
> und außen, Vergangenheit und Gegenwart. Ich lächelte meinem
> Spiegelbild zu: *Ich gehe, und die Götter kommen, wie stets auf griechi-
> schem Boden, wenn einem Menschen das Unerlebte geschieht, und was
> anders als das Unerlebte sind Götter? Wem es nie widerfuhr, als ein nie
> Gedachtes, nie Gefühltes, nie Erlittenes, der trat noch nie heraus aus ei-
> nem Leben als Lauer unter Lauen, und sein Blick auf die Welt geht wie
> durch Milchglas* (S. 265).

Transrationales Erkennen und rationalistisch-ironische Decouvrierung
müssen, so ist Sterns erzählerisches Konzept zu verstehen, als Dimensionen einer modernen Erinnerung des Mythos zusammengedacht werden[24].
Dies in einer zwingenden literarischen Konstruktion erzählbar gemacht zu
haben, ist sein substantieller Beitrag zur zeitgenössischen Antikerezeption.

Die tragende Großmetapher, die Stern aus der *Modernisierung* der
Kentauren-Mythologeme gewinnt, wird schon vor der erzählerischen Ver-
gegenwärtigung der kentaurischen Figuren entwickelt. Der literarische
Auftritt dieser Figuren ist sozusagen das Ergebnis des kühnen narrativen
Experiments – sie sind gewissermaßen Chimären des Textes aus einer *per-
versen* metaphorischen Logik. Denn Stern situiert ein Erlebnis Klints in
Rom, vor der womöglich imaginären Reise nach Arkadien, dessen viel-
leicht halluzinatorischer Status nie aufgeklärt wird.

Klint berichtet, von dem geheimnisvollen Achille Glauco in ein
„Pferdebordell" entführt worden zu sein, in dem er Zeuge von sodomitischen Praktiken wurde, die mit höchster ästhetischer und auch medien-
technischer Raffinesse inszeniert wurden. Wie die kentaurischen Gestalten
mit den Leibern schöner junger Menschen als grandiose Täuschungen mit
Hilfe von Spiegeltricks *produziert* werden, bleibt für den Besucher un-
durchschaubar. Unbezweifelbar scheint aber, dass das Ejakulat der hoch-
rangigen 'Kunden' der Einrichtung – Ärzte, Juristen, Manager, Priester –
durch Glaszylinder in Anus oder Vulva der Pferdeleiber aufgefangen wird.
Glauco erklärt „heiter" , dass er „kleine Nebengeschäfte" betreibe, indem

---

[24] Das überholt in gewisser Weise noch Hans Blumenbergs Konzept der *Arbeit am Mythos*.

er das Sperma an Gen-Labors liefere. Er sagt: „Sie experimentieren dort
mit der Vererbbarkeit von Intelligenz, soviel ich weiß. Es sickerte auch
durch, dass sie Chimären für die Pharmaindustrie zu erzeugen versuchen,
Ekelwesen sozusagen, deren Benutzung im Experiment endlich keinen
Antivivisektionsten mehr aufregt" (S. 163).

Stern ist selbstverständlich kompetent genug, „die molekularbiologi-
schen Schwierigkeiten einer Genvermischung von unterschiedlichen Arten" (ebd.) in den Disput zwischen Glauco und Klint einzubauen. Dem
thematischen Zweifel entspricht der narrative, denn Klint ist sich bis zum
Schluss nicht sicher, ob die Vorgänge im „Pferdebordell" nicht doch auf
geschickte Manipulationen mit „Pornodias" zurückgehen (vgl. S. 170).

Dass in dem Haus dann die Lieblingsstute Glaucos, Melanippe, umge-
bracht wird, weist zwar auf die mythologischen Rekurse späterer Passagen
voraus. Aber die gesamte Episode im Haus der sodomitischen Lüste bleibt
eben unter dem Verdacht, bloße Einbildung zu sein, erster manifester
Schub der *Verwirrung* Klints. Dass er freilich an just dieser Stelle, überfal-
len und betäubt, durch ein erst mühsam aufgeklärtes Arrangement von
fremder Hand in den Mord an der Angestellten Melania aus Herms' Büro
verwickelt wird, ist einer der vom Herausgeber bestätigten, immer wieder
aufgegriffenen faktographischen Stränge im Roman.

Melania übrigens, vom eben in Rom angekommenen Klint als „Venus
kallipygos in Jeans" (S. 107) angestarrt, war im Text nur zu deutlich mit
einer in vielem an Pferde gemahnenden „Animalität" ausstaffiert worden –
hier wie bei den im gleichen Kontext auftretenden Figuren Herms, Nessos, zuerst auch Glauco, forciert Stern den Verweischarakter zu stark. Das
Absichtsvolle, weder beiläufig Andeutende noch artistisch Leichte daran
markiert eine sonst nur selten spürbare Anstrengung der literarischen
Ambition. Die Kapitel, in denen die sodomitischen Praktiken im Haus der
Perversionen mit zum Teil beinahe veterinärmedizinischer Akribie und
exzessiver Konkretion geschildert werden, hat Stern die Entrüstung von
Kulturredakteuren wie Johannes Wilms eingetragen, der *im Literarischen
Quartett* äußerte, „es habe ihn geekelt, und er habe sich gewundert, dass
dieses Buch einen Verleger gefunden hätte".[25] Abgesehen davon, dass Ta-
bu-Bereiche wie die Sodomie – die auch in unserer Gesellschaft ihre ver-
steckte Realität hat – inzwischen kulturhistorisch noch weit *detaillierter*

---

[25] Stern, *Lauter Geschichten* (wie Anm. 4), S. 78.

wissenschaftlich erkundet werden[26], verrät natürlich der moralisierende *Ekel* mehr über den Leser als über das Buch. Die Großmetapher der geschäftsmäßig oder genüsslich inzenierten Sodomie ist das erkenntnisträchtige Bild über viele Aspekte unseres *zeitgemäßen* Umgangs mit den Tieren, nicht zuletzt der gentechnischen Manipulationen an ihnen. Dass die *Vermengung* tierischer und menschlicher Organe in der Transplantationschirurgie und das Ineinanderschieben ihrer elementaren genetischen Informationsträger als eine *Sodomie* viel größerer Dimensionen interpretiert werden kann, zeigen ja – mit anderer Begrifflichkeit – die ethischen Debatten darüber.

Horst Stern hat sich mit seinen journalistischen Arbeiten bis in die Vorhöfe dieser Kontroversen bewegt, vor allem durch seinen Film über „Tierversuche in der Pharmaforschung".[27] Dass er im Roman die Großmetapher wählt, um seiner Empörung über weithin leitende Praktiken in unserem Verhältnis zu den Tieren Ausdruck zu geben, ist nicht die ästhetisierende *Einkleidung* in schmucklos-dürren Worten formulierbaren *bitteren Wahrheit*[28]. Es geschieht in dem Wissen, dass über das Feld der Literatur hinaus den Metaphern eine enorme, erkenntnisstiftende Kraft zukommt[29]. Dass sich von der basalen Metapher der Sodomie aus, als dem Bild nicht nur für „Perversionen der Wissenschaft" in der Gentechnologie, „gewisse Parallelen" zu den Chimären der mythologischen Überlieferung

---

[26] Vgl. dazu die provokative Studie vom Midas Dekkers, *Geliebtes Tier. Die Geschichte einer innigen Beziehung*, Reinbek 1996.

[27] Dazu auch das Buch von Horst Stern, *Tierversuche in der Pharmaforschung. Originaltexte der Fernsehfilme und neue Materialien – kontrovers diskutiert*, München 1979.

[28] Sterns *Lebensthema* der Ahnungslosigkeiten, Verlogenheiten und Perversitäten in unserem Verhältnis zu Tieren (dazu Ariane Heimbach, *Kein sogenannter Tierfreund*, in: Fischer, Unerledigte Einsichten, (wie Anm. 1, S. 149-166, und auch Josef Beller, *Der wissenschaftliche Blick. Die Sachbücher Horst Sterns*, ebd., S. 127-148) hat inzwischen – vor allem im Zuge der hochdifferenzierten naturethischen Debatten – fast den Rang eines Modethemas erreicht. Aus der breiten Literatur seien nur erwähnt: Paul Münch (Hrsg.), *Tiere und Menschen. Geschichte und Aktualität eines prekären Verhältnisses*, Paderborn u. a. 1998; Richard David Precht, *Noahs Erbe. Vom Recht der Tiere und den Grenzen des Menschen*, Hamburg 1997.

[29] Verwiesen sei nur auf die Debatte über die Erkenntnisleistung von Metaphern, die sich seit Lakoff/Johnson außerordentlich intensiviert hat (Mark Johnson, George Lakoff, *Metaphors we live by*, Chicago-London 1980).

ergaben, „das lag so auf der Hand", dass es Sterns „Fabulierlust natürlich auch Zucker" gab[30]. Aber die erzählerischen Brechungen und Kontrapunkte, mit denen Stern diese *Parallelisierungen* literarisch ausarbeitet, haben – wie gesagt – selbst wieder erkenntnisleitende Funktion. Indem die visionär aufgesteigerte Bildlichkeit, deren mythologische Tiefendimension *Epiphanie der Wahrheit* und ironische, ja groteske Destruktion zugleich eröffnet, sich mit der anderen Grundfigur des Buchs, der von Krankheit als Erkenntnisorgan, unlöslich verbindet, erreicht Stern zweierlei: zum einen das bislang einzige, überzeugende Modell für die Erzählbarkeit der „ökologischen Apokalypse"[31] und zum anderen einen, wie mir scheint, ebenso singulären literarischen Entwurf für die ihrer Zeitbedingtheit bewusste Antikerezeption.

Dass er mit seiner *phantastischen* Erzählung von der zwiefach zu verstehenden Gegenwart der stark an die literarische Überlieferung gebundenen antiken Welt beinahe nebenher die Interpretation des Vergilschen Arkadien, wie sie der zunächst als Gewährsmann beerbte Bruno Snell vorgelegt hat, zum Ende des Romans hin „demontiert"[32], erscheint im Zuge der doppelsinnigen Modernisierung der Antikerezeption nur folgerichtig.

Sterns Buch, das die unaufhaltsam fortschreitende Verwirrung eines Mannes, der an den Errungenschaften unserer Zivilisation und an deren Manifestation in der Sprache seines Berufes krank wird, von innen heraus zu erzählen unternimmt, entwickelt eine dem Entwurf kongeniale Ästhetik darin, dass – gerade über die Distanzkonstruktion der Herausgeberinstanz vermittelt – die vielfachen Doppelungen, Brechungen, Spiegelungen nicht mehr zu entwirren sind.

Die *phantastische Klarheit* visionär-ekstatischer Erkenntnis und die Unklarheiten faktographischer Anstrengungen verweisen aufeinander, die schneidende Schärfe des politisch-moralischen Verdikts und die Bildhaftigkeit einer *entblößenden* Sensibilität sind zusammengedacht. Dass Einsicht in die „Wahrheit" über den Zustand der Welt nur dort zu erhalten ist, wo das Verhältnis von *Krankheit* und Realitätstüchtigkeit „im richtigen Leben" (S.296) sich gegenüber der Alltagslogik und der wissenschaftlichen

---

[30] Stern, *Lauter Geschichten* (wie Anm. 4), S. 79.

[31] S. dazu die Hinweise bei Fischer, *Vom Nutzen*, (wie Anm. 9), S. 203 f.

[32] Fritsch, *Arkadien-Motiv* (wie Anm. 21), S. 264. Der Aufsatz enthält sehr scharfsinnige Deutungen der Rolle, die der Bezug auf Vergil im Roman spielt und auf die ich hier nur verweisen kann.

Rationalität umkehrt, stellt eine alte Denkfigur literarischer Phantasie dar. Horst Stern ist aber eine Neuerzählung dieser ehrwürdigen Basiskonstruktion einer kritischen Weltsicht gelungen, die das *Schema* in die innere Struktur der Narration aufnimmt.

Dabei gelingt es ihm auf eine faszinierende Weise, das antike Postulat, dass die mythische Erkenntnis eine tiefere Wahrheit eröffnet, mit er *Unmöglichkeit* der mythologischen Bilder in unserer Gegenwart so zu verschränken, dass eins im anderen – dreifach, versteht sich – aufgehoben erscheint. Wie das schon antike Bewusstsein davon, dass die Mythen Erzählungen seien und in Bildern sprächen, in eine moderne Erzählung neu eingeschrieben werden könne, hat Stern auf eine artistische und durchaus lustvolle Weise in dem Roman durchgespielt – wie in einem „metaphysischen Krimi"[33] –, und doch den bedrängenden Ernst der visionär-bildhaften Erkenntnis nicht abgeschwächt. Man kann es nur wiederholen: Das Buch „gehört in der Verbindung von literarisch-ästhetischem Rang und politisch-moralischer *Empfindlichkeit* zu den großen Texten der deutschsprachigen Gegenwartsliteratur"[34].

---

[33] Stern, *Lauter Geschichten* (wie Anm. 5), S. 79.
[34] Fischer, *Vom Nutzen* (wie Anm. 9), S. 205.